한국사

44

갑오개혁 이후의
사회·경제적 변동

국사편찬위원회

자문위원

신 용 하　　유 영 익　　정 창 렬

편찬위원

권 태 억　　유 영 렬　　최 창 희

집필(갑오개혁 이후의 사회 · 경제적 변동)

강 영 환　　고 정 휴　　권 태 억　　김 익 한　　김 정 기
김 필 동　　나 애 자　　박 용 옥　　박 이 택　　손 정 목
오 두 환　　유 희 경　　이 배 용　　이 영 호　　이 윤 갑
이 헌 창　　임 계 순　　전 우 용　　정 경 숙　　정 재 정
조 성 윤　　지 승 종　　최 원 규　　최 종 고　　하 원 호
한 복 진

기획 · 편집

이 해 준　　강 영 철　　이 근 택

고 성 훈　　고 숙 화　　이 민 원

복간 간행 : 김 용 곤 · 장 득 진

한국사 간행취지

우리 겨레가 앞으로 어떻게 살아갈 것인가 하는 문제는 우리들은 물론 우리와 더불어 살아가는 세계인들의 관심사일 것이다. 이에 대한 해답은 과거에 어떻게 살아왔는가 하는 우리 역사에 대한 인식을 통해 찾을 수 있을 것이라고 생각된다.

본 위원회에서는 이미 1970년대에 『한국사』 25권을 간행하여 해방 이후 한국사의 연구성과를 집대성함으로써 한국사에 대한 인식을 새롭게 한 바 있다. 그 이후 한국사회는 놀라운 성장과 발전을 이루었고 역사학계도 상당한 연구성과를 축적하였다. 이러한 변화에 발맞추어 한국사학계는 새로운 『한국사』 편찬의 필요를 느끼게 되었다.

이에 본 위원회는 일차적으로 한국사 연구지원비를 마련하여 역사학계로 하여금 1980년대 중반까지 연구성과가 미진하다고 생각되는 분야를 연구할 수 있도록 하였다. 이어서 1989년부터 1990년까지의 준비를 거쳐 1991년에는 '신편 한국사 편찬위원회'를 따로 구성하고 총 60권에 달하는 새로운 『한국사』를 편찬하기로 하였다. 그리고 다음과 같은 『한국사』 편찬의 목표를 세웠다.

① 한국의 역사와 문화에 대한 객관적 인식의 토대를 제공할 수 있는 한국사를 편찬한다.

② 민족의 창조적 문화활동과 민족사의 내재적 발전을 드러내는 한국사를 편찬한다.

③ 최근까지의 연구성과를 체계화하고 새로운 영역을 개척함으로써 한국사 연구의 지평을 넓힌다.

④ 한국사 연구와 관련하여 고고학·인류학·사회학·경제학 등 인접학문의 연구성과를 수용하여 한국사 인식의 폭을 넓히는 데 기여한다.

새로운 『한국사』를 펴내면서 우리 모두가 바라는 바는, 민족의 통일에 대비해야 하고 급격히 변화하는 시대상황 속에서, 한국사 연구자의 깊이 있는 연구를 도와주고 독자들의 역사인식을 드높일 수 있는 길잡이 구실을 할 수 있었으면 하는 것이다.

국사편찬위원회 위원장

목　차

Ⅲ. 사회생활의 변동

개 요

I

갑오개혁 후 한국의 사회 경제는 다시 한번 급격한 변화를 경험하게 되었다. 동학농민전쟁으로 분출된 농민들의 변혁 움직임은 진압되고 말았지만 그 속에 담겨진 농민들의 요구까지 전면적으로 부정될 수는 없었다. 그 결과 갑오개혁은 비록 일제의 군사력을 바탕으로 한 것이었지만 농민들의 요구를 어느 정도 수용하지 않을 수 없었고, 이 같은 조치는 이미 동요하고 있었던 봉건적 질서에 커다란 충격을 주었다.

이러한 변화는 일단 '근대화'로 불릴 수 있는 것이었지만 그것은 애초부터 양날의 칼과 같은 것이었다. 만약 조선정부가 자주권을 확고히 지키면서 뚜렷한 목표를 설정하고 나갈 수 있었다면 그것은 근대적 국민국가를 세우는 수단이 될 수 있었을 것이다. 그러나 국권이 제약받고 있는 상태에서 그것은 단지 외세의 침투를 용이하게 하는 것이며, 침략을 호도하는 수단에 불과한 것이었다. 조선 사회는 개항 이후 나름대로 자주적 근대화 정책을 추구하였지만, 이 때 맺어진 불평등조약과 이를 이용해 한국에 침투하려고 하였던 청·일을 위시한 외세, 특히 청일전쟁 이후 경제적으로 경쟁상대가 없어진 일본은 이를 허락하지 않았다. 이러한 상황에서 근대적 제도의 도입은 침략 세력이 자기 세력을 扶植하기 위한 핑계로서 이용되었을 뿐이고, 조선이 경제적·정치적으로 외세에 예속되는 날짜를 앞당기는 것일 뿐이었다.

한편 청일전쟁의 승리에도 불구하고 이른바 3국간섭으로 한반도에서 일제가 후퇴할 수밖에 없었고, 러시아가 새로 침투해 오는 상황에서 빚어진 힘의 공백상태에서 고종은 대한제국을 내세우고 나름대로 현실에 대처코자 하였다. '舊本新參'을 기조로 하면서 보수적 입장에서, 외세를 배격하며 자주적으로 개혁을 추진해 나가던 대한제국은 이같이 침략을 방조하는 데로 귀결되는 근대화에 제동을 가하고자 하였지만, 이를 실행에 옮길 수 있는 국제적 지원이나 국내의 지지기반은 약했다. 또 외세 침략의 수단이 되는 일부 법령이나 조치는 무효화시킬 수 있다해도, 그 밖의 여러 가지 봉건적 관습 및 제도를 제거하는 근대화 법령들은 아무리 광무정권이라 해도 돌이킬 수 없는 것이었다. 싫든 좋든 바야흐로 근대화는 시대적 사조가 되었다고 할 수 있었다.

이같이 갑오개혁에서 촉발된 봉건적 제 관습과 제도의 폐기는 외국 침략 세력이나 국내의 세력들에게 새로운 활동의 조건을 제공하는 것이었다. 외세는 이를 이용하여 자신의 세력과 자본을 침투시켰다. 그와 함께 군사력을 내세워 자기들의 보다 원활한 활동을 위한 조약을 강요하거나 '근대적' 제도의 이식을 강요하기도 하였다. 국내 경제 세력들도 나름대로 새로이 허용된 기회를 이용하기도 하면서, 때로는 보수적이었지만 반외세적인 정부에 기대면서, 또는 정부의 지원없이 홀로 새로이 밀려오는 외세에 저항을 벌여 나갔다. 양자간에는 이를테면 한국에 있어서의 근대화의 주도권을 장악하기 위해 투쟁이 전개되었던 것이다. 이후의 역사는 이 투쟁이 결국 정부의 보호를 기대할 수 없었고 자본력에서 열세였던 후자가 패배함으로써 조선이 독자적인 근대 국민국가로 발전하는 데 실패하고 식민지로 귀결되었음을 보여주지만, 이때의 경험은 이후 식민지 상황 극복을 위한 투쟁의 밑거름이 되었다고 할 수 있겠다.

한편 개항 이후 들어오기 시작한 서구 문물의 흐름은 갑오개혁 이후 더욱 거세어져 한국 사회 및 한국인의 생활 곳곳에 영향을 끼치게 되었다. 자주독립을 위해서는 부강해져야 되고, 그러기 위해서는 서구의 발달된 문명을 받아들여야 한다는 여론이 차츰차츰 형성되어 가면서, 서구의 문물은 보다 광범하게 유입되었다. 개항에서 시작된 서구문화의 본격적 침투는 이때에 이르러 전면화되었다고 말할 수 있다.

Ⅱ

조선은 1876년 개항으로 세계자본주의 시장에 편입되었는데, 이와 함께 전개된 대외무역은 조선의 상품화폐 경제 규모의 확대는 물론 경제 구조의 개편도 초래하는 것이었다. 개항 당시 조선의 수출입 무역을 독점했던 것은 바로 일본이었는데, 아직 산업화를 이룩하지 못하고 있었던 일본은 면제품을 중심한 서구자본제품을 조선에서 판매하고, 그 대금으로써 쌀을 중심한 곡물을 일본으로 수입하면서 상업적 이윤을 얻고 있을 따름이었다. 이 단계에서도 일본정부는 아직 취약했던 자국 상인들을 돕기 위하여 개항장에서 일본화폐 유통권을 확보하였고, 해운업 장악을 돕고 있었다. 또 개항 직후 제일국립은행이 부산에 지점을 설치하고 해관의 금고 역할을 맡으면서, 日商들의 자금줄이 되는 것은 물론 조선의 화폐 금융을 장악하고자 획책하였다.

임오군란 이후 조선에서 군사적 우위를 확보한 청은 이제까지 명목적이었던 사대 조공관계를 실제적인 종주국-속방관계로 전환시켜가면서, 한발 앞서 가고 있던 일본을 추격하기 시작하여 이후 양국간에 치열한 경쟁이 전개되었다. 그렇지만 산업화를 진행시키지 못하고 있었고, 보다 결정적으로는 일본과의 전쟁에서 패하면서, 청은 경쟁무대에서 사라지고 말았다.

경쟁상대를 물리친 일본은 개화파와 함께 '내정개혁'(근대화)을 앞세워 침략의 길을 넓혀 나갔다. 일제는 朝日攻守同盟을 강요하는 등 조선의 자주권 침범과 함께 철도 부설권 등을 빼앗아 가면서 경제적 침투를 확대하였다. 이와 함께 부세의 금납화, 일본 은화의 유통을 허용한 은본위제 화폐개혁을 단행하였다. 이밖에 六矣廛 폐지, 商理局 혁파, 각종 특권회사와 수세도고 혁파, 잡세 폐지 등은 '전근대적' 도고상업체제를 해체하는 것이었다.

이 같은 정책은 외형상 '근대화'로 나타날 수 있었고, 바로 그 까닭에 개화파를 현혹시키고 또 일시 조선 인민들의 기대를 불러모을 수 있었다. 즉 경제와 관련된 새로운 조치들은 당시의 부세수취와 관련된 관리들의 부정을 제거하고, 문란된 화폐제도를 바로잡으며, 또 중세적인 특권상업을 해체함으로써 상품화폐 경제를 발달시킬 수 있는 것이었다.

그러나 조선정부가 개혁의 주도권을 잡을 수 없었던 상황에서 이 같은 근대화 조치는 외국상인의 진출을 가로막는 장애물을 제거하는 것에 지나지 않았다. 이를 가장 잘 이용한 것은 바로 일본이었던 바, 그들은 이 같은 근대적 법령을 이용하는 한편, 그것으로도 부족할 때는 불법을 무릅쓰고 경제적 침투에 앞장섰다. 예를 들면 이미 개항 직후부터 한국의 금융을 장악하고자 획책하고 있었던 일제는, 동질·동량·동가의 외국화폐 유통을 허용한 〈新式貨幣發行章程〉을 이용하여 일본 은화가 法貨로 인정받도록 하였다. 또 조일공수동맹을 내세워 조선을 전장으로 만들면서 청일전쟁을 벌였던 일제는 물자 및 노동력을 징발하면서 다량의 일본 화폐를 살포하였다. 이 같은 일제 화폐의 통용은 일제의 화폐 금융권 장악을 도왔음은 물론 일상의 진출 및 일제 상품의 범람을 초래하였다. 또 도고상업체제의 해체는 현실적으로 일상의 가장 강력한 경쟁상대인 조선 상인들의 손발을 묶고, 폐쇄적인 독점체제를 해체함으로써 일상들이 자유롭게 상행위를 할 수 있는 조건을 마련해주는 것에 지나지 않았다.

이 같은 조건들에 힘입어 일상들의 내지침투도 확대되어 갔다. 초기 외상들의 활동범위는 개항장의 거류지 밖 10리 이내로 제한되어, 그 활동이 각 개항장을 중심으로 할 수밖에 없었고, 그에 따라 조선인 객주의 도움이 필수적이었지만, 이후 계속된 조약에서 '間行里程'은 100리로 확대되었다. 1883년의 조영조약에서는 외상들의 내지 행상이 용인됨으로써 개항장을 중심한 무역기구는 붕괴되고 말았고 객주들도 일상들의 자금에 종속되어 갔다. 또 외국상인의 내륙행상은 1880년대 후반부터 확대되기 시작하여 내륙에 정주하는 경우까지 나타나기 시작하였다. 특히 청일전쟁 이후에는 일본군의 비호를 받는 일상의 불법적인 내지 定住商業과 행상이 급속히 늘어났다. 서울도 이미 1882년 〈朝淸商民水陸貿易章程〉에 의해 외국상인에게 개방되었지만, 갑오개혁 이후 외상의 서울내 정주상업은 한층 더 확대되었다. 이들은 본국 정부의 비호에 힘입어 조선정부에 아무런 부담을 지지 않고 상업활동을 하였다. 한편 서울의 육의전상인들은 국가에 일정한 부담을 지는 대가로 금난전권을 행사하고 있었는데, 외상들은 이를 무시하고 상업활동을 펼침으로써 경쟁에서 우위에 설 수 있었고 결국 육의전 상인 세력은 위축될 수밖에 없었다.

한편 쌀은 개항기 조선의 가장 중요한 수출품이었는데, 처음에는 객주를 통해서 쌀을 확보하던 일상들은 내지 행상이 가능해지자 점차 직접 쌀의 확보에 나서기 시작하였다. 이들은 수출할 쌀을 확보하기 위하여 농민들에게 자금을 전대하는 방식을 채택하면서, 농민들은 차츰차츰 고리대의 올가미에 얽혀들게 되었다. 이로써 농민들의 몰락은 가속화되었다.

Ⅲ

갑오개혁, 아관파천으로 위신이 추락되었던 조선 왕실은 외세의 간섭이 약해진 틈을 타 대한제국을 성립시키고 고종은 황제에 등극하였다. 이렇게 성립한 광무정권은 황실이 중심이 되어 개혁을 추진코자 하였다. 광무정권은 우선 갑오개혁시에 일제가 왕실을 약화시키기 위해 만들었던 궁내부를 대폭 확충하고, 그 산하의 내장원에 각종 이권을 귀속시키고, 이리하여 얻어진 자금을 바탕으로 각종 근대화 사업을 전개코자 하였다. 이를 위해 양전사업을 전개하였으며, 역둔토의 정리에도 나섰다. 내장원은 1898년 6월에는 전국의 주요 광산을 자신의 소유로 하였으며, 인삼세 · 광산세 등을 관장하기 시작하였다. 심지어는 개혁 자금을 마련하기 위하여 일본으로부터 차관을 도입하기도 하였다. 이렇게 하여 마련된 자금으로 광무정권은 은행 · 철도사업 등 각종 사업에 참여도 하였다. 한편 광무정권은 각종 기술학교를 세우고, 일반의 회사설립을 장려하였다.

이 같은 경제정책 및 식산흥업정책의 기본 방향은 외세는 가능한 한 배제하면서 지주 및 특권상인의 기득 권익을 옹호하는 방향으로 추진하였다. 당시 성행하던 외국인, 특히 일본인들에게 토지를 잠매하는 것을 막기 위하여 광무정권은 〈依賴外國致損國體者處斷例〉를 반포하였고, 각종 회사의 장정 규칙에도 "외국인에게 권한을 양도하거나, 외국인과 합작할 경우 허가는 취소하며, 사원은 엄형에 처한다"는 규정을 포함하여, 민간부문에서 외국인에게 이권을 양도할 수 있는 여지를 사전에 봉쇄하였다. 물론 외국인이라 해도 그 주대상은 일본이었음은 물론이다.

한편 도고체제를 해체하고 '근대적' 상업질서를 지향하였던 갑오개혁과는 달리 광무정권은 특권 상업체제를 부활시키고자 하였다. 그리하여 이 시기에는 보부상 단체가 복설되고 개항장 객주들이 회사를 설립하여 독점적 영업권을 확보할 수 있었다. 또 내장원에 일정한 액수의 세금을 바치는 대신 물종별, 지역별 영업 독점권을 확보하는 특권상인들이 각지에 나타났고, 수많은 잡세가 부활되었다. 이로써 비록 민간자본이 출현할 수 있는 여지는 축소되었지만, 이 같은 민중수탈을 기반으로 황실·특권 관료층·특권 상인은 자본을 축적할 수 있었고, 이를 바탕으로 광무년간에는 많은 은행·회사 등이 생겨날 수 있었다.

한편 개항 이래로 개항장이 확대되어 가고, 기선의 운항 등으로 인한 교통의 발전, 금이나 곡물수출로 확대된 국내 구매력의 증대는 전체적으로 시장의 확대, 상품화폐경제의 발달을 유발하였다. 이를 바탕으로 특히 수입품과 격심한 경쟁을 하지 않아도 되었던 상품의 경우에는 생산이 증가하는 모습을 보여주었는데, 그 대표적인 예는 鍮器製造業이었다. 개항 이전부터 안성과 정주 등지에서 매뉴팩쳐적 경영형태를 보이던 유기제조업은 개항 이후 전국적으로 확대되어 갔고, 근대적 공장으로 발전하기도 하였다. 농기구와 솥 제조를 위주로 하는 철기류 제조업도 그 품질이 우수하여 일제 쇠냄비·쇠대야를 물리치고 공장제 수공업 방식에 의한 생산을 계속해 나가고 있었다. 긴 역사를 가지고 있었던 도자기 제조업도 개항 이후에도 활발하게 생산을 계속해 나갔고, 1900년대에 들어 일제 도자기가 본격적으로 밀려오자 신식 개량기계를 도입하여 이에 대항해 가고자 하였다.

한편 전통적으로 가내 수공업으로 중요한 위치를 차지하면서, 조선후기에는 양반이나 상인자본에 의한 선대제적 생산 방식과 부농의 고용노동을 이용한 생산방식으로 발전하였던 면포 생산업은 갑오개혁 이후 점차 일제 면제품의 압력하에 힘겨운 경쟁을 벌여가지 않을 수 없었고 이에 따라 새로운 생존방식을 모색하지 않을 수 없었다. 그것은 바로 일제의 방적사를 수입하여 직조공정만을 담당하는 것이었다. 이 같은 방식은 특히 애초부터 원료 면화를 다른 지역에 기대하고 있었던 지역에서 발달하기 시작하여 전국으로 확대되었다. 물론 이 같은 대응방식으로 일제 면포와의 경쟁에서 이길 수는 없었지만, 土布는 상당기간 버틸 수 있었다. 이와 함께 서울 지역에서는 직기의 개량이 이루어져, 밧탄 직기가 도입되고 이를 이용한 공장들이 다수 등장하였으며, 정부의 식산흥업 정책, 상공업 진흥정책에 힘입어 비교적 큰 규모의 직조공장이 등장하여 상당기간 영업을 계속하기도 하였다.

그러나 광무정권 시기 이 같은 자주적 근대화의 노력은 한계가 분명한 것이었다. 우선 광무정권의 성립 자체가 열강간의 상호견제에 의한 일시적 힘의 공백상태 속에서 가능했던 것이기 때문에 그것이 일단 붕괴되면 정권의 존립기반 자체가 없어지는 것이었다. 또 광무정권은 근대화 및 식산흥업 정책에 필요한 막대한 자금을 마련하기 위해 황실에 각종 이권을 집중하고 각종 특권을 상인·관료층에 주었지만, 거기에서 수탈대상이 되었던 것은 바로 그 같은 근대화 정책의 수혜자이어야 할 일반 영세 농민 및 상인이었다. 그럼으로써 식산흥업이라는 합당한 목표에도 불구하고 일반 대중의 지지를 불러모으기는 힘든 것이었다. 이같이 취약한 기반 위에서 조선으로 침투코자 온갖 수단을 동원하고 있었던 일제의 책동을 막을 수 없었던 것이다. 즉 일제가 광무정권의 주권을 무시하고 불법을 일삼으며 침투해 올 때 이를 막을 수 있는 힘이 광무정권에 있을 리 없었으며, 결국 러일전쟁이 벌어지고 여기에서 일본이 승리하면서 광무정권의 근대화 노력은 최종적으로 좌절되고 말았다. 전통적 제조업도 새로운 기술을 채용하는 등, 개항 이후 밀려들어 오는 값싼 자본제 상품에 버텨 보고자 하였지만, 국가의 보호없이 이를 극복해낼 가능성은 애초부터 매우 희박했다고 하겠다. 이로써 자주적인 근대 민족국가, 민족경제를 건설할 수 있는 가능성은 사라지고 말았다.

일제는 두 차례에 걸친 일영조약에 자신을 얻어 러일전쟁을 도발하고 영·미의 도움에 힘입어 한국을 보호국화하였다. 이와 함께 한국 사회·경제의 식민지적 재편은 급속히 추진되었다. 일제는 '문명화'를 내세워 한국인들의 저항과 불만을 무마하면서, 자신들이 이제까지 꿈꾸어 왔던 조치들을 실천에 옮겨 나갔다. 당시의 상황에서 문명화는 바로 일제 본국의 제도를 한국에 이식하는 것이었고, 이는 바로 일제 자본에게 자유로운 활동의 공간을 마련해 주는 것에 지나지 않았다. 한국의 문명화가 바로 자신의 이권을 확대시키는 것이었음은 일제 자신도 잘 인식하고 있었다. 그리하여 보호국화 이후 일제의 '문명화' 작업은 이전부터 그 시행 및 쟁취가 시급하다고 상인 등이 요청하고 있었던 것부터 차례로 실천에 옮겨지게 되었다. 철도부설 이권, 이른바 화폐정리사업, 토지소유권의 확보, 내지 정주권의 확보 같은 것은 그 대표적인 것이었다. 이 같은 조치에 힘입어 일본 식민자들의 이주는 급속히 늘어갔고, 이들은 교통이 편하고 생산성이 높은 평야지대의 토지를 매입하여 대지주로 성장하여 갔고, 새로운 유통의 중심지가 된 철도 정거장의 요지를 불하받아 상권을 장악하여 갔다. 이제 한국에 허용된 운명은 일제 자본주의를 위한 원료공급지와 상품판매지이자, 일본제국주의의 문제 해결을 위한 배출구로 재편되는 것이었으며, 나아가서 일제의 대륙 침략을 위한 기지가 되는 것이었다.

Ⅳ

갑오개혁은 동시에 한국 사회의 급격한 변화의 계기가 되었다. 이 시기에는 여러 가지 전통적인 관습들이 부정되고 새로운 제도들이 채택되었지만 그 핵심에 있었던 것은 봉건적 신분제의 부정이었다. 신분제는 조선의 모든 제도와 법령·관습 밑에 깔려 있는, 조선사회 운영의 기본 원리였다. 갑오개혁은 반상의 차별을 없애고 양반신분의 각종 특권을 폐지하였다. 과거제의 폐지로 양반의 독점적 지위는 부정되었으며, 그 대신 채택된 관리선발방식인 〈選擧條例〉·〈銓考局條例〉·〈文官授任式〉은 오히려 새로운 학문과 문물의 습득에 적극적이었던 중인층의 관직 진출에 유리한 것이었다. 노비제의 폐지, 천민의 해방 역시 이 시기에 단행되었다.

물론 몇 개의 법령으로 수백 년 지속되어 온 일반인들의 관념, 관습이 하루아침에 청산될 수 있는 것은 아니었다. 이 같은 조치에 대한 구래 양반층의 반발도 만만치 않았으며, 개화파 정권도 이에 밀려 뒤로 후퇴하는 모습을 보이기도 하였다. 그러나 갑오개혁기의 법령들로 신분제는 최소한 제도상, 관념상 폐지된 것은 틀림없는 사실이었으며, 이후 이를 현실화하기 위한 중·하층들의 운동을 통해 한국 사회는 점차 변화해 갈 수밖에 없었다. 또 이후 전개되는 사회 경제적 변화는 신분제 원리와는 거리가 있는 것이었으므로, 이에 잘 대처할 수 있는 개인이나 집단만이 새로운 상황에서 살아남을 수 있게 된 것이었다.

한편 갑오개혁 이후 한층 더 활발해진 새로운 문화의 유입은 한국인들의 생활을 점차 변모시켜 갔다. 유교적 윤리에 따른 가부장제는 서구의 근대적 사조의 도입과 함께 도전받게 되었으며, 이후 여성이 자각함에 따라 그 사회 진출이 완만하나마 점차 이루어지기 시작하였다. 서양 종교 및 학문의 도입은 지식인들은 물론 일반인들의 관념을 변화시키는 데 큰 기여를 하였다.

그러나 이 시기의 '근대적' 변화는 큰 부분에서 일제에 의해 주도되고 있었음을 주의할 필요가 있다. 그것은 말하자면 일제에 의해 이식된 근대문화였으며, 따라서 그들의 이해에 맞게 취사선택된 것이었다. 반상제를 폐지하였다고 해도 때로는 양반계급의 협조를 얻기 위하여 그들을 보호하는 조치를 취하기도 하였으며, 한국인들의 저항을 잠재우기 위해서 오히려 봉건적인 충효관념의 온존을 위해 노력하기도 하였다. 또 자신의 호주제를 도입하여 가족내에서 점차 상승하고 있었던 여성의 지위를 하락시키기도 하였다. 갑오개혁기 및 이후 통감부 설치기에는 지금까지도 우리의 생활을 지배하는 '근대적' 법체계의 틀이 형성되었는데, 그 성격의 파악은 이후 한국 사회의 성격 파악 및 일제 식민지 지배에 대한 평가와도 관련하여 매우 중요한 과제로 남아 있다고 하겠다.

〈權泰檍〉

Ⅰ. 외국 자본의 침투

1. 제국주의의 경제 침탈
2. 일제의 토지 침탈

Ⅰ. 외국 자본의 침투

1. 제국주의의 경제 침탈

1) 금융 지배

한국근대사의 식민지화 과정에서 금융 침탈의 중요성은 큰 것이다. 역설적으로 일본의 식민지지배 과정에서 금융지배의 중요성도 또한 큰 것이었다.[1] 한국의 식민지화 과정은 개항을 통한 무역의 확대, 그 과정에서의 경제구조의 식민지화를 통해 진행되었다고 할 수 있지만, 이권 나아가서 주권의 침탈이라는 점에서는 상권의 침탈에 병행하여 대단히 일찍부터 금융의 침탈이 이루어졌다. 일본의 조선 식민지화 정책의 특색으로서 '금융적 지배의 선행'[2]을 지적할 수 있다.

제국주의의 금융지배는 후진경제를 제국주의의 신용경제권으로 포섭하고 화폐발행권 자체를 장악하는 직접적이고도 근본적인 지배의 방식이 있을 수 있고, 후진국의 화폐발행권은 인정하되 금융기관의 진출을 통해 간접적으로 지배하는 방식이 있을 수 있다. 한국의 경우 금융지배는 초기에는 금융기관의 진출을 통한 간접적인 방식으로 진행되었지만, 후기에는 화폐발행권 자체의 장악으로 나아갔다. 따라서 금융지배의 과정을 이해하기 위해서는 이 두 가지 측면을 유기적으로 이해하는 것이 필요하다.

또한 한국 금융의 침탈과정에는 내외적 요인이 겹쳐 있었다. 일제의 침략

---

1) 淺田喬二, 〈日本植民地史の課題と諸方法〉(《歷史評論》 30, 1975)은 식민지지배의 三本柱로서 철도지배·금융재정지배·토지지배의 세 가지를 들었는데, 일본의 학계에서 토지지배를 중시한 종래의 연구 경향에 대한 반성에서 금융지배에 관한 다양한 연구가 이루어진 바 있다.

2) 高嶋雅明, 《朝鮮における植民地金融史の研究》(大原新生社, 1978), 215쪽.

야욕에도 불구하고 한국의 대응력이 강하였다면 역사의 진행은 달라질 수 있었겠지만 한국정부는 취약하였다. 한국정부는 재정의 어려움을 모면하기 위하여 흔히 악화 발행을 통한 재정수입의 확보를 시도하였고, 이는 화폐제도의 문란을 초래함으로써 일제의 금융 침략에 유리한 여건을 조성하여 주었다.

(1) 일본의 금융진출과 제일은행

1876년의 강화도조약 이후 3항이 개항되면서 일본은 무역의 편의를 제공하고 무역에 따른 상업적 이윤의 큰 부분을 장악하고자 일찍이 금융기관을 개설하였다. 후진국의 개항기에 도매업·은행·해운·보험 등은 이윤이 가장 큰 분야이므로 일본은 상대적으로 빨리 이들 분야에 진출하여 조직적으로 대응하였다.

일본 금융기관의 조선 진출의 출발은 무역상업금융의 편의를 얻고자 하는 것이었다. 일본의 금융기관중에 한국에 제일 먼저 진출한 것은 第一國立銀行이었다. 제일국립은행은 1872년 일본의 〈國立銀行條例〉에 의거하여 미츠이(三井)·오노(小野)의 출자에 의해 1873년에 설립된 일본 최초의 은행이고, '국립'은 〈국립은행조례〉의 규정에 따라 설립된 은행이라는 의미에 불과하고 사실은 일개 사립은행에 지나지 않았다. 제일은행은 개항 직후인 1878년에 이미 부산에 지점을 개설하고 이후 1880년에 원산, 1882년 인천, 1888년 경성에 출장소를 개설하고 지점으로 승격시켜 나가는 등 영업망을 확충하였다.

제일국립은행은 처음에 "주로 換 혹은 荷換의 길을 열고, 대부의 편리를 꾀하면서 한전을 교환함으로써 彼我의 상업상의 편익을 주기"[3] 위해 진출하였다. 개항기 한일무역은 미곡·대두·우피 등을 수출하고 면직물을 수입하는 米綿交換體制로 대표되는 것이었다. 수입품의 구성에 있어서는 크게 보아 청일전쟁 이전까지는 주로 나가사키(長崎)를 중심으로 하는 중계상품의 무역이 중심이었다면 청일전쟁 이후에는 일본의 공업화가 시작되면서 일본산 면사·면직물의 비중이 증가하였다.

조선에 진출한 일본 금융기관은 제일국립은행을 필두로 1880년에는 쓰시마(對馬島) 이즈하라(嚴原)의 第百二國立銀行의 부산출장소, 1890년에는 나가사

3) 澁澤榮一, 《韓國に於ける第一銀行》(東京 : 第一銀行, 1908), 1쪽.

키 第十八國立銀行의 인천지점, 1892년에 오사카(大阪) 第五十八國立銀行의 인천지점이 설치되었다. 물론 일본계 은행 이외에도 香港上海銀行 및 챠타드 뱅크(Chartered Bank)가 인천에 진출한 바 있지만 "그 거래는 2~3인의 洋商 및 淸商에 한하고, 업무는 주로 換의 매매이고 대부는 극히 적어서"[4] 일본계 은행과 비할 바가 아니었다. 그리고 외국 금융기관들의 침투과정에서 漢城銀行·大韓天一銀行 등의 민족금융기관도 설립되고 나름대로의 발전을 하였던 것은 사실이지만 조직의 규모나 자금 등의 면에서 외국은행과 경쟁하기에는 역부족이었다.

무역의 확대 과정에서 금융기관의 진출로 日商들은 수출품 매집에 있어서 前貸金 등을 통해 생산자를 금융적으로 종속시켜 값싸게 곡물을 매집하기도 하고, 은행을 통한 무역결제상의 편의를 얻었으며, 이밖에도 다양한 목적을 위한 자금 융통의 편의를 얻을 수 있었다. 일본인의 경제침략은 은행을 비롯한 금융기관을 첨병으로 하여 이루어졌다고 해도 과언이 아니었다.

한국에 진출한 일본 금융기관의 영업상황을 비교·검토하여 보면 다음 〈표 1〉과 같다. 〈표 1〉은 은행들의 예금, 대출고 및 荷換어음의 취급고를 보여주고 있는 바, 연도별로 차이는 있지만 제일은행이 예금·대출에서 특히 압도적인 비중을 차지하고 있고, 하환 취급에서도 대체로 50% 이상을 점하고 있음을 볼 수 있다. 물론 상업금융을 중심으로 하는 제18은행과 제58은행 사이에도, 제18은행은 하환어음을 보다 많이 취급하고 제58은행은 예금·대출이 많은 등의 영업상의 특징이 없지 않았다.

제일국립은행은 단순한 상업금융 이외에 한국의 재정자금을 이용하고 일본의 정책자금을 이용하는 점에서 타 은행과 다른 뚜렷한 특징이 있었다. 우선 제일국립은행은 諸 예금에서 점하는 公金預金의 비중이 일관하여 높고 특히 청일전쟁기 이후에 현저하였다.[5] 그리고 대출에서도 제일은행은 政府貸上을 할 뿐만 아니라 해관세를 비롯한 재정자금에 의거하여 영업을 하여 예대율(대출/예금)이 100% 미만인 특징이 있었다. 반면에 제18국립은행은 본점·오오사카지점에서의 자금투입을 통해 활발한 영업활동을 함으로써 한국

4) 德永勳美,《韓國總覽》(東京 : 博文館, 1907), 1126쪽.
5) 高嶋雅明, 앞의 책, 243쪽.

내에서는 일관하여 예대율이 100%를 상회하는 대조적인 모습을 보였다.

〈표 1〉 한국에 있어서 일본 금융기관의 영업상황

(단위 : 円)

	第一國立銀行		第十八國立銀行		第五十八國立銀行	
	預金・貸出	荷換어음	預金・貸出	荷換어음	預金・貸出	荷換어음
1878	4,090	1,360				
	17,865	6,250				
1882	21,072	296,677				
	43,233	120,703				
1886	114,802	107,218				
	229,002	43,383				
1890	211,165	1,108,241	1,000	19,720		
	367,361	629,529	53,900	38,376		
1894	1,030,689	629,794	57,875	338,852	37,397	425,598
	505,107	517,044	129,007	611,444	88,681	217,363
1898	2,252,650	1,648,556	164,967	1,449,243	95,544	97,648
	804,196	1,556,889	554,605	823,505	208,744	66,755
1902	3,970,901	4,026,253	252,332	3,536,970	283,526	417,350
	2,775,054	1,651,998	717,354	1,766,929	722,270	528,895
1906	10,728,548	4,733,941	1,527,029	3,725,587	1,503,092	1,531,218
	4,384,794	5,290,386	1,914,174	3,273,938	3,521,912	1,421,501

* 1. 高嶋雅明,《朝鮮における植民地金融史の硏究》(大原新生社, 1978), 244・248쪽.
2. 預金(公金・일반예금 포함), 貸出(일반대출금만이고 政府貸上金은 포함하지 않음)은 年末殘高임. 各年次 上段은 예금고이고 下段은 대출고임. 荷換取組高는 각 년차의 總取組高 합계임. 상단은 取組高(조선내 각 지점에서 각지로 향한 것)이고 하단은 取立高(각지에서 조선내 각 지점으로 향한 것)를 나타낸다.
3. 第五十八國立銀行의 1898년분은 부산지점만의 것이고 인천・경성지점은 포함하지 않음.

제일은행은 일찍부터 한국정부의 재정자금을 이용하는 외에 보통은행 업무 이외의 특수업무를 취급하였다. 제일은행은 일본은행의 업무를 대행하는 등의 보통은행 업무 이외의 특수업무를 취급하였고 나아가서는 일본제국주의의 조선침략의 첨병이 되어 한국의 중앙은행이 되고자 시도하였다. 물론 제일은행이 취급한 특수한 업무는 처음부터 동시적으로 이루어진 것은 아니고 순차적으로 이루어졌다. 대표적인 것으로 ① 해관세의 취급, ② 地金銀의 매입, ③ 화폐의 정리, ④ 한국정부에의 貸上金, ⑤ 은행권의 발행, ⑥ 한국 국

고금의 취급, ⑦ 한국 중앙은행으로서의 업무 등을 행하였다.[6]

제일은행은 부산에 지점을 설치하자 일본의 통화를 유통시키고 한국산 금을 매수하고자 기도하였다. 그를 위해 제일은행은 일본정부에 출원하여 자금을 대여받았으며, 1880년에는 사금의 집산지인 원산에 출장소를 설치하였고, 1882년에는 해관세 취급을 위해 인천에 출장소를 설치하였다. 1884년 2월 조선의 총세무사인 묄렌도르프(P. G. Möllendorff)와 해관세 취급조약을 체결하여 이후 조선의 개항장에서 해관이 징수하는 관세수수료, 벌금 등을 거의 모두 제일은행에서 취급하게 되었다. 이에 따라 제일은행은 외국의 민간은행으로서 사실상 조선의 해관세를 취급하는 재정기관과 같은 역할을 하였다.

제일은행은 해관세 취급은행이 됨으로써 해관세를 예금으로 유치할 수 있게 되었을 뿐 아니라 이러한 신용을 바탕으로 소위 '韓錢預託어음'을 발행할 수 있었다. '한전예탁어음'은 관세납입을 위한 편의수단으로서 제일은행에서 발행되어 해관을 거쳐 또한 동 은행으로 환류되는 일종의 관세지불증명 또는 수령증에 유사한 것이지만, 그 기능은 발행자의 신용에 힘입어 대차의 결제에도 사용될 수 있는 것이어서 제삼자에 대해서도 능히 유통하고, 은행권에 대단히 유사하지만 그 주된 차이점은 표기금액이 일정하지 않은 것이었다.[7] 제일은행이 이와 같이 단순한 상업금융기관에 그치지 않고, 한국의 재정자금을 취급하고 이에 기초하여 한전예탁어음→一覽拂어음→은행권→법화로 이어지는 화폐발행권을 장악하는 과정은 한국에 대한 식민지적 금융지배 과정의 특징을 단적으로 보여주는 것이다.

제일은행은 이제 관세금 취급에 그치지 않고, 청일전쟁 후에는 시부사와 에이치(澁澤榮一)가 중심이 되어 한국의 중앙은행이 되고자 하였으나 이후 삼국간섭 등의 정세변화로 성공할 수 없었다. 그러나 제일은행은 1902년에 당시 한국이 폐제문란한 상태임을 기화로 일본정부의 허가를 얻어 화폐적 성질을 가진 일람불어음인 제일은행권을 발행하였다. 이것은 제일은행의 한국 중앙은행화를 시도한 본격적인 기도였다. 그러나 이때까지만 해도 한국정부

---

6) 長谷川天代松 編, 《第一銀行五十年小史》(1926), 72쪽.
7) 四方博, 〈朝鮮における資本主義の成立過程〉(《朝鮮社會經濟史研究》, 京城帝大 法文學會, 1933), 95쪽.

가 존속하고 宋秀萬 등을 중심으로 조직된 한국 상민들에 의한 반대운동이 활발했으므로 그 유통이 크게 확대되지는 않았다.

이와 같이 조선의 재정자금을 이용하여 성장한 제일은행은 1905년 메가타 타네타로(目賀田種太郎)에 의한 화폐재정정리사업이 시행될 때에는 백동화를 정리하는 담당기관이 되고, 조선의 중앙은행으로서 은행권을 발행하는 특권을 공인받았으며, 또한 중앙금고의 역할을 수행하게 되었다. 제일은행의 중앙은행화는 금융 침략의 완성을 의미하는 것이지만 이것은 다음에서 보는 화폐발행권의 장악과정과 궤를 같이 하는 것임은 물론이다.

(2) 폐제문란과 외화의 유통

일본은 개항초부터 한국의 금융지배를 위해 일관되게 접근하였다. 일본 금융기관이 일찍부터 진출하였음은 물론 일본은 강화도조약 체결 당시부터 개항장에서의 일본화폐의 유통을 허용받았다. 1876년 8월 24일 趙寅熙와 미야모토 쇼이치(宮本小一)간에 체결된 〈韓日修好條規附錄〉 第7款에는 "일본국 인민은 일본국의 貨幣로서 조선국 인민의 소유물과 교환할 수 있고, 조선국 인민은 그 교환한 일본국의 화폐로 일본국 소산의 화물을 매득할 수 있으며, 그러므로 조선국 지정의 港에서는 인민상호간에 통용할 수 있으며, 일본국 인민은 조선국 銅貨幣를 사용·운수할 수 있고, 양국 인민 사사로이 錢貨를 주조하는 자가 있으면 그 각국의 법률에 비추어 처단한다"라고 규정하였다.[8]

개항장에서의 일본 화폐의 자유유통은 한일 양국 화폐의 교환비율인 소위 '韓錢比價'를 낳게 되었다. 그리고 일본의 화폐제도가 본위화에 기초한 근대적 화폐화 즉 국제 화폐화가 진전될수록 한국 화폐의 가치는 그 동전이 함유하는 금속의 地金價値로 평가되는 경향을 가지게 되었다. 물론 일본은 개항장내에서의 일본 화폐의 유통 허용에 만족하지 않고, 금융기관의 진출과정에서 전국적인 법화로의 인정 그리고 나아가서 화폐발행권 그 자체의 장악으로까지 나아가는 것이다.[9]

---

8) 國會圖書館 立法調査局 編,《舊韓末條約彙纂(1876~1945)》上卷(1964),〈韓·日修好條規附錄〉참조.

9) 이 과정의 자세한 흐름은 吳斗煥,《韓國近代貨幣史》(韓國硏究院, 1991) 참조.

한편 한국정부는 일본의 금융 침략 과정에서 금융발전의 중요성을 비교적 일찍부터 인식하고 금융의 근대화를 추진하였음에도 불구하고 성공하지 못하였다. 고종은 1880년대 중엽부터 청국의 극단적인 내정간섭에서 벗어나기 위해 미국・러시아・일본 등과의 외교 다변화를 위해 노력하면서, 다른 한편에는 외채를 도입하여 은행을 설립하고 화폐를 새로이 발행하고자 수 차례 시도하였다.10) 그러나 그것들은 내부적인 준비부족과 외압으로 인하여 성공하지 못하였다. 다만 1891년 은본위제도를 수립하고자 하는 〈신식화폐조례〉가 제정, 공포되고 또 소량이나마 이를 위한 銀貨가 주조된 바가 있다. 그러나 이것은 약간의 은화 주조에 그치고 空文으로 끝나고 말았다.

이후 청일전쟁을 계기로 성립된 갑오정권은 1894년 음력 7월 11일 賦稅의 金納化와 함께 은본위제를 표방하는 화폐개혁을 실시하였다. 갑오정권이 발표한 은본위제의 〈新式貨幣發行章程〉은 1891년의 〈新式貨幣條例〉와 기본골격은 동일한 것이었다. 〈신식화폐발행장정〉은 은본위제도를 표방하여 五兩銀貨를 본위화로 하도록 하고 보조화로 銀 1兩, 白銅 2錢 5分, 赤銅 5分, 黃銅 1分 등이 규정되어 있었다. 이는 당시 일본의 화폐제도와 같은 것으로 특히 본위화인 5兩 은화는 그 양목과 품위가 일본의 1圓 은화와 동일하였다.

고종은 이를 통해 오랜 숙원인 근대적 화폐제도를 수립하고, 금납화와 재정개혁의 기초를 마련하고자 하였다. 다른 한편 일본은 이 기회를 이용하여 개항장에서 통용이 인정되고 있던 일본 화폐를 전국적인 범위에서 조선의 법화로 만들고자 하였다. 〈신식화폐발행장정〉 제7조에는 "新式貨幣多額鑄造之先 得暫混用外國貨幣 但與本國貨幣同質同量同價者 始許通行"이라 규정하였다. 이는 당시 개항장을 중심으로 사용되던 은화를 법화로 인정함으로써 정부의 공납에도 그 통용을 인정한 것이었다. 일본이 이 조항을 삽입하도록 종용한 것은 물론 장기적으로는 일본 화폐의 법화로의 인정을 목적으로 한 것이지만, 단기적으로는 청일전쟁으로 인한 한전의 수요 증대로 나타난 韓錢比價의 등귀와 공급부족 문제를 해결하기 위해 일화의 유통을 강제하기 위한 필요에서였다.

---

10) 吳斗煥, 〈甲午改革과 外貨流通의 增大〉(위의 책), 131~141쪽 참조.

일본은 청일전쟁의 수행과정에서 필요한 노동과 물자를 구입하기 위한 지불수단을 확보하기 위하여, 그리고 일상의 상권을 확대하기 위하여 일화의 유통을 강제하고자 하였다. 일본은 이를 통해 지방정부 관아의 公錢을 日貨와 교환 이용함으로써 목전의 전쟁수행을 위한 한전수요를 조달하는 편의를 얻었으며, 나아가 일화를 조선의 법화로 사용함으로써 조선을 일본의 신용경제권내로 편입하는 보다 중요한 계기를 마련하였다.

다만 법규정상 법화로 인정된 것은 한국 화폐와 同質·同量·同價者인 외국화폐이며, 이에는 은화는 포함되지만 지폐는 포함되지 않는 것이었다. 이 규정은 귀금속으로서 일본 은화의 유통을 허용하지만 일본정부의 신용에 기초한 화폐, 즉 지폐의 유통은 허용하지 않는다는 한국정부의 의지가 명확하게 반영된 것이었다.

그러나 일본은 지폐의 통용을 강제하는 불법적인 행위를 서슴지 않았다. 구체적으로 청일전쟁 과정에서 한국에 산포된 일본 화폐의 정확한 금액은 알 수 없으나, 북부지방에서만 600만 円에 달하였다고 하며 그 중에 1/3은 은화, 2/3는 지폐였다고 한다.[11] 남부지방을 고려하면 그 보다도 상당히 더 많은 일화가 산포되었을 것으로 추정된다.

이와 같이 일본이 불법적으로 지폐를 내지에 산포하자 한국정부는 은화 이외에 지폐나 보조화를 사용하지 말 것을 엄달하였다. 정부는 "외국화폐로 말하면 은화 외에는 公納捧下에 통용하지 말 것"[12]이라든가 "국내에 타국의 銅貨를 사용하지 않는 것은 만국의 통례이므로 지금부터는 화폐통용시 타국의 동화를 일체 사용하지 말 것"[13] 등을 지시한 것은 그 대표적인 예이다. 그러나 그 후 일본의 압력 속에 이러한 입장은 후퇴하여 "탁지아문은 지폐를 공납에 사용하지 않는 것을 고시하되 인민 상호간에 수수하는 것은 허락하는 것"[14]으로 바뀌게 되었다.

사실 일본은 청일전쟁 무렵에는 조선의 식민지화와 함께 근본적인 화폐제도

11) 日本外務省 通商局 第一課 編, 《通商彙纂》 20, 1895년 6월 25일, 〈在京城領事館報告 朝鮮國北部巡廻視察復命書〉.

12) 度支部 編, 《公文編案》 제4책(奎 18154), 〈五都八道輪關〉.

13) 《公文編案》 제12책, 〈五都輪關〉.

14) 《通商彙纂》, 1894년 12월 8일, 〈在京城領事館報告〉.

개혁을 시도하였으며, 폐제개혁 문제는 갑오개혁 당시 그들이 조선에 강압적으로 제시한 내정개혁안 속에 포함되어 있었다. 일본은 청일전쟁 과정에서 韓錢代用證劵의 발행을 시도한 바 있고, 이외에도 여러 방법으로 조선에서의 은행 설립 및 지폐 발행을 구상하였다.

특히 일본공사 이노우에 카오루(井上馨)는 갑오개혁을 위한 300만 円의 차관제공 문제와 관련하여 그것을 兌換紙幣로 대여하되, 일본의 태환지폐를 한국의 법화로 통용시키고, 조선정부는 일본에서 공채를 모집하여 그것을 상환하되 공채 상환시까지 독자적인 지폐류를 발행하지 않을 것을 약속하도록 제안하였다. 그러나 갑오정권은 일관되게 일본 지폐의 유통을 반대하고 독자적 지폐 발행과 금융기관의 설립 구상을 가지고 있었다. 개화파는 갑오개혁시에 목전의 급무인 賦稅金納化를 위한 손쉬운 화폐 송금의 방법을 열기 위해서도 근대적 본위화나 지폐의 발행 그리고 은행의 설립 등이 긴요한 사업이었다. 따라서 그들은 일본의 지폐 통용 요구에 완강히 저항하였던 것이다.15)

그러나 갑오정권은 일본 지폐를 공납에 사용하는 것은 거부할 수 있었지만 통용이 허용된 일본 은화의 신용에 기초하여 민간에 일본 지폐가 통용되는 것을 금지할 수는 없었다. 이 결과 청일전쟁 전후에 은화와 함께 대량의 지폐가 유통되었으며 그 회수 과정에서는 대량의 일본 상품이 휩쓸게 되었다. 다만 여전히 공식적으로는 일본의 은화만이 법화로 인정되고 있었다는 것을 유의해야 한다.

한편 한국정부는 일본 지폐의 법화로의 유통을 저지할 수 있었지만 국내 화폐제도는 문란상을 더하고 있었다. 〈신식화폐발행장정〉은 은본위제도를 규정하고 있었지만 규정된 본위화인 5량 은화의 발행량은 2만 元(=10만 냥) 미만이었다. 그러므로 사실상 은본위제도는 시행될 수 없었던 반면에 정부는 재정난 가운데 주조 이익을 얻을 수 있는 백동화만 남발하여 폐제문란을 초래하였다.

백동화의 주조방법은 엽전과 달리 圓形의 白銅地金에 壓印을 하는 소위 打出法에 의한 것이었다. 정부는 초기에 원형의 백동지금을 수입하고 거기에

---

15) 吳斗煥, 앞의 책, 142~146쪽 참조.

다가 수입한 極印銅鐵로 押印을 하는 방법으로 백동화를 제조하였다. 그러나 늦어도 1900년 용산전환국 설립 이후에는 백동지금의 용해에서부터 원형의 지금을 만들고 거기에 압인을 하여 成貨를 만들기까지의 모든 공정을 국내에서 할 수 있었다.

이렇게 백동화를 주조하는 데는 1枚에 5分(日貨 기준으로 1錢) 미만의 비용밖에 들지 않는 데 비해서 그 액면가격은 한화로 2錢 5分(日貨로는 5錢에 해당)으로 규정되어 만약 백동화의 유통가치가 그 액면가치를 유지한다면 10원의 비용으로 최소 50원의 백동화를 주조할 수 있었다. 바꾸어 말해 50원의 백동화를 주조하면 40원의 주조 이익이 생기는 것이므로 한국정부는 백동화 주조에 큰 관심을 가지고 있었다.

다음 〈표 2〉는 〈신식화폐발행장정〉에 의한 화폐주조액을 보여주는 것이다. 단 〈표 2〉의 숫자는 전환국에 의한 주조만을 나타내는 것이므로 이외의 방법에 의한 발행, 즉 私鑄·默鑄·特鑄 등에 의한 것과 위조화의 밀반입 등에 의한 것은 포함되어 있지 않다. 이 표에 의하면 은화 주조액은 五兩·一兩을 모두 합해도 19만 원에 불과하고 백동화가 주로 주조되었는데 특히 용산전환국 시절부터 남주된 것을 보여주고 있다.

〈표 2〉 인천 및 용산전환국 화폐주조액

(단위 : 元)

	五兩銀貨	半圜銀貨	一兩銀貨	新五錢分	白銅貨	赤銅貨	黃銅貨	合　計
인천전환국								
1892. 12~93. 1	19,923		70,402		36,953	67,186	888	
1894. 7~95. 11					175,769	236,571	4,212	
1896. 1~97. 12					51,473	307,506		
1898			35,788		317,283	277,500		
1899			62,991		1,281,637	34,202		
1900. 1~00. 8					1,336,335			
계	19,923		169,182		3,199,452	922,966	5,101	4,316,625
용산전환국		916,337		124,710	13,531,521	103,715		14,676,283
총　　계								18,992,908

＊1. 三上豊, 《典圜局回顧談》(발행지 불명, 1932)에서 작성.
2. 新五錢分은 白銅驚貨로 생각된다.
3. 單位미만은 切捨했기 때문에 計에서 약간의 차이가 있음.

악화인 백동화는 급속히 그 유통량이 증가하면서 화폐유통권의 분할과 인플레이션의 초래 그리고 그에 따르는 상거래의 교란 등 많은 부작용을 초래하고 있었다. 백동화는 관리의 급료, 정부의 物資購入代로 경인지방에서 발행되기 시작하였으므로 그 유통구역도 초기에는 경인지방에 편재된 상태였다. 그러나 1899년경부터 백동화의 多鑄로 그 가치하락이 나타나면서 경인지방을 중심으로 백동화 유통구역이 점차 확장되어 경기 일원과 충청, 황해도 일부 지역에까지 확대되었다.

그리고 1901년경부터 公納에 적·백동화를 사용함으로써 그 유통구역이 더욱 확대되어 경기도, 충청남북도 및 황해도의 전부 그리고 강원도 및 평안도의 일부에까지 그 유통을 보게 되었다. 그러나 여전히 경상·전라의 양남 및 함경도 지방은 엽전 전용지역으로 유지되고 있었다. 엽전 유통구역과 백동화 유통구역의 분할은 시장권의 분할을 초래함으로써 상업 발전에 장애가 되었다.

한편 악화인 백동화의 유통과정에서 인플레이션이 초래되고 있었다. 보조화라 하더라도 백동화의 발행량이 그 수요에 적절하게 규제되고 위조화의 유통이 금지될 수 있었다면 백동화가 법정가치를 유지할 가능성도 없지 않았다. 그러나 백동화는 정부에 의한 주조 외에 特鑄·默鑄·私鑄 및 僞造貨의 반입 등으로 다양한 종류의 것이 과도하게 유통되었다. 이 결과 1902년 당시 제물포에서 유통하는 백동화 중에는 ① 정부 주조의 백동, ② 일등급의 위조화, ③ 중간의 위조품, ④ 어두워야 통용되는 것 등이 있었으며, 그 종류가 官鑄 16종·사주 560종 도합 576종에 달하는 문란상을 빚게 되었다.[16] 이 과정에서 백동화의 유통가치는 그 地金價値에 가깝게 하락하고 따라서 '韓貨比價'가 하락하고 인플레가 초래되었다.

'한화비가'의 하락과 인플레이션은 한국 상인의 화폐자산을 수탈하는 것이었지만 다른 한편 日商들도 이 과정에서 언제나 이익을 얻을 수 있었던 것은 아니었다. 기본적으로 일상들은 백동화 인플레이션의 과정에서 사주나 위조화의 반입을 통해 불법적인 주조이익과 환투기의 商利를 얻고자 하였다.

16) British Consular Reports, 1902, 86쪽.

그러나 다른 한편 화폐가치의 불안정과 換리스크의 증대는 안정적 상거래를 저해하고 자본투자를 저해하는 것이었다. 그리고 '한화비가'의 하락은 조선 소비자의 구매력을 감소시켜 수입물자의 판로에 장애가 되었다.

한편 일본이 1897년 금본위제도를 채택하여 한국의 법화의 한 종류로 통용되던 1円 은화가 폐지되자 일본은 한국에서의 무역화폐의 부족을 해결하기 위하여 은화의 일본 환류를 늦추고 그것에 각인을 한 刻印附銀貨를 한국에 유통하기도 하였다. 그러나 은화는 이후에도 발행이 중지되어 유통고가 감소하고 의화단사건으로 모두 유출되어 자취를 감추고, 덧붙여 일본은행태환권도 점차 회수되어 1900~1901년경에는 청상이 발행한 錢票, 일본 상인이 발행한 韓錢預託어음, 관주·사주의 백동화 등이 시장에 濫溢하여 거래의 위험을 설명하기 어렵고, 한국 해관에서는 圓銀·墨銀·日本貨幣로 해관세를 징집하는 규정이므로 불편을 느끼는 바가 특히 심하였다.[17]

따라서 일제는 독자적으로 은행권을 발행함으로써 한국의 화폐제도를 근본적으로 개혁하고자 하였다. 제일은행은 1900년경부터 그 발행을 구상하여 1901년 11월 일본대장성의 허가를 받고 〈株式會社 第一銀行券規則〉을 제정하여 한국정부와는 아무런 상의도 없이 1902년 5월 부산을 시초로 국내에서 발행하기 시작하였다. 제일은행권은 拾圓·五圓·壹圓의 세 종류이고, 최초로 제조한 것은 세 종류 합하여 130만 圓이었다. 그리고 표면에 '이 권면의 금액은 在한국 각 지점에서 일본통화를 가지고 태환함'이라 되어 있고 일본은행태환권을 준비로 발행되었다.

제일은행권은 일본의 일개 사립은행인 제일은행이 본국이 아닌 해외에서 一覽拂約束於音으로 발행한 것이지만 한국에서는 그 동안의 일본 화폐의 신용과 일본의 금융기관 및 상인들의 영업활동에 기초하여 마치 은행권과 같이 융통하고자 한 것이었다. 이것은 한국의 경제주권의 하나인 화폐발행권을 현저히 제약하는 것인 만큼 한국정부와 상인들의 수수거부투쟁은 당연한 것이었다.

이러한 일본측의 움직임과 다른 한편으로 한국정부는 근대적 본위화제도

17) 長谷川天代松 編, 앞의 책, 87~88쪽.

의 수립을 위한 노력을 지속하였다. 정부는 백동화 남발로 인한 폐제문란을 해결하면서 또 다른 화폐발행 이익을 얻기 위해 1901년 금본위제도의 〈화폐조례〉를 공포하였다. 그리고 1903년에는 〈중앙은행조례〉와 〈태환금권조례〉를 제정하여 중앙은행제도를 마련하고 금본위지폐를 발행하고자 하였다. 자본주의 발전의 초석인 본위화제도의 수립 노력은 地金준비에 필요한 차관 도입의 실패로 실현되지 않았다. 일본이 한국정부의 차관 획득 노력을 방해하였음은 물론이다.

이와 같이 한국측의 노력이 결실을 거두지 못한 가운데 일본은 제일은행권의 유통을 확대하고자 하였다. 그러나 인천의 紳商協會를 비롯한 한국의 상인들이 그 수수반대를 결의하는 가운데, 정부는 1902년 9월 "일본지폐에는 정부발행이라는 글자가 있지만 이 태환권면에는 정부라는 글자가 없을 뿐더러 재한 각 지점 등이라는 글자가 있으니, 이는 한국에서 유통되는 것이오, 일본의 통화가 아니니" 그 수수를 거절하도록 고시하였다.[18] 이러한 정부의 태도에 일본은 강력히 항의하였고 나아가 조세 기타의 공납에 사용할 수 있도록 하고자 하였다.[19] 그러나 이러한 압력에도 불구하고 한국 상민의 수수거부가 지속되고 한국정부의 내면적인 반대가 계속되자 일본정부는 1903년 2월 高砂號를 비롯한 군함 3척을 서해안에 파견하여 군함외교로서 그 뜻을 관철하고자 하였다. 한국정부는 이에 굴복하여 2월 12일 제일은행권의 수수를 임의에 맡기는 내용의 고시를 하였고,[20] 이로써 정부의 공식적 입장은 제일은행권의 통용을 허용하는 것으로 확정되었다.

그러나 이러한 한국정부의 유통허용에도 불구하고 한국 민간의 제일은행권 수수반대운동은 보다 활발해졌고 그 결과 현실적으로 제일은행권의 유통이 확대되지 못한 점에 유의해야 한다. 인천의 신상협회, 宋秀萬을 중심으로

---

18) 《仁川皆訓》, 1902년 9월 11일, 訓令 제64호.
《通商彙纂》 38호, 1904년 5월 27일, 〈在京城帝國領事館報告〉.

19) "금회의 철회 훈련 중에는 諸券의 유통을 도모할 것이라는 명령을 추가함으로써 그것을 근거로 我貨幣를 조세 기타 공금의 납부에 공연히 사용하도록 하는 길을 열려는 것을 심히 중요시하지만 사정이 전술과 같으므로 我公文으로 그 철회를 약속시킨 것만으로 만족하고 운운"(《駐韓日本公使館記錄》, 〈第一銀行一覽拂手形發行に關する件〉, 電 명치 36년 정월 23일).

20) 《仁川皆訓》, 1903년 2월 12일.

하는 서울의 共濟會 등의 반대운동은 대표적인 것이었다. 실제로 제일은행권의 유통확대는 바로 화폐발행권의 침탈 즉 경제주권을 장악하는 과정이므로 그에 대한 거부는 당연한 것이었다. 역으로 일본의 입장에서 공식적으로 화폐발행권을 장악하는 것은 정치적 주권의 제약 위에서만 가능한 것이었고 이는 러일전쟁 후 한일협정의 체결을 기다려야 되는 것이었다.

(3) 화폐정리사업

러일전쟁의 발발과 함께 일본은 1904년 8월 한일협정을 체결하고, 그에 따라 연말에 일본 대장성의 主稅局長이었던 메가타 타네타로(目賀田種太郞)가 재정고문으로 부임하였다. 그는 일본정부와의 협의하에 1905년 조선 재정 전반의 식민지화와 화폐정리를 추진하였다. 화폐정리사업은 幣制紊亂의 직접적 원인인 백동화를 환수하고 엽전을 점진적으로 정리하는 것과 함께, 보다 중요한 것은 제일은행권을 조선의 법화로 하는 화폐발행권의 장악 과정이었다. 따라서 이 사업은 구화의 정리사업임과 동시에 새로운 식민지 통화제도의 수립과정이었다.

그는 화폐정리의 기본방침으로서 ① 한국 화폐의 기초 및 발행 화폐를 일본과 같게 하고, ② 한국 화폐와 동일한 일본 화폐의 유통을 인정하며, ③ 본위화폐 및 태환권을 일본의 것으로 하거나 또는 일본태환권을 준비로 일본정부의 감독 및 보증에 의해 발행된 은행권으로 할 것, ④ 보조화폐는 한국정부에서 발행할 것 등을 정하였다.

한국정부는 메가타의 영향 아래 1905년 1월 칙령 제2호로 1901년의 〈화폐조례〉를 1905년 6월 1일부터 실시할 것을 공포하였다. 1901년의 〈화폐조례〉는 앞서 본바와 같이 일본과 동일한 금본위제 화폐제도를 마련하고자 한 것이었으나 사실상 시행되지 못하고 있었던 것이다. 그리고 칙령 제3호로 〈화폐조례〉의 실시에 있어서 동 조례에 규정한 화폐와 품위, 양목 및 형체가 동일한 화폐는 국내에 無礙 통용하고 公私 수수에 사용할 것을 공포하였다. 또한 칙령 제4호로 〈舊貨幣의 교환, 회수에 관한 규정〉이 공포되어 구화 銀 10량은 新貨 金 1圜에 상당하는 比額으로서 정부의 편의에 의해 점차 교환 또는 환수하며, 舊白銅貨의 교환 및 환수는 7월 1일부터 개시하고, 교환 종료기간은

만 1개년 후로 하며, 기한 종료 후는 그 통용을 금지하고, 단 통용금지 후 6개월간은 공납에 사용할 수 있도록 하였다.[21]

그러나 유의할 것은 한국민에게 공포된 〈화폐정리사업에 관한 규정〉은 표면적으로 1901년의 〈화폐조례〉에 제시된 금본위제를 실시할 것을 표명했지만 사실은 제일은행을 한국의 중앙은행으로 만든 기초 위에 제일은행권을 한국의 본위화로 만들고자 하였다는 점이다. 메가타는 이를 위해 우선 1904년 12월에 탁지부령 제2호 〈金庫出納役設置件〉을 발령하여[22] 제일은행을 금고출납역으로 규정하였다. 이어서 화폐정리사무에 관한 계약서를 마련하여[23] 제일은행으로 하여금 화폐정리사무를 집행시키고, 제일은행권을 법화로 인정함과 동시에 공사의 거래에 무제한으로 통용시키도록 하였다. 이 과정에서 제일은행은 한국의 국고금 취급 및 법화 발행을 담당하는 중앙은행으로서의 지위를 획득하였다.

이러한 제일은행권의 발행과 유통과정이 침략적 과정이었다고 하는 것은 무엇보다도 그 최초의 발행과정에서 잘 알 수 있는 것이지만, 이외에도 제일은행권이 러일전쟁과정에서 군용수표의 대용화폐로서 사용되기 시작하였다는 것을 통해서도 알 수 있다. 일본은 1904년 러일전쟁이 발발하자 전비조달을 위해 즉각 은을 본위로 하는 수종의 군용수표를 한국과 만주에서 발행하였다. 그러나 군용수표는 원활하게 유통되지 않고 일본 병사가 압제적으로 그것을 사용하여도 한국인은 이것을 수취하자마자 다른 화폐와 교환하려는 경향이었다. 따라서 군용수표로 표시되는 물가가 높아지고 화폐가치가 떨어지자 일본정부는 그 발행을 정지하고자 하는 의도를 가지게 되었다. 제일은행은 이 기회를 이용하여 오히려 전쟁에 수반하여 평양 기타 북방지방에 지점을 개설하였으며, 이제 일본정부는 군용금을 제일은행을 통해 송부하고 제일은행은 그 지점에서 제일은행권을 사용하도록 하여 군표를 회수하고자 하였다.[24] 이 과정에서 제일은행권은 그 유통이 크게 증가하였으며 이후 1905

21) 澁澤榮一, 《韓國貨幣整理報告書》(第一銀行, 1909), 27~33쪽.

22) 宋炳基·朴容玉·朴漢卨 編, 《韓末近代法令資料集》 3(대한민국 국회도서관, 1971), 707~708쪽.

23) 《韓國貨幣整理報告書》, 37~39쪽.

24) 京城高等商業學校, 《韓國における貨幣と金融》 上 (1909), 118쪽.

년에 메가타에 의해 한국의 법화로 인정되는 것이다. 실로 초기의 제일은행권은 군용화폐적 성격을 가지고 유통되고 있었던 것을 알 수 있다.

화폐정리사업은 일종의 군용화폐로서 제일은행권의 유통이 확대되는 다른 한편에서 그것을 공식적으로 한국의 법화로 만드는 방식으로 추진되었다. 1905~1909년간 정리의 주된 대상인 백동화는 교환·납세·매수 등의 방법으로 총 1,905만여 원이 환수되었다. 엽전도 納稅·買收·輸出 등의 방법으로 점진적으로 환수되었다. 그 대신에 발행이 증가된 것은 법화인 제일은행권을 비롯하여 보조화인 신백동화였다.

백동화 환수로 대표되는 화폐정리사업은 몇 가지 문제점을 가진 것이었다. 첫째로 舊貨 2元을 新貨 1圜과 교환한다는 규정은 당시의 백동화의 유통가치가 법정가치의 반 정도에 불과하였던 현실을 반영한 것이었지만 여하튼 화폐당국이 구화의 법정가치를 무시하고 악화 발행의 책임을 인민에게 떠넘긴 것이었다. 둘째로는 사업과정에서 錢慌이 초래되고 조선상인의 다수가 파산한 것이다.

당시의 조선인들은 위조 백동화가 많은 현실에서 일본인 주도의 화폐정리사업에서 그들의 백동화가 갑종이 아닌 을종이나 병종의 판정을 받아 불이익을 당하지 않을까 두려워하였다. 따라서 조선인은 백동화를 放賣하여 부동산을 구입함으로써 유동성이 결핍되는 현상이 생겼다. 여기에다가 화폐개혁과정에서의 어음시장의 혼란, 外劃의 폐지, 新貨發行의 지체 등이 겹쳐 전황이 발생하였다. 이 때문에 종로 상인을 비롯한 조선상인의 다수가 파산하는 혼란이 초래되었다.

이후 일제는 共同倉庫會社, 어음조합, 지방의 농공은행 등의 금융기관을 설립하고 이를 통해 식민지통화의 보급에 노력함으로써 조선의 통화발행권을 장악하고 식민지 금융기구를 확립하여 갔다. 전체적으로 화폐정리사업은 구래의 한화를 폐지하고 식민지 통화제도를 수립하면서 그에 수반하여 새로운 금융제도를 형성하는 과정이었다. 이것은 조선정부로부터 경제 주권의 주요 내용 중의 하나인 화폐발행권을 탈취하는 과정이기도 하였다.

이상 살핀바와 같이 개항기를 통해 한국에서의 식민지 금융제도의 성립과정은 두 가지의 경로를 통해서 이루어진 것이었다. 하나는 금융기관의 진출이고 다른 하나는 외국화폐의 유통 증대와 화폐발행권의 장악 과정이다. 물론 이 두 과정은 분리된 것이 아니고 서로 밀접한 연관을 가지면서 수행되었다.

이 과정에서 주도적 역할을 수행한 것은 일본의 제일은행이었다. 제일은행은 상업금융기관으로서 한국에 진출하였으나 곧 일본정부의 정책자금을 공여받아 금매입 등의 특수 업무를 취급하였고, 한국정부에도 접근하여 한국의 관세금 취급은행이 되고 나아가서 정부에 貸上金을 제공하기도 하면서 재정자금을 이용하는 금융기관이 되었다.

이와 같이 제일은행을 비롯한 외국의 금융기관이 활발한 영업활동을 벌이면서 다른 한편 외국화폐가 유통되는 가운데, 한국의 국내사정은 개혁의 주체가 뚜렷이 형성되지 못한 가운데 화폐제도가 문란하였다. 국내적인 폐제문란의 주된 원인은 재정궁핍 가운데 악화를 발행한 데 있었다. 청일전쟁 이전의 당오전 발행에 이어 이후의 백동화 남발로 이어지는 악화의 발행 과정에서 화폐가치가 하락하고 화폐유통권이 분할되며 외국화폐가 유통되는 등의 기현상이 속출하였다.

물론 한국정부도 이러한 화폐제도의 문란을 바로잡고 근대적 본위화폐제도를 마련함과 동시에 금융제도를 정비하고자 하였으나 직접적으로는 본위화 마련을 위한 차관도입의 실패로, 그리고 보다 넓게는 근본적인 개혁의 미비로 성공하지 못하였다. 따라서 폐제문란이 지속되는 가운데 특히 일본은 한국에서의 근본적인 식민지 금융제도의 마련을 구상하게 되었다.

한국 금융의 식민지화의 직접적인 단초는 1902년 최초로 발행된 제일은행권을 1905년의 '화폐정리사업'을 통해 한국의 법화로 만드는 과정으로 나타났다. 1905년의 화폐정리사업은 엽전·백동화 등의 구화의 정리가 그 중심 내용이었다기 보다는 제일은행권을 한국의 법화로 만드는 식민지 금융제도의 마련이 핵심을 이루는 것이었다. 물론 이러한 화폐개혁은 제일은행을 한국의 중앙은행으로 만들고 기타 다양한 금융기관을 정비하는 과정과 동시에 이루어진 것이었다.

이 때에 만들어진 제일은행권제도는 이후 조선은행권제도로 흡수되어 식민지기간 내내 한국의 화폐제도의 골격을 형성하였다. 한국의 식민지 통화제도는 제일은행권(후의 조선은행권)을 일본은행권과 연결시킴으로써 일본 기업의 상업거래와 투자를 원활하게 하는 데 목적이 있는 것이고 일본은 이를 위해 상당히 교묘한 제도를 만들었다고 할 수 있다. 일본은 한국에 금을 필요로 하지 않고 오히려 한국의 금을 흡수하면서 일본과 화폐의 등가관계를 유지하는 은행권제도를 창설하는 데 주안점을 두었던 것이다.[25]

〈吳斗煥〉

2) 차관 제공

(1) 차관, 무엇이 문제인가

차관은 외국 자본의 일종인데, 이 外資에는 직접 투자, 증권투자, 기술이전 그리고 차관이 포함된다. 借款이란 款, 즉 돈을 빌린다는 뜻이며, 영어로는 foreign loan 그러니까 '외국에서 빌린 돈'을 말한다. 이 용어는 중국에서 19세기 중엽부터 유행되기 시작했으며 조선과 일본으로 퍼져나간 외래단어이다.

차관은 물론 자본주의의 산물이다. 대포와 군함을 앞세운 자본주의 선진국이 상품 수출, 원료·식량공급을 손쉽게 하기 위하여 非자본주의 세계에 불평등조약을 강요하였다. 이른바 불평등조약망이 전세계를 얽음으로 해서 형성된 '불평등조약체제의 世界化'에 기반하여 차관제공도 전 지구로 확대되어 갔다. 선진국의 낯익은 상품수출에 뒤이어 등장한 차관제공은 새로운 자본주의 침략의 낯선 괴물이었다. 차관제공은 상품수출의 파괴력을 훨씬 능가하게 되었다. 약소국의 사회경제구조를 왜곡·재편하는 단계를 넘어 반식민지→보호국→식민지로 이끌어 가는 기본동력의 하나이었기 때문이다.

차관의 이 부정적인 파괴력은 어디에서 생기는 것일까. 바로 차관제공을 통해서 획득하는 초과이윤과 각종 이권의 침탈과 함께 재정권을 장악함으로 해서 결국 차관도입국을 식민지로 만드는 데 그 파괴력이 존재한다. 이 차관의 수익성과 침략성 때문에 선진자본주의국가는 물론 후발 자본주의국가도 약소국에 대한 차관제공을 실현하기 위해 치열한 경쟁 속으로 빠져들게 되었다.

---

25) 吳斗煥, 앞의 책 참조.

그래서 차관제공을 '차관공세'로 부르며, 1880년대 초 상품수출도 버거운 청과 일본이 차관공세에 관심을 가졌던 까닭도 바로 여기에 있었다.

이러함에도 약소국이 차관도입을 강행한 까닭은 어디에서 찾아야 하나. 그 도입을 꺼리면서도 행할 수밖에 없었던 사정은 만성적인 재정적자 상태에서 추진될 수밖에 없었던 근대화정책(개화정책)에서 발견된다. 구체적으로 조선의 예를 보자. 1876년 강화도조약의 체결 이후부터 조선의 조정은 '준비 없는 개국'을 갑자기 강요받았기 때문에 무지와 당황의 혼돈 속으로 빠져들고 말았다. 당장 들이닥친 외교 · 무역 · 해관 · 관세 · 전선 · 철도 · 우체국 등 모두가 신비의 대상이었다. 새로운 행정기구도 창설해야 하며 군대조직도 재편하고 더구나 필요한 것은 각 부문의 전문가를 해외에서 찾아와야 했고 유학생을 파견해야 했다. 극단적인 예이긴 하지만 1882년의 국가재정은 한 달을 버티기가 어려웠으며 1895년의 경우 총예산 가운데 9% 만이 국내에서 조달될 정도였다. 부족한 예산에서 개화정책을 진행시키자니 차관의 유혹에서 벗어날 길이 없었다. 또 다른 유혹은 부정부패가 제도화된 당대 고종과 민비, 관료들에게 차관의 도입은 재산을 증식시키는 또 하나의 도깨비 방망이였다.

차관도입의 공개된 함정은 어디에 놓여있으며 그 내용은 무엇인가.

차관제공국과 도입국은 차관 계약서[合同]를 체결하는데, 그 계약서 내용에는 차관금액, 이자율, 인출 방법(인출 시기 · 화폐 종류 · 인출 장소), 원금 · 이자(원리금) 상환방법, 담보물설정, 부수조건 등이 포함된다. 그 함정은 담보물설정과 부수조건 속에 놓여있다. 원리금상환이 지연되거나 불가능할 경우 설정된 담보물, 예컨대 해관세 · 조세 · 광산세 · 인삼세 등등은 제공국에게 탈취당하거나 지배당하게 된다. 특히 눈길을 끄는 것은 담보물을 하나로 정하지 않고 이중 삼중의 순차담보로 설정하는 제공국의 치밀성이다. 해관세가 부족하면 광산세로 또 이것이 부족하면 인삼세로 그 원리금상환이 옮겨간다. 원리금상환의 지연 또는 불능은 눈독들여 왔던 도입국의 담보물을, 제공국이 빼앗는 계기로 삼는다. 조세의 경우 대부분의 조세가 원리금상환으로 전환되어 국가재정의 파산을 선고당하는 최악의 상황을 예비하고 있는 셈이다.

또 하나의 중요한 함정인 부수조건은 차관의 제공대가로서 차관계약서 체결과 동시에 효력을 갖는 이권탈취의 한 제도적 장치이다. 예컨대, 관세징수권·해관운영권·상품수출권·무기공급권·철도가설권·전신가설권·광산개발권·식량수입권·산림벌채권·어로채취권 등등을 차관제공의 대가로 탈취해 갔다. 때문에 정부가 차관도입을 결정할 때 우선 고려해야 할 사항은 최소한도 원리금 상환능력의 보장이 전제되어야 한다. 원리금 상환의 능력이 있으면 차관은 약이 되지만 그렇지 못할 경우 즉각 '독'이 되고 만다. 지속되는 독의 악순환은 외채의 노예국을 재정 파산의 망국, 그러니까 보호국이나 식민지로 몰고 가는 견인차였음을 조선의 역사도 예외없이 보여주고 있다. 차관망국론, 외채식민지론의 실체가 바로 여기에서 조명된다.

중층적인 借款毒의 악순환은 민족의 저항을 불러 일으켰다. 차관도입은 외세저항의 민족주의를 촉발시킨 하나의 도화선이었다. 계속되는 원리금상환의 적체는 고스란히 조세의 증가로 나타나 한계선상에서 허덕이는 농가경제의 몰락을 재촉하였다. 또한 잇달아 빼앗긴 이권은 수공업자와 민족기업가를 파탄의 수렁으로 밀고 갔으며, 탈취된 이권의 현장에서는 민족차별과 저임금의 민중생존권이 파괴되기에 이르렀다. 이처럼 몰락하고 파탄, 파괴당하는 현장에서 반자본주의·반제국주의·반봉건투쟁의 봉화가 오르는 것은 자연스러운 현상이었다. 우리는 동학농민전쟁에서, 의병전쟁으로, 다시 국채보상운동으로 확대되는 차관이 빚은 민족항쟁의 증폭현상을 보게 될 것이다.

(2) 1882~1894년의 차관도입

1880년대 중반기 조선의 일년 예산은 대략 중국화폐로 200만 냥, 일본화폐로는 280만 원으로 추정된다. 근대적인 예산제도가 도입된 첫해 1895년의 예산액이 350만 원으로 이것과 비교해도 극히 빈약한 총액이었다.

가. 청 차관의 도입[1]

가) 군사유학생의 경비 차관

개항 이후 조선 최초의 군사유학생은 1881년 음력 9월 26일 서울을 출발,

1) 김정기, 〈조선정부의 청 차관 도입(1882~1894)〉(《韓國史論》 3, 서울대 국사학과, 1976).

꼭 한달 뒤 柵門을 거쳐 11월 30일 天津機器局에 도착하였다. 유학생 38명에 관원이 12명이고 하인까지 포함하면 83명이었다. 인솔자는 領選使 金允植으로, 이들은 자금부족 때문에 고생하다가 1882년 음력 6월 9일 임오군인항쟁의 소식을 듣고 철수하기 시작하여 10월 중순에 완전히 귀국하게 되었다. 천진 도착 두 달 보름만에 경비는 바닥이 났다. "영선사 일행은 밤낮으로 빈궁해져 몇 푼의 四面乞債로서 눈앞의 긴급함을 구하였다"[2]라는 비참한 상황 속에서 김윤식은 자금지원없는 개화정책의 허구성을 뼈저리게 통감하였다. 당시 그가 손벌려 빌린 유학생의 학습비·식비·귀국여비 등의 내역은 다음과 같다.

〈표 1〉 군사유학생 경비 차관

차 입 처	차관액(兩)	기채일(음력)
和 豊 局	1,000	1882년 1월
天津機器局	1,150	1882년 2~5월
招 商 局	10,000	1882년 4~5월
華 裕 局	16,000	1882년 4~10월
合 順 洋 行	100	1882년 10월

차관제공처인 和豊局, 華裕局은 중국의 전통적인 사설금융기관 錢莊과 銀號이고 合順洋行은 산동반도의 烟台에 있는 서양인 무역회사다.

이 유학생경비 차관은 조선이 불평등조약체제로 편입되면서 정부차원에서 처음으로 외국과 맺은 부채였다. 그러나 이보다 더 중요하게 여겨지는 것은 조선의 열악한 재정상황이 가감없이 청의 조선 정책 입안자들에게 노출되었다는 사실이다.

나) 기기창 설립 기기 차관

여기에서 機器는 병기부품 또는 일반적으로 기계를 말하며 機器廠은 병기제조 공장을 뜻한다. 군사유학생의 교육기간은 2개월~8개월의 편차를 보이

2) 《陰晴史》, 고종 19년 4월 27일.

고 있지만 기간의 장단과는 달리 19명은 조선의 과학입국에 초석이 되었다. 그 중 4월에 조기 귀국하는 전기기술의 천재 尙澐, 10월에 돌아온 병기기술자·어학연수자는 자타가 공인하는 전문가가 되었다.

김윤식은 이들의 성과에 기초하고 재정을 헤아려서 소규모 기기구입, 소규모 병기제조공장 창설을 천진에서 추진했다. 淸도 조선에 군사적 영향력을 행사할 수 있는 호기로 보고 그의 계획에 적극 찬동하면서 다량의 근대적 무기를 무상으로 지원한다고 약속하기에 이르렀다. 물론 일본의 조선침투에 대항하여 기선을 제압하자는 의도였다. 조선조정이 마련한 자금은 청나라 화폐로 약 1만 6천 냥이었다. 김윤식은 1882년 음력 10월에서 1883년 정월까지 화유국에서 163냥, 천진해관에서 3천 냥, 그리고 1883년 음력 8~9월에 540냥을 차입하여 도합 3,703냥으로 기기창 창설에 필요한 기기를 구입하였다.

다) 상무홍리 차관·해관창설 차관

1883년까지 조선과 불평등조약을 맺은 나라는 일본·중국·미국·영국·독일이었다. 1876년 부산이 개항된 데 이어 1880년에 원산, 1883년에 인천이 개항되었다. 1883년 음력 11월에 세 개항장을 총괄하는 총세무사로 독일인 묄렌도르프(P. G. Möllendorff, 穆麟德)가 임명되었다. 1876년부터 조선관료의 무지를 악용한 일본의 무관세무역 관행에 종지부를 찍으면서 수입세·수출세(관세)를 징수할 해관을 창설하고, 그 전문가를 고빙해와야 하며 부두를 건설하고 상가를 조성할 자금이 당장 필요하게 되었다. 1882년 후반기 조선의 재정은 한 달을 견디기가 어려운 상황이어서, 이듬해 인천 개항과 해관 창설을 앞둔 조선정부로서는 차관밖에 그 대안이 없었다.

'군란'의 '진압'에 감사를 표하기 위해 청에 파견된 陳奏正使 趙寧夏와 부사 金弘集은 일본측의 차관제공 가능성을 강력히 시사하면서 청 차관의 필요성을 역설하였다. 1876년 개항 직후부터 일본은 7년 동안 다방면에 걸친 조선침투를 독점적으로 수행하고 있었다. 李鴻章은 이 일본을 견제함과 동시에 청 세력의 침투를 강화하기 위하여 조선의 차관요청을 받아들였다. 〈조청상민수륙무역장정〉의 체결(1882년 음력 8월 23일)과 함께 사흘 뒤 50만 냥의 〈차관합동〉 체결은 조선에서 일본을 견제하고 그 우위에 서게 하는 청의 기본

전략이었다. 1882년 음력 8월 20일, 조선의 조영하와 김홍집 그리고 중국의 輪船招商局·개평광무국 총판 唐廷樞간에 체결된 합동의 대강은 다음과 같다. '商務興利'를 위한 차관액 50만 냥, 이율 연8%, 5년 거치 12년 상환, 제1차 담보는 관세, 관세가 부족할 경우 홍삼세로 보충, 홍삼세로도 부족할 경우 제3차 담보 광산세로 원리금 상환, 부대조건으로 광물조사권·광산개발권·한중합자회사설립권·초상국조차권을 명시하였다.

1883년 음력 2월 23일, 조선정부는 다시 청의 초상국으로부터 20만 냥의 차관도입을 성사시켰다. 조선측 차관교섭 대표는 이홍장의 천거로 조선에 오게 된 독일인 묄렌도르프였다. 차관합동의 내용은 50만 냥과 같았으리라 추정된다. 묄렌도르프도 실토했듯이 중국측과 馬建忠의 요구는 도저히 받아들일 수 없는 것이었다.[3] 하지만 그는 굴복하고 말았다. 문제는 가혹한 차관조건이 이후 조선차관 계약의 전범이 된 데 있다. 또한 차관교섭 때 서양 열강에게 당한 비참한 경험을 조선에 확대 적용시킨 이홍장과 그 막료들의 대조선정책의 특징은 여기에서도 발견하게 된다.

조선정부는 이 70만 냥의 차관으로 문호를 개방한 지 7년만에 부족한대로 개국준비를 마치게 되었다. 반면에 청은 이 차관제공으로 일본을 압도할 수 있는 토대를 마련하면서 동시에 경제력이 동반된 '대국' 청의 이미지를 조선 지배층에게 각인시키는 계기를 마련하게 되었다.

라) 전선가설 차관

이홍장은 조선의 전략적 가치를 1870년대부터 주목하여 왔다. 일본과 러시아의 중국 침략을 조선에서 저지시켜야 한다는 조선방어선 또는 중국방위를 위한 조선 최전선론이 바로 그것이다. 임오군인항쟁, 갑신정변을 거치면서 조선의 국방 강화책을 서둘렀다. 만주의 봉천지역에 육군 강화, 북양함대의 조선순찰 강화, 봉천~북경선과 연결되는 인천-서울-평양-의주(西路電線)의 전선가설을 추진하게 되었다. 조선국왕의 요구에 따라 마지못해 받아들인다는 중국 외교 특유의 전통방식에 좇아 마침내 1885년 음력 6월 조선외아문독판 金允植과 중국전신국 총판 陳允頤 사이에 체결되었다. 華電局은 자체

---

3) 고병익 역, 〈목인덕수기〉(《진단학보》 25·26·27합병호, 1964).

보유자금이 부족했으므로 상해해관에서 10만 냥을 인출했다. 차관금액 10만 냥, 무이자, 5년 거치 20년 상환, 이것만 보면 당시 도입국에 가장 유리한 차관조건이었다. 그러나 부대조건에 차관의 인출과 사용권을 화전국이 갖게 되어 조선정부는 은화 한닢 만져보지 못하게 되었다. 이밖에도 25년간의 전선 가설권, 화전국의 조선전선 지배권(원금상환시까지)을 가져갔으며, 1300리 전선 통과 지역주민에게 전선 보호의 책무를 맡기고 말았다. 전선준공 후 조선정부는 막대한 전선국 유지비와 수선비를 전선잡비조로 민에게서 걷어갔으며, 자연재해로 파괴되거나 그 재해로부터 전봇대와 전선줄을 보호한다는 명목으로 무제한의 노동력을 거의 무상으로 동원하기에 이르렀다. 전선가설은 1880년대 중반 이후부터 조선민이 가장 괴로워하는 민족의 고통이 되었다.

마) 윤선채 상환 차관

1880년대 후반에 들어서면서 조선이 갚아야 할 외채는 중국화폐로 130만 냥을 넘어서고 있었다(당시 원세개가 추정한 조선의 1년 예산은 대략 200만 냥). 여기에는 외국고용인의 월급 연체비, 각국의 물품 외상구입비, 적체된 차관 원리금 등이 포함되어 있었다. 그 중 독일 世昌洋行으로부터 외상 구입한 輪船비용 12만여 元, 미국상인 타운센드(W. D. Townsend)에게서 외상 구입한 선박부채와 일본 제일국립은행의 부채를 합한 14만여 원 때문에 정부는 지불 독촉에 쫓기고 있었다.

고종은 전선차관 이후부터 청 차관의 압력에서 벗어날 궁리를 하고 있었다. 袁世凱의 영향력에서 비교적 자유스러운 외국인 고용관리를 통해 고종은 일본과 서양열강들로부터 빌리겠다는 차관도입의 다변화정책을 시도하였다. 그러나 번번이 이홍장과 원세개의 방해공작으로 좌절되고 말았다. 결국 고종은 굴복하여 원세개가 주선하는 서울의 大商 同順泰로부터 2차에 걸쳐 각각 10만 냥씩의 차관을 도입하게 되었다. 동순태 역시 보유자금의 한계 때문에 원세개가 계획한대로 20만 냥 전액을 상해해관의 공금에서 인출하여 동순태의 명의로 차관을 제공하게 된 것이다. 1892년 음력 8월 19일 체결된 제1차 동순태차관 10만 냥의 내용은 다음과 같다. 이율 매월 6%, 80개월 상환, 인천관세 담보, 원리금상환의 지연 시 매월 이식은 2배로 계산, 이른바 선택권

(option) 즉 원리금상환의 최우선권을 확보하였다. 따라서 인천 해관세의 담보는 청 차관의 도입에만 한정되었다. 이어 그해 음력 10월 6일에 체결된 2차 동순태차관(일명 同順泰 續借款) 10만 냥의 계약내용은 제1차와 거의 동일하나, 다른 점은 담보물이 부산해관의 관세이고 부수조건이 장착된 점이다. 그 조건이란 어느 국가도 예상치 못하던 한강운행권의 탈취였다. 정부가 굳건히 지켜왔던 외국선박의 한강 왕래를 금지하는 원칙이 붕괴된 것이다.

바) 방곡령 배상 차관

防穀令이란 흉년이 들거나 자연재해로 굶주려 죽는 민의 고통을 완화시켜 보려고 곡식의 타 지역 이동을 금지시키는 일종의 소극적인 민생안정책이다. 마침 1889년 음력 9월 함경도 관찰사와 1890년 음력 9월 황해도 관찰사가 각각 黃豆(누런 콩)와 쌀의 방곡령을 선포하였다. 일본인의 된장 원료로 수출되던 콩과 공업지대의 주식으로 수출되던 두 곡물의 수출금지령은 곧 원산과 인천 일본상인들의 반발을 불러일으켰다. 예상 수출액을 보상하고 방곡령을 철폐하라는 주장이었다. 이 터무니없는 국제 소동은 일본과 분쟁을 원치 않는 이홍장과 원세개의 주선으로 질질 끌다가 3년만에 타협되었다. 그러나 일본측의 요구를 전적으로 들어주는 굴복의 타협이었다. 배상금은 함경도 9만 圓, 황해도 2만 원 합계 11만 원이었고, 이 가운데 처음 지급키로 한 6만 원에서 조선정부는 청의 해군예산 가운데 3만 5천 냥(圓 : 兩=1 : 0.7)을 빌리게 되었다. 이른바 청의 *海防支應局* 차관으로, 이 역시 이홍장과 원세개가 당시 강력하게 추진했던 차관의 독점권(專貸華款) 행사였다.

나. 일본차관 도입[4)]

가) '임오군란'보상 · 유학생경비 차관

임오군인항쟁(임오군란) 직후 조선정부는 청일 양국에 파견한 사절단을 통하여 두 나라의 차관제공을 동시에 요청하는 균형정책을 추진하였다. 그 결과 앞에서 보았듯이 1882년 음력 8월 20일 청 차관 50만 냥의 도입 계약을

4) 김정기, 〈조선정부의 일본차관도입(1882~1894)〉(《한우근박사정년기념사학논총》, 지식산업사, 1981).

체결하였고, 일본과는 그 해 양력 11월 8일 12만 5천 원의 계약을 맺었다. 수신사 朴泳孝와 고문 金玉均은 〈제물포조약〉·〈조일수호조규〉의 비준서를 교환하고 배상금 50만 원의 연기 요청과 함께 위의 차관도입을 성사시켰다. 일본 대장성에서 인출한 위 금액은 요코하마(橫浜) 正金銀行 명의로 제공되었다. 이 차관의 주요 내용은 이율 연 8%, 2년 거치 10년 상환, 부산관세 담보, 이 관세로 상환 못할 경우 제2차 담보로 원산·인천관세, 제3차로 광산에서 채굴된 금으로 하였다. 또한 부대 조건으로 상환을 못할 경우 함경도 端川金鑛 채굴권을 보장받았다. 조선에 제공된 일본 최초의 이 차관은 7만 원을 일본에 파견된 개화파 유학생 경비로, 나머지 5만 원은 '군란' 피해보상비 지출에 쓰였다.

나) 관세징수권 탈취 차관

개항된 지 2년만인 1878년 양력 5월 부산에는 일본 第一國立銀行(국립이란 글자에도 불구하고 보통은행임. 1896년에 제일은행으로 개명)의 지점이 개설되어 경제침략의 첫 활동이 시작되었다. 1883년 양력 11월에 창설된 조선해관이 수세업무를 실시할 때까지 일본상인은 무관세무역의 특혜를 7년간이나 독점하고 있었다. 개항장에 침투한 일본상인은 자국에서 장사하는 기분이었다. 관세징수가 임박해지자 일본정부는 청 조정이 눈치채지 못한 조선관세의 징수권 획득에 선수를 치고 나왔다. 중국은 이미 70만 냥의 차관제공으로 조선해관의 인사권과 운영에 관한 영향력을 증대시키고 있었기 때문이다. 당시 일본화폐에 대한 조선화폐의 등락폭이 너무 커서 일본상인이 관세를 지불할 때 큰 불편을 겪고 있었다. 이러한 조선해관의 중국지배력 증대를 견제하고 일본상인의 불편을 제거하기 위해 일본정부는 미끼를 던져 조선해관세의 징수업무를 앗아갔다. 그 미끼는 2만 4천 弗(멕시코 달러)이었고, 이 차관교섭의 조선측 대표는 조선외무협판 겸 총세무사로 내정된 묄렌도르프였다. "총세무사의 지휘를 받아 관세, 수수료, 벌금 등을 취급한다"라고 규정한 이른바 관세징수권 탈취의 차관계약 내용은 다음과 같다. 차관액 2만 4천 불(멕시코 弗 : 일본 圓=1 : 1), 이자 월10%, 부산·인천·원산항의 해관세 담보, 1년의 상환기간에, 부대조건은 바로 조선해관 징수권 확보였다. 이로서 조선해관의 인사·

운영권은 중국측에, 징세권은 일본측에 분배되어, 해관의 자주성은 그 출발 전부터 밑에서 붕괴되는 현상이 벌어졌다. 징수된 수출세・수입세・수수료・벌금을 예금관리 할 수 있게 된 제일은행은 해관은행으로서 조선재정의 일부를 지배하게 되는 위치에 올라서게 되었다. 일본의 이 이권획득은 소액의 미끼로 걷어올린 대어였다.

다) 조선정부의 각종 경비 차관

1876년 양력 6월에 개항된 부산에는 1878년 5월에 제일국립은행지점이, 1880년 8월에 개항된 원산에는 80년 5월에, 1883년 8월에 개항된 인천에는 83년 11월에 그 지점이 개설되었다. 각 개항장에 침투한 제일국립은행은 수출입세(해관세)를 걷으면서 자국 상인의 무역자금을 공급하는 한편 조선정부가 급박하게 요구하는 정부기구의 각종 경비, 예컨대 고용외국인 관료의 봉급・차관 이자・윤선(기선)구입채 이자 등과 심지어 청 전신국 유지비까지 대부해주고 있었다.

그럼 각 개항장이 제일은행지점으로부터 차입한 대출액의 규모를 살펴보자. 먼저 부산지점으로부터 조선정부는 1888년부터 1894년까지 15차에 걸쳐 17만여 원을 대부받았는데, 이율은 대체로 월 5~5.8%, 상환기간은 거의 1년 미만(예외적으로 18개월)이었다. 인천지점으로부터는 1886년부터 94년까지 32회에 걸쳐 24만여 원, 월 4~6% 이율에, 상환기간은 대체로 1년 미만이었다. 원산지점으로부터는 1887년부터 1894년까지 4차에 걸쳐 1만 4천여 원, 경성지점에서는 1888년 연 1만 원이었다. 담보는 서울을 제외하고 모두 해당지역의 관세였다. 따라서 1894년 이전 제일국립은행의 대출총액은 여기에 빠진 것을 헤아리더라도 최저 44만여 원이었다.

라) 화폐원료 차관

1880년대 중반으로 들면서 典圜局의 기능은 약화되어 갔다. 정부의 여러 기관에서 동전을 찍어냈고 위조화폐 또한 기승을 부리고 있었다. 화폐발행을 전환국으로 통일하면서 폐제의 문란을 잡아보려던 정부의 의지와 이 기회에 차관을 제공함으로써 조선 幣政에 영향력을 행사하며 동시에 자기 사업의 확충을 기대했던 일본 기업인의 의욕이 맞아떨어져 1892년 양력 1월 25만 원의 차관계약이 성립되었다. 주일공사 金嘉鎭, 전환국총판 李完用, 大阪製銅會社社長 마스다 노부유키(增田信之)간에 교섭된 내용은 다음과 같다.[5] 상환기간은 5년이되 그 기간내에 마스다를 해고할 경우 해고 시점에서 모든 원리금을 청산하며, 전환국 잉여이익금의 1/4을 마스다에게 급여한다. 부대조건으로 5년간 화폐만드는 원료인 동의 독점제공과 주조책임자로 일본인을 고용한다는 것이었다. 마스다는 1892년 양력 11월에 전환국 감독이 되었으나, 전환국 주도권을 둘러싼 자체 내분과 원세개의 개입으로 1893년 정월에 일본으로 귀국하고 말았다. 그는 귀국하면서 원금 13만 원과 이식 2만 원을 챙기고 돌아갔다.

다. 독일의 차관 제공[6]

가) 갑신정변 피해보상 차관

갑신정변의 후유증은 조선정부를 외채 누증의 악순환이라는 고통 속으로 밀어 넣었다. 정변의 피해보상이 덧붙여졌기 때문이다. 총보상액 13만 원 가운데, 요코하마 정금은행차관(12만 5천 원)에서 5만 원을 상환한 나머지 8만 원의 독촉이 심했고, 또 정금은행차관 제1차분의 원리금 2만 원의 상환날짜가 닥치고 있었다. 조선은 독일인 묄렌도르프 외무협판을 앞세워 조선에 진출한 洋商 가운데 묄렌도르프의 조국인 독일 世昌洋行과 접촉하여 차관 도입의 성사 직전에까지 갔으나 원세개의 탐지로 물거품이 되고 말았다. 세창양행의 급성장은 청의 輪船招商局의 조선 진출에 방해가 되기 때문이었다. 조선정부는 원세개의 감시하에 세창양행의 과도한 요구(이율 12%, 세미운송계약 5년)를 완화하는 선에서 10만 냥의 차관교섭을 매듭지었다. 1886년 양력 1월 2일이었다. 차관액 2만 파운드(약 10만 냥), 이율 연 10%, 상환기간 2년, 3항 관세 담보, 부수조건으로 稅米운송권을 확보하였다. 이 차관의 제공을 계기로 해서 1884년 봄에 중국에서 인천으로 진출한 세창양행은 초기의 저조한 경영실적을 일변시켜 조선 제일의 외국상인으로 발돋움하게 되었다. 또한

---

5) 中央硏究院,《淸季中日韓關係史料》5(臺北：中央硏究院 近代史硏究所, 1972), 2,945쪽.

6) 김정기, 〈조선정부의 독일차관도입(1883~1894)〉(《韓國史硏究》39, 1982).

세미운송권의 확보는 전통적인 조선해운업계의 판도에 충격을 주는 계기였으며 동시에 윤선운송세의 첨가로 동학농민전쟁 발발의 한 원인이 되기도 하였다.

나) 전환국기기 · 남로전선기기 구입 차관

세창양행은 1886년 양력 3월 31일 조선정부로부터 典圜局의 동전제조기계를 구입해달라는 요청을 받아드렸다. 기계 구입가격은 3만 元(멕시코 달러), 이식은 구입가 100원 당 10원, 계약일로부터 10일 이내에 1만 원 선불이었다. 다시 세창양행은 1887년 양력 3월 20일 南路電線의 가설을 위한 전선자재와 기계 구입에 필요한 자금 34,150원의 차관을 제공하였다. 남로전선(서울－천안－공주－전주－장수－거창－대구－부산)은 청의 허가를 받고 서로전선의 가설차관 10만 냥의 잔여분으로 만든 것인데, 다시 그 가설비의 일부분을 독일차관으로 메우게 된 것이다. 월 8%(2만 9천 원에만 이식, 나머지는 무이자) 이율, 18개월의 상환기간이었다. 그런데 1887년 양력 9월 독일에서 조선으로 운반하던 기계(機器)가 뜻밖에 홍해에서 침몰하는 사고가 발생하여 결국 기기구입가는 44,490원으로 증가되었다. 조선정부는 아무런 보상을 받지 못하고 오히려 10,490원을 추가 지불하는 손해를 봤다. 더욱 놀라운 사실은 이 사고를 원세개의 압력으로 고종에게 보고하지 않은 것이다. 여기에서도 조선관료, 세창양행, 원세개간의 부패구조가 확인되고 조선관료의 무책임성과 무능력이 노출된다.

다) 창룡 윤선 구입 차관

稅米 운송에 윤선(기선)이 처음 등장한 것은 1886년 세창양행이 2만 파운드의 차관을 제공한 대가로 세미운송권을 확보(1년에 3만 석)하고서 부터이다. 운송의 안전성 · 신속성 · 경제성에 주목한 조선정부는 동학농민전쟁이 일어날 때까지 10척의 기선을 도입하게 되는데 그 중 하나가 세창양행으로부터 1887년 음력 4월에 외상 구입한 蒼龍號였다. 이 배는 1891년 중반이 되도록 구입가 57,400元을 지불하지 못해 두배가 넘는 125,400원의 지급을 강요받게 되었다. 결국 정부는 원세개와 일정한 타협을 하였으며, 당시 최대의 외상으로 발돋움한 세창양행에서 125,400원의 차관을 도입하게 되었다. 1891년 양력 7월 13일 체결한 차관 계약내용은 이율 연 12%, 18개월의 상환기간이었

다. 1만 파운드(약 6만 원) 상환 후 창룡선은 조선정부의 소유가 되었다. 불과 4년만에 정부는 또 한 척의 배 값을 날리게 된 셈이다.

(3) 1895~1905년의 차관제공

가. 관원 · 군인의 봉급 차관[7]

1894~1895년 조선 재정은 최악의 상태였다. 1894년의 동학농민전쟁과 청일전쟁은 조선을 내외전의 전쟁터로 전락시켰을 뿐 아니라 조선의 寶藏이라 일컫는 전라도 · 충청도 · 경상도의 한발과 기근 때문에 "金庫는 모두 공허하다"[8]라든가 "추수 때까지 수입이 거의 없다"[9]라는 상황이었다. 임오군인항쟁 직후 "나라에 한 달의 저축도 없다"보다 더욱 비참했다. 때문에 하급관리와 하급군인의 감원선풍이 일어난대다 5개월이나 봉급 지급이 중지되자 그나마 자리를 지켰던 관리와 군인들은 무슨 일이 일어나기만 하면 반란을 일으킬 상황이었다. 갑오개혁파들은 국가의 존망을 심각하게 걱정하면서 자신들의 정권 연명을 일본차관의 도입에 걸었다. 당시 주한공사 이노우에 카오루(井上馨)는 일본정계의 거물로서 차관제공의 적극론자였다. 그의 주선으로 월급 1개월분에 해당되는 13만 圓의 차관계약이 1894년 음력 12월 18일 조선정부와 일본제일국립은행 · 日本郵船株式會社(일본 천황도 이 회사의 주주였다) 사이에 체결되었다. 13만 원 가운데 일본제일은행이 5만 원, 일본우선주식회사가 8만 원을 분담하였다. 13만 원 중 7만 원은 은화, 6만 원은 지폐로 지급되었다. 담보는 인천관세, 이자는 처음에 지불되는 6.5만 원은 10%, 후불 6.5만 원은 8%였다. 부수조건에 선취권 · 관세담보의 일본독점, 당시 영국인 브라운(J. M. Brown, 柏卓安) 총세무사의 사임을 요구하며 후임 총세무사의 보장과 일본우선주식회사의 조선연해 운행권이 포함되었다.

전쟁 승리 후 청의 세력이 일시에 소멸된 조선에서 일본의 일본제일국립은행은 1884년부터 조선해관세의 징수권을 장악하고 있는 상황에서 단돈 5

7) 김정기, 〈청일전쟁전후 일본의 대조선 정책〉(《淸日戰爭과 韓日關係》, 일조각, 1985).

8) 日本外務省 編, 《日本外交文書》 27-1, 문서번호 295.

9) 《日本外交文書》 28-1, 문서번호 205.

만 원의 제공으로 조선 해관의 운영권을 장악할 계기를 마련했고, 일본우선주식회사는 조선해운업계의 최강자로 등장할 발판을 마련했다.

나. 1895년의 예산 차관[10]

13만 원의 봉급차관으로 화급했던 불은 껐지만 1895년 가을걷이 때까지 '收入皆無' 상태의 지속은 불을 보듯 뻔하게 예측되고 있었다. 더욱이 1894년 양력 7월 이후 국가 재정의 바닥 상태(金庫皆空虛)에서 신설된 軍國機務處의 이른바 개화파관료들은 민중생활에 직결된 개혁정책(조세금납화 · 신식화폐장정 · 도량형 통일 · 행정구획 변경 등)을 숨돌릴 틈없이 찍어내고 있었다. 당시 개혁의 이론가이자 중심인물이었던 兪吉濬마저 자기들의 정책을 '紙上改革'이라고 자조했으며,[11] 1895년 잠시 정권을 잡은 朴泳孝도 "(1894년) 7월 이후 國事에 하나도 이룬 것이 없다(國事無一成)"라고 자탄하기에 이르렀다.[12] 사전준비의 철저한 부족과 완전한 자금부족 상태에서 추진된 당연한 결과였다. 이러한 과정에서 당장 죽어나는 것은 민중이었다. 동학농민이건 비동학농민이건 간에 모두가 개화파정부에게 저주의 화살을 퍼붓고 있었다. 동학농민전쟁의 불씨가 전국적인 의병항쟁의 불길로 살아나고 있었다. 개혁은 커녕 조선은 국가존립의 위기상황으로 빠져들고 있었다.

다급해진 친일 개혁파들은 1894년 양력 10월 10일 동학농민전쟁과 청일전쟁이 한창 진행되는 속에서, 유길준이 이토 히로부미(伊藤博文)수상에 차관제공의 가능성을 타진하고서부터 이듬해 1895년 양력 3월 30일 300만 圓의 차관계약이 체결 될 때까지 사력을 다했다. 개혁파의 든든한 언덕은 1894년 10월 25일에 부임해온 차관제공의 적극론자 이노우에공사였다. 그는 500만 원의 차관을 약속했다. 차관의 파괴력을 누구보다도 확신했던 그는 500만 원의 제공으로 조선을 '보호국화'하는 절호의 기회로 파악하고 있었다. 그러나 수상 이토, 외상 무츠 무네미츠(陸奧宗光)는 차관 소극논자였다. 전쟁 중이었고 전후의 씀씀이를 고려하여 500만 원의 차관제공에 난색을 보였다. 재벌 또한 정화의 해외 유출과 조선정부의 상환능력을 의심하여 차관제공을 반대하였

10) 김정기, 앞의 글(1981).
11) 兪吉濬, 《西遊見聞》 4, 〈社會經濟論〉.
12) 金允植, 《續陰晴史》 上, 卷 7 (국사편찬위원회, 1960), 고종 31년 1월 17일.

다. 그들은 연리 10%의 고리와 화폐발행권 등 차관제공을 거부하기 위한 악조건을 제시하였다. 결국 이토수상과 외상 무츠는 이노우에의 집요한 설득에 한발 물러섰다. 차관총액은 300만 원으로 낙착되었다. 그렇지만 교섭과정에서 일본정부는 조선 지폐의 발행을 금지하고 대신 일본 지폐를 조선의 법화로 인정하라는 부수조건 제시에 내부대신 박영효와 탁지대신 魚允中은 "그렇다면 기갈을 참아서라도 이러한 약정하에서는 돈을 빌릴 수 없다"라고 절규하면서[13] "철두철미 동의하지 않겠다"는 결연한 자세를 유지하였다.[14] 하지만 느긋한 쪽은 일본, 자신들이 생각해도 지나쳤다고 자각해서인지 위의 악조건을 철회하는 대신 조세수입을 담보로 하는 수정 제안을 채택하도록 하였다. 1895년 양력 3월 30일, 조선 탁지대신 어윤중과 日本銀行 총재대리 츠르하라 사다요시(鶴原定吉) 사이에 체결된 내용의 대강은 다음과 같다. 일본은행은 300만 원을 조선정부에 대여하되 반은 은화로, 반은 지폐로 한다. 연 6% 이율, 원금상환은 1899년 12월에 반, 그 나머지 반은 이듬해 12월에 하며, 담보는 조세수입이었다. 단, 약정시기 이내에 상환이 불가능하면 조세수입에서 선취권을 보장받는다.

담보설정에 조세수입이 포함된 것은 조선의 외채도입사상 이 차관이 처음이었다. 원금상환이 약속대로 안될 경우 조선재정의 통제권은 1901년 1월 1일부터 일본으로 넘어가는 망국적 요인이 차관계약서에 포함되어 있었다. 청일전쟁 승리 후 러시아·독일·프랑스의 삼국간섭 때문에 일본의 조선 침투가 주춤거리는 틈을 타서 친러파 관료들이 원리금 상환에 온 힘을 쏟았다. 친일파 박영효까지도 일본의 침략 의도를 명확하게 체험한 마당이기에 이 차관의 상환은 국운을 건 작업이었고 마침내 해내기에 이르렀다. 거액 차관이 약속대로 상환된 것도 이것이 처음이었다.

갑오경장 이듬해 채택된 최초의 근대적인 예산제도에서 이 300만 원이 즉각 예산편성에 투입되었다. 1895년의 예산총액은 3백 29만 원, 그러니까 이 차관이 차지하는 비율은 91%였다. 이른바 갑오개혁파의 개혁 허구성이 바로 여기에서 반증되며 그 반민족성도 여기에 내재되어 있었다. 이상과 현실 사

13) 杉村濬, 《在韓苦心錄》(日本外務省, 1932), 125쪽.
14) 《日本外交文書》 28-1, 문서번호 232.

이의 거대한 심연에서 민중을 외면한 갑오경장파들은 스스로 파멸의 길로 빠져들고 있었다.

다. 궁내부 경비 · 무기대금 지불 · 도량형개량 등의 차관15)

50만 원 미만의 차관은 1894년 봉급 차관도입 이후 1900년 3월까지 그 도입이 거의 중지되었다(백만 단위의 거액 차관도입은 1895년 300만 원 예산차관 이후 10년을 기다려야 했다). 단, 1896년에 조선정부에 대한 제일은행의 소액대부가 몇 차례 제공되었다고는 하나 그 자세한 액수는 얼마인지 모른다. 그러니까 1897년부터 4년간은 도입된 차관이 없었다. 왜 그랬을까. 짐작컨대, 첫째 동학농민전쟁 · 청일전쟁의 여파에서 벗어나 조세징수 실적이 전쟁 이전의 수준을 회복한 데 있으며, 둘째 조세를 담보로 했기에 1900년까지 상환이 안 될 경우 조선재정의 자주성을 잃게 될 일본은행차관 300만 원의 상환에 조선조정이 총력을 기울이고 있었으며, 셋째 이와 관련하여 그 예산차관 교섭시 노출된 차관의 망국적 특성을 관료들이 이해하게 되어 잠시나마 차관도입의 기피증이 그 효력을 지속하고 있었기 때문이다. 또 하나의 중요한 요인으로는 1898년부터 시행됐던 일본의 금본위제도 때문에 일본의 금융기관, 특히 제일은행은 조선의 금 수집에 혈안이 되었기에 차관을 제공할 자금의 여지가 좁아졌을 것이다.

다음은 1900년부터 1905년까지 제일은행이 조선정부에 제공한 차관내용을 표로 작성한 것이다.

〈표 2〉 제일은행의 차관제공 내용(1900~1905)

(화폐단위 : 円)

기채일	차관액	담 보	이 율	용 도	부대조건
1900. 3	30만	관세		궁내부 경비	
1901. 8	50만	조세	10%	군사무기외상구입비, 기타	

15) 第一銀行, 《韓國ニ於ケル第一銀行》(東京, 1908).
長谷井千代, 《第一銀行五十年小史》(東京, 1926).
第一銀行八十年編纂室, 《第一銀行史》(東京, 1957).
高麗大 亞細亞問題硏究所, 《舊韓國外交文書》(《日案》, 高麗大 出版部, 1970)에 의거하여 작성하였다.

1902. 4	15만	무담보	일변3전	재정 보충	
1902. 6	10만	무담보	일변3전	재정 보충	
1902. 8	15만	무담보	일변3전	도량형 제조	
1902.12	10만	무담보	일변3전	재정 보충	
1903. 3	10만	—	—	—	
1905. 3	22만 1109	백동화	일변2전8리	재정 보충	
1905. 3	5만	백동화	일변2전8리	재정 보충	
1905. 4	10만	백동화	일변2전8리	재정 보충	
합 계	177만 1109円				

*《第一銀行史》와 《舊韓國外交文書 : 日案》 제5권을 참고하여 만듬.

〈표 2〉에서 보듯이 5년간 제공된 차관총액은 177만 1,109円으로 그 액수가 만만치 않은 금액이다. 특히 1902년에 무담보차관이 집중된 것은 이해 5월에 획득한 제일은행의 '무기명식일람불어음' 발행권과 직결된 것으로 그 이권획득 시기 이전의 차관제공은 그 미끼였고, 이후 것은 그 보상인 셈이었다. 원래 무담보차관이란 1885년 청나라가 제공한 전선가설차관처럼 제공국의 국익에 도움을 주는 최상의 이권임을 전제로 하는 것이다. 일본의 제일은행은 1884년 단지 2만 4천 불의 소액차관제공으로 관세징수권을 획득하여 조선의 모든 관세를 취급하는(1880년대 대략 연평균 50만 원, 1900년대는 100만 원을 넘어섬) 해관은행으로 발돋움한 데 이어, 이번의 어음 발행권획득은 조선의 화폐발행권을 탈취해 가는 전 단계에 도달한 또 하나의 일본측 쾌거였다. 마지막으로 놓쳐서는 안될 중요한 사실은 약 177만 원의 차관이 조선정부가 제일은행에 예금한 공금(국고금)에서 제공된 것이라는 것이다. 이 확신의 첫 근거는 1902년 상반기 조선정부의 공금예금이 75만 원인데 그 시기 제공받은 차관의 액수가 25만 원이라는 데 있고[16], 그 두번째 근거는 제일은행의 총 예금에서 차지하는 조선정부의 공금비율이 1901년에 62.7%, 1903년에 46.8%, 1905년에 53.1%라는 데 있다.[17]

결국 조선자금으로 조선에 차관을 제공하는 제일은행의 역설적인 작태는 약체의 일본 자본축적을 반식민지 조선에서 보강하는 일본 자본주의 성장의 왜곡된 특징을 여실히 보여주고 있다.

16) 村上勝彦, 〈植民地〉(《日本産業革命の硏究》下, 東京大 出版會, 1979), 292쪽.
17) 村上勝彦, 위의 글, 281쪽.

제일은행은 이처럼 조선정부의 화급한 재정부족을 땜질식으로 메워주면서 화폐발권은행 곧 조선의 중앙은행화를 목표로 내달리게 된다. 그러면서 거액 차관의 투입시기를 저울질하고 있었다. 그것은 시간문제였다.

라. '조선보호국화' 차관[18]

1905년 양력 9월 5일 러·일간에 체결된 포츠머스(Portsmouth) 강화조약은 조선이 일본의 '보호국'됨을 세계 만방에 알리는 선언서였다. 1904년 양력 2월 5일 일본이 전쟁을 포고한 지 1년 7개월만의 일이었다. 이미 그해 양력 11월 17일 심야에 을사조약이 체결되었다. 20억 원의 전비조달 가운데 12억 원을 외채로 충당하고 20여만 명의 사상자를 내면서 전쟁을 일으킨 핵심요인은 궁극적으로 조선을 병탄하여 식민지(그 전단계로 보호국화)로 만들자는 것이었다. 일본은 전쟁의 승리를 예상하면서,[19] 1905년 벽두부터 이때까지 미루어왔던 대규모의 차관공세를 시작하였다. 조선의 '보호국' 선언을 하기 전에 조선경제를 일본에 종속시키려는 경제침탈정책의 완성이 이 차관공세의 제1차 목표였다.

그럼 왜 1895년 300만 원 제공 이후 10년 가까이 차관공세를 미루어왔을까. 사실상 1900년 직후 고종은 황제권의 강화와 이른바 광무개혁을 위한 자금의 필요성 때문에 일본과 서양열강에게 차관제공을 열망하기에 이르렀다. 국립은행창설과 화폐제도개혁을 중심으로 해서 군대신설, 교육제도 재편, 행정기구 개편 등이 그 개혁목표였다. 그러나 1880년대 말처럼 차관도입은 좌절되었다. 왜냐하면, 어느 한나라가 조선과 교섭을 진행할 때 나머지 다른 국가들이 부분 또는 전체가 연합하여 반대하고 나서는 공동의 견제가 일반화되고 있었을(이는 1880년대 청나라의 강력하고 집요한 방해공작과 대비됨) 뿐만 아니라 1898년 만주 우선정책으로 러시아가 조선에서 거의 발을 빼어 조선에서의 그 세력이 약화되긴 했지만 일본이 러시아의 자극을 회피하여 분쟁을 야기하려 들지 않았기 때문이다. 여기에다 1900년을 전후한 시기 제일은행의

18) 김정기, 앞의 글(1985).

19) 사실상 일본은 더 이상 전쟁을 수행할 경제력이 바닥나 있었으며 군대충원에도 한계에 부딪치고 있었다. 이런 사실을 전혀 모르는 일본 국민은 과장된 전승소식에 만취되어 있었다.

자금능력 또한 일시에 100만 원을 동원하기에도 힘든 상황이었다.

1905년 양력 1월부터 을사조약이 체결된 11월 18일 이전까지 일본은 두 번에 걸쳐 대규모 차관을 제공하였다. 하나는 1월 31일 제일은행 300만 圓 차관으로 해관세 담보, 이율 연 6%, 용도는 화폐정리였다. 나머지 하나는 6월 24일 제일은행이 주관한 일본공채 200만 원의 모집으로, 담보는 조세이고, 이율 연 7%에 용도는 조선의 외채정리 그리고 조선예산의 보충이었다. 300만 원 제일은행 차관의 대가, 즉 부수 조건은 "대한국정부는 第一銀行券을 공인하고 公私의 출납에 상관없이 무제한 통용시킨다"[20]였다. 조선의 은화·백동화·동화 모두를 회수하고, 엽전 일부를 잔존시켜 보조화폐로 만들 이른바 조선화폐의 정리자금으로 300만 원을 제공하는 대신, 바라고 바라던 제일은행권의 발행권을 얻어 낸 것이다. 아니 러일전쟁 진행중의 탈취였다. '화폐정리'의 사무집행에 관해서 "제일은행은 탁지대신의 지휘감독을 준수한다"[21]고 하여 서양열강의 반발을 완화하고 망해가는 조선의 위신을 잠시 유지시키기 위해 꼬리를 달았지만, 탁지대신은 이때 이미 조선에 들어와 있었던 조선정부 재정고문의 허수아비였다. '화폐정리'는 정리가 아니라 '조선화폐 絶滅'이었고, 幣制改革은 '개혁'이 아니라 '조선폐제의 붕괴'였다. 제일은행은 사실상 보호국의 중앙은행이 된 것이다. 위 차관계약이 체결된 1905년 양력 1월 31일은 경제적으로 조선이 일본의 '보호국'으로 전락된 날이었다. 1904년 전환국은 이미 폐지되어 있었다.

이어 제일은행(뒤에 일본 흥업은행과 공동으로)은 200여만 원의 공채를 모집하여 조선의 '재정정리'를 단행하였다. 300만 원 차관이 조선금융의 완전한 일본지배였다면 이 공채는 조선재정의 완전한 일본통제를 겨냥한 것이었다. 이른바 조선의 재정정리를 위한 국고증권의 단기공채 명목으로 그해 양력 7월부터 동경에서 모집된 총액은 642만 9천 圓, 예정액의 3배가 넘는 대성황이었다. 이것은 이른바 대본영의 과장보도로 승리에 도취된 일본국민이 '호국 조선'에서 한 몫 챙기려는 투기 심리의 반영이자, 동시에 戰費 증세로 곤궁에 처해진 일본국민의 사기를 진작시키려는 일본정부의 고육책이었다. 이로 인해 조선의 재정 역시 일본에 완전히 종속되었다.

---

20) 《韓國ニ於ケル第一銀行》 下, 〈貨幣整理에 관한 契約〉 제3조, 226쪽.
21) 위의 책, 〈貨幣整理에 관한 契約〉 제2조.

(4) 도입 차관의 총액 추정

〈표 3〉·〈표 4〉·〈표 5〉는 1876년부터 1894년까지의 청·일본·독일이 제공한 차관의 총액과 그 내용을 밝힌 것이고 〈표 6〉은 1895년부터 을사조약이 체결되는 1905년 11월 이전까지 일본이 제공한 것이다. 물론 이 시기에 일본 이외의 다른 나라 차관은 없었다.

원래 차관제공이란 자본주의가 고도로 발전한 단계에서 실행되는 자본수출의 하나이다. 그러나 조선개항 이후 전개된 청과 일본의 차관은 선진자본주의 국가를 외형적으로 모방한 데 지나지 않았다. 이 두 나라의 외형적 모방도 그 내용을 들여다보면 양국의 자본주의 성숙도에 따라 분명한 편차를 보이고 있다.

〈표 3〉 청 차관의 내용(1882~1894)

(단위 : 중국 兩)

기채연월	차관제공처	차관액	담 보	이 율	상환기간	용 도	부수조건
1882.1~10	화풍국·초상국 등	28,250	인삼세	–	단기	군사유학생경비	없음
1882.8	초상국·광무국	500,000	해관·홍삼·광세	年8%	12년	해관창설	–
1882.	천진해관	3,000	–	무이자	단기	천진공관건축	–
1883.2	초상국	200,000	관세·홍삼·광세	年8%	16년	산업진흥, 해관창설	광산회사설립권·채굴권·초상국조차권
1883.	천진해관	3,700	인삼세	무이자	단기	기기구입, 기기창설립	–
1885.6	화전국	100,000	무담보	무이자	25년	서로전선가설	25년간 전선가설권
1887.	천진해관	2,000	–	무이자(?)	–	–	주津관원경비
1892.	원산화상	2,000	–	월3.5%	–	–	원산부두보수
1892.8	동순태상회	100,000	관세(仁川)	월6%	80개월	船債·일상인채	선택권확보
1892.10	동순태상회	100,000	관세(釜山)	월6%	100개월	船債·은행채상환	한강운강권
1893.6	해방지응국	35,000	–	–	–	방곡령배상금	–
합 계		1,073,950兩					

*1. 기채 년월에서 月은 음력이다.
2. 1880년대~90년대 초 환율은 洋元(弗)=日本圓, 圓 : 兩=1 : 0.7이었다.
3. 중국은 지역에 따라 兩의 가치에 약간의 편차가 있으나 미세하여 여기서는 생략했다.

〈표 4〉 일본 차관의 내용(1882~1894)

기채연월	차관제공처	차관액	담 보	이 율	상환기간	용 도	부수조건
1882. 11	橫浜正金銀行	125,000圓	관세·광세	年12%	12년	임오군란보상 군사유학생경비	단천금광채굴권 (상환치못할경우)
1884. 2	제일국립은행	24,000弗	관세	月10%	1년	해관경비	해관징수권
1884~ 1894	제일국립은행	440,637元	관세	月4~6%	–	조선정부 각종경비	–
1892. 1	대판제동회사	13,000圓	–	–	5년	동전제조원료	동5년공급권
합 계		602,673圓					

* 1. 기채년월에서 월은 음력이다. 단기는 1년 미만을 말한다.
  2. 弗=洋元=圓이고, 日本 圓과 당시 같은 비율로 교환되었다.

〈표 5〉 독일 차관의 내용(1886~1891)

기채년월	차관제공처	차관액	담보	이 율	상환기간	용 도	부수조건
1886.1	세창양행	2万파운드 (약14만元)	관세	年10%	2년	임오군란피해보상 정금은행 1차분 상환금(元利)	세미운송권
1886.3	세창양행	30,000元	–	100원당10원 (10%)	–	전환국기기구입	–
1887.3~9	세창양행	44,490元	–	月8%	18개월	남로전선기기구입	–
1891.7	세창양행	125,400元	–	年12%	18개월	창룡윤선선채 (1887년이래)	–
합 계		339,890元					

* 1. 기채년월에서 월은 음력이다.
  2. 元은 洋元이라고도 하며 멕시코 달러를 말한다.

〈표 6〉 일본 차관의 내용(1895~1905)

(화폐단위 : 圓)

기채년월	차관제공처	차관액	담 보	이 율	상환기간	용 도	부수조건
1895. 1	제일국립은행 우선주식회사	130,000	인천관세	10%(전) 8%(후)	단기	관리· 군인봉급	선취권 후임총세무사임명권
1895. 3	일본은행	3,000,000	조세	연6%	1899년반 1900년반	1895예산	–
1900. 3	제일은행	300,000	관인삼	–	–	궁내부경비	–
1901. 8	제일은행	500,000	조세	10%	1년	무기대금	–
1902. 4	제일은행	150,000	무담보	일변3전	단기	재정보용	없음

1902. 6	제일은행	100,000	무담보	일변3전	단기	재정보용	없음
1902. 8	제일은행	150,000	무담보	일변2전8리	3년거치2년	도량형제조	없음
1902. 12	제일은행	100,000	무담보	일변3전	단기	재정보용	없음
1903. 3	제일은행	100,000	평식원수입	–	–	–	–
1905. 1	제일은행	3,000,000	관세	연6%	6년	조선화폐'정리'	제일은행권발행
1905. 3	제일은행	221,109	平式院수입 백동화충당	연8%	–	재정보용	–
1905. 3	제일은행	50,000	平式院수입 백동화충당	일변2전8리	–	재정보용	–
1905. 4	제일은행	100,000	平式院수입 백동화충당	일변2전8리	–	재정보용	–
합 계	7,901,109圓						

* 기채년월에서 월은 양력이다.

청의 경우 1894년 청일전쟁에서 패배할 때까지 일본보다 3배에 가까운 절대적 우위의 차관공세를 감행하였다. 그 공세의 주도 세력은 민간기업가가 아닌 이홍장의 측근 막료들이었고 이들과 긴밀히 밀착된 이른바 官督商辦의 반관반민들이었다. 그러니까 합리적인 자본주의 경영방식을 체득한 민간기업가가 아니었고 동원된 자금 역시 국가의 지원을 받는 관독상판에서 염출되었고 극히 일부의 경우 상해자본가들로부터 수집되기도 했다. 이는 당시 중국의 자본축적이 극도로 취약하다는 사실을 뒷받침하는 것이다. '출혈차관' 이것이 중국차관의 특징이었다. 자금부족과 경영방식의 미숙성은 조선경제침탈의 주도세력이었던 輪船招商局의 조선 着地 실패에서 극명하게 노출된다. 해운운송, 광산개발, 한강운항 등 모든 면에서 그 좋은 조건의 앞선 탈취에도 불구하고 그 성과는 극히 적었다. 그러나 이 출혈차관은 경제적 침탈 성과에서 기대 이하였음에도 불구하고 조선의 내외정을 간섭하는 데서는 강력한 무기가 되었다. 때문에 청 차관은 정치 차관으로 규정된다.

일본의 차관제공은 청일전쟁의 승리 이후 유일하게 계속되고 있었다. 제일국립은행은 자본주의 경영의 조기도입에다 일본정부의 체계적인 지원에 힘입어 차관제공으로 조선에서 경제침탈을 착실히 증폭시켜 갔다. 특히 시기를 재면서 강행한 을사조약체결 직전의 대대적인 차관공세는 이른바 조선보호국화에 결정적인 기능을 수행하였다. 일본의 차관제공 역시 서양 열강과 비교할 때 자본축적의 취약성이 드러난다. 예컨대, 이 은행의 자금동원능력은 1900년대 초까지 일시에 100만 원을 모으기가 어려웠고 그 이상의 거액차관 제공은 정부의 지원이 필수적이었다. 또한 그 취약성은 조선정부가 제일은행에 예금한 공금으로부터 차관이 제공된다는 사실에서도 확인된다. 결국 제일은행은 일본 초기의 취약한 자본축적을 조선에서 보강하는 조선경제침탈의 첨병이자 교두보였다.

(5) 차관과 민족운동

조선의 개항이후 차관도입은 외세저항 민족주의를 생성시킨 또 하나의 다른 인자였다. 다시 말하자면, 차관도입의 악순환은 민족운동을 촉발시킨 도화선의 한 가닥이 된 것이다. 원리금 미상환의 적체는 그 부담이 고스란히 民에게 전가되어 증세로 귀결되었고, 동시에 부수 조건으로 탈취당한 이권 역시 민의 부담으로 이전되어 또한 증세로 연결되었다. 청에 탈취당한 서로전선의 전선세와 독일세미운송선의 운송세 징수가 그 예이다. 당시 한계생존 수준에서 허덕이던 민에게 차관으로 인한 두 측면의 증세는 반외세 민중항쟁의 불길을 당기는 점화기제였다. 동학농민전쟁에서 그 첫 점화가 시동되었다.

㉠ 電報는 민간에게 多弊하니 철폐할 것.
㉡ 電報局은 민간에게 최대의 폐가 되니 혁파할 것.
㉢ 輪船上納 이후 매 結에 磨鍊米가 추가되어 3~4斗가 될 정도로 많아졌으니 즉각 혁파할 것.
㉣ 轉運司는 혁파하여 舊例에 따라서 邑으로부터 상납할 것.
(《續陰晴史》 上 7卷, 고종 31년 6월 24일, 〈正月全羅道儒生等原情後錄〉 및 〈又原情列錄追到者〉)

㉠·㉡의 전보국은 전선을 관리하는 관청으로 여기에 서로·남로·북로전선이 포함되는데, 서로·남로전선은 차관도입과 직결된 전선이었다. ㉢·㉣은 세미운송 때문에 도입한 증기기관의 기선, 즉 윤선을 말하는데 10척의 윤선 도입 역시 차관도입과 직간접 관련을 맺고 있다. 모두가 원리금상환의 부담, 윤선·전선유지비의 부담이 차관도입에 따른 반외세 차원에서 동학농민전쟁을 터뜨린 발생원인이었음을 분명히 말해주고 있다.

전봉준은 1894년 음력 4월 직접 작성했다고 추정되는 茂長布告文에서 서울 공경으로부터 지방의 수령에 이르기까지 관리 승진·등용, 시장, 과거장에서 자행된 부정 때문에 "나라에 쌓인 빚이 있다(國有積累之債)"고 하여 國債의 심각성을 환기시켰다. 이것은 내국채를 말한 것이지만, 그 상대인 외국채의 존재를 전봉준이 모를 리가 없었다. 사실 1894년까지 도입차관의 총액은 앞의 〈표 3〉에서 확인되듯이 2백 60여만 원으로 1880년대 평균 예산 2백 80여만 원(약 200만 냥)과 맞먹는 거액이었는데다가 당시에 파악된 차관 미상환액 74만여 원은 내국채 총액의 65%였다. 이러한 구체적인 상황을 전봉준은 모르고 있었을 것이다.

조선에서 차관망국론을 최초로, 그것도 정확하게 인식했던 사람은 전라도 농촌지식인 李沂였다. 동학농민전쟁 초기 전봉준을 방문하여 국내외 정세를 논하면서 '반란'에 동참하려 했던 그는 거의 1년 뒤 300만 원 일본차관의 도입 소식을 듣고 탁지대신 어윤중을 질타하는 글을 보냈다.

> 각하는 차관을 일삼고 있으니 금년 내년 이어가면서 부채의 누적이 많아질 것이니 그 대세는 반드시 땅을 떼어 갚아야할 지경에 이를 것입니다. 정말 500년 사직과 삼천리 봉토가 다른 사람의 손에 들어가게 될 것이니 후세의 군자가 붓을 들어 죄인을 찾을 때 나는 각하가 자연히 그 首級이라 여겨집니다(李沂, 《海鶴遺書》 권 5, 고종 32년 을미, 〈答魚度支允中書〉).

"땅을 떼어서 갚는다(割地而償之)"는 이기의 차관망국론은 10년 뒤 현실로 다가서고 있었다. 1905년 을사조약 체결을 전후한 시기에 의병장 崔益鉉은 1904년에 割地論을 계승하고 나서 1906년 마침내 "차관을 도입하려는 마음은 망국이고 외국에 의존하려는 마음이 화근이다"[22]라는 차관망국을 선언하기에 이르렀다.

드디어 1907년 2월 대구를 시발로 해서 전국으로 국채보상운동이 터졌다. 유길준이 전망한 조선의 이집트화, 그러니까 차관 때문에 이집트가 영국의 보호국으로 전락한 1882년의 역사적 사례가 조선에서 재생된 것을 보고 조선민족이 궐기하고 나선 것이다. 세계사에 그 유례가 없는 이 경제적 측면에

22) 崔益鉉, 《勉菴集》 三疏, 갑진 12월 28일.

서의 내셔널리즘이 저항운동 차원으로 번져 가는 와중에서도, 일본은 보호국을 식민지로 전환시키기 위해 마지막으로 대대적인 대조선차관공세의 고삐를 늦추지 않고 진행하였다.

> 한국을 보다 더 철저히 감독하기 위하여 일본정부는 우리 정부와 1천 3백만 원의 負債를 지우는 계약을 강제로 체결했다. 한 庶民이었던 徐相敦은 일본 담배의 불매운동을 제의하여 전국에서 열렬한 환영을 받았다. 한편으로 그는 한국 정부가 체결한 1천 3백만 원의 국채를 갚기 위하여 어떤 단체의 조직을 착안했다. 이 구상은 대성공리에 즉각 실천되었다. 빈부·남녀노소·유아들까지 국채경감 운동에 참여했다. 그들이 가져오는 것은 돈만이 아니라, 돈이 없는 사람들은 보석과 때로는 옷가지도 희사했다. 아낙네와 처녀들은 패물과 머리채를 제공할 정도로 희생을 감수했다(尹炳奭, 《李相卨傳》, 일조각, 1984, 85쪽에서 재인용).

위의 글은 1907년 6월 27일, 네덜란드 헤이그의 만국평화회의에 파견된 각국 대표와 세계 신문·방송기자의 이목을 모은 조선 특사의 회견문 일부이다. 李相卨·李儁 특사가 초안을 잡고, 이것을 李瑋鍾 특사가 불어로 작성한 명문의 외교문서이다. 일본의 빈틈없는 침략의 전체상을 간략하고 생생하게 묘사함과 아울러 그 침탈에 대한 조선 민족의 저항을 감동적으로 소개했는데 그 저항의 일부가 위 글에 보이는 국채보상운동이다. 이것은 바로 일본의 차관공세에 대한 조선 전민족의 저항이었다. 당시 세계에 유례가 없었던 경제적 민족주의의 폭발이었다.

〈金正起〉

3) 철도 부설

(1) 열강의 각축과 철도 부설권의 향방

가. 〈조일잠정합동〉과 철도 부설권 문제의 대두

일본은 甲申政變(1884)의 실패 이후 한국에서 약화된 세력을 만회하기 위해 淸과 一戰을 불사한다는 각오로 군비확충에 박차를 가했다. 10년 후 東學農民戰爭(1894)이 일어나 청이 한국에 3,000여 명의 진압군을 파견하자, 일본은 곧바로 6,000여 명의 군대를 京仁지역에 포진시켰다. 그리고 한밤중에 경복궁에 침입하여 친일정권을 세우고(1894년 7월 23일), 〈朝日暫定合同〉(동년 8월 20일)과 〈朝日攻守同盟〉(동년 8월 26일)을 체결하였다.[1] 일본이 한국정부를 협박하여 체결한 〈조일잠정합동〉의 제2항에는 한국정부가 경인선과 경부선의 부설권을 잠정적으로 일본에 許給한다는 내용이 들어 있었다.[2]

그렇지만 이러한 사정은 1년만에 급변하였다. 한반도를 비롯한 동아시아의 정세가 유동적이었기 때문이다. 일본은 청에 대한 전쟁에서 승리하여 막대한 배상금과 함께 臺灣과 遼東半島를 할양받게 되었다. 그런데 중국에서 일본 세력이 증대하는 것에 불안을 느낀 러시아·프랑스·독일은 함께 일본에 압력을 가해 요동반도를 청에 돌려주도록 하였다. 흔히 말하는 三國干涉이 그것이다.[3]

삼국간섭은 곧바로 한반도의 정세에도 영향을 미쳤다. 1895년 5월 4일, 영국·미국·독일·러시아의 주한공사들은 합동으로 한국정부에 공문을 보내어, 철도 등의 이권을 일본에만 許與하는 것은 한국과 다른 나라 商民의 이익에 배치된다고 항의하였던 것이다.[4]

일본세력의 침투에 불안을 느끼고 있던 한국정부는 열강의 항의를 적절히 이용하여, 경부선과 경인선의 부설권을 허급할 수 없음을 일본에 통고했다. 그리하여 이미 이 철도에 눈독을 들이고 노선답사까지 마쳤던 일본의 야욕은 일단 좌절되게 되었다.[5]

나. 미국과 경인선

경인선은 34㎞에 불과한 짧은 철도였지만, 정치·경제의 중심지인 서울과 한국 최대의 무역항인 인천을 직통으로 연결한다는 점에서 아주 중요한 의미를 지니고 있었다. 그렇기 때문에 이 철도의 향방은 당시 국내외적 관심을 끌었다.

---

1) 日本外務省 編, 《日本外交文書》 27-2(東京 : 日本國際連合協會, 1936), 문서번호 629 및 636.
2) 國會圖書館 立法調査局, 《舊韓末條約彙纂》 上 (1964), 50쪽.
3) 崔文衡, 《列强의 東아시아 政策》(一潮閣, 1979).
4) 高麗大 亞細亞問題硏究所, 《舊韓國外交文書》 11(고려대 출판부, 1967~1973), 《美案》 2, 문서번호 1364(이후 《舊韓國外交文書》는 생략하고 각국 문서, 즉 《美案》·《日案》·《法案》·《德案》·《英案》·《俄案》 등으로 표기한다).
5) 《日本外交文書》 29, 문서번호 342 및 350.

〈조일잠정합동〉에서 일본이 차지하고자 하였던 경인선의 부설권은 1896년 3월 29일 미국인 모오스(J. R. Morse, 毛於時)에게 허급되었다.[6] 모오스는 이전부터 미국공사 알렌(H. N. Allen, 安連)을 통하여 한국의 간선 철도부설권을 획득하기 위해 노력해 왔다. 그러던 중, 1895년 10월 8일 일본군이 明成皇后를 시해한 것을 계기로 반일의병이 봉기하고, 또 열강의 압력으로 〈조일잠정합동〉이 유명무실해지자, 미국은 우선 경인선의 부설권을 손에 넣었던 것이다.

한국정부와 모오스가 체결한 경인철도 특허조관의 제9조는 특허를 받은 날로부터 12개월 내에 기공하고, 그후 3년 안에 준공하며, 이를 위반할 때는 특허의 효력이 상실된다는 내용이 포함되어 있었다.[7] 한편 한국정부가 1896년 7월 17일에 勅令 제31호로 발포한 〈國內鐵道規則〉의 제3조는 국내 각 철도의 폭을 4피트 8인치 반으로 정한다고 규정하였다.[8]

모오스는 인천에 거주하는 미국인 타운센드(W. D. Townsend, 陀雲仙)와 조합을 결성하고 콜브란(A. H. Collbran, 骨佛安)을 技師長으로 하여 선로의 측량을 마쳤다. 그는 경인선의 선로부설에 1년, 한강 교량가설에 2년을 소비할 작정으로, 1897년 3월 22일 京仁街道의 牛角峴에서 350여 명의 인부를 동원하여 기공식을 거행하였다.[9] 그리고 연말에는 서울 방면에서도 선로부설과 교량가설을 착공하였다. 그러나 모오스의 분주한 활약에도 불구하고 미국에서의 자본조달이 지지부진하여 全線의 완공을 기대하기는 어려웠다.

그런데 특허조관의 제3조에는 경인선의 부설에 필요한 토지를 대한제국정부가 무상으로 제공하도록 규정되어 있었다. 그렇지만 경인선의 용지에는 민간인 소유지가 많이 포함되어 있었으므로 한국정부가 이것을 매수하여 제공할 수밖에 없었다. 그리하여 철도용지의 수용과 그 대금의 지불을 둘러싸고 정부와 沿線 주민들의 마찰이 끊이지 않았다.

---

6) 경인철도의 부설권을 둘러싼 列强 사이의 관계와 모오스의 부설권 획득 과정에 대해서는 朴成根, 〈京仁線敷設權과 美日關係〉(《南都泳博士 華甲紀念論叢》, 民族文化社, 1984)를 참조할 것.

7) 朝鮮總督府 鐵道局, 《朝鮮鐵道史》(1915), 11~20쪽.

8) 竹內 綱, 《京釜鐵道經營回顧錄》(龍門社, 1921), 15~17쪽.

9) 仁川府, 《仁川府史》(1933), 825~826쪽.

경인철도에 편입된 용지 가격은 모두 4만 6,354元 26錢,[10] 주택 가격은 4만 3,573원이었다.[11] 경인선에 편입된 토지·가옥의 보상은 철도부설이 완성되어 운수영업을 개시한 후에도 이루어지지 않자, 연선 군민들은 이의 지급을 계속 농상공부에 청원하였다.[12] 재정 궁핍에 허덕이고 있던 대한제국정부는 연선 주민들의 항의가 거세어지자 하는 수 없이 철도가 개통된 지 7년여가 지난 1907년 11월 15일에야 보상금을 지급하겠다고 공고하였다.[13]

다. 프랑스와 경의선, 그리고 한국의 자력 건설운동

경의선은 龍山으로부터 출발하여 한국 북부의 서해안을 끼고 북상하여 滿洲에 접속하는 從貫幹線이었다. 열강은 경의선이 내포하고 있는 정치적·경제적 중요성에 대해 일찍부터 관심을 기울였다. 그런 가운데 프랑스의 피브릴르회사(Compagnie de Fives-Lille, 費務林公司)는 러시아의 지원을 받아 1896년 7월 한국정부로부터 경의선의 부설권을 획득하였다. 이때 한·불간에 맺어진 경의철도계약의 내용은 3개월 전에 한·미간에 체결된 경인철도계약과 비슷하였다. 경의철도의 부설권을 획득한 피브릴르회사는 두세 차례의 노선답사를 실시했지만, 자본조달에 실패하여 계약기간인 3년이 지나도록 공사에 착수하지 못했다. 그리하여 경의철도 부설권은 1899년 6월 23일 한국정부에 반납되었다.[14]

이 소식에 접한 朴琪淙 등의 관민자본가는 大韓鐵道會社를 발기하고 정부에 대해 경의선 부설권의 許給을 요청하였다.[15] 정부는 철도부설권을 절대로 외국인에게 양도하지 않는다는 것을 조건으로 대한철도회사의 청원을 들어주었

---

10) 澁澤英一傳記刊行委員會, 《澁澤榮一傳記資料》 第16卷(龍門社 編, 1957), 330~335쪽.

11) 《皇城新聞》, 1900년 2월 21일, 잡보 〈鐵道地段의 價額〉.
또 이들 전답 每斗落에 대한 보상가는 上等은 28元, 中等은 16원, 下等은 6원이었다(《皇城新聞》, 1900년 1월 17일, 잡보 〈鐵道地段의 定價〉).

12) 《皇城新聞》, 1900년 7월 18일, 잡보 〈鐵道犯入家金〉. 이 가옥들에 대한 보상기준은 瓦家는 每間 上等에 22~20원, 中等은 16원, 下等은 14원이고, 草家는 每間 上等에 10원, 中等 9원, 下等 5원으로 결정하였다.

13) 《皇城新聞》, 1907년 12월 5일, 잡보 〈家塚代金〉.
《大韓每日申報》, 1907년 11월 17일, 公告.

14) 《法案》 1, 1899년 6월 24일, 문서번호 1109.

15) 朴琪淙, 〈都總〉(《韓末外交秘錄》, 成進文化社 復刊, 1972), 230~231쪽.

다. 당시 국내에서는 독립협회를 중심으로 철도·전신·광산·삼림 등의 이권 수호운동이 활발하게 벌어지고, 정부도 근대산업의 진흥을 적극적으로 장려하고 있었기 때문에 철도의 자력건설은 실현 가망성이 없는 것도 아니었다.[16]

그러나 대한철도회사는 자본모집에 실패함으로써 경의선을 부설할 수 없었다. 일이 이렇게 되자 한국정부는 궁내부 내장원에 西北鐵道局을 설치하고 경의선을 직접 건설하기로 방침을 바꾸었다.[17] 서북철도국(총재 李容翊)은 1901년 7월까지 서울―開城의 노선 측량을 완료하였다.[18] 그리고 1902년 3월 典圜局으로부터 30만 원의 자금과 매달 20만 원의 공사비를 지원받아 건설공사를 시작하였다.[19] 특히 이용익은 기공식에 駐韓 외교사절을 다수 초청하여 경의선을 한국정부의 힘으로 건설하겠다는 의지를 강하게 천명하였다.[20]

한국정부가 자력으로 경의선을 건설하려 하자, 일본은 온갖 수단과 방법을 동원하여 이를 방해하였다. 당시 일본은 중국의 북부지방에서 일어난 義和團事件을 진압하기 위해 군대를 파견하는 등 동북아시아 일대에 세력을 확장하기 위해 진력하고 있었다. 따라서 경부선과 연결되어 만주에 접속하는 경의선은 일본에게는 중요한 이권이었다. 그리하여 일본은 명목상으로 경의선의 부설권을 가지고 있던 대한철도회사에 차관을 제공함으로써 실질적으로 철도부설권을 장악하는 방법을 모색하였다.[21] 그리고 일본의 세력 확장에 걸림돌이 되었던 이용익을 한국정부의 요직에서 쫓아내려고 기도하였다.

일본의 이러한 계책은 나중에 실효를 거두었다. 한국정부는 1903년 7월 13일 서울―평양의 철도건설을 대한철도회사에 맡긴다는 칙령을 내렸다. 그리고 일본은 같은 해 9월 8일 제일은행의 츠나도 토쿠야(綱戶得哉)를 내세워 대한철도회사의 鄭顯哲 사장과 〈京義鐵道借款契約〉을 체결하여 경의선의 부설

16) 대한제국의 식산흥업정책에 대해서는 姜萬吉, 〈大韓帝國期의 商工業問題〉(《亞細亞硏究》 50, 1973)를 참조할 것.
17) 宋炳基 等 編, 《韓國近代法令資料集》 3(대한민국 국회도서관, 1971), 140쪽.
18) 《日本外交文書》 34, 문서번호 470.
19) 《日本外交文書》 35, 문서번호 251.
20) 《日本外交文書》 35, 문서번호 262.
21) 일본이 경의철도 정책을 수립하고 부설권을 빼앗는 과정에 대해서는 鄭在貞, 〈京義鐵道의 敷設과 일본의 韓國縱貫鐵道 支配政策〉(《한국방송통신대학논문집》 3, 1984)을 참조할 것.

및 운영에 관한 일체의 권한을 손에 넣었다.[22] 그리하여 한국정부와 민간인이 추진하였던 경의선의 자력건설운동은 일본의 차관공세에 휘말려 어이없이 실패하고 말았다.

라. 일본과 경부선

일본이 한국에서 경부철도를 부설해야 한다고 구상한 것은 1880년대부터였지만, 이것이 구체화된 것은 1890년대 초반이었다. 즉 1892년 일본군 參謀次長 가와카미 조로쿠(川上操六)는 유사시에 군대와 군수품 등을 釜山에 상륙시켜 서울 방면으로 수송하지 않으면 안되는데, 그렇게 하기 위해서는 반드시 일본의 손으로 京釜間에 철도를 부설하지 않으면 안된다고 주장하면서, 일본외무성을 통해 부산주재 총영사 무로다 요시부미(室田義文)에게 경부철도 노선 예정지를 답사할 것을 명령하였다.[23]

1892년은 러시아가 시베리아철도를 건설하기 시작한 직후이고,[24] 또 영국이 京奉鐵道(중국의 北京－新民屯·奉天)를 건설하기 시작한 해였다.[25] 이때 일본이 경부철도의 부설을 시도한 것은 동북아시아에서의 열강의 각축이 철도를 매개로 하여 전개되고 있었음을 의미했다.

일본의 경부철도 부설구상은 청일전쟁을 계기로 하여 對韓政策의 최우선 과제로 확립되었다. 이에 따라 일본은 철도부설권을 탈취하기 위한 강압적 외교교섭을 단계적으로 전개했다. 일본공사 오도리 가이스케(大鳥圭介)는 1894년 6월의 老人亭會議에서 서울과 주요 항구를 잇는 철도의 부설권을 요구했다.[26] 그리고 한국의 사정에 밝았던 다케우치 츠나(竹內綱) 등의 로비스트들도 외무대신 무츠 무네미츠(陸奥宗光)의 密令에 따라 경인선과 경부선의 부설 가능성을 탐색하였다.[27] 일본은 마침내 〈朝日暫定合同〉을 체결함으로써 경부철도의 부설권을 잠정적으로나마 손에 넣을 수 있었다.

---

22) 《日本外交文書》 36, 문서번호 683.
23) 朝鮮總督府 鐵道局, 《朝鮮鐵道史》(1929), 96쪽.
24) 大夫村和夫, 〈シベリア鐵道建設の歷史と意義〉(上)(下)(《軍事史學》 17-4·5, 1982).
25) 井上勇一, 〈英露鐵道協定と京奉鐵道借款問題—日英同盟成立への一考察〉(《法學研究》 53－3, 1981).
26) 《統理交涉通商事務衙門日記》, 1894년 6월 9~10일.
27) 竹內 綱, 앞의 책, 서언 및 1~2쪽.

그 후 일본은 경부철도의 부설권과 영업권을 확정적인 것으로 만들기 위해 한국은 물론이고 러시아를 상대로 하여 수 차례의 교섭 활동을 전개하였다.[28] 그리하여 1898년 9월 8일 한국정부와 경부철도주식회사 사이에 〈京釜鐵道合同〉이라는 조약이 체결되었다.

〈경부철도합동〉에는 한·일 양국의 의견이 혼재되어 있었다. 일본측의 의견으로는, 철도용지를 한국이 무상으로 제공할 것(제3조), 철도용품과 영업이익에는 과세하지 말 것(제5조), 완공 후 15년간은 일본측이 영업권을 專有하고, 한국이 매수하지 못할 경우에는 10년씩 연장할 것(제12조) 등이었다. 한국측의 의견은, 江橋는 사람과 선박이 통행할 수 있도록 人道를 병설하고 高架 또는 開閉式으로 할 것(제2조), 궤간은 標準軌로 하여 墳墓를 파괴하지 말 것이며 한국의 軍用品·兵工·郵便物 등의 운송은 無賃으로 할 것(제3조), 정거장에는 외국인의 거주를 불허할 것(제4조), 철도노동자는 한국인을 9할 이상 고용할 것(제6조), 3년 이내에 착공하여 10년 이내에 완공하되 그렇지 못할 경우에는 조약을 무효로 할 것(제10조), 한국인 회사 또는 개인은 언제든지 株主가 될 수 있을 것(제14조), 이 철도는 여하한 경우에도 제3국 사람에게 양도하지 않을 것(제15조) 등이었다.[29]

이 조약은 확실히 불평등한 내용을 담고 있었다. 그렇지만 한국측의 요구를 반영한 조항도 있었기 때문에 당시 한국의 官民 중에서는 경부철도의 건설이 한·일 양국의 공동사업이라고 여기는 사람도 없지 않았다. 그러나 그러한 여론은 일본의 한국 철도정책을 제대로 이해하지 못한 것이었다.

(2) 일본의 침략과 철도 부설

가. 경인선 권리의 매수와 부설 공사

일본정부와 자본가들은 한국에서 우세한 지위를 확보하기 위해서는 경인선의 장악이 무엇보다도 시급하다고 생각했다. 그들은 모오스가 자금난에 봉착해

---

28) 경부철도의 장악에 나타난 일본의 한국 침략정책의 특성과 그것의 단계적 변화과정에 대해서는 鄭在貞, 〈京釜鐵道의 부설에 나타난 日本의 韓國侵略政策의 性格〉(《韓國史硏究》 44, 1984)을 참조할 것.

29) 竹內 綱, 앞의 책, 15~17쪽.

있다는 소식을 듣고 경인철도 부설권을 매수하기 위해 먼저 京仁鐵道發起委員會를 구성하였다. 그리고 일본의 대표적 政商資本家들인 이와사키 야노스케(岩崎彌之助)·미츠이 하치로지로(三井八郞次郞)·시부사와 에이치(澁澤榮一)·오쿠라 기하치로(大倉喜八郞)·야스다 젠타로(安田善太郞) 등을 중심으로 1897년 5월 4일 京仁鐵道引受組合을 결성하였다.30) 시부사와 등은 모오스와 집중적인 협의를 거쳐 동년 5월 8일 京仁鐵道讓受契約을 체결하였다.31) 이보다 앞서 일본의 중의원과 귀족원은 이미 경인선의 부설에 필요한 자금 180만 엔을 일본정부가 組合에 貸下하도록 가결해 준 바 있었다.32) 그리하여 경인철도의 부설권은 대한제국정부의 의사와는 관계없이 미국인과 일본인의 매매계약에 따라 일본에 넘어가게 되었다. 이로써 일본의 한국철도 침탈이 본격화하게 되었다.

모오스가 경인선의 부설권을 매각했을 때 철도의 土工工事는 반정도, 한강의 교량공사는 2개의 橋臺와 3개의 橋脚을 세운 정도로 진척되어 있었다. 경인철도인수조합은 모오스의 공사를 전면적으로 재검토하여, 1899년 4월 8일 토공공사에 착수하고, 동월 23일에 인천에서 새롭게 기공식을 거행하였다.33) 그리고 조합의 조직을 京仁鐵道合資會社로 일신하였다. 1899년 5월 15일부로 개편된 이 회사의 자본금은 72만 5천 엔, 사원은 15명이었다.34)

경인철도합자회사는 인천에서 西大門에 이르는 전 구간을 4工區로 나누어 공사를 진행하였다. 전 구간을 시공한 것은 일본의 토목건축업자인 가지마구미(鹿島組)였다. 건설기간은 인천-노량진 선로공사에 6개월, 한강 교량공사에 1년 3개월, 한강-남대문 선로공사에 1개월 정도가 각각 소요되었다. 모든 공사가 일단 완료되어 노량진 정거장에서 개통식을 거행한 것이 1899년 9월 18일이었다. 개통 당시의 열차운행은 인천과 노량진에서 오전·오후 각각 1회씩 발차하도록 되어 있었다. 兩端間의 소요시간은 1시간 40분이었다.35)

---

30) 《仁川府史》, 825~826쪽.
31) 龍門社 編, 《靑淵先生六十年史》2 (1900), 337~350쪽.
32) 明治財政史編纂會 編, 《明治財政史》 2 (1926), 619~625쪽.
33) 《仁川府史》, 836~838쪽.
34) 《朝鮮鐵道史》(1929), 49~51쪽.
35) 《朝鮮鐵道史》(1929), 58~61쪽.

나. 경부선의 노선 선정과 부설 과정

일본은 경부철도를 부설하기 위해 모두 5차례의 노선답사를 실시했다. 제1차 답사는 1892년 8월,[36] 제2차 답사는 1894년 11월,[37] 제3차 답사는 1899년 3월[38]에 실시되었다. 제4차 답사는 1900년 3월에 실시되었는데, 이 때는 경제적 측면과 군사적 측면을 아울러 중시하였다. 즉, 北部線에서는 全義－懷德－永同의 직행선을 택하고, 南部線에서는 大邱－淸道－三浪津－釜山의 平地線을 택하였던 것이다.[39] 제5차 답사는 러일전쟁을 목전에 둔 상황을 고려하여, 일본－한국－滿洲의 열차운행 시간을 최대한 단축하고 또 공사비를 절약하기 위하여, 전의－회덕－영동 노선을 중시하였다.[40] 제4차와 제5차의 답사를 바탕으로 하여 결국 오늘날의 경부선과 같은 노선이 확정되었다.

철도 부설에서 노선의 선정과 더불어 중요한 의미를 지니는 또 하나의 요소는 軌間과 軌條의 선택 문제였다. 궤간의 넓이는 철도의 연속성 때문에 특별한 의미를 지니고 있었고, 궤조의 중량은 여객·화물의 운반능력 때문에 중시되었다. 한국을 둘러싸고 있는 주변 국가들의 철도 중에서 중국의 京奉線은 標準軌(4피트 8인치 반)·80파운드의 궤간과 궤조를 채택하고 있었으나, 러시아의 시베리아철도 및 東淸鐵道는 廣軌(5피트)·60파운드의 궤간과 궤조를 채택하고 있었다. 그리고 일본의 철도는 挾軌(3피트 6인치)·50파운드의 궤간과 궤조를 채택하였다.

〈京釜鐵道合同〉에서는 표준궤를 택할 것을 규정했다. 그렇지만 공사 착수에 앞서 일본에서는 궤간의 선정을 둘러싸고 주도세력간의 논란이 분분하였다.[41] 그러나 경부철도주식회사의 시부사와社長은, "장래 支那·歐羅巴大陸의 철도와 연결하여 세계 교통의 간선이 되어야 할 사명을 가진 본 철도를 단순한 식민지 철도로 보아서는 아니 되며, 萬難을 무릅쓰고 표준궤를 채용

36) 위와 같음.
37) 《朝鮮鐵道史》(1929), 255~256쪽.
38) 《朝鮮鐵道史》(1929), 63쪽.
39) 《朝鮮鐵道史》(1929), 104쪽.
40) 西 大助, 〈京仁·京釜鐵道視察復命書〉(《目賀田文書》 10, 日本國會圖書館 憲政資料室 소장, 1903).
41) 《東京經濟雜誌》 40－989(1899. 7), 258쪽.

하지 않으면 안된다"[42]고 주장하여, 결국 경부철도는 표준궤·75파운드의 궤조가 채택되었다. 이로써 경부철도는 나중에 京義鐵道와 연결되어 만주·중국의 철도와 접속하는 대륙침략의 脈管으로서 자리잡게 되었다.

노선과 궤간·궤조가 선정되자 경부철도주식회사는 곧 경부철도의 부설공사에 착수했다. 1901년 8월 20일에 서울 방면의 영등포에서,[43] 그리고 동 9월 1일에 부산 방면의 草梁에서 각각 기공식을 거행하였다. 경부철도 부설공사의 제1착수 구간과 제2착수 구간에서는 한국인 土建會社 10여 개가 공사를 청부했다. 그러나 철도공사가 진척되어감에 따라 한국인 토건회사들은 공사청부로부터 점차 배제되어 갔다. 그 대신에 일본인 토건회사들이 대거 침투해 왔다. 그리하여 1903년 5월부터 대부분의 철도공사는 일본인 토건회사에 의해 추진되었다. 일본인 토건회사들은 한국인 노동자들을 무자비하게 사역하면서 전쟁을 수행하는 것과 같은 방법으로 공사를 강행하였다.[44]

그런데 경부철도의 부설은 용지 수용을 둘러싸고 복잡다단한 문제를 야기했다. 일본은 대한제국이 철도용지를 무상으로 제공한다고 규정한 〈경부철도합동〉 제3조를 최대한 이용하여, 될 수 있는 한 넓은 토지를 확보한 후, 정거장내에 각종 편의시설을 건립하여 철도연선을 한국에 대한 군사적·경제적 침략기지로 육성하려고 획책하였기 때문이다.[45] 일본측은 경부철도의 정거장 부지로서 평균 20만 평, 그리고 선로용지로서 폭 24m의 광대한 용지를 요구하였다. 그 이유는 경부철도가 세계의 大幹線鐵道가 되어야 하기 때문이라는 것이었다.[46]

대한제국정부는 이런 주장에 대해, 일본 도쿄(東京)의 신바시(新橋)·우에노(上野) 정거장도 3만 평 이내이고, 그 안에 社宅·旅館 등은 하나도 없다고 주장하면서 단선철도의 부설에 필요한 폭 18m의 부지만을 제공할 뜻을 통고하였다.[47]

---

42) 《朝鮮鐵道史》(1929), 110쪽.

43) 《皇城新聞》, 1901년 8월 21일, 잡보 〈京釜鐵道起工式〉.

44) 경부철도의 부설과정에 대한 자세한 내용은 鄭在貞, 〈京釜·京義鐵道의 敷設과 韓·日 土建會社의 請負工事活動〉(《歷史敎育》 37·38, 1985)을 참조할 것.

45) 국회도서관 입법조사국, 《舊韓末條約彙纂》 하 (1964), 441~449쪽.

46) 《朝鮮鐵道史》(1929), 672쪽.

47) 《朝鮮鐵道史》(1929), 672~673쪽.

일본측은 한국정부에 대해 남대문 정거장 11만 평, 영등포 정거장 6만 평, 초량 정거장 16만 평, 부산진 정거장 21만 평, 기타 群小 정거장 20만 평을 요구하였다.[48] 한국정부는 일본과 수 차례 교섭한 끝에 1902年 7월 남대문 정거장 부지는 51,819평, 영등포 정거장 부지는 41,000평, 초량 정거장 부지는 50,000평, 부산진 정거장 부지는 30,000평, 기타 군소 정거장 부지는 30,000평으로 축소하였다.[49]

위와 같은 결정에 따라 경부철도에 범입된 田畓坪數와 補償豫定價額을 살펴보면 23개 군에서 경부철도에 편입된 公私전답의 총 면적은 269만 7천여 평이었고, 그것의 보상가액은 45만 6천 7백여 원이었다. 그리고 거기에 관련된 토지소유자 수는 1만여 명을 상회하였다.[50]

철도용지를 매입할 재정적 여유가 없었던 대한제국정부는 일본의 計策에 따라, 1902년 7월 11일, 276,000여 원을 연 6%의 이자로 경부철도주식회사로부터 立替하기로 결정했다.[51] 그리하여 대한제국정부는 일본의 군사적·경제적 침략의 동맥으로서 부설되는 경부철도의 용지조차도 일본으로부터 자금을 빌려 매입한 후, 이것을 다시 일본측에 무상으로 제공하지 않으면 안될 운명에 놓이게 되었다.

일본의 철도용지 수용은 연선주민들로부터 강력한 반발을 샀다.[52] 특히 서울역이 자리잡게 되는 남대문 근처의 주민들은 정당한 地價補償을 요구하며 연일 격렬한 시위를 전개했다. 영등포 정거장이 위치하고 있던 始興郡에서는 정거장 부지 이외에 일본인이 점탈한 地段이 관내 경지의 반을 넘어 곧 郡 전체가 일본의 영토가 될 것이라는 우려가 자자하였다.[53]

경인·경부철도의 부설에는 방대한 규모의 노동력이 필요하였다. 대한제국

48) 《朝鮮鐵道史》(1929), 662쪽.
《皇城新聞》, 1900년 10월 26일.

49) 《朝鮮鐵道史》(1929), 665~671쪽,

50) 이에 대한 자세한 내역은 정재정, 《일제침략과 한국철도, 1892~1945》(서울대 출판부, 1999), 259쪽의 표를 참조할 것.

51) 《朝鮮鐵道史》(1929), 665~671쪽.

52) 이에 대한 자세한 내용은 鄭在貞, 〈韓末 京釜·京義鐵道敷地의 收用과 沿線住民의 抵抗運動〉(《李元淳敎授華甲記念 史學論叢》, 敎學社, 1986)을 참조할 것.

53) 《大韓每日申報》, 1906년 4월 5일, 잡보 〈外土過半〉.

정부는 철도공사를 구실삼아 침투해 올 것으로 예상되는 일본인들의 渡韓을 방지하고, 농촌에 잠재해 있던 한국 실업자들을 공사현장으로 유인하기 위해 일본측으로부터 계약에서 土工工事에서 한국인 노동자를 9할 이상 사용할 것을 확약받은 바 있었다.[54]

그런데 철도공사가 진행되어감에 따라 노동자의 동원과 임금지불 및 사역을 둘러싸고 심각한 문제가 야기되었다. 한국 토건회사가 대거 공사에 참여했던 초기공사에는 별 문제가 없었으나, 일본 토건회사가 대부분의 공사를 청부하게 된 중기공사 이후부터는 한국인 노동자들과 이들을 동원·사역·감독하는 일본 토건회사(일본인 감독·노동자) 및 한국인 매판관료 사이에 노골적 갈등과 대립이 끊임없이 발생하였다. 한 예를 들면, 1904년 9월 5일 시흥군 일대에서 철도 공사장 부근 주민들이 郡守 父子와 일본인 2명을 살해하는 대규모 民擾가 발생했다.[55] 이 민요는 일본인이 먼저 모여든 주민들을 공격함으로써 발생했지만, 1905년 4월 17일의 재판은 한국인 주모자들에게만 교수형과 종신징역 등 무거운 형벌을 선고했다. 탁지부에서는 사망한 일본인 2명과 부상당한 4명에게 3,232원의 배상금을 지급했다.[56]

다. 군용철도로서의 경의선·삼마선·경원선 부설

일본정부는 한반도의 지배권을 둘러싸고 러시아에 대해 전쟁을 도발하게 되자 스스로 〈경의철도차관계약〉조차 완전히 무시하고 1904년 2월 6일 경의선을 일본의 군용철도로서 부설할 것을 결정했다.[57] 그리고 일본군의 兵站總監 휘하에 臨時軍用鐵道監部를 편성하고 일본군이 경의선을 직접 부설하도록 명령했다.[58] 아울러 서북철도국이 소유하고 있던 서울-개성의 實測圖마저 빼앗아버렸다.[59]

일본군의 공병대대와 철도대대는 1904년 3월부터 직접 경의선의 부설공사

---

54) 《京釜鐵道合同》(奎 23085).

55) 이 民擾에 대한 상세한 내용은 서울대학교 奎章閣에 소장되어 있는 《始興稷山按覈使奏本》(奎 17147)에 기록되어 있다.

56) 총무처 정부기록보존소, 《國權回復運動判決文集》(1995), 307~309쪽.

57) 《朝鮮鐵道史》(1929), 271쪽.

58) 朝鮮總督府 鐵道局, 《朝鮮鐵道史》(1937), 547쪽.

59) 《日案》 7, 문서번호 7886·7920.

에 착수했다.[60] 그러나 병참수송이 절실하게 필요한 상황에서 군대만으로 철도를 부설하는 것이 무리한 일이라고 판단한 일본의 임시군용철도감부는 일본의 토목건축회사에 각 工區의 공사를 청부하였다. 그리하여 경의철도의 부설공사는 全線에 걸쳐 급속도로 진행되게 되었다. 이때 공사를 청부한 일본의 토건회사들은 경부선의 부설공사에 참가하고 있던 회사를 비롯하여 40여 회사에 달하였다. 그리하여 경의철도공사는 불황에 허덕이던 일본의 토건업계가 회생할 수 있는 절호의 황금시장이 되었다.[61]

일본은 경의철도를 부설하면서 무려 1천 5백만 평에 달하는 토지를 빼앗고, 수천 間의 가옥과 수천 基의 墳墓를 파괴하였다. 이때 일본이 확보한 정거장 1개소의 평균면적은 10만 4천 평이었다. 특히 용산역은 50만 5천 평, 평양역은 35만 2천 평, 신의주역은 62만 2천 평이나 되었다.[62] 그밖에도 일본은 각 정거장 근처에서 광대한 면적의 토지를 군용지로서 약탈하였다. 예를 들면 용산 300만 평, 평양 398만 평, 義州 282만 평이었다.[63] 일본의 이와 같은 토지약탈은 한국의 연선주민들로부터 강력한 반발을 불러 일으켰다. 그리하여 철도연선에서는 한·일 양국인 사이의 분쟁과 대결이 끊이지 않았다.

일본은 경의철도를 부설하면서 수천만 명의 한국인 노동자·농민을 동원하여 무자비하게 중노동을 강요하였다. 경의선의 공사장은 戰線에 가까운 데다가 일본군대가 직접 관여하고 있었기 때문에 노동자의 동원과 사역은 전쟁을 방불케 하였다. 각 공사장에서는 일본인 감독자에게 맞아 죽거나 사살되는 한국인들이 속출하였다. 그리고 철도연선에서는 일본인 노동자와 군인들이 식량과 가축을 약탈하고, 부녀자를 강간하며, 지방관을 희롱하는 사건이 다반사로 일어났다. 이에 대한 한국인들의 저항도 치열하여 황해도의 谷山에서는 1904년 음력 8월 16일 일본인 토건회사원 7명을 한꺼번에 참살하는 대사건이 벌어지기도 하였다.[64] 이처럼 일본의 경의선 부설과정은 한·일

---

60) 《朝鮮鐵道史》(1937), 547~551쪽.

61) 이에 대해서는 鄭在貞, 앞의 글(1985)을 참조할 것.

62) 朝鮮總督府 鐵道局, 《京義線工事概況》(1913), 28~36쪽.

63) 《朝鮮駐箚軍歷史》(金正明 편, 《日韓外交資料集成》 별책, 嚴南堂書店, 1963), 251~252쪽.

64) 《黃海道來去案》(奎 17986), 1904년 8월 29일, 10월 30일.

양국인의 대립과 갈등을 최대한으로 증폭시킨 민족모순의 결집점이기도 하였다.[65)]

경원선은 서울과 경기도·강원도·함경도 지역을 연결하는 한편, 동해안을 따라 북상하는 함경선과 연결되어 만주 및 연해주에 접속하는 또 하나의 縱貫幹線이었다. 그 뿐만 아니라 경인선·호남선 등과도 직접·간접으로 연결되어 서해와 동해를 이어주는 橫斷線의 의미도 아울러 지니고 있었다. 그리하여 경원선에 대한 열강의 관심도 무척 높았다.

프랑스는 1896년 한국정부에 대해 경의선의 부설권과 함께 경원선의 부설권도 許給해 줄 것을 요구했다. 곧이어 독일과 일본도 유사한 요구를 하였다. 한국정부는 철도이권을 외국인에게 不許한다는 방침 아래 이들의 요구를 물리쳤다. 그리고 1899년 6월 경원선의 부설권을 朴琪淙 등이 설립한 大韓國內鐵道用達會社에 허급하였다.[66)]

대한국내철도용달회사는 1899년 7월 惠化門 밖 三仙洞을 기점으로 하여 元山街道를 따라 議政府를 거쳐 楊州郡 碑隅店에 이르는 40㎞를 측량하였다. 그러나 그 이후의 활동은 자금이 부족하여 중지할 수밖에 없었다. 경원선의 부설권을 탈취하기 위해 호시탐탐 기회를 엿보고 있던 일본은 1903년 9월 대한국내철도용달회사와 京元鐵道借款契約을 맺음으로써 경원철도에 대한 社債 제공권을 획득하였다. 그후 일본은 러일전쟁이 한창이었던 1904년 8월 경원선도 군용철도로 부설하기로 결정하고, 그 사항을 한국정부에 일방적으로 통고했다.[67)]

경원선의 부설권을 탈취한 일본은 1904년 9월 臨時軍用鐵道監部로 하여금 元山鐵道建築班을 조직케 하고 元山-龍池 35㎞의 공사에 착수했다. 그리고 용산 방면에서는 1904년 11월 용산-의정부 31㎞의 측량을 완료했다. 그러나 양쪽 모두 외국인 소유 토지의 매수 지연과 酷寒 등으로 1905년에 공사를 중지했다. 일본이 이때 경원선의 부설을 일단 보류한 또 하나의 이유는 러·

65) 경의철도 부설 과정에서 일본이 자행한 노동자의 동원과 사역 및 한국인의 저항운동에 대해서는 鄭在貞, 〈大韓帝國期 鐵道建設勞動者의 動員과 沿線住民의 抵抗運動〉(《韓國史硏究》 73, 1991)을 참조할 것.

66) 朴琪淙, 앞의 책, 300쪽.

67) 金正明 編, 《日韓外交資料集成》 5(巖南堂書店, 1963), 282~283쪽.

일전쟁에서 일찍 勝機를 잡음으로써 군용철도의 필요성이 사라졌기 때문이었다.[68]

(3) 한국통감부의 철도 지배

가. 철도운영의 통일

경인철도는 원래 경부철도의 부산물로서 생겨난 것이기 때문에 양자는 主從 혹은 형제와 같은 관계에 있었다. 그리하여 1903년 10월 31일 京釜鐵道株式會社와 京仁鐵道合資會社는 전자가 후자에게 64만 1천 80엔 70전을 지불하는 대신 후자의 政府年賦返納金과 권리의무를 전자가 승계하는 것을 골자로 하는 계약을 맺었다.[69] 경인선이 명실공히 경부선의 경영조직속에 편입된 것이다.

러일전쟁 직후까지 일제가 한국에서 부설한 철도는 경인·경부·경의·三馬(三浪津-馬山) 철도였다. 그런데 이 철도들은 성립 배경과 법률적 소유관계가 달랐기 때문에 운수영업에서도 각각 특수한 색채를 띠고 있었다. 즉 경인철도는 당초 미국인 모오스에게 그 부설권이 주어졌던 관계로 철도재료의 대부분이 미국으로부터 수입되었고, 또 철도경영방식도 미국의 영향을 받아 민간식 경영이었다. 경부철도는 일본의 특허회사로 출발하여, 러일전쟁을 계기로 半官半民의 국책회사로 전환하였기 때문에, 일본 국내의 운영방식을 택하고 있었다. 경의·삼마 철도는 부설 목적 자체가 군용이었기 때문에 그 소유자가 일본 육군이었고 경영방식도 군대식·관청식이었다. 한국철도의 불통일성은 일제 침략정책의 일관성 있는 추진을 크게 저해하는 것이었다. 그래서 일본정부내에서는 러일전쟁이 끝난 직후부터 한국철도의 소유권과 경영방식을 통일해야 한다는 논의가 활발하게 전개되었다.[70]

일본정부는 각 省의 분열된 의견을 조정·확정하기 위해, 각 성 次官과 外務次官으로 구성된 鐵道合同審議委員會를 설치하였다. 1905년 8월에 復命된 위원회의 보고서는 일본정부가 경부철도를 매수하여 한국철도를 일본의 체

---

68) 朝鮮總督府 鐵道局, 《京元線建設槪要》(1914), 1~2쪽.
69) 《東京經濟雜誌》 47-1170(1903년 2월 14일), 268쪽.
70) 《朝鮮鐵道史》(1929), 344쪽.

신성이 일괄하여 관할하도록 건의하였다.[71] 그것은 "경부·경인의 二線이 반도에 있어서 다른 鐵道 諸 線路에 대해 그 死命을 制할만큼 긴요한 위치"[72]에 있기 때문에, 사설회사에 경영을 맡겨 두면, 금후 아무리 그 감독을 엄밀히 하여도 원래 營利와 共益은 일치시키기 어려워 일본의 대한경영방침과 회사의 시설과는 시종일관한 槓杆(지레)관계가 될 수 없다는 이유에서였다.[73]

그런데 일본정부의 한국철도 직접 지배 방침은 당시 일본내에서 추진되고 있던 간선철도의 국유화정책과 밀접한 관련을 맺고 있었다. 일본은 러일전쟁에서 승리한 후, 국내산업의 급속한 진전에 따라 해외시장(특히 한국과 중국)으로 진출하는 것을 국가의 사활문제로 인식하였다. 즉 일본이 러시아·프랑스·독일·영국 등 선진 제국과 대항하면서 상품의 판매시장과 원료·식량의 공급지로서 한국과 중국을 지배하기 위해서는 국내시장과 국외시장을 통일적으로 연결해 주는 전국적 철도망의 구축이 가장 시급한 과제라는 것이었다.

그리하여 사이온지 킨모치(西園寺公望)수상은 1906년 3월에 鐵道國有法案과 京釜鐵道買收法案을 의회에 제출하여, 北海道에서 九州에 이르는 일본의 간선철도와 한국의 경부철도를 일본정부가 매수하여 경영할 것을 제안하였다. 大藏省大臣 사카타니 요시로(阪谷芳郎)도 이제부터의 전쟁은 무기를 가지고 하는 전쟁이 아니라 주판을 가지고 하는 전쟁이라고 역설하고 일본의 산물을 한국 및 중국에 최대한 신속하고 저렴하게 수출하기 위해서는 철도의 국유화를 단행하여, 일본뿐만 아니라 한국 및 만주의 철도까지도 일본 철도망의 일환에 편입시켜야 한다고 주장했다.[74]

이러한 분위기 속에서 일본정부는 결국 "조선에 있어서 철도 各 線의 관리를 통일하고 운수교통의 민활을 꾀하여 일반 경영상 및 군사상의 목적을 달성"[75]한다는 목적 아래, 1906년 7월 경부철도를 국가재정으로 매수하여 경

71) 한국철도의 통일지배에 관한 논의의 전개와 그 귀결에 대해서는 鄭在貞, 〈韓末·日帝初期(1905~1916년) 鐵道運輸의 植民地的 性格—京釜·京義鐵道를 中心으로—〉 (上)(《韓國學報》 28, 1982)를 참조할 것.
72) 鄭在貞, 위의 글, 343쪽.
73) 위와 같음.
74) 中西健一, 〈鐵道國有化への道とビスマルク的國有(一)－日本鐵道史硏究上の一問題の再檢討〉(《經濟學雜誌》 1962년 3월호, 大阪市立大學經濟學硏究會), 44~45쪽.
75) 朝鮮總督府 鐵道局, 《朝鮮鐵道四十年略史》(1940), 71쪽.

의·삼마철도와 함께 일제의 한국 침략의 첨병기관인 통감부에 직속시켰다. 통감부에 의한 한국철도의 통일적 장악은 한국을 일본 자본주의의 시장권에 강제적으로 편입시키는 것임과 동시에 일본의 국가권력이 철도를 통해 침략과 수탈에 본격적으로 나섰다는 것을 의미했다.

나. 수송시설의 개량

철도가 육상교통의 대동맥으로서 제대로 기능하게 하기 위해서는 시대상황의 변화에 대응하여 운송 시설과 열차운행을 개선할 필요가 있었다. 그 중에서도 선로와 驛設備의 개량, 操車場과 機關車庫의 신설 및 증설, 선로의 복선화, 終端港設備의 개선, 차량의 增備와 개량 등은 가장 절실한 과제였다.

경부·경의철도를 국유화하여 통일적으로 장악한 일본은, 이들 철도가 명실공히 한국지배의 대동맥으로서 기능하게 만들기 위해 대대적인 개량공사를 실시하였다.[76] 일본은 1년여의 짧은 기간, 그것도 러일전쟁기간에 1,000여 ㎞의 경부·경의철도를 부설했기 때문에 두 철도는 완공된 직후 제대로 운수영업을 할 수 없을 만큼 부실하였다. 특히 러일전쟁 중에 군사수송을 위해 부설한 경의철도는 22톤 차량 3량 편성의 열차조차 통과하기 어려운 형편이었다.[77]

그리하여 일본은 한국통감부 철도관리국 아래에 臨時鐵道建設部를 설치하여 경의철도와 三馬鐵道의 개량에 착수하였다. 경의철도의 개량공사(1905. 3~1911. 2)는 最急勾配를 100분의 1, 최소곡선반경을 20鎖로 줄이고, 교량 328개와 터널 19개소를 신축하며, 레일을 60파운드에서 70파운드로 교체하는 등, 개량(improve)이라기보다는 차라리 개축(rebuild)이었다.[78] 일본이 韓國鐵道會計資本勘定을 설정하여 1910년도까지 철도의 건설 및 개량에 투입한 돈은 경의철도 5,157만 엔, 삼마철도 2,946만 엔에 달할 정도로 방대한 것이었다.[79] 이때 여객과 화물을 신속하게 취급하기 위해 정거장 시설도 대폭 개선하였다.

일본정부는 경의철도의 개축공사와 함께 압록강철교 가설에 착수하였다. 압록강철교는 한국과 만주를 직접 연결하는 국경철교일 뿐만 아니라, 해양과

76) 개량공사의 구체적인 내용은 鄭在貞, 앞의 글(1982)을 참조할 것.
77) 《朝鮮鐵道史》(1929), 425쪽.
78) 社團法人 鐵道建設協會, 《日本鐵道請負業史》(1967), 449쪽.
79) 朝鮮總督府 鐵道局, 《京義鐵道工事概況》(1913), 16쪽.

대륙을 육로로 연결하는 세계적 교량이었다. 그리하여 1911년 11월에 압록강 철교가 준공되자, 경부·경의철도는 명실공히 한반도와 만주, 나아가서 일본과 대륙을 연결하는 종관철도로서의 지위를 확보하게 되었다. 더구나 安東과 奉天을 연결하는 安奉線의 표준궤 개축공사가 1911년 11월에 완공됨으로써 한국과 만주의 철도는 동일궤도상에서 동일궤간으로 직접 접속하게 되었다.[80]

다. 일본인 위주의 운임정책

철도운임은 운수정책의 기본이자 영업수지를 좌우하는 핵심 요소였다. 더구나 한국철도와 같이 침략국 일본이 지배권을 완전히 장악하고 있는 경우에는 운임율의 변천은 식민지 지배정책의 一端을 簡明하게 반영하였다.

한국의 철도는 처음에 성립배경과 소유관계가 서로 달랐기 때문에, 운임의 계산방법과 운임율도 서로 달랐다.[81] 다만 각 철도의 운임율이 동 시기의 일본 국내 주요 철도의 운임율보다 훨씬 높게 책정되었다는 점만은 일치하였다.[82]

한국철도가 고율의 원거리체감식 여객운임제도를 택한 것은 철도 자체의 이익만을 앞세우고 당시의 한국의 사회적·경제적 실정을 완전히 무시한 것이었다. 1905~7년 당시에는 단거리(50마일 미만) 3등 승객이 전체 여객의 8할을 차지하고 있었으므로, 높은 基本賃率과 短高遠低의 운입정책은 단거리 貧者乘客(주로 한국인)을 착취하고, 장거리 富者乘客(주로 일본인)을 우대하는 정책이 아닐 수 없었다.[83] 그리하여 경부철도와 연락운수를 개설하기 위해 경부선을 시찰한 山陽鐵道株式會社의 運輸課長 니시노 게이노스케(西野惠元助) 조차 경부철도의 고운임이 한국인 단거리승객을 괴롭힐 뿐만 아니라, 한국인을 철도로부터 배재해 버리고 있다고 비판하였다. 그는 단거리 한국인 승객을 유치하기 위해서는 운임율을 인하하든가, 제4등 열차를 운행하여 운임을 반감하라고 주장했다.[84]

---

80) 南滿洲鐵道株式會社, 《南滿洲鐵道安奉線概要》(東京, 1913).

81) 경인철도 개통당시의 운임산출 근거는, 서울~인천간의 인력거·선박운임을 참작하였고, 경부철도의 경우에는 부산~인천간의 항로운임을 참고하였다. 경의철도는 애초에 군용철도이었으므로 일반 여객·화물의 수송을 방지하기 위해 고율의 운임율을 채택했다(《朝鮮鐵道史》(1937), 438~441쪽, 510쪽, 557~562쪽).

82) 笹山眞一, 《韓國鐵道現況調查報告書》(一橋大學圖書館 소장 자료, 1906).

83) 일본의 철도운임정책에 대해서는 鄭在貞, 앞의 글(1982), 131~139쪽을 참조할 것.

한국철도의 高賃率政策은 일본내에서도 한국산업의 개발과 식민지 건설을 저해하는 요인이 된다는 비난을 받았다.[85] 특히 일본에서 대한 침략여론을 선도해온 대표적 신문인 《時事新報》는 고율의 한국철도운임이 일본인의 한국 이민을 방해하고 경제적 진출을 저해한다고 비판하고, 이제까지 부산이나 해안지에만 集合했던 이주민을 다시 內地 깊숙이 진입시켜 한국경영을 진보시키기 위해서는 한국철도의 여객운임을 인하하든가,[86] 한국 이주민에 대해서도 북해도 이주민에게 제공했던 것과 같은 편의를 제공할 것을 일본정부에 요구했다.[87] 일본정부는 북해도 이주민에 대해 국유철도는 물론 사설철도 및 汽船運賃에까지도 全免 혹은 할인 혜택을 주었다. 또 300명 이상이 일시에 渡航할 경우에는 보호경찰을 着港地까지 대동시켰다.

한국에 거주하는 일본인 상공업자들 사이에서는 고율의 철도운임, 특히 경의철도의 터무니없이 비싼 여객운임과 화물운임이 일반경제계의 진보를 저해할 뿐만 아니라, 한국무역과 밀접한 관련을 맺고 있는 일본의 상공업 발전에도 악영향을 미친다는 여론이 비등하였다. 일본인들은 비싼 철도운임 때문에 鐵道沿線의 상품판로가 두절되어 일본인과 한국인들의 곤란함이 참기 어려울 지경이라고 호소했다.[88] 그리고 한국 각지의 일본인 상업회의소는 경제를 회복시키기 위해서라도 하루 빨리 운임을 인하할 것을 요구했다.[89]

한국철도의 높은 운임에 대한 일본인들의 격렬한 비난 속에서, 韓國統監府 鐵道管理局은 1908년 4월 1일, 철도운임의 改正·統一을 단행했다. 그러나 이번에 개정·통일된 운임제도는 오히려 3등 여객 운임을 그 전보다 거의 2배로 인상하고, 300마일 이상의 장거리 승객과 1·2등의 고급승객 운임을 약간 인하한 것이었다.

일본의 여론 및 한국거주 일본인들의 요구조차 무시하고 대폭 인상 조정된 이 철도운임율 개정은 한국통감부 관계자들의 한국침략 정책의 한 측면

84) 《時事新報》, 1905년 1월 9일, 〈京釜鐵道觀察談〉.
85) 笹山眞一, 앞의 글.
86) 《時事新報》, 1905년 3월 20일, 〈朝鮮移住民の汽車汽船賃〉.
87) 위와 같음.
88) 京城日本人商業會議所, 《韓國京城日本人商業會議所年報》 1907년도, 98~99쪽.
89) 위와 같음.

을 보여주는 것이었다. 경부철도의 오카運輸部長은 당시의 한국철도 전체의 1일 평균수입을 16만 원, 1일 평균승객을 7천 명(그중 6할이 한국인, 4할이 일본인)으로 계산하였다. 그리고 승객수를 한·일 양국의 인구(오카에 의하면 1908년 한국거주 일본인은 17만 명, 그중 7만 명이 철도연선에 살고 있다고 함)로써 대비하면, 한국인 승객의 증대를 통한 영업이익의 增收는 바람직하지 못하다는 의견을 피력했다.[90] 오히려 철도수익의 증대를 위해서는 일본인의 한국 이주를 장려하여 한국에 거주하는 일본인 수를 증가시키는 것이 중요하다고 역설했다.[91] 그러므로 한국통감부가 장거리 1·2등 승객(주로 일본인)에 훨씬 유리하고, 단거리 3등 승객(주로 한국인)에 불리하도록 철도 운임을 개정한 것은 한국인 승객으로부터 초과이윤을 착취하여 일본인 이주민을 더 많이 유치하고 또 그들의 상공업활동을 원호하려는 정책의 반영이었다고 볼 수 있다.

한국인을 무시한 일본의 철도정책은 한국인 승객에 대한 차별적인 대우에서도 노골적으로 나타났다. 철도당국은 한국인 승객을 그들의 표현대로 짐짝 취급을 하였다. 그리하여 한국인 승객은 비싼 요금을 내고서도 그에 합당한 대우를 받지 못하였다. 그리하여 일본의 한국침략을 열렬하게 주창해온《時事新報》조차도, “한인승객은 마치 화물과 같은 취급을 받고 있다고 한다. 일본인보다 오히려 조선인을 단골로 하는 철도가 조선인을 화물로 취급하는 것은 잘못된 사태일 뿐만 아니라, 무지한 인민이 항상 이와 같은 취급을 받을 때는, 혹은 반항심을 일으켜 선로에 방해를 시도하던가, 또는 전선을 절단하는 등의 소란을 연출할 우려가 있다”[92]고 보도했을 정도였다.

이것은 곧 한국철도가 한국인 본위가 아니라 일본인 본위로 운영되었음을 일본인 스스로가 인정한 것이었다. 그러므로 당시 한국인들이 치열하게 전개한 반철도·항일투쟁은 민족차별과 민족모순으로 점철된 일본의 철도운영에서 기인한 바도 적지 않았다고 할 수 있다.

〈鄭在貞〉

90)《朝鮮新報》, 1908년 5월 25일, 〈新賃率と邦人移住〉.
91) 위와 같음.
92)《時事新報》, 1905년 4월 25일, 〈京釜鐵道と韓人〉.

4) 해운업 침투

(1) 일본의 해운정책과 해운 독점(1876~1882)

산업혁명 後 세계의 해운업은 풍력을 이용하는 범선을 증기선으로 대체하고 타인의 화물운송을 목적으로 기업을 경영하는 근대해운업 단계로 발전하고 있었다.[1] 산업혁명으로 상품생산이 발달하고 상품의 집산력이 큰 시장이 연안에 다수 존재해 화물운송량이 계절적 변동에 관계없이 지속적으로 보장되면서 기선으로 화물과 여객을 대량 수송하는 해운업이 발전한 것이다.

그런데 동아시아 3국, 즉 청·일본·조선[2]은 아직 산업혁명을 달성하지 못한 단계에서 외세의 침략을 받았기 때문에 선진적인 외국해운업에 의해 항해권을 침탈당하였다. 항해권은 상품의 유통거점을 연결하는 항로를 개설하여 기선을 정기적으로 운항함으로써 확립할 수 있는데, 연안무역이나 대외무역의 중요한 기반이었다. 또 해운권의 장악은 유사시 기선에 의해 군대나 군수품을 신속히 수송함으로써 전쟁을 승리로 이끄는 중요한 수단이기도 하였다. 따라서 해운업의 근대화를 통해 항해권을 회복하는 일은 무역의 진흥을 통한 경제발전과 군사적 우위의 확보를 위해 시급히 이룩해야 할 과제였다. 그러나 3국은 모두 민간자본의 축적이 미약하여 민간해운의 힘만으로는 외국해운업의 침투에 대응할 수 없었으므로, 국가정책적으로 해운업을 보호·육성하는 정책을 펴나갔다.

3국 중 가장 적극적으로 해운정책을 실시한 나라는 일본이었다. 일본은 明治維新을 거쳐 '富國强兵'을 목적으로 근대화를 추진하면서 경제정책의 중심을 무역정책에 두고, 이를 보완하기 위해 민간해운의 보호·육성을 기본으로 하는 해운정책을 실시하였다. 이 정책의 밑바탕에는 연해의 항해권이 외국인에게 돌아가면 평상시에는 商權을 빼앗기고 전시에는 형세가 불리하여 독립자주국의 권리를 포기하는 것과 다를 바 없다는 인식이 있었다.[3] 이러한 정

1) 古島敏雄·安藤良雄 編, 《流通史》 II(東京 : 山川出版社, 1975), 319쪽.
2) 조선은 국호가 1897년 10월 '대한제국'으로 바뀐 후 통상적으로 '한국'으로 불렸으나, 편의상 '조선'으로 통일하였다.
3) 安秉珆, 〈李朝時代の海運業〉(《朝鮮社會の構造と日本帝國主義》, 東京 : 龍溪書舍, 1977), 123~124쪽.

책 아래 육성한 기업이 미쓰비시(三菱)회사였다. 미쓰비시회사는 1873년 정부로부터 불하받은 기선으로 해운업을 시작한 후 1875년 1월 정부의 〈제1명령서〉에 의해 상해항로를 개설하여 일본 최초로 해외 정기항로를 개시하였다. 그리고 이 회사는 그 해 8월 13척의 정부소유 선박을 무상으로 불하받은 후 다시 舊郵便汽船會社 선박 17척을 불하받아 일본 최대의 해운기업으로 성장하였다.[4] 미쓰비시회사는 미국·영국 등의 주요 해운기업과 치열한 경쟁 끝에 결국 그들을 일본의 연안항로와 상해항로로부터 배제시킬 수 있었다.

일본은 고종 13년(1876) 2월 조선에 강요하여 〈朝日修好條規〉를 체결하고 그 제6·7款과 같은 해 8월에 조인한 〈부록〉 제9·10관 및 〈조일무역규칙〉, 제1~8則에서 연안무역권과 연안해운권을 획득하여 일본선박의 개항장 출입을 보장받았다. 일본선박은 원칙적으로는 개항장이 아닌 포구 즉, 不開港場으로의 항행이 금지되었으나, 〈조일무역규칙〉 제8칙에 의거하여 조선정부나 정부의 免狀을 받은 조선인에게 고용되었을 때는 불개항장으로도 항행할 수 있었다.

〈표 1〉 1876~1882년 조선의 개항장에 출입한 일본선박(入港)

선박 / 연도	기선		서양형 범선		일본형 범선(和船)	
	척수	톤 수	척수	톤 수	척수	톤 수
1876	1	208톤	1	200石	42	965석
1877	6	1,248톤			318	2,800톤
1878	13	2,401톤			236	23,276석
1879	29	6,390톤	9	628톤	619	56,505석
1880	39	12,548톤	118	10,024톤	495	49,058석
1881	51	16,938톤	135	10,617톤	232	22,084석
1882	45	18,036톤	135	9,946톤	82	7,555석

* 安秉珆, 〈李朝時代の海運業〉(《朝鮮社會の構造と日本帝國主義》, 東京：龍溪書舍, 1966), 127쪽.

4) 日本郵船株式會社 編, 《日本郵船株式會社五十年史》(東京：同社, 1935), 5~10·16쪽.
石井寬治 著, 李炳天·金潤子 역, 《日本經濟史》(동녘, 1984), 78~81쪽.

조일무역이 발전하면서 일본선박은 앞의 〈표 1〉과 같이 조선의 개항장에 빈번하게 출입하였다. 초기에는 일본형 범선(和船)이 대부분을 차지하였으나 1880년부터 그 수가 급격히 감소하는 대신 서양형 범선의 출입이 현저하게 늘어났으며, 기선도 1877년 6척에서 1882년 45척으로 늘어나 톤수에서는 서양형 범선을 훨씬 능가하였다.

이 시기에 개항장에 출입한 일본기선은 대개 일본정부가 지원하여 운항한 미쓰비시회사의 기선이었다. 일본정부는 1876년 9월 〈제2명령서〉에 의해 미쓰비시회사에 나가사키(長崎)－부산간의 명령항로(고토[五島]·쓰시마섬[對馬島] 경유, 월 1회 왕복 운항. 이하 기선운항 횟수는 모두 왕복 운항임 : 자주)를 개설케 하였다. 그 해 11월부터 개시된 이 항로에는 일본정부가 미쓰비시회사에 지원하는 연 25만 엔의 해운업 조성금 중 1/5이 지원되었다. 쌀·콩·우피·金巾(옥양목)·銅 등 상품의 적하량이 점차 증가하자 미쓰비시회사는 1880년 3월부터 항해 정박일수를 단축하여 기선의 운항횟수를 매달 2~3회씩으로 늘리고 發船地를 나가사키에서 코오베(神戶)로 바꾸었다.[5] 나가사키는 영국산 면제품의 중개항이었고, 코오베는 오사카(大阪)와 더불어 일본의 대표적인 공업지대로, 조선산 쌀의 주요 수요지이면서 금건·방적사·잡화·일본목면 등 수입화물의 주된 매입지였다.[6] 따라서 이후 조선과 일본간의 정기항로는 대개 나가사키와 코오베·오사카를 기점으로 하였다. 스미토모(住友)家의 경우는 1880년 9월 오사카와 부산간 항로(코오베·시모노세키[下關]·하카타[博多]·나가사키·쓰시마섬 경유, 월 2회 운항)를 열었다.

1880년 원산이 개항하자 미쓰비시회사는 정부의 명령으로 그 해 3월부터 원산－코오베간 항로(부산 경유, 격월 1회 운항)를 개설하였다. 이 항로에는 해운업조성금과 별도로 항해보조금이 연간 1만 엔씩 지급되었다. 이후 일본상인들이 增航을 요청하고 미국 등 서구열강이 조선과 수교를 맺으려는 움직

5) 羅愛子, 〈開港後 淸·日의 海運業 浸透와 朝鮮의 對應〉(《梨花史學硏究》 17·18, 梨花女大 梨花史學硏究所, 1988), 409~410쪽.

6) 吉野誠, 〈朝鮮開港後の穀物輸出について〉(《朝鮮史硏究會論文集》 12, 東京 : 朝鮮史硏究會, 1975), 37~38쪽.

日本外務省 通商局第一課 編, 《通商彙纂》 166호, 〈釜山32年貿易年報〉(1900년 4월 21일).

임이 있자 일본정부는 구미열강이 진출하기 전에 조선에서 확고한 지위를 차지하기 위해 항로를 시급히 확장해야 한다고 보았다. 그리하여 일본정부는 미쓰비시회사에 기선 구입자금으로 은화 8만 엔을 10년 동안 무이자로 빌려주기로 하고 1881년 2월 나가사키－露領 블라디보스톡(海蔘威)간 항로(부산·원산 경유, 월 1회 운항, 1889년 봄 코오베까지 연장)를 신설케 하였다. 그 해 5월 기존의 코오베－원산선은 폐지되었다.[7]

이와 같이 일본은 아직 미숙한 해운기업에 자금지원을 하여 자국의 무역항 및 공업지와 조선의 개항장을 연결하는 항로를 열어 무역확장의 토대를 마련함으로써 대조선 수출품의 9/10에 가까운 서양제품의 중계무역에서 폭리를 취하는 한편, 값싼 조선 쌀을 공업지대의 노동자에게 공급하여 자본의 원시적 축적을 촉진할 수 있었다. 또 개항초 조선에 들어온 일본상인들은 대부분 모험상인으로 영세하였으나, 일찍이 조선에 진출한 第一國立銀行과 제18·58·102국립은행으로부터 자본을 융통받고 일본정부의 해운지원에 의해 무역품을 신속하게 유통할 수 있어 자본의 영세성을 극복하고 商權을 확대시켜 나갔다.

(2) 열강의 해운업 진출과 대외항로(1883~1894)

가. 조선의 해운정책과 열강의 해운업 진출

일본의 해운독점은 1882년 〈朝淸商民水陸貿易章程〉과 〈朝美修好通商條約〉, 1883년 〈朝英修好通商條約〉 등 조선이 청·구미열강과 통상조약을 체결하면서 무너졌다. 청·영국·독일·미국·러시아 등 여러 나라는 일본과 마찬가지로 연안해운권과 연안무역권을 획득하여 해운업의 진출을 시도하였다. 이는 외국기선의 出航을 유도하려는 조선정부의 정책과 맞물려 1880년대 전반기에 경쟁적으로 이루어졌다.

1880년대에 들어와 근대화정책을 추진한 조선정부는 교통운수의 발달을 위해 기선 등 근대적 운송수단의 도입이 시급함을 인식하고 있었다. 그래서 1882년 11월 정부는 "각국과의 통상시 민간인이 火輪船과 風帆船을 구매하

---

7) 羅愛子, 앞의 글, 411~414쪽.

여 公私에 쓸 수 있도록 하라"[8]고 舟橋司에 지시하여 민간인이 외국선박을 도입할 수 있는 길을 열었다. 또 정부는 統理交涉通商事務衙門(이하 통리아문으로 줄임)의 산하에 郵程司를 두어 통신과 수륙교통에 관한 업무를 담당케 하고 관영 및 민영회사의 설립을 권장하였다. 기선의 도입은 당시 재정난의 주요 원인으로 지적되고 있던 漕運制度를 개선하는 방안으로 논의되기도 하였다. 京江船 등 재래선박은 난파가 잦아 租稅上納의 지체를 가져오므로, 견고한 기선으로 대체하여 稅穀을 수송하자는 것이었다. 그러나 당시 정부는 외국으로부터 차관을 도입해야 할 만큼 재정이 궁핍하였기 때문에 자본이 많이 드는 기선 해운업을 착수하기 어려웠다. 그리하여 정부는 우선 외국의 기선회사와 계약을 맺어 조선 해역에 기선을 정기 운항하도록 유도하고 그 기선으로 세곡과 무역품을 운송하는 정책을 폈다. 이러한 정책은 개항 이후 독점적으로 조선 근해의 해운권을 장악하고 있던 일본의 해운업을 견제하고 무역을 진흥시킬 수 있는 방안이기도 했다.[9]

마침 1883년 인천의 개항 후 청에 진출한 영국과 독일 商社들이 인천거류 청국상인의 지원을 받아 인천과 청·일본을 연결하는 정기항로 개설을 계획하고 있었다. 먼저 1883년 8월 영국의 怡和洋行(Jardine Matheson & Co.)은 통리아문 參辦 묄렌도르프(P. G. Möllendorf, 穆麟德)의 주선으로 상해-나가사키간 항로(부산·인천 경유, 월 2회 운항)를 열었다. 이화양행은 그 해 11월부터 항해 적자시 조선정부로부터 海關稅에서 절반을 塡補받는다는 조건으로 1년간 세곡을 수송하기도 하였으나, 적자운항을 이유로 1년만에 항로를 폐지하였다.[10]

1885년 3월에는 독일의 世昌洋行(E. Meyer & Co.)이 인천거류 청상과 독일상인의 자금지원을 받고 조선정부의 세곡을 운송하기로 하여 상해-인천간 항로를 개설하였으나, 불과 6개월만에 기선운항을 중단하였다. 1886년 3월 세창양행은 차관제공의 대가로 다시 세곡운송권을 얻어 상해-인천간에 기선을 운항하였으나, 이듬해 봄에 중단하였다. 그 이유는 두 차례 모두 조·

8) 《日省錄》, 고종 19년 10월 14일.
9) 羅愛子, 《韓國近代海運業史硏究》(國學資料院, 1998), 59~66쪽.
10) 孫兌鉉, 〈舊韓末의 官營汽船海運에 關한 硏究〉(《東亞論叢》 7, 東亞大, 1970), 189~195쪽.

청간의 무역이 부진한데다 조세상납 담당관리 및 京江船人 등 賃運業者의 반발과 방해로 세곡운송이 순조롭지 않아 적자운항을 면치 못했기 때문이다. 조선정부는 기선에 의한 조운에 실패하고, 3만 석의 세곡수송량을 보장하기로 한 계약상의 의무를 이행하지 못해 세창양행에 3,500원의 위약금을 지불하여야 했다.[11)]

한편 조선정부는 1884년 6월 일본 요코하마(橫濱)에 있는 미국 미들톤상사(Middleton and Co.)의 대리인과 기선회사를 설립하기로 계약을 맺었으나, 실행에 이르지는 않았다. 이 때 정부는 미국상선에 세곡 등 관용화물의 수송특권을 주되 민간인의 회사가입을 권장하여 민간자본을 유치하고, 회사운영과 수익금의 분배에 정부가 일정하게 참여하면서 재정형편이 나아지면 선박과 기구 등을 구입하여 직접 기선을 운항하려고 하였다.[12)]

나. 청의 항로 개설과 직무역

가) 1883년 항로 개설

조선정부는 1881년부터 사대관계를 청산할 것을 청에 요청하였으나, 壬午軍亂으로 교섭이 중단되었다. 이후 임오군란을 평정한 청은 교섭의 주도권을 쥐고 1882년 8월 종속관계를 강조하는 내용의 〈朝淸商民水陸貿易章程〉을 체결하고 정치적 간섭과 경제적 침략을 강화하였다. 청은 특히 재정난에 처한 조선정부에 차관을 제공하고 그 대가로 각종 이권을 획득하였는데, 그 하나가 招商局을 통한 해운권의 침탈이었다.

초상국은 1872년 李鴻章의 건의에 의해 洋務運動의 일환으로 설립된 官督商辦의 해운회사였다. 그 설립목적은 군수공업에 필요한 원료 및 연료의 수송, 海防, 외국선박에 의한 해운독점 타파에 있었다. 초상국은 청정부의 육성

---

11) 金正起, 〈朝鮮政府의 獨逸借款導入(1883~1894)〉(《韓國史硏究》 39, 1982).
李培鎔, 〈開港以後 獨逸의 資本浸透와 世昌洋行〉(《韓國近代鑛業侵奪史硏究》, 一潮閣, 1989).
羅愛子, 앞의 책, 78~86쪽.

12) 《美案》 1(高麗大 亞細亞問題硏究所 編, 《舊韓國外交文書》 10), 고종 21년 윤 5월 19일, 〈附汽船會社設立合約稿本〉.
《書契所報關錄》 2(奎 18104), 乙酉 정월 12일 到付 〈大朝鮮國政府特準與美國密得頓英國克利布設立汽船會社訂定商約〉.

책에 의해 기선을 구입할 때 정부의 보조를 받았고, 각종 정부물자의 수송특권을 얻어 급속히 성장하였다.[13)]

초상국은 1882년 10월 鑛務局과 함께 조선에 50만 냥을 빌려주는 대가로 조선 개항장의 租借權을 획득한 뒤 〈조청상민수륙무역장정〉 제7조에서 기선의 정기운항권을 얻었고, 1883년 11월 조선의 統理各國事務衙門과 〈輪船往來上海朝鮮公道合約章程〉을 맺어 상해―인천간의 항로(월 1회 운항)를 개설하였다. 당시의 조·청간의 불평등한 관계는 이 장정에 그대로 반영되어 조선정부는 초상국의 요구가 있으면 언제든지 운항비를 지급하고 결손이 생기면 인천 해관세에서 보상하기로 했다. 그리고 청측의 요구로 그 해 12월 續約을 체결하여 항로를 상해―인천간에서 우회하여 상해―煙臺―나가사키―부산―인천간으로 변경하였다. 청은 그 명분으로 초상국의 결손 방지와 조선측의 관세수입 증대를 내세웠지만, 실제로는 무역확대를 위한 기반 조성에 목적이 있었다.[14)] 이보다 앞서 1883년 10월 청은 總辦 朝鮮商務委員 陳樹棠을 파견하여 서울에 公署를 설치하고 3개항장에 分署를 두는 등 무역진흥책을 마련하고 있었다.[15)] 또 나가사키에는 많은 청국상인이 진출하여 금건 등의 수입품을 일본상인에게 판매하고 있었으므로, 청은 항로변경를 통해 중계무역의 이익을 보다 많이 취하려고 한 것이다.

그러나 초상국의 기선은 1884년 1월까지 3차례 운항한 데 그쳤다. 淸·佛戰爭의 발발로 기선이 臺灣의 海防廳에 징발된 후 초상국이 무역부진에 따른 결손을 내세워 운항 중단을 제의하였기 때문이다. 그러나 이는 표면적인 이유였고, 당시 초상국은 1883년부터 上海 금융공황의 여파로 심각한 운영난에 허덕이고 있었다. 1884년 7월 결국 초상국은 일시적으로 영국의 旗昌洋行에 매도되었다.[16)]

---

13) 宮崎市定, 〈招商局の略事〉(《東洋史硏究》 11―2, 1952).
芝原拓自, 〈明治維新と洋務運動〉(《日本近代化の世界史的位置―その方法論的硏究―》, 東京 : 岩波書店, 1981), 329~455쪽.

14) 羅愛子, 앞의 글, 418~419쪽.

15) 金敬泰, 〈甲申·甲午期의 商權回復問題〉(《韓國史硏究》 50·51, 1985), 194쪽.

16) 朴赫淳, 〈1883년 上海金融恐慌과 官督商辦企業〉(《東洋史學硏究》 20, 서울대 동양사학과, 1984), 26~27쪽.

나) 1888년 항로 재개설과 직무역체제의 수립

조·청간의 항로는 항해비용이 과다하다는 이유로 개설이 미루어지다가 1887년 7, 8월경 日本郵船株式會社(미쓰비시회사와 共同運輸會社가 통합해 설립함. 이하 일본우선회사로 줄임 : 필자주)의 배에 실은 청상의 비단이 분실되는 사건이 발생하면서 계기가 마련되었다. 조청항로를 독점 운영하고 있던 일본우선회사는 배상을 회피하였고, 이에 격분한 청국상인과 상무위원 袁世凱는 청정부에 항로개설을 강력히 요청하였다. 청정부는 상권확장을 위해 그 요구를 받아들여 1888년 3월 초상국에 상해-인천간 항로(연대·牛莊 경유, 20일에 1회 운항)를 다시 개설케 하였다. 이 항로의 운영을 위해 청정부는 상해와 연대해관에서 매년 17,000元의 항해보조금을 지급하도록 하였고, 기선을 이용할 인천거류 및 연대 청상들도 초상국의 요구로 密約을 맺어 지원을 약속하였다. 상인들은 12,000원의 운임을 보증할 뿐 아니라 초상국 기선 외에 다른 선박을 이용하였을 때에는 일본선박 운임의 1.5배의 벌금을 내기로 하였다. 이 밀약은 1년의 계약기간이 만료될 때마다 다시 체결되어 1890년 3월 제3차 밀약시에는 벌금이 5배로 강화되었다.[17]

초상국의 항로개설로, 청국상인은 동양제일의 자본제 면제품의 집산지인 상해를 거점으로 조선과 본격적인 直貿易을 개시하게 되었다. 청상은 영국산 금건을 상해에서 조선으로 직수입하기 때문에 코오베·나가사키를 거쳐 우회적으로 매입하는 일본상인에 비하여 운임을 절반정도로 절약할 수 있었다. 따라서 청상은 이윤이 극히 적은 금건을 값싸게 팔아 판로를 확대할 수 있었고, 금건을 중심으로 한 대조선 수출은 증대되었다. 그러나 수입이 늘지 않아 1890·91년 2년 동안 적자운항이 계속되고 정부의 지원 약속도 제대로 이행되지 않았으므로, 1892년초 초상국은 정부에 상해-인천간 항로를 폐지할 것을 건의하였다. 이에 대하여 이홍장은 청상을 보호하고 '藩屬'을 유지하기 위해 조성금을 종전대로 지급해 항로를 계속 유지해야 한다고 주장하였고, 그의 노력으로 항로는 계속 유지되었다.[18] 그러나 1894년 6월 청일전쟁의 발발기운이 감돌았기 때문에 기선운항이 중단되었고, 이후 초상국의 항로

17) 羅愛子, 앞의 글, 420~426쪽.

18) 中國近代史資料彙 編, 《淸季中日韓關係史料》 5(臺北 : 中央硏究院), 3141~3142쪽.

는 재개되지 못하였다.

다. 일본의 항로확장과 러시아해운업의 진출

인천이 새로 개항하자 일본정부는 미쓰비시회사에 연간 8,800엔의 보조금을 지급하여 1883년 10월부터 코오베-부산간 항로를 인천까지 연장시켰다(시모노세키·나가사키·고토·쓰시마섬·부산 경유, 월 1회 운항). 이 명령항로는 1885년 6월부터 발항지를 나가사키로 바꾸고 매달 2회 기선을 운항하였다.[19)]

1885년 9월 미쓰비시회사는 경쟁관계에 있던 공동운수회사를 통합하여 일본우선주식회사가 되었다. 이것은 당시 일본에서 대외무역에 종사하고 있던 많은 외국기선에 대항하고 청의 영향력이 증대한 조선으로 군사적 수송이 필요할 때를 대비하여 큰 해운회사를 설립하려는 일본정부의 합병책에 따른 것이었다. 일본정부는 우선회사에 1900년 9월까지 15년간 이익금이 연간 8步가 안될 때에는 매년 88만 엔씩 보조해주기로 하였다.[20)]

그 후 일본우선회사는 일본과 조선·청·러시아의 연해주를 연결하는 명령항로를 신설하여 대외무역을 신장하고 동아시아지역에서의 해운권 장악을 꾀하였다. 이 회사는 우선 1886년 3월 나가사키-天津간 항로(인천·연대 경유)를 신설한 뒤 코오베까지 연장하면서 종전의 코오베·인천선을 폐지하였다. 1889년 4월에는 상해-블라디보스톡간 항로(연대·인천·부산·원산 경유, 4주 1회 운항)를 개설하였다. 이 항로는 항해권상 중요할 뿐 아니라 금건·寒冷紗를 상해로부터 직수입하는 한편 조선 콩의 청국 수출과 조선 쌀·보리의 노령지방 수출, 노령지방 다시마의 조선 수출 등 중계무역의 이익을 확대하고, 명태 등 조선의 연안무역에서도 상권을 확장하려는 데 개설목적이 있었다. 이어서 일본우선회사는 1891년 4월 코오베-우장선(시모노세키·나가사키·쓰시마섬·부산·인천·연대·太沽 경유, 4주 1회 운항)을 개설하였다. 이 항로의 주요한 수송화물은 우장에서 일본으로 수출하는 콩이었는데, 그 수출량이 늘어남에 따라 조선산 콩의 일본수출은 타격을 입었다.[21)]

---

19) 羅愛子, 앞의 글, 415~416쪽.
20) 日本郵船株式會社 編, 앞의 책, 22~67쪽.
21) 羅愛子, 앞의 글, 416~417·428~430쪽.

한편 일본정부의 민간해운 육성책에 의해 1887년 5월 오사카商船株式會社(이하 오사카상선회사로 줄임)가 설립되었다. 이 회사는 일본정부로부터 8년간 연간 5만 엔의 해운업조성금을 지급받기로 하고 명령항로를 개설하였는데, 그 중 하나가 1890년 7월에 신설한 오사카－부산선(월 1회 운항)이었다. 이어서 오사카상선회사는 1893년 2월 코오베－오사카선(시모노세키·부산·인천 경유, 2주 1회 운항)을 개설하였다. 이후 이 회사와 일본우선회사는 운임인하 경쟁을 벌여 1893년 7월말 쌀·콩의 인천－오사카간 운임이 1/3로 폭락할 정도가 되었다. 상당한 손해를 보게 된 두 회사는 결국 1893년 8월 합의하여 운임을 다시 인상한 뒤 정상을 되찾았다.[22)]

이밖에 1887년경부터 키시모토(岸本)·이리마(入馬)·히라우미(廣海)·오오야(大家)·토모치카(友近) 등 개인선주에 의해 소유선이 수시로 일본과 조선간을 운항하며 조선해역에 침투하였다.[23)]

1891년 3월에는 러시아의 세베렙(Shevelev)기선회사가 조선정부의 승인을 받고 블라디보스톡－상해선(원산·부산·나가사키·연대 경유)을 개설하여 일본우선회사와 경쟁하였다. 세베렙기선회사는 1881년 세베렙을 비롯한 상인들이 출자하여 창립한 합자회사로, 1888년 6월 러시아정부와 15년간을 기한으로 계약을 체결하여 3개의 정기항로를 개설하기로 하였다. 블라디보스톡－상해선은 그 중 하나로, 러시아정부로부터 1마일에 3루블씩 보조금이 지급되었을 뿐 아니라 1891년 가을 블라디보스톡 거류 청국상인이 이 회사와 계약을 체결해 기선을 고용하고 다른 선박을 이용할 경우 벌금을 부과하기로 盟約을 맺었기 때문에 운영이 순조로왔다. 그러나 거의 같은 노선을 운영하는 일본우선회사와 경쟁이 불가피하였으므로, 세베렙회사는 비밀리에 운임을 일본우선회사 운임의 70% 정도로 할인하여 승객을 확보하려고 하였다. 이에 대해 일본우선회사는 운임을 43%까지 낮추고 러시아선박이 조선으로부터 수송하는 화물에 대해 일본은행과 보험회사에서 대부나 보험을 거절하게 하는 등

---

22) 大阪商船株式會社 編,《大阪商船株式會社五十年史》(大阪 : 同社, 1934), 41~46·55·189쪽.
《通商彙纂》 제8호, 부록 〈明治26年中仁川港商況年報〉(1894년 8월).

23) 朝鮮郵船株式會社 編,《朝鮮郵船株式會社二十五年史》(同社, 1937), 5쪽.

다방면으로 방해하였다. 이에 대응하여 세베렙회사도 화물을 후불로 수송하는 등 경쟁이 매우 치열하였다.[24]

이와 같이 조선정부의 해운정책에 의해 1880년대 전반기에 경쟁적으로 진출한 청과 서구열강의 해운업은 정기항로를 일시적으로 개설한 데 그친 반면 일본해운업은 국가의 적극적인 재정지원과 통제를 받으며 조선의 대외항로를 장악하였다. 일본해운업은 1888년 이후 청의 항로 재개설과 러시아해운업의 진출로 더 이상 독점할 수 없었으나, 지속적인 정부지원으로 항로를 확장하여 청과 조선·일본·노령지방을 연결하면서 무역의 증대를 꾀하고 동아시아에서의 해운권 장악을 기도하였다.

또 1886년 이후 1890년대에 일본해운업의 침투양상 가운데 주목되는 것은 조선정부나 민간인이 해외에서 도입하는 기선과 범선의 상당수가 일본에서 구입되었다는 사실이다. 특히 조선의 蓬船과 같은 범선인 일본의 화선이 개항장에서 일본인과 조선인간에 활발하게 매매되었다는 점은 일본선박의 침투로 인해 운송업뿐 아니라 재래의 조선업도 위협받고 있었음을 말해 준다.[25] 아직 기선을 건조할 기술은 없었으나 조선 후기에 적재량 1,500~2,000석의 대형 범선을 건조할 수 있을 만큼 발달했던 조선술은 외국선박의 도입으로 그 기반이 무너지고 있었던 것이다.

(3) 일본해운업과 러시아해운업의 침투확대(1895~1904)

가. 개항장 증설과 일본의 항로확장

청일전쟁을 도발한 일본은 군대와 군수품의 수송을 위해 민간선박도 징발하였다. 청일전쟁 때 동원된 민간기선은 일본우선회사와 오사카상선회사 기선을 포함하여 총 140여 척에 달하였다.[26] 일본은 조선의 官營 기선까지 임대하고, 더 나아가서는 조선에 대한 영향력이 강화된 틈을 타 항해권을 장악하려고 하였다. 그리하여 1895년 1월 일본정부는 재정난에 처한 조선정부에

24) 孫兌鉉, 《韓國海運史》(효성출판사, 1997), 482~484쪽.
羅愛子, 앞의 책, 126·128~129쪽.

25) 《朝鮮國各港及其他ニ於テ本邦人船舶賣買雜件》 제1·2책(日本外務省 外交史料館 所藏 外務省記錄 문서번호 3.6.3.34, 이하 外務省記錄으로 줄임) 참조.

26) 大阪商船株式會社 編, 앞의 책, 56쪽.

13만 원의 차관을 연 8%의 저리로 제공하는 조건으로 관영 해운기업인 利運社의 기선을 일본우선회사에 위탁·운항케 하였다. 이에 따라 재정개혁에 의해 조운제도를 폐지한 후 이운사를 민영화하여 해운업을 육성하려던 조선 정부의 정책은 좌절되었다.[27]

그 후 1895년 6월 金嘉鎭이 일본측에 우선회사와의 약정 변경안을 신청하였으나, 거절당하였다.[28] 이 계약은 1896년 2월 俄館播遷으로 甲午政權이 무너진 뒤 새로 들어선 정권에 의해 비로소 파기되었다. 정부소유 기선은 1897년 3월 말 總稅務使 브라운(J. Mcleavy Brown, 柏卓安)에 의해 세창양행에 위탁·운항되었다가 1900년 6월 민간회사인 大韓協同郵船會社에 불하되었다.[29]

조선연안의 항권장악 기도는 무너졌으나, 일본정부는 일본우선회사와 오사카상선회사를 계속 지원하여 항로를 확장해 나갔다. 노선은 개항장이 鎭南浦(1897)·木浦(1897)·馬山(1899)·群山(1899)·城津(1899)·평양(1899, 開市場)·義州(1904)·龍岩浦(1904) 등으로 늘어남에 따라 신설되거나 변경되었다. 청일전쟁 후 일본은 경제호황을 맞이하여 수출이 급증함에 따라 해외항로를 대만·남중국·유럽·북미·호주 등으로까지 확장하였는데,[30] 대조선 항로의 경우는 수출증대보다 주요 수입품인 쌀·콩의 수입증대에 더 큰 목적이 있었다. 따라서 일본은 쌀·콩의 직송을 위하여 특히 전라도의 곡창지대를 배후에 둔 목포와 군산에 기선이 수시로 기항할 수 있도록 각 항로의 경유지를 조정하거나 일본으로의 직통항로를 열고 정기선 외에도 임시선을 배정하였다. 군산의 경우 직통항로가 개시되기 전에는 江景에 집하된 쌀의 대부분이 군산을 거치지 않고 조선선상에 의해 인천·목포 등으로 수송되었는데, 1901년 4월 일본과의 정기항로가 열리면서 유통로가 바뀌어 상당수의 쌀이 강경에서 군산으로 수송된 후 바로 일본으로 수출되었다. 그래서 1902년말 군산에는 기

27) 孫兌鉉. 앞의 글, 273~276쪽.
羅愛子, 앞의 책, 104~110쪽.

28) 《駐韓日本公使館記錄(국역본)》 7(國史編纂委員會, 1992), 171쪽, 〈郵船會社 約定變更 不可 지시〉(1895년 6월).

29) 羅愛子, 앞의 책, 110~113쪽.

30) 大阪商船株式會社 編, 앞의 책, 59~60쪽.

선의 왕복이 빈번해도 매편마다 만선이 되어 미처 배에 싣지 못하고 부두에 쌓아두는 쌀이 많다고 할 정도가 되었다.31)

청일전쟁 후 일본해운업의 정기항로 개설에 대해 살펴보면 다음과 같다. 먼저 일본우선회사는 1895년부터 코오베-블라디보스톡선(3주 1회 운항)과 코오베-天津線(시모노세키·나가사키·부산·인천·연대 경유, 4주 1회 운항), 코오베-牛莊線(시모노세키·나가사키·쓰시마섬·부산·인천·연대·太沽 경유, 4주 1회 운항)의 운항을 재개하였다. 그리고 이 회사는 1896년 홍콩-블라디보스톡선(상해·연대·인천·나가사키·부산·원산 경유, 3주 1회 운항, 1899년 가을 폐지)을 신설하였다. 1898년 4월부터는 코오베-천진선 및 코오베-우장선에 배정된 기선이 목포에 기항하였고, 1900년 10월 일본 遞信省의 항로변경령에 의해 목포기항이 폐지된 뒤에는 회사에서 임의로 코오베-인천간의 자유항로를 열어 목포에 임시 기항하였다. 1899년 봄에는 코오베-鎭南浦線(시모노세키·부산·인천 경유, 3주 1회)이, 1901년에는 코오베-태고선(門司·나가사키·부산·인천·연대·여순 경유)이 신설되었고, 코오베-인천간에 임시선(門司·부산 경유)이 부정기적으로 운항되다가 1902년 말에 폐지되었다.32)

코오베-블라디보스톡선에 배정된 기선은 1901년 4월부터 부정기적으로 성진에도 기항하였는데, 블라디보스톡과의 직무역에 종사하는 조선상인이 많이 이용하였다. 블라디보스톡은 오래전부터 지리적으로 가까운 함흥 이북의 北關지방과 교역이 활발하였고 당시 성진은 북관지방의 유일한 개항장이었다. 북관지방에서 블라디보스톡·연해주 방면으로 수출하는 물품 중 중요한 것은 식육용 生牛였으며, 노령 연해주지방으로 出稼하는 북관지방 주민도 해마다 늘어 1900년대에 들어와서는 1~2만여 명에 달하였다.33) 일본정부는 정기항로의 개설이 유망하다고 보고 일본우선회사에 지시하여 1902년 10월 정기선을 성진에 기항시키고 겨울에는 自由航船인 伊勢丸을 투입케 하였다.34)

---

31) 《通商彙纂》 제256호, 〈群山最近貿易概況〉(1903년 2월 13일).

32) 羅愛子, 앞의 책, 135~136쪽.

33) 梶村秀樹, 〈舊韓末 北關地域 經濟와 內外交易〉(《秋堰權丙卓博士華甲紀念論叢 2·韓國近代 經濟史硏究의 成果》, 螢雪出版社, 1989), 162·167~173쪽.
金載昊, 〈개항기 원격지무역과 '회사'-對러시아 무역과 鏡城天一會社-〉(《經濟史學》 27, 經濟史學會, 1999), 94~96쪽.

그런데 1903년 4월 블라디보스톡 거류 崔鳳俊이 원산－성진－블라디보스톡간 항로(월 3회 이상)를 열어 생우 등을 상당량 운송하였으므로, 일본우선회사는 영업에 지장을 받았다.35)

오사카상선회사는 1894년 12월말 오사카－인천선(코오베·시모노세키·부산 기항, 월 2회 운항하다가 1901년 이후 매주 1회 항해)의 운항을 재개하고 오사카－부산선은 폐지하였다. 오사카－인천선은 1897년 10월 이후에는 목포에도 기항하였고, 오사카와 인천간에 임시선을 정기선의 2배나 배정하였다. 1899년 4월에는 오사카－진남포선이 개설되었다(코오베·시모노세키·나가사키·부산·인천 기항, 3주에 2회 운항하다가 1901년 이후 매주 1회 항해). 1900년 8월 오사카－군산선(월 2회 부정기적 운항)이 개설되어 對日 직통항로가 개통됨에 따라 군산의 외국무역은 발전하였으나, 외국무역의 10여 배에 달하였던 연안무역은 크게 위축되어졌다. 오사카상선회사는 1900년 10월에는 인천－목포－부산간 연안항로(월 4회 운항)를 개시하고 도중에 군산과 마산에도 기항하도록 하였다. 1901년 4월 이 항로는 폐지되고 대신 '마산－군산 經過 오사카－인천선'(코오베·시모노세키·부산·마산·목포·군산 경유, 월 2회 운항)이 개설되었는데, 1904년 2월 항로를 단축하고 오사카－군산선이라고 개칭하였다. 오사카상선회사는 1902년 2월에는 오사카－부산선(코오베·시모노세키·하가다·嚴原 기항)을, 그해 9월에는 오사카－원산선(코오베·시모노세키·부산 기항)을, 1903년 하반기에는 인천－진남포선(1904년 6월 안동현까지 연장하여 인천·안동현선으로 개칭)과 인천－군산선을 재개 또는 신설하였다.36)

이상 오사카상선회사가 개설한 항로는 일본정부의 지시에 의한 명령항로가 대부분이지만, 일단 자유항로로 개설되었다가 명령항로로 지정되어 보조금을 지급받은 것도 있었다. 이 회사는 1903년 8월 체신대신과 외무대신에 〈한국

---

34) 《韓國城津ニ神戸浦潮間ノ定期船寄港方在同地分館主任ヨリ稟申一件》(外務省記錄 3.6.4.13) 〈城津港ニ定期船寄港ノ儀ニ付上申〉(1902년 8월 5일) 및 公 제78호, 〈郵船會社自由航船伊勢丸冬季中城津ヘ寄港方ノ儀ニ付上申〉(1902년 10월 22일).

35) 《通商彙纂》 1903년 改 제12호, 〈城津浦鹽間臨時汽船航路開始〉(1903년 4월 20일). 최봉준은 한국의 국권상실 후 독립운동에서 중요한 역할을 하였다.

36) 大阪商船株式會社 編, 앞의 책, 62·189·190쪽.
羅愛子, 앞의 책, 136~138쪽.

항로 개량에 관한 청원서〉를 제출하여 기존의 항로 개량 및 항로 신설에 대한 계획을 제시하기도 하였다. 오사카상선회사는 항로 개량책에 대해 "(일본과) 조선간의 무역을 유발하고 한국 각지의 이민을 장려하며 경부철도와 함께 청국과 한국의 경영에 적지 않은 효과가 있을 것"[37]이라고 의미를 부여하여 한국의 식민지화를 앞당기는 수단으로 인식하고 있었다.

이와 같이 일본의 해운기업은 개항장이 증설될 때마다 항로를 확장하여 조선의 해운권을 거의 장악하면서 무역확대를 꾀하였다. 특히 곡물의 집산지인 개항장과 일본과의 직통항로가 늘어나 쌀의 유출이 촉진되었고 연안무역이 외국무역으로 전환하여 연안무역에 종사하는 조선상인의 상업은 위축되었다. 반면 일본상인은 일본기선을 이용하여 대외무역은 물론 명태·해초·곡류·수입품 등의 연안무역에서도 상권을 침탈해 나갔다.

나. 러시아의 항로확장

러시아 세베렙회사는 1896년 10월부터 상해—블라디보스톡간의 항로를 재개하고 나가사키의 영국 호움링거상회(Homle Ringer & Co.)를 대리점으로 삼아 인천에 지점을 설치하고 기선운항 횟수를 월 1회에서 2회로 늘렸다. 이 노선에서 기선은 블라디보스톡을 기점으로 원산·나가사키·연대·인천·旅順·연대·상해에 갔다가 돌아갈 때에는 인천·나가사키·원산을 거쳤고 때에 따라 부산에 기항하고 원산에는 기항하지 않는 경우도 있었다.[38]

그런데 세베렙회사 기선은 블라디보스톡과 불개항장인 吉州 및 鏡城간을 수시로 항해하면서 밀무역품을 수송하기도 하였다. 1897년 상반기에 세베렙회사의 블라디미르호와 고용기선인 세창양행의 潮州府호는 경성의 獨津과 길주의 臨湖에 여러 차례 항행하였는데, 주로 금건·중국 직물류 등을 실어오고 생우·麻布와 쌀·콩 등의 농산물을 실어 갔다. 또 연해주 지방으로 출가하거나 무역에 종사하는 조선인 승객이 많이 이용하였다. 외국선박의 불개항장 출입은 불법이었으므로, 이들 기선은 수천에서 수만 원의 벌금을 물고

---

37) 《韓國及北淸航路ノ改良竝ニ補助ノ義ニ關シ大阪商船會社ヨリ請願一件》(外務省記錄 3.6.3.63), 〈請願書〉(1903년 8월).

38) 白莊司芳之助, 《韓國各港視察報告書》(大阪, 1900), 8쪽.

물건을 몰수당하기도 하였다.[39]

이후 블라디미르호가 난파되었으나, 세베렙회사는 외국선박을 고용하고 조선정부의 허가를 받아 1898년 3월 인천에 浮標를 설치하는 등 활발하게 활동하였다. 그런데 1900년 1월 러시아정부의 방침에 따라 세베렙회사는 기선운항에 관한 모든 권리와 의무를 東淸鐵道會社(Chinese Eastern Railway Company) 소속 기선회사에 양도하였다. 이 기선회사의 설립 목적은 첫째, 철도부설에 필요한 화물재료 및 노동자를 정기적으로 수송하여 철도부설공사가 차질없이 진행되도록 하고, 둘째 철도회사의 영업이 개시되면 철도의 양극점인 블라디보스톡항과 大連港을 청·일본·조선의 주요 항구와 연결해 러시아·서유럽지역·극동에 이르고, 극동에서 유럽으로 여객 및 화물을 정확·신속하게 운반케 한다는 데 있었다.[40] 이 회사는 러시아정부로부터 연간 약 30만 루블의 보조금을 받는 대신 항로와 운임 등은 정부의 통제를 받았다.[41]

동청철도 기선회사는 종전의 조·러항로를 계속 유지하면서 1900년 3월에는 블라디보스톡에서 연대·여순으로 回航하는 도중에 마산에 기항하였는데, 이것은 마산이 군사기지로서 중요하였기 때문이다. 1901년에는 블라디보스톡-北淸線에 기선 2척을 배정하되 1척은 블라디보스톡-나가사키-인천-여순-상해간을, 다른 1척은 블라디보스톡-원산-부산-나가사키-인천-여순-연대-천진-상해간을 운항토록 하여 항로의 확장을 꾀하였다.[42] 1902년에 이 회사는 모두 18척의 기선을 소유하였고, 2척의 기선이 성진항에 기항하여 북관지방과의 무역확대를 꾀하였다.[43]

이와 같이 청일전쟁 이전에 주로 청국상인이 이용하였던 러시아기선은 러

---

39) 《駐韓日本公使館記錄》 12, 公 제23호, 〈北關未開港場へ露船出入ノ件〉(1897년 5월 22일), 310쪽 ; 公 제25호, 〈露船北關不開港場へ出入ノ件〉(1897년 5월 31일) ; 公 제29호, 〈露船北關未開港場出入件〉(1897년 5월 31일), 322쪽.
金載昊, 앞의 글, 93~94쪽.

40) 《駐韓日本公使館記錄》 17, 397~398쪽, 〈東淸鐵道會社條例謄本提出件〉 定款 제3조.

41) 《國譯韓國誌》, 583쪽.
孫兌鉉, 앞의 책, 488쪽.

42) 羅愛子, 앞의 책, 134~135쪽.

43) 《韓國城津ニ神戶浦潮間ノ定期船寄港方在同地分館主任ヨリ稟申一件》 公 제78호, 〈郵船會社自由航船伊勢丸冬季中城津へ寄港方ノ儀ニ付上申〉(1902년 10월 22일).

시아상인과 조선상인의 이용이 활발해지면서 북관지방과 연해주간의 교역을 촉진하였다. 그리고 러시아의 한반도를 비롯한 극동으로의 진출이 노골화되면서 러시아해운업은 군사적 목적이 강화되었다.

(4) 외국해운업의 불개항장 침투

가. 조선인 명의의 외국선박 운항과 조선정부의 정책

1880년대 후반 이후 민간인의 외국선박 도입과 외국상인의 개항장 밖으로의 행상이 본격화하면서 외국선박의 불개항장 출입이 늘어갔다. 앞에서 살펴보았듯이 외국선박은 원칙적으로는 불개항장 출입이 금지되었으나 조선인에게 고용되었을 때에는 불개항장으로도 항행할 수 있었다. 또 외국선박은 일정한 시간외에는 짐을 부리거나 실을 수 없었으나 조선인에게 고용된 외국선박은 그러한 제약이 없었으므로, 외국인 운송업자들은 표면상으로만 조선인의 명의를 빌려 연안포구는 물론 河岸포구로도 침투하였다. 외국인에게 명의를 빌려준 조선인 중에는 관료도 있었다. 특히 인천항 경찰관·이운사 사무관을 지낸 禹慶善과 부산항 경찰관·기선회사 간사를 지낸 朴琪淙은 해운업관계 업무에 종사하면서 일본인 운송업자와 결탁하여 명의를 빌려주거나 동업을 하여 불개항장으로의 침투를 도왔다. 이러한 행위는 일본의 해운권 침탈을 가져와 해운업에서의 민족자본의 성장을 저해하였다.[44]

조선정부는 기선 등 외국선박의 도입이 본격화하자 우선 1886년 7월 〈政府允許洋船赴未通商口岸章程〉을 제정해 서양선박의 구입 및 운항절차를 정하였다. 그리고 외국선박을 임대하려면 통리아문으로부터 항행인가증인 憑票를 발급받도록 하고, 임차기간을 2개월로 제한하되 기간을 연장하려면 빙표를 새로 발급받도록 했다.[45] 1894년 이후에는 빙표를 각 항 감리서에서 발급하였다.

그러나 정부는 1900년 이전까지 대체로 외국선박의 불법적 운항을 철저히 단속하지 않았다. 오히려 빙표 수수료나 약간의 상납금을 대가로 불법을 눈

---

44) 藤永壯, 〈開港後の'會社'設立問題をめぐって〉(上)(《朝鮮學報》 140, 東京：朝鮮學會, 1991), 65～75쪽.
羅愛子, 앞의 책, 231～239쪽.

45) 孫兌鉉, 앞의 책, 239쪽.

감아주어 외국해운업의 침투가 조장되기도 하였다. 원산거류 타케노 코노베(武野伊平)와 니시지마 류조(西嶋留藏)는 1893년 3월말과 6월말부터 각각 조선인의 명의를 빌려 기선 壽都丸과 元山丸으로 원산과 불개항장인 鏡城간의 운송업에 종사하고 있었다. 이들은 원산감리와 교섭해 통리아문에 일정액의 상납금을 내고 감리서에 순익의 몇 %를 상납하면 임차기간의 제한규정에 구애받지 않고 영업을 계속할 수 있도록 허락을 얻어냈다.[46] 또 한강에서의 외국기선의 항행은 금지되었는데도 통리아문은 1892년에 10만 냥의 차관제공의 대가로 청상 同順泰 등에게 한강에서의 기선운항권을 허용하고 세곡운송권까지 부여하였다.[47] 법적 제약으로 청상은 명의상 通惠公司라는 조·청 합작회사를 설립하여야 했지만, 결국 외국해운업의 강운업 침투를 허용한 것이었다.

외국선박의 불개항장 운항에 대한 통제는 1899년 7월 〈國內船稅規則〉이 개정되고 1900년 3월 농상공부 통신국이 通信院으로 승격·독립되어 외국선박의 구매와 고용인허 등의 해운업무를 맡으면서 강화되었다. 통신원은 2개월의 빙표 유효기간 제한규정을 엄격히 지키도록 하여 외국선박의 장기간 임대를 막고, 외국선박의 임차 자체를 억제하기 위해 임차에 대한 免狀 발급기관을 각 개항장의 감리에서 중앙의 통신원으로 전환하였다. 나아가 통신원은 당시 조선인이 운항하고 있는 외국선박의 현황을 조사하여 이에 대한 통제를 하였다.[48]

이러한 통제강화책의 밑바탕에는 당시 일본인에게 빼앗기고 있던 항해권을 회복하고자 하는 의도가 있었고, 이는 곧 1900년에 官民이 합동으로 설립한 大韓協同郵船會社를 육성·보호하려는 정부의 민간해운 육성책과도 맥을 같이 하는 것이었다.

나. 개항장 거류 일본인 운송업자의 기선운항 실태

인천 등 개항장에 거점을 둔 일본인 운송업자들은 주로 연안항해에 종사

46) 《日本外交文書》 26, 1893년 9월 8일.

47) 金正起, 〈朝鮮政府의 淸借款導入(1882~1894)〉(《韓國史論》 3, 서울대 국사학과, 1976), 476~477쪽.

48) 羅愛子, 앞의 책, 75~77쪽.

하면서 조선선인의 활동을 위협하였다. 그 중 대표적인 것이 인천거류 일본상인 호리 히사타로(堀久太郞)가 설립한 호리(堀)商會였다. 호리상회는 개항장뿐 아니라 불개항장도 항행하면서 조선의 항권을 유린하였는데, 그 방법은 조선인을 매수하여 그 명의를 빌리거나 조선인과 동업하는 것이었다. 1893년 3월 호리상회는 우경선의 명의로 인천－평양간 항로를 운영하다가 1897년 10월 그와 동업으로 廣通社를 설립하여 인천－원산간(군산·목포·부산 경유) 및 원산－경성간 항로를 경영하였고 1901년에는 경영난에 처한 광통사를 인수하였다. 이 회사는 1897년 8월에는 기선을 구입해 한성의 元敬常의 명의로 평양－군산간 항로(萬景臺·진남포·인천 경유)를 운항하였다.

호리상회는 1898년 이후에는 대외항로도 개설하여 1898년 10월 인천－블라디보스톡간 항로를 열고, 1899년 5월 이후에는 기선을 오사카까지 운항하였다. 날로 사세를 확장해 나간 호리상회는 1901년에는 모두 5척으로 서해안의 진남포－만경대에서 인천－군산－목포를 거쳐 부산을 지나 동해안의 원산·북관지방에 이르는 연안항운업에 종사하였고, 그 중 2척은 임시로 부산에서 시모노세키－나가사키 또는 오사카간을 항해하거나 블라디보스톡에도 이르렀다. 이 회사는 1902년 4월에는 鄭在洪의 裕盛泰社 명의로 부산－원산－북관간에 기선을 운항하고 이듬해 7월 그 기선으로 인천－의주간 항로(南浦·安州 경유)를 열었다. 이 가운데 인천－진남포－만경대간 항로는 1902년 5월 같은 노선을 개설한 대한협동회사와 운임경쟁에 들어가 큰 타격을 주었다.

호리상회가 개설한 항로는 일본정부의 보조없이 이루어진 자영항로였다. 따라서 항로나 운임의 결정에서 자유로왔다. 호리상회는 인천－군산간 항로를 독점하면서 화물운임을 당시 인천과 목포간 화물운임의 2배 정도를 받아 폭리를 취하였다. 또 조선인 명의로 운항하는 기선은 船籍이 조선에 있어 일본영사의 감독을 받지 않았으므로, 이 회사는 수준 미달의 선원을 고용하거나 정기 검사를 받지 않고 기관 수리도 등한하는 방식으로 비용을 절감해 상당한 이윤을 축적하였다.49)

49) 이상 호리상회의 활동에 대해서는 다음의 글이 참고된다.
安秉玲, 앞의 글, 130쪽.
羅愛子, 위의 책, 138~141·242쪽.

그러나 호리상회도 궁극적으로는 일본우선회사·오사카상선회사와 마찬가지로 국익의 신장을 우선하였다. 1899년 1월 호리상회는 두 회사와 함께 목포에서 시모노세키·코오베·오사카까지 수송하는 곡물에 대해 운임을 100석 당 60엔에서 52엔으로 낮춤으로써 대일 곡물수출을 촉진하였다.[50] 호리상회는 조선에 진출하여 "오로지 조선쌀의 수출"[51]을 도모한 셈이고, 1905년 이후 소유선박을 매도하여 해운업에서 손을 뗐다.

한편 1903년 러시아가 조선정부의 묵인 아래 용암포에서 기선을 운항하는 가운데 그 해 9월 요시카와 사타로(吉川佐太郎)가 진남포－용암포간의 항로를 개설하였다. 일본정부는 이 항로가 의주개방에 대비하여 중요하다고 인식하고 있었으므로, 기선운항을 위해 일반 해도에 해군의 비밀도 중에서 필요한 항로를 표시해 주는 편의를 제공하였다. 그리고 和歌浦丸으로는 용암포 상류의 압록강까지 항행할 수 없었으므로, 일본정부는 노무라 츠타요시(野村傳吉)가 임대하고 있던 정부기선 鐵道丸을 회수하여 요시카와에게 수선비를 부담시키는 대신 2년간 무료 대여하고 보조금도 지급하였다. 화가포환은 러일전쟁 때 징발되었다가 1904년 6월에 해제되어 진남포－용암포－안동현간에서 운항되었다.[52]

다. 강운업 침투

가) 한강 강운업

1883년 楊花津이 開市場이 된 후 청나라의 요구로 청 상선의 마포 정박을 허용하자 각국 범선은 관세를 내지 않기 위해 인천항을 거치지 않고 직접 마포에 잠입하는 경우가 많았다. 조선정부는 탈세를 방지하기 위하여 1889년 10월 마포에 査驗所를 설치하고 〈麻浦査驗章程〉을 실시하였다. 이 장정에 따라 외국형

---

50) 《通商彙纂》 124호, 〈木浦ニ於ケル汽船運賃ノ低減〉(1899년 1월 26일).

51) 朝鮮總督府 遞信局 編, 《朝鮮海事大要》(京城 : 朝鮮總督府, 1935), 13쪽.

52) 《駐韓日本公使館記錄》 19, 機密送 제49호, 〈吉川佐太郎仁川鴨綠江間航路開始ノ件〉(1903년 6월 30일), 192쪽 ; 〈官有汽船鐵道丸ニ關スル件〉(1904년 2월 1일), 472~477쪽 ; 〈吉川佐太郎이 申請한 鴨綠江航行件에 대한 通報〉(1904년 6월 22일), 527~528쪽 ; 往電 제113호, 〈汽船和歌浦丸韓人名義就航件〉(1903년 8월 22일), 21·17쪽.

범선은 인천에서 관세를 낸 후 麻浦海關分局에서 검사를 받으면 마포에서 화물을 부릴 수 있게 되어 인천과 마포간을 자유롭게 항행할 수 있게 되었다.

외국기선의 한강 항행은 원칙적으로 금지되었으나, 조선인의 명의를 빌리면 항행이 허용되었다. 1886년 조선인에 의해 시작된 한강에서의 기선항운업은 영세하여 1890년대에 들어와 중단되었고, 이 상태에서 1891년 미국인 타운센드(W. D. Townsend, 陀雲仙)에 의해 소기선 順明號(25톤)가 인천－마포간을 운항한 이래 청국·일본 등의 외국기선이 한강 강운업에 침투하였다. 1892년에는 인천－용산간에서 호리와 인천거류 동순태·怡生號 등 청국상인이 각각 龍山號와 漢陽號를 운항하였다. 1893년에 호리상회에서 慶運號를 추가로 투입하고 오기 야스타로(扇安太郎)가 慶利號를 운항하여 모두 5척의 기선이 치열하게 경쟁하면서 운임이 하락하였다. 이 중 한양호는 吃水가 너무 깊어 한강 운항에 부적합하고 소요비용이 너무 많이 들자 1894년초에 소유권이 이운사에 넘어갔다. 1894년 6월 순명호도 일본인에게 넘어가 한강에서의 기선항운업은 일본인이 거의 장악하였다.[53)]

1895년 8월 현재 인천과 용산간을 운항하던 일본기선은 모두 4척이었는데 대개 노후한 선박이거나 폐선을 수리한 것이었다. 또 1척 외에 3척은 모두 서양형 선박의 선장과 기관사는 면장을 갖춰야 한다는 일본의 선박관리 규정을 무시하고 선장과 기관사가 免狀없이 인천 일본영사관에서 일시적으로 발급한 鑑札만 가지고 항행하고 있었다. 그러나 결국 용산호가 1895년 8월 용산에서 인천으로 향해 가던 중 강화도 부근에서 삼각주에 걸려 침몰되는 사고가 발생하였다.[54)] 일본정부는 이 사건의 수습책으로서 〈인천－용산간 항행 소증기선 단속규칙〉을 제정하여 1896년 1월부터 실시하였다. 그러나 면장이 없는 선원이 부족한 현실을 감안하여 한강의 수로 상태에 따라 일본영사의 판단에 의해 면장을 갖춘 선원을 배에 태워야 한다는 것으로 규정하여

---

53) 羅愛子, 앞의 책, 131~133쪽.
《朝鮮國各港及其他ニ於テ本邦人船舶賣買雜件》 제1책(外務省記錄 3.6.3.34), 公 제97호(1894년 6월 29일).

54) 《朝鮮國仁川龍山間航行小蒸汽船取締規則設立一件》(外務省記錄 3.6.3.42) 公 제164호, 〈龍山號沈沒併ニ當港及龍山間航行ノ小蒸汽船取締方ノ件〉(1895년 8월 12일) 및 發 제46호(1895년 8월 22일).

무자격자에 의한 선박운항의 위험은 여전히 남아 있었다.[55]

1895년 인천거류 상인 아라키 스케타로(荒木助太郞)가 순명호 등 4척의 소기선으로 운송업을 시작한 이래 한강 강운업이 유망한 사업이라고 본 많은 일본인들이 기선과 범선으로 운송업에 뛰어들었다. 더욱이 1896년 1월 조선정부에서 외국기선의 용산과 인천간 운항을 승인하자 다음 〈표 2〉와 같이 일본기선의 출입이 증가하고, 일본범선 수도 폭증하였다. 그러나 기선에 의한 강운업은 1900년 7월 경인철도가 개통되면서 타격을 받아 아라키가 취급하는 소기선 1척이 격일로 정기 운항하고 예비기선 1척이 부정기적인 항행을 할 정도로 기선운항의 빈도수가 급격히 감소하였다.[56] 1904년 이후 경인간의 기선 왕래는 끊어지고 운임이 저렴한 봉선과 화선이 매일 수십 척씩 마포와 용산진을 오르내렸다.[57]

〈표 2〉 1895~1898년 龍山津에서 일본인이 취급한 선박의 출입현황

연도	기선				범선			
	出		入		出		入	
1895	157척	4,613톤	157척	4,613톤	193척	15,750톤	193척	15,750톤
1896	238척	4,788톤	238척	4,788톤	419척	42,900톤	421척	42,100톤
1897	243척	11,489톤	243척	11,489톤	미상		141척	46,690톤
1898	325척	톤수미상	325척	톤수미상	497척	톤수미상	497척	톤수미상

* 《通商彙纂》 52호, 號外 〈28年中京城商況年報〉(1896년 7월 6일) ; 111호, 부록 〈明治30年中京城商況年報〉(1898년 8월 8일) ; 161호, 〈京城31年中貿易年報〉(1899년 12월 28일).

나) 대동강 강운업

일본해운업은 대동강 강운업에도 침투하였다. 호리상회는 1893년 3월부터 조선인 명의로 불개항장인 진남포와 평양간에서 기선을 운항하였고, 진남포(1897)와 평양(1899)이 개방되자 1900년 7월 大同江號를 새로 건조하여 취항

55) 《朝鮮國仁川龍山間航行小蒸汽船取締規則設立一件》 公 제219호(1895년 11월 20일) 및 別紙 達 제33호, 〈仁川龍山間航行蒸汽船取締規則〉(1895년 12월 28일).

56) 羅愛子, 앞의 책, 142~145쪽.

57) 《韓國內地調査一件－土木事業及道路調査書》 제2권(外務省記錄 1.7.10.9-1, 1904년 9월~1906년), 184쪽.

시켰다. 1903년 5월에는 진남포거류 노무라 츠다요시(野村傳吉)가 정부기선 鐵道丸을 임대하여 진남포와 평양간을 운항하였고, 그 해 10월 오사카상선회사도 소기선 南浦丸으로 대동강 강운업에 뛰어들었다.[58)]

그런데 조선정부는 평양이 개시장이지 개항장이 아니라는 이유로 해관을 설치하지 않고 외국선박의 항행을 거절하였으므로, 1904년에 이르기까지 일본선박은 조선인 임대선박의 명의로만 항행할 수 있었다.[59)]

다) 금강 강운업

1900년말 당시 1년 동안 금강을 오르내리는 선박은 약 15,000척(1회에 1척으로 산정)이나 되었는데, 봉선과 서양형 범선 등 대소의 각종 선박이 항상 폭주하여 유통권이 수십 리까지 뻗쳐 있었다. 일본선박은 금강 강운업에도 침투하여 1900년 8월 인천의 키무라(木村)某라는 일본인 운송업자가 군산과 강경간에 조선인 명의로 소증기선 江景丸을 운항하였다. 이 배는 曳船 黃山丸과 연계되어 24~25톤의 화물을 실을 수 있었고 주로 군산의 조선상인이 이용하였다. 인천과 강경간을 다니는 일본범선도 7~8척이나 되었다.[60)]

라) 낙동강 강운업

낙동강 연안은 선박의 왕래가 빈번하여 1900년경 낙동강을 오르내리던 배가 400척이 넘었다. 부산에 집산되는 화물의 40~50%가 낙동강을 통한 것이라고 할 정도로 낙동강 선운은 중요하였다.[61)] 일본해운업은 일찍이 낙동강 강운업에 침투하였다. 1889년 부산에 설립된 汽船會社(전신은 1887년 설립된 電察會社)는 1890년에 부산감리서의 관할을 받게 되었는데, 실질적인 경영을 담

58) 《駐韓日本公使館記錄》 20, 機密 제97호, 〈鎭南浦·平壤間航行汽船鐵道丸ニ關スル件〉(1903년 6월 9일), 272~273쪽.
羅愛子, 앞의 책, 145~146쪽.

59) 《韓國西海岸ニ於ケル新航路開始關係雜件》(外務省記錄 3.6.4.15), 機密 제37호, 〈日本國旗揭揚船舶平壤迄航行ノ件〉(1904년 7월 12일) 및 附屬書 機密 제31호, 〈當港平壤間航行ノ日本船舶ノ義ニ付上申〉(1904년 5월 20일).

60) 《通商彙纂》 188호, 〈韓國忠淸道錦江兩岸情況〉(900년 11월 21일) ; 175호, 〈群山新航路開始〉(1900년 8월 18일) ; 196호, 〈群山33年貿易年報〉(1901년 7월 9일).

61) 新納豊, 〈鐵道開通前後의 洛東江船運〉(《秋堰權丙卓博士華甲紀念論叢 2·韓國近代 經濟史硏究의 成果》, 螢雪出版社, 1989), 182쪽.

당한 경찰관 朴琪淙이 일본 아사히(朝日)組의 理事 마츠오 겐노스케(松尾元之助)에게 기선의 운영을 맡기면서 회사의 경영에 일본인이 깊숙히 관여하게 되었다. 더욱이 기선이 풍랑을 만나 침몰한 뒤 1892년 2월 기선회사가 아사히조와 계약을 체결하여 기선운항권을 주고 회사는 운임수입의 1할을 취득하는 것으로 경영방식을 전환하면서 항해권의 침탈이 심화되었다. 아사히조가 획득한 조선연안 항해권은 일본정부의 개입에 의해 1893년 6월 오사카상선회사에 넘어갔다. 기선회사는 1894년 경영악화로 휴업에 들어간 뒤 영업을 재개하지 못하였으므로, 오사카상선회사의 연안항로 운영도 중단되었다.[62]

이밖에 낙동강에 침투한 일본선박의 실태에 대해서 구체적으로 알 수 없지만, 1894년 이전에 이미 "근래 일본 曳船이 沿浦에 두루 다니며 內地의 곡물을 모조리 수송하여 항구로 가니…우리 선박이 실업하여 資生할 수가 없습니다"[63]라고 할 정도로 횡행하였다. 1899년 5월에는 부산거류 일본 貿易商組合이 소기선을 임대하여 마산—부산간 항로를 열어 낙동강 연안으로부터 부산으로 쌀을 수송하였다. 이 조합은 일본 부산상업회의소로부터 매달 100원의 보조를 받으면서 운항횟수를 월 6회에서 10~13회로 늘려 일본상인의 미곡수출을 촉진하였다.[64]

1905년 1월과 11월 경부선과 마산선이 각각 개통되면서 낙동강 선운은 상당량의 화물을 철도에 빼앗겼으나, 기선과 화선에 의해 三浪津과 부산간에 항로를 개설되었다. 대표적인 기선회사는 부산의 사와야마(澤山)兄弟商會回漕部로, 이 회사는 下端과 부산간에 소형 증기예선 1척을 하루 1회씩 정기 운항하였다.[65]

이와 같이 일본해운업이 연안항로와 한강·대동강·금강·낙동강 등 강운업에 침투하여 화물의 대량수송을 주도해 나갔고, 이에 따라 재래선박에 의한 조선선인의 선운활동은 위축되었다.

---

62) 藤永壯, 앞의 글, 65~75쪽.
羅愛子, 앞의 책, 229~235쪽.
63) 《釜山港關草》 1(奎 18077), 癸巳 3월 13일, 關釜監.
64) 羅愛子, 앞의 책, 141~142쪽.
65) 新納豊, 앞의 글, 189~203쪽.

〈그림 1〉　　　　　1876~1904년 조선의 대외항로

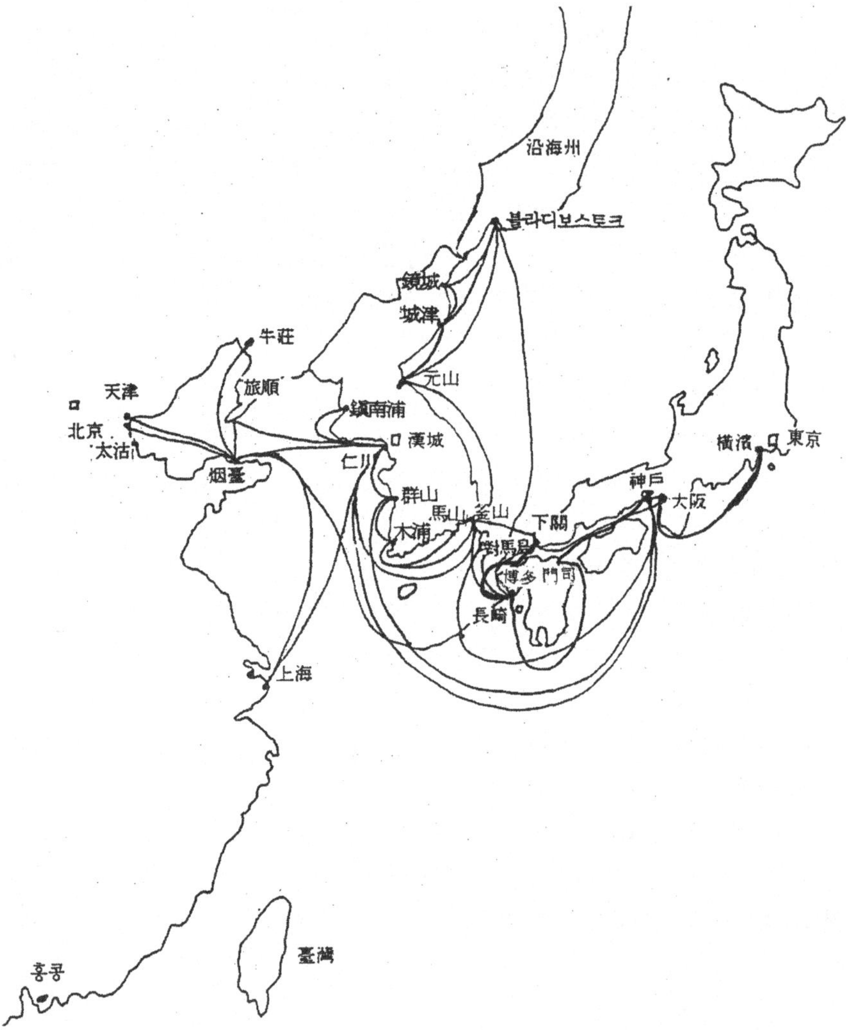

〈그림 2〉 1876~1904년 조선의 연안항로

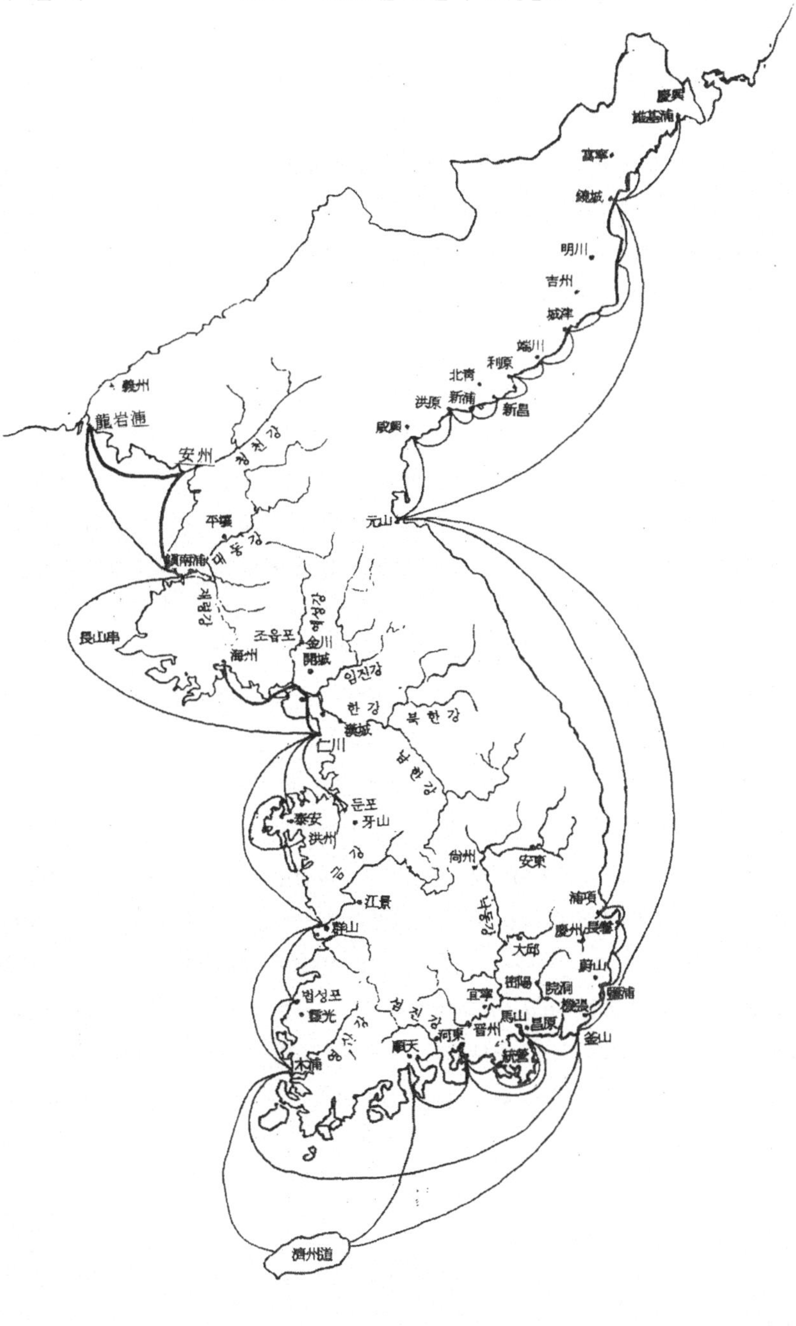

(6) 일본의 해운업 독점(1905~1910)

가. 대외항로 독점

러일전쟁 동안 일본과 러시아의 민영기선은 대부분 징발되어 민간항로가 중단되었다가 전후에 재개되었다. 러시아는 패전으로 동청철도회사 기선회사의 권리를 일본에게 탈취당한 후 의용함대(1878년 설립)에 일반 상선회사와 극동의 모든 기선회사를 흡수 통합시켰다. 의용함대는 블라디보스톡－상해선을 인수하여 1907년부터 시베리아철도와 연결시키고 'Express'라 불렀는데, 소속 기선이 부산에 기항하다가 중단하였다.[66]

반면 전쟁에서 승리한 일본은 호황을 맞이하면서 조일무역이 더욱 발전하자 대조선항로를 확충하였다. 우선 일본우선회사의 나가사키－부산선과 코오베－北淸線 등 전전의 명령항로는 1905년 9월 정부의 보조금 지급이 연장되면서 계속 운영되었다. 또 일본우선회사는 1906년 5월 오사카－진남포선(1907년 11월 폐지)을, 1906년 7월에는 오사카－원산선(1906년 9월 폐지)을, 그 해 10월에는 자유항로로서 요코하마－우장선을 신설하였다.[67] 코오베와 한국－북청을 연결하는 항로는 1912년 3월 명령만기와 함께 모두 폐지되었다.[68]

오사카상선회사는 보다 적극적으로 항로를 정비·확장하였다. 우선 기존 항로의 정비 실태를 살펴보면 다음과 같다. 이 회사는 1904년 9월 오사카－인천선을 오사카－군산선에 합병시켜 폐항하고, 1906년 6월 오사카－군산선을 다시 인천까지 연장하여 오사카－인천선이라고 개칭하였다. 코오베－오사카선은 1906년에 정부보조금이 폐지되면서 1907년에 폐항하였다. 오사카－진남포선은 오사카－인천선이 폐지된 이후 기선수와 운항횟수가 늘어났다가 1906년 4월 이후 감소된 뒤 1907년 상반기에 폐항하였다. 오사카－부산선은 1905년 3월부터 나가사키에도 기항하였고, 1906년 9월 폐지되었다. 오사카－원산선은 1906년 4월 이후 블라디보스톡까지 연장하면서 오사카－블라디보스톡선으로 개칭되었다가 종착항의 변동에 따라 오사카－성진선에서 다시 오사카－원산선으로 개칭되었다가 1910년 4월 청진을 종점으로 하면서 오사

66) 孫兌鉉, 앞의 책, 473·494쪽.
67) 安秉珆, 앞의 글, 128쪽.
68) 日本郵船株式會社 編, 앞의 책, 176·231쪽.

카－북한선으로 개칭되었다. 인천－진남포선은 1906년 상반기에, 인천－군산선은 1907년 4월에 폐지되었다.

다음으로 새로 개설된 항로를 살펴보면 다음과 같다. 1905년 4월에 진남포－안동현선(1906년 상반기 폐항)이, 그 해 5월에는 나가사키－진남포선(8월에 나가사키－한국선으로 개칭되었다가 1907년 4월 안동현까지 연장하여 나가사키－안동현선으로 개칭)이 개설되었다. 나가사키－진남포선은 1910년 6월 나가사키－大連線과 합병하여 '조선 경유 나가사키－대련선'이 되었다. 1905년 8월에는 오사카－안동현선이, 1906년 12월에는 오사카－마산선(1907년 6월 폐항)이 개설되었다. 또 1907년 1월 오사카상선회사는 육군운수부와 船腹의 1/3을 임대하는 계약을 체결하면서 '우지나(宇品) 경유 오사카－안동현선'(1908년 7월 폐항)을 개설하였다. 이들 항로는 모두 일본정부의 보조를 받는 명령항로였다.[69]

이밖에 일본정부는 大家商船合資會社를 보조하여 모지(門司) 등 일본지역과 블라디보스톡－원산－부산을 연결하는 2개의 노선을 개설토록 하였다. 이 항로는 1907년 오사카상선회사에 인계되면서 조선 기항이 폐지되었다.[70]

나. 일본선박의 무제한 항행권 획득

일본은 조선의 식민지화를 앞당기기 위해 경부선·경의선과 같은 종관철도를 부설하여 육로를 통한 침략을 강화하는 한편으로 조선정부에 강요해 연안과 하천을 전면 개방케 하였다. 일본은 1905년 8월에 체결한 〈한국연해 및 內河의 航行에 관한 約定書〉(1905년 8월 13일 조인)에서 "한국의 산업발달과 무역증진을 위해" 한국의 연해 및 내하에 일본선박을 항행시킬 필요가 있다는 명분을 내세워 일본선박이 아무런 제한을 받지 않고 자유롭게 항행할 수 있는 권리를 획득하였다. 일본선박의 소유주는 조선인의 명의를 빌릴 필요없이 개항장 밖으로 직접 선박을 운항할 수 있을 뿐 아니라 선착장에서 창고부지를 차용할 수 있고 연안에서 부두도 축조할 수 있었다.[71]

그런데 이 약정서는 일본측에서 1904년 7월 〈한국연안무역에 관한 약정안〉을

---

69) 이상 오사카상선회사의 항로개설에 대해서는 大阪商船株式會社 編, 앞의 책, 189~191·198~203쪽 참조.
70) 朝鮮郵船株式會社 編, 앞의 책, 5쪽.
71) 國會圖書館立法調査局 編, 《舊韓末條約彙纂》 上(國會圖書館, 1964), 192~195쪽.

수립한 후 그 해 12월에 한국정부에 제출하였으나, 한국정부의 저항으로 수정을 거쳐 이듬해 8월에야 조인된 것이었다. 일본정부는 그 약정안에서 외국선박에 대해 연안무역을 불허하는 자국의 방침에 의거하여 일본선박의 조선연해 항해권만을 규정하였다. 이에 대해 한국정부는 상호주의의 원칙에 입각해 한국선박도 일본 내에서 똑같은 특권을 누려야 한다는 수정안을 내놓았다. 이 수정안은 李容翊 등 고종황제의 측근세력을 중심으로 강력히 제기되었다. 그러나 외부대신 李夏榮과 내부대신 李址鎔, 학부대신 閔泳喆, 법부대신 李根澤 등은 일본세력을 이용하여 이용익을 배척하려는 정치적 입장에 서있었기 때문에 일본측의 원안에 동조하였다. 이미 한일관계의 주도권을 쥐고 있던 일본정부는 이들 친일세력의 협조로 원래의 의도를 관철하여 일본해운업의 일방적인 침투를 보장하는 내용의 약정서를 체결시킬 수 있었다.[72)]

다. 연안항로 독점[73)]

일본선박의 무제한 항행권을 획득한 일본은 統監府를 통해 개항장간 정기항로를 보완할 수 있는 연안항로의 조사·개발에 착수하였다. 1906년 6월 財政顧問付 와타나베 기이치(渡邊歸一)는 재정조사를 위해 삼남지방의 여러 섬과 바다를 시찰한 후 〈島嶼·연안·항로개통에 대한 의견〉을 재정고문 메가타 타네타로(目賀田種太郎)에게 제출하였다. 그는 의견서에서 경인선·경부선·경의선 등의 철도개통, 대외항로의 제압·독점에 비하여 支線이라고 할 수 있는 연안항로 개발이 뒤떨어져 한국침략에 장애가 되고 있다고 지적하고 구체적인 방책을 내놓았다.

이 의견서를 토대로 부산 理事廳은 민간유력자를 설득·알선하여 기선회사 설립계획을 수립토록 하였다. 그리하여 1907년 7월 부산거류민 오이케 타다스케(大池忠助) 등 18명(조선인 5명 포함)은 〈韓國沿岸郵船會社 설립에 관한 보조금 하부의 청원서〉를 탁지부대신에게 제출하였다. 그 후 여러 과정을

72) 《日本外交文書》 권38, 〈沿海及內河航行約定議決ノ件〉; 〈沿海及內河航行約定議決案ニ對スル修正ノ件〉(1905년 5월 16일); 〈沿海及內河航行約定案討議狀況報告ノ件〉(1905년 7월 31일), 471~481쪽.

73) 安秉玲, 앞의 글, 136~138쪽.
孫兌鉉, 앞의 책, 183~184쪽 참조.

거쳐 1908년 12월 조선정부에서 3년간 총 9만 원의 보조금을 대여하는 조건으로 부산기선회사가 설립되었다. 이 회사에 의해 개통된 항로는 부산-목포선(마산・統營・三千浦・左水營・羅老島・莞島・所安島・碧波津 기항, 월 3회 이상 운항)과 부산-제주도선(長承浦・欲知島・安島・巨文島・牛島 기항, 월 1회 이상 운항), 부산-迎日灣선(蔚山 기항, 월 2회 이상 운항) 등 3노선이었다. 부산기선회사는 그 후 마츠에(松江)共同汽船會社와 오사카상선회사가 같은 방면에 자영항로를 개설하여 상호 경쟁이 치열해지면서 경영이 어려워지기도 하였다.[74]

한편 부산기선회사가 설립될 것이라는 사실이 알려지자 원산의 일본인상업회의소는 1908년 3월 북관지방의 항로를 개설하기 위해 정부보조를 신청하였다. 그러나 보조금만으로는 적자경영이 예상되었으므로, 1905년부터 호리상회의 선박을 매수하여 원산을 기점으로 북관지방 연안의 자영항로를 운영하던 요시다 슈타로(吉田秀太郎)의 합자회사가 그 경험을 인정받아 항로경영을 맡았다. 1908년 8월 정부는 3년간 총 51,057원의 보조금을 대여하고 정부소유선 隆熙號(691톤)도 빌려주기로 하면서 부산-雄基간에 명령항로 4노선을 개설토록 하였다. 그 해 10월에 개시된 항로는 부산-원산선(울산 영일만・竹邊灣・江陵・襄陽・高城・長箭洞 기항, 월 1회 운항), 부산-웅기만선(울산 영일만・죽변만・강릉・양양・杆城・장전동・원산・西湖・新浦・新昌・성진・明川・漁大津・獨津・淸津・梨津 기항, 월 1회 운항), 원산-웅기만선(부산-웅기만선과 기항지 동일, 월 3회 운항), 서호-강릉선(양양・간성・水原端・장전동・원산 기항, 월 1회 운항) 등이었다.

목포에서는 다케우치 츠르타로(武內鶴太郎)가 호리상회로부터 목포방면의 경영권을 넘겨받아 일본상업회의소의 지원을 받으며 수 척의 기선으로 영산강・제주도・楸子島・智島・法聖浦・茁浦 등 여러 방면으로 정기항로를 개설하고 있었다.[75] 그는 부산과 원산방면의 항로에 대한 정부 보조금 소식을 접하자 1908년 9월 목포상업회의소의 후원 아래 항해 보조를 신청하였다. 정부는 1909년 3월 3년간 총 44,400원을 보조하기로 하고 다도해-목포-군산간에 명령항로를 개설토록 하였다. 그 후 사정에 의해 다케우치가 물러나고 1909년

74) 朝鮮總督府 遞信局 編, 앞의 책, 14쪽.
75) 木浦誌編纂會,《木浦誌》(東京 : 木浦誌編纂會, 1914), 312쪽.

6월 木浦航運合名會社의 후쿠다 유조(福田有造)가 경영을 맡았다. 이 회사가 운영한 항로는 목포－군산선(지도・법성포・줄포 기항, 월 3회 운항), 목포－줄포선(지도・법성포 기항, 월 3회 운항), 목포－제주도선(추자도・朝天浦 경유, 월 6회 운항), 목포－장흥선(碧波津・완도 기항, 월 4회 운항), 목포－법성포선(지도 기항, 월 2회 운항) 등 5노선이었다.

이와 같이 부산・원산・목포에서 일본인 운송업자가 통감부권력을 배경으로 한국정부의 재정지원을 받아 서북부 연안을 제외한 전지역의 연안항로를 열어 독점적으로 기선을 운항하였다. 그런데 이 이면에는 대한협동우선회사 등 한국의 해운업자들의 희생이 있었다. 일부 매판적 조선인들은 부산기선회사의 경우처럼 일본인과 손을 잡았지만, 상당수는 국권 상실의 위기에서 통감부권력의 후원으로 경영의 안정을 보장받은 일본인 운송업자들에게 밀려 몰락해 나갔다. 한국해운업의 몰락상은 다음 〈표 3〉과 같이 각 개항장을 출입하는 조선기선의 수가 1906년 이후 급격히 줄어들고 톤수에서도 전체의 4% 미만으로 떨어져 더욱 영세해지고 있는 데서 그 심각성을 짐작할 수 있다.

〈표 3〉 조선기선과 일본기선의 입항수 비율

연도	조선				일본	
	隻數	톤수	척수(%)	톤수(%)	척수(%)	톤수(%)
1886	7	1,324	4	0.8	86.9	89.1
1887	19	4,156	10.5	2.6	94	95
1888	24	4,558	10.8	2.6	70.1	89.1
1889	10	2,159	4	1	81.1	89.2
1890	23	5,428	6	1.9	79.1	89.7
1891	23	5,217	4.8	1.6	80.7	86.4
1892	23	4,374	4.2	1.2	76.7	83.3
1893	141	34,662	24.1	9.7	65.9	78.7
1894	143	29,103	24.40	8.6	54.9	66.3
1885	144	38,403	23.7	10.3	45.1	36.7
1896	95	21,115	14.6	4.6	77.6	85.1

1897	214	52,609	26.3	9.6	63.9	76.1
1898	344	81,059	29.6	13.8	65.1	76.4
1899	421	86,648	25.9	11.6	70.7	80.9
1900	531	91,663	25.3	11.9	59.9	82.9
1901	529	107,733	21.7	11.9	73.6	82.6
1902	845	165,782	29.1	14.3	65.6	75.5
1903	842	142,726	23.7	8.7	70.4	78.6
1904	848	182,273	22.3	14.1	65.4	54.7
1905	964	191,569	18.4	10.2	71.0	67.6
1906	520	95,943	9.4	3.6	82.8	82.2
1907	468	63,735	8.3	2.1	84.6	86.7
1908	117	109,377	3.1	3.8	93.6	90.2
1909	511	118,001	4.0	4.0	94.7	92.9

* 1. %는 전체에서 차지하는 비율임.
  2. 1886년과 1888~1892년은 Britsh Diplomatic and Consular Reports on Trade and Finance, Corea, 1887~1893.
  3. 1887년은 《朝鮮通商三關貿易冊》(奎 20204~20207) 1888.
  4. 1893~1909년은 安秉珆, 〈李朝時代の海運業〉(《朝鮮社會の構造と日本帝國主義》, 東京 : 龍溪書舍, 1977), 143쪽.

한편 일본은 일본선박의 안전한 항해를 위해 통감부로 하여금 1906년부터 5년간 공사비 126만 원을 들여 조선의 전 연안에 항해표식 180여 개를 축조케 하였다. 통감부는 같은 기간에 부산·인천·목포·성진·웅기 등 11개 항구에 공사비 364만 4,500여 원으로 항만공사도 실시하였다. 항만확장을 위해 광대한 토지가 무상으로 수용되었으며, 공사비용은 모두 한국인이 낸 세금으로 충당되었을 뿐 아니라 공사를 위해 많은 한국인이 강제 동원되어 가혹한 노동으로 고생하였다.[76]

1910년 조선을 식민지화한 일제는 명령항로가 모두 회사와 개인에 의해 경영되어 교통운수의 발달에 한계가 있다는 명분 아래, 명령기간이 만료되자마자 1912년 1월 조선총독부를 통해 여러 항운업자를 집결시켜 朝鮮郵船株式會

76) 高秉雲, 〈海運·遞信の近代化と日本帝國主義〉(《近代經濟史の硏究》, 東京 : 雄山閣, 1978), 128~129쪽.

社를 설립케 하였다. 총독부는 이 회사에 상당한 항해보조금을 지급하고 그 감독 아래 절제된 항해를 수행시켜 해상운수 부문에서 식민지화를 완성하고, 유사시 선박을 징발·매수해 군대와 병기의 수송을 도모하고자 하였다.[77] 1880년대 중반부터 상업자본과 관료자본이 투입되어 자본주의적 경영이 발전하기 시작한 조선의 해운업은 일제의 침략에 의해 압살되었던 것이다.

〈羅愛子〉

5) 이권 탈취

청일전쟁 전후 조선을 둘러싼 국제관계는 중층구조를 이루고 있었다. 즉 영러대결이 거시구도로 작용하는 가운데 청일전쟁까지는 청일 양국의 대립이, 그 직후로는 프랑스·독일·영국·미국 등의 이해가 작용하는 가운데 러일의 대립이 주축을 이루고 있었다. 그러나 대체로 일본의 대한정책이 공세적이었다면, 청국·러시아의 그것은 방어적 혹은 소극적 입장에서 추진되었다. 일본으로서는 1890년 전후로 이미 자국의 이익선 확보, 즉 조선의 지배에 방해가 되는 목전의 상대는 청국으로, 장래의 적은 러시아로 설정되어 있었다. 이에 일본은 조선에서 입지를 강화하고 있는 청국을 제압하고, 시베리아횡단철도가 완공되기 전에 러시아와 일전을 치러야 한다는 방침하에 군비증강에 주력하였다.[1]

이러한 상황에서 1894년 동학농민전쟁이 일어나자 농민군의 의지와는 달리 청일 양국은 다 같이 자국세력 확장의 계기로 이용하고자 했다. 특히 일본은 군함 7척과 육군 7천 명이라는 많은 병력을 파견하여 인천에 상륙시켜 임오군란 이후로 후퇴한 정치적 입장을 만회하고, 점차 청에 침식당하고 있는 상품 시장을 확보할 생각이었다. 따라서 일본은 동학군이 이미 해산하여 군대 주둔의 구실이 없어졌는데도 불구하고 청일 양군의 공동철병을 거부하

---

77) 朝鮮總督府 遞信局 編, 앞의 책, 14~15쪽.

1) 이민원, 〈대한제국의 성립과 정부의 정책〉(한국근현대사연구회 편, 《한국근대사강의》, 한울, 1997), 179~180쪽.

고 조선의 내정개혁을 내세워 계속 주둔하면서 청과 개전할 구실을 찾았다. 이 기회에 조선에서의 그들의 입지를 확보하고 이권을 독점할 계획을 꾸미고 있었던 것이다.2)

일본은 이미 노인정회담 전후부터 조선의 철도·전선·광산 등의 이권을 확보하고자 한국정부에 압력을 가하며 내정개혁을 요구하여 왔다. 그들은 청일 개전과 함께 군국기무처를 설치케 하고 외무독판 조병준을 거세시킨 후 친일파 김가진을 외무독판 서리에 임명케 하면서 이러한 이권의 확보를 위해 가계약이라도 맺어 두려고 서둘렀다. 그 결과 1894년 7월 10일에는 일본공사 오도리 가이스케(大鳥圭介)가 허수아비나 다름없는 조선의 외무당국을 회유하고 조종하여 〈暫定合同條款〉을 체결하기에 이르렀다. 暫定이라는 전제가 붙어 있기는 하지만, 일본이 그 동안 계획하여 온 중요한 이권의 수탈을 명문화한 것이다. 이 가운데서 이권의 침해에 관계되는 조목은 다음과 같다.

> ① 내정개혁의 절목 중 경부 및 경인간의 철도 修築의 일은 한국정부의 재정이 아직 불충분함을 생각하여 일본정부 혹은 일본의 한 회사와 정약한 다음 시기를 보아 起工되기를 원하는 바이지만, 目下 委曲情節이 있어 조판하기는 곤란하다. 단 良法을 案出하여 訂約起工할 수 있기를 요망한다.
> ② 경부양지 및 경인양지간에서 일본정부가 이미 가설한 군대의 전신은 時宜를 酌量하여 條款을 정립함으로써 그 存留를 도모할 것이다(《高宗實錄》, 고종 31년 7월 20일 ; 《駐韓日本公使館記錄(번역본)》 5, 국사편찬위원회, 1990; 諸方機密公信往 3, 機密 173호, 本 97, 朝鮮政府와의 假條約締結 件).

그 동안 일본의 강압에 못 이겨 여러 가지 이권을 그들에게 허용한 바 있었지만 한국정부에서도 그것을 막기 위한 다방면의 노력을 경주하였다. 그로 인해 이상의 철도·전선·광산 등의 이권을 둘러싼 조·일 양국의 교섭은 난항을 거듭했으며 시일을 끌었다. 그러던 중 청일전쟁 후 맺어진 시모노세키(下關)조약에 대한 러시아·프랑스·독일 세 나라의 이른바 삼국간섭이 있어 일본의 이권독점에 제동을 걸게 되었다. 그 결과 1895년 5월 10일 일본은 요동반도를 청국에 반환하기로 결정하여 국제적 위신이 추락되었다.

---

2) 윤병석, 〈열강의 이권침탈〉(《한국사》 18, 국사편찬위원회, 1984), 96~99쪽.

일본이 요동반도를 반환하기로 결정한 바로 그날 서울에서는 영·미·러·독의 4개국 공사가 외무대신 김윤식을 방문하고 한국의 중요한 이권을 어느 한 나라에 독점시켜서는 안 된다는 내용의 聯名照會文을 전달하였다.[3] 뒤이어 프랑스 대표도 같은 내용의 서면을 전달함으로써 구미열강 5개국의 간섭으로 일본의 이권독점 기도를 좌절시켰다. 구미열강의 이 같은 주장은 일본의 이권독점을 반대함과 아울러 자기들에게도 기회균등 원칙에 입각하여 이권을 공동 분배하라는 것이었다.

아관파천 이후 러시아 세력이 커짐에 따라 그 밖의 구미열강도 기회균등을 주장하고 이권을 각기 분할 점거해 왔다. 이에 비하여 일본은 개항 이후 청일전쟁에 이르기까지 꾸준히 키워놓은 한국에 대한 여러 가지 기득권까지 위협당하게 되었다. 그렇다고 당장 러시아와 전쟁을 벌일 수도 없었던 일본은 몹시 초조한 가운데 열강의 태도를 타진하면서 러시아와 직접 협상을 벌이게 되었다. 그들의 의도는 정치적 퇴보는 어찌할 수 없다 하더라도 경제적 이권만은 러시아와 공동으로 분배하자는 것이었다. 이러한 일본의 절충은 어느 정도 성과를 거두었다. 그리하여 일본은 재진출의 기회를 노리면서 구미열강의 상호경쟁에서 오는 정국의 변동을 이용하고 한편으로는 미국·영국 같은 제삼국의 이해와 지지를 얻기에 총력을 기울였다.

영국을 비롯한 열강은 이 무렵 지나친 러시아의 탐욕과 간섭에 항의를 하게 되었고, 한국정부도 그러한 러시아의 태도에 반기를 들고 적극적으로 불평을 터뜨리게 된 것이다. 일본은 이런 기회를 놓치지 않았다. 구미열강이 차지해 놓고 미처 손을 대지 못하고 있는 각종 이권을 사들이거나 이양받으면서 착실히 한국정부를 다시 조종하기 시작하였고, 한편 이를 기회로 각종 새로운 이권을 강점하기 시작하였다. 이 같은 일본의 행동을 후원한 것은 일본과 동맹을 맺고 있던 영국이었고, 또 일본이 유리하도록 알선한 것은 미국과 프랑스였다. 이같이 일본이 한국에 진출하게 됨에 따라 이왕에 열강들이 차지했던 이권은 차차 소멸되어 갔다. 이시기 한국에서 가장 많은 이권을

3) 〈英·美·俄·德公使聯合照會寫本〉(伊藤博文 編,《朝鮮交涉資料》, 秘書類纂刊行會, 1936).
震檀學會,《韓國史》현대편, 503~504쪽.

장악했던 러시아는 삼림채벌권만을 남긴 채 그 밖의 모든 이권을 거의 포기하였다.[4)]

(1) 광산이권과 광업법

1895년 이후부터 한국정부는 속수무책으로 열강들에게 광업이권을 차례로 빼앗기게 되었다. 열강들은 대체로 광지를 정하지 않은 채 우선 특허권을 얻어낸 다음 2년내에 광지를 선정하는 방식을 취하였다. 이에 대해 한국정부는 단지 궁내부소속 광산 몇 개소만을 지정하여 보호하였을 뿐 한국전역에 산재한 광산에 대해서는 무방비 상태였다.[5)] 심지어 열강들은 이러한 한국정부의 허점을 이용하여 광처를 선정하기 위해 시굴한다는 명목으로 아무 곳이나 파헤쳐 보고, 만일 그곳에서 금이 나오는 경우 세금을 납부하지 않음은 물론 정식허가도 받지 않은 상태에서 불법채굴을 감행하여 수익을 얻기도 하였다.

광산이권은 조선과 조약을 맺은 모든 열강과 관련되어 있어 이권침탈의 특성을 가장 포괄적으로 밝혀낼 수 있는 부분이다. 특히 열강의 주된 관심의 대상은 금광이권에 집중되어 있었다. 왜냐하면 첫째로 조선에 금이 많이 매장되어 있다는 소문이 오래 전부터 널리 퍼져 있었고, 둘째로 금은 자본주의 경제체제에서 무역의 결제수단과 화폐발행의 준비수단으로서 중요한 역할을 담당하기 때문이다. 따라서 각 열강은 다른 이권보다도 금광이권 문제를 둘러싸고 오랜 시일에 걸쳐 끈질기게 한국정부에 교섭을 전개하였다. 그 결과 1880년대 조선과 수호통상조약을 체결한 국가는 최혜국조관을 내세우며 대부분 일정지역의 금광채굴권을 획득하였다. 그들은 우선 광산채굴권을 요구하여 광업 전반에 걸쳐 특허권을 확보한 다음, 정작 채광에 임할 때에는 주로 금광개발에 주력하였다.

조선은 1895년 미국에 평안북도 雲山金鑛 채굴권을 양여한 것을 시작으로 해서 1896년에는 러시아에 慶源·鏡城鑛山 채굴권을, 1897년에는 독일에 광산채굴권을(鑛地는 1898년 강원도 堂峴金鑛으로 확정), 1898년에는 영국에 광산채

4) 윤병석, 앞의 글, 125쪽.
5) 宋炳基 外, 《韓末近代法令資料集》II(국회도서관, 1971), 광무 2년 6월 28일.

굴권을(광지는 1900년 평안남도 殷山金鑛으로 확정), 1900년에는 일본에 稷山金鑛 채굴권을, 1901년에는 프랑스에 광산채굴권을(광지는 1907년 평안북도 昌城金鑛으로 확정), 1905년에는 이탈리아에 광산채굴권을(광지는 1907년 평안북도 厚昌金鑛으로 확정) 넘겨주게 되었다. 열강은 조선과 광산특허 계약을 체결하는 과정에서 미국과 일본의 경우만 광지를 선정하고 계약문을 작성하였으며 다른 열강의 경우는 모두 우선 광산채굴 특허권만 확보하는 계약을 체결하고 뒤에 광지를 선정하는 방식을 취하고 있었다.6)

열강이 1895년 이후 조선의 광산이권을 침탈할 수 있었던 것은 개항 이후로 외교관은 말할 것도 없고 심지어 광산 기술자까지 조선에 파견하여 광산의 실태를 탐지한 결과였다. 열강은 이들의 조사 결과를 토대로 매장량이 풍부한 광산을 선정할 수 있었다. 특히 미국과 일본은 다른 열강들보다도 조선 광산에 대한 더욱 치밀하고 계획적인 조사를 하였을 뿐 아니라 광산기술자까지 파견하여 광산에 대한 정확한 정보를 가지고 있었기 때문에 계약서를 작성할 때 동시에 광지 선정도 가능하였던 것이다.

열강이 침탈한 광산 중에서 실질적으로 가장 큰 수익을 거둔 것은 미국인이 채굴한 운산금광이었다. 미국은 다른 열강보다 한국정부로부터 신임을 얻어 수월하게 이권교섭을 전개할 수 있었다. 우선 1880년대 후반기에 이권을 획득할 수 있는 기반을 구축하고, 1895년에는 정식으로 한국정부와 운산금광 채굴계약을 체결하는 데 성공하였다. 특히 〈雲山鑛約〉 내용이 본보기가 되어 다른 열강도 그것을 토대로 채굴계약을 맺었다.

처음에 운산금광은 미국인 모오스(J. R. Morse)가 朝鮮開鑛會社를 설립하여 채굴시도를 하였지만, 자금 사정이 여의치 않아 미국의 대자본가인 헌트(Leigh S. J. Hunt)와 파세트(J. Sloat Fasset)에게 1897년 3만 불에 양도하였다. 그들은 東洋鑛業開發株式會社(Oriental Consolidated Mining Company)를 조직하여 대대적으로 운산금광 개발에 착수하였다. 그들은 광산이 호황을 이루자 왕실 소유주를 모두 일시불에 사들이고 채굴 기한도 15년을 더 연장하였다.7)

운산금광에서 약 40년간 채굴을 담당하였던 동양광업개발주식회사의 경영

---

6) 李培鎔, 《韓國近代鑛業侵奪史硏究》(一潮閣, 1989).

7) Oriental Consolidated Mining Co. Certificate, May 13, 1898.

진에는 한 사람의 조선인도 참여시킴이 없이 미국인만으로 구성되어 있었다. 그리고 그 금광에서 총 900만 톤의 금광석을 생산하여 총 5,600만 불의 산출고를 올렸다. 또한 1909년 운산 및 그 부근의 삼림채벌권까지 획득하여 더욱 더 수익을 증가시킬 수 있었다. 그리하여 총 경비를 제외한 순이익이 1,500만 불이었으니 쉽게 생각해서 4분의 1의 왕실 소유주를 일찌감치 단 10만 불에 팔아 넘기지 않았으면 조선 왕실이 375만 불의 수익을 얻을 수 있었다는 계산이 나오는 것이다. 여하튼 이로 인한 조선의 경제적 손실은 실로 막대하여 민족자본의 형성기반을 저해하는 요인이 되었다고 할 수 있다.

독일은 1895년에 이르러 미국이 평안북도 운산금광 이권을 획득하게 되자 세창양행을 통해서 이권교섭을 추진하였다. 그 결과 1898년 7월 강원도 금성의 당현금광 채굴권을 얻을 수 있었다. 당현금광의 채굴은 함브르크에 있는 메이어 컴퍼니(Edward Meyer & Co.)의 제물포지점인 세창양행에서 대행하였는데, 채굴하는 과정에서 여러 차례 현지민과 기존 광업권 처리문제, 토지배상문제, 고용임금문제 등으로 마찰을 겪었다. 이러한 문제를 해결하기 위한 독일측의 태도는 항상 조선에 대한 주권 침해로 귀결되었다.

독일은 당현금광에 대해 지대한 기대를 걸고 있었는데, 그 한 예로 1899년 하인리히(Heinrich) 황태자가 내한하여 교통편도 좋지 않은 산간벽촌인 당현금광을 방문하였으며, 그 때 서울에서 당현까지 전화선이 가설되었다. 뿐만 아니라 일본에 주재하는 독일인 公使, 중국 上海의 총영사, 독일인 간호장교, 신문기자 등 조선을 방문한 독일인들은 거의 당현금광을 거쳐갔다.[8] 그러나 독일이 기대하였던 것만큼 당현금광은 성적이 좋지 않아 채굴에 착수한 지 7년 만인 1905년 폐광하고 다른 광산을 대신 요구하여 평안도 宣川鑛山이 다시 독일에게 넘어갔다.

영국은 1883년 조선과 수호통상조약을 체결하자 곧 광산이권에 관심을 나타내었다. 그리하여 1884년 열강 중에서 최초로 한국에 근대식 채굴기계와

8) 高麗大 亞細亞問題硏究所 編, 《舊韓國外交文書》(高麗大 出版部, 1969), 《德案》 2, 문서번호 2068 獨親王 하인릿히公 來韓日程 및 迎接儀禮 條項.
《독립신문》, 1899년 6월 9일.
《皇城新聞》, 1899년 6월 9·15일.

광산 기술자를 파견하여 경기도 永平砂金鑛의 채굴을 시도하였다.[9] 또한 청일전쟁 이후 국제정세가 급변하자 외교적 수완을 발휘하여 평안도 은산금광 채굴권을 획득하였고, 1900년대에는 일본의 세력을 배경으로 황해도 遂安金鑛 특허권도 얻어내었다.

영국이 은산금광을 차지하는 과정에서는 많은 물의를 자아냈다. 원래 1898년 9월 영국이 광산채굴 계약을 체결할 당시는 독일의 경우처럼 광산지역을 선택하지 않은 채 특허권만 확보하였다. 그런데 영국은 한국정부가 독일에게 넘기기를 거부했던 평안남도 은산금광을 집요하게 요구하였고, 그리하여 채굴하고 있던 기존의 조선인 광부들과 무력충돌을 야기시켰다. 영국인들은 주로 일본인 광부들을 고용하여 저항하는 조선인 광부들에게 무자비하게 발포하였을 뿐 아니라, 일방적으로 영국기를 걸고 방문을 내붙여 그들의 불법점탈을 가중시켜 나갔다.[10]

결국 한국정부는 영국의 강압적인 태도에 굴복하여 1900년 3월 은산금광 채굴을 영국에게 허가하였다.[11] 그러나 영국은 큰 기대를 걸고 완벽한 시설을 갖추고 채굴에 임했던 이 금광에서 약 6년 동안의 채굴기간 동안 처음 1·2년을 제외하고는 큰 수익을 거두지 못하였다. 따라서 1906년 4월 완전히 작업을 중지하고 대신 평안도 龜城鑛山 채굴권을 요구하였다.

이와 별도로 영국인 피어스(A. L. Pearse)가 1905년 수안금광 특허권을 획득하였다.[12] 그런데 수안금광 채굴권은 영국의 단독자본이 아니라 각국이 공동으로 자본을 투자해서 설립한 코리안 신디케이트(Korean Syndicate)에서 주관하고 있었다. 이 시기에 들어서면 각 열강이 자본을 모아서 합자회사를 설립하여 공동으로 경영한다든가 서로간의 이익에 따라서 특허권을 양도하기도 하고 특허받은 광산을 서로 교환하기도 하였다. 소위 뒷거래가 이루어진

---

9) 《英案》 1, 문서번호 111 萬世橋金鑛의 採掘不准에 對한 異議 및 代鑛准許要請. 《統記》, 고종 20년 10월 15·17·21일.

10) 《平安南北道去來案》(奎 17988-4), 1900년 2월 19일, 보고서 제1호.

11) 《英案》 1, 문서번호 1779 殷礦問題의 妥協案 同意事 ; 문서번호 1780 殷礦開採允許事.
《皇城新聞》, 1900년 3월 19일.

12) 《遂安金鑛特許命令書》(奎 23392·23393).

것인데 광산업 투자에 대한 위험 부담을 줄여보자는 계책이었다.

일본은 열강의 이권 침탈 중에서 가장 집요하고 적극적인 공세를 취한 국가였다. 처음부터 조선광산에 대한 조사와 정보를 입수하고 교섭을 벌인 결과 1891년 경상도 昌原金鑛 채굴권을 획득할 수 있었으나 별 이득을 거두지 못하고 포기하게 되었다.13) 1895년 이후에도 철도 등 다른 이권에 비해 광업 부문에는 별 진전이 없다가 1900년에 이르러 충청도 직산금광을 불법 침탈한 후 한국정부에 외교적 압력을 가하여 정식 채굴계약을 체결하게 되었다.14) 실제 鑛區를 확정하는 과정에서도 일본인들은 교묘한 계책을 발휘하여 광구 획정을 차일피일 미루면서 직산군 일대가 그들의 租界地인 양 아무 곳이나 마음대로 파헤치면서 인근 주민들을 괴롭히고 실질적인 수익을 확보하였다. 그러면서도 조선 황실에 매년 납부해야 하는 세금은 광구의 미정으로 소득이 없다는 이유를 들어 상납의 의무를 전혀 이행하지 않았다.

한편으로 일본인들은 직산금광 채굴권 획득만으로 만족하지 않고 거의 조선 전 광산에 불법 침투하여 시굴작업을 감행한 후 성공 가능성이 있다고 판정되면 한국정부에 인가를 요청하는 방식을 취하였다. 이로 인한 폐단을 호소하는 현지 주민들의 진정이 날마다 신문지상에 실릴 지경이었다.

프랑스는 1901년 광산특허 계약을 체결하였다. 그러나 광산지역 선정 문제로 오랫동안 한국정부와 논쟁을 벌이다가 1907년 평안도 昌城金鑛으로 광지를 확정하였으며, 1928년까지 채굴하여 막대한 수익을 거두어 갔다.15) 이태리도 일본 세력에 의존하여 1905년 광산채굴계약을 한국정부와 체결하였다. 광지 선정문제로 논란이 거듭되다가 1907년 厚昌鑛山을 얻어내었는데 1911년 이후 포기하고 말았다.16) 러시아는 미국 다음으로 광산이권을 획득하였으나 별 성과를 거두지 못하였다. 그러나, 1896년부터 몇 년 동안 조선에서 유리한 정치적 지위를 확보하였던 관계로 광산이권 뿐 아니라 매우 광범위한 경제적 독점권을 확보할 수 있었다.17)

13) 《日案》 2, 문서번호 2013 昌原金鑛採掘에 關한 日商馬本約章의 確認要請.
14) 《稷山鑛約》(奎 23094).
15) 《法案》 2, 문서번호 1346・1356・1362・1448・1449.
16) 《農商工部去來文》(奎 17782), 1907년 8월 30일.
17) 國會圖書館 立法調査局 編, 《舊韓國條約彙纂》 下(1965), 465~468쪽.

열강은 조선광산을 채굴하면서 대체적으로 砂金鑛 보다는 石英鑛(岩金鑛)의 개발에 주력하였다. 대체로 사금광은 재래식 德大制를 이용하여 세금을 받는 형식이었다. 열강은 한결같이 조선인 광부들에 대해 저임금정책으로 일관하였으며 주변 주민과의 여러 가지 분쟁을 초래하였다. 이를테면 토지배상문제라든가 인근의 삼림을 마음대로 벌채하여 원성을 자아냈다. 이러한 열강들의 불법적인 처사에 항거하는 조선인들에 대해 열강은 강압적인 태도를 견지하며 그들의 목적을 달성하였다. 점차 외국인에 의해 채굴되는 광산 주변은 특수한 문화권을 형성하게 되었다.

이렇게 열강들이 한국광업을 마음대로 유린하고 있을 때 한국정부는 이렇다 할 광업법 하나 마련치 못하고 無定見한 정책으로 일관하였다. 황실은 황실대로 외국인에게 특허를 내주고 황실수입을 증액시키는 데만 급급하였을 뿐, 정작 국가적인 안목에서 광업정책을 수립하는 것에는 관심을 갖고 있지 못하였다.

설상가상으로 1900년 이후 일본이 점차 한국에서 세력권을 장악하면서 광산업무는 거의 일본의 수중으로 들어갔다. 이러한 상황에서 마련된 것이 1906년의 광업법이다. 그러니까 1906년 6월에 발표된 〈광업법〉은 한국정부가 스스로가 필요에 의해 만든 것이 아니라 조선광산을 탈취하려는 일본의 필요에 의해 일본인의 손으로 작성된 것이다.[18)]

처음부터 열강들은 한국광산 이권을 획득하여 채굴하면서 한국에 아직 내세울 만한 광업법이 없음을 간파하고, 기왕이면 그들에게 유리한 법령을 작성하여 한국정부에 제시하고자 관심을 기울이고 있었다. 그 예가 1904년 영・이・벨이 공동으로 마련한 광업법 초안이다. 이것은 한국에 적용하려는 최초의 광업법 초안이었다. 영국이 청국에 제시하였던 〈광업법〉을 기초로 하여 당시 한국정부에 광산특허권을 교섭중이던 이태리 및 벨기에와 협의하여, 초안을 만들어 일본정부의 의사를 타진하였다. 영국인 커리(Currie), 이태리인 모나코(A. Monaco), 벨기에인 빈카르(Vincart)가 합의하여 만든 〈광업법〉 초안은 전문 16조로 되어 있는데 그 골자는 다음과 같다.

《慶源・鏡城 兩處의 鑛山採掘權을 准許하는 契約書》(奎 23267).

18) 李培鎔, 앞의 책, 229~237쪽.

① 한국광산을 각국 자본에 개방하자는 것.
② 광산사업에 필요한 조영물 · 도로 · 토지 · 건물 등에 대한 각종 조세를 면제하자는 것.
③ 광산경영에 필요한 재료는 해관세를 면제하자는 규정.
④ 본 규칙 발표 후 2개년간은 한국인이나 조약을 맺은 각국인이 동등하게 1個所 이상의 광산특허를 얻을 권리를 줄 것.
⑤ 시굴허가는 전국을 통해 효력을 갖게 할 것과 시굴한 후 채굴지를 出願하면 20일 이내에 허가해 줄 것.
⑥ 시굴기간은 3년으로 정하고 또한 2년을 더 연장해 줄 것과 채굴특허기간은 30년으로 정할 것.
⑦ 鑛區는 금 · 은 · 동의 경우 30리, 鑛稅는 금 · 은 · 동의 경우는 매년 순이익의 5%로 정함(《日本外交文書》 37-1, 문서번호 623).

영국이 〈광업법〉에 관심을 가지게 된 이유는 은산금광 외에 수안금광의 특허를 얻으려고 이 시기에 교섭을 추진하고 있었고, 이태리 · 벨기에도 광산을 요구하고 있었던 터였기 때문이었다. 즉 그들의 목적이 일치되어 그들에게 유리한 〈광업법〉을 만들어 한국정부에 권유하려 한 것이다.

한편 일본정부도 대한정책 중 일본의 이권을 위해 한국광업법 제정의 필요성을 느껴 광산기술자들로 하여금 한국광산을 세밀히 조사하고 있는 중이었다. 영 · 이 · 벨기에가 제시한 〈광업법〉 초안에 대해 일본은 몇 가지 대책을 세우고 한국에 주재하는 자국의 외교관들에게 시달하였다.[19] 즉 영 · 이 · 벨기에 등의 계획에 동조하든지 저지하든지의 여부에 대해서는 섣불리 결정하지 말고 충분히 검토한 후에 확답할 것과, 그에 수반해서 정밀한 조사를 한 후에 그 중에서 유망한 광산 몇 개소는 미리 일본의 수중에 넣고 그 외의 광산에 대해서만 외국인에게 許與하는 계획을 세우도록 지시하였다. 또한 영 · 이 · 벨기에의 광업법 초안을 토대로 결점을 보충하는 등의 수정을 거친 다음 광업법안을 마련하여 적당한 시기를 보아 공시하기로 방침을 세웠다.[20]

영 · 이 · 벨기에의 〈광업법〉 초안에 대한 일본측 입장을 요약하면 대체로

19) 《日本外交文書》 37-1, 문서번호 624.
20) 《日本外交文書》 37-1, 문서번호 625.

다음과 같다. 첫째, 시굴문제에 대한 의견으로 원칙적으로 시굴과 채굴의 구별을 철폐할 것을 기본으로 정하였다. 이와 함께 20일 이내에 시굴에 대한 허가를 주어야 한다는 조항은 나라의 주권을 간섭하는 처사이므로 부당하며, 또한 광업출원에 대해서 여러 종류의 조사를 거쳐야 되기 때문에 원서처리 기간은 8개월로 할 것과 시굴기간도 2년으로 제한할 것 등을 주장하였다. 둘째 조차기간은 30년으로 정하고, 셋째 광구는 석탄광만 1만 평 이상으로 하고 다른 광물은 5천 평 이상 모두 60만 평을 초과하지 말 것과, 넷째 광업세는 내외국인의 차등을 두지 말고 일률적으로 생산고의 1/100세로 할 것과, 다섯째 광업출원 때 반드시 출원자의 주소·국적, 요망하는 鑛區·鑛物·鑛區圖를 첨부할 것을 명시하였다.[21]

〈광업법〉은 주로 1904년 말부터 일본 농상무성에서 기초하였는데 이 때 만들어진 초안을 가지고 巨智部忠承이 1905년 6월 한국 농상공부 고문으로 내정되어 내한하였다. 거지부충승이 부임하자 본격적인 법안심의에 착수하였다. 법안심의는 통감부의 參與官이며 농상공부차관인 키우치 쥬시로(木內重四郎)과 쿠로이와 야스타로(黑岩休太郎) 技師, 메가타 타네타로(目賀田種太郎) 탁지부고문, 농상공부 광산사무국 고문인 거지부충승 등에 의해 이루어졌으며 한국정부의 의견은 거의 반영되지 않았다. 통감 이토 히로부미(伊藤博文)는 1906년 4월에 한국시정개선에 관한 협의 안건으로 광업법안을 제시하면서 한국 내각대신들의 의견을 형식적으로나마 물은 적이 있었다. 당시 參政大臣 박제순을 비롯한 한국대신들은 일본이 작성한 광업법안 중에서 〈광업법 및 시행세칙〉의 규정에 의거한 처분은 통감의 승인을 거쳐야 한다는 조항과 내외국인에게 동등한 자격을 부여한다는 방침에 이의를 제기하였다. 한국측이 제시한 수정안은 첫째 외국인의 경우에만 통감의 승인을 거칠 것, 둘째 광산에 관한 권리는 한국인 우선 원칙으로 하는 것이었다. 이 두 가지 원칙을 토대로 하여 그 절차에 있어서는 한국인이 먼저 권리를 획득한 후 다시 일본인에게 양도할 수 있으며 그것을 다시 외국인에게 이전하는 형식으로 채굴권을 허가해야 한다는 주장이었다. 그러나 이토통감은 한국대신들이 법률적

21) 《日本外交文書》 37-1, 문서번호 626.
《統監府來文》(奎 17849-2), 1905년 4월.

소양없이 명분론에만 집착하여 오히려 광산행정에 혼잡만 초래할 것이라고 일언지하에 묵살하였다.[22]

결국 〈광업법〉은 1906년 6월 29일 법률 제3호로 공포되었다. 전문 32조로 되어 있으며 동년 9월 15일부터 실시하기로 결정되었다.[23] 형식상으로는 한국의정부와 농상공부 명의로 발표되었지만 실제적으로는 통감부에서 관장하였다.

〈광업법〉의 주요내용은 ①광구의 경계는 직선으로 정하고 지표경계선의 直下를 限하며 그 면적은 석탄에 있어서는 5만 평 이상 기타 광물에 있어서는 5천 평으로 하되 모두 100만 평을 초과하지 못함(제 4조). ②皇城 및 離宮의 주위 300間 이내와 火巢以內의 처소는 광구로 하지 못하며 관할 관청의 허가를 받지 않으면 광업을 위해 사용할 수 없음(제 5조). ③광업을 청원하는 자가 同一地에 2인 이상이 있을 때는 청원서 도달일의 先者에게 허가함. 동일에 도달하는 자에 대해서는 농상공부대신이 적당하다고 인정하는 자에게 허가함(제 8조). ④광업권은 농상공부대신의 허가를 받지 아니하면 매매·양여 또한 저당할 수 없으나 다만 광업권은 상속할 수 있음(제 10조, 이 조항은 1908년 7월 2일 법률 제 11조로 개정되었는데 광업권은 상속, "양도하고 또는 저당할 수 있음"으로 고쳐졌다). ⑤광업청원 또는 광업을 위하여 타인의 토지에 犯入하여 측량 또는 조사함을 필요로 하는 자는 농상공부대신에게 그 인가를 청구할 수 있고, 인가서를 휴대하는 자에 대해서는 그 토지소유자 또는 연계인은 이를 거절하지 못함. 단 측량과 조사를 위해 손해가 발생할 때는 청구자는 그 배상을 행할 것(제 14조). ⑥광산권자는 광산세 및 광구세를 捧納할 것. 즉 광산세는 광산물가격의 1/100로, 광구세는 광구 매 1천 평에 1개년 50전으로 함. 단 1천 평 미만자는 1천 평으로 하여 허가 후 만 1개년간의 광구세는 前項全額의 半額으로 함(제 19조). ⑦궁내부소속 광산은 칙령으로 고시하며 궁내부소속 광산을 채굴하고자 하는 자에 대해서는 본법규정을 적용치 아니함

22) 《日韓外交資料集成》 6-上(일한병합 편), 〈韓國施政改善ニ關スル協議會〉 제5회, 211~213쪽 ; 제6회, 222~230쪽.
《制度局鑛業書類》(奎 21935), 1906년 6월 29일.

23) 《韓末近代法令資料集》 Ⅳ, 590~595쪽.

(제 25조, 이 항목은 1907년 8월 8일 칙령 제 3호로 일부 〈25개 광구〉 궁내부소속 광산이 폐지되었다). ⑧본 법 및 시행세칙의 규정에 있는 처분은 외국인에 관계함이 많은 고로 일본국 통감의 동의를 거쳐야 함. 또한 궁내부소속 광산에 관해서도 마찬가지임(제 27조, 이 조항은 1908년 3월 16일 법률 제 4호로 개정되었는데 "외국인에 관계함이 많은 고로"를 삭제하고 대신 각 조항의 농상공부대신의 처분은 일본국 통감의 처분으로 바뀌어졌다) 등이었다. 이 외에도 광업허가를 취소하는 경우를 한정하였고 광업권자와 토지소유자의 관계를 규정하여 토지문제가 발생하는 것을 미연에 방지하고자 하였다.

일본인 통감 이토가 한국으로 하여금 〈광업법〉을 공포케 한 의도는, 첫째 기존 궁내부소속 광산제도를 폐지하여 자유롭게 한국광산을 차지할 목적이었다. 그리하여 궁내부소속 51개 광산 중 26개 광구만을 황실직영으로 남겨두게 되었고, 그나마 통감부의 엄격한 규제를 받았다. 또한 광업권이 양도·저당의 목적물로 사용되어 광업권을 획득하기에 유리한 위치에 있는 일본인들에게 특히 자금융통의 길을 열어주게 되었다. 둘째는 국내외인의 구별을 철거함으로써 일본인과 구미인이 한국광업 채굴에 진출할 수 있도록 문호를 개방하였다. 즉 구미자본과 일본의 제휴방침을 재확인한 것이며 내·외국인에게 균등한 광업권 향유의 기회를 부여한 것이었다. 이후로 일본인들은 광업허가건수 중 거의 2/3를 차지하게 되었다.

(2) 전기·전선 이권

전기는 근대화를 추구하는데 있어 기간산업으로 커다란 비중을 갖고 있으며, 전선의 경우는 정보 전달의 기본적인 수단이었기 때문에 전기와 전선에 대한 한국정부의 관심은 상당히 컸다. 또 다른 한편 선진적인 기술과 지식을 갖고 있었던 열강들의 입장에서 전기와 전선은 한국에 대한 자신들의 경제적 이권을 실현하는데 중요한 위치를 점하고 있는 것이기도 하였다. 때문에 한국정부도 주체적인 입장에서 그 개발에 주력하였으나 역부족이었고 그 결과 열강의 이권 쟁탈의 대상으로 전락하고 말았다.

전기이권이 한국정부의 노력에도 불구하고 열강의 손에 넘어가게 된 대표적인 사례는 대한제국정부가 산업진흥정책의 하나로 추진했던 漢城電氣會社

의 성립 과정과 거기에 관계하고 있는 미국의 예에서 찾아볼 수 있다.[24] 경인철도 부설권과 운산금광의 채굴권을 차지했던 모오스의 동료인 콜브란(A. H. Collbran)과 보스트윅(H. R. Bostwick) 양인에 의해 추진된 전기사업의 독점권 요구는 고종의 빈번한 洪陵 행차를 그 구실로 삼고 있었다. 콜브란 등은 고종의 홍릉 행차에 소요되는 경비와 번잡을 피하는 길은 전차를 가설하는 데에 있다고 고종에게 상주하였고, 고종도 그 취지에 찬성하여 곧 육군총장 李學均에 명하여 교섭을 추진하도록 하였다.[25]

이리하여 한성전기회사는 광무 초기인 1898년 1월 산업진흥정책의 일환으로 황실의 주도 아래 미국측의 기술 지원을 받아 설립되었으며, 이 회사가 추진한 주요 사업으로는 전차노선의 부설·경영, 전등의 가설, 전화사업 등이었다. 그러나 그 사업을 추진하는 과정에서 사업추진 주체인 황실측의 주체적인 자세의 결여와 자본·기술의 부족, 미국측의 교묘한 수법으로 인하여 운영권이 미국측으로 넘어가게 되었고, 1904년 7월 韓美電氣會社로 개칭되고 말았다. 그리고 이 한미전기회사는 표면적으로는 황실과 미국측이 똑같이 출자하고 그 주식도 똑같은 비율로 소유하는 합자회사의 형태를 띠었으나, 실제에 있어서는 본사를 미국의 코네티컷(Connecticut)州로 이전하고 그 州法의 지배를 받는 미국회사로 바뀌고 말았으며, 사장 또한 한성전기회사 설립의 미국측 책임자였던 콜브란이 담당하였다.

한편 한성전기회사에 부여되었던 전기사업 특허권도 한미전기회사로 이전되어 미국측 이권의 성격을 띠게 되었던 것이다. 그럼에도 불구하고 미국측은 당시 한국내에서 미국인 사업에 대해 민중들의 반발이 심했던 것을 고려해, 한미간의 합자회사인 한미전기회사의 소속 재산은 한국정부가 보호할 책임이 있다고 주장하여 그 책임마저 한국정부에게 전가시키고 있었다.

이후 러일전쟁을 승리로 이끈 일본은 한국에 대한 침략을 보다 노골화하기 시작하였는데, 그 과정에서 미국세력의 구축을 위한 작업의 일환으로 한미전기회사에 대한 매수작업을 본격화하였다. 그 결과 한미전기회사는 1909

---

24) 노인화, 〈대한제국시기의 한성전기회사에 관한 연구—광무개혁과 미국측 이권의 일양태—〉(《이대사원》 17, 이화여대, 1980) 참조.

25) 윤병석, 앞의 글, 120쪽.

년 일본측 국책회사로 사업권만을 획득한 채로 아직 영업조차 시작하고 있지 않았던 日韓瓦斯會社에 매각되고 말았다. 즉 일본의 시부사와 에이치(澁澤榮一)의 지원을 받고 있었던 일한와사회사가 일본의 '國策上의 理由'로 한미전기회사를 매입한 것이다. 그런데 여기서 중요한 것은 이러한 과정에서 한미전기회사의 이권을 허여해 주었고 자본금의 반을 투입하였던 고종은 전적으로 제외되어 있었으며, 콜브란은 자신의 자본만 회수하여 영국으로 떠나버렸던 것이다. 뿐만 아니라 콜브란은 자신에게 맡겨져 있던 고종 명의의 주를 자의로 매각하였고, 이 사실에 대해 고종이 추궁하자 고종이 사실을 잘못 알고 있는 것 같다고만 말하고는 일체 언급을 회피하였다. 결국 고종은 자신 명의의 주마저도 회수하지 못하였고, 전기 이권은 이제 일본측으로 넘어가고 말았던 것이다.

한편 청일전쟁 이후 전선이권의 판도를 보면, 모두 일본의 수중에 들어갔는데, 그들은 경인 지방과 일본 본국간의 신속한 전신 연락 때문에 이에 관심을 집중시켰던 것이다. 일본은 남로전선이 자주 불통된다는 것을 빌미로 한성·부산간에 남로전선 외에 그들의 군용선을 새로이 따로 설치하겠다고 요구하는 한편으로는 경인간에 한국정부의 허가도 없이 군용 전선을 불법 가설하였다. 일본은 이미 인천에 병력을 파견할 때 野戰電信隊 800여 명을 인천과 부산에 상륙시켰던 것이다. 이에 대해 한국정부는 주권 침해라 하여 강력히 거부하였지만, 끝내 일본은 부산·대구·충주를 거쳐 서울에 이르는 경부간 군용전선을 불법 가설하였다. 그리고 그 해 8월 〈暫定合同條款〉을 체결하여 불법 가설한 경부·경인간 군용전선을 강제로 합법화시켰다.[26]

일본의 불법 가설은 이에 그치지 않고 전주·군산간과 전주·강진간에 전선 가설을 추진하였다. 왜냐하면 전주 이남의 전라도에는 전선이 없었기 때문이다. 전라도는 농민군의 근거지인 동시에 농산물과 해산물을 목표로 삼은 다수의 일본 상인과 어민이 들어가 있었기 때문에 목포 개항을 요구하고 있었다.[27] 이 군사적·경제적 필요성에서 전주로부터 서북해안의 군산과 남쪽

26) 《高宗實錄》, 고종 31년 7월 20일,
《日本外交文書》 27, 사항 8, 문서번호 428~442.

27) 《日案》 3, 문서번호 3048·3109·3167.

해안의 강진에 이르는 호남선의 착공을 8월부터 계획하고 있었다. 이 전선을 가설하기 위해 電柱·기술자 등 수백 명을 부산에서 파견하기로 하였는데, 9월말 경 중지되었다.[28] 그 이유는 戰場이 북진함에 따라 전라도 전선 가설의 일을 중지하고 그 인원을 인천으로 보내 경성 이북에 이용하기 위함이었다.

한편 청일전쟁이 일본의 승리로 기울어지게 되자 일본은 이제까지 華電局에서 관할하던 西路電線을 전리품으로 접수하여 그들의 군용으로 專用하기 시작하였다.[29] 엄연히 서로전선도 1885년 청국과 조약을 맺을 때 관리는 화전국에서 하더라도 소유권은 한국정부에 있는데도 청국의 소유로 못박아 전리품으로 간주하였던 것이다. 곧이어 北路電線의 관할권마저 강탈해 갔지만 우리 정부로서는 속수무책이었다. 이제 한국정부의 관할권은 상태 불량의 남로전선만 있을 뿐이었다. 그러나 이미 일본의 전용인 경부간의 군용전선이 있었기 때문에 조선 전지역의 전신 연락은 日本軍用電信所에 의뢰하지 않을 수 없게 되었다. 1894년 말에는 조선인의 公衆電信을 경인·경부간의 군용전선에서 취급하기도 하였지만 국문 전보를 취급하지도 않았거니와 일본에 대한 반감으로 쉽사리 이용하려 하지도 않았다. 오히려 민족적 울분으로 일본 군용전선을 파괴·절단하는 사건이 곳곳에서 일어났다.

그러나 일본은 대륙침략의 가장 중요한 바탕의 하나로 전신권의 완전강탈을 획책하여 1895년 1월 이른바 〈韓日電線設置條款續約改正案〉(全 13조)을 만들어 주한일본공사 이노우에 카오루(井上馨)에게 그대로 한국정부와 체결할 수 있도록 훈령하였다. 그 주요 내용은 다음과 같다.

> 제1조. 종래 조선국에서 상당한 전기 기술자를 양성하여 전선건설·전기통신의 업무를 적당히 시행할 수 있을 때까지 이웃나라의 우의에 따라 조선정부를 대신하여 조선국내에 이미 건설한 전선 및 장래 건설할 일체 전선을 수축 관리하고 또 통신업무를 시행한다.
>
> 제2조. 앞의 제1조의 취지에 따라 부산·한성간 및 한성·인천간 그리고 한성·평양·의주간의 전선으로 공중통신의 취급을 개시한다.

---

28) 《日案》 3, 문서번호 3175.

29) 《駐韓日本公使館記錄(번역본)》 5(국사편찬위원회, 1990), 鑛道·電線·開港貸金公債(上), 機密送 제12호, 鐵道·電信條約의 件.
《日案》 3, 문서번호 3987.

제3조. 조선정부가 건설에 관계한 한성에서 공주·전주를 거쳐 부산에 도달하는 전선과 한성·원산간의 전선은 조선정부에서 상당한 댓가로서 차제에 이것을 일본정부에게 양도하고 일본정부는 적당한 수리를 하여 공중통신의 취급을 개시한다.

제8조. 조선정부 본 조약에서 내건 전신을 보호하며 파손할 우려를 없애기 위한 형률을 제정하여 연도 지방관에게 戒諭하여 이를 행하게 한다. 만약 違犯하는 일이 있을 때는 속히 범인을 문책하고 그 손해를 배상시킨다.

제11조. 1883년 3월 3일(음력 1월 24일) 체결한 <韓日海底電線設置條款> 제1조 및 제2조에 기재된 만 25년 특허기한은 다시 본 조약을 체결하는 날로부터 새로 계산할 것을 특별히 약정한다.

제12조. 1885년 12월 21일(음력 11월 16일) 체결한 <海底電線設置條款續約>은 본 조약 시행일로부터 폐지한다(《駐韓日本公使館記錄(번역본)》 5, 鐵道·電線·開港賃金公債 下, 機密送 4호, 日韓電線設置條款續約改正案).

이와 더불어 <韓日電線條約秘密副約案>도 추가로 만들어 앞으로 25년 동안은 일본국의 동의를 얻은 후가 아니면 타국 정부 또는 타국 회사에게 해저 전선이든 육상선을 막론하고 넘길 수 없음을 특별히 약정한다는 조항을 만들었다. 여하튼 일본의 의도는 전년에 맺어진 <잠정합동조관>을 더욱 구체적으로 명문화시키려는 것이었다. 또한 조선 국내의 기설 전선 및 앞으로 건설하는 일체의 전선 수축과 관리 및 그 업무를 대행함으로써 완전히 한국의 전신사업을 독점적으로 장악하려는 목적이었다.

훈령을 받고 교섭을 개시한 이노우에공사는 한국정부에서 이 조약안에 대해 쉽게 동의하지 않을 뿐 아니라 심한 반발에 접하게 된 애로점을 본국에 회답하고 있다. 즉, 한국정부에서는 "서로전선의 관리를 청국이 행할 때는 일본에서 이를 몹시 비난하였는데 이제 그 일본이 도리어 조선의 전선을 전적으로 관리하겠다는 것은 천만부당하다"라고 강력히 반박하고 일본측 제의를 일언지하에 거절하였던 것이다.[30] 이에 대해 이노우에공사는 조선인은 사리에 어둡고 의심이 많은 점과 꽤나 도도한 품성을 가지고 있어 어느 정도 위압과 압력을 가하지 않고서는 결말을 보기가 어렵다는 점과 이 조약이 조선인의 독립을 손상시키는 것으로 받아들여 우려하고 있음을 보고하였다. 아

30) 《駐韓日本公使館記錄(번역본)》 5, 機密送 12·13·16호.

울러 한국정부의 반발을 무마시킬 수 있는 방안을 제시하였다.[31] 즉, 일본이 점거하고 있는 전선을 다시 한국정부에 반환하고 그 대신 일본 전신기사를 파견하여 관리하고 또한 비밀조약을 맺어 앞으로 전쟁 기타의 사변이 일어나 조선 전선을 필요로 할 경우에는 수시로 접수하여 관리할 수 있도록 약정하면 일본의 이익도 보장받고 한국정부 뿐 아니라 다른 열강들의 간섭도 피할 수 있을 것이라 하였다. 형식적으로는 반환해도 실질적으로는 일본이 지배하는 방향을 취하려는 내용이었다.

그러나 일본정부는 이노우에공사의 반환 건의를 거절하고 삼국간섭 직전까지 조선의 모든 전신선을 일본 관리하에 넣을 것을 강조하여 한국정부에 압력을 가하게 하였다. 특히 의주전선(서로전선)에 대해서는 그들이 강구한 조치가 모두 불법인줄 알면서도 일본정부의 수중에 넣어두는 것은 장래를 위해 극히 필요한 조치임을 거듭 확인하는 훈령을 내리고 있다.[32]

그런 동안 삼국간섭에 접하게 되어 열강의 견제가 심해지고 설상가상 乙未事變으로 인해 일본의 정치적 입지가 위축됨에 따라 그들의 야망은 실현되기가 어려워졌다. 결국 한국정부의 일본의 독점적인 전선 이권 침탈에 대한 저항도 거세어짐에 따라 1896년 7월 서로·북로전선은 한국정부에 반환하게 되었다.[33] 그러나 京釜軍用電線은 그대로 점거하여 그들의 수비병을 배치하여 관할하였다.

(3) 삼림 벌채권

삼림이권 특히 벌목권에 관한 이권은 벌목으로 인한 직접적 수익 이외에도 벌목 대상지역에 있어서 임야나, 토지를 점유할 수 있는 합법적인 근거가 되는 이점을 갖고 있었다.[34] 이러한 삼림이권에 가장 큰 관심을 보인 나라는 러시아였다. 특히 러시아는 1896년 아관파천으로 조선과의 관계에 있어 주도권을 잡게되면서 많은 경제이권을 획득하였는데 1896년 국왕이 러시아공관

---

31) 《駐韓日本公使館記錄(번역본)》 5, 機密 제26호, 鐵道電信條約의 件.
32) 《駐韓日本公使館記錄(번역본)》 5, 機密 제20호, 義州電線所屬의 件.
33) 《日案》 3, 문서번호 4089.
34) 강영심, 〈구한말 러시아의 삼림이권획득과 삼림회사의 채벌실태〉(《이화사학연구》 17·18합집), 483쪽.

에 머무르고 있을 때 블라디보스톡의 상인 이울리 이바노비치 브리너(J. I. Bryner)가 한국 최대의 삼림자원지역인 두만강·압록강 연안과 울릉도에 대한 삼림벌목권을 독차지하였다.

러시아의 삼림채벌권 획득은 경제적 가치와 함께 군사적 가치를 가지고 있는 것이었다. 러시아가 획득한 삼림이권은 20년 기한으로 순이익의 25%를 한국정부에 바치는 것을 그 내용으로 하고 있었다. 러시아는 두만강 유역으로부터 삼림· 약탈을 시작하고 있었는데 이 지역의 산림면적은 약 1,900㎞에 달하였다. 이 지역에서의 순이익은 투자액의 약 2배 정도였다고 한다.[35] 이 시기 삼림벌목 특허권은 다른 이권과 달리 1903년 초 러시아의 극동정책인 신노선정책과 결부되어 그 정책의 일환인 압록강지역 방어계획에 이용되었던 것이 주목할만하다. 즉 벌목특허권을 이용하여 만주와 조선에 대한 전진정책을 시도하기 위하여 용암포지역으로의 진출을 기도했으며, 여기를 병참기지화하려는 의도에서 용암포 조차계약을 체결하려 하였다. 그러나 이 조차계획은 일본측의 강한 저지책동으로 목적을 달성하지는 못하였고, 러일전쟁에서의 패배로 벌목권마저 상실하고 말았다.[36]

그런데 이 시기 일본인들은 러시아가 울릉도의 삼림벌목권을 획득하고 있음에도 불구하고, 이 지역에서 불법영업을 자행하고 있었다. 1897년 10월경에는 수백 명에 달하는 일본인들이 여기에 종사하고 있었다고 한다. 불법적인 일본인들의 횡포에 대해 한국정부는 물론 러시아 공사의 항의가 강력해지자 일본 공사를 비롯한 일본측 관계자들에 의해 이 지역의 러시아측 벌목권을 매수하는 방안이 제시되고 적극 추진되었으나 별다른 진척을 보지 못한 채 목적을 이루지 못하였다. 그러나 이후에도 일본인들의 불법영업은 그치지 않았다.

일본이 삼림이권을 획득할 수 있었던 것은 러일전쟁을 승리로 이끌면서였다. 전쟁이 개시되자 일본은 2월 23일 한국과 한일의정서를 조인하여 한국을 그들의 권한 아래 넣는 동시에 전쟁이 점차 우세해지자 5월 18일 한국정부로 하여금 칙령을 반포하게 하여 한·러간 삼림협동조약을 폐기시켰다. 이로

35) 송정환, 《러시아의 조선침략사》(범우사, 1990) 참조.
36) 강영심, 앞의 글 참조.

써 1904년 5월 18일을 기해 러시아의 벌목권은 폐기되었다. 이후 전쟁에 승리하여 한국을 보호국으로 만든 일본은 방대한 삼림이권을 장악하고 벌목사업을 전개하였다. 압록강·두만강 유역의 방대한 원시림을 벌목하기 위하여 우선 1906년 10월 19일 통감부 감시 아래 한국정부와 이 지역을 한일 양국정부가 공동경영한다는 내용의 〈삼림협동경영약관〉을 조인하였다. 그리고 이어 양강 유역의 삼림경영을 위해 1907년 4월 27일 〈營林廠官制〉를 공포하고 영림창을 신설, 본격적인 수탈적 임야정책의 발판을 마련하고 있었다.

(4) 어업권

조선의 어업 이권에 대해 적극적으로 침략을 해 온 나라는 러시아와 일본이었다. 먼저 러시아가 관심을 갖고 있었던 것은 동해를 중심으로 한 捕鯨權이었다.[37] 러시아는 동해에 고래가 많다는 정보를 갖고 1896년 케이제를링 백작이 동해에 捕鯨場을 설립하여 같은 해 1월 14일부터 5월 하순까지 54마리의 고래를 잡았다. 이후 러시아는 점차 포경권을 확장하였는데 조선 근해에서의 포경권의 독점을 목적으로 한국정부와 교섭을 벌여 나아갔다. 그 결과 케이제를링은 동해안의 蔚山·城津·眞寶 등을 어장으로 조차하였는데, 계약조건은 일방적으로 러시아에 유리한 것이었다.[38] 포경권을 획득한 러시아는 일본의 도전을 받기는 하였으나 상당한 수확을 올린 것으로 보인다. 그

---

37) 윤병석, 앞의 글.
박구병, 〈한말 동해 포경업을 둘러싼 러·일의 각축〉(《아세아연구》 8-2, 고려대, 1970) 참조.

38) 그 중요한 계약조건은 다음과 같다.
① 울산·성진·진보 등지에서 각각 24,500평방 사제니(러시아의 길이의 단위, 1사제니는 약 2,134m)의 지면을 24년간 租借하여 어장을 확립한다.
② 각 어장은 조선 세관의 감독을 받는다.
③ 조차지에 대해서는 매년 153달러를 조차비로 조선정부에 납입한다.
④ 잡은 고래에 대한 한 마리당 20달러씩을 조선정부에 납부하고 어장에 전속하는 감독관 3인에 대해 100달러씩을 지급한다.
⑤ 만약 계약기간 중에 이들 어장을 自由港으로 할 경우에는 조선정부가 6개월 전에 케이제를링에게 통고한다.
러시아 대장성 편, 《국역 韓國誌》(한국정신문화연구원, 1984), 457쪽.
윤병석, 앞의 글, 119쪽에서 재인용.

어획고에 대한 기록은 알려져 있지 않지만, 당시 일본 長崎에 근거를 두고 있던 러시아인 경영의 太平洋捕鯨會社가 동해안에서 매년 15만 원 내지 25만 원의 어획고를 올렸다는 점을 참조하면 케이제를링의 수익도 그에 준했을 것으로 생각된다.

한편 일본은 1883년 7월 〈朝·日通商章程〉이 체결된 이후 경상·전라·강원·함경 등 4도의 연해가 개방됨에 따라 어로작업을 하면서 조선의 어민들을 괴롭혀왔다.[39] 이후 1896년에 이르러서는 부산·원산·목포·군산·마산 등지에서 어업협회를 조직하는 한편 단결된 힘으로 조선 어업의 발전을 저해하면서 매년 500만 원을 넘는 어획고를 올렸다. 그리고 그러한 과정에서 많은 범법 행위를 저지르는 만행을 서슴지 않았으며,[40] 낙동강 하류에서는 내륙어업에까지 손을 뻗쳤다가 금지를 당하기도 하였다.[41]

이에 머무르지 않고 일본은 1900년 11월에는 경기도 연해의 어업권을 추가로 얻어내고, 그 뒤에는 허가도 받지 않고 南浦 부근까지 출몰하여 조선의 어업권을 침해하였다. 1904년 러일전쟁 발발 이후에는 이러한 범법 행위를 발판으로 마지막 남은 충청·황해·평안 3도 연안의 어업권을 획득하기에 이르렀다.[42]

일본은 연안어업권 외에도 포경권의 획득에 많은 관심을 갖고 있었다. 일본의 포경업자들은 포경 특허를 받기 전부터 이미 동해에 출몰하여 불법적인 포경행위를 하고 있었다. 1900년을 전후하면서 일본에도 노르웨이식 砲殺捕鯨法이 도입되자 일본은 러시아와의 일전을 각오하고 日本遠洋漁業株式會社를 앞세워 본격적인 진출을 하기 시작하였다. 이 회사의 대표였던 가와키타 간시치(河北勘七)는 그 전해에 조선이 러시아에게 포경권을 준 사실을 들고 나와 기회균등을 주장하며 일본공사 하야시 곤스케(林權助)를 통하여 한국

39) 박구병, 〈한·일 어업문제 연구－1876~1910〉(《부산수산대학연구보고》 제7권 제1호, 부산수산대, 1967), 6쪽.

40) 박구병, 위의 글, 47~53쪽 참조.
일본인들의 違約行爲 및 범법행위의 대표적인 예를 보면 密航密漁·潛商·上陸結幕(불법적으로 연안 각지에 상륙하여 家屋을 짓고 거류하면서 이를 근거지로 삼아 漁撈와 어획물의 제조 가공을 하는 행위)·폭력행위 및 盜掠행위 등이 있다.

41) 윤병석, 앞의 글, 131쪽.

42) 박구병, 앞의 글, 43~45쪽.

정부에 포경특허교섭을 벌였다. 그 결과 1900년 2월 한국정부로부터 영해내 포경의 특허를 받는데 성공하였다.43) 이 특허에 의하면 일본원양어업주식회사는 당시 일본의 통허구역이었던 전라·경상·함경·강원 4도 가운데 전라도를 제외한 3도의 연안 3해리 내에서 1900년 2월부터 3개년간 기계선 1척당 매년 800원의 세금을 납부하고 포경업을 할 수 있게 되었다. 일본은 다시 1903년에 捕鯨基地를 청구하여 이해 12월 강원도 長箭浦와 함경남도 北靑의 珍浦島 및 경상남도 蔚山浦의 세 항구를 획득하였으며, 1905년에는 러시아인이 경영하던 포경기지도 차지하여 포경권을 독점하게 되었다.

이밖에도 일본의 이권침탈은 그 수를 헤아릴 수 없을 정도로 많았다. 또한 도처에서 불법행위를 자행하였다. 그런데 일본의 이권침탈은 다른 열강의 방법과 달랐다. 다른 열강의 경우 자본가들이 전적으로 나서서 이권을 획득하였으나 일본은 조선에서의 정치적 지배확립을 기본적 목표로 삼고 있었던 것이므로 私的인 자본가가 표면에 나타날 때에도 정부의 강력한 지원을 얻거나, 때로는 정부의 앞잡이 구실을 하여 획득하였던 것이다.

〈李培鎔〉

43) 박구병, 위의 글. 22~24쪽.

2. 일제의 토지 침탈

1) 토지관계 조약과 정부의 대응

(1) 토지관계 조약과 일제의 식민정책

일제가 침탈한 토지소유권을 최종적으로 일본 민법으로 '法認'한 조치는 1910년부터 시작한 토지조사사업이었지만, 그 출발점은 1876년 2월 2일 일본의 군사적 위협아래 강제로 체결한 〈조일수호조규〉였다.[1] 이 조약에서 토지와 관련된 내용은 부산을 비롯한 3곳에 通商港을 개설하여 조계를 설치하고, 여기에 일본인이 토지와 가옥을 賃借·造營할 수 있는 거주권을 주되 임대료를 지불할 것과, 조계를 중심으로 사방 10리 이내에서 일본상민의 상업활동과 통행을 허락한다는 것 등이었다.[2]

조선정부는 일본인의 행동반경을 일정범위내로 제한하고, 일본인에 허가한 부동산권도 소유권이 아닌 이용권에 한정하여 개항의 영향을 최소화하려 했지만, 그 자체가 중계무역을 통해 상업이윤을 추구한 일본상민에게 통상무역의 거점을 마련해 준 조치였다. 이때부터 중세국가 조선은 전통적인 왕토사상에 배치되는 외국인의 토지소유라는 문제에 직면하게 된 것이다. 세계자본주의, 구체적으로 일본자본주의는 자기의 필요에 따라 이러한 요구를 조선에 강도 높게 요구했으며, 조선은 조약개정운동 등을 추진하기도 했지만 수세적

---

1) 불평등조약에 대한 연구는 다음이 참고된다.
이현종, 《開港場硏究》(일조각, 1975).
김경태, 《한국 근대경제사연구》(창작과 비평사, 1994).
김정기, 〈조선 불평등조약의 間行權 한성 開棧權 분석〉(김용섭교수정년기념 한국사학논총간행위원회, 《한국 근현대의 민족문제와 신국가건설》, 지식산업사, 1997).
또 일본인의 연구로는 다음이 있다.
四方博, 〈朝鮮に於ける近代資本主義の成立過程—その基礎的 考察〉(《朝鮮社會經濟史硏究》 上, 國書刊行會, 1976).
奧平武彦, 〈朝鮮ノ條約港ト居留地〉(《朝鮮社會法制史硏究》, 京城帝大 法學會, 1937).

2) 國會圖書館 立法調查局, 《舊韓末條約彙纂》 上(1964), 13·21쪽.

자세로 여기에 대응해 갔다.

다음으로 문제가 된 조약은 1882년 5월 22일 미국과 맺은 〈조미수호통상조약〉이었다. 이 조약에서 조선정부는 지대 지불을 조건으로 미국이 조계내에서 토지나 가옥을 임차하거나 주택 및 창고를 건축하는 것을 허가했다. 그 수준은 〈조일수호조규〉의 내용을 구체화한 정도에 불과했지만, 이 때 문제가 된 내용은 미국에 부여한 최혜국대우였다.[3] 조선은 이 조약을 계기로 모든 열강들에게 최혜국대우를 부여했으며, 열강은 이를 빌미로 조선에 이권침탈을 강요했다. 그 중에서도 일본이 이를 가장 잘 활용하여 최대의 이권을 확보해 갔다.[4]

이와 아울러 일본인들이 조선내 토지를 합법 혹은 불법으로 침탈하는 데 결정적 역할을 한 조약은 1883년 11월 26일 영국과 맺은 〈조영수호통상조약〉이었다. 이 조약에서 조선은 영국인에 제물포·원산·부산·한양·양화진 등의 지정 장소내에 있는 토지 가옥에 대해 暫租 혹은 永租를 할 수 있도록 했으며, 나아가 조계 밖 10리까지 이를 확대 허용했다.[5] 조선정부와 조약 대상국가간에 합의하여 설치한 조계의 경계를 넘어서 까지 외국인이 토지를 매득할 수 있는 단서를 제공한 것이다. 조선 국법이 적용되는 조계 밖 지역은 地契制度가 실시된 조계지역과 달리 전통적인 방식으로 토지거래가 이루어졌으며, 외국인도 이 방식에 의거하여 토지를 매득해 가게 된 것이다. 특히 일본인은 전통적 거래제도를 적극 활용하여, 조계 밖 10리내 지역에서는 합법적으로, 조계 10리 밖의 지역에서는 불법적으로 몰래 토지를 매득하는 잠매행위를 통해 조선의 토지를 차지해 갔던 것이다.

---

3) 《舊韓末條約彙纂》 中, 300~301쪽. 한국은 미국에 임차권을 준 반면, 조선은 미국내에서의 모든 부동산권을 소유 이용할 수 있는 권리를 획득했다. 그러나 이 문제는 우선 조선은 미국과는 처한 자연적·경제적 조건이 다르다는 점을 고려해야 한다.

4) 이 때 일본은 1882년 7월 間行里程을 사방 100리로 확장한다는 내용의 〈조일수호조규속약〉을 체결하여 일본상인이 조선의 중요 요충지를 자기 활동범위로 포괄할 수 있도록 했다(《舊韓末條約彙纂》 上, 35~37쪽).

5) 《舊韓末條約彙纂》 中, 321~236쪽. 이 조약은 이후 모든 통상조약의 모델이 되었으며, 일본 미국과 맺은 조약에도 소급 적용되었다. 이 같은 유형의 통상조약은 《舊韓末條約彙纂》 中·下에 실린 구미 각국과 맺은 수호통상조약을 참조.

〈표 1〉 항구별 조계조약과 조차조약

체 결 일	조 약 명
1877. 1. 30	釜山港租界條約
1879. 8. 30	元山津開港豫約
1879. 8. 30	元山津開港豫約決定書翰
1884. 10. 3	仁川濟物浦各國租界章程
1897. 11. 18	仁川日本居留地擴張에 關한 駐韓各國使臣會議協定書
1897. 10. 16	鎭南浦及 木浦各國租界章程
1899. 6. 2	群山 馬山浦 城津 各國租界章程
1902. 5. 17	馬山浦 日本專管租界協定書
1886. 1. 31	絶影島地所借入約書
1891. 1. 21	月尾島地所借入約書
1900. 3. 18	巨濟島不租借에 關한 韓露條約
1900. 3. 18	馬山浦地所 租借에 關한 韓露條約
1899. 11. 13	平壤開市에 關한 駐韓使臣의 宣言
1904. 2. 25	義州開市에 關한 韓國外部大臣 宣言
1904. 3. 23	龍岩浦開市에 關한 韓國外部大臣 宣言
1908. 1.	咸北 富寧郡 淸津開放에 關한 件
1908. 3. 30	淸津土地管理에 關한 協定書
1908. 3.	淸津官有地 賣下規則
1913. 4. 21	在朝鮮各國居留地制度廢止에 關한 朝鮮總督府外事局長과 當該締約國領事官協議會議定書

* 國會圖書館 立法調査局, 《舊韓末條約彙纂》 中·下 (1964).

자본주의 열강은 통상조약을 기본조약으로 하고, 개항장마다 별도로 위와 같은 조계 및 조차 조약을 체결하여 침략의 거점을 확보해 갔다. 일본과는 1877년 1월 30일 〈부산항 조계조약〉, 1879년 8월 30일 〈원산진 개항예약〉, 1883년 9월 〈인천항 일본조계조약〉 등을 체결했다.[6] 이들 조약에는 치외법권 지역인 조계내의 토지권을 운영하기 위해 지계제도를 도입하고 있었다. 지계제도는 조선국가의 전통적인 토지권 관리제도와는 다른 방식의 토지관리제도였으며, 〈인천항 일본조계조약〉에서 첫 선을 보였다. 그리고 잇달아 체결한 〈仁川 華商地界章程〉(1884. 4. 2)·〈인천 제물포 각국 조계장정〉(1884. 10. 3) 등을 거치면서 형태를 갖추어 갔으며, 〈진남포·목포 각국 조계장정〉(1897. 10. 16)

6) 《舊韓末條約彙纂》 中, 1~13쪽.

에서 가장 완비된 모습을 보였다.7)

지계제도의 내용은 다음과 같다. 먼저 조계 구역내의 토지에 대한 조사를 실시하고 시가지 계획에 따라 구획을 나누어 토지대장을 만들었다. 구획한 구역은 公拍法(競貸)에 따라 대여(租與)하고 지계를 발급했다.8) 이것은 借地계약이었지만, 지계로 공인해준 권리는 제3자 대항권이 인정된 '永遠租與'한 소유권적 권리였으며, 이전과 상속이 보장되었다. 借主는 그 대가로 조선정부에 지세를 부담하도록 했다.9) 조계내의 토지는 조약국 인민 외에는 그 권리를 소유 또는 매수할 수 없도록 했다. 그리고 토지대장의 관리를 비롯한 행정사무는 법인인 租界公社를 설립하여 담당하도록 했으며, 별도의 조선관리를 두어 등기소의 역할을 수행하도록 했다.10) 지계제도는 조선정부로부터 토지권을 보장받으려는 외국자본과, 외국인의 소유지를 조계내로 제한하려는 조선정부가 탄생시킨 절충물로, 일종의 '근대적' 부동산등기제도였다.

일본자본주의는 통상조약과 조계조약을 근거로 한국내에 침략의 교두보를 확보했지만, 저임금의 기반으로 주요 수입품이었던 쌀은 조선내의 수급사정에 곧바로 영향을 받기 때문에 조약에서 규정한 방식만으로는 안정적으로 확보할 수 없었다. 이를 영구히 안정적으로 확보하기 위해서는 불안정한 무역체제가 아니라 한국농업을 직접 장악할 필요가 있었다.11) 일제는 청일전쟁 이후 이 목적을 달성하기 위해 '이민척식'사업을 계획하고 실천에 옮겼다.12)

---

7) 《舊韓末條約彙纂》 下, 427·299~311쪽 및 위의 책(中), 311~338쪽.
8) 《舊韓末條約彙纂》 中, 11쪽.
9) 《舊韓末條約彙纂》 中, 12쪽.
10) 《舊韓末條約彙纂》 中, 327쪽.
11) 일본자본주의와 지주제에 대하여는 다음이 참조가 된다.
楫西光速 外, 《日本における日本資本主義の發展》 全 (東京大 出版會, 1952).
大內力, 《日本資本主義の農業問題》(東京大 出版會, 1952).
中村正則, 《近代日本地主制史研究》(東京大 出版會, 1979).
12) 일제의 척식 이민에 관해서는 다음을 참고할 것.
조기준, 《한국자본주의성립사론》(대왕사, 1973).
金容燮, 〈일제의 초기 농업식민책과 지주제〉(《韓國近現代農業史研究》, 一潮閣, 1992).
최원규, 〈일제의 초기 한국식민책과 일본인 농업이민〉(《동방학지》 77·78·79 합집, 1993).
정연태, 〈대한제국 후기 일제의 농업식민론과 이주식민책〉(《한국문화》 14, 1993) 등.

이것은 일본인이 한국에 건너와 정주하며 직접 농업에 종사하는 사업이기 때문에 상업활동을 위해 맺은 통상조약으로는 이 목적을 달성할 수 없었다. 일제는 일본내의 여건을 정비하는 작업을 추진하는 동시에 한국내의 조건도 여기에 적합하도록 조정하거나 강요했다.

이 때 세간에서 가장 주목을 받은 작업은 일본인이 한국에 자유롭게 건너올 수 있는 제도, '自由渡韓'을 실현하는 문제였다.[13] 일본은 당시 이민보호법을 제정하여 해외이민을 제한하고 있었기 때문에 일본인을 한국에 이주시켜 지배를 위한 인적 기초를 구축하는 데 상당한 어려움에 직면해 있었다.[14] 이 문제를 둘러싸고 한국과 일본은 입장이 서로 달랐다. 일본인은 일본에 거주하든 한국에 거주하든 여기에 적극 동조한 반면, 한국인은 그 궁극적인 목표가 한국을 식민지화하는 데 있다고 판단하고 적극 반대하는 입장이었다.[15] 그렇지만 일본제국의회는 일본인의 여론을 바탕으로 상민의 '자유도한'과 부동산 점유를 인정하는 〈이민보호법 중 개정법률안〉을 통과시켰다.[16] 일본정부도 여기에 근거하여 여러 이주정책을 강력히 추진해 갔다. 일본 각지에서도 한국으로의 이주가 커다란 이슈로 대두되었으며, 지방자치단체나 지주·자본가 단체는 한국 각지에 조사단을 파견하여 인물·풍속·토질·농업·상업 등 각 방면에 걸친 조사작업을 벌였다.[17] 그리고 1904년 러일전쟁을 계기로 드디어 완전한 '자유도한'을 실현시켜 일본인이 한국을 자국을 여행하듯 여권없이 자유롭게 왕래할 수 있도록 했다. 이것은 일제가 노골적으로 한국 '척식이민'사업을 추진하겠다는 선언이기도 했다.

척식사업을 방해한 또 하나의 조건은 외국인의 토지소유를 금지한 한국의 국내법과 국제조약이었다. 당시 한국이 국내법과 조약에 근거하여 열강과 대적하기에는 대단히 무력했지만, 이것은 존재하는 것만으로도 일본자본의 투

---

13) 이 문제에 대해서는 다음이 참고가 된다.
김용섭, 〈광무년간의 양전지계사업〉(《한국근대농업사연구》 하, 일조각, 1984).
최원규, 위의 글.
木村健二, 《在朝日本人の社會史》(未來社, 1989).
14) 《皇城新聞》, 1901년 8월 24일, 〈自由渡韓〉.
15) 《皇城新聞》, 1901년 10월 12·10·14일, 論說.
16) 《大日本帝國議會誌》 5, 1246·1254·1255쪽 및 1259~1260쪽.
17) 《皇城新聞》, 1902년 1월 13일, 〈移民現狀〉.

기활동을 규제하고 저지하는 데 일정한 역할을 했다는 점을 간과할 수 없다. 그럼에도 불구하고 일제는 후술하는 다양한 방법을 동원하여 조선정부의 법적 강제력을 무력화시키면서 토지를 잠매하여 직접 농사경영을 시도했다. 그리고 농업 식민사업을 위한 일본내 여론 조성작업도 추진했다.[18] 여론의 주 논조는 일본자본과 농민이 주체가 되어 明治農法을 이식 보급하여 생산량을 확충하여 일본내의 쌀 문제를 해결하자는 '한국농업개발론'이었다. 한국은 농업기술이 미숙하여 개발에 힘쓰는 만큼 높은 수익을 올릴 수 있으며, 나아가 지가가 저렴하고 金利도 높아 토지 확보에 유리하다고 했다. 또한 조세와 생활비가 적게 들고 자연 환경도 좋아 농업이민의 조건이 매우 양호하다는 식의 선전활동도 강화했다.[19]

일제의 이민정책은 지주 이민, 자작이나 소작농 이민 등 여러 방향에서 활로를 모색했지만, 대규모 농장을 설립하여 한국농민을 소작농으로 삼는 지주 이민을 정책의 주 방향으로 택했다. 본래 한국으로의 이민사업은 한반도와 만주를 포괄하는 대제국을 건설한다는 '滿韓집중이민론'을 근거로 시행되었다. 여기서 주 대상은 소·빈농층이었으며, 이들을 한국에서 자작농으로 육성시켜 한국을 완전한 일본 땅으로 만들려는 계획이었다.[20]

농업경영을 위한 일제의 토지투자는 기본적으로는 개별 일본인 투기자본이 사적인 이익을 꾀하기 위해 추진한 것이었지만, 일본정부가 국책으로 실시한 척식사업의 일환으로 뒷받침해준 사업이기도 했다. 이 점은 일본정부가 국가적 차원에서 일본영사관을 통해 조선정부가 외국인의 소유는 허락하지 않으나 사실상의 점유는 이의를 제기하지 않으니 적극적으로 토지투기에 나

18) 이 시기 일본정부의 농업식민사업을 위한 조사작업에 대하여는 金容燮, 〈日帝의 初期 農業殖民策과 地主制〉(앞의 책, 1992) 참조.

19) 당시 한국의 지가는 일본의 1/5~1/10정도라고 보고했다. 지가 동향은 다음이 참고된다.
加藤末郎, 《韓國農業論》(1904), 258쪽.
岩永重華, 《最新韓國實業指針附渡航案內》(寶文館, 1904), 121쪽.
山本庫太郎, 《最新朝鮮移住案內》(1904), 80~81쪽.

20) 일본제국주의의 이 같은 야심찬 계획은 동양척식주식회사가 주도했지만, 처음부터 자금 부족으로 적극 추진하기가 어려웠을 뿐만 아니라 한국인의 거센 저항에 부딪혀 1927년 중단하고 말았다(大河內一雄, 《幻の國策會社 東洋拓植》, 日本經濟新聞社, 1982, 57~74쪽).

서라고 자국민을 독려한 사실에서도 확인할 수 있다.[21] 일본 자본주의 총체가 동원되어 한국을 침탈한 것이다.

(2) 정부의 법적·제도적 대응

전근대 한국에서의 토지거래는 토지소유자와 매득자 사이에 사적으로 賣買文記를 작성하여 교환하는 것만으로 절차가 완결되었다. 이것은 당시 관습법으로 별다른 문제없이 통용되었다. 그러나 토지 상품화가 촉진되면서 문기를 위조하여 盜賣·偸賣하는 현상이 점증하면서 소유권 분쟁이 속출하는 등 소유권의 불안성이 고조되기 시작했다. 더욱이 일본인의 잠매가 성행하면서는 문제가 더욱 심각해져 국가 기반조차 위태롭게 되었다. 이에 조선정부는 기존 토지관리제도의 틀을 완전히 바꿔 국가가 토지권 전반을 관리할 계획을 세워 실천에 옮기고 있었다. 구체적으로 家契제도의 도입과 외국인 토지소유금지법의 제정과 같은 응급조치를 시행하는 한편, 근본적 해결책으로써 토지조사사업을 실시한 것이다.

1893년 조선정부는 종래의 입안제도와 조계에서 실시한 지계제도의 경험을 바탕으로 한성부에 가계제도를 도입했다.[22] 부동산 거래의 불안정성은 어느 곳에나 있었지만, 특히 한성부에서 심각했기 때문이다. 한성부는 開市場으로 개방되어 외국인의 거주 왕래가 빈번하였을 뿐만 아니라, 격심한 농촌분해 과정에서 몰락한 농민들이 대거 유입되고 있었다. 한성부에서는 그 여파로 거주지 문제와 관련된 분쟁이 격발했다. 조선정부에서는 국가가 가옥에 딸린 여러 권리를 직접 관리하여 이 문제를 해결하려는 계획을 세워 실천에 옮겼던 것이다.

가계는 가옥의 권리를 행사할 때 근거를 삼을 수 있도록 형식을 갖추었다.[23] 기록내용은 주소와 가옥의 종류·칸수·가격·세금 등이었다. 가옥을 매매할 때는 舊契를 반납한 후 新契를 발급 받도록 하고, 여기에 賣主·買主·

---

21) 1902년 일본영사관이 원산 거류민에 내린 지령 참조(山本庫太郎, 앞의 책, 208~210쪽).

22) 한성부의 토지와 가사 문제에 대한 대책은 왕현종, 〈대한제국기 한성부의 토지가옥조사와 외국인 토지침탈 대책〉(《서울학연구》 10, 1998)을 참조.

23) 漢城府에서는 총 4차례에 걸쳐 家契를 발행하였다. 처음 발행한 家契양식은 朝鮮總督府中樞院, 《朝鮮田制考》(1940), 406쪽 참조.

家儈(중개자)·摘奸書吏(실무관리)가 각각 날인하도록 했으며, 최종적으로 堂上이 花押했다. 가계는 割印하여 관청과 소유자가 나누어 보관했다. 전당의 경우에는 당사자가 관할 관청에 직접 신청하여 가계에 내용을 기록하도록 했다.[24]

정부는 이러한 조치에도 해결의 전망이 보이지 않자 가계제도를 재정비했다.[25] 그 내용은 가계를 전에 매매한 것까지 소급하여 발급하도록 하고, 거래가의 1/100을 한성부에 납부할 것, 가쾌나 판 사람이 거짓 신고한 경우는 벌금을 징수할 것, 구권이 없거나 가쾌와 보증인의 화압이 없을 경우는 가계를 발급하지 말 것, 情願을 살필 것 등이었다. 이것은 등록세를 징수하여 국가세원을 확보하고, 관의 공증제도를 정비하여 거래의 안정성을 확보하려는 데 목적이 있었다.[26]

그럼에도 불구하고 투매·도매·잠매는 여전했고 오히려 다른 지방으로 확산되는 양상을 보였다. 정부에서는 그 대책으로 1900년 가계제도를 개성·인천·수원·평양·대구·전주 등 각 도시로 확대 시행하고, 양식도 개정했다.[27] 개정의 요점은 가쾌없는 거래를 인정하지 않는 등 가쾌의 역할을 강화하여 거래의 안정성을 확보하려고 했다는 점이다.[28]

그러나 가계제도에는 근본적인 한계가 내포되어 있었다. 본시 한성부가 가계제도를 계획할 때는 민간의 모든 호를 조사하여 일일이 가계를 발급하고, 소유권을 이전할 때도 반드시 가계를 근거로 거래하도록 했지만,[29] 실제로는 매주가 필요하여 가계 발급을 신청할 때만 구문기를 유일한 근거서류로 택하여 가계를 발급했던 것이다. 이리하여 관청에서는 가계를 발급한 가옥에 한해서는 소유권자를 확인하여 거래의 진위를 판가름할 수 있었지만, 불법적

---

24) 和田一郎, 《朝鮮土地地稅制度調查報告書》(1920)(宗高書房, 1967, 영인본, 271~272쪽).

25) 제2차 발행한 家契양식은 法典調査局, 《不動産法調査報告要錄》(1908), 36~37쪽.

26) 대구지역에서 시행된 家契에는 "買得ᄒᆞᄂᆞᆫ 시에 舊劵은 격鎖하고 新買人의 성명으로 請出ᄒᆞ야 公劵에 錯誤가 無케ᄒᆞ되 만일 公劵을 不拘ᄒᆞ고 私相賣與ᄒᆞ면 摘發屬公事"(法典調査局, 위의 책, 45쪽)라고 한 것에서 보듯, 거래할 때는 반드시 家契를 발급 받도록 하였다.

27) 和田一郎, 앞의 책, 277쪽.

28) 이 때 발행한 家契는 《忠淸道庄土文績》 40책에 삽입되어 있다.

29) 《承政院日記》, 고종 12년(上), 465쪽.

인 거래를 제도적으로 막을 수는 없었다. 즉 소유권을 査定한 장부가 없기 때문에, 관리가 가계를 발급할 때 소유자명을 허위로 기록한 가계를 발급해 주는 일이 발생했던 것이다. 때로는 허위 관계를 발급받아 몰래 파는 사기행위를 자행하거나, 일본인 전당포에 전당 차용하는 일도 발생했다.[30]

이러한 경우를 당한 일본인 전당업자들은 가계가 관에서 발급한 문서라는 점을 들어 전당자가 빚을 갚지 않을 경우, 본래 소유자가 돈을 빌리지 않았음에도 불구하고 가옥을 강제로 차지하기도 했다. 더 큰 문제는 외국인 전당업이 극성하면서 전당으로 소유권을 잃게 된 가옥이 급증했다는 사실이다.[31] 여기서 외국인이 차지한 가옥에 대한 법적 처리문제가 커다란 사회적 이슈로 대두되었다.

각국 외교사절은 한성부내 거류지와 가옥에 대해 지권과 가계를 발급해 줄 것을 외부에 강력히 요구했다.[32] 가계가 없으면 법적으로 권리를 주장할 수 없었기 때문에 외국인들은 한국정부의 공인을 받아 합법성을 획득하려 한 것이다. 한성부에서는 永租가 아니라 暫租로 할 것, 그리고 구역을 제한하여 가계를 환급해 주기로 결정했다.[33] 그렇지만 외국인에게 가계를 발급해 주면 얼마안가 우리 가옥이 전부 넘어갈 것이라고 우려하며 강력하게 반대하는 여론이 비등했다.[34] 한성부 등 해당 관청도 외국인들이 빈번히 가옥을 매수하고 가계발급을 독촉하는 상황에 처했으면서도 가계를 발급해 주는 데 주저주저했다. 잠조가 아닌 영조의 성격을 가진 가계를 발급해주는 것은 문제가 있다고 판단했기 때문이었다. 외국인 전당업자들은 전당을 통해 사적으로 소유권을 넘겨받기는 했지만, 그 소유권을 한국정부로부터 공식적으로 인정받지는 못했다. 이같이 가계제도는 제도적인 허점 때문에 일인 고리대 자

---

30) 가계제도는 공시제도가 미비하여 이를 분실한 자는 신문을 통해 그것이 무효임을 광고하기도 했다(《皇城新聞》의 廣告 참고).

31) 《皇城新聞》, 1901년 9월 3일, 〈法部主事金南濟〉; 9월 24일, 〈家券弊斷〉; 1906년 6월 14일, 〈飭督疏忽〉. 과장된 말이겠지만, 한성부에서는 외국인이 전집한 호가 전체 4만여 가옥중 2/5나 된다고 했다.

32) 《皇城新聞》, 1902년 1월 8일, 〈地券事段〉.

33) 《皇城新聞》, 1903년 1월 8일, 〈地契事段〉; 3월 13일, 〈會商地券事〉; 4월 10일, 〈地契議定〉.

34) 《皇城新聞》, 1903년 1월 8일, 〈外人典買〉.

본의 투자활동을 근절하는 데는 한계를 보였지만, 이를 저지하는 역할은 일정하게 수행한 것이다.[35]

조선정부는 외국인의 토지소유를 금지하는 법을 강화시키는 조치도 동시에 취했다. 가계제도는 서울 등 극히 제한된 지역에 실시되었을 뿐만 아니라, 규모도 얼마 안되었다. 더 큰 문제는 외국인이 조약에서 허락한 지역을 넘어 전국을 단위로 불법적으로 토지를 확대해 가는 일이었다. 내국인간의 거래는 비록 사기라 하더라도 소유권은 내국인 차지였지만, 외국인과의 거래는 소유권을 외국인에 박탈당하여 국권과 직결되기 때문에 매우 심각한 문제가 아닐 수 없었다.

정부는 지방관에 수시로 외국인의 잠매를 단속하라는 훈령을 내리는 한편,[36] 외국인의 토지권 소유를 금지하는 법을 제정했다. 1894년 갑오정권은 외국인이 국내의 부동산을 소유하거나 점유하는 것을 금하는 법을 명문화한 것이다.[37] 그러나 여기에도 문제는 있었다. 첫째는 조선정부는 조약과 법령을 외국인에게 강력하게 시행할 만한 공권력을 갖지 못한 근원적 한계가 있었다. 둘째는 농민전쟁의 결과 농민적 개혁노선이 좌절되고 농민경제가 피폐할 대로 피폐되었음에도 불구하고 아무런 대책없이 농민들에게 일방적으로 법을 준수하기를 기대했다는 점이다. 이러한 문제는 곧바로 현실로 드러났다. 정부의 의도와는 반대로 농민들은 왕실 등 지배층의 수탈로 토지소유권마저 빼앗길 상황에 처하자 생존권 차원에서 자기 토지를 외국인에 잠매를 시도했던 것이다.[38] 외국인, 특히 일본인은 이 틈을 노려 청일전쟁이래 개항장 부근의 해안지역은 물론 경기도 등 내륙지방까지 잠매를 확대해 갔다.[39]

---

35) 《皇城新聞》, 1905년 5월 19일, 〈外人家契日繁〉; 1906년 9월 20일, 〈訓飭發契〉; 1908년 4월 23일, 〈家契請認〉.

36) 《全羅北道去來案》, 건양 원년 7월 14일, 〈訓令 제2호〉(국사편찬위원회, 《各司謄錄》 53, 1991, 10쪽).

37) 議政府, 《議定存案》(奎 17236), 1894년 8월 26일.
內閣記錄局, 《法規類編》(奎 15433), 건양 원년(아세아문화사 영인본, 1982), 212쪽.

38) 李 沂, 《海鶴遺書》 권 4, 文錄 2(국사편찬위원회, 《韓國史料叢書》 3, 1971, 84쪽). 이 문제는 김용섭, 〈고종조 왕실의 균전수도 문제〉(앞의 책, 하, 1988) 참조.

39) 《全羅北道去來案》, 건양 원년 8월 14일, 〈報告書 제1호〉(《各司謄錄》 53, 10쪽).
《日省錄》, 1897년 11월 28일.

정부에서는 이러한 일이 극성해지는 데도 불구하고 국법에 정한대로 잠매토지를 무효화하고 해당자를 강력하게 처벌하는 조치를 취하지 못했다. 다만 농민을 처벌하거나 환퇴를 강요하는 등 농민에게 일방적인 책임만 강요했다. 오히려 일본인들이 농민에게 보호해 주겠다는 조건을 내걸며 잠매를 더 극심하게 자행했다.

사태가 악화될 조짐을 보이자 정부는 사태의 심각성을 인식하고 외국인의 부동산 소유를 금지시키기 위한 제도정비 작업에 착수했다. 이에 대한 근본적 해결 방식은 부동산권에 대한 국가관리체제를 확립하는 일이었지만, 우선 토지관련법을 제정하여 여기에 긴급히 대처했다. 민사적 측면에서 〈전당포규칙〉을, 형사적 측면에서 〈잠매자 처벌법〉을 마련하여 시행한 것이다. 〈전당포규칙〉은 1897년 11월 2일 법률 제1호로 공포했다.[40] 이 규칙은 당시 만연한 극성스런 전당행위로부터 민인들이 재산권을 뺏기는 사태를 막기 위해 제정한 것이었다. 전당물은 토지·가사 등 부동산의 契券은 물론, 의복·포백·금은 보석·패물 등 동산도 포함하였지만 주 대상은 부동산이었다.

전당할 때 주의사항과 처벌규정은 다음과 같이 정했다. 첫째, 부동산 전당을 관청의 허가사항으로 정했다. 전당 절차는 토지는 계권주가, 가사는 가쾌가 연서하여 관청의 허가를 받은 뒤 전당을 하는 방식이었다. 그리고 점포주는 관에서 허가한 것만을 典執하도록 했다. 둘째, 전당은 한국인 전당포 이외에는 할 수 없도록 규제했다. 셋째, 이를 어겼을 때는 형률에 따라 태형에 처했다. 특히 부동산 전당의 경우에 이를 위반했을 때는 계권에 기재한 금액의 절반을 벌금으로 징수하도록 했다. 넷째, 退典 기한은 품목에 따라 3개월 혹은 5개월로 정했다. 퇴전하지 못할 경우에는 기일 3일전에 점포주와 협동방매하여 원리금을 청산하고, 퇴전 기한이 지났을 때는 5일간 문 앞에 게시한 뒤 포주가 알아서 처리하도록 했다. 이 법은 외국인의 전당행위, 특히 한성부내에서 가사가 일본인의 전당으로 소유권을 빼앗기는 사태가 심화되자 대한제국정부가 이를 막기 위해 제정한 제도적 장치였다.

잠매자 처벌은 1900년 4월 28일 공포한 법률 제4호 〈依賴外國致損國體者

40) 서울대학교 도서관 편, 《詔勅 法律》(1991), 728쪽.

處斷例改正件〉에서 정했다. 허가한 지역이 아닌 곳을 외국인에 잠매하거나 이름을 빌려준 자는 미수에 그쳤더라도 '明律盜賊編 謀叛條'로 처단한다고 처벌규정을 대단히 엄하게 정했다. 이 법은 1898년 11월 22일 공포한 법률 제2호 〈依賴外國致損國體者處斷例〉를 개정한 것이다. 당초에는 이 조항을 마련하지 않았는데 이 때 새로 추가한 것이다.41) 외국인의 잠매가 위험수위에 달할 정도로 심해지자, 대한제국이 이를 막기 위해 취한 강력한 대응 조치였다.

그러나 이들은 모두 사후 처리법이어서 외국인들의 잠매나 전당을 막기에는 한계가 있었다. 처벌대상을 한국민으로 한정하고, 외국인에 대한 처벌규정은 마련하지 않아 잠매 활동을 잠재울 수 없었다. 농민전쟁 이후 당시 농민경제는 마지막 생존수단인 토지를 상품화할 수밖에 없었을 정도로 피폐했었음에도 불구하고, 정부는 농민경제를 안정화시킬 아무런 대책을 마련하지 않은 채 농민의 토지상품화를 일방적으로 제지한 것이다. 생존의 위기에 처한 농민이 여기에 동의할 수는 없었다. 잠매를 막기 위해서는 우선 농민경제의 안정화 대책을 강구하고, 아울러 이것을 가능하게 한 관행적 거래제도를 개혁해야만 했다.

대한제국이 전국토를 대상으로 1898년 착수한 일련의 토지조사사업은 이 문제를 해결하기 위해 제안한 가장 근본적인 대책이었다. 이 사업은 종전 토지개혁론자들이 제시한 양전론, 종래의 입안제도를 근거로 제시한 지계제도 도입 여론, 한성부와 조계에서 실시한 가계제도와 지계제도의 경험 등을 살려 기본 골격이 마련되었다.

사업 내용은 크게 양전사업과 官契발급사업으로 구분되었다. 양전사업은 전국의 토지를 대상으로 토지의 소재지·절대면적·토지모양·소유자·지가 등을 조사하는 일이었다. 그리고 관계발급사업은 양전사업에서 조사한 소유자가 진정한 소유자인지를 확인하는 사정작업을 거친 뒤 새로 마련한 官 증명서인 관계를 발급하는 일이었다. 여기서 관계 발급행위는 곧 법적으로 국가가 소유권자임을 인정하는 법인 절차였다. 소유권 변동이 있을 때는 관에 신고하여 구관계를 반납하고 새로 관계를 발급받도록 했다. 그리고 이 사업

41) 《舊韓國官報》 1114호, 1898년 11월 24일 및 1582호, 1900년 5월 1일.

에서 또 하나 주안점을 둔 것은 소유권자를 대한국인으로 한정하여 외국인의 잠매를 원천적으로 금지했다는 점이다.[42] 결론적으로 이 작업은 대한제국이 전국의 토지를 조사하여 대한인만으로 토지권을 확정하고 자기의 정치적 지향에 부합하도록 통일적이고도 체계적으로 그 권리를 관리 통제하는 데 목적이 있었다고 말할 수 있겠다.

그러나 이러한 제도적 장치만으로는 잠매 문제를 근원적으로 해결할 수는 없었다. 도매·투매는 어느 정도 막을 수 있겠지만, 농민경제의 안정화 대책을 마련하지 않으면 잠매를 막기에는 역부족일 수밖에 없었다. 대한제국은 당시 현실적 조건에서 토지개혁은 불가능하다고 보고 농민의 경작권을 물권으로 인정하여 지주권을 제약하는 방안으로 대책을 마련했다. 국가 재정의 원천인 지세를 지주와 함께 경작자도 함께 책임을 지게 하는 지주 작인 동시납부제를 시도한 것도 여기서 연유한 것으로 생각된다.[43]

2) 일제의 토지 확보와 토지법 정비

(1) 토지 확보 방법과 성격

일제는 조약이나 인허가를 통한 합법적인 토지거래, 외국인의 토지소유와 점유를 금한 지역에서 불법적이지만 경제적 거래방식의 잠매, 무력을 배경으로 한 강점 등 여러 방법을 동원하여 토지를 확보해 갔다. 일본제국주의가 대제국을 건설하기 위한 일환으로 '한국의 일본화'를 목표로 전 국가적 차원에서 토지 점탈 작업을 추진해 간 것이다.[44]

일본인들은 관습적 거래제도에 편승하여 토지를 확보하는 잠매 방식을 가

---

42) 이러한 견해로는 다음이 대표적이다.
김용섭, 〈광무년간의 양전 지계사업〉 (앞의 책).
한국역사연구회 토지대장반, 《대한제국의 토지조사사업》 (민음사, 1995) 등.
한편, 이를 부정적 혹은 과도기적 성격으로 파악하는 연구로는 다음이 있다.
김홍식 外, 《대한제국기의 토지제도》 (민음사, 1989).
——— 外, 《조선토지조사사업의 연구》 (민음사, 1996) 등.
宮嶋博史, 《조선토지조사사업사의 연구》 (동경대학 동양문화연구소, 1992).

43) 최원규, 〈대한제국과 일제의 토지권법 제정과정과 그 지향〉(《동방학지》 94, 1996).

44) 최원규, 〈1900년대 일본인들의 토지침탈과 침탈기구〉(《부대사학》 19, 1995).

장 빈번히 이용하여 토지를 확보해 갔다. 구래의 거래제도는 자본주의 국가의 토지권 관리제도처럼 국가가 제도적으로 제3자 대항권을 보장해 주는 장치가 마련되지 않았기 때문에 권리보장이 불안정했지만, 일본인이 국가의 법망을 피해 토지를 확대하기에는 더 없이 유리한 제도였다. 이들은 문기에 매득한 자의 이름을 기입하지 않거나, 한국인의 명의를 빌리는 방식으로 토지를 구입했다. 그렇게 해도 소유권 행사에 별 문제가 없다고 판단한 것이다. 이 과정에서 발생할지도 모를 도매·투매 등을 막기 위해, 일인자본가는 거간을 중간 매개자로 세워 방매토지를 수소문하고 현장 조사작업을 거친 다음, 촌의 유력자를 보증인으로 세워 계약하는 방식으로 토지를 확보했다.[45] 만약 2중 전매 등의 문제로 피해를 입게 될 경우는 대한제국의 공권력이 약화된 틈을 타 자기의 사적인 무장력을 동원하여 토지를 무단 점령하거나 문기를 탈취하여 강제로 차지하기도 했다. 일본인 지주·자본가의 자본 뒤에는 사적으로 조직한 상비군이나 일본정규군이 있었다.[46]

일본인 투자자들은 농사개량의 가능성과 투자자금을 고려한 이윤율을 계산하여 上田은 물론 대하천 유역의 下田도 투자 대상으로 삼았다. 그리고 영농, 신변안전, 상품화의 편리성 등을 고려하여 물산집산지나 경부철로 연변지역에 집중 투자했다. 투자대상으로 삼은 토지권은 경작권이 아니라 소유권이었다. 일본인들은 경제적으로 몰락해 가는 소농층이 방매한 토지에 주로 투자했지만, 목장토·사원전·서원전·시장·산판·섬 등 수익 가능성이 있는 모든 것을 대상으로 삼았다.[47] 이러한 사태를 통해 우리는 향후 일제의 농지정책이 소유권 위주로 처리되고, 지주제를 육성하는 방향으로 전개되리라는 것을 예견할 수 있을 것이다.

기존 거래제도는 소유권 보장책에서 미흡했지만, 투기적 자본가들이 토지를 확보하기에는 안성맞춤이었기 때문에 이들은 내심 불안해하면서도 이 제도가 일정 시기까지 유지되기를 바랬다. 일제는 이 점을 고려하여 러일전쟁을

---

45) 일본인들의 한국안내서와 일본농상무성 편, 《한국토지농산조사보고서(각도편)》(1906)에 대표적인 사례가 소개되어 있다.
46) 藤井寬太郎, 《朝鮮土地談》(1911).
47) 최원규, 앞의 글(1995), 542쪽.

전후한 시기부터 대한제국이 근대화 개혁으로 추진하던 토지조사사업과 토지법 제정 작업을 저지하면서 자국민들의 토지투기를 부추겼다.[48] 일본인들은 '만한경영론'을 주장하는 자국 여론에 편승하여 투자열을 고조시켜 갔으며, 가까운 장래에 잠매가 공인받을 것이라는 확신아래 경쟁적으로 투기전선에 나섰다.[49]

전통적인 전당방식도 일본인들의 토지확보에 좋은 수단으로 기능했다. 대한제국은 〈전당포규칙〉을 발포하여 외국인과의 전당을 금지했지만, 한국인만을 처벌대상으로 삼았다는 점에서 한계가 있었다. 그리고 전당이 소유권의 점탈로 귀결된다는 점을 크게 인식하지 못하고 소유권만큼 규제를 하지 않아 일본인들은 공공연하게 소빈농층을 대상으로 전당행위를 일삼았다. 전당은 이자 획득을 목적으로 생활자금과 영농자금이 부족한 자에게 대금을 융통해주는 한 수단이었다. 그러나 일본인 전당업자는 이자획득보다는 토지수탈을 목적으로 전당을 활용했다. 피폐해져 가는 농민의 경제형편을 이용하여 엄청난 고리대를 조건으로 전당계약을 맺고 토지를 빼앗아간 것이다.

일본인들이 이용한 전당방식은 다음과 같다. 첫째, 계약기한이 경과되는 즉시 아무런 절차를 거치지 않고 소유권을 차지할 수 있는 流質계약을 체결하거나, 토지매도증을 첨부하는 방식으로 전당계약을 맺었다. 둘째, 당초 계약할 때 계약서에 빌린 돈보다 과도한 금액을 기입하여 갚을 수 없도록 하는 방법을 채용했다. 셋째, 토지의 사용권이나 수익권을 저당잡는 質權을 설정했는데, 토지사용권을 영원히, 혹은 100년 이상 차지한다는 영대사용수익권을 조건으로 다는 방식을 이용했다. 이것은 소유권은 아니지만 동일한 효과를 볼 수 있고 주 단속대상도 아니었기 때문에 일본 고리대자본이 즐겨 이용하는 수법이었다. 일본인 고리대자본은 대한제국이 정한 〈전당포규칙〉도 전혀 의식하지 않았으며, 일본에서도 불법으로 규정한 방식을 동원하여 토지를 침탈해 간 것이다. 이들은 자기가 정한 방식을 생존의 위협에 빠진 농민에 강요했고, 한국농민들은 구래의 방식대로 대응하다 결국 토지를 빼앗기는

48) 최원규, 앞의 글(1996).

49) 일제가 한국에 적용한 만한경영론의 실례는 최원규, 앞의 글(1993)과 정연태, 앞의 글을 참조.

결과를 초래한 것이다. 농민은 반발하고 저항도 했지만, 대한제국은 무기력했고 경제력과 무력을 동원한 이들의 강압적 수단에 눌려 토지를 되찾을 수는 없었다. 일제초기 거대지주들은 한결같이 이러한 방법을 이용해 성장의 기틀을 마련했다.

일본정부와 자본가는 한국의 중앙정부나 지방정부로부터 인허가를 받아 사업을 벌여 토지를 확보해 가기도 했다. 대한제국은 산업화를 위해 철도나 도로부설, 군사기지 건설, 광산개발 등 각종 토목 건설사업을 추진했으며, 여기에 일본정부나 기업들이 대거 참여했던 것이다. 때로는 스스로 사업계획을 세워 대한제국에 받아들이기를 강요하기도 했다.[50] 공공사업부문에서 대한제국정부는 일본의 투기적 자본 공세에 밀려 사업을 주도적으로 추진하지 못하고 이들에 인·허가권을 내주었던 것이다.[51] 나아가 일제는 사업을 무리하게 추진하다 말썽이 나면 공공사업이라는 명분을 내세워 대한제국정부에 분쟁을 해결해 줄 것을 강요하는 등 최소한의 투자로 최대의 이익을 확보하는 방향에서 사업을 추진했다. 일본인 자본가는 이러한 조건을 활용하여 필요이상으로 엄청난 토지를 사업 계획면적에 포함시켜 수용하는 동시에 주변토지도 점탈할 수 있었다.

토지는 給價買土방식으로 수용하였으나 보상가는 시가에 크게 미치지 못했다. 군사기지는 일시 사용이라는 명목아래 한푼도 지급하지 않고 강제 점유했으며, 반환을 요구할 경우에는 사용목적이 종결되면 반환한다는 당초 약속과는 달리 무력을 동원하여 헐값으로 사들여 일인들에게 분배하기도 했다. 일단 수용이 결정되면 소유자는 이를 거부할 수 없었다. 국가가 주도하는 사업은 배타적으로 성장해온 사적 소유권을 무력화시키면서 추진되었기 때문에 농민에게는 원망과 두려움의 대상이었지만, 이에 대응하여 줄기차게 저항했다. 이를 해결하기 위해 일제는 토지수용에 관한 법률을 제정해야 한다는 견해를 일찍이 표명했으며, 강점하자마자 1911년 〈토지수용령〉을 제정 공포했다.[52]

---

50) 당시 열강의 이권침탈은 이윤상, 〈제국주의 경제침탈〉(한국역사연구회 편, 《한국역사입문》 3, 풀빛, 1996), 104~119쪽에 소개된 논저 참조.

51) 한일 합작사업은 일본과 가까운 부산 경남 지역에 집중적으로 시도되었다. 동래온천 영업권·부산항 매립·동래부 하단의 개간·삼랑진의 농원개발 등을 들 수 있다(吉倉凡農, 《實利之朝鮮》, 1904).

일본인 지주 자본가가 토지에 투자할 때 제기한 당면 해결과제는 사회적으로 커다란 물의를 일으킨 소유권 분쟁이나 이중 전당문제였다. 이 문제는 한국인 상호간의 문제에 그치는 것이 아니라 도매·투매로 한국인과 일본인 사이, 일본인 사이의 권리 다툼으로까지 비화되기도 했다. 일제는 외국인 토지소유의 합법화를 쟁취하고 등기제도를 도입해야 이 문제가 해결될 것이라고 인식은 했지만, 당장은 현 제도를 유지하는 편이 토지 침탈에 더 유리하다고 판단하고 기존 틀내에서 피해를 줄일 수 있는 방법을 강구했다. 목포흥농협회·목포농회·군산농사조합 등 일인농사조합은 이러한 구상아래, 지주·자본가가 일본정부의 행정적 지도아래 조직한 토지침탈 기구였다. 구체적으로 조합에서는 투자 지역을 조합원별로 구역을 정하여 할당했으며, 조합원이 잠매하거나 저당잡은 토지는 조합에 등록하게 하고 그 순서에 따라 권리를 인정하는 방안을 강구하여 시행했다. 일본인들이 서로 이중으로 매매하거나 이중저당하여 분쟁이 일어나지 않도록 조정하는 역할을 담당한 것이다.[53)]

이러한 사업 목적 때문에 일제는 을사조약을 체결하고 1906년 〈토지가옥증명규칙〉을 공포한 뒤에도 이 조합을 계속 존립시켰다. 〈토지가옥증명규칙〉이 단순히 거래계약을 관에서 증명해주는 데 불과하여 여전히 도매나 투매등을 막을 수 없었기 때문이었다. 일제는 소유권의 절대성의 원칙아래 토지조사를 실시하고 등기제도를 도입하여 '근대적' 부동산권 관리체제를 마련한 다음에야 비로소 이 기구를 해체시켰다. 일제의 토지조사사업이 일본인이 비정상적으로 획득한 불안정한 토지를 합법화시키고 안정화시키려는 데도 목적이 있었다는 것을 이를 통해서도 알 수 있다.

여기서 우리는 일제가 일본인 지주를 중심으로 한 지주제를 기반으로 한국 농촌과 농민을 무권리한 상태로 구조화시켜 지배하리라는 점, 그리고 이것은 일본 자본주의의 지원아래 가능했던 것이기 때문에 그 유지 성장도 여기에 기여할 때만 가능하다는 점, 그리고 이들은 늘 농민의 저항에 직면하리라는 점을 예상해 볼 수 있다.

---

52) 金正明, 《日韓外交資料集成》 6－中卷(巖南堂書店, 1964), 763쪽.
조선총독부, 《조선총독부관보》 186호, 1911년 4월 17일.

53) 최원규, 앞의 글(1995), 549~552쪽.

(2) 일제의 토지법 정비와 농장 건설

일제는 통감부를 설치하고 본격적으로 강점을 위한 법제 정비에 나섰다. 일본인이 토지투자활동을 하는 데 장애가 되었던 요인을 제거하고 그 발판을 세우는 조치였다. 가장 급한 일은 일제의 한국 재편작업과 일정하게 방향성에서 차이가 있는 대한제국이 추진해 온 부동산권소관법 제정작업을 막는 일이었다.[54] 이것은 외국인의 토지소유금지와, 지주제의 성장을 가로막는 경작권의 물권화를 지향한 법체계였기 때문이었다. 일제는 이를 저지하는 동시에 토지거래의 안정성을 확보한다는 명분아래 외국인의 토지거래를 인정한 〈토지가옥증명규칙〉을 제정했다.

그러나 여기에는 두 가지 문제가 있었다. 하나는 규칙에서 전당도 증명해 주도록 규정했지만, 계약을 위반했을 때 처리방법을 마련하지 않은 점이었다. 일제는 이 문제를 해결하기 위해 〈토지가옥전당집행규칙〉을 제정했다. 이 규칙은 경매제도를 도입하고 流質契約을 인정하는 등 전당 집행절차를 규정했지만, 본질적으로 채권자인 지주 자본가 위주로 제정된 법이었다. 또 하나는 규칙제정 이전에 잠매한 토지를 합법화시키는 문제였다. 일제는 거래라는 절차가 없더라도 소유권자가 증명을 신청하면 일정기간 소유권을 공시하여 이의를 제기하는 자가 없을 때 소유권을 증명해 주는 〈토지가옥소유권증명규칙〉을 제정하여 이 문제를 해결하려 했다.

이와 아울러 일제는 국가적 차원에서 미간지 확보를 위한 대책을 마련하기도 했다. 1904년 〈대한시설강령〉에서 기본 구상을 마련하고 한국정부와 직접 교섭을 시도한 바 있었다. 이 첫 시도는 일본인의 황무지 개척권 요구에 반대한 한국민들의 투쟁에 막혀 일단 실패했지만,[55] 통감부가 한국정부의 거의 모든 실권을 장악한 1907년 〈국유미간지이용법〉을 제정하여 끝내 실현을 보았다.

이러한 일련의 법을 제정함으로써 일제는 종래 한국내에서 토지를 확보해 가면서도 토지의 종류에 따라 한국정부로부터 불법이란 명목으로 당한 제약을 완전히 벗어나 한국인과 같은 위치에서 토지를 확보할 수 있게 되었다.

---

54) 부동산권소관법은 宮嶋博史, 앞의 책과 최원규, 앞의 글(1996)을 참조.
55) 윤병석, 〈일본인의 황무지 개척권 요구에 대하여〉(《역사학보》 22, 1964).

그리고 법제가 갖는 내용상의 특질은 경작권은 고려하지 않고 소유권만을 대상으로 삼았다는 점이다. 이러한 사실에서 일본제국주의가 일본인 지주들에게 절대적 권리를 갖는 소유권을 부여하여 농민들에게 소작시키는 지주제 방식으로 한국 농촌사회를 지배할 목적아래 이 법을 제정했다는 점도 짐작할 수 있을 것이다.

일본인들은 이러한 요청에 부응하여 이 법제를 잘 활용하여 토지를 확보해 간 것이다.[56] 다음 표는 1907년도 일본인이 매입한 토지 중에서 〈증명규칙〉을 이용한 토지의 통계이다. 경기 이남 지역을 주대상으로, 적지 않은 규모의 토지를 매입하여 증명하고 있는 모습을 볼 수 있다. 소유자별 평균면적을 볼 때 남부 지역에서는 지주 자본가가 주로 이용했음을 보여주고 있다.

〈표 2〉 일본인의 〈증명규칙〉 이용실태

(단위 : 坪)

도별	水　田	%	田	합	%	소유자	평균면적
경기	2,327,940	70	987,789	3,315,729	9	127	9 町步
충남	2,021,120	64	1,147,348	3,168,468	9	59	18
충북	64,140	30	149,900	214,140	1	18	4
전남	2,950,000	86	500,000	3,450,000	10	85	14
전북	3,364,785	83	704,445	4,069,230	11	95	14
경남	2,221,480	12	15,664,020	17,885,500	50	532	11
경북	1,142,600	48	1,216,048	2,358,648	7	130	6
강원	1,200	12	9,160	10,360	0	2	2
황해	58,200	8	645,480	703,680	2	9	26
함남	10,000	54	8,500	18,500	0	20	0.3
함북	8,500	61	5,400	13,900	0	5	1
평남	15,200	8	185,000	200,200	1	32	2
평북	10,331	8	123,413	133,744	0	22	2
계	14,195,596	40	21,346,503	35,542,099	100	1,136	10

* 度支部 司稅局, 《韓國의 土地에 關한 調査》(1908), 9~11쪽.

56) 증명규칙은 다음이 참조된다.
신용하, 《조선토지조사사업사연구》(지식산업사, 1979).
조석곤, 〈토지조사사업과 식민지지주제〉(《한국사》 13, 한길사, 1994).
최원규, 앞의 글(1996).

1910년까지 일본인이 확보한 토지의 규모는 정확하지는 않으나, 다음 통계에서 그 대강을 볼 수 있다. 1910년 현재 2,254명이 86,952정보의 토지를 소유한 것에서 보듯 상당수의 일본인이 많은 토지를 확보하여 지주로서의 위치를 확고히 다지고 있었다. 이들 토지는 전국 각지에 분포했지만, 그 비중은 전남-전북-경남-황해-충남-경기의 순이었다. 지목별로는 지주 경영의 핵인 논이 과반 이상을 점했으며, 규모는 전북-전남-경남-황해-충남의 순이었다.

일본인지주들의 침투로는 처음에는 주로 전라도·경상도·충청도였으며, 1907년경에는 경기도와 황해도를 포괄했다. 대지주는 전북·전남·경남·경기 등에 많이 분포했다. 구체적으로는 전북의 군산부근과 전주평야, 전남의 영산강유역, 경남의 낙동강유역의 김해평야, 경기도의 수원과 진위 등에 집중되었다. 일본인 지주제가 발전하기에 자연적·경제적 입지 조건이 우월한 때문이었다.

〈표 3〉 1910년 지역별 일본인 토지소유면적과 인원

(단위 : 정보, 명)

구 분	경기	충북	충남	전북	전남	경북	경남	황해	강원	평남	평북	함남	함북	합계
논	1,997	112	3,484	16,219	10,748	889	4,566	3,852	-	693	-	15	-	42,585
밭	1,511	62	1,759	2,109	7,538	1,466	3,281	7,974	4	755	15	215	24	26,726
임야 원야	1,869	129	1,255	1,288	3,732	536	4,542	417	-	74	-	16	-	13,867
기 타	70	2	161	634	84	66	2,333	292	-	96	-	30	-	3771
계	5,450	308	6,661	20,251	22,105	2,960	14,726	12,537	4	1,620	16	278	24	86,952
인 원	182	84	370	284	381	427	353	46	7	61	14	40	5	2,254

* 조선총독부, 《조선총독부통계연보(1910)》(1912), 183~184쪽과 부록 25~39쪽에서 작성.

구체적 이유는 첫째, 평야가 넓고 철로나 항구가 인접한 교통이 편리한 지역이라는 점이다. 쌀의 상품화에 유리했다. 둘째, 지가와 개발가능성이 고려되었다. 이 지역은 강하류 지역으로 비옥하기는 하지만, 아직 한국인의 개발 여력이 미치지 못하여 지가가 낮고 개발의 여지가 풍부한 곳이었다. 일본인 자본가들은 이곳에 대규모의 토지를 구입하여 대규모의 수리시설을 설비하여 대농장으로 개발했다. 일본인 대농장의 대표적 지역이 되었다.[57]

57) 이경란, 〈일제하 수리조합과 농장지주제〉(《학림》 12·13합집, 1991).

지주의 규모별로 성장 추이를 보면 다음과 같다. 30정보 이상의 지주는 1909년 총 135명이었다. 이 중 13명이 1903년 이전에 들어왔으며, 일제의 한국 침략이 본격화된 러일전쟁부터 일제가 실권을 장악한 1907년 사이에 가장 적극적으로 몰려와 무려 109명이나 되었다. 500정보 이상을 확보한 대지주도 21명 가운데 17명이 이 때 들어왔다. 상당히 짧은 기간에 대규모의 토지를 집적한 것이다.[58]

〈표 4〉 30정보 이상 일본인 지주의 소유규모별·창업년도별 인원

(단위 : 명)

구 분	1903	1904	1905	1906	1907	1908	1909	계
30~50정보	1	4	3	2	3	7	-	20
50~100	3	6	7	4	7	3	-	30
100~200	2	5	5	12	6	-	1	31
200~300	3	5	2	2	-	-	-	12
300~500	2	2	5	10	2	-	-	21
500~1000	1	3	1	3	3	1	-	12
1,000~2,000	-	1	1	1	2	-	-	5
2,000~5,000	1	-	1	-	-	-	-	2
5,000 이상	-	1	-	-	-	1	-	2
계	13	27	25	34	23	12	1	135

* 淺田喬二, 《日本帝國主義と舊植民地地主制》(御茶の水書房, 1968), 68쪽에서 재인용.

일본인들이 지주경영을 위해 토지를 확보한 다음 가장 유의하였던 문제는 농민들이 경작자로서 갖고 있던 경작권 문제였다. 경작권의 강도는 지대 수준으로 표현되며, 지주경영의 성패는 지대의 확보 수준에 달려 있었기 때문이다. 경작권의 소유권에 대한 투쟁은 19세기 내내 항조운동으로 표출되었으며, 양자의 타협점은 경작권의 물권화 방향이었다.

조선정부의 지주제 운영방침은 갑오개혁이후 대한제국 단계에서 일단 제

58) 일제초기 일인 지주의 침투실태는 다음이 참조된다.
조기준, 《한국자본주의 성립사론》(대왕사, 1977).
淺田喬二, 《日本帝國主義と舊植民地地主制》(御茶の水書房, 1968).

도적으로 정리되는 조짐을 보였다. 당시 궁방이 추진한 지주경영책에서 제도의 일단을 엿볼 수 있다. 첫째, 소유자와 경작자 사이에 존재하는 중답주의 권리를 부정하여 소유권을 확보하는 동시에 지대수입을 증대시키려는 것이었다. 둘째는 농민의 경작권을 보장하고 지대를 민간 수준의 도지제의 수준에 맞추어 정액지대로 하는 것이었다. 이것은 지주의 소유권을 대전제로 하면서도 경작자 농민의 경작권을 일종의 물권적 권리로 확인하는 작업이었다. 대한제국은 이러한 작업의 기초 위에서 토지조사사업과 민법 제정작업을 추진했던 것이다.[59]

반면 일제는 일본인 지주들의 지주 경영을 강화하는 측면에서 농정을 수행했다. 그것은 쌀의 상품화를 목표로 일본의 농법을 조선에 보급하는 한편,[60] 기술보급의 주체로서 지주의 절대성을 확보하기 위해 농민의 경작권을 약화 또는 박탈하는 일이었다. 1908년의 탁지부령으로 공포한 〈역토관리규정 및 소작료 징수규정〉에서 이 방침을 확정했다. 그 내용은 첫째, 소작료징수와 감독권을 행정기구로 일원화하였다. 둘째, 소작권을 임차관계로 확정하여 양도·전당·전대를 금했다. 소작기간은 5년으로 정했다. 셋째, 소작료를 금납으로 정했다. 넷째, 소작인의 의무사항을 정하고 이를 위반할 때 경작권을 박탈한다는 것이었다.[61]

이 규정은 일제가 국유지 경영의 원칙과 수준을 정한 것이다. 지주권은

---

59) 여기에 대해서는 다음이 참고된다.
김용섭, 〈한말에 있어서의 중답주와 역둔토지주제〉(《한국근대농업사연구》 하, 일조각, 1984).
박찬승, 〈한말 역토 둔토에서의 지주경영의 강화와 항조〉(《한국사론》 9, 서울대 국사학과, 1983).
최원규, 〈대한제국기 양전과 관계발급사업〉(《대한제국의 토지조사사업》, 민음사, 1995).
———, 〈한말 일제초기 일제의 토지권 인식과 그 정리 방향〉(《한국 근현대의 민족문제와 신국가건설》, 지식산업사, 1997).

60) 정연태, 〈1910년대 일제의 농업정책과 식민지 지주제〉(《한국사론》 20, 서울대 국사학과, 1988).

61) 조선총독부, 《역둔토실지조사개요보고》(1911)부록, 탁지부령 제27호, 1908년 8월 12일, 〈역둔토관리규정〉 ; 탁지부 훈령 제178호, 1908년 8월 6일, 〈역둔토소작료징수규정〉.

절대성을 보장한 반면, 경작권은 무권리한 임대차 관계로 확정했다. 이 조치는 국유지에만 한정한 것이 아니라, 동양척식주식회사 일본인 지주도 이에 근거하여 소작계약을 체결했다. 한국인 지주들도 점차 이 방식으로 지주경영 방식을 전환해 갔다. 이 같이 지주들이 권력에 힘입어 경영을 직접 관장하고 지대 강화를 꾀하자, 농민들은 이에 반대하여 일제 강점기 내내 줄기차게 대지주투쟁을 벌여 나갔다.

〈崔元奎〉

Ⅱ. 민족경제의 동태

1. 무역구조의 변동과 시장권의 재편성
2. 상회사 설립과 상권수호운동
3. 광공업과 면방직업의 전개
4. 교통 · 운수 · 통신
5. 상업적 농업의 재편과 지주제의 성장

Ⅱ. 민족경제의 동태

1. 무역구조의 변동과 시장권의 재편성

1) 무역구조의 변동

(1) 청일전쟁 이전의 무역구조

청일전쟁 이전 무역품의 구성은 다음 〈표 1〉과 같다. 수입품의 중심은 개항 직후부터 줄곧 면제품이었다. 면제품은 그 비중이 차츰 낮아지기는 하였지만, 청일전쟁 직전에도 총수입의 절반 정도를 차지하였다. 그 반면 미곡과 콩은 1890년 이래부터 수출주종품으로서 확고히 자리를 굳혔다. 그 이전에도 미곡과 콩은 중요한 수출품이었지만, 그 수출액은 매우 가변적이었고, 牛皮가 최대의 수출액을 기록한 해가 많았다. 1890년을 기점으로 미곡·콩 등의 곡물을 수출하여 金巾 등의 면제품을 수입하는 무역구조가 정착되었던 것이다. 1880년대 후반부터 해마다 무역수지의 적자를 보았는데, 그 상당한 부분은 금의 수출로 메워졌다. 조선이 농산물과 광산물이라는 1차산품을 수출하고 공산품을 수입하는 구조가 정착된 기본적인 원인은 공업생산의 기술격차가 현저하여 조선이 공산품에서는 比較劣位에 있었던 점에서 구할 수 있다.

〈표 1〉 수출입액과 중요 수출입품의 비중

(단위 : 圓, %)

연도	수 출			수 입		무역총액	무역수지
	총 액	미곡	콩	총액	면제품		
1887	804,996	11.2	41.7	2,815,441	67.3	3,620,437	- 2,010,445
1888	867,058	2.5	54.4	3,046,443	64.4	3,913,501	- 2,179,385
1889	1,233,841	6.3	52.3	3,377,815	50.6	4,611,656	- 2,143,974

1890	3,550,478	57.4	28.3	4,727,839	56.6	8,728,317	- 1,177,361
1891	3,366,344	54.1	27.1	5,256,468	54.7	8,622,812	- 1,890,124
1892	2,443,739	40.9	32.7	4,598,485	47.5	7,042,224	- 2,154,746
1893	1,698,116	21.6	37.0	3,880,155	44.7	5,578,271	- 2,182,039
1894	2,311,215	42.4	21.9	5,831,563	42.8	8,142,778	- 3,520,348
1895	2,481,808	29.8	37.2	8,088,213	58.3	10,570,021	- 5,606,405
1896	4,728,700	53.1	27.0	6,531,324	53.3	11,260,024	- 1,802,624
1897	8,973,869	61.9	19.1	10,067,514	52.4	19,041,383	- 1,093,645
1898	5,709,489	48.3	19.7	11,825,249	43.9	17,534,738	- 6,115,760
1899	4,997,845	28.4	39.5	10,307,830	52.2	15,305,675	- 5,309,985
1900	9,439,867	38.4	25.1	11,013,590	52.3	20,453,457	- 1,573,723
1901	8,461,939	49.6	22.2	14,822,003	41.7	23,283,942	- 6,360,064
1902	8,317,070	42.4	20.9	13,657,063	40.7	21,974,133	- 5,339,993
1903	9,477,603	44.6	16.1	13,874,814	43.3	23,352,417	- 4,397,211
1904	6,933,504	18.8	34.6	27,034,345	31.3	33,967,849	-20,100,841
1905	6,904,301	12.9	37.8	31,959,582	37.6	38,863,883	-25,055,281
1906	8,132,844	19.7	43.2	29,534,857	27.8	37,667,701	-21,402,013
1907	16,479,834	45.9	23.6	41,611,530	30.2	58,091,364	-25,131,696
1908	13,463,947	48.2	25.0	41,021,436	27.6	54,485,383	-27,557,489
1909	15,399,678	35.9	22.8	36,646,256	25.4	52,045,937	-21,246,578
1910	18,868,177	34.1	27.7	39,737,039	29.0	58,605,223	-20,868,862

* 李憲昶,《開港期 市場構造와 그 變化에 관한 研究》(서울大 경제학박사학위논문, 1990), 94쪽.

청일전쟁을 전후하여 조선의 주된 무역상대국은 일본과 청국이었다. 〈표 2〉에 나타난 바와 같이, 80년대 중반 이후에 조선과 거래하는 무역국 중에 청국과 일본을 제외한 나라의 비중은 수출과 수입을 막론하고 1% 미만이었다. 구미 자본주의국은 조선시장에 별 매력을 느끼지 못하였다. 청일전쟁 이전 수출무역에서는 일본의 압도적인 우위가 변하지 않았지만, 수입무역에서는 청국의 지위가 현저히 신장되었다. 수출주종품인 미곡과 콩은 거의 일본에 수출되어서, 일본으로의 수출액은 해마다 전체의 9할을 넘었다. 청국으로부터의 수입액이 전체 수입에서 차지하는 비중은 1886년 18%로부터 1893년

49%로 급격히 상승하였다. 〈표 2〉에 의하면, 金의 수출에서도 청국의 비중이 급속히 신장되어 1890년부터는 일본을 능가하게 되었다. 청국에는 인삼·해삼·종이류 소액을 제외하면 특별히 수출할 만한 상품이 없어서, 수입품의 대금은 주로 금으로 결제되었기 때문이다.

〈표 2〉 貿易額의 淸·日別 構成

(단위 : 천 圓, %)

연도	輸入額	日 本	淸 國	輸出額	日 本	淸 國	金輸出	日 本	淸 國
1886	2,474	82	18	504	97	3	1,130	81	19
1887	2,815	74	26	805	97	2	1,388	85	15
1888	3,046	72	28	867	91	8	1,374	75	25
1889	3,378	68	32	1,234	91	9	982	62	38
1890	4,728	65	35	3,550	98	2	750	37	63
1891	5,256	61	39	3,366	96	4	689	40	60
1892	4,598	55	45	2,444	93	6	853	43	57
1893	3,880	50	49	1,698	91	8	919	46	54
1894	5,832	63	35	2,311	89	7	934	68	32
1895	8,088	72	26	2,482	95	4	1,353	78	22
1896	6,531	66	33	4,729	93	6	1,390	58	42
1897	10,068	64	35	8,974	90	8	2,034	47	53
1898	11,818	57	42	5,709	79	20	2,376	50	50
1899	10,227	65	34	4,998	84	14	2,933	70	30
1900	10,940	75	24	9,440	77	21	3,633	84	16
1901	14,696	62	38	8,462	87	9	4,993	97	3
1902	13,541	64	36	8,317	79	18	5,064	99	1
1903	18,219	63	29	9,477	80	16			
1904	26,805	71	19	6,934	82	18			
1905	31,960	74	17	6,904	78	22			
1906	29,654	77	14	8,133	85	9			
1907	41,436	66	11	16,498	77	19			
1908	41,021	59	12	13,464	77	16			

* 1. 1885~1893년은 《中國海關年報》, 附錄 〈朝鮮海關年報〉.
2. 1894~1896년은 信夫淳平, 《韓半島》(東京 : 東京堂書店, 1901), 647~648쪽.
3. 1897년 이래는 《第一次統監府統計年報》, 243~244쪽과 《第三次統監府統計年報》, 401쪽.
4. 1894년 이래의 金輸出은 朝鮮貿易協會, 《朝鮮貿易史》(1943), 46~47쪽.
5. 1906년 8월까지의 무역통계법은 最近經由國에 의하여 수입국을 구별하였지만, 동년 9월 이래부터는 製造國에 의하여 구별함.

〈표 2〉에 나타난 1906년 8월까지의 수입무역 통계는 製造國이 아니라 最近經由國으로 분류된 사실을 주목할 필요가 있다. 청일전쟁 이전에 수입된 金巾을 중심으로 하는 면제품은 대부분 구미 자본주의국가의 제품이었고, 청국상인과 일본상인이 그 中繼貿易에 종사하면서 상업이윤을 획득하였다. 청일전쟁 이전에는 산업혁명을 수행한 구미국가의 압도적인 공업생산력의 우위가 공산품을 수입하고 1차산품을 수출하는 조선의 무역구성을 결정지었고, 일본이나 청국은 조선에 대하여 공업생산의 확고한 비교우위를 가지지 못하였다. 그런 점에서 조선은 청국과 일본을 매개로 하여 구미 자본주의국에 대하여 선진국과 후진국간의 農工分業關聯을 맺었던 것이다. 개항장무역에 늦게 참여한 청국이 수입무역에서 현저한 성장을 이룰 수 있었던 것은 청국상인이 일본상인에 비해 자본력이 우월하고 상업수완과 신용도에서 앞섰고, 중계무역항으로서 상하이(上海)가 나가사키(長崎)보다 우월하였기 때문이다. 조선에서의 청국의 정치적 위세가 청국상인의 활동을 후원함으로써 청국무역을 뒷받침하였던 점도 지적할 필요가 있다.

〈표 3〉 對日 수입품의 製造地別 구성

(단위 : 천圓, %)

연 도	輸入額	日本産	外國産	연 도	輸入額	日本産	外國産
1880	1,148	12	88	1889	1,093	74	26
1881	1,093	10	90	1890	1,251	82	18
1882	1,743	11	89	1891	1,466	86	14
1883	438	41	59	1892	1,411	87	13
1884	457	48	52	1893	1,301	84	16
1885		50	50	1894	2,365	83	17
1886	829	85	15	1895	3,831	89	11
1887	552	65	35	1896	3,367	91	9
1888	707	79	21	1897	5,197	90	10

* 北川修, 〈日淸戰爭までの日鮮貿易〉(《歷史科學》 1-1, 1932), 〈제3표〉와 〈제9표〉로부터 작성.

그런데 일본은 청일전쟁 이전에 이미 중계무역을 탈피하려는 조짐을 보였음이 주목된다. 〈표 3〉에 의하면, 일본으로부터의 수입품 중에 일본제품의 비중은 1882년 이전까지 1할 남짓하다가 1883년 이래에는 5할 전후로 상승하였고, 1890년부터는 수입액이 급증하는 가운데 해마다 8할을 넘어섰다. 일본이 조선에 대한 자국산 제품 수출의 비중을 증대한 것은, 〈표 4〉에 나타난 바와 같이, 당시 수입 주종품인 金巾의 중계무역을 청상에게 탈취당한 점에 기인한 면이 있었다. 금건의 중계수입 중에 일본상인의 몫은 1886년부터 1할 미만으로, 1888년부터 2% 이하로 떨어졌다. 청일전쟁 직전에는 청국상인이 금건 수입을 완전히 장악하였다. 금건의 중계무역의 열세는 일본으로 하여금 일본산 면직물의 수출을 요청하였던 것이다. 그보다 근원적인 요인은 일본의 산업화의 개시에 따른 자국 공산품의 수출능력의 확대이다. 일본에서는 이 시기에 도시를 중심으로 雜工業이 성장하였고, 80년대 후반부터는 면방적업 등을 중심으로 하여 기업이 발흥하였다.

〈표 4〉 金巾 中繼輸入의 淸·日商間 구성

(단위 : 천圓, %)

연 도	수입액	日本商	淸商	연 도	수입액	日本商	淸商
1885	555	16	89	1890	834	2	98
1886	522	7	93	1891	1,166	1	99
1887	678	7	93	1892	850	0.5	99.5
1888	699	2	98	1893	658	0.5	99.5
1889	492	2	98				

* 1. 北川修, 〈日清戰爭までの日鮮貿易〉(《歷史科學》 1-1, 1932), 〈제11표〉로부터 작성.
  2. 1885년의 구성비가 100을 넘는 것은 일본상과 청상의 수입액을 합한 것이 총수입액보다 많기 때문임.

(2) 무역구조의 변동을 초래한 요인으로서 청일·러일전쟁과 일본의 산업혁명

〈표 1〉에서 보면, 무역액은 다소 기복이 있지만 급증하는 추세였다. 1894~1910년 동안 수출액과 수입액이 모두 7배정도 증가하였다. 그런데 수출입액은 청일전쟁과 러일전쟁의 직전에 정체된 상태에 있다가 전쟁을 획기로 하

여 약간의 시차를 두면서 보다 높은 수준으로 도약하였다. 두 전쟁이 조일무역의 확대에 중요한 계기로 작용하였던 것이다. 뿐만 아니라 두 전쟁은 무역시장에서 일본의 지위를 한층 강화하였다. 〈표 2〉에 의하면, 청일전쟁 직전에 맹렬한 기세로 성장하여 총수입액의 절반을 차지하기에 이르렀던 청국의 비중이 청일전쟁 이후에는 30%대로 하락하고 러일전쟁 이후에는 10%대로 하락하였으며, 그 반면 일본수입품의 비중이 신장하였다. 수입무역에서 일본의 지위 상승은 금수출에서 일본의 비중을 높였다. 〈표 2〉에 의하면, 청일전쟁 직전 금수출에서 일본의 비중은 4할대이던 것이 그 직후에 7할 내외로 급등하였다.

일본제 면제품은 청일전쟁을 계기로 조선시장을 급속히 개척하였다. 전쟁 중에 군수품의 조달과 노동력의 징발에 수반하여 다액의 일본화폐가 산포되었고, 그로 인하여 조선인의 金巾 등의 구매가 촉진되었다. 일본정부는 전쟁 중에 금건의 직수입, 유력 자본의 진출, 내지행상의 장려, 일본제 면제품의 판매 확대 등의 무역확대책을 추진하였다. 그 결과 전쟁 후에 금건의 직수입, 면제품 수출의 비약, 내지행상의 진전과 內地雜居, 일본상인의 자본축적, 甲午改革에 의한 판로 확대가 이루어져 무역이 확대되었던 것이다.[1] 청일전쟁은 무역담당자인 양국 상인의 세력에 영향을 미침으로써 일본의 무역우위를 가져오는 데에 기여하였다. 청국의 패배로 청국상인은 일시적으로 철수하여야 했고, 다시 복귀하였지만 상업활동을 뒷받침할 정치적 후원은 기대할 수 없었다. 물론 청일전쟁이 일본의 조선시장 개척에 미친 영향을 과대평가해서는 안된다. 당시 수입주종품이던 洋金巾의 수입권은 청국상인이 철수하자 일본상인이 장악하였지만, 얼마 후에 복귀한 청국상인이 탈환하였던 것이다. 러일전쟁을 통하여 일본의 정치적 지배가 확고해진 후부터 비로소 일본상인이 중계무역에서도 청국상인을 압도할 수 있었다.[2]

수입품 중 일본제품의 비중이 증가하고 무역시장에서 일본이 중국을 압도할 수 있었던 기본적인 요인은 일본의 산업혁명의 수행에 따른 청일간 생산력 격차의 확대였다. 청일전쟁은 동아시아 삼국의 운명을 갈라놓고 일본의

1) 朴宗根, 〈日淸戰爭と朝鮮貿易〉(《歷史學硏究》 536, 1984).
2) 朝鮮貿易協會, 《朝鮮貿易史》(1943), 45~46쪽.

산업혁명의 추진을 뒷받침하였다. 조선은 밑으로부터 변혁을 지향한 농민군이 일본군과 관군의 연합세력에 패배당하였고, 청국의 洋務運動은 파산을 선고당하였다. 일본은 막대한 배상금을 공업화에 활용할 수 있었고, 전쟁의 승리에 힘입어 제국주의로 본격적으로 전환하여갔다.

산업혁명이란 기계의 발명과 이용을 기초로 하여 자본제 생산양식이 전사회적으로 확립되는 과정이었다. 後發資本主義國은 선진자본주의의 외압을 막고 경제적 격차를 축소하기 위해 일반적으로 국가 주도의 殖産興業政策을 추진하였는데, 명치유신이래 일본정부도 관영공장의 설립·운영, 민간자본에 대한 보조금과 저리 융자, 주식회사와 은행의 설립 장려 등의 식산흥업정책을 강력히 수행하였다. 정부의 지원을 받은 二千錘紡績이 극히 부진한 때에, 시부사와 에이치(澁澤榮一)의 지도하에 1만추 규모의 大阪紡績이 1882년 설립되고 다음해에 개업하여 좋은 성적을 올렸다. 이에 촉발되어 대도시의 면업 관계 상인이 연이어 대판방적을 모델로 하여 대규모 기계제 방적공장을 설립하였다. 그리하여 1886~9년경 면방적업·철도업·광산업을 중심으로 기업이 발흥하였다. 이 기업발흥기는 산업혁명의 개시기로 파악된다. 러일전쟁을 획기로 力織機가 급속히 보급되어 역직기를 중심으로 하는 공장의 생산액이 직물생산액의 과반을 차지하기에 이르렀고, 러일전쟁 직후에는 생산수단의 국산화의 방향이 확정되었다. 그런 점에서 러일전쟁 직후에 산업혁명이 종료되었다고 평가하기도 한다.

일본의 공업화에 수반하여 무역구조가 변하였다. 초기의 무역구조는 미국 및 프랑스에 生絲·茶를 수출하여 인도를 포함한 대영제국으로부터 綿絲·綿布를 수입하는 후진국형이었다. 그런데 면방적업을 중심으로 하는 기계제공업의 발전을 통하여 수입 면제품을 구축하는 동시에, 나아가 청일전쟁 후에는 청국이나 조선으로 면제품의 수출이 진전되고 러일전쟁 후에는 면제품의 대영제국으로의 수출도 신장하기 시작하였다. 이러한 변화는 일본의 무역구조가 후진국 유형으로부터 탈피하여 선진국적 측면을 갖추기 시작한 것을 나타낸다.

면업에서는 방적자본이 확립됨과 동시에 만성적인 생산과잉의 문제에 직면하였다. 그래서 紡績連合會는 조업 단축을 시행하는 동시에 수출장려금의 교부에 의한 덤핑수출을 행하였다. 대규모 방적업의 발전에 수반하여 면사

생산이 급증하여 1890년에는 벌써 수입량을 초과하고 1897년에는 수출량이 수입을 초과하기에 이르렀다. 직포업을 兼營하는 방적회사가 증가하였는데, 여기서 생산된 면포가 다량 수출되었다.3)

일본에서 자본주의의 형성과 확립은 제국주의화와 밀접한 관련을 가진다. 일본에 있어서 조선무역은 비중이 작지만 신장률이 최고이고 그 대폭의 흑자는 적자의 보전에 기여하였다. 일본 면업의 발전과 방적자본의 확립은 해외시장의 개척과 깊은 관련을 맺었다. 일본 면업의 2대시장은 청국과 조선인데, 청국으로는 면사 수출이, 조선으로는 면포 수출이 중심을 이루었다. 조선시장은 청국시장보다 규모가 훨씬 작았지만, 일본제품의 비중이 컸다는 점에서 일본면업의 발전에 기여하는 바가 컸다. 특히 生金巾과 白木綿의 수출은 조선시장에 결정적으로 의존하였다. 생금건은 직포업을 겸영하는 방적자본의 기계제 대공장에 의하여 생산된 반면, 백목면은 선대제 가내수공업 내지 매뉴팩쳐의 제품이었다. 생금건 중에도 섬세한 고급의 제품은 영국제와 경쟁할 수 없었고, 토착 면포의 성질이 유사한 두터운 실로 짠 하급의 시팅이 주로 수출되었다. 일본의 선대제 가내면업 내지 면업 매뉴팩쳐는 바탄機의 도입 등 노동수단의 高次化를 달성함으로써 조선면업에 비하여 2~3배 높은 노동생산성을 확보하고 조선에서 백목면의 시장을 순조롭게 개척할 수 있었다. 이러한 재래면업이 力織機를 가지는 근대 기계공업으로 전환하는 데에는 조선시장이 기여하였다.4)

(3) 청일전쟁 이후 무역구조의 변동

일본은 산업혁명을 수행하면서 조선보다 한 차원이 높은 공업생산력을 확립하였고, 그것을 토대로 조선과 農工分業 관련을 맺을 수 있었다. 이러한 선·후진국간 분업관련이 정착되어 가는 과정을 〈표 5〉를 중심으로 살펴보기로 하자. 〈표 5〉에 의하면, 1885년 대일 수입의 절반이 중계무역의 성격을

3) 일본의 산업혁명과 무역구조의 변화에 관해서는 石井寬治, 《日本經濟史》 2版(東京大學出版會, 1991), 3장 4절과 4장 1절을 참조.

4) 村上勝彦, 〈日本資本主義による朝鮮綿業の再編成〉(《日本帝國主義と東アジア》, アジア經濟硏究所, 1979).

갖고 있었다. 그해 일본으로부터의 수입 면제품 중에 일본산은 31%에 불과하였다. 대일 수입품 중 외국산품을 보면, 영국·미국·독일제품이 중심을 이루었는데, 면포가 최대 품목이었고 그 다음이 염료, 석유, 면사 등이었다. 당시 조선은 일본에서 식음료·구리·견포·면포를 수입하고 쌀·약재·생사·누에고치·眞棉類를 수출하는 점에서 농업후진국간의 무역관련이었다.

〈표 5〉 朝·日貿易構造의 변화

(단위 : 천 圓, %)

	중요 수출품	1885		1896		1908
수출	미곡	27.2(5.8)		2,852.0(56.4)		6,036(44.4)
	대두	53.5(11.5)		1,534.1(30.3)		4,226(31.1)
	牛皮	305.0(65.3)		231.8(4.6)		559(4.1)
	면화	0.0(0.0)		2.2(0.0)		248(1.8)
	철광석	–		–		415(3.1)
수입	중요 수입품	일본상품	외국상품	일본상품	외국상품	일본상품
	음·식료품	74.2(31.8)	21.8(9.6)	336.4(11.0)	50.1(16.6)	4,509(15.3)
	술	11.6(5.0)	4.1(1.8)	122.7(4.0)	4.5(1.5)	1,922(6.5)
	섬유류	53.1(22.8)	116.9(51.4)	1,633.4(53.3)	43.9(14.5)	10,466(35.4)
	견포	27.4(11.8)	1.2(0.5)	79.6(2.0)	0.8(0.3)	188(0.6)
	면사	–	9.8(4.3)	403.7(13.2)	1.7(0.6)	2,733(9.2)
	면포	20.7(8.9)	89.9(39.5)	880.2(28.7)	16.5(5.5)	5,523(18.7)
	금속제품	6.4(2.7)	1.6(0.7)	188.1(6.1)	3.2(1.1)	1,186(4.0)
	기계류	–	1.2(0.6)	0.6(0.0)	0.7(0.2)	484(1.6)
	합계	233.3(100)	227.4(100)	3,065.3(100)	302.4(100)	29,569(100)

* 1. 村上勝彦, 〈植民地〉(《日本産業革命の硏究》 下, 東京大出版會, 1975), 〈제2표〉와 〈제3표〉로부터 작성.
  2. 술은 음·식료품계에, 견포·면사·면포는 섬유류에 포함됨.

그런데 일본이 산업혁명을 수행하여감에 따라, 한편에서는 중계무역을 서서히 탈피하여 자국 공업제품의 수출비중을 증대하였고, 다른 한편에서는 증가하는 공장노동자에게 값싼 외국미를 공급함으로써 자본축적을 촉진하기 위해 조선을 자국의 식량공급기지로 만들고자 하였다. 그리하여 1885년 단계에서 대일수입 섬유제품 중 31%에 불과하던 일본산의 비중이 1896년 단계에는 97%에 이르렀다. 대일 수입품 전체에서는 일본산이 91%를 차지하였다. 수입품목의 구성이 변화하여 일본산 면포·면사가 높은 비중을 차지하고 금속제품·술·성냥 등 공산품이 증대하였다.

청일전쟁 이전에 수입 면제품의 중심을 이룬 구미국가의 金巾은 가격이 비싸면서도 내구력이 약하여 직접생산자층에게 널리 수요되지는 않았다. 그런데 일본제 면제품은 가격이 저렴하면서 내구성이 강한 이점을 무기로 하여 직접생산자층에 점차 수요기반을 확대하여갔고, 그에 수반하여 家內綿業이 본격적으로 해체되기 시작하였다. 일본제 면제품 중에 중류층이 주로 소비하는 시팅은 경인지역에 집중하였고, 그보다 저품질인 백목면은 함경·평안도에 집중하였다. 외국면포의 침투에 대하여 직접생산자층이 輸入紡績絲를 이용한 土着綿布를 생산하여 대응함에 따라, 방적사의 수입이 증가하였다. 일본면제품의 침투와 수입방적사를 이용한 대응은 지역별로 편차가 있었다. 면화를 다른 지역으로부터 조달하여 직포하였던 경기·황해·충청지방에서는 수입방적사를 이용한 대응이 청일전쟁 직후부터 개시되어 1900년경을 전후하여 정점에 달하였다가, 1903년이래 시팅의 수입으로 쇠퇴하였다. 이 지역에서는 도시시장이 발달한 반면 면화재배가 활발하지 못했던 관계로, 외국면제품의 침투가 가장 활발하였다. 토착면업의 중심지인 영호남·관서지방에서는 외국면포의 침투가 상대적으로 약하였는데, 영남에서는 1897년부터, 관서에서는 러일전쟁 후부터 수입방적사를 이용한 대응이 활발해졌다. 수입면제품 중에서 면포가 방적사보다 많았다. 이것은 수입방적사를 이용한 대응이 대세는 아니었음을 말해준다. 그것은 면화 재배와 방적·직포가 결합되어 있던 소농경영이 광범하게 존재하였던 사정과 관련이 있을 것이다.[5]

일본의 공업화가 막 개시되려는 80년대에는 조선의 곡물수출은 양적으로 작았을 뿐만 아니라 기복이 심하였다. 일본이 공업화와 도시화의 진전에 수반하여 1890년을 기점으로 미곡수출국에서 미곡수입국으로 변모하기 시작함에 따라, 미곡수출은 도약하였고 그 이래에는 안정되었다. 미곡과 콩이 수출

5) 村上勝彦, 앞의 글.
吉野誠, 〈李朝末期における綿製品輸入の展開〉(旗田巍先生古稀記念會 編, 《朝鮮歷史論集》 下, 龍溪書舍, 1979) 참조.

주종품의 지위를 굳혔던 것이다. 조선미는 일본미와 모양·품질이 유사하였기 때문에, 수입미 중에는 비싼 편이었고 도시시장에서 수요가 많았다. 조선미는 주로 오사카(大阪)·코오베(神戶) 지방에서 하층 노동자나 都市雜業層의 주식으로 소비되었다.

1890년대이래 조선이 일본의 식량공급기지로 재편되어감에 따라, 미곡·콩의 상품화가 한층 진전되었다. 지주·상층농민이 미곡판매층의 중핵을 이루었고 미곡상품화가 이들에게 경제적 상승의 계기인 반면, 영세농에게는 窮迫販賣를 통하여 궁핍화·영세화를 촉진하는 요인이었다. 그래서 미곡수출의 진전과 더불어 부농층, 특히 지주층의 성장이 촉진되었다. 미곡구매자의 주된 층은 노동력판매자로서의 성격을 가지는 영세빈농이었으므로, 미곡수출의 증가와 미가의 등귀는 이들에게 큰 타격을 주었다. 일본상인의 유통과정으로의 침투, 조선상인·농민에 대한 資金前貸의 활성화 등은 수출미의 안정된 확보를 보장하였다.[6] 러일전쟁 직후부터 일본인의 농지투자와 지주경영이 진행됨에 따라, 일본자본주의는 조선의 미곡유통과정뿐만 아니라 생산과정도 장악하기에 이르렀다. 일제에 의한 미곡의 생산·유통의 전기구적 장악은 미곡수출의 새로운 차원으로의 도약을 뒷받침하였다.

1890년대에 조선이 일본의 상품판매시장과 식량공급기지로 재편되어감에 따라, 조선과 일본의 무역관련은 선·후진국간의 경공업 대 농업이란 국제분업체계로 전환되어갔다. 그것은 조선의 쌀을 소비하는 오사카·코오베 공업지대의 노동자가 생산한 면제품을 조선농민이 구입한다는 것과 관련하여, 그것을 중심으로 단순화하여 '米綿交換體制'로 표현하기도 한다. 이것은 한신(阪神)공업지대와 조선 농촌지대의 구조적 관련을 의미하여 그 내부에서는 한신공업지대 노동자의 저임금을 유지하는 기반이었고 조선측의 미곡수출을 통한 세계시장으로의 편입, 그 속에서 지주층의 성장과 빈농의 窮迫販賣·영세화·소작인화(결과적으로 지주제의 성장)를 의미했다.[7]

---

6) 吉野誠, 〈朝鮮開國後の穀物輸出について〉(《朝鮮史研究會論文集》 12, 1975).
———, 〈李朝末期における米穀輸出の展開と防穀令〉(《朝鮮史研究會論文集》 15, 1978) 참조.

7) 村上勝彦, 〈植民地〉(《日本産業革命の研究》 下, 東京大學出版會, 1975), 250쪽.

〈표 2〉에 나타난 바와 같이, 청일전쟁 이후 일본으로의 금수출이 청국으로의 수출을 압도하면서 급증하였다. 앞서 언급한 바와 같이, 일본으로부터 공산품 수입이 확대되어 수입무역에서 청국을 압도할 수 있었던 것이 금수출에서의 일본의 우위를 낳은 기반이 되었다. 일본정부의 적극적인 金吸收策도 일본으로의 금수출을 확대시킨 중요한 요인이었다. 특히 일본은 金本位制로 이행한 다음해인 1898년부터 강력한 금 흡수책을 추진함에 따라, 금수출을 완전히 장악하기에 이르렀다. 조선으로부터 유출된 막대한 양의 금은 일본이 산업혁명을 수행하는 데에 중요한 요건이 된 금본위제로의 성공적인 이행에 크게 기여하였다.

20세기로 접어들면, 무역구조가 새로운 변화의 조짐을 나타낸다. 〈표 1〉에 의하면, 1890년이래 미곡과 콩을 위주로 하는 수출품의 단순한 구성은 변하지 않았다. 단, 철광석·비료·면화의 수출이 대두한 것이 주목된다. 그 반면 수입에서는 1900년까지 대개 과반을 넘던 면제품의 비중이 그 이후 급격히 감소하여 1906년이래 2할대로 떨어졌고, 목재·술·석탄·석유·종이 등의 비중이 증대하고 철도투자와 광업투자를 위한 설비도 활발히 수입되었고 기계류의 비중이 미미하나마 증대하기 시작하였다. 수입품의 다양화는 외국자본주의의 경제적 침투의 확대를 반영한다. 일본자본주의는 조선을 철광석의 공급지이면서 기계류의 판매시장으로 파악하게 되었다. 그리고 조선을 면제품 판매시장으로 재편하였을 뿐만 아니라, 면화공급지로 편성하였다. 조일간의 수직적 분업관련이 심화되었던 것이다.

〈표 2〉에 의하면, 수입무역에서는 청국의 지위가 청일전쟁과 러일전쟁을 획기로 하여 급격히 하락하였지만, 수입총액이 급증하였으므로, 대청수입액은 완만하나마 증가하는 추세였다. 청국상인이 중계무역권을 여전히 장악하였던 서양의 生金巾이 1890년대와 1900년대에 1~2백만圓 수준에서 안정적으로 수입되고 있었고, 생금건의 수입액은 급증하여 1905년이래 백만 원을 넘어섰다. 청국산 비단의 수입이 꾸준하게 증가하였고, 청국산 麻布가 청일전쟁 이후 인천항의 중요한 수입품으로 부상하였다.

청국 수입품의 중요한 결제수단이던 금의 대청수출은 청일전쟁 직후에 위축되었다가 1897~8년에는 백만 원을 넘어서기까지 하였다. 그런데 일본이 적극적인 금 흡수책을 추진함에 따라, 〈표 2〉에 나타난 바와 같이, 1899년부터 대청 금수출은 급감하였다. 이것이 대청무역의 확대를 제약하는 한 요인이었다. 그 반면 청국으로의 물품 수출의 비중은 1897년 이전까지 5% 내외에 불과하다가 1898년 이래에는 2할 내외로 도약하였다. 대청수출의 증가를 낳은 한 품목은 紅蔘이었다. 중국에 가는 사신의 公貿易資金으로 충당되고 개항장을 통한 수출이 금지되었던 홍삼은 청일전쟁으로 대청 朝貢貿易이 폐지됨에 따라 1895년부터 상인에 의하여 수출되었다. 1896년부터 홍삼은 인천항을 통하여 해마다 수십만 원 정도, 많은 해에는 백만 원 이상 수출되기에 이르렀다. 러일전쟁 이후 일본의 만주 진출이 진전됨에 수반하여 在滿 일본인이 급증함에 따라, 1907년부터는 조선의 精米가 백만 원 내외 수출되기에 이르렀다.

이상으로 보건대 청일전쟁 이후의 대청무역은 구미 면제품의 중계무역이 한 축을 이루었고, 개항 이전부터 육로로 인삼을 수출하여 비단을 수입하는 무역구조가 개항장무역으로 재편된 것이 다른 한 축을 이루었다. 그런 점에서 조청무역은 조일무역과 달리 새로운 차원으로 전환되지 않았다. 그리고 일본제국주의의 만주로의 진출이 대청수출을 증가시킨 한 요인이었던 점도 주목된다.

일본은 산업혁명을 수행하면서 중계무역으로부터 탈피하고 조선에 대하여 미면교환체제라는 수직적 분업관련을 강요하였지만, 구미국가에 대해서는 2차세계대전 전까지도 고급 원자재와 기초 원료를 수입하지 않으면 안되었다. 그래서 일본이 조선을 사실상 식민지화한 후에도 구미국가의 수입품이 일정한 지위를 유지하였고, 식민지화 기초공사를 위한 고급설비를 선진자본주의국에 의존하여야만 했다. 〈표 6〉에 의하면, 러일전쟁 이후에도 가는 실로 짠 고급면포인 金巾類에 대한 영국의 우위는 흔들리지 않았고, 석유는 미국이 독점적인 공급권을 가지고 있었다. 철도 부설을 위한 각종 자재는 미국과 영국에 의존하지 않으면 안되었다. 일본은 철도 枕木을 전량 공급하는 정도에 그쳤다.

〈표 6〉 1908년 重要輸入品의 製造國別 구성

(단위 : 천圓, %)

품 목	수 입 액	일 본	청 국	영 국	미 국
綿 織 絲	2,024	98.9	1.1	0	-
시 팅	2,976	71.9	0.2	26.6	1.3
금 건	2,939	1.1	0	98.6	0.3
백 목 면	1,183	100	-	-	-
絹 綿 · 絲	713	0.1	99.9	-	-
석 유	1,442	0.1	-	-	95.0
砂 · 精 糖	852	79.0	1.0	0.4	0.2
淸 · 麥 酒	1,074	99.4	-	0	0.2
紙 卷 煙 草	1,053	58.4	16.7	9.5	4.6
木 材 · 板	1,671	69.9	28.1	-	2.0
石 炭	1,371	99.9	0.1	-	-
鐵 道 部 品	2,936	11.8	-	33.9	53.0

* 1. 《第三次統監府統計年報》, 408~410쪽.
  2. 철도부품은 鐵條 · 竿, 電鍍板鐵, 軌條, 軌條附屬品, 筒鐵 · 管鐵, 鐵釘, 鐵道機關車와 그 부속품, 鐵道客車貨車와 그 부속품, 鐵道沈木을 합한 것.

〈표 1〉에 의하면, 청일전쟁 이후에도 무역적자가 계속 누적되었다. 상품무역수지의 적자는 확대되어간 금수출로 일부분 메워지기는 하였지만, 금수출을 포함해도 무역수지도 적자였다. 자본주의적 생산방법에 의거하여 공급의 확대가 순조로운 공산물의 수입무역이 자연적 제약을 강하게 받는 1차산품의 수출무역보다 빨리 증가하기 마련이어서, 무역적자가 불가피하였다. 무역적자의 확대는 자본수입의 확대를 반영하고 있다. 러일전쟁 이후 무역적자가 현격히 증가하였는데, 이것은 식민지화 기초공사에 수반하여 일본으로부터 자본수입이 급증하였음을 반영한다.

〈표 7〉에 의하면, 조선의 교역조건은 대체로 1890년까지 개선되다가 그 이후 악화되어 1900년에 바닥에 달하였으며 그 이래 다시 개선되었다. 조선의 교역조건은 기복을 가졌지만, 악화되는 추세가 아니었다. 수출주종품인 미곡·콩과 수입주종품인 면제품간의 교역조건을 추계한 연구들은 한결같이 조선측의 교역조건이 개선되는 추세인 것을 보여주고 있다. 교역조건이 유리하여

졌기 때문에 수출품 생산자와 소비자는 무역을 통한 이익을 누렸다고 할 수 있다. 그런데 장기적인 경제발전으로 본다면 교역조건보다 훨씬 중요한 것은 무역구조이다.[8] 공산물을 수입하고 1차산물의 생산에 특화하는 분업관련 하에서는 산업사회로의 전환은 지장을 받을 수밖에 없었다. 저렴한 공산물의 유입은 토착 공업의 성장기반을 억압하였고, 그로 인하여 근대적 공업생산조직으로의 전환이 더욱 곤란해졌다.

〈표 7〉 상품교역조건의 변동

연 도	1887	1888	1889	1890	1891	1892	1893	1894	1895	1896	1897	1898
지 수	93	76	121	124	123	122	109	116	108	102	101	122
연 도	1899	1900	1901	1902	1903	1904	1905	1906	1907	1908	1909	1910
지 수	109	105	100	106	115	128	125	128	128	119	112	123

* 1. 1901년을 지수 100으로 기준하여 작성한 것임. 소수점 이하는 반올림.
2. 崔柳吉, 〈韓國の貿易動向 1877-1911年〉(《アジア經濟》 15-1, 1974), 〈제 2표〉로부터 작성.

이 시기 무역규모는 조선의 경제에서 얼마만한 비중을 차지하였고, 그것이 미친 영향은 어느 정도였을까. 무라카미 카츠히코(村上勝彦) 교수의 추정에 의하면, 1인당 연간 면포소비량을 1疋로 본다면 1899~1901년 단계에서는 면제품의 소비량 중에 외국면포 41%, 紡績土布 27~30%, 在來土布 29~32%이며, 1908~10년 단계에서는 외국면포 62%, 방적토포 26~28%, 재래토포 12~10%였다고 한다.[9] 그는 당시 조선의 인구를 1,200~1,300만으로 보았지만, 실제로는 1,700만 정도로 추정되므로, 재래토포의 비중을 과소평가하였다. 그렇다 하더라도 외국 면제품의 침투에 따른 가내면업의 해체가 급격하였다는 사실은 명백하다. 1908~1911년 농작물의 연평균 총수출액은 1,115만 圓인데, 당시 농작물 총생산액을 3억 원 정도로 잡으면, 농작물의 수출은 생산액의 4% 정도였을 것으로 보이며, 농작물의 상품화액의 1~2할 정도를 차지하였을

8) 吳斗煥, 《韓國近代貨幣史》(韓國研究院, 1991), 18~34쪽.
9) 村上勝彦, 앞의 글(1979), 168~170쪽.

것으로 추측된다. 수출주종품인 쌀과 콩은 한일합방 전후에 각각 60만 석 전후 수출되었는데, 그것은 각각 총생산량의 5% 내외, 17% 내외로 추정된다.[10] 이 시기 무역이 경제규모에서 차지하는 비중은 아직 크지 않았지만, 그 급속한 확대가 상품시장의 확대와 생산구조의 변동을 초래하는 주요한 요인이었다.

2) 시장권의 재편성

먼저 市場圈의 개념과 내용을 분명히 할 필요가 있다. 시장은 수요와 공급이 만나서 가격이 결정되고 거래가 이루어지는 영역이라면, 시장권은 그러한 거래가 이루어지는 공간적 범위를 의미할 것이다. 공간적 범위로서 시장권을 이해하기 위하여 經濟地理學, 그 중에서도 中心地理論을 도입하고자 한다. 시장의 지역적 거점으로서 中心財를 공급하는 中心地는 그로부터 중심재를 공급받는 補完區域을 가진다. 중심지와 그 보완구역을 포괄하는 영역을 시장권이라 정의할 수 있다. 보완구역은 중심재의 到達距離의 上限에 의하여 결정된다. 도달거리란 중심지에서 제공되는 재화를 기꺼이 구입하고자 하는 수요자와 중심지간의 거리를 말하고, 그 상한을 넘으면 중심재를 얻을 수 없다. 도달거리는 인구의 분포, 시간－비용－거리를 고려한 경제적 거리, 중심재의 유형에 의하여 결정된다.[11] 중심재의 유형에 따라, 국지적 시장권, 원격지 시장권, 무역시장권 등의 다양한 시장권의 유형이 나온다. 시장권의 확대는 중심재의 도달거리가 증가하는, 따라서 그 교환관계에 참여하는 생산자와 소비자의 수가 증가하는 것으로, 그 深化는 주어진 공간범위에서 교환관계에의 참가자수가 증가하거나 개별 생산자의 상품생산에의 참여가 진전되는 것으로 간주한다.

시장권 안에서는 상품의 순환이 완결되고, 그것을 담당하는 상인의 이동이 이루어져 상인의 연계망이 형성되고, 거래를 지원하기 위한 정보의 흐름과 금융의 지원이 수반된다. 시장권 안에서는 수급사정이나 가격체계에 대한 정

---

10) 李憲昶,《開港期 市場構造와 그 變化에 관한 硏究》(서울大 經濟學博士學位論文, 1990), 304·348쪽.

11) 李憲昶, 위의 책, 16~17쪽.

보가 어느 정도 공유되고 상품순환의 완결성이 크므로, 가격이 상당한 聯動性을 가진다. 그런 점에서 시장권을 구성하는 요소로서 상품의 순환, 상인의 이동과 연계망, 시장정보와 금융의 흐름, 가격체제를 들 수 있다.

개항이래 시장권의 재편성을 해명하기 위해서는 개항 전 시장권의 구조와 개항 이래의 외적 충격을 유기적으로 파악하지 않으면 안된다. 먼저 개항 전의 시장권의 구조를 간략히 살펴보자. 조선후기의 상업중심지는 場市, 도시시장 및 浦口였다. 일반 장시는 행상과 주변의 농민이 참여하는 국지적 유통의 중심지라면, 포구는 대량의 물자를 원격지로 이동할 수 있는 선박이 출입하는 원격지유통의 結節點이었다. 국지적 유통의 주된 담당자가 陸商이라면, 客主는 대규모의 원격지유통을 중개하는 역할을 하였다. 조선후기에 장시밀도가 증가하면서 장시간의 연계가 강화되고 장시간의 분화가 이루어져 大場이 출현하였다. 대장은 小場의 이출품을 集荷하고 圈外로부터의 이입품을 배급하는 기능을 하였다. 대장간의 분화도 진전되어 最大場이 출현하였다. 그런데 당시 도매상업이 발달하지 않은 만큼 시장의 계층구조는 취약하였던 것으로 보인다. 장시는 定期市라면, 도시시장은 市廛商業을 핵으로 하는 상설시장이었다. 도시시장은 주변의 장시와 포구를 통하여 광역의 집산범위를 가졌고, 서울은 거의 전국적인 범위에 걸쳐 상품을 흡수하였다. 産地의 장시에서 국지적 행상에 의하여 집하된 물자는 객주의 주선을 거쳐 원격지유통을 담당하는 행상에 넘겨져 대개 포구를 경유하여 소비지로 이동하고, 그곳에서 객주를 거쳐 국지적 행상에 넘겨져 소비자로 전달되었다. 물론 품목·유통거리·유통수단 등에 따라 流通經路의 다양한 편차가 있었겠지만, 이러한 상인간의 연계를 통하여 도시시장과 포구와 장시가 연계되었다. 원격지행상이 객주를 통하여 국지적 행상과 만나는 곳이 포구나 大場이었다.[12]

개항이래 자본주의적 세계시장으로의 편입에 따른 국제무역의 성장이 상품화폐경제의 성장을 주도하고 시장권의 재편성을 초래하였다. 세계시장에 종속된 상품화폐경제의 성장을 시장의 측면에서 보면, 무역시장이 확대하여 전통적인 국내시장을 재편·종속시키는 과정이었다. 러일전쟁 이전까지는 국

12) 李憲昶, 〈開港期 忠淸南道의 流通構造〉(《近代朝鮮工業化硏究》, 一潮閣, 1993).

제무역이 개항장을 거점으로 이루어졌고, 개항장의 성립과 발달이 시장권의 재편성을 낳은 일차적으로 중요한 요인이었다. 개항장은 국제무역의 거점으로서 내지의 생산자와 소비자를 새로운 국제분업관련 속에 편입시켰고, 그러한 가운데 개항장 시장권이 형성·성장하였다.[13] 개항장 시장권은 개항장이 국제분업관련과 국내의 원격지유통을 통하여 자신의 상품유통망에 편입시키는 背後地를 말한다. 구체적으로 말해서 輸移出品이 각지에서 상품으로서 생산·유통되어 개항장에 이르고 輸移入品이 개항장을 거쳐 각지로 유통·소비되는 영역이다. 개항장 시장권의 범위는 수이출품의 出荷範圍와 수이입품의 到達範圍를 말하며, 그 범위는 경제적 거리 등에 의하여 결정된다.

개항장 시장권의 확대와 심화를 결정하는 기본적인 요인은 국내에서의 구매력 증가와 생산 확대, 외국에서의 공급력의 신장과 국내품 수요의 증대 등으로 인한 무역의 확대이다. 무역규모의 확대는 앞서 언급하였으므로, 여기에서는 무역의 편의를 제공하고 그에 수반된 유통비용을 결정하는 유통조건을 중심으로 고찰하고자 한다. 물론 무역 확대가 유통조건의 정비를 요구하고, 후자는 다시 전자를 촉진하는 상호작용을 가진다.

1880년대에 형성된 개항장과 배후지 간의 기본적인 유통망은 (주로 외국인) 貿易商－開港場客主－遠隔地行商－내지의 상인－소비자 또는 생산자로 파악할 수 있다. 여기에서 시장권의 공간적 범위를 결정하는 데에 중요한 역할을 한 것이 원격지행상, 특히 조선인 船商, 그리고 그들과 연계된 개항장객주였다. 선상과 객주는 영리계산에 밝아 유통조건의 변화에 따른 가격의 변동에 민감하게 대응하였고, 그러한 반응이 시장권의 신속한 재편·확대를 초래한 조선 내적 요인이었다. 개항장 시장권의 확대·재편을 초래한 조선외적 요인으로는 무역상인을 중심으로 하는 상인자본의 투하, 외국과의 定期直通航路, 금융기관 등을 들 수 있다. 상인자본 투하의 증대, 정기직통항로의 개설, 금융기관의 설립 등은 무역거래의 편의를 증진시키고 내지의 농민이 수출품을 비싸게 팔고 수입품을 싸게 살 수 있게 함으로써 개항장 시장권을 확대·심화시키고 무역을 증진시켰다. 일본상인이 개항장의 은행지점으로부터 대부받은 무역자

13) 개항장 시장권과 그 변동에 관한 설명은 별다른 언급이 없는 한 李憲昶, 앞의 책(1990), 제1장 開港場市場圈의 成長을 참조한 것임.

금으로 개항장객주나 내지의 조선상인에게 자금을 前貸하는 것은 금융의 중심적 흐름이었다. 그럼으로써 '薄資'의 일본상인은 개항장과 배후지 간의 유통망에 대한 지배력을 증진시켰고 무역 확대의 선봉에 설 수 있었다.

초기에 개항된 釜山·元山·仁川은 개항 초부터 부근의 배후지 뿐만 아니라 원격지와 거래를 할 수 있었다. 부산은 80년대 초에 서해안과 원산 방면과 거래하였고, 원산은 개항 직후에 서울 부근의 牛皮를 흡수할 수 있었다. 이것은 개항 이전 원격지유통의 기반 위에서 가능하였고, 조선상인의 활동이 이러한 광역의 거래를 주도하였다. 그리고 개항장의 무역설비의 정비는 내륙의 시장권을 계속 확장시켰다. 한 예를 들면, 부산 부근의 3~4백 리 이내의 범위에서 집산되는 우피가 1895년을 기점으로 5~6백 리 내지 7~8백 리 밖에서 이입되기에 이르렀다.14)

무역설비의 확장에 따른 개항장 시장권의 확대·심화는 圈內 금융의 확대와 유통구조의 재편을 수반하였다. 초기의 권내 유통경로에서는 위탁매매업을 통하여 내지의 상인이나 농민을 외국무역상에 연결하는 역할을 담당하던 開港場客主가 거래기반의 축적, 일정한 자금력 및 특권을 토대로 하여 거래의 주도권을 장악할 수 있었다. 그런데 일본상인이 일본 금융기관의 지원과 불평등조약 상의 內地行商이란 특권에 힘입어 점진적으로 개항장객주로부터 거래의 주도권을 탈취하고 유통경로를 재편하였다. 자본력이 취약한 개항장객주를 비롯한 조선상인은 근대적 금융기관의 지원을 받은 일본상인의 資金先貸에 얽매여 상거래를 지배당하게 되고 고리대에 걸려 파산당하기도 하였다. 게다가 외국상인은 개항장객주의 중계를 받지 않고 내지행상을 통해 산지의 상인·생산자와 직접 거래하기 시작했다. 1887년부터 일본인행상이, 1888년부터 중국인행상이 활성화됨에 따라 산지와 포구의 객주가 외국상인의 위탁매매를 담당하면서 성장하였는데, 이들도 외국상인의 자금선대에 종속되었다. 그러나 일본인 내지행상의 확대가 크게 진전되지는 않았고 무역규모는 계속 확대하여, 개항장의 객주수가 대체로 1900년을 전후한 시기까지는 증가하였다. 개항장객주를 배제한 유통이 확대되고 있었지만, 그들의 중계에

14) 《通商彙纂》 55, 號外 〈1895年 釜山港貿易年報〉, 72쪽.

의존한 유통경로가 여전히 강고하게 작동하였다. 러일전쟁 이후 철도운송의 확대와 外國人內地定住商業의 발달이 개항장 시대의 막을 내리고 개항장객주를 매개로 하는 유통경로를 급격히 해체시켰을 것으로 판단된다.15)

청일전쟁 이전에 개항장은 부산·원산·인천뿐이었지만, 1897년에 木浦와 鎭南浦가, 1899년에 群山·馬山 및 城津이 개항되었다. 이들 포구는 개항되기 전부터 부산·원산·인천의 시장권에 편입되어 있었다. 이들은 개항 직후에 시장권의 범위가 매우 협소하였고 무역설비가 정비된 기존 개항장의 중계를 받아 외국무역을 수행하였다. 예컨대 목포가 개항된 다음해에 부근의 조선인 船商이 목포의 쌀값이 부산에 비하여 1升에 2文 이상 헐하다면 부산으로 가서 판매하고 金巾 등의 수입품을 헐값으로 매입하여 돌아왔다고 한다.16) 새로운 개항장에 무역상인이 진출하고 定期直通航路와 금융기관 등의 무역설비가 정비되면서 기존 개항장과 수출입품의 가격차가 축소되었으며, 그 결과 부근 배후지의 선상들을 끌어들여 독립적인 무역항으로 성장할 수 있었다.

증설된 개항장의 독립된 무역항으로의 성장은 단지 기존 개항장의 시장권을 잠식하는 데에 그치지 않았다. 당시 개항장이 원격지를 시장권에 포섭하더라도 내륙교통의 불편과 그에 따른 높은 운임, 그리고 재래선박의 취약함으로 인하여 활발한 교환관계를 가지기 어려웠는데, 개항장의 증설은 종전에 表皮的으로밖에 접촉할 수 없었던 지역에 대한 관련을 심화시킬 수 있었다. 예컨대 청일전쟁 직후에 전라도는 물산이 풍부하고 수륙교통이 편리함에도 불구하고 개항장을 가지지 않았기 때문에 외국무역이 활발한 편이 아니었는데, 목포와 군산이 개항된 이래에는 이 지역의 외국무역이 급속히 신장하였다. 그리고 개항장의 증설은 종전에 교통관계 상 포섭할 수 없었던 지역을 새롭게 그 시장권에 편입시킬 수 있었다. 예컨대 진남포의 개항은 평안북도의 연안지방을 개항장시장권에 편입시킬 수 있었다.

러일전쟁 이전에 일본상인은 반식민지 내의 식민지인 개항장을 거점으로

---

15) 吉野誠, 앞의 글(1975).
李炳天, 《開港期 外國商人의 侵入과 韓國商人의 對應》(서울大 經濟學博士學位論文, 1985) 참조.

16) 《通商彙纂》 121, 〈木浦, 群山兩地相場ノ懸隔(1898년 12월 10일)〉, 50~51쪽.

하여 內地行商과 불법적인 內地定住를 통해 내지에 침투하였지만, 러일전쟁 이후에는 내지에 대한 정치적·군사적 지배가 확고해지고 내지정주가 法認되고 철도와 新作路란 내륙교통수단이 정비됨에 따라 침략의 거점을 항구에 국한시킬 필요가 없이 내륙 곳곳의 요충지에 설정할 수 있었다. 1903년 조선 거주 일본인 24,627명의 7%가 내지에 거주하는 데에 그쳤는데, 1909년에는 146,147명의 37%가 내지에 거주하였다. 1905년에는 일본선박은 개항장뿐만 아니라 모든 곳으로의 자유항행권을 획득하였는데, 이것도 일본상인의 내지 침투를 촉진시켰다. 개항장을 거점으로 한 내지 침투의 시대가 철도 등에 의해 전국적 지배가 실현되는 시대로 전환되었고, 철도수송의 확대에 수반하여 시장권의 급격한 재편성이 일어났다.

인천-서울간의 운임이 인천-오사카간의 운임의 2배 가까이 되었고 結氷期에는 수운이 불가능하였으므로, 1900년 완공된 京仁鐵道는 기선 운송을 대체하면서 경·인간의 교통편의를 한층 증진하였다.17) 1905년과 1906년에 京釜鐵道와 京義鐵道가 각각 완공되어 정비된 도로망과 항만에 연결되면서 수송력이 결정적으로 강화되었다. 경부철도는 영업 개시와 더불어 關釜連絡船을 통하여 일본 내의 주요 철도와 연락운수를 하였고, 경부·경의철도가 동일한 賃率 하에 일반영업을 개시한 1908년부터는 일본철도의 全線 各 驛과 연락운수를 실시하였다. 그리고 해운과 강운의 화물을 철도로 흡수하기 위하여 장거리운임의 체감법과 항구에 도착하는 곡물의 特定運賃制를 실시하였다.18)

신속성과 안정성을 가진 철도운송은 이러한 이 점에 힘입어 수운을 점점 잠식하고 압도하여갔다. 漢江水運은 1907~8년경부터 점차 철도운송에 잠식되어갔고, 특히 1908년 철도요금율의 변경으로 인하여 장거리 운송비가 절감됨에 따라, 상인들의 철도 이용이 확산되었다.19) 1911년 철도에 의하여 서울로 유입되는 미곡은 26만여 석인데, 한강수운에 의한 것을 미곡으로 환산하면 22만 석 정도였고, 牛馬背에 의한 이입은 소량에 그쳤다. 육로로 서울에

---

17) 《通商彙纂》 52, 〈1895年中京城商況年報〉, 62쪽.
朝鮮總督府, 《京城商工業調査》(1913), 14쪽.

18) 이 시기 철도운송에 관해서는 鄭在貞, 〈韓末·日帝初期(1905~1906년) 鐵道運輸의 植民地的 性格〉(《韓國學報》 28·29, 1985)을 주로 참조하였다.

19) 《財務彙報》 10, 1909년 3월, 〈五江商民近況〉, 21쪽.

이입되던 명태가 개항 이후에는 기선의 운송으로 바뀌었는데, 경부철도가 개통된 이래에는 선편으로 부산에 수송한 다음 철도로 서울에 이입되었다. 선편으로 인천을 경유하여 유입되던 모시는 대전－군산간 철도가 개통되면서 철도로 전환되어갔다.[20] 1911년 부산에 집하된 곡물의 49%가, 인천에서는 41%가 철도수송에 의거하였다. 철도운송은 단지 운송방식을 변화시키는 데에 그치지 않고, 육상 운송의 제약을 극복함으로써 서울시장의 수집력을 강화하였다.

경인철도는 운송구역의 제한성으로 인하여 서울과 인천간의 교통편의를 증진하는 정도에 그쳤겠지만, 경부철도와 경의철도는 시장권의 재편에 심대한 영향을 미쳤을 것으로 판단된다. 경부·경의철도가 개통된 이래 부산의 집산력은 현저히 신장되고 인천의 집산력은 위축되었다. 가장 두드러진 변화는 내륙의 도시가 무역의 거점으로 성장하였던 점이다. 특히 서울시장의 성장이 현저하였다. "鐵道聯帶輸送 및 일반 回送貨物의 수송을 개시하면서부터는 종래 인천·부산 兩港 상인의 손을 거쳐 수입·이입되던 화물이 점차 서울상인의 직접 거래로 전환하였다." 그리고 "종래 오직 인천에 의하여 행하여지던 서울의 무역은 철도연대수송의 개시이래 점차 경성의 직접거래로 바뀌었다." 京城稅關에 통관수속을 거친 것으로서 부산을 경유하여 철도연대수송으로 수입된 것과 인천항을 경유하여 수입된 것 중에 전자의 비중이 1908년에 70%, 1909년에 76%, 1910년에 82%, 1911년에 83%였다.[21]

인천의 수입무역이 1907년까지는 증가하다가 1908년부터 격감하였던 것으로 보건대, 인천의 물화집산력에 결정적인 타격을 가한 것은 1908년의 철도연대수송이었다. 인천은 청일전쟁 이전까지는 "경기·충청·황해·평안 등의 道에서의 物貨集散의 중심점"이었지만, 1897~9년에 걸쳐 진남포·목포·군산이 개항되고 게다가 경부·경의철도가 개통되고 1908년부터 철도연대수송이 이루어짐에 따라 집산구역이 현저히 축소되어갔다. 그래서 인천의 집산구역은 수운으로 접촉하기 편리한 연안지방을 중심으로 축소되어서, 1911년의 연안무역액 중에 황해·전북·경기도가 차지하는 비중이 75%에 달하였다.[22]

---

20) 《京城商工業調査》, 126~130쪽, 153쪽, 159~163쪽, 171쪽.
21) 《京城商工業調査》, 62~63쪽.

예컨대 종관철도가 개통되고 遠距離運賃低減法이 실시됨에 따라 일찍이 船便에 의하여 일단 인천을 경유하여 이입하던 和金巾은 철도편에 의하여 직접 서울을 중심으로 하는 수용지로 搬送되기에 이른 것이 결코 적지 않았다. 인천의 집산구역의 축소를 달리 본다면 서울이 물화의 소비지인 동시에 근래 교통기관의 발달에 수반하여 화물집산지의 지위를 차지하기에 이르렀음을 말해준다.23)

경부·경의철도는 중요 상업지를 통과하도록 설계되었고, 철도역의 정거장 구역마다 일본인이 이주하고 상업행위를 할 수 있도록 허용되었다. 경부철도의 영업 개시 직후부터 일본인은 철도역 주변에 활발히 진출하여 상설점포를 설립하고 상권을 장악하여갔다. 이들은 거래처·금융면에서 개항장의 무역상인에 대한 의존을 탈피하여 일본과의 직거래를 추진하였다. 개항장과 철도 연선의 상설점포를 연결하는 유통망이 새로이 형성되고, 심지어는 오사카·코오베의 무역상과 조선 내륙의 일본상인 간에 철도연락운수를 통하여 직결되기도 하였다. 개항장이 침략의 거점으로서 의의를 약화함에 따라 開港場客主의 존립기반이 극히 취약해졌다. 또한 일본상인의 내지정주가 활발히 진행됨에 따라 산지와 포구의 상인이 한층 일본상인에 종속되거나 무력해졌고, 청국인 행상의 세력도 약화되었다.24) 요컨대 철도운송은 조선시장의 일본경제에 대한 편입을 한층 심화시키고, 일본상인의 국내 상권에 대한 지배력을 현저히 신장시켰다.

개항장 시장권의 확대·심화와 철도망의 확산을 통하여 국제 분업 관련망이 확대·심화되었지만, 한일합방 무렵에도 전국을 완전히 포섭한 것은 아니었다. 내륙교통의 전통적인 수준으로 인하여 국제무역과 미약한 관련을 맺은 지역이 상당히 남아 있었다. 육로수송은 비용이 많이 들었고, 수상운송은 시간이 많이 지체되었다. 그래서 평안도 동북부지방에서는 높은 수송비로 인하여 수출물의 반출이 수지가 맞지 않았다 한다. 江陵은 강원도에서는 개항장에 접근하기 유리한 굴지의 시장이었지만, 1908년경에도 정기항로가 개설되지

22) 朝鮮總督府, 《仁川港商工業調査》(1913), 49쪽 및 125~130쪽.
23) 朝鮮總督府, 위의 책, 88~89쪽 및 92·125쪽.
24) 鄭在貞, 앞의 글, 158~166쪽.

않아 미곡의 가격이 원산의 1/3 정도였다 한다.[25]

개항장체제와 철도운송은 단지 시장권의 재편을 낳는 데에 그치지 않고 시장을 확대시키는 면이 있었다. 개항장 무역은 저율 관세만 부담하면 거래의 자유를 보장하고 기선·은행·근대적 통신 등의 지원을 받을 수 있었으므로 전통적인 무역방식에 비하여 거래비용을 현저히 절감할 수 있었고, 그로 인하여 수입품의 수요와 수출품의 공급을 확대시킬 수 있었다. 그리고 철도의 개통은 내륙 유통의 혁신을 낳았다. 개항전부터 육로로 유입되던 서양산 면포가 개항장을 통하여 보다 저렴한 가격에 대량으로 공급되었고, 청국산 마포가 새로운 수요자층을 확보하였다. 이들 수입품은 국내 代替상품의 수요를 위축시키기도 하였지만, 전반적인 수요는 확대되었음을 다음의 인용에서 알 수 있다.

> 전라도는 본품(麻布－인용자주)의 산출지이며 종전에는 그것을 他道에 판매하였음에도 불구하고 그 산출량은 제한되어 일반의 수요에 응할 수 없었으나, 이곳(木浦－인용자주)의 개항 후에는 도리어 이 산지로 외국품을 수입하는 현상이 나타났다(《通商彙纂》 108, 〈木浦ニ於ケル麻布輸入ノ情況(1898년 8월)〉, 38쪽).

즉 전통적인 생산·유통조직하에서 일반의 수요에 응할 衣料를 충분히 공급할 수 없었고, 이러한 상황에서 저렴하고도 실용적인 청국 마포의 수입은 수요를 창출하기 마련이다. 개항장의 성장과 무역설비의 확장은 상품시장을 확대하는 기구로 될 수 있었던 것이다. 마포의 산지인 전라도에서도 공급이 충분히 이루어지지 못한 형편이었다면, 마포의 이입지인 서울에서는 청국 마포의 수입이 수요를 창출하는 효과가 한층 컸을 것이다.

개항장 시장권의 확대·심화와 철도유통망의 확산은 국제분업관련에 입각한 유통의 확장을 반영하고 있지만, 그것은 필연적으로 국내분업관련에 입각한 유통에 영향을 주고 전통적 시장구조를 변모시킨다. 원격지유통의 변모가 특히 현저하였다. 청일전쟁 이후 개항된 곳 중 개항 전부터 원격지유통의 중심지로서 기능한 곳은 馬山뿐이었지만, 이들이 개항장이 되어 국제무역의 거점으로 성장하면서 객주 등의 조선상인을 끌어들이고 기선 등의 무역설비를

25) 李憲昶, 앞의 책(1990), 62~64쪽.

정비함에 따라 국내 분업관련에 입각한 원격지유통의 중심지로도 부상하였다. 강화도조약 이전에는 마산이 함경도의 명태 등 각종 물산이 이입되어 삼남의 물산과 교역되는 대집산지였는데, 먼저 개항된 부산이 마산의 원격지유통을 흡수하였다. 전라 서부에서 조선인선상의 거점이던 법성포와 沙浦는 목포가 개항되면서 그 지위를 탈취당하였다. 기선은 육로를 통한 원격지유통을 해상수송으로 전환시키면서 개항장의 집산력을 강화하였다. 개항 전에 함경도의 명태 등은 해상수송의 위험으로 인하여 육로로 서울에 반입되었지만, 점차 원산항에서 기선에 의뢰하여 해로로 서울로 수송되기에 이르렀다. 철도의 개통 이후에는 해상수송이 철도수송으로 전환되었다.[26]

개항장이 해상의 원격지유통 체계를 크게 변모시켰지만, 내륙의 유통구조를 크게 변화시키지는 않았다. 필자는 충청도지방의 장시망이 개항 이래부터 한일합방에 이르기까지 안정적이고 그 기본구조가 변동되지 않았던 사실을 확인하였다. 전통적인 장시망은 자본주의적 세계시장으로의 편입에 따른 상품유통의 성장과 변동이라는 충격을 커다란 재편을 겪지 않고 흡수할 수 있을 정도로 효율적이고 견고한 구조를 가지고 있었다고 평가하고 싶다.[27] 철도가 개통되기 전에 개항장 시장권은 전통적인 유통망에 의존하였고, 그럼으로써 초기부터 광역의 시장권을 확보할 수 있었다.

그런데 철도유통은 내륙의 원격지유통 체계를 급격히 변모시켰다. 〈표 8〉에서 1908년경 충청북도의 수출입품의 유통로를 보면, 괴산－청안－진천의 위쪽에서는 전통적인 한강수운과 육로에, 청주의 아래쪽에서는 주로 경부철도에 의존하고 있었다. 경부철도는 개통된 지 수년 이내에 철도가 통과하는 내륙지방의 원격지유통을 흡수하였다. 철도로부터 상당히 떨어진 충주·괴산·음성지방은 1908년경 忠州場을 거점으로 하는 한강 수운에 의존하였지만, 합방을 전후한 시기부터는 조치원역을 통하여 철도유통에 의존하기 시작하였다. 충청북도 내륙의 원격지유통의 중심이 한강수운으로부터 철도운송으로 급격히 전환하였던 것이다.

철도 정거장 구역에는 일본인 定住商業이 발달하였으므로, 철도수송망에

---

26) 李憲昶, 앞의 책(1990), 51~54쪽.

27) 李憲昶, 〈朝鮮後期 忠淸道地方의 場市網과 그 變動〉(《經濟史學》 18, 1994), 43쪽.

포섭된 지역의 확대는 일본상인의 상권 장악의 진전을 보여준다. 예컨대 충청북도의 沃川市場에 이입되는 석유·금건·면사·명태 기타 잡화류는 대부분 부산·인천·대전 방면으로부터 정거장 앞의 일본인이 구입하여 다시 그것을 시장의 상인에 轉賣하였고 곡류도 정거장 앞의 일본인이 조선인의 仲買로 하여금 買集시켜서 철도편에 의해 각지로 출하하였던 것이다.[28]

〈표 8〉 충청북도 각 군별 수출입품의 유통경로

郡名	1908년경	그 이후의 변화
永春	堤川場을 경유	
堤川	서울－漢江水運－忠州牧溪·淸風北津－堤川	
丹陽	서울－漢江水運－丹陽	
淸風	서울－漢江水運－淸風	
忠州	서울－漢江水運－忠州	13년 鳥致院과 관계를 가짐
延豊	槐山場을 경유	
槐山	서울－忠州盤川－槐山牧渡－槐山	11년 鳥致院과 관계를 가짐
陰城	서울－陸路－陰竹長湖院·忠州鷹盤川－陰城	11년 鳥致院과 관계를 가짐
淸安	서울－鳥致院－淸州－淸安	11년 鳥致院에 강하게 편입
	인천－牙山屯浦－鎭川－淸安	
鎭川	인천－屯浦－安城場·稷山笠場－鎭川	13년 鳥致院과 활발한 관계
淸州	주로 鳥致院, 부분적으로 屯浦·芙江을 경유	11년 거의가 鳥致院을 경유
文義	沙金의 경우 芙江을 거쳐 수출,	
懷仁	주로 鳥致院, 부분적으로 大田을 경유	11년 大田과의 관련이 확대
報恩	沃川驛을 경유	
沃川	곡물은 부산으로 直送, 수입품은 江景－芙江 경유	11년 수입품도 철도로 인천·대전으로부터 직송
靑山	深川驛을 경유	별 변화가 없음
永同	철도로 부산·인천·서울에 直結	〃
黃澗	철도로 부산·인천·서울에 直結	〃

* 1. 1908년경은 忠淸北道觀察道, 《韓國忠淸北道一班》, 1909.
  2. 1911년은 朝鮮總督府鐵道局, 《朝鮮鐵道沿線市場一班》, 1912.
  3. 1913년은 朝鮮總督府鐵道局, 《朝鮮鐵道驛勢一班》 上, 1914.

28) 朝鮮總督府鐵道局, 《朝鮮鐵道沿線市場一班》(1912), 73쪽.

내륙의 원격지유통의 중심지인 令市의 쇠퇴도 철도유통과 일본인 정주상업의 발달에 기인한 바가 크다. 개항전 전국의 약재를 취급하는 특수한 시장으로서 성립된 大邱와 公州의 令市는 1880년대에는 전국 각지의 특산물은 물론 수입품을 활발히 집산하는 유럽의 大市와 같은 것으로 성장하여 있었다. 갑오경장 후에는 全州·晋州·淸州에도 영시가 발생하였다. 영시의 발달은 지방관의 시장육성책에 힘입은 바가 있었다. 1900년대가 되면 영시가 쇠퇴하여 한일합방 당시에는 대구의 藥令市만 남았다.[29] 철도운송에 의한 원격지유통의 재편은 영시와 같은 전통적인 원격지 유통시장을 급격히 위축시켰던 것이다.

철도운수가 장시에 미친 영향은 어떠한가. 철도망은 가급적 상업거점인 장시를 많이 통과하게끔 설계되었다. 1911년말 철도역 111곳 중에 인구 만 명 이상의 도시와 개항장에 위치한 역을 제외하면 모두 96곳이었다는데, 그 중 십리 이내에 장시를 가진 역이 70곳이었다. 그 중에 철도 부설 전에 장시의 존재가 확인된 역은 51곳이었던 것으로 보건대, 철도운수는 장시의 확산에 기여하였다.[30] 철도에 의한 내륙교통의 발전으로 인하여 "종래 큰 시장은 더욱 커지고 작은 시장은 더욱 작아지는 추세를 나타내었다." 철도의 개통 전에는 각 산지의 물자가 "牛背에 의해 각지의 시장을 거쳐 순차적으로" 소비시장에 모여들었는데, 烏山·芙江·金泉과 같은 중요한 철도연선시장이 남대문시장이나 부산과 직접 거래하고 그곳에 직송할 수 있었기 때문이다.[31] 그 반면 철도유통은 소규모 장시의 기능을 약화시켰다. 종래 장시에서 집하되어 원격지로 이출되던 물화는 일본인 정주상인이 철도연선시장의 상권을 장악하면서부터 장시를 경유하지 않고 곧바로 정거장으로 가서 철도편에 의하여 각지로 이출되었다. 철도운송은 일본자본주의와 내지의 생산자·소비자간의 경제적 거리를 단축함으로써 일본의 경제적 침투를 지원하였고, 그러한 과정에서 내지시장의 구조가 재편되었던 것이다.[32]

〈李憲昶〉

29) 李憲昶, 앞의 책(1990), 224~230쪽.
30) 李憲昶, 위의 책, 222쪽.
31) 《通商彙纂》 49, 〈京釜鐵道全通ノ經濟界ニ及ホセル影響〉(1905년 7월 19일), 23·24쪽.
32) 李憲昶, 앞의 책(1990), 206~207쪽.

2. 상회사 설립과 상권수호운동

1) 상회사 설립

(1) 회사정책

가. 갑오·광무개혁기의 회사정책

개항 이후 회사 명칭의 기업조직이 출현한 데에는 개화파 지식인들이 기여한 바가 컸다. 兪吉濬은 1882년 《商會規則》을 저술하여 기선회사의 설립방식을 소개하였으며,[1] 《漢城旬報》도 1883년에 〈會社說〉이라는 논설을 실어 회사의 설립과 운영, 국가의 회사 보호 등에 관한 상세한 정보를 제공하였다.[2] 정부에서도 신사유람단, 영선사의 파견을 계기로 식산흥업을 위한 새로운 기구의 필요성을 인식하여 1883년부터 機器局·博文局·廣印社·蠶桑公司·蓮花烟務局·三湖玻璃局·交河農桑社 등의 官營·官督商辦型 기업을 속속 설립하였다.[3] 이와 때를 같이 하여 민간에서도 大同會社·長通會社 등 회사 명칭을 쓰는 기업조직이 본격적으로 출현하기 시작하였다.

그런데 초기의 민영회사들은 전통적 상업질서, 즉 都賈商業體制 위에서 활동해야 했기 때문에,[4] 개화파 지식인들이 소개했던 회사와는 상당히 다른 면모를 보였다. 이들 회사가 합자를 통해 자본을 마련하였던 점에서는 서구의 회사와 다를 바 없었지만, 정부에 대한 납세를 대가로 하여 영업독점권·징세청부권 등의 특권을 행사하였던 점에서는 都賈와도 유사한 존재였다.[5]

---

1) 兪吉濬全書編纂委員會, 《兪吉濬全書》 4-政治經濟編(一潮閣, 1971), 89쪽.
2) 《漢城旬報》, 1883년 10월 21일, 〈會社說〉.
3) 全遇容, 《19世紀末~20世紀初 韓人會社研究》(서울대 국사학과 박사학위논문, 1997), 22쪽.
4) 도고상업체제에 관해서는 姜萬吉, 〈開化期의 商工業問題〉(《朝鮮時代 商工業史研究》, 한길사, 1984) 참조.
5) 개항 직후 회사의 영업특권에 대해서는 韓沽劤, 《韓國開港期의 商業研究》(一潮閣, 1970) 참조.

회사의 조직·운영원리도 전래의 상인단체인 都中의 運營例나 민간 자치규례인 향약에서 차용하는 것이 일반적이었다.

초기 회사가 지닌 이러한 성격은 전통적 상업질서가 온존된 상황에서 서구의 제도를 형식적으로만 도입함으로써 나타난 것이었다. 따라서 회사가 명실상부한 근대적 기업으로 변모하기 위해서는 경제질서 전반의 개혁이 선행되어야 했다. 그러나 극심한 재정곤란으로 인해 관영 기업조차 운영할 수 없었던 정부가 그와 같은 개혁을 추진할 수 없었다. 오히려 1880년대 말부터는 회사를 수세확대를 위한 징세청부기구로 활용하려는 시도가 본격화되었다.[6] 그에 따라 이 무렵부터 상회사 뿐 아니라 수세를 주업무로 하는 객주조직이나 도고도 회사의 명칭을 쓰는 일이 일반화되었다.

회사의 존립 양태를 근본적으로 변화시킬 수 있는 계기는 1894년 갑오개혁 때에 비로소 마련되었다. 개화파 정권은 화폐·재정개혁과 아울러 貢物制度의 혁파와 市價貿用, 六矣廛 폐지, 商理局의 혁파, 각종 특권회사와 收稅都賈의 혁파, 雜稅 철폐 등 도고상업체제의 혁파에도 주력하였으며,[7] 이와 관련하여 1895년 4월에는 農商工部告示 제1호로 〈各 會社로부터 官許章程과 商業憑票를 還收하는 件〉을 공포하였다.[8] 이는 도고적 체질을 벗어나지 못한 종전의 회사를 전면 혁파하고, 근대적 경제질서에 합당한 회사만을 새로 육성하려는 의지를 표현한 것이었다. 또 1895년 11월 10일에는 法律 제17호로 〈商務會議所規例〉를 제정하여 객주 상법회사의 도고적 성격을 일소하고, 이를 근대적 상업회의소의 위상을 갖는 순수 협의기관으로 개조하고자 하였다.

그러나 개화파 정권의 급진적인 회사 근대화정책은, 그들의 구상대로라면 가장 적극적인 지지세력이 되었어야 할 상인층 일반의 지지를 얻지 못한 채 외국 상인의 상권침투를 가속화하는 구실을 하였을 뿐이다. 도고상업체제는 민간에서의 자본축적을 저해하는 것이기는 하였지만, 다른 한편으로는 강고한 독점적 폐쇄성으로 인해 외국 자본의 침투를 일정 정도 저지하는 역할도

6) 須川英德, 《李朝商業政策史研究－十八・十九世紀における公權力と商業－》(東京大 出版會, 1994), 201~202쪽.
7) 吳斗煥, 〈甲午 經濟改革의 構造와 性格〉(《仁荷大論文集》 3, 1984), 14쪽.
8) 宋炳基 外, 《韓末近代法令資料集》 1(國會圖書館, 1970).

수행하고 있었기 때문이다.[9)]

개화파 정권이 붕괴한 후 高宗은 양반유생층과 특권상인층의 지지를 얻어 강력한 皇權을 구축하였으며,[10)] 이를 바탕으로 근대화 정책을 주도적으로 추진해 나갔다. 고종의 전제황권이 구축된 광무년간에는 토지소유권의 확립, 호구 파악, 산업 재편, 지세 징수 등 국가 경영 전반의 획기적 변화를 유도하기 위한 量田·地契發給事業이 추진되는 한편,[11)] 식산흥업정책도 본격화하였다.

광무년간의 경제정책 및 식산흥업정책은 외세를 가능한 한 배제하면서 지주 및 특권상인층의 기득 권익을 옹호하는 방향으로 마련되었던 바, 회사정책 역시 이러한 기조에 입각해 있었다. 그리하여 특권상인으로부터 수세하는 대가로 그들에게 물종별, 지역별 영업 독점권을 부여하는 것이 일반화되었다. 특권적 상업질서가 복구됨에 따라 민간자본이 축적될 수 있는 여지는 축소되었지만, 다른 한편으로는 민중수탈을 기반으로 황실과 특권 관료층이 대자본가로 등장할 가능성도 높아졌다.

광무년간의 식산흥업정책은 외국에 침탈된 이권의 회수와 추가적인 이권 침탈의 방지를 통한 국내 생산기반의 보호, 그리고 근대적 산업기술인력 양성을 위한 기술교육의 확대에 중점이 두어져 있었다. 정부는 1899년에 프랑스로부터 경의철도 부설권을 반환받은 이래, 철도부설권의 추가적인 양도를 중단하였으며, 1898년 6월에는 전국의 주요 광산을 모두 내장원 소유로 하고 외국인에게 광산채굴권을 일절 허가하지 않는다는 방침을 채택하였다.[12)] 동시에 각종 회사의 장정, 규칙에도 "외국인에게 권한을 양도하거나, 외국인과 합작할 경우 허가는 취소하며, 사원은 엄형에 처한다"는 규정을 포함하도록 함으로써 민간 부문에서 외국인에게 이권을 양도할 수 있는 여지를 사전에 봉쇄하였다.[13)]

---

9) 姜萬吉, 〈大韓帝國時期의 商工業問題〉(《亞細亞硏究》 16-2, 1973) 참조.
10) 나애자, 〈대한제국의 권력구조와 광무개혁〉(《한국사》 11, 한길사, 1994) 159~160쪽.
11) 李永鶴, 〈대한제국 전기 토지조사사업의 의의〉(《대한제국의 토지조사사업》, 민음사, 1995), 35쪽.
12) 李潤相, 〈열강의 이권침탈과 경제의 예속화과정〉(《한국사》 11, 한길사, 1994), 288쪽.
13) 全遇容, 앞의 책, 97쪽.

식산흥업정책과 관련하여 특히 활발히 추진된 것은 각종 기술학교의 설립이었다. 1899년과 1900년에 〈商工學校 관제〉와 〈礦務學校 관제〉가 각각 제정되었고, 1899년에는 郵務學堂과 電務學堂이, 1901년에는 잠업시험장이 설립되었다.[14] 사립학교에서도 실업교육을 확충하려는 노력이 전개되어, 1900년에는 漢城織造學校와 私立廣成商業學校·私立鐵道學校가 개설되었고,[15] 私立樂英學校내에 工業傳授科와 鐵道科가 설치되었으며,[16] 私立興化學校도 量地速成科를 설치하였다. 기술인력 양성을 위해 학교를 분설하는 회사도 생겨나서, 織造緞布株式會社(鍾路織組社)가 기술학교를 분설하였으며,[17] 大韓國內鐵道運輸會社도 철도기사 양성을 위한 학교를 설립하였다. 이와 같은 식산흥업 정책과 운동에 힘입어 은행업과 운수업을 기축으로 하는 다수의 근대 기업이 설립되었고, 그 설립자는 거의가 고위 관료나 특권적 대상인들이었다.

그런데 광무년간에는 근대적 기업 뿐 아니라 다수의 都賈가 회사의 이름을 걸고 소상인·수공업자를 수탈하는 양상도 광범위하게 나타났다. 당시 상업·재정정책의 정점에는 내장원이 자리하고 있었는데,[18] 내장원은 人蔘·鑛山·庖肆·海稅 등을 전관하는 한편,[19] 상업세 징수를 확대하였다. 그에 따라 내장원 납세를 전제로 도고권을 행사하는 특권회사가 난립하는 양상이 빚어졌던 것이다. 이는 정부 주도로 생산력적 토대를 확충할 수 있을만한 재원을 확보하지 못한 단계에서, 그 재원을 확보하기 위해 소상인·소농민층에 대한 수탈을 강화할 수밖에 없었던 사정을 반영하는 것으로서, 광무년간 식산흥업정책이 처한 근본적인 딜레마였다. 식산흥업정책의 실질적인 수혜자가 되어야 할 상인·수공업자들이 오히려 집중적인 수탈의 대상이 됨으로써 광

---

14) 劉奉鎬, 〈大韓帝國下 實業敎育 展開考〉(《大韓帝國硏究》 2, 이화여대 한국문화연구원, 1984), 64~66쪽.

15) 金根培, 《日帝時期 朝鮮人 科學技術人力의 成長》(서울대 박사학위논문, 1996), 20쪽.

16) 《皇城新聞》, 1900년 12월 18일, 雜報.

17) 《皇城新聞》, 1900년 3월 22일, 廣告.

18) 金載昊, 《甲午改革 이후 近代的 財政制度의 形成過程에 關한 硏究》(서울대 박사학위논문, 1997) 참조.

19) 楊尙弦, 《大韓帝國期 內藏院 財政管理硏究－人蔘·鑛山·庖肆·海稅를 중심으로》(서울대 박사학위논문, 1997) 참조.

무 경제개혁의 지지기반은 심각하게 축소되었고, 개혁을 위해 민중의 역량을 동원하는 데에도 실패할 수밖에 없었던 것이다.

나. 러일전쟁 이후 일제의 한인회사 통제

1904년 2월 러일전쟁을 도발한 일제는 ①방비를 완전히 할 것, ②외정을 감독할 것, ③재정을 감독할 것, ④교통기관을 장악할 것, ⑤통신기관을 장악할 것, ⑥척식을 도모할 것 등을 주내용으로 하는 〈對韓方針 및 對韓施設綱領〉을 확정지었다.[20] 이 중 경제부문에서 일제가 특히 강조한 것은 교통·통신시설의 장악과 농업·임업·광업·어업 등 원료 채취 부문의 '개발'이었다. 이는 한국을 상품판매시장 및 원료·식량 구입시장, 일본인 이민의 배출지로 만들기 위한 제반 시설을 정비하려는 의도에 따른 것이었다.[21] 그런데 이를 위해서는 무엇보다도 먼저 한국 경제를 일본 경제와 직결시키는 한편, 한국 경제의 재편을 위한 재원을 한국내에서 마련할 필요가 있었다. 메가다 타네타로(目賀田種太郎) 주도의 화폐·재정정리는 바로 이와 같은 의도에서 추진된 것이었다. 이들 사업의 결과 한국 경제의 대일 예속화는 결정적으로 되었고,[22] 국내 자본의 축적은 심각하게 저해되었다.

더욱이 일제는 많지 않은 한인 소유 자본마저 자신의 필요에 따른 사업에 끌어들였다. 화폐정리에 따른 錢荒 문제를 해결한다는 명목으로 한인 巨商들의 자본을 끌어 모아 漢城共同倉庫株式會社와 수형조합을 설립하였으며, 농·공업의 개발을 명목으로 각지 지주와 유력 상인들의 자금을 農工銀行과 東洋拓殖株式會社로 끌어들였다.

통감부는 화폐·재정정리사업과는 별도로 일본 농업이민을 대량으로 받아들이기 위한 사전 정지작업에도 착수하였는데, 통감부의 한인회사에 대한 정책도 기본적으로 이 틀 안에서 마련되었다. 일제는 광무년간 한인회사에 부여

20) 日本外務省 編, 《日本外交文書》 37－1(日本國際連合協會, 1958), 〈對韓方針及對韓施設綱領〉, 351～356쪽.

21) 權泰檍, 〈1904～1910년 일제의 한국침략 구상과 '시정개선'〉(《韓國史論》 31, 서울대 국사학과, 1994), 231쪽.

22) 박영호, 〈한국의 식민지적 자본주의화 과정에 관한 일연구－한말 화폐정리사업을 중심으로－〉(《韓國資本主義論》, 한울, 1990), 126쪽.

되었던 제반 권한을 박탈하기 위하여 1906년 10월 칙령 62호로 〈各種認許의 效力及期限에 關한 件〉을 제정하도록 하였으며,[23] 관료들의 회사 참여를 일체 금지함으로써 관료 자본의 회사 유입을 저지하였고,[24] 농림업・수산업・광업 등 원료채취부문에 설립된 회사들을 강제 해산시켰다.[25] 나아가 1909년 하반기에는 한인회사에 대한 사전적이고도 철저한 단속을 목표로 회사관계법－이는 1910년 〈조선회사령〉으로 구체화되었다－제정에 착수하기도 하였다.[26]

반면 통감부는 한국 거주 일인이나 새로 이주해 온 일인의 회사 설립을 적극적으로 지원하였다. 광무년간에는 원칙적으로 외국인의 회사 설립이 금지되어 있었으며, 내국인과의 합작도 불가능하였다. 따라서 러일전쟁 이전까지 일본인의 한국내 회사 설립은 극히 예외적으로만 인정되고 있었을 뿐이다. 그러나 러일전쟁 이후 일본인들은 통감부의 지원하에 속속 회사를 설립하기 시작하였다. 이들 일인 회사들은 한국내 각종 이권을 장악해 나갔으며, 일부는 광무년간의 수세도고회사를 능가하는 불법적인 행위를 자행하면서 한인의 재산을 약탈하기도 하였다.

(2) 상회사의 설립

가. 갑오・광무개혁기의 상회사

갑오개혁 이후 1905년까지의 회사 설립 상황을 개괄해 보면 〈표 1〉과 같다.[27]

1894년에 신규 출현 회사가 적은 것은 동학농민전쟁과 청일전쟁으로 인한 사회적 혼란이 큰 영향을 미친 것이라 생각되지만, 1898년까지 10개 안팎의 회사가 설립되는 정도에 머문 것에 비추어 볼 때 그것만이 회사 설립을 억제한 이유는 아니었을 것이다. 갑오개혁 직후 회사 설립의 부진은 기본적으로는 개화파 정권의 엄격한 회사정책과 관련된 것으로 보인다. 이는 1899년

23) 《勅令》 下－奎章閣資料叢書 錦湖시리즈 近代法令篇(서울대 도서관, 1981), 204쪽.
24) 《農商工部來去文》(奎 17782), 光武 11년 정월 7일, 照覆 제2호.
25) 《訓令謄錄》, 광무 10년, 道訓 제93호(국사편찬위원회, 《各司謄錄》 41－1, 1990).
26) 《大韓每日申報》, 1909년 10월 15일, 雜報 〈會社有法〉.
27) 〈표 1〉에서는 해당 연도에 설립된 회사 뿐 아니라 최초로 기록에 나타나는 회사까지를 포함한 것이기 때문에 실제와는 상당한 차이가 있을 것이지만, 회사에 관한 일관된 통계를 확인할 수 없는 현재로서는 이로써 전체적인 추이를 살필 수밖에 없다.

이후, 즉 〈大韓國制〉의 발포로 상징되는 황권의 전제화에 발맞추어 회사 설립이 급증하는 것으로도 미루어 짐작할 수 있다. 이 무렵부터 내장원을 중심으로 하는 특권적 상업질서가 부활되면서 회사의 설립도 급증하였던 것이다.

〈표 1〉 1894~1904년간 회사 설립 상황

업종 / 연도	금융업	농림업	제조업	광업	상업	운수업	수산업	청부·토건업	기타	계
1894		1			3	1				5
1895			2		2		8			12
1896	2		3		6	3			2	16
1897	1	1	1		2	3			2	10
1898	2					3		1	7	13
1899	4	2	5	2	13	8		2	4	40
1900		3	2	3	15	3	1	3	4	32
1901	1	2	3		4	1	1	4	8	24
1902		3		1	16	2		3	6	31
1903	1	1	1	1	10	3	1		2	20
1904		4	3	2	3	1		1	5	19
계	11	17	20	9	72	28	11	14	40	222

* 1. 全遇容, 《19世紀末~20世紀初 韓人會社硏究》(서울대 박사학위논문, 1997)의 부록을 토대로 작성.
  2. 기타는 인쇄·출판업, 제약·매약업, 영리목적의 용역업 등이다.

1895년까지 설립되었거나 활동하고 있던 회사들은 대개 製氷業이나 해산물 채취업 관련 회사들로서 갑오개혁 이전의 회사와 다를 바 없는 것들이었다. 근대적 기업이 본격적으로 출현하기 시작하는 것은 1896년경부터였다. 중앙은행을 목표로 한 大朝鮮銀行과 한미합작의 漢城電氣會社가 이 해에 설립된 대표적인 회사들이었다. 1897~1898년에도 漢城銀行·特立第一大韓銀行·大韓帝國人工養蠶合資會社·大朝鮮苧麻製絲會社 등의 금융업, 제조업회사들이 출현하였다. 특히 이 무렵에는 운수회사의 설립이 활발하여 廣通社·韓國郵遞汽船會社·永興會社·艀船株式會社 등의 해운회사가 다수 설립되었는데, 이는 대한제국 정부가 일본 선박의 미개항장 항행을 엄격히 금지한 데에 힘입은 바 컸다. 또 경인·경부철도 부설공사가 본격화함에 따라 그 청부공사를 담당하는 회사들도 이 때부터 속출하기 시작하였다.[28]

그런데 1899년 이후에는 1896년부터의 근대 기업 설립 추세에 덧붙여 내장원 상납을 전제로 특정 물종에 대한 전매권을 주장하거나 상인들에게 株金 명목의 잡세를 징수하는 데에만 열중한 收稅都賈會社들이 특히 급속히 늘어났다. 이 기간 중에도 大韓協同汽船會社·元一輪船會社·濟益船社·漢上紡績股本會社·織造緞布株式會社·香烟合資會社·信錫煙草合名會社·鏡城煤礦會社 등 상당한 자본을 갖추고 근대적 경영기법을 채용한 회사가 계속 설립되었지만,[29] 회사수의 급증을 추동한 것은 바로 도고회사들이었다.

광무년간 가장 대규모로 설립된 근대적 기업은 은행들이었다. 조세금납화 조치로 인해 국고금 관리기구의 필요성이 절실해졌을 뿐 아니라 화폐유통도 급속히 확대되었기 때문이다. 그리하여 1896년에는 大朝鮮銀行이, 다음해에는 大韓特立第一銀行(大韓銀行)과 漢城銀行이, 1899년에는 大韓天一銀行이 각각 설립되었다. 이들 은행은 모두가 황실 및 고위 관료가 중심이 되어 설립한 것으로 한성은행을 제외하면 처음부터 중앙은행을 목표로 한 것들이었다. 그러나 이들 은행의 국고금 관리 시도는 탁지부고문 브라운(J. M. Brown, 柏卓安)의 반대로 실현되지 못하였기 때문에, 정부의 재정자금을 관리하는 등 정부와 밀접한 관련을 유지하면서도 사설 은행으로만 활동할 수밖에 없었다.

은행 다음으로 대규모의 근대적 회사가 출현한 부문은 해운업이었다. 민간 해운회사는 官督商辦型 회사였던 利運社가 소멸한 1896년부터 각지에서 설립되기 시작하여, 德利會社·泰運會社·廣通社·永昌會社 등 소규모 해운회사가 먼저 출현하였고, 뒤이어 郵遞汽船會社·大韓協同汽船會社·大韓協同郵船會社 등 정부와 밀접한 관련을 맺고 국내외를 왕래하는 대규모 회사도 속속 설립되었다. 특히 대한협동우선회사는 관료자본을 주축으로 하여 정부의 각별한 지원하에 국제 항로를 개설하는 등 활발한 활동을 벌였다. 광무년간 해운회사의 설립이 활발하였던 데에는 정부가 〈管船司官制〉와 〈國內船稅規則〉을 제정하는 등 연안 해운권을 지키기 위한 제도적 장치를 마련하는 한

28) 鄭在貞, 《日帝의 韓國鐵道侵略과 韓國人의 對應》(서울대 박사학위논문, 1992) 참조.
29) 이 글에 제시한 개별 회사에 대해서는 全遇容, 앞의 책 참조.

편, 정부 소유선박을 불하하거나 임대하는 등의 지원을 베푼 것도 중요한 배경이 되었다.[30]

광무년간에는 경부철도 공사가 본격화함에 따라 철도회사도 다수 출현하였다. 특히 경부철도 공사에 한인회사의 참여를 의무화한 〈京釜鐵道合同〉 계약은 공사청부회사가 속출하는 중요 계기가 되었다. 이 계약을 계기로 大韓國內鐵道會社·大韓京釜鐵道役夫會社 등 대소규모의 토건회사가 속출하였는데, 이들 중에는 약간의 수수료를 받고 일본 토건회사에 명의만을 대여하는 것도 많았지만,[31] 일부는 실제로 공사에 참여하기도 하였다.

반면 근대 기업의 핵심이라고 할 수 있는 제조업 부문에서는 회사 설립이 상대적으로 부진하였다. 갑오개혁 이후 정부와 지식인 일반의 식산흥업에 대한 관심이 고조되면서 國富의 근원을 제조업에서 찾아야 한다는 논의가 본격적으로 제기되기 시작하였지만, 그를 뒷받침할 수 있는 조건은 아직 취약한 상태였다. 공장제 제조업의 육성을 위해서는 대규모의 금융지원과 관세장벽 등 정부의 지원과 보호가 절실하였지만, 백동화 인플레이션으로 인한 화폐가치의 지속적 하락, 관세자주권의 침해로 인한 효율적 보호장치의 부재 등으로 인해 제조업 회사가 설 수 있는 기반은 대단히 취약했다. 광무년간 개명관료층을 중심으로 漢上紡績股本會社·織造緞布株式會社·香烟合資會社 등의 제조업 회사가 적지 않게 설립되었음에도 불구하고 별다른 성과를 거두지 못하였던 것은 그 때문이었다.

광무년간에는 官許農桑會社·牧養社·大韓帝國人工養蠶合資會社·開墾會社·養蠶會社·農業會社·農鑛會社·煤礦合資會社·鏡城煤礦會社·海産會社 등 농림업·광업·수산업회사도 다수 설립되어 회사조직이 경제 각 부문으로 확산되어 갔던 바, 그 중에서도 가장 많은 회사가 설립된 부문은 상업부문이었다. 그런데 이 시기의 상업회사 증가는 상인층의 영업권 독점 시도와 밀접한 관련이 있다. 조선 후기 이래의 상업발전과 개항으로 인한 상품유통의 확대를 기반으로 성장해 온 상인층은 특권적 상업질서에 편승하여 내장원과 밀착해 갔다.

30) 羅愛子, 《韓國近代海運業發展에 關한 硏究(1876~1904)》(이화여대 박사학위논문, 1994) 참조.

31) 鄭在貞, 앞의 책, 243쪽.

麻浦米商會社·軍部用達會社·米豆會社·石油用達會社·炭商會社 등은 모두 내장원에 납세하는 대가로 특정 물종을 전담 취급하거나 특정 관부에 대한 물자조달을 독점한 회사들로서, 기본적으로는 도고의 연장이었다. 상업회사 일반이 도고적 행태를 보이는 상황에서 회사 설립을 빙자하여 株金 명목의 잡세를 수탈하거나 영업독점권을 명목으로 영세상인을 수탈하는 회사도 속출하였다. 각지의 加沙里會社와 麴子會社, 仁川의 柴炭會社·漁商會社·米豆會社·菜果會社·翔物會社·南草會社, 沃溝의 魚鹽會社, 長淵의 魚物會社, 元山의 鹽商會, 利原의 五種會社, 全州의 八商會社 등은 모두 특정 물종의 전매권을 자임하면서 소상인·소생산자를 수탈한 도고회사들이었다.

나. 통감부시기의 상회사

일제가 한국 내정 전반을 좌우하기 시작한 1905년부터 1910년 강점에 이르기까지의 회사 설립(신청) 상황을 표시하면 〈표 2〉와 같다.[32)]

〈표 2〉 1905~1910년간 한인회사의 설립(신청) 상황

연도＼업종	금융업	농림업	제조업 광업	상업	운수업	수산업	청부업 토건업	기타	계
1905	7	6	8	9	6		6	2	44
1906	10	2	13	21	11	4	6	14	81
1907	7	5	8	19	9	3	6	9	66
1908	4	8	11	25	8		3	13	72
1909	5	9	24	20	5	1	2	15	81
1910	3	7	32	22	6	1	1	9	81
계	36	37	96	116	45	9	24	62	425

* 全遇容, 《19世紀末~20世紀初 韓人會社硏究》(서울대 박사학위논문, 1997).

32) 〈표 3〉은 회사의 설립(신청) 상황만을 표시한 것으로서 회사가 실질적으로 활동했는지의 여부는 알 수 없다. 또 표에 수록된 회사 중 실제로는 인가받지 못한 것도 상당수 있기 때문에 당시의 현상을 정확히 파악할 수는 없다. 다만 신청에 그친 것이라 할지라도 회사 설립의 전체적인 추이를 보는 데에는 유용하다고 할 수 있다.

회사의 설립(신청) 건수는 광무년간과 비교할 때 3~4배 가량 늘어나고 있는데, 전통적 금융체계가 붕괴되고 회사에 대한 정부의 시혜가 중단되는 한편, 통감부의 한인회사 억압이 본격화되는 등 회사의 설립, 경영 조건이 전반적으로 악화되었음에도 불구하고 회사의 설립 시도가 급증한 이유에 대해서는 다음 몇 가지를 들 수 있을 것이다.

첫째는 관제 변경 등에 따라 퇴직한 관리들이 회사 설립에 주목한 때문이었을 것이다. 둘째는 을사조약 이후 급격히 고양된 구국계몽운동과 관련된 것으로 보인다. 계몽운동가들은 회사 설립과 근대적 산업자본 육성에 대한 일반의 관심을 고조시키기 위해 노력하였으며, 직접 회사의 설립에 관여하기도 하였다. 셋째는 일제의 화폐·재정정리로 인해 화폐가치가 상대적으로 안정되고, 금융기관이 정비된 점을 들 수 있다. 넷째로는 일본인의 한국내 회사 설립 증가이다. 한국내에 회사를 설립하는 일인들 중에는 정보나 商慣習上의 이유로 한인과 합작으로 회사를 설립하는 자들도 적지 않았다. 또 통감부의 한인회사 억압을 회피하기 위해 일인을 끌어들여 회사를 설립하는 한인도 늘어났다.

통감부시기의 회사 설립이 이처럼 守勢的으로 진행됨에 따라 회사의 활동도 광무년간과는 사뭇 다른 양상을 보이게 되었다. 금융업 부문에서는 일본제일은행과 각지 농공은행이 각각 중앙은행 업무와 지방 금융을 전담하게 됨에 따라 단순한 상업자금 대부를 주목적으로 하는 회사들만이 설립될 수 있었다. 韓一銀行·韓美協同倉庫會社·龜浦貯蓄株式會社·株式會社韓隆社(京城隆興株式會社)·株式會社大韓商業社·義州保産合資會社 등이 모두 상업자금이나 토지구입 자금 대부를 목적으로 하여 설립된 회사들이었다.

농림업 부문에서는 특히 柞蠶 관련 회사가 다수 설립되었는데, 이들 회사는 일본 생사회사에 원료를 공급하기 위한 작잠, 또는 家蠶 재배에 주력하고 있었다.33) 安義鶴峴蠶業會社·蠶農社·柞蠶合資會社·全羅南道株式蠶農社·柞蠶株式會社·種桑會社·柞蠶製炭株式會社 등은 모두 蠶繭만을 생산하기 위

33) 일본의 생사 수출은 러일전쟁을 전후로 하여 급격히 증가하였으며, 그에 따라 生絲의 원료인 蠶繭에 대한 수요도 폭증하였다. 石井寬治, 〈産業資本(2)－絹業〉(大石嘉一郎 편, 《日本産業革命の研究》, 東京大 出版會, 1975), 171~173쪽.

해 설립된 것들이었다.

통감부시기 한인의 회사 설립에서 나타나는 가장 큰 특징은 제조업 부문의 약진이다. 이 시기의 제조업회사 증가는 전래의 수공업 생산을 공장제 생산으로 전환하면서 회사를 설립하는 사례가 급속히 늘어난 점, 한인 상인이 일제 수입품 취급으로부터 배제되는 데 대응하여 수입대체산업 육성에 대한 관심이 높아진 점 등에 기인하는 것으로 보인다. 이 시기에 설립되거나 계획된 제조업 회사를 생산부문별로 정리한 것이 〈표 3〉이다.

〈표 3〉 1905~1910년간 한인 제조업회사의 업종별 분포

업종 연도	織布	烟草	釀造	製紙	木工	製革	機械鐵物	陶器	製粉	其他	계
1905	1	1		2						2	6
1906	2	1	3		1					1	8
1907	1	1	3	1						1	7
1908	1		1	3		2	1	1		2	11
1909	5	5	2	2	1	1	4	1			21
1910	10	4	2	1	1	2		1	1	4	26
계	20	12	11	9	3	5	5	3	1	10	79

* 全遇容, 《19世紀末~20世紀初 韓人會社硏究》(서울대 박사학위논문, 1997).

〈표 3〉을 통해 알 수 있는 바와 같이, 이 시기의 제조업 회사는 제혁업을 제외하고는 모두가 내수용이나 수입대체적 부문에서 설립되고 있었다. 大韓煙草株式會社·谷香合資會社·半島製烟社·盤松製烟社·廣盛商會 등의 연초회사, 漢城織物株式會社·漢城染織會社·韓興織組會社·京城織紐合名會社 등의 직물업회사, 京城釀造合名會社·酒類釀造會社 등의 양조회사, 造紙用達會社·大韓製紙會社 등의 제지회사, 平壤磁器製造株式會社·汾院磁器株式會社 등의 도자기 제조회사, 大韓獸皮合資會社·合名牛皮會社 등의 제혁회사, 印刷工業會社 등의 인쇄회사, 鐵工製造株式會社 등의 철기제조회사 등이 이 시기에 설립된 대표적 제조업회사들인데, 이들은 규모의 대소에 관계

없이 기본적으로 수공업적 토대를 벗어나지 못하고 있었다. 이는 당시까지 한국 제조업의 기술수준이 낮았던 데에 일차적 원인이 있지만, 그와 동시에 비교적 넓은 시장이 존재하는 영역에는 예외없이 일본자본이 침투해 들어왔던 점도 중요한 요인으로 작용하였다. 정부의 보호나 보조를 기대할 수 없었던 한인자본가들이 거액의 투자를 요하는 신기술 채용에 나설 수는 없었기 때문이다.

통감부시기에 가장 많은 변화를 강요받은 것은 상업회사들이었다. 일제는 일본 상품의 자유로운 유통을 보장하기 위해 개항장 객주의 독점영업권을 부인하고 수세도고회사를 철폐하는 등 도고상업체제를 해체해 나갔다. 그에 따라 통감부시기에는 이전과는 다른 유형의 상업회사가 새로운 경제환경에 적응하면서 속출하였다. 통감부시기의 상업회사 설립에서 나타나는 특징은 첫째 객주업 전문회사의 등장, 둘째 일본상품의 직수입을 목표로 한 무역회사의 출현, 셋째 도시 定住商業의 발달에 따른 시장관리회사의 성립, 넷째 지역별·물종별 전매권이 소멸된 데 대응한 조달업·용달업회사의 증가이다.

객주업 전문회사는 객주의 영업독점권(주인권)이 공식적으로 부인된 상황에서, 객주들을 회사 형태로 재결집하는 한편 자본규모를 늘려 日商의 상권침탈을 억제하려는 의도에서 설립되었다. 大韓貿易商社·紫巖泰興社·廣濟社·客主協信商會·水陸物産株式會社 등이 이 시기에 설립된 대표적 객주업회사들이었다.

한편 일본 상인의 직무역 독점이 내지 정주상업의 합법화를 기반으로 한층 강화됨에 따라 수입품 확보에 곤란을 겪게 된 상인들은 이것을 타개할 목적으로 무역회사를 설립하기 시작하였다. 彰信社·合名會社共益社·淸鹽會社·淸韓貿易合資會社·興業社·株式會社湖上館商會·大韓貿易商社·韓美興業株式會社 등은 모두 서울·의주·개성 등 전통적인 商都의 상인들이 외국의 특정회사와 특판계약을 맺거나 특정 국가와의 무역을 전담할 목적으로 설립한 회사들이었다.

시장·상가 관리회사는 도시 정주상업의 발전과 시전 특권의 폐지를 배경으로 출현하였다. 육의전의 금난전권은 갑오개혁 때에 폐지되었지만, 광무년간에는 육의전에 시장세 징수권이 부여되는 등 시전 특권은 상당 부분 부활하였다.[34] 그러나 이러한 특권은 통감부 설치를 계기로 다시 소멸되었으며, 그에 따라 시장의 관리 방식 역시 변화하지 않을 수 없었다. 한편 1896년부터 진행된 서울 도시개조 과정에서 선혜청 창고 일대와 梨峴 일대에 상설시장이 형성됨으로써 그에 대한 추가적 관리의 필요성도 새롭게 대두되었다.[35] 그에 따라 廣藏會社·京城隆興株式會社·市場開運會社 등이 각각 특정 지역에 상가를 조성하고 상인들로부터 관리비를 징수하거나 특정 물종을 전담하는 장시를 개설할 목적으로 설립되었다.

용달업 역시 도시 상업의 한 형태로서, 汲水商·柴商 등 일상소비품 취급 상인들은 都中을 구성하고 가가호호를 방문하여 물과 땔감 등을 공급해 왔다. 그러나 일제에 의해 전통적인 상업 질서가 해체되면서 도중이 지니고 있던 동직조합적 성격 역시 붕괴되었고, 그에 따라 영세상인을 장악하려는 상업자본의 공세가 본격화되었다. 柴炭株式用達會社·漢城材木柴炭株式會社·薪穀會社·供需商社 등은 일상 소비품을 취급하는 영세 상인들을 규합하여 설립한 대표적 용달회사들이었다.

통감부시기에 가장 집중적인 억압을 받은 부문은 일제가 〈對韓施設綱領〉에서 우선적으로 장악할 뜻을 밝힌 바 있던 운수업과 토건업, 수산업 부문이었다. 해운회사들은 1905년 철도운송의 본격적 개시와 1906년 통신원 폐지로 인한 해운 자주권의 상실로 결정적인 타격을 받아 大韓協同郵船會社 등을 제외하고는 거의 소멸해 버렸다.[36] 해운회사가 소멸한 대신에 철도운송을 보조하는 小운송업회사가 급증하였는데, 이들은 철도를 장악한 통감부의 강력한 통제를 받지 않을 수 없었으며 자본 규모 역시 영세성을 벗어나지 못하였다.

토건업회사도 통감부시기에 급속히 몰락하였다. 경부철도 부설 공사에서 한인회사가 완전히 배제된 이후에도 각종 관급공사를 중심으로 토건회사가

34) 全遇容, 앞의 책, 236쪽.

35) 광무년간 서울의 도시정비과정에 대해서는 李泰鎭, 〈18~19세기 서울의 근대적 도시발달 양상〉(《서울학연구》 4, 서울시립대 서울학연구소, 1995) 참조.

36) 《官報》, 광무 10년 7월 27일, 〈勅令 제35호〉.

활동할 여지는 남아 있었기 때문에 한동안 埋築會社·大韓土木建築會社 등이 새로 설립되기도 하였지만, 통감부가 설치된 이후에는 관급공사의 발주권을 통감부가 장악함으로써 한인 토건회사의 존립기반은 송두리째 부인당하였다. 대신 한인들은 일인 토건회사에 인부를 모집·공급해 주는 청부회사만을 설립할 수 있었을 뿐이다. 통감부시기의 대표적인 청부업회사는 勞動勸業社·大韓役夫會社·京江雇軍房會社·勞動運送合名會社 등이었다.

수산업 역시 〈對韓施設綱領〉에서 그 장악문제가 중요하게 거론되었던 부문이었지만, 이미 개항 직후부터 연안어업은 사실상 일본인의 수중에 들어가 있었다. 따라서 광무년간에도 한인회사는 고작 어시장 경영과 어물 매매에 주력하는 정도였다. 그런데 통감부시기에는 그나마 일본인들이 탈취해 버림으로써, 1908년 현재 주요 어시장 중 한인회사가 관리하고 있던 곳은 몽산포(共榮社)와 인천(漁商會社)에 불과하였다.

한편 일제는 표면상 도고회사의 존재를 용인하지 않았고, 광무년간 도고회사의 설립을 가능케 했던 내장원의 재정기반도 붕괴되었기 때문에 통감부시기에는 원칙적으로 도고회사가 설 자리는 없었다. 그렇지만 이 시기에도 수세도고회사는 지속적으로 등장하였다. 이는 기본적으로 도고상업체제의 강고성을 반영하는 것이기는 하지만, 통감부의 한인 수탈정책도 이에 적지 않은 영향을 미쳤다. 통감부는 일인이나 친일적 한인들의 수세도고회사를 통한 민중수탈은 용인하는 이중적 태도를 보였던 것이다. 龍淵掘江會社·津船組合會社·陸運穀料會社·保船會社·商業會社·韓國畜産會社 등은 모두 일진회원 등의 친일 한인들이 설립한 것으로 광무년간의 수세도고회사와 다를 바 없는 민중수탈을 자행하였다.

수세도고회사는 기본적으로 정치적 권위에 기탁하여 상민을 수탈하는 기구였고, 따라서 그에 상응하는 정치적 보호나 특권 부여가 전제되어야 했다. 그리고 이 시기 정치권력을 장악하고 있었던 것은 바로 통감부였다. 일제는 표면적으로는 도고상업체제의 청산을 표방했지만, 이면에서는 도고상업체제에 입각한 일본인과 일부 친일 관리, 상인층의 민중수탈을 용인함으로써 한인의 자본을 일본인의 수중에 넘겨주고자 하였던 것이다.

(3) 상회사의 설립주체

갑오개혁 이후 회사 설립을 주도한 것은 개명 관료들이었다. 관료층이 회사 설립을 주도한 데에는, 첫째 갑오개혁을 계기로 하여 관료의 회사참여가 합법화되었던 점,[37] 둘째 회사에 대한 고종의 관심이 매우 높았고, 고종 스스로 회사에 투자하는 경우도 적지 않았던 점, 셋째 독립협회 등의 식산흥업 운동에 일부 개명 관료들이 참여하였던 점, 넷째 관료집단의 수중에 거액의 화폐자산이 집적되어 있었던 점 등이 주요한 배경이 되었다. 다만 이 시기의 회사는 관료들이 설립을 주도하면서도 그 운영은 일찍부터 관료들과 밀접한 관계를 맺고 부를 축적해 온 상인들이 맡았던 것으로 보인다. 당시에는 상인들이 관료들의 자금을 관리하는 것이 일반적이었으며,[38] 관료와 상인들은 外劃과 같은 신용거래 관계로도 맺어져 있었다. 특권적 경제질서가 강고히 유지되고 있는 상황에서는 상인층의 입장에서도 고위 관료와 합작하는 것이 유리하였을 것이다.

광무년간에 관료와 상인층이 합작하여 회사를 설립하는 것이 일반적이었다고 하더라도, 정치상황의 변화, 회사의 성격 등에 따라 참여하는 층위나 결합하는 방식에는 상당한 차이가 있었다. 갑오개혁 직후에는 정부의 도고회사에 대한 엄격한 단속으로 인해 상인층의 독자적 회사 설립은 극도로 위축된 반면, 주로 개화파 정권에 직접 참여하고 있던 관료층의 회사 설립이 활발하였다. 安駉壽·金宗漢·尹致昊·李采淵 등이 건양·광무 연초에 가장 적극적으로 회사 설립에 나섰던 고위 관료들이었다. 이들과 더불어 金益昇·吳龜泳·禹慶善·鄭顯哲 등 주로 개항장 일대에서 경력을 쌓은 중하급 관료들도 회사 설립에 적극적인 관심을 기울이기 시작하였다. 특히 이들은 관직을 통한 출세보다는 기업 경영을 통한 치부에 더 큰 관심을 보이면서 전문 경영인으로 변신해 가고 있었다. 그러나 고종의 전제 황권이 체제적으로 확립된 1899년경부터는 황제의 측근들인 李容翊·李允用·李采淵·閔泳煥·閔丙奭·李載純·崔錫肇 등이 회사 설립을 주도하였다.

37) 《官報》, 1894년 7월 2일, 議案 〈休官後에 任便營商케 하는 件〉.

38) 全遇容, 앞의 책, 163쪽.

관료층의 회사 참여가 정치 정세의 변화에 따라 적지 않은 기복을 보이고 있었음에 반해, 상인층은 그에 큰 영향을 받지 않고 지속적으로 회사에 참여하였다. 金基永·鄭永斗·李根培·白完爀 등 고종의 신임을 받고 있던 서울 주변의 거상들과 趙秉澤·趙鎭泰·洪忠鉉 등 일찍부터 세도가문과 연계를 맺어 온 상인들은 정세의 변동에도 불구하고 여전히 각종 회사에 자본을 대고 실무를 담당하는 등 활발한 기업활동을 벌였다.

광무년간 고위 관료들이 회사 설립을 주도했던 것과는 달리, 통감부시기에는 관직과는 무관한 사람들, 즉 상인이나 지방 지주들의 회사 참여가 급속히 늘어났다. 재정·금융·화폐권이 일제에 장악되고 내장원 재정기반이 해체되는 등 경제주권이 허구화된 상태에서 관료들의 회사 참여가 위축된 것은 당연한 결과였을 것이다. 더욱이 일제는 현직 관료의 회사에 대한 출자나 경영 참여를 엄격히 금지함으로써 관료자본이 일제의 의도를 벗어나 사용되는 것을 저지하고자 하였다. 그에 따라 고위관료층의 회사 참여는 큰 폭으로 줄어들었는데, 그럼에도 불구하고 일제 권력을 배경으로 하고 있던 일부 친일파 고관들의 회사 참여는 오히려 늘어났다. 통감부시기 회사 설립에 적극적이었던 고위 관료로는 金宗漢·閔泳綺·兪吉濬·李根澔·李鳳來·李允用·李載克·李埈鎔·李址鎔·李夏榮·張錫周·趙重應·趙羲淵 등을 들 수 있는데, 이들은 광무년간 일본에 망명했다가 러일전쟁 이후 귀국한 자들이거나, 乙巳條約 체결에 협력함으로써 일제의 우대를 받던 자들, 또는 종친이나 외척으로 을사조약 이후에도 그 지위를 유지하고 있던 자들이었다.

반면 통감부 설치 이후 한인 관료가 지속적으로 축출되었던 사정을 반영하여 중하위 관료 출신자들의 회사 참여는 크게 늘어났다. 특히 군대가 해산되는 1907년을 계기로 이들의 회사 설립이 급증하였는데, 이는 관직에서 쫓겨난 관료들이 새로운 생계수단을 기업경영에서 찾았기 때문이다. 통감부시기 기업경영에 특히 열성적이었던 중하위 관료 출신 인사들은 白寅基·沈宜碩·安國善·吳台煥·尹致晟·尹致旿·鄭鎭弘·崔錫彰·韓相龍·金光濟·金漢奎·林炳恒·鄭寅琥·趙鍾緖 등이었는데, 이들은 국권이 유지되고 있었다면 당연히 관직으로 나아갔을 고위 관료의 자제들이거나(韓相龍·白寅基), 관직에 있으면서 관련 분야의 회사 설립에 참여한 인물(沈宜碩·吳台煥), 또는 관직 생활을 지속하다가 퇴직당한 후 본격적으로 기업활동에 참여한 인물(尹致晟·尹致旿·鄭鎭弘·林炳恒·鄭寅琥·趙鍾緖·金光濟)들이었다.39)

통감부시기 상인층의 회사 참여 증가는 기본적으로 錢荒으로 인한 화폐의 부족, 외획과 어음의 폐지에 따른 신용거래의 두절 등과 같은 경제질서의 급격한 변동에 말미암은 것이었다. 상인들은 합자를 통해 가용화폐의 총량을 늘림으로써 전황과 금융경색에 대처하고자 하였던 것이다. 개항장 등지의 객주들 역시 내장원을 기반으로 하고 있던 紳商會社 체제가 붕괴함으로써 냉엄한 경쟁의 세계로 내몰리게 되었으며, 그 경쟁에서 살아남기 위해서라도 합자를 통한 규모의 확대는 절실한 형편이었다. 그리하여 1905년 이후 상인층은 경향 각처에서 활발하게 회사 설립에 나섰는데, 그 중에서도 특히 기업 설립에 적극적이었던 인물은 金時鉉·金然鶴·朴承稷·裵東爀·白完爀·成文永·吳榮根·尹晶錫·李鴻謨·趙秉澤·趙彰漢·韓慶履·洪肯燮·洪鍾晥·金溶泰·李學宰·金用集·閔濬鎬·朴基英·呂三鉉·李源植·崔思永·金致允·朴奉燁·劉錫·李重來·鄭國永·鄭斗煥·秦學冑·崔翊煥 등으로서, 시전상인과 경강객주가 대다수를 점하기는 하였지만, 개항장객주나 松商(개성상인)·灣商(의주상인)도 적지 않았다.

일제는 또한 농공은행·동양척식주식회사 등 일제의 한국 지배에 필수적인 금융기관, 식민회사를 설립하는 데 한인 자본가들을 끌어들였는데, 이 과정에서 상당수의 유력 지주가 반강제적으로 참여하게 되었다. 그 중 일부는 일시적 참여로 그치고 말았지만, 상당수는 이를 계기로 회사 경영에 눈을 떠 강점을 전후한 시기부터 각 항구 주변에서 객주 영업을 개시하거나 중소규모의 금융기관·제조업회사 등을 설립하기도 하였다. 전북의 朴永根, 경북의 李柄學·崔浚, 전남의 玄基奉, 경남의 金弘祚 등은 모두 수십 정보의 토지를 소유한 대지주로서의 지위를 유지하면서, 농공은행 참여를 계기로 지방에서 회사 설립을 주도하였다.

39) 全遇容, 앞의 책, 269~271쪽.

2) 상권수호운동

(1) 외국상인의 침투와 상권문제

개항 직후 우리 나라와 외국과의 교역은 원칙적으로 '거류지 무역'에 의해 수행되어야 했지만,[40] 거류지 무역기구는 일찍이 1882년부터 붕괴되기 시작하였다. 거류지 밖으로의 자유왕래거리인 '間行里程'은 최초 거류지 밖 10리로 규정되었지만, 1882년에는 50리로 확대되었고, 1883년부터는 다시 100리로 확대되었다. 그나마 1883년 朝英條約에 의해 外商의 내지 행상권이 용인됨으로써 거류지 무역기구는 의미를 상실하게 되었다.[41]

외상의 내륙 행상은 1880년대 후반부터 확대되기 시작하여, 청일전쟁을 전후해서는 內陸에 定住하는 외상까지 나오게 되었다. 특히 청일전쟁 이후에는 일본군의 비호를 받은 일상의 불법적인 내륙 정주상업과 행상이 급속히 늘어났다. 또 1897년경부터는 淸商 역시 환류하였으며, 이들은 1899년 한청조약의 체결로 내지정주권을 획득하기까지 하였다.[42]

한편 1882년 〈조청상민수륙무역장정〉의 체결을 계기로 서울에도 외국 상인이 진출하기 시작하였다. 당시 서울에서는 육의전이 국가에 대한 應役을 대가로 禁亂廛權을 행사하고 있었는데, 서울 거주 외상들은 국가에 아무런 부담도 지지 않는 존재로서 시전 상인들의 처지에서 볼 때에는 난전이나 다름없었다. 이에 시전 상인들은 1890년 대규모 철시투쟁을 단행하면서 정부에 외상의 철수를 요구하였고, 정부에서도 이를 받아들여 교섭에 나섰으나 청일 양국의 고의적인 지연책으로 무산되고 말았다.[43]

갑오개혁 이후 외상의 서울내 정주상업은 한층 확대되었지만, 육의전의 특

40) 杉山伸也, 〈東アジアにおける'外壓'の構造〉(《歷史學硏究》 560, 1986) 참조.
41) 李炳天, 《開港期 外國商人의 浸透와 韓國商人의 對應》(서울대 박사학위논문, 1985), 140~160쪽.
42) 李炳天, 위의 책, 123~124쪽.
43) 金正起, 〈1890년 서울 商人의 撤市同盟罷業과 示威鬪爭〉(《韓國史硏究》 67, 1989) 참조.

권은 오히려 소멸해 버렸다. 육의전의 금난전권은 일상과 거래하는 非市廛商人을 단속하는 기제로 작용함으로써, 일상의 상권 확대를 억제하는 기능도 수행하고 있었는데, 이로써 시전상인들은 일상에 대항할 수 있는 최소한의 권리까지 박탈당한 셈이 되어 버렸다.

외상의 불법적인 내륙 정주상업과 행상을 통한 직무역 독점은 국내 수입무역상과 객주, 행상인 등 상인층 일반의 존립을 결정적으로 위협하는 것이었다. 청상은 고유의 합자조직을 이용하여, 일상은 재한 일본은행의 금융지원을 이용하여 대자본을 동원할 수 있는 체제를 갖추고 있었던 반면 韓商은 근대적 금융기관의 지원을 기대하기 어려운 상황에 놓여 있었기 때문에, 합자를 통한 자본규모의 외형적 증대, 즉 회사의 설립과 아울러 외상의 불법적인 내륙 침투를 금지시킬 필요가 있었다. 그런 점에서 광무년간의 회사 설립 증가와 상인층의 상권수호운동은 표리관계에 있는 것이라 할 수 있다.

(2) 광무년간의 상권회복운동

가. 상무사 복설운동과 〈개정상무회의소규례〉

수출품의 최초 매집상인 동시에 수입품의 최종 매출상이기도 하였던 보부상들은 개항 이후 惠商公局(1885 이후 商理局)으로 조직되어 정부에 일정액의 信票代를 납부하는 대가로 시장세를 징수하는 등의 영업 독점권을 행사하고 있었다.[44] 보부상들의 독점권 행사는 한편으로 지방의 물가를 등귀시키고 소생산자들을 압박하는 등의 문제도 발생시켰지만, 다른 한편으로는 外商의 불법적인 내륙 행상을 억제하는 기능도 수행하였다. 그러나 갑오개혁으로 상리국이 해체됨으로써 보부상은 개별화된 영세상인으로만 남게 되었다.

아관파천으로 일본의 세력이 일정하게 후퇴하자, 보부상들은 이를 계기로 예전의 권리를 회복함으로써 곤경에서 벗어나고자 하였다. 그리고 이는 고종의 황권 강화책을 뒷받침하면서 그 반대급부를 얻어내려는 방식으로 전개되었다. 보부상들은 1897년경부터 負商廳 및 任房 복설을 집요하게 요구하기 시작하였다. 그러나 독립협회와 독립신문의 계속되는 견제와 비난 속에서 정부

---

44) 全遇容, 앞의 책, 67~69쪽.

가 이들의 요구를 그대로 수용하기는 어려운 일이었기 때문에 임방 복설문제는 상당 기간 잠복해 있을 수밖에 없었다. 그러다가 1898년 하반기에 들어서면서 정부와 독립협회 간의 갈등이 심화되자, 보부상들은 이를 임방 복설의 호기로 활용하고자 하였다. 마침 정부에서도 독립협회를 견제하기 위해 보부상들을 이용하고자 하였기 때문에 양자의 이해는 자연스럽게 합치되었다.

그리하여 보부상단체인 皇國協會가 만민공동회를 습격하기 전날인 11월 20일, 정부는 商務社의 복설을 인가함으로써 그들의 오랜 숙원을 해결해 주었다.[45] 이 조치는 황국협회가 독립협회와 함께 혁파되면서 바로 취소되었지만,[46] 이는 독립협회 해산조치에 상응하는 모양새를 갖추기 위한 것에 불과하였다. 독립협회 탄압을 마무리한 다음해 2월에는 다시 〈商務所章程〉을 인허함으로써 임방 복설을 공식화하였던 것이다. 다만 과거의 상리국이 적지 않은 폐단을 낳은 바 있었기 때문에, 정부에서는 이를 보완하는 방안을 강구하지 않을 수 없었다. 그 방안으로 강구된 것이 〈商務會議所規例〉를 개정하여 상무사에 보부상 단체로서의 성격과 정부의 식산흥업정책을 보조하는 기구로서의 성격을 아울러 부여하는 방안이었다.[47]

〈改正商務會議所規例〉에 의하면 상무사는 전국 상업 일반을 통할하는 기관으로서, 전국의 상민은 누구나 이에 의무적으로 가입하여야 했다. 상무사는 또한 상공학교를 설립하고 신문을 발간하며 회사를 설립하는 등 정부의 식산흥업정책을 보조해야 했다. 상무사는 단순한 보부상 단체가 아니라 전국의 상공업 일반을 관장하는 강력한 기구가 된 것이었고, 정부는 이를 통해 식산흥업과 상권보호의 두 과제를 동시에 달성하려 한 것이었다.

그런데 상무사는 애초 의도한 바의 식산흥업 추진기구로서는 거의 기능하지 못하였다. 상무사가 비록 시장세 등을 징수할 수는 있었지만, 그 정도 재원으로 민간단체가 정부의 일을 대신할 수는 없었던 것이다. 그렇지만 상무사는 강력한 행상독점권과 조직력을 기반으로 外商의 불법적인 내륙 행상을

45) 《독립신문》, 1898년 11월 22일.
46) 《독립신문》, 1898년 11월 26일.
47) 《독립신문》, 1899년 3월 20일, 잡보 〈부상사건〉.
《皇城新聞》, 1899년 3월 20일, 잡보 〈農部告示〉.

저지하는 데에는 상당한 성과를 거두었다.

나. 객주회사의 상권수호운동

개항 이후 개항장 객주들은 거류지 무역기구를 이용하여 수출입 중계업무를 독점함으로써 성장해 나갔다. 개항장 객주가 수출입 무역을 통해 얻는 이윤이 늘어남에 따라 정부에서도 이들이 얻는 이윤의 일부를 재정자금으로 흡수하기 위해 개항장 객주에 대한 수세체계를 정비하기 시작하였다. 1899년 객주영업세가 창설됨으로써 객주상법회사에 대한 규정이 마련되었고, 이는 1893년의 〈상법회사절목〉으로 체계화되었다.

그런데 갑오개혁 당시 도고·여각·회사가 一幷革罷되면서 객주 상법회사 역시 혁파될 운명에 처하였다. 개화파 정권은 개항장 일대의 상법회사가 행사하던 영업독점권을 부인하는 동시에 객주 상법회사에 부과된 납세의 의무도 소멸시켰던 것이다. 그러나 이 조치는 서울과 인천을 제외한 지역에서는 별다른 실효를 거두지 못했던 것으로 보인다.[48] 객주들로서는 중앙 납세의 의무가 사라진 것은 반가운 일이었겠지만, 영업독점권까지 포기할 수는 없었을 것이기 때문이다.

객주 상법회사에 대한 일반적 통제규정이 마련된 것은 1899년 〈상무회의소규례〉가 개정되면서부터였다. 이에 따라 객주 상법회사는 상무사의 分社로 규정되었고, 사장은 내장원경이, 부사장은 각 港 감리가, 총무는 내장원 주사가, 부총무는 該 港 경찰관이 각각 例兼하게 되었다.[49] 객주 상법회사가 내장원의 직할로 들어감에 따라 그를 통해 징수되는 세금도 모두 내장원에 상납되었다. 객주회사는 내장원에 납세하는 대가로 독점 영업권을 추인받을 수 있었다. 개항장 객주들은 의무적으로 객주회사에 가입하여야 하였으며, 가입하지 않고 영업하는 객주들은 엄단되었다. 세금을 납부하지 않거나 고의로 탈루하는 자에 대한 벌칙도 대단히 무거웠으며, 영업권의 양도·상속·매매 등의 경우에는 각각 소정의 절차를 거치고 관련 비용을 지불해야 했다.[50]

---

48) 大韓商工會議所, 《商工會議所 90年史》(1976), 26쪽.
49) 《紳商會社章程》(國會圖書館 所藏), 제1관 제1조, 광무 3년 10월.
《務安港士商會社章程》(奎 18958).
50) 《務安港士商會社章程》(奎 18958), 제3관 제2조.

객주회사는 내장원에 고액의 세금을 내는 대신에 매매 알선에 따른 구문율을 높임으로써 外貨에 대해 일정한 장벽을 쌓을 수 있었으며, 동시에 개항장 객주들의 단결력을 높임으로써 外商에 대한 경쟁력을 강화하는 데에도 기여하였다. 객주회사가 폐쇄적 동직조합으로서의 성격을 지님에 따라 외상이 개별 객주를 금융적으로 예속시킬 수 있는 가능성도 크게 줄어들었다.

실제로 개항장 객주들은 객주회사를 기반으로 하여 외상의 상권 침투에 저항하기 위한 활동을 다양하게 전개하였다. 예를 들어 仁川紳商會社는 1896년 일본 상인들이 鷄林奬業團을 결성하여 불법적인 내륙행상을 자행하자 정부에 그 해산을 촉구하였으며, 1901년부터는 客商이 外商과 거래하면서 손해를 보는 일이 없도록 하기 위해 수출입업무를 대행하였다.[51] 또 동년 6월에는 일본 상인의 곡물 사취 사건을 처리하기 위해 일본인 상업회의소와 교섭하는 한편, 일본 상인과는 선금거래만 하겠다는 결의를 채택하였고,[52] 1902년에는 일본 제일은행권의 불법 유통에 항의하여 그 수취 거부운동을 벌이기도 하였다. 東萊·三和·元山 등지의 객주회사 역시 외상의 불법 행위에 대해 조직적으로 대응하는 한편, 정보의 교환과 구문의 통일, 하역 인부 조직의 관리 등을 통해 객주 영업의 안정을 도모하였다.

다. 황국중앙총상회의 상권수호운동

외상의 불법적인 정주상업으로 인해 가장 극심한 피해를 입은 것은 서울의 시전상인들이었다. 특히 일상들은 청일전쟁 이후 서울 도심까지 진출해 들어와 시전상인들의 상권을 직접적으로 위협하였다. 더욱이 갑오개혁으로 인해 시전의 특권이 전면 부인됨으로써 이들의 곤경은 한층 심화되었다. 시전 상인들은 〈상무회의소규례〉에 입각하여 한성상업회의소를 결성하기는 하였지만, 이 때의 상업회의소는 단순한 조사·자문 기능만을 담당하는 기구로 규정되었기 때문에 외상의 상권 침탈에 실질적으로 대응할 수는 없었다.

그리하여 보부상들의 상무사 복설운동과 보조를 같이 하여 시전상인들 역시 1898년부터 별도의 조직을 갖추기 위한 운동에 돌입하였다. 이들은 먼저

51) 《皇城新聞》, 광무 5년 5월 29일, 廣告.
52) 《通商彙纂》 195, 〈仁川第一季貿易〉(1901年6月25日附在仁川帝國領事館報告).

1898년 4월에 洪鍾宇를 疏頭로 하여 ① 都下의 외국 장사를 항구로 내쫓을 것, ② 國中의 외국 군사를 물러가게 할 것, ③ 외국 상인의 내륙 행상을 금지할 것, ④ 외국 화폐의 유통을 금지할 것, ⑤ 곡물의 수출을 금지할 것, ⑥ 서울에 외국인 거류지를 확정하고 거류세를 징수할 것, ⑦ 외국인의 홍삼 蒸造를 금할 것 등을 요구하는 상소를 올렸다. 이는 외상의 상권 침투에 대한 저항일 뿐 아니라 국권의 침탈 상황에 대한 적극적 문제 제기이기도 하였다. 당시 독립협회와 독립신문은 이에 대해 헛되이 외국을 배척하기보다는 먼저 실력을 기르는 것이 중요하다고 비판하였지만,[53] 시전상인들은 이 요구사항을 관철하기 위해 동년 9월 황국중앙총상회를 결성하였다. 회장에는 독립협회의 탄핵을 받고 면관된 趙秉式을 추대하였는데, 이는 독립협회에 대항하여 황권을 뒷받침하겠다는 의사를 표명한 것이라 할 수 있다.

독립협회의 정부 견제가 지속되는 상황에서 황국중앙총상회가 취한 이러한 태도는 황국중앙총상회 인가에 장애로 작용하여, 설립되자마자 일단 철파 지시를 받았다.[54] 그러나 황국중앙총상회는 곧이어 농상공부대신으로 부터 인가를 얻었고, 정부에서는 인가 절차를 문제삼아 농상공부 대신과 황국중앙총상회장 조병식을 유배하면서도 인가를 취소하지는 않았다. 이는 정부에서 독립협회의 반발을 무마하면서 황국중앙총상회를 승인하기 위해 사용한 편법이었던 것으로 보인다.[55]

정부의 인허를 얻은 황국중앙총상회는 그 장정에서 상권회복과 상민보호를 위해 설립했음을 분명히 하고, ① 중앙 各廛이 위치한 서울의 일정 구역에서는 외국인이 장사할 수 없도록 할 것, ② 상업세는 농상공부 인지세만 부과하되, 그를 황국중앙총상회에서 구관할 것, ③ 황국중앙총상회에 가입하지 않고서는 장사를 할 수 없도록 할 것 등 5개월여 전의 상소를 거의 그대로 계승한 활동방침을 밝혔다.[56] 이는 특권적 상업체제의 부활을 통한 상권 회복 방안을 제시한 것으로서, 보부상들의 상무사 복설요구와 맥락을 같이 하는 것이었다.

53) 《독립신문》, 광무 2년 4월 14일, 논설.
54) 《독립신문》, 광무 2년 9월 16일, 잡보 〈상회철파〉.
55) 《독립신문》, 광무 2년 9월 28일, 잡보 〈황국중앙총상회사인가〉.
56) 《독립신문》, 광무 2년 9월 30일, 잡보 〈황국중앙총상회〉.

그런데 독립협회는 황국중앙총상회 설립 때에도 홍종우 상소 때와 마찬가지 이유로 그를 비판하였다. 독립협회로 대표되는 개화파 지식인들은 외상의 상권침투를 저지하기 위해서는 먼저 실력을 양성하는 것이 중요하다는 입장을 취하고 있었고, 실력이 뒷받침되지 않은 외상 배척은 헛되이 분란만 야기할 것이라고 보았던 것이다. 그러나 독립협회와 황국중앙총상회의 갈등은 뒤이어 발생한 金鴻陸 毒茶事件을 둘러싼 양 단체의 연대 활동을 계기로 해소되었던 것 같다. 독립협회가 황국중앙총상회의 상권수호 요구를 수용하는 대가로 황국중앙총상회는 독립협회의 관계자 처벌 요구에 동참하였고, 이어 양 단체는 외국 상인의 도성내 정주상업과 허가받지 않은 내륙행상을 금할 것을 요구하는 연대상소를 올렸다.[57]

정부에서도 1898년 10월 19일자로 각도 관찰사에게 개항장 조계 10리 밖에서 상설 점포를 개설하거나 토지·가옥을 임차하고 있는 외국인을 통상구 조계로 철환시키도록 훈령하였고, 이듬해인 1899년 1월 10일 다시 이를 재촉하였다.[58] 물론 중앙 정부의 이러한 조치가 지방관에 의해 그대로 이행될 수는 없었다. 영사재판권이 허용된 상황에서 외국 상인의 불법행위에 대한 단속이 실효를 거두기도 어려웠을 뿐 아니라, 책임문제를 두려워 한 지방관들이 문제를 중앙정부에 떠넘겼기 때문이다.

정부의 조처가 실효를 거두지 못하는 가운데 황국중앙총상회는 관민공동회에 참여하는 등 독립협회와의 연대 활동을 지속하였지만, 독립협회가 해산당하면서 황국중앙총상회 역시 해체되고 말았다. 그러나 황국중앙총상회의 주장은 1899년 〈상무회의소규례〉가 개정될 때 상당 부분 수용되었고, 육의전의 특권도 부분적으로 부활되었다. 시전상인들은 이후 이를 배경으로 외상의 상권 침탈에 저항하는 한편, 정부 관리 및 황실 주도로 설립된 회사에 참여하는 등 광무년간 식산흥업운동의 주역으로도 나섰다.

---

57) 《독립신문》, 광무 2년 10월 18일 ; 19일, 잡보 〈양회편지〉 ; 20일, 잡보 〈황국중앙총상회편지〉.

愼鏞廈, 〈19世紀末의 韓國對外貿易의 展開와 商權問題－獨立協會와 皇國中央總商會의 商權守護運動〉(《亞細亞硏究》 17－2, 1974).

58) 金敬泰, 〈甲申·甲午期의 商權回復問題〉(《韓國史硏究》 50·51, 1985), 355쪽.

(3) 국권회복운동기의 식산흥업운동

러일전쟁 이후 한국에 대한 실질적 지배권을 장악한 일제는 특권적 상업체제를 해체하여 일본 상품의 자유로운 유통을 보장하고자 하였다. 그리하여 1904년 2월 상무사가 철폐되었으며, 개항장의 객주회사에 대한 收稅도 폐지되었다. 이들 조치로 인해 특권적 상업질서는 사실상 해체 과정에 들어서게 되었지만, 그와 동시에 외상의 상권 침투를 저지할 수 있는 조직적 기반도 와해되었다. 더욱이 정치권력이 사실상 일본인에게 장악된 상황에서는 상권 수호를 위한 정치적 방안을 요구할 수도 없었다.

따라서 통감부시기에는 한인 자본가들 스스로 일본인 자본가와 경쟁하여 승리할 수 있는 실력을 기르는 수밖에 없었다. 또 이 무렵에는 지식인들도 사회진화론을 적극 수용하면서 교육과 산업의 장려를 통한 실력양성을 주창하였다. 그리하여 大韓協會·西北學會 등 이 시기에 설립된 계몽운동 단체에는 대개 實業部가 조직되었고, 그와는 별도로 식산흥업운동만을 목적으로 한 연구단체, 실행단체도 속속 설립되었다.

〈표 4〉 1908~1910년간 실업단체 일람

연도	실 업 단 체
1908	江原實業會, 經濟研究會, 工業研究會, 共濟會, 農工研究會, 農商工實業會, 東洋實業奬勵會, 商工勸務社, 商興會, 實業奬勵會, 湖南鐵道株式募集研究會
1909	國民經濟會, 婦人經濟會, 國民興業會, 大邱藥商立規興業會, 大韓工業會, 大韓農商協會, 大韓商務部, 大韓實業會, 蠶業同志會, 貯金共濟會, 濟州民海業保管會, 興業會
1910	金融合資會, 農林研究會, 大韓婦人蠶業會, 明農會, 蠶業同志研究會, 靑年實業俱樂部

* 全遇容, 《19世紀末~20世紀初 韓人會社研究》(서울대 박사학위논문, 1997).

1905년에는 평양의 지식인들이 協同社를 조직하였고, 역시 평양에서 상무사 支社의 후신격인 商民共同會가 설립되었다. 또 1906년에는 서울의 고위 관료와 유력 자본가들이 大韓殖産奬勵會를 설립하였으며, 1907년에는 牧畜營業會·實業研究會·帝國實業會·大韓工業會 등이 각각 해산 군인·관료·자본가들에 의해 조직되었다. 이 중 대한공업회는 해산 군인들이 주축이 된 것으로서 장기적으로는 대규모 공업회사로 확장할 계획으로 설립된 것이었다. 실업 단체의 설립은 1908년 이후 한층 활발해져서, 〈표 4〉에서 보는 바와 같이 매년 10여 개 안팎의 단체가 전국 각지에서 설립되기에 이르렀다.

이들 단체 중에는 제국실업회나 明農會, 大韓商務部와 같이 일제의 침략책동을 방조하는 활동을 벌인 것도 있었지만, 대개는 실력양성을 통해 국권회복의 기틀을 다진다는 목적을 갖고 있었다.

전국 각지에서 식산흥업론이 확산되고, 그를 뒷받침하기 위한 실업단체가 설립되는 가운데, 일부에서는 직접 회사를 설립하여 일본 자본의 침투에 대항하려는 시도를 보이기도 하였다. 서북 일대의 新民會 회원들이 중심이 된 平壤瓷器製造株式會社는 鄭仁叔·李昇薰 등이 주도하여 설립한 것으로서, 여기에는 李昇薰이 제창한 關西資門論이 큰 영향을 미쳤다. 관서자문론은 우선 서북지방의 자산가들이 자본을 모아 대자본을 이루고, 그를 기반으로 각종 근대적 회사와 공장을 설립하여 일본 자본에 대항함으로써 궁극적으로 일본 세력을 몰아내자는 논리였다. 평양자기제조주식회사가 이러한 취지에서 설립되었기 때문에, 설립 당초에는 전국적인 반향을 불러 일으켜 식산흥업운동을 전개하던 계몽운동가들이 다수 주주로 참여하였고, 서울·인천 등 평양에서 멀리 떨어진 지역의 상인들도 열렬히 호응하였다. 이밖에도 韓一銀行·湖南鐵道株式會社·湖上館商會·彰興社·廣信交易會社·彰信社 등이 자본규모의 증대를 통해 일본의 경제침투에 대응하고자 설립된 주요 회사들이었다.

1907년부터 전개된 국채보상운동 역시 경제주권 수호운동의 일환이었다. 처음 이 운동을 발기한 이들은 대구의 지식인들이었지만, 운동의 확산을 주도한 것은 전국 각지의 상인들이었다. 특히 인천·원산·평양·부산·진남포·개성 등의 상업도시에서는 국채보상의연금 모집을 紳商會社 등의 그곳 상인단체가 전담하다시피 하였다.

그러나 통감부시기의 식산흥업운동에는 중요한 한계가 있었다. 식산흥업운동을 주도한 지식인·자본가들은 당시에 유행하던 사회진화론의 입장에서 실력양성을 추구하였고, 그런 만큼 일본 제국주의를 침략자로 인식하기보다는 모방해야 할 대상으로 보는 경우가 많았다. 따라서 이들의 식산흥업운동은 일본 제국주의를 몰아내기 위한 운동은 아니었다. 한국 경제의 정상적 발전을 저해하는 기본 원인이 일제에 의한 강압적인 경제 재편에 있었음에도 불구하고, 이들은 상인들 간의 합자나 신기술의 도입만으로 문제를 해결하고자 하였던 것이다. 그러나 재정·금융의 주권을 박탈당하고, 신기술 습득에 대한 일본인들의 고의적인 방해가 자행되는 상황에서 이러한 방식의 식산흥업은 불가능한 것이었다.[59] 그런 만큼 일제에 의한 경제 재편이 진전될수록, 이들의 식산흥업론도 일제의 침략논리에 흡수될 가능성이 컸다. 전국의 지식인·자본가들의 열렬한 지원 아래 설립되었던 평양자기제조주식회사가 식민지화 이후 총독부의 감독하에 '신기술'을 도입하고 보조금을 받으면서 명맥을 유지하기에 급급하였던 것은 그러한 사정을 단적으로 드러내는 것이었다.

〈全遇容〉

3. 광공업과 면방직업의 전개

1) 광공업의 전개

조선후기 이래 생산력 발전에 기반한 사회적 분업의 발달에 따라 광공업 역시 나름대로 발전하고 있었다. 그러나 1876년의 개항으로 세계 자본주의체제에 강제로 편입되면서 새로운 시장환경이 조성되고 생산방식에도 질적 변화가 있었다. 개항이후 생산의 조건은 종래와 같이 국내적 요인에 의해서만 결정되는 것이 아니라 국외적 요인, 곧 대외무역과 불가분의 관계를 가지고 있었다. 물론 이 시기 대량의 곡물 수출로 전반적으로 국내의 수요력이 증진되고 있었고, 국내 상품의 지역간 교역량이나 생산량도 증대하는 추세였다. 그러나 수입상품과 대립하는 경우 자본력이나 기술력에서 경쟁이 불가능했던 까닭에 이 시기 각종 산업은 부문에 따라 성장, 몰락, 그리고 예속의 과정에 차이가 있었다.

개항 이후 들어 일본은 正貨의 축적을 목적으로 조선에 설치된 일본제일

59) 全遇容, 앞의 책, 229~230쪽.

은행 지점이나 출장소 등을 통해 적극적으로 한국산 금을 매입하고자 했다. 청국의 경우에도 수입품의 대가를 금으로 바꾸어 자국으로 수송하고 있어 양국과의 교역과정에서 금의 수요가 대량으로 증가하고 있었다. 더구나 조선 정부도 왕실재정의 확보를 위해 광산의 개발에 적극적이었으므로 광산개발이 활기를 띠기 시작했다.

1880년대에 들어 봉건정부의 광업정책은 종래 국가가 지정한 광산만 인정하고 수세하던 소극적·통제적 광업정책인 設店收稅制에서 각 아문과 민간에서의 자유로운 채광을 가능하게 한 私自開採制로 이행되어 갔다.[1] 1887년 총세무사 墨賢理의 보고에 의하면 "본국의 산금지는 종래 '사자개채'가 허락되지 않았다. 그러나 그 뒤 국가의 이 같은 금령에도 불구하고 지방에서는 계속 사채하고 있었으므로 마침내 이 금령을 바꾸어 민간의 의사를 들어 채취함을 승인하고 산금량에 따라 백분의 몇을 세로서 징수하게 되었다. 이에 따라 금의 생산은 앞으로 수출액이 증가할수록 더욱 많아질 것이 틀림없다"라고 했다.[2] 실제로 이 시기 광산의 개발은 대규모화하여 1886년 영흥금광의 경우 광부가 5~6천 내지 1만 명 정도까지 이르렀다고 한다.[3] 그런데 이 제도를 통해 광업생산의 자유화가 어느 정도 인정됨으로써 광산개발을 자극하기도 했지만, 그것이 광산의 소유권까지 인정한 것이 아니었고 또 국가의 봉건적 수취체제가 여전히 존속하는 한 그대로 광업의 근대적 발전을 의미하는 것은 아니었다.

1887년에도 鑛務局을 설치하고 전국 각지의 광산현황과 광무행정을 관장토록 하는 한편, 근대적 기술도입을 위한 외국의 광산기사들을 초빙하기도 했다. 그러나 이 광무국의 설치는 오히려 열강의 광산이권 침탈을 가속화시키는 요인이 되었을 뿐 국내자원의 보호와 근대적 광업제도의 확립으로 이어지지는 못했다. 고용된 서양의 광산기술자들은 한국광산의 근대화보다 그들의 이권획득을 위한 예비탐사에 보다 많은 관심을 기울였던 것이었다.

---

1) 柳承宙, 〈李朝 開港前後의 鑛業政策 研究〉(《亞細亞研究》 55, 1976).
《日省錄》, 고종 18년 2월 27일, 命外道金銀採壙參酌勾檢 참조.

2) 《朝鮮通商口岸貿易情形論》(1887), 仁川海關稅務司史納機貿易情形論(出洋生金).
韓沽劤, 《韓國開港期의 商業研究》(一潮閣, 1970), 294쪽에서 재인용.

3) 《明治官報》 1018, 1886년 11월 19일, 外報 〈元山港商況〉.

1895년 운산금광의 채굴권을 획득한 미국의 경우에도 1888~89년에 걸쳐 광산용기계와 5명의 광산기술자를 파견하고 있었다.[4] 이처럼 근대적 광업정책이 수립되지 못한 실정에서 대량의 금의 국외유출은 조선의 전반적 자본축적을 저애했을 뿐만 아니라 근대적 화폐제도의 개혁에서 반드시 요구되는 정화의 축적을 불가능하게 하여 1890년대에 들어서의 몇 차례 화폐제도 개혁시도도 실패하게 만들었던 것이다.

광업의 생산조직은 物主-德大-임금노동자로 이어지는 형태로 경영을 담당하는 덕대가 10~20명 규모의 전업적 광산노동자나 농민인 계절노동자를 거느리고 자금을 대는 물주에게 소속된 경우가 많았다. 물주의 자본은 주로 상업이나 고리대자본, 또는 관료자본 등 전기적 자본의 성격이 강했고 덕대는 이에 일정하게 예속되고 있었으나 덕대제 경영은 하나의 경영단위로 노동조직의 기본형태였다. 노동조건은 매우 열악했지만 경제외적 강제가 없는 임노동의 성격을 띠었고 일부 덕대경영에서는 매뉴팩쳐적 형태도 존재했다. 운산금광 등 石金鑛이 열강들에 의해 장악되었지만 사금업은 달랐다. 청일상에 의한 沙金鑛 투자시도가 나타나기도 하지만 식민지가 되기까지 외국자본에 의해 지배되지 않은 몇 안되는 수익성 있는 산업분야였다. 그러나 1905년 이후 일본자본의 생산지배가 확대되면서 조선인 자본에 의한 사금업 역시 몰락할 수밖에 없었다.[5] 광업은 조선후기 이래 어느 산업분야보다 자본주의적 성격의 경영형태를 띠고 있었지만 이 시기 급격한 금수출의 증가와 관련하여 더욱 강화되고 있는 실정이었다.[6]

한편, 조선후기 이래 매뉴팩쳐적 경영형태까지 보이던 제조업분야는 면포

---

4) 李培鎔, 〈開港後 韓國의 鑛山政策과 鑛山探査〉(《梨大史苑》 10, 1972).

5) 朴贊一, 《韓末 金輸出과 金鑛業 德大經營에 관한 硏究》(성균관대 무역학과 박사학위논문, 1982).

6) 금 생산만이 아니라 은·동의 경우에도 생산이 증가하고 근대적인 경영형태를 띤 것이 많았다. 북한의 연구에 의하면 19세기 후반 금광수는 169개소였고 이 가운데 운영되고 있던 것은 97개소였으며, 큰 은광의 수는 21개소였다. 은광에서도 일부는 자본주의적 경영을 하고 있었다. 유기공업의 발전과 화폐주조가 많아짐에 따라 구리의 생산도 늘어나 동광수는 24개소로 늘어났고, 철광은 39개소에 달했다고 한다(사회과학원 력사연구소 편, 《조선전사》 13, 1980, 192~194쪽).

와 같이 외국의 자본제 공산품의 유입과 함께 일부 생산이 위축되어 가는 경우도 있었으나 개항장의 확대와 기선을 통한 교통의 발전, 그리고 금이나 곡물수출의 증가에 유발된 국내의 구매력 증대로 시장이 확대되고 생산이 증대함으로써 근대적 산업으로 발전되어 가는 경우도 많았다. 수입 자본제 제품과 대립이 격심하지 않던 상품의 경우 국내수요의 확대와 함께 생산이 증가하고 있었던 것은 일반적 추세였다.

이미 개항이전부터 안성과 정주 등지에서 매뉴팩쳐적 경영형태를 보이던 놋쇠업은 이들 지역에서 개성·구례·전주·재령 등 다른 곳으로 이주하여 새로이 유기제조공장을 세우는 자가 늘어나 유기제조업이 전국적 규모로 확산되었을 뿐만 아니라 이 시기에 들어 근대적 공장으로 발전하기도 했다. 1887년 李承薰이 세운 납청유기제조공장과 안성유기제조공장이 그것이다. 이들 두 공장에서는 생산공정을 분화하여 전문기술자가 각 공정을 전담하도록 하고 생산과정에서 근대적 기계를 사용하여 대량의 유기를 제조하고 있었다.[7] 납청지역에서는 19세기말 공장제 수공업장이 30여 개에 달하여 다양한 제품을 전문적으로 생산하였고, 이들 공장에 고용된 노동자의 호수가 600여 호에 달하는 커다란 店村이 형성될 정도로 성황을 이루었다. 유기제조업의 확산은 경쟁의 심화를 가져와 여러 형태의 수공업적 동력장치가 도입되고 기술적 개선이 이루어지는 등 생산력 향상을 위한 노력을 수반하였다. 또한 이 시기에는 1897년 한성에 세워진 합자회사 조선유기상회의 예에서 볼 수 있듯이, 회사형식의 자본결합을 통해서 경쟁력 강화를 도모하는 움직임도 나타나고 있었다.

그런데 일본산 유기제품의 수입이 1889년부터 시작되면서 모두 740여 톤이 1896년까지 들어 온 데다가 1900년대에 들어 본격화된 값싼 일제 도자기의 대량 수입으로 전통적 유기제조업에 큰 부담이 되었다. 일제 도자기는 싼 가격을 무기로 일반 서민가정에 손쉽게 파고들어 차츰 유기수요를 침식해갔다. 그 결과 이승훈의 납청유기제조공장도 1905년을 전후하여 점차 쇠퇴의 길로 접어드는 등 유기제조업은 일부 타격을 입긴 했지만, 전통적 유기의 기술력이

7) 권병탁, 〈조선후기 17~19세기의 장인〉(朱宗桓博士華甲紀念論文集《韓國資本主義論》, 한울, 1989).

나 수요자의 선호도가 여전히 높아 식민지시대까지도 계속 이어지고 있었다.

철기류의 제작은 전통적으로 농기구와 솥을 위주로 했다. 이 시기 쇠남비·쇠대야·쇠물통 등은 일본에서 수입되고 그 수량도 증대하고 있었으나 솥은 품질이 외국제품에 비해 상대적으로 좋아서 거의 수입되지 못했다.[8] 솥의 생산에서도 개천 무진대의 경우 분업적 협업에 기초한 생산이 이루어졌고,[9] 경상북도 청도의 한 솥공장에는 매일 평균 40인의 노동자가 생산에 참가하며 각자의 생산조직에서 임금을 받고 있었다.[10] 청도군 운문면 일대의 솥계 수공업은 내구연한이 4대 100년에 이를 정도로 양질의 솥을 생산해 경상도 일대에서 소비되는 솥을 독점적으로 공급하고 있었다. 1904년 현재 이 지역에서는 연인원 248,000명이 동원되어 약 188,000관의 원철을 사용하여 약 18,000개 이상의 솥을 생산했다. 솥을 생산하는 각각의 공정은 분업적 협업에 따른 공장제 수공업적인 방식에 의해 이루어졌다고 한다.[11]

민간 요업에서나 관영의 分院에서 조선후기 이래 매뉴팩쳐적 경영이 나타나던 도자기생산은 19세기 후반에 관영이 민영으로 재편되고 민간공장도 계속 만들어지고 있어 1895년 현재 비교적 큰 규모의 도자기공장은 35개였다고 한다.[12] 물론 일본도기 특히 茶器의 수입이 점차 증대되는 추세에 있었으므로 요업도 일본제품과 경쟁해야 하는 실정이었지만, 외국산 도자기는 주로 개항장과 주요 도시지역에 한정되었고 일본인의 수요도 많았다. 따라서 풍부한 원료, 값싼 노동력으로 싼 가격에 생산되어 민간에서 주로 쓰던 도자기, 옹기류 등은 수요가 줄어들지 않았다.

그래도 1900년대에 들어서면 저가의 일본산 도자기가 본격적으로 밀려들면서 영향을 받을 수밖에 없어 신식개량기계를 이용하여 도자기를 생산하는 공장도 나타나고 있었다. 1902년 李某에 의해 세워진 자기제조소에서는 외국인

---

8) 《明治官報》 3307, 1894년 7월 9일, 公使館及領事館報告 〈釜山港鐵器及桶類商況〉. 《通商彙纂》 20, 1895년 7월 1일, 〈仁川港收入本邦重要商品ニ關スル報告〉(1895年6月25日付在仁川領事館報告).

9) 사회과학원 력사연구소 편, 앞의 책, 188쪽.

10) 松田行藏, 《朝鮮國慶尙·忠淸·江原道旅行記事》(1888), 14~15쪽.

11) 권병탁, 앞의 글 참조.

12) 권병탁, 위의 글.
사회과학원 력사연구소 편, 앞의 책, 191쪽.

기술자를 고용하여 새 기술로 자기를 생산하였고, 1908년에는 이승훈이 평양의 유지들과 합자하여 평양 마산동에 근대적 회사조직을 갖춘 평양도자기회사를 설립하였는데 원료의 분쇄과정에 석유발동기를 사용하는 등 기계를 생산과정에 널리 도입하였다. 한편 1900년대 초 함경도의 성진공업조합에서는 새 기술에 기초한 신식가마를 축조하여 도자기를 생산하는 등 가마의 개량도 나타나고 있었다. 1910년 일제에 의해 간행된 《조선산업지》에 의하면 1909년 현재 10여 명 이상의 노동자를 고용하거나, 생산액이 1,000원 이상인 비교적 큰 규모의 도자기 공장은 53개소, 가마수는 184개였는데, 여기에 고용된 노동자, 기술자의 수는 695명, 생산액은 63,001원에 달해 오히려 증가하는 추세였다. 경남 합천군 가야면 구원동 일대에 자리잡은 '눈배기백자기점' 단지는 전통적인 도자기 생산지역이었는데, 1902년 세워진 민석로의 사기점은 투철한 기업가정신, 작업공정에서의 분업적 협업, 도토를 빻은 데 물레방아의 힘을 이용하는 등 신기술을 도입하고 있었다. 이 같은 결과는 새로운 시장환경에 적응해 기술의 개발로 대응한 탓이었다.[13]

제지업은 개항이후 계속적으로 생산이 증대한 제조업 중 하나였다. 韓紙는 국내적 상품유통에서 높은 비중을 차지하던 상품으로 개항장간, 미개항장간의 교역에서 뺄 수 없는 것이었지만 그 품질의 우수성이 국외에서도 인정되어 많은 양이 청국으로 수출되고 있었다. 이 시기는 일본종이가 일부 수입되기는 했지만 갑오전후까지는 대부분 폐지류나 일본인의 수요품으로 수출량에 비하면 극히 적은 양이 들어오고 있었다.[14] 그러나 갑오이후 수입량이 증가하면서 輸入紙에 대한 대응으로 외국산 기계를 도입하여 생산력을 향상하려는 움직임도 일정하게 나타나고 있었다. 19세기말 양화진에는 일제 제지기계가 갖추어진 제지공장이 건설되었고, 1901년에는 대한제국 정부가 외국산 기계를 들여와 용산 典圜局내에 제지소를 설치하여 한지와 함께 洋紙도 생산했다. 또한 1908년 초에는 서울의 자본가 몇 명이 대한제지회사를 설립하

---

13) 권병탁, 앞의 글 참조.

14) 《國譯韓國誌》(韓國精神文化硏究院, 1984), 497쪽.
《通商彙纂》 60, 1897년 3월 1일, 〈仁川港ニ於ケル陶器外八品ノ情況〉(1896年12月12日付在仁川領事館報告).

고 자본금을 30만 원으로 공덕리에 공장을 세우고 일본인 4~5인을 고빙하여 각종 종이제품을 생산하기로 결정하기도 하였다.

그러나 대체로 조선의 종이생산은 수공업적 기술에 기초하여 이루어지고 있어 수요량의 증가를 따라가기 힘든 데다가 1900년대 이후 외국산 종이 수입이 양적으로 급증하고 종류도 다양해지면서 한지를 제외한 제지업은 제대로 발전할 수 없었다. 1901년 8만 원 미만이던 양지 수입액은 급격히 증가하여 1904년 30만 원에 육박하고 1910년에는 70만 원에 달하였다. 1910년의 수입액을 양으로 환산하면 288만 근으로 1909년 조선의 연간 한지 총생산고인 약 80만 근의 서너배에 달했다. 하지만 한지는 양지와는 다른 특수성으로 일본과 중국에서도 계속적으로 수요가 있어서 근대적 공업제품으로 발달하지는 못했지만 여전히 생산이 계속되고 있었다.15)

이와 같이 광업은 주로 국외수출을 위한 금 생산이 주종을 이루며 이의 대량유출은 조선의 정화를 유출시키는 결과를 가져왔다. 광업은 어느 산업분야보다 매뉴팩쳐적 경영이 발달하고 있었다. 기타 제조업도 자본제 상품의 유입에 따라 일부 타격을 입는 분야도 있으나 일반적으로 금이나 곡물수출로 인한 수요 증대에 힘입은 원격지 유통의 활성화로 생산량이 증대하였다. 제조업은 대개 農工이 미분리된 상태였지만 일부는 생산공정의 근대화를 통하여 매뉴팩쳐적 경영형태를 보이는 사례도 있었다. 그러나 수입 자본제 제품과 대립할 경우 취약한 자본과 생산과정의 전근대성으로 말미암아 언제나 몰락의 위험성을 안고 있었고, 일제의 정책에 의해 예속화되어간 금광업과 같이 일본자본에 의한 예속성을 함께 가지고 있었다.16)

2) 면방직업의 전개

개항초기에 일본상인은 섬유제품 등을 수입하여 수입원가에 비해 엄청난 폭리를 취하며 조선시장에 판매했고, 1884년 이전까지는 관세마저 면제받고

---

15) 朝鮮總督府, 《京城仁川商工業調査》(1913).

16) 河元鎬, 〈開港後 帝國主義의 經濟侵奪과 經濟救助의 變動〉(《朴永錫敎授 華甲紀念 韓國史學論叢》下, 탐구당, 1992).

있었다. 하지만 임오군란이후 청국상인이 조선에 진출해 오면서 사정은 다소 바뀌어 갔다. 일본상인은 청일전쟁이전 단계까지 주로 영국산 섬유제품을 상해에서 일본을 경유하여 매입하고 조선에 수출하는 중계무역을 하고 있었다. 그러므로 상해에서 조선에 바로 수입하는 청국상인과의 경쟁에서 가격면에서도 열세일 수밖에 없었고, 또한 일본상인들은 주로 수입품을 현금이 아닌 荷換으로 수입하고 있어 은행에 대한 이자 지불부담이 컸다. 그 때문에 수입품에 이자부담을 전가하여 가격을 높이는 데다가 이의 부담을 줄이려면 빠른 시일 안에 팔아 버려야 했으므로 큰 이윤을 남길 수 없었다.[17] 더구나 개항초기와는 달리 후기로 갈수록 수입되는 섬유제품, 특히 카네킨(金巾 : 옥양목)의 경우 하등품이 많아 이익이 박약했다.[18] 이 같은 사정에서 일본상인이 섬유제품류를 수입했던 것은 단순히 수입품의 판매를 통한 이윤의 획득보다 그것을 판매한 댓가로 곡물을 매집하여 수출하려는 데 의도가 있었던 것이다.[19] 즉, 섬유제품류의 구입원가와 곡물의 일본시장에서 판매가격의 차이에서 이익을 내는 것이었다. 청일전쟁 이후 일본 면제품이 들어와 영국제 카네킨을 구축하면서부터는 수입품에서 얻는 이윤도 커졌지만 섬유제품의 댓가가 다시 곡물의 구입비용으로 사용되는 것은 여전했다.

이 시기 국내시장에서 곡물 다음으로 많은 교역량을 차지하던 상품은 면제품이었다. 그런데 조선의 내재적인 자본주의적 발전의 전망을 보여주던 土布, 곧 조선산 면포는 그 상품의 성격상 수입되는 외국산 면제품, 특히 카네킨과 대립하며 생산조건이 바뀌어 갔다. 〈표 1〉의 카네킨과 토포의 가격을 대비하여 산출한 상대가격을 보면 1890년 전후까지 카네킨의 상대가격이 낮아지고 그 이후는 카네킨의 가격조건이 높아져 가는 경향을 볼 수 있다. 이는 우선 1890년 이전의 경우 개항초기의 수입 카네킨이 고가품 중심에서 점차 저렴한 것으로 수입의 형태가 바뀐 데 있었고 다시 1890년대에

17) 《通商彙纂》 4, 1894년 5월 10일, 〈明治26年中京城商況年報〉(1894年4月16日付在京城領事館報告).

18) 《日韓通商協會報告》 2, 1895년 12월, 〈金巾貿易〉 참조.

19) 《明治官報》 1994, 1890년 2월 25일, 通商報告 〈仁川港商況〉(1889년 12월중).
"원래 金巾은 이익이 많지 않은 품목으로서 輸入者는 오직 이로써 物品互換의 용도로 쓰는 데 그친다."

들어 대량의 곡물수출로 인한 수입섬유제품에 대한 구매력 창출이 기호의 고급화를 가져온 결과이다. 그래서 1890년 부산에서는 카네킨에 대한 기호가 고급화하여 상등품의 매매가 활발했고 하등품은 일체의 수요가 없는 실정이었다.[20)]

〈표 1〉 자본제 섬유제품과 토포의 상대가격

(카네킨／목면)

연 도	부 산	인 천	연 도	부 산	인 천
1881	5.44		1888		
1882	4.16		1889	3.08	3.03
1883	5.33	8.00	1890	2.78	
1884	7.20	5.81	1891	2.72	2.97
1885	3.85	8.16	1892	2.77	3.15
1886	2.89		1893	2.90	3.27
1887	3.17		1994	3.70	3.63

* 河元鎬, 〈開港後의 穀價變動에 대하여(1876~1894)〉(《李佑成敎授定年記念論叢》, 創作과 批評社, 1990).

그런데 이러한 기호의 변화는 면포생산에도 영향을 주었다. 1893년의 기록에는 "근년 당국에서 카네킨의 수입이 현저히 증가하여 지금은 각도에 달하고 寒村僻邑이라도 널리 본품의 수요로 채우기에 이르렀다. 목동·나무꾼도 카네킨의 의복을 입는 정도라서 점차 그 품격을 낮추어 보기 때문에 근래에는 목면 의류를 입는 쪽이 오히려 귀하게 보이는 경향이 생겨 이 기호의 변천에 따라 카네킨이 취약하다는 약점을 찾아내고 여러 단점이 널리 알려지게 되었다. 그래서 지방 농민의 부유한 자 중에는 자국의 면을 제조하여 손으로 목면을 짜거나 또 면화를 충분히 가지지 못한 자는 해외에서 방적사를 매수하여 手織의 재료로 삼는 것이 증가했다"고 한다.[21)] 이 인용문은 자본제 섬유제품이 결코 사치품으로서만 기능하지 않고 빈농이하의 계급에도 침투

20) 《明治官報》 2178, 1890년 10월 1일, 通商報告 〈釜山港貿易景況〉(1890년 7월중).
21) 《通商彙纂》 1, 1893년 12월 9일, 〈朝鮮國綿作ノ景況〉(1893年10月22日付在仁川領事館報告).

하며 조선의 면포와 대립하고 있던 사정을 보여준다. 물론 이 기록에서 보는 카네킨의 취약성, 목면보다 세탁에 약하다는 점은 목면의 수요를 완전히 카네킨이 장악하지 못하는 원인이 되었다. 그래서 일본상인은 일본산 목면으로 이에 대처하려 했지만 갑오이전까지는 일본목면의 수입이 적어 조선 목면을 구축하는 단계에는 이르지 못했다. 한편 갑오이전 면포생산의 기본형태는 농가부업적 수공업이었으나 일부 지방에서는 전대제식 방식에 의한 부농경영도 존재했다.[22] 1892년 서울에서는 일본제 綿繰機를 도입하여 생산공정의 근대화를 꾀하는 사례도 나타난다.[23] 그러므로 이 시기는 아직 외국산 섬유제품이 완전히 토포시장을 잠식하지 못하는 단계여서 면포생산을 통한 부농이나 소상품생산자의 발전 가능성은 일정하게 존재했다. 오히려 원격지 무역의 증대에 따라 부산에서 국내 각 개항장 등으로 이출한 면포의 양이 1885년 1,805엔에서 1894년 346,127엔으로 급증하는 등 면포의 국내 교역량이 증대하는 추세였다.

개항기 토포생산의 기본형태는 부녀자에 의한 농가부업적 가내수공업이었다. 가내수공업의 생산력은 紡絲와 織布과정에 각각 5일의 노동력이 필요하여 원면에서 1필의 면포를 완성하기까지 적어도 10일간의 노동력이 소요되는 수준이었다. 이러한 수치는 순수하게 방사와 직포과정에서 요구되는 노동력이었으므로 농가부업으로 이루어진 직조량은 연간 30필 정도가 한계였을 것이다.[24] 그런데 1895년 조선 내륙지방을 여행한 한 일본인의 조사에 따르면 직포업이 성행했던 경상도 진주는 면직호 1호당 평균 직조량이 60필, 나주·순천·연기 등은 40필 정도였다고 한다.[25] 호당 평균 직조량이 40~60필이었다는 것은 농가부업을 훨씬 넘어서는 경영형태가 존재하였고, 훨씬 큰 생산규모의 면직호가 존재했을 가능성을 보여준다. 이 같은 규모는 농공결합에 의한 생산단계에서 면작과 직포가 분리되는 단계로 이행되고 있었다는 것을

22) 梶村秀樹, 〈朝鮮末期朝鮮の纖維製品の生産及び流通狀況〉(《東洋文化硏究所紀要》 46, 1968); 《朝鮮における資本主義の形成と展開》(龍溪書舍, 1977)에 재수록 참조.
23) 《明治官報》 2833, 1892년 12월 6일, 通商報告 〈京城ニ於ケル日本綿繰機械ニ關スル調査〉.
24) 梶村秀樹, 앞의 글.
25) 岡崎唯雄, 《朝鮮內地調査報告》.

보여준다. 연간 60필의 면포를 생산하는 데 필요한 실면의 양은 약 100관인데, 이는 면작을 가장 많이 한 자가 겨우 자급할 수 있는 정도의 양이어서 대부분의 경우 필요한 면화를 시장에서 매입하지 않을 수 없었을 것이기 때문이다.

면포의 상업적 생산은 양반이나 상인자본에 의한 선대제적 생산과 부농이 고용노동을 이용하여 시장을 위한 생산을 하는 부농경영의 두가지 형태였다. 선대제적 생산은 2필 분의 원료를 貨主로부터 미리 받은 농가에서 자신의 직조기를 이용해서 면포를 생산하여 그 중 1필을 화주에게 주고 나머지 1필을 품삯으로 받는 방식이었고, 부농경영의 경우는 고용주가 차려놓은 작업장에 임노동자가 모여서 고용주의 직기를 이용하여 생산하고 임금을 받는 방식이었다. 이 두가지 생산방식 중에서 전자가 후자보다 더 지배적인 생산방식이었던 것 같다. 하지만 직물수공업이 발전하였던 지역의 경우는 후자의 비중이 다른 지역보다 상대적으로 높게 나타나 선대제적 지배로부터 벗어나려는 경향성을 보이고 있었다.

부농경영에서 임노동자가 받았던 임금의 형태는 현물과 화폐 두가지가 병존하였지만 화폐보다는 현물의 비중이 일반적으로 높았다. 하지만 직물업이 발달하였던 지역에서는 오히려 화폐형태의 임금이 더 큰 비중을 차지하고 있었다.[26] 임금의 지불형태가 어떠한 방식이었든 고용노동의 보편화에 따라 주요 산지가 아닌 지역에까지도 평균노임이 형성되어 갔다. 그러나 직물업의 직공노임은 가장 낮은 수준의 임금에 속하여 값싼 노동력의 판매로 빈농경영의 빈곤도가 한층 심화되었다. 하지만 저임금을 바탕으로 고용주는 약간의 이윤을 남길 수 있었을 것이다.

이처럼 갑오이전 시기까지는 면작과 토포생산을 통한 부농이나 소상품생산자의 성장 가능성이 일정하게 존재했다. 이러한 가능성은 앞서 언급한 외국산 면제품 수입의 정체 이외에도 田作에서 면화와 대립하고 있었던 콩의 상대가격이 토포에 비해서 낮아지고 있었다는 점을 통해서도 확인된다.

그러나 갑오이후는 사정이 달라졌다. 갑오이후는 전시기와 달리 수출입 상

---

26) 권병탁, 《韓國經濟史 特殊硏究》(영남대 산업경제연구소, 1972).

품에 큰 변화가 있었다. 수출품은 역시 쌀과 콩을 중심으로 한 농업생산물이 주종을 이루었지만, 수입 자본제 상품은 카네킨 위주에서 일본목면·씨이팅·방적사 등 다양한 형태를 띠었다. 영국산 카네킨의 중계무역을 놓고 일본과 청국이 대립하던 단계에서, 일본산 섬유제품이 여전히 카네킨의 중계무역을 위주로 하는 청국을 압도하면서 조선의 면포시장을 장악해 나갔던 것이다. 일본은 목면과 같은 완제품만이 아니라 半製品인 방적사도 대량으로 수출함으로써 조선의 면업생산구조를 뒤바꾸어 놓았다.

1895년 이후의 곡물가격에 수입 면제품의 가격을 나눈 상대가격을 정리한 것이 〈표 2〉이다. 이 표는 모든 곡물과 수입면제품의 상대가격을 구하지 않고 지역적 조건에 따라 대표적 상품을 서로 대립시켜 본 것이지만, 제시되지 않은 경우도 그 경향성은 동일하다. 여기서도 전시기와 마찬가지로 곡물의 가격조건이 수입 면제품의 그것보다 나아지고 있는 현상을 볼 수 있다.

〈표 2〉 穀物과 輸入纖維製品의 相對價格

연 도	콩／日本木綿			쌀／씨이팅	쌀／生金巾
	인 천	부 산	원 산	인 천	부 산
1895	4.42	2.35	3.65	1.46	2.17
1896	4.89	2.46	4.77	1.68	1.84
1897	5.31	3.08	4.97	2.08	2.27
1898	6.01	3.27	5.50	2.61	3.50
1899	6.37	4.34	6.33	1.86	2.29
1901	5.80	3.92	5.82	1.80	2.50
1902	5.04	3.19	5.16	1.78	2.04
1903	5.29	3.56	5.81	2.38	2.01
1904	5.45	4.00	6.20	2.48	2.84
1905	7.03	5.12	6.68	2.36	3.46

* 1. 河元鎬, 〈開港後 穀價變動硏究(1895~1904)〉(《國史館論叢》 53, 1994).
2. 콩과 쌀은 1석 당 엔화가격, 일본목면·씨이팅·生金巾은 1反 當 엔화가격.

수출곡물의 상대가격이 수입제품보다 높아지는 조건하에서 쌀과 콩을 중심으로 한 곡물의 상품화가 지속적으로 진행되고 곡물수출이 증가하는 것은 당연한 결과이다. 그리고 그것은 생산구조도 일정하게 변화시켜 갔다. 수출곡물인 쌀과 콩의 경작면적 확대나 타경작지의 미작과 대두작으로의 전환은 가격체계에 대응하여 자연스럽게 나타나는 현상이었고 그것은 농업생산의 단작화가 진행되고 있었음을 의미한다.

〈표 3〉에서 보듯이 콩과 토포의 상대적 가격조건에서도 비교된 지역 모두 콩의 가격조건이 나아진다. 콩과 면포의 가격조건 변동은 자연히 田作에서 대립하던 대두작과 면작에 변화를 가져왔다. 면화재배지의 대두작으로의 전환이 바로 그것이다. 1899년 《皇城新聞》의 "今에 民이 洋布의 便易함만 旣知하야 女工의 艱難을 旣廢하고 綿田에 易豆함이 處處에 皆然한즉…"이라는 지적은 바로 그러한 사정을 가리키는 것이었다.[27]

〈표 3〉 콩과 土布의 相對價格

(콩／朝鮮木綿)

연 도	인 천	부 산	원 산	연 도	인 천	부 산	원 산
1895	3.18	1.94	3.52	1901	4.46	3.79	5.65
1896	4.06	2.12	4.30	1902	4.06		4.97
1897	4.01	3.22	4.88	1903	4.46	3.45	5.66
1898		3.25	5.44	1904	4.92	4.02	6.21
1899		4.03	6.12	1905	6.74	5.17	7.13

* 1. 河元鎬, 〈開港後 穀價變動硏究(1895~1904)〉(《國史館論叢》 53, 1994).
2. 콩은 1석 당 엔화가격, 조선목면은 1反 當 엔화가격.

대표적 면화산지인 목포지방에서의 1901년 보고에 의하면, "당 지방은 저명한 면화산지로 이를 원료로 목면을 製織하고 해마다 타도에 수송하는 량이 거액에 달해 실로 주요한 특산물이지만, 개항후는 점차 면화작에 대신해 大小豆로 하는 것이 수익이 많고 경작이 면화만큼 어렵지 않다는 것을 알게 되어 지금은 대소두의 다액의 수출을 보게 되었다"고 했다.[28] 그래서 "개항

27) 《皇城新聞》, 광무 3년 10월 4일, 논설.
28) 《通商彙纂》 192, 1901년 6월 10일, 〈木浦輸出大・小豆ノ前途〉(1901年5月10日附在木浦帝國領事館報告).

후는 방적사의 수입이 있어 갈수록 면화작이 불리함을 깨닫고 동시에 본품(大豆)의 경작을 유일한 業"으로 하게 되었던 것이다.[29] 가격체계의 변화가 면작의 대두작으로의 전환, 그리고 대두 수출 증가와 방적사 수입이라는 무역과 생산구조의 변동을 가져오는 과정을 목포지방의 사례에서 확인할 수 있다. 이처럼 대두와 면포의 가격조건의 변화는 면작의 쇠퇴를 강요했고 필연적으로 면업과 이에 기반한 부농경영의 발전 전망을 흐리게 했다.

농민전쟁이후 직접적으로 전통적 토포와 대립하고 있던 것은 일본목면이었다. 일본목면이 토포시장을 탈취하며 수요를 확대시킬 수 있었던 이유는 세탁에 강하다는 내구력에서 두 제품이 비슷했음에도 가격경쟁력 때문이었다. 둘 다 모두 농가부업의 형태로 생산되지만 일본목면은 방적사를 이용해 밧탄 직기로 생산되었다. 따라서 전통적 베틀에서 생산되는 토포에 비해 노동력이 절감되고 생산성이 높아 가격경쟁에서 우위에 설 수 있었던 것이다.[30]

그러나 절대가격의 비교에서는 일본목면이 낮지마는 상대가격의 추이를 살펴보면 반드시 가격경쟁력이 계속 낮다고만 할 수 없다. 다음 〈표 4〉의 두 제품의 상대가격의 비교에서 보듯이 지역에 따라 가격조건이 정체상태이거나 후기로 갈수록 일본목면의 가격상승율이 높아져 가는 경향을 확인할 수 있다. 이 같은 조건에서 일방적으로 일본목면이 조선목면을 구축할 수는 없는 것이었다. 실제로 일본목면의 수입량은 후기로 갈수록 줄어드는 반면, 토포는 부산의 이출량과 인천·원산의 이입량이 초기의 축소과정을 거쳐 후기에는 증대되는 현상을 나타낸다.

물론 이 문제는 방적사 수입량이 증가하는 문제와 분리하여 생각하기 어렵다. 방적사는 면포제직에 경험이 적은 함경도지방를 제외하고 전국적으로 토포생산의 원료로 사용되었다. 방적사를 이용한 면포생산은 생산가격을 낮출 수 있었고, 이 면에서 토포의 생산이 외국면제품의 침투에 대해 일정시기까지 버틸 수 있는 근거가 있었다. "일본화물의 수입에서 특히 주의할 점은

29) 《通商彙纂》 198, 1901년 9월 10일, 〈木浦33年貿易年報〉(1901年8月13日附在木浦帝國領事館報告).

30) 村上勝彦, 〈日本資本主義による朝鮮綿業の再編成〉(《日本帝國主義と東アジア》, アジア經濟硏究所, 1979).

模製 木綿이 작년(1899) 이전에 비해 현저히 감퇴한 것이다. 대개 카네킨 무역과 같이 방적사의 호황에 반비례하여 하는 것으로 綿絲무역의 범위가 확장되는데 따라서 목면구역의 축소는 면하기 어렵다"는 기록도 바로 이 문제를 지적한 것이다.[31]

〈표 4〉 日本木綿과 土布의 相對價格

(日本木綿／朝鮮木綿)

연 도	인 천	부 산	원 산	연 도	인 천	부 산	원 산
1895	0.72	0.82	0.96	1900	0.77	0.97	0.97
1896	0.83	0.86	0.90	1901	0.81		0.96
1897	0.76	1.04	0.98	1902	0.84	0.97	0.97
1898	0.99	0.99		1903	0.90	1.01	1.00
1899	0.93	0.97		1904	0.96	1.01	1.07

* 1. 河元鎬, 〈開港後 穀價變動硏究(1895~1904)〉(《國史館論叢》 53, 1994).
2. 각각 1反 當 엔화가격.

방적사가 가장 많이 수입되는 지역은 인천이었다. 인천은 서울을 중심으로 한 광범한 면직물 유통권을 배경으로 하고 있었다. 수입된 방적사는 바로 배후지로 이송되어 면포생산에 조달되었다. 수송지역은 경인지방에 그치지 않고 평안·황해·충청도, 그리고 면화의 주산지인 전라도지역까지 미치고 있었다.

1900년 목포지방의 일본인의 보고에는 "근래 날줄로는 외국방적사를 사용하고 씨줄로는 자국산 手紡絲를 써서 짜는 경향이 널리 행해진다…그들의 말로 목면으로 한 필을 짠 결과는…방적사를 혼용할 경우 크게 이익을 얻는다…방적사는 사용방법이 경편해 수방사와 같이 사선의 가늘고 굵기가 다르지 않아서 織出에 매우 신속하고 시간 소비가 적다. 결국 織女의 임금은 시간이라는 점에서 노임을 절약하고 생산비를 낮출 수 있었던 것이다"라고 하였다.[32] 이 때문에 방적사의 주된 수요층은 가내부업적 형태의 자급자족적

31) 《通商彙纂》 161, 1900년 3월 8일, 〈京城31年中貿易年報〉(1899年12月18日附京城帝國領事館報告).

32) 《通商彙纂》 181, 1900년 12월 25일, 〈木浦輸入本邦紡績糸〉(1900年11月22日附在木浦帝國領事館報告).

생산자보다는 상품화를 전제로 생산비를 낮추려는 선대제방식의 생산이나 부농경영에서 볼 수 있었다.[33]

수입방적사를 이용한 토포생산이 계속되는 인천 배후지의 토포시장을 일본목면이 일방적으로 무너뜨리기에는 역부족이었다. 그래서 목면보다는 1900년대 이후 씨이팅 도입이 본격화하는 과정에서 토포생산이 패퇴했다고 보는 견해도 있다.[34] 그러나 이 견해는 씨이팅의 수요층이 하등층이어서 토포와 대립되는 상품이라는 데 근거한다. 그러나 오히려 씨이팅이 처음 수입된 1890년대 중반과는 달리 후기로 갈수록 씨이팅의 품질이 나아지면서 주된 사용층도 중류계층으로 확산되었다. 그러므로 씨이팅의 수요자가 토포수요자와 일치하여 씨이팅의 수입이 방적사를 이용한 토포생산을 일방적으로 '패퇴'시켰다는 주장에는 무리가 있다.[35] 하지만 씨이팅의 수입량이 급증하면서 토포생산에도 영향을 주는 것은 당연했다. 그러나 씨이팅은 판매시장이 서울이나 경인지방의 도시지역에 한정되어 있었다고 한다. 씨이팅의 시장이 제한적이라는 점은 非면작지대의 광범한 농촌을 대상으로 하던 토포시장을 씨이팅이 바로 탈취했다고 보기는 어렵다는 사실을 보여주는 것이다.[36]

그러나 이 시기 수입방적사에 근거한 경인지방과 그 배후지인 평안·황해·충청도의 토포생산은 생산의 기반을 수입제품에 두고 있어 발전에는 한계가 있었다. 즉, 수입방적사의 가격 변동에 따라 생산비용이 달라질 수밖에 없었고, 방적사의 가격이 급등할 경우 성장이 지속성을 가지기 어려운 취약한 기반위에 있었다. 실제로 〈표 5〉의 인천지역 방적사와 토포의 상대가격 대비에서 방적사는 갈수록 토포가격보다 가격상승 속도가 빠르다는 사실이 확인된다. 더구나 "대개 방적사의 수입이 근년 현저하게 진보하여 증가해 오다가 수입이 감소된 것은…韓貨유통가격의 폭락과 면화작의 양호에 기인하는 것으로 특히 전자의 영향은 후자의 영향에 비해 한층 심하다"라는 인용

---

33) 《通商彙纂》 180, 1900년 12월 10일, 〈群山輸入本邦紡績絲〉(1900年11月22日附在群山帝國領事館報告).

34) 梶村秀樹, 앞의 글(1968).

35) 河元鎬, 《한국근대경제사연구》(신서원, 1997).

36) 吉野誠, 〈李朝末期における綿製品輸入の展開〉(《朝鮮歷史論集》 下, 龍溪書舍, 1979) 참조.

문에서 보듯이 백동화남발로 인한 인플레이션 현상은 수입상품의 가격을 등귀시키는 데 결정적 역할을 했던 것이다.[37] 이 같은 원료가격의 상승은 방적사의 수입에 근거한 토포생산을 불안정하게 만들 수밖에 없었고 발전 전망 역시 제한적이고 불투명했다.

그러므로 전통적 토포시장을 일본목면에 탈취당한 이들 지역의 토포생산은 당연히 위축되었고, 종래 면업과 면포생산에 기반한 부농경영의 성장은 이 시기 들어 상대적으로 제한적일 수밖에 없었다. 수입방적사의 가격상승률은 계속 토포의 그것보다 높아지고 있었다. 더구나 방적사의 수입을 일본에 기대야 하는 처지여서 紡絲와 織布에서 새로운 기술의 도입이 없는 한 생산의 지속은 직접생산자의 노임부분을 깎아 먹거나 이윤의 축소 외에는 방법이 없었다. 따라서 발전 자체가 제한적·종속적인 것이었고 진정한 의미의 부르주아적 발전 전망과는 거리가 먼 것이었다.

〈표 5〉 紡績絲와 土布의 相對價格

(紡績絲／朝鮮木綿)

연 도	인 천	부 산	연 도	인 천	부 산
1895	25.41	29.40	1900	27.17	28.24
1896	28.49	27.85	1901	27.73	
1897	26.44	37.98	1902	28.78	31.29
1898			1903	30.04	32.90
1899			1904	33.54	30.88

* 1. 河元鎬, 〈開港後 穀價變動硏究(1895~1904)〉(《國史館論叢》 53, 1994).
2. 紡績絲는 1擔 當 엔화가격, 朝鮮木綿은 1反 當 엔화가격.

물론 일부 도시지역에서는 직포에 개량된 기계를 사용하는 등 새로운 시장환경에 대응하는 경우도 있었다. 기왕의 연구에서도 광무연간에 서울을 중심으로 직물업의 발달이 어느 정도 있었음은 지적되어 왔다.

대한제국 시기에 들어서면서 근대적인 방직공업의 필요성에 대한 인식이

37) 《通商彙纂》 臨時增刊 241, 1902년 12월 250일, 〈仁川34年貿易年報〉(1902年9月30日附在仁川帝國領事館報告).

확산되면서 서울지역을 중심으로 직물회사의 설립이 적극 추진되었다. 1897년 안경수·서재필 등 독립협회 인사들이 주축이 되어 大朝鮮苧麻製絲會社를 설립하였는데, 이 회사는 외국인과 합자하여 상해에 있는 비단제조소에 국내에서 생산되는 삼과 모시로 실을 만들어 수출할 목적으로 설립된 주식회사였다. 1899년에는 정변조·이헌규 등의 자본가들이 중심이 되어 漢城紡績股本會社의 설립을 추진하기도 하였다. 비슷한 시기인 1897년 안경수를 중심으로 半官半民의 대한직조공장이 추진되었고 1898년에는 김익승의 주도로 직조권업장의 설립이 기도되었다. 그러나 이 공장들은 실제의 활동은 하지 못하고 자료에 단편적으로 설립에 대한 기록들만 남아 있다. 1900년대에 들면 방적사를 수입해 동력을 이용한 개량직기로 생산하는 직조공장이 여러 개 들어섰고 직물업이 상당히 진전되어 갔다. 하지만 값싼 일본산 기계제 면포에 대응하기에는 생산력 수준이 낮았고, 자본력도 열세였다. 따라서 당시 직물회사의 생산물은 수입면포와 직접적 충돌을 피할 수 있는 제품에 집중되었다. 이들 회사의 생산품목은 기계화가 쉽지 않은 노동집약적 성격을 지닌 絹製品 생산에 집중되거나, 면제품을 생산하더라도 면포가 아닌 모자·학생복·양말·갓끈·허리띠 등 직물업의 주류에서 벗어난 상품이 대부분이었고 표백·염색 등 영업종목의 다변화도 나타나고 있었다. 이러한 물품의 생산은 생산력과 자본력의 한계로 인하여 기계제 면포와의 정면대결을 피하기 위한 생존방식이었지만, 면포가 대부분을 차지하는 衣料市場에서 이들 제품의 비중은 지극히 낮았고 수입 면제품의 유입에 대한 효과적인 대응책도 될 수가 없었다.[38)]

원래 방적업의 발달에 따라 방적과 직포과정이 분리되고 면업이 도시를 중심으로 발전하는 것은 자본주의 발전에서의 일반적 과정이다. 그러나 우리의 경우 방적업의 발달이후 방직업에 변화가 온 것이 아니라 수입방적사에 의존하는 형태여서 그 기반은 취약할 수밖에 없었다. 따라서 발전에는 한계가 있었고 대부분 소멸되어 성공적인 사례는 없었다. 더욱이 전통적 생산방

---

38) 姜萬吉, 〈大韓帝國時期의 商工業問題〉(《亞細亞研究》, 16-2, 1973).
宮嶋博史, 앞의 글.
權泰檍, 〈韓末 日帝初期 서울地方의 織物業〉(《韓國文化》 1, 1980) 참조.

식 아래 방적과 직포가 미분리된 농촌의 토포생산은 방적사와 면제품의 대량수입으로 그 존립기반 자체가 위협받을 수밖에 없었고 종래의 부농경영의 한 축으로서의 면업의 발전은 기대하기 어려웠던 것이다.

〈河元鎬〉

4. 교통 · 운수 · 통신

1) 1894~95년 교통 · 운수 · 통신제도의 개혁

1894년은 한국의 개항기에 있어 한 분수령이었다. 이 때부터 조선정부는 경국대전의 체계를 대체할 새로운 국가의 통치질서를 형성하기 시작하였다. 교통 · 운수 · 통신제도에 있어서도 역제 · 봉수제 · 조운제를 폐지하고, 우편 · 전신 · 전화 · 기선 · 철도를 기반으로 하는 교통 · 운수 · 통신제도를 체계화하기 시작하였다.

역제 · 봉수제 · 조운제는 사회경제적 기능과 운영방식 등에 있어서 전통적 통치질서의 일환으로 존재하고 있었다. 통치질서와 교통체계의 관련성은 역제를 통하여 잘 파악할 수 있다. 역의 사회경제적 기능은 중앙과 지방, 또는 각 군현간의 政令을 전달하는 기능, 官物이나 사신의 卜物 그리고 진상 · 공부 등을 운송하는 기능, 사신을 迎送하고 支待하며 역마를 세우는 기능 등이다.[1] 이중 진상 · 공부를 운송하는 기능은 공납제와 결합되어 있는 것이고, 사신을 영송하고 지대하는 기능은 조공무역체계와 결합되어 있는 것이다. 운영방식을 보면, 驛民을 편성하여 그들의 노역을 동원하고 관리하는 입역제도와 분급된 驛田에 의해 재정을 충당하는 토지분급제도에 기초하고 있다.[2]

갑오 · 을미개혁기에는 신역제를 폐지하였으며, 조공무역 · 조운제 · 공납제를 폐지하고, 조세의 금납화를 실시하여 국가에 의한 물자유통체계를 해체함

1) 조병로, 《조선시대 역제연구》(東國大 博士學位論文, 1990), 44~63쪽.
2) 조병로, 위의 책, 354~357쪽,

으로써 민간에 의한 물자유통영역을 확대하였다. 이러한 변화에 기반하여 교통·운수·통신제도는 민간의 정보유통과 물자유통을 지원하는 방향으로 변화하였지만, 크게 진전되지는 못하였다.

당시 교통·운수·통신제도의 정비과정은 당담기관의 형성과정과 운영실태를 통해서 볼 수 있다.

담당기관은 기획관리를 담당하는 중앙기관과 관련업무를 집행하는 현업기관으로 구성된다. 갑오개혁기에는 우선 중앙기관의 정비가 이루어졌다. 1894년 6월에는 중앙관제를 8衙門으로 편성하였는데, 이중 工務衙門에 통신사무를 관장하는 국으로 驛遞局과 電信局을 두었으며, 철도를 관장하는 국으로 鐵道局을 두었고, 항구의 등대와 浮椿을 관장하는 기관으로 燈椿局을 두었다. 이로서 교통·운수·통신을 관장하는 중앙관제는 마련되었다. 1895년 3월에는 중앙관제를 8아문에서 7部로 개편하였다. 이 관제개편은 교통·운수·통신사업에 관한 한 개악이었다고 평가된다. 당시 일본은 조선의 전신·해운·철도를 장악하고자 하였는데, 중앙관제의 개편은 이러한 의도를 반영한 것이었다. 공무아문은 농상아문과 합쳐서 농상공부로 되었는데, 농상공부에는 교통·운수·통신을 관장하는 기관은 통신국밖에 존재하지 않았다. 통신국 아래에 遞信課와 管船課를 두어 통신과 해운을 관장하게는 하였으나, 철도를 관장하는 규정은 존재하지 않아서 철도관장기관이 없는 중앙관제가 만들어졌다. 그리고 통신과 해운을 관장하는 기관도 통신국 하나로 통합하여, 공무아문의 역체국과 전신국은 체신과로, 등춘국은 관선과로 격하되었다. 그러나 이러한 개악속에서도 등춘국에서는 없었던 선박과 해운 및 수운회사와 水陸운수사업의 관장사무가 관선과의 업무로 포함되는 발전적인 측면이 있었다.

각 중앙기관이 관장하는 사무를 집행하기 위해서는 그 실행기관으로서 現業機關이 갖추어져야 한다. 그런데, 갑오개혁 때에는 현업기관의 정비는 이루어지지 못하였고, 을미개혁에 와서야 우편사업을 수행하는 현업기관인 郵遞司가 만들어지게 되었고, 우편사업을 제외한 다른 사업을 집행할 현업기관은 만들어지지 않았다.

기획관리기관의 창설에 비하여 현업기관의 창설이 더 늦고 불충분하게 된 이유는 크게 세 가지를 들 수 있다.

첫째는 갑오개혁기에는 중앙관제의 개정만이 이루어졌을 뿐 지방제도개혁은 을미개혁기에 진행되었다. 교통 · 운수 · 통신의 현업기관은 기획관리기관의 지방기관으로서의 성격을 가지므로, 현업기관은 지방제도개혁 이후에 이루어졌다.

둘째는 일본은 조선의 전신 · 해운 · 철도를 장악하고자 하였으며, 이를 위해 조선정부의 전신 · 해운 · 철도 관련 현업기관의 창설을 막고 있었다. 전신사업을 예로 들어보자. 조선정부는 갑오개혁이전에 이미 전신사업을 실시하고 있었다. 그리고 갑오개혁기 동안에는 청일전쟁에 의해 중단되었던 전신사업을 재개하기 위해 전신선을 복구하고, 영업개시를 준비하고 있었음에도 불구하고, 거의 새롭게 시작하는 우편사업이 실시될 때까지 현업기관이 창설되지 못하였다. 전신사업의 현업기관은 아관파천이후에야 만들어지게 되었다.

셋째는 이들 사업을 수행할 수 있는 재정적 기반이 취약하였다.

한편, 우편사업은 을미개혁기의 지방제도개혁과 더불어 급진전되었다. 1895년 5월 26일에는 전국을 8道에서 23府로 재편하는 지방제도개혁을 단행하였다. 이 지방제도개혁은 중앙정부의 지방지배력을 강화하기 위해 기도된 것으로써, 이를 위해서는 효율적인 통신체계의 정비가 요구되었다. 이에 따라 〈地方制度改正에 관한 件〉이 나온 지 한달 후인 1895년 윤 5월 26일에 〈郵遞司官制〉를 제정하여, 23부의 府所在地와 개항장 중 유일하게 부소재지가 아니었던 元山을 포함하는 24개 지역을 우체사 설치 예정지역으로 선정하였고, 이 〈우체사관제〉에 의거하여 우체사가 설치되기 시작하였다. 1896년 7월 25일에는 우체사의 설치가 일단락되었는데, 이 때 23부중 강릉 · 제주 · 갑산을 제외한 20府와 원산에 우체사가 설치되었으며, 수원에는 한성우체사지사가 설치되어 21郵遞司 1郵遞支司의 체계가 갖추어지게 되었다. 당시 우체사는 부소재지와 개항장에 한정되어 설치되어 있었으므로 개항장과 주요 행정중심지를 연결하는 네트워크로서의 의미를 가지고 있었을 뿐으로, 포구와 장시로 이루어진 말단의 상업네트워크를 포섭하지 못하였을 뿐만 아니라, 한성과 23부로부터 각 군으로 가는 행정통신망도 갖추지 못한 매우 빈약한 상태에 그치고 있다. 또한 당시에는 개항장에 일본의 우편국이 진출하여 우편사업을 하고 있었는데, 이들을 배제하지 못했다는 점에서 통신주권이 채 회복되지 못했다고 볼 수 있다.

전신사업은 갑오개혁이전부터 한성전보총국과 조선전보총국에 의해 운영되었다. 이 전신사업은 청일전쟁으로 큰 변화를 겪었다. 그 변화의 첫째는 청일전쟁이전에는 1885년에 조선과 청국사이에 체결된 <義州電線合同>에 의해 청국이 조선내 전신가설권과 관할권을 가지고 있었는데, 청일전쟁에 의해 이러한 청국의 권리가 소멸됨으로써 조선정부의 전신사업에 대한 주권이 부분적으로 회복되었다. 둘째는 청일전쟁과 갑오농민전쟁으로 조선의 전신선 및 전신주가 파괴되었을 뿐만 아니라 조선에 진출한 일본군이 서로전선과 북로전선을 강점하고 있었으며, 경인간과 경부간에는 군용전선을 가설하여, 일본군에 의한 전신선지배가 이루어지고 있었고, 이를 바탕으로 하여 일본은 조선의 전신사업권을 완전히 장악하려고 하였다. 이 시기에 조선정부는 電郵總局의 主事와 學員을 司事로 임명하여 전신선을 보수하게 함으로써 전신사업의 재개를 기도하고 있었으나, 일본군의 전신선 강점으로 인하여 용이하게 진행되지는 못하였다. 반면, 을미개혁기에 통신사업의 기획관리기관의 축소와 병행하여 사사의 일부만을 농상공부주사로 임명함으로써 전신사업의 재개에 투입된 인원을 감축시켰다. 한편 일본은 군용전선으로 가설된 경인선·경부선을 이용하여 公衆電報事業을 실시하였다.

해운사업은 갑오개혁이전에는 이운사라는 관영기선회사를 중심으로 하여 발전하였다. 이운사는 조운을 담당할 뿐만 아니라 여객과 화물운송사업도 실시하고 있었다. 그런데 일본은 조운제도를 폐지하면서 이운사의 해운사업 일체를 日本郵船에게 위탁하도록 하여 조선의 해운권을 장악하였다.

이와 같이 갑오·을미개혁기에는 구래의 교통·운수·통신제도가 해체되었으며, 근대적인 교통·운수·통신제도의 정비가 시도되었지만, 당시 근대적 교통·운수·통신제도의 정비는 조선정부의 교통·운수·통신주권의 확립이나 조선인 상업의 발전을 지향하는 방향으로 전개되지 않고, 오히려 일본에 의한 교통·운수·통신주권의 침해와 일본인 상인의 조선진출에 기여하는 방향으로 전개되어 갔다.

2) 1896~1904년 교통 · 운수 · 통신기관의 전개

아관파천은 1894년 이래의 개혁의 방향에 있어서 한 전환점을 이룬다. 아관파천 이후 개혁의 중점은 주권의 회복과 상권의 보호에 있었다. 아관파천 이후의 교통 · 운수 · 통신에 관한 개혁도 이와 궤를 같이 하여 주권의 회복과 상권의 보호를 지향하면서 전개되었다.

영국을 비롯한 몇 개의 선진국을 제외하고는 근대화의 초기에는 국가에 의한 교통 · 운수 · 통신기관의 정비가 근대화를 추진하는 주요한 동력이었다. 조선의 경우에도 민간자본이 취약하여 국가에 의한 교통 · 운수 · 통신기관의 정비가 요구되었다.

먼저 국가의 교통 · 운수 · 통신사업정책은 이를 담당하는 관제의 개혁이라는 형태로 진행되었다. 을미개혁기의 관제는 교통 · 운수 · 통신을 기획관리하는 기관이 그 중요성과는 걸맞지 않게 한 局으로 되어 있으며, 그 기획관리 업무에는 철도에 관한 사항이 빠져 있었다. 그리고 이를 실행하는 현업기관은 우편사업의 경우만 약간 설치되었을 뿐이고, 전신 · 해운 · 철도에 관한 현업기관은 완전히 결여되어 있었다. 대한제국기의 관제개혁은 이러한 결함을 극복하는 형태로 진행되었는데, 그 추진력은 주권의 회복과 상권의 보호였다.

그리하여 아관파천이 일어난 지 얼마 지나지 않은 1896년 7월 15일에 농상공부관제를 개정하여 농상공부 통신국 체신과의 업무에 철도에 관한 사항을 포함시킴으로써, 농상공부 통신국이 철도사업도 담당하게 되었다. 그리고 이후 주권의 회복과 상권의 보호를 위해 조선정부가 직접 철도를 건설하는 것이 바람직하다는 인식이 확립되면서, 1898년 7월 6일에 철도사업을 기획관리하는 기관으로 농상공부에 鐵道司를 설치하였고,[3] 얼마 있지 않아 鐵道局으로 승격시켰다.[4] 이 때에 이르러 교통과 해운은 통신국이, 철도는 철도국이

3) 宋炳基 外, 《韓末近代法令資料集》 2(대한민국 국회도서관, 1971), 1898년 7월 6일, 칙령 제26호 〈철도사관제〉, 384~387쪽,

4) 《韓末近代法令資料集》 2, 1898년 7월 27일, 칙령 제29호 〈철도사를 철도국으로 개칭하고 해관제를 개정하는 건〉, 388~389쪽.

기획관리하는 체계가 되었다. 1900년에 이르러서는 이들 기관의 활동이 증대되면서 통신국과 철도국은 각각 通信院[5]과 鐵道院[6]으로 승격되었다.

기획관리기관의 이러한 정비와 함께 현업기관도 충실화되어 갔다. 먼저 우편사업을 보면, 을미개혁기에는 우편사업을 수행하기 위해 그 현업기관으로 우체사를 설치하였는데, 1896년 7월 26일에도 21우체사 1우체지사라는 빈약한 상태에 있었을 뿐만 아니라, 개항장에는 일본의 우편국이 활동하고 있어서 조선정부의 통신주권도 침해되어 있는 상태였다. 조선정부는 이에 대한 대응으로서 한편으로는 일본 우편국을 구축하려고 노력하였으며, 다른 한편으로는 우체사를 증설하여 전국적인 우편망을 완성하려고 하였다. 우선 일본 우편국을 구축하기 위해 조선정부는 만국우편연합에 가입하여 국제우편업무를 개시하였다. 開港國이 우편사업을 개시하기 이전에, 각 통상국들이 개항장에 자국의 우편국을 개설하는 것은 일반적인 현상이다. 그러나 개항국에서 만국우편연합에 가입하여 국제우편을 실시하게 되면 개항장에 설치되어 있는 제외국의 우편국을 폐쇄하는 것이 일반적인 관례로 정착되고 있었다. 즉 개항장에 진출한 외국의 우편국은 개항국이 개항장에 진출해 있는 외국인의 우편수요를 충족시켜 줄 수 없는 동안 잠정적으로 존재하는 기관으로 위치지워져 있는 것이다. 이러한 과정을 가장 전형적으로 보여주는 국가가 바로 일본이다. 조선정부도 이러한 국제적 추세에 맞추어 국제우편을 실시함으로써 통신주권을 회복하고자 하였다. 이러한 노력은 이미 1893년부터 진행되었다. 1893년에는 朝鮮電報總局을 電郵總局으로 승격시켜 전우총국으로 하여금 국제우편을 실시할 준비를 하게 하였다.

그러나 이러한 노력은 청일전쟁과 갑오을미개혁기의 친일내각의 수립으로 인하여 좌절되었다. 국제우편을 실시함으로써 통신주권을 회복하고자 하는 노력은 아관파천 이후에 다시 재개되었다. 그 결실로 1900년에는 국제우편을 실시할 수 있게 되었다. 이를 계기로 하여 1900년 3월 16일에 대한제국은 일

5) 통신원은 1900년 3월에 농상공부 대신의 감독을 받는 농상공부의 외청으로 설립되었지만, 그 해 9월에 독립관청으로 승격되었다.

6) 1900년에 창설된 철도원은 농산공부 철도국을 대체한 것은 아니었다. 철도원은 황실재산인 철도의 관리를 위해 만들어졌지만, 1901년 농상공부 철도국이 폐지됨으로써, 대한제국의 철도에 관한 유일한 기획관리기관으로 되었다.

본정부에게 조선에 진출한 일본 우편국의 폐쇄를 요구하였다.[7] 그러나 일본정부는 이에 대해 대한제국 우체사의 국제우편물을 개항장에 진출한 일본 우편국이 인수받아 일본의 선박에 의해 수행하고 있음을 이유로 들어 일본 우편국을 존속시켰다.[8] 대한제국은 1900년 6월 대한협동우선회사를 인가하여 대한제국의 기선회사로서 국제항로를 운영하게 하여 대한제국이 자립적으로 국제우편을 실시할 수 있도록 하면서 다시 일본 우편국의 철폐를 요구하였다. 일본은 일본인의 조선시장 진출을 위하여 小包郵便·郵便換·郵便貯金을 실시하였으며, 이를 조선시장진출의 주요 수단으로 활용하기 위해 소포우편에 대하여 無檢查無關稅를 요구하는 한편,[9] 대한제국의 우편기관이 소포우편·우편환·우편저금을 취급하지 않아 일본 우편국을 대체할 수 없다는 이유를 들어 일본 우편국을 존속시켰다. 그리고 일본 어민의 조선연안 어업활동을 후원하기 위해 조선연안에 우편기관을 증설하여 갔으며, 철도의 부설이 진행되면서 일본인이 철도연변으로 진출함에 따라 이들을 지원하기 위해 우편기관을 증설하여가고 있었다. 대한제국은 국제우편을 실시하여 통신주권을 회복하고자 하였으나, 성공하지는 못하였고, 이 기간 동안 오히려 일본 우편기관을 증설하고, 취급업무를 확대하여, 일본인들이 정보수집, 물자유통, 금융결제의 수단으로 우편기관을 활용할 수 있도록 하였다. 물론 이러한 일본 우편기관의 발전이 대한제국 우편기관의 퇴보를 의미하는 것은 아니었다. 대한제국의 우편사업도 체계화되어가고 있었는데, 이는 당시 외국인들이 대한제국 우체사를 신뢰하여, 일본 우편국이 아니라 대한제국 우체사를 이용하는 서양인이 많아지고 있는 것을 통하여서도 파악할 수 있다.[10]

대한제국은 또 전국적 우편망을 확립시키는 방향으로 우편사업을 전개시켜 나갔다. 21우체사 1우체지사로서는 포구·장시의 네트워크를 포섭하지 못

7) 高麗大 亞細亞問題硏究所 編,《舊韓國外交文書》4(高麗大 出版部, 1968),《日案》4, 문서번호 5567 日本郵遞局增設停止 및 旣設局漸次撤鎖와 郵約一節削除要請, 596쪽(이후는《舊韓國外交文書》는 생략하고《日案》으로만 표기한다).

8)《日案》4, 문서번호 5573 在韓日本郵遞局整理에 對한 同意不能의 件, 601~602쪽.

9)《日案》4, 문서번호 4894 小包郵便物의 無檢查無稅通關에 對한 同意要請, 166~167쪽.

10)《通商彙纂》241, 1902년 11월 25일, 61쪽.

할 뿐만 아니라, 행정통신망으로서도 미흡한 것이었다. 대한제국은 이러한 한계를 극복하기 위해 각 군의 행정통신망을 우편사업에 포섭하여 전국적 우편망을 구축하고자 臨時郵遞司制度를 창설하였다. 임시우체사제도를 실시함에 따라 임시우체사 및 확대된 우편체송망의 관리를 위하여 우체사도 증설하였다. 대한제국기 우체사의 증설은 이 이외에 개항장이 늘어남에 따라 개항장의 통신수요에 대응하기 위하여 우체사를 증설하였으며, 철도가 건설됨에 따라 이 철도에 의해 유발된 통신수요를 흡수하기 위해 철도역에 우체사를 증설하려고 하였다. 그러나 철도역에 우체사를 증설하여 철도에 의해 유발된 통신수요를 흡수하고자 하는 시도는 완수되지 못하고, 통신기관을 일본에게 탈취당하게 되었다. 이 시기에는 임시우체사제도의 실시와 우체사의 증설이 이루어졌지만, 아직 포구·장시로 구성되어 있는 말단의 통신네트워크를 포섭하는 수준에는 이르지 못하였다.

전신사업은 갑오개혁이전에 이미 조선정부가 실시하고 있었던 것이었지만, 일본의 조선 전신선 장악 의도에 의해 갑오·을미개혁기에는 전신사업의 현업기관이 마련되지 못하였다. 전신사업의 현업기관은 아관파천이후에 만들어졌다. 아관파천 이후 전신사업을 재개하기 위해서 우선 이루어져야 하였던 것은 일본이 강점하고 있는 전신선을 반환받는 것이었다. 일본이 강점하고 있는 전신선을 반환받으려는 조선정부의 노력은 부분적으로 성공하여서 1896년 7월 17일에는 경의선과 경원선의 반환을 확약받을 수 있었다.[11] 그러나 경인선과 경부선은 군용전선이라는 이유로 반환받지 못하였다.

조선정부는 경의선과 경원선의 반환을 확약받은 얼마후인 1896년 7월 26일에 전보사관제를 제정하여, 전신사업의 재개를 체계적으로 추진하였다. 이때는 아직 23부제가 실시되고 있는 시기여서, 〈전보사관제〉에 규정된 전보사 설치예정지는 이를 반영하여 우체사와 마찬가지로 23부 소재지와 원산을 포함하고 있으며, 이 이외의 설치예정지로는 경흥과 회령과 고성이 있다. 경흥과 회령은 러시아 전신선과의 연접을 의도하여 포함된 것으로 판단된다. 그러나 전보사는 이들 지역에 모두 설치되지는 않았다. 그 이유는 첫째

11)《日案》3, 문서번호 4089 京義·京元電線 正式返還의 件, 465쪽.

는 <전보사관제>가 제정되고 얼마있지 않아 지방제도가 13道制로 개정되어서 23부제를 바탕으로 한 전보사 설치예정지는 수정될 필요가 있었다. 둘째는 당시에는 청일전쟁이전에 가설한 전신선을 복구하여 이들 지역에 전신업무를 재개하는 것에 초점이 맞추어졌고, 이 전신선의 복구를 넘어선 전신선의 확장은 별로 이루어지지 못하였는데, 이는 재정의 문제에 기인하는 것으로 판단된다.

대한제국기에는 전보사를 증설하고 전신선을 신설하여 사업의 확장을 도모하였는데 갑오개혁이전과 비교할 때 대한제국의 전보사는 크게 여섯 종류의 지역으로 확장되었다. 첫째는 관찰도 소재지, 둘째는 새로 개항한 지역, 셋째는 외국인 개발광산이 소재한 지역, 넷째는 북로전선의 북쪽으로의 연장을 위한 거점, 다섯째는 한성 인접의 주요지역, 여섯째는 기설 전신선의 중간에 존재하는 지역이다.

전신사업도 우편사업과 마찬가지로 주요 행정도시와 개항장을 연결하는 형태로 발전하였다. 전신사업에 있어 특이한 점은 외국인 개발광산이 소재한 지역에 전보사를 개설한 것이다. 철도와 전기와 광산은 그 사업의 특성상 자체의 통신망이 필요하다. 광산개발특권을 얻은 외국인들은 광산의 효율적 운영을 위하여 자체의 통신망을 갖기를 희망하고 있었으나, 대한제국은 외국인에 의해 가설되는 국내전신선을 허용하지 않았다. 그러나 광산개발특권을 가진 외국인들이 외교적 압박을 지속적으로 실행함에 따라 대한제국은 이들 지역에 전보사를 설치하여 직영하는 방향으로 선회하였다. 북로전선의 북쪽으로의 연장은 조선과 러시아의 전선의 연접을 고려한 것이지만, 실현되지는 못하였다. 이의 실현을 막고 있었던 것은 1883년 일본과 체결한 <釜山口設海底電線條款>에 입각한 일본의 개입이었다. 1883년 <부산구설해저전선조관>은 조선정부가 일본과 부산을 연결한 해저전선인 부산구설해저전선과 대항할 수 있는 해저전신선을 가설하지 않는다는 것이다. 러시아와의 연접은 러시아를 통한 유럽으로의 전신을 가능하게 하는 것으로서 부산구설해저전선의 수입에 영향을 준다는 이유를 들어, 일본은 이를 허용해 주는 대신 일본에게 전신사업에 대한 새로운 특권을 부여하라고 요구하였다. 당시 일본은 군용전선이라는 미명하에 경인전선과 경부전선을 운영하고 있었다. 육상전신선은 절단 등에 의해 쉽게 파괴될 수 있는데, 대한제국과 조선인은 이 전신선에 대해 적대적이었으므로, 이를 보호하기 위해 電線守備憲兵을 파견하고 있었다.[12] 이와 같은 전신보호비용을 들이지 않고 전신사업을 운영할 수 있는 방법으로는 두 가지가 있었는데, 첫째는 무선전신에 의하는 방법이고, 둘째는 해저전선에 의한 방법이다. 따라서 일본은 경인간의 무선전신과 경인간의 해저전선의 부설을 허용할 것과, 이 전신을 조선정부의 전신선과 기계적으로 通連할 것을 요구하였다. 당시 일본이 조선의 전신선과 러시아의 전신선의 연접을 허용하는 대신 요구한 조건은 이 이외의 것들도 있는데, 이러한 일본의 특권요구와 결합되어 있는 조선과 러시아와의 전신선 연접은 실현되지 못하였다. 경부철도가 건설되어 가자, 우체사 증설계획과 마찬가지로 이 지역에 대한 전보사 증설계획을 수립하였지만, 이것은 우체사의 증설시도와 마찬가지로 실현에 이르지는 못하였다.

대한제국은 청일전쟁기에 일본이 강점한 전신선을 되찾아 전신사업을 재개하여 갑오개혁이전의 전신사업보다 더 발전시켰다. 그러나 아직 주요 행정거점과 개항장을 연결하는 수준에 머무르고 있으며, 우체사보다 그 보급의 정도가 더 일천하여, 포구·장시 네트워크를 포섭하지 못하였을 뿐만 아니라, 행정전신망으로도 불충분한 것이었다. 뿐만 아니라 아직 전신자주권이 완전한 것도 아니었다. 앞서 언급한 바와 같이 일본은 1883년 〈부산구설해저전선조관〉을 바탕으로 하여 조선의 자주적인 전신사업의 발전을 저지하고 있었을 뿐만 아니라, 경인선과 경부선을 군용전선이라는 미명하에 직접 운영하고 있었으며, 또 1902년부터 경성과 인천에 전화교환사업을 시작하고, 경인선을 이용하여 경성과 인천간의 시외전화사업을 실시하고 있었다. 이와 같은 전화사업의 개시에 대해 대한제국은 그 불법성을 주장함[13]과 동시에 대한제국 스스로 전화사업을 개시하고 있다. 당시 대한제국의 전화사업은 일본의 전화사업 진출에 대한 대항적인 사업이었다고 판단된다. 그러나 이러한 대항적인 사업의 전개에도 불구하고 일본의 전화사업은 지속되고 있어서, 대

---

12) 《日案》 3, 문서번호 4332 京釜電線守備憲兵中百三十名交代의 件 및 문서번호 4522 京釜電線守備交代兵到着 및 配置에 關한 通報, 570·645~646쪽.

13) 《日案》 5, 문서번호 6706 仁川日本郵局京仁電話壇設置計劃의 禁止要請, 622쪽.

한제국의 통신주권을 확보하기 위한 전신전화사업의 전개도 통신주권의 완전한 회복에는 이르지 못하였고, 일본은 이 속에서 조선의 전신전화사업을 장악하기 위한 확장을 계속하고 있었다.

해운사업을 살펴보면, 갑오·을미개혁기에 수운·선박·선원에 관한 기획관리기관이 마련되었지만, 이를 집행할 수 있는 현업기관은 마련되지 못하였다. 대한제국은 포구에 대한 감시체계를 강화하여, 외국인의 연안해운권 침탈을 막고, 조선인 기선회사가 발전할 수 있는 지반을 마련하고자 하였다. 비개항포구에 외국인기선의 진입을 막기 위한 관리체계는 船稅規則과 관련하여 마련되었다. 1899년에는 〈국내선세규칙〉을 제정하여 조선인이 구입하거나 용선한 선박은 모두 농상공부 통신국 관선과에서 관할하도록 하였으며,[14] 이를 집행하기 위해 주요 각 항과 각 포구에 사무를 구관할 위원을 파송하도록 하였으며, 위원을 파송할 지역으로는 경강·양근·강화·인천·해주·장연·삼화·평양·박천·의주·원산·성진·경흥·영동·연일·부산·김해·창원·무안·옥구·아산·제주·법성[15] 등 23개 지역을 설정하였다. 때를 같이하여 內部에서는 각 지방관에게 비개항포구와 鐵路 각 지역에 行棧을 개설하는 것과 외국인들의 선박이 왕래하는 것을 막으라는 훈령을 발하였다.[16] 1900년에는 이러한 감독체계를 보다 강화하였는데, 선세위원의 관할구역을 29개로 증설하고, 이 관할구역에 속해있는 197곳의 개항장 및 미개항포구를 감독하게 하였다. 이 시기 관할구역의 증설은 충청남도와 전라도 연안에 대한 감독을 강화하기 위한 것이었다.

한편 대한제국은 정부가 소유한 선박을 조선인 민간기선회사에게 불하하고, 우체기선회사 설립을 지원하는 등 민간 기선회사의 발전을 독려하였다. 당시 기선회사에 의한 우편물 체송은 우체사의 입장에서 보면, 우편물의 해상 체송을 실시할 수 있는 선박을 확보하는 것이었으며, 기선회사의 입장에서 보면, 우편물 체송이라는 공무수행을 명분으로 하여 기선의 운항을 신속

14) 《韓末近代法令資料集》 2, 1899년 7월 12일, 칙령 제33호 〈국내선세규칙〉, 530~532쪽.

15) 법성은 위원을 파견할 지역에 포함되어 있지 않지만, 사무가 번극할 때 임시위원을 파견할 지역에는 포함되어 있다.

16) 《독립신문》, 1899년 10월 25일.

하게 할 수 있는 것이었다. 가장 대표적인 조선인 우체기선회사는 1898년 7월에 설립된 한국우체기선회사와 1900년 6월에 인천에 설립된 대한협동우선회사를 들 수 있다. 양 회사 모두 연안항로 뿐만 아니라 대외항로도 운항하고 있다.[17] 그러나 정부의 우체기선회사에 대한 지원은 충분하지 않았다. 당시 일본에서는 우편항로의 경우, 명령항로로 운영하면서, 이에 대해서는 보조금을 지급하였다. 갑오을미개혁기 이운사의 기선을 위탁경영하였던 日本郵船의 경우 수입중 보조금이 차지하는 비중은 1896년에는 19%였으며, 몇 년의 예외적인 경우가 있지만, 대체로 20% 내외를 차지하고 있다.[18] 그러나 대한제국은 이와 같은 보조금정책을 실행하지는 못하였다.

국제무역이 발전하고 조세의 금납화가 실현되어 민간기선회사에 대한 수요가 증대하는 속에서, 대한제국이 연안해운권의 보호를 강화하고, 민간 기선회사의 발전을 독려함에 따라 당시에는 조선인 민간해운업이 상당 정도 성장하였다. 이 시기에 국내무역에 있어서는 조선인 기선회사의 우위가 어느 정도 확립되었지만, 국제무역에 있어서 조선인의 성장은 미약한 수준에 머물러 있었다.[19] 반면 일본의 기선회사들은 원양항로 보조정책에 힘입어 국제무역에 있어 그 세력을 확장하고 있었으며, 1900년대 이후에도 조선인의 명의만을 빌리거나 동업관계를 맺어 비개항포구로의 항로를 운영하는 일본인 기선회사의 불법적인 침투는 근절되지 않았다.

철도사업은 아관파천 이후 농상공부 관제를 개정하여 농상공부의 업무에 철도에 관한 업무를 포함시켰음은 이미 살펴보았다. 농상공부에서는 우선 국내 철도규칙을 제정하였는데, 이 철도규칙은 제정된 지 얼마되지 않은 1896년에 개정되었다. 이 개정은 외국인회사가 철도를 설치할 때에도 철도역에서 외국인이 行棧할 수 없음을 명시하기 위한 것이었다. 즉 외국인에 의한 철도

17) 나애자, 〈개항기(1876~1904) 민간해운업〉(《국사관논총》 53, 국사편찬위원회, 1994), 79~80쪽.

18) 加藤幸三郞, 〈産業資本確立期の日本海運〉(《社會經濟史學》 48권 5호, 1983), 39쪽.

19) 1901년 군산항 출항선박톤수의 국가별 구성을 보면, 외국무역에 있어서는 일본이 18,350톤이고, 중국이 23톤이며, 대한제국은 존재하지 않아서 99.9%를 일본이 장악하고 있다. 국내무역에 있어서는 대한제국이 13,586톤, 일본이 6,672톤을 차지하고 있어서 대한제국이 우위를 보이고 있다(《通商彙纂》 231, 1902년 9월 29일, 87쪽).

건설을 허용하더라도 철도건설을 매개로 한 외국인의 내국시장 침투는 불허하겠다는 의지를 천명한 것이다.[20] 그리고 1898년에는 국내 철도건설에 있어서 외국인과의 합동을 불허하고,[21] 조선정부가 직접 철도를 건설하는 방침을 수립하였다.[22] 농상공부에 철도사를 신설한 것은 이러한 정책의 변화를 반영한 것이었다. 그러나 철도는 부설되지 못하였다. 1900년부터는 철도업무를 황실이 장악하면서 철도의 부설도 황실을 중심으로 하여 진행되었다. 철도원을 만든 지 얼마되지 않아, 경의선과 경원선을 직접 건설하기 위해 西北鐵道局을 만들었다.[23] 서북철도국은 경의선 건설을 착수하였지만, 준공하여 영업하는 데는 이르지 못하였다.

대한제국이 철도 주권의 유지를 위해 외국인에게 철도부설권을 부여하지 않겠다는 입장을 표명하고, 조선인의 철도회사 설립에는 우호적인 입장을 취함에 따라 조선인 민간 철도회사들이 만들어졌다. 그러나 대한제국의, 그리고 조선인의 철도부설 노력은 성공하지 못하였다. 대한제국과 조선인에 의한 철도건설이 좌절된 이유는 철도건설에 요구되는 막대한 자본과 상당한 수준의 기술을 감당할 수 있는 능력이 없었기 때문이다. 그러나 이러한 노력은 철도부설에 대한 외국의 이권요구를 억누르는 데는 일정한 효과를 가졌다고 하겠다. 이 시기에는 철도주권을 위한 대한제국의 노력에도 불구하고 일본에 의해 경인선이 준공되고, 경부선과 경의선이 부설되어 사실상 철도 주권은 상실되어 가고 있었다.

이러한 교통·운수·통신사업의 전개는 민족경제에 다음의 여러 영향을 미쳤다고 하겠다.

첫째, 근대적 교통·운수·통신기관이 구래의 교통·운수·통신기관을 어느 정도 대체하였는가의 문제이다. 조선의 구래의 교통·운수·통신제도는 국

20) 《韓末近代法令資料集》 1, 1896년 8월 4일, 칙령 제40조 〈국내철도규칙 개정〉, 128쪽.
21) 《韓末近代法令資料集》 2, 1898년 1월 12일, 〈국내철도·광산의 외국인 합동을 불허하는 건〉, 326쪽.
22) 《韓末近代法令資料集》 2, 1898년 6월 19일, 〈경성 목포간 철도를 부설하는 건〉, 374쪽.
23) 《韓末近代法令資料集》 3, 1900년 9월 3일, 포달 제63호 〈궁내부관제 개정〉, 140쪽.

가의 필요에 의해 운영되고 있었던 역제·조운제·봉수제·파발제 등을 들 수 있는데, 이들 전통적인 교통·운수·통신제도는 해체되고, 대신 근대적인 교통·운수·통신기관이 설립되었다. 당시 통신기관은 개항장과 주요 행정도시에 설치되었고, 기선은 개항장과 미개항 주요 포구의 연결이라는 형태로 진행되어서 개항장을 중핵으로 한 집산지 구조로의 변화가 일어났을 뿐이다. 조선의 기저적인 교통·운수·통신 네크워크인 포구·장시의 네트워크는 거의 포섭하지 못하여서 포구·장시의 네트워크는 여전히 보부상단의 人馬에 의해 유지되고 있었다.[24]

둘째, 근대적 교통·운수·통신기관의 보급이 상업체계에 미친 영향이다. 선진제국에서는 우편·전신·기선·철도와 같은 근대적 교통·운수·통신기관은 국내시장의 확대 및 국내시장의 전국적 통합을 이루는 수단임과 동시에 외국시장을 개척하기 위한 수단으로 출현하였으며, 이들 교통·운수·통신수단은 상인들에게 각지의 정보를 보다 용이하게 획득할 수 있도록 하고, 물류비용을 절감시키는 새로운 유통로를 열어줌으로써 생산지와 소비지의 신결합을 추구하는 혁신가적 상인의 활동기반을 확충하여 주는 것이었다. 일본은 명치유신이후 영사관 보고체계와 遠洋航路補助政策을 실시하여, 해외시장에 대한 정보와 해외시장개척을 위한 운송수단을 제공함으로써, 일본의 수출시장 확대를 지원하였다. 이 시기 조선에 진출한 일본의 통신·해운·철도기관은 이러한 역할을 수행하고 있었다.

반면 대한제국은 조선의 시장에 침투하려는 일본에 대항하여 주권의 회복과 상권의 보호를 위하여 교통·운수·통신기관을 갖추어 나갔다. 대한제국의 교통·운수·통신사업은 기본적으로는 이러한 한계 속에 머물러 있어서 수출시장을 개척하기 위한 수단으로 발전되지 못하였을 뿐만 아니라, 일본의 교통·운수·통신기관의 진출에 의한 주권의 침해와 상권의 침탈도 성공적으로 막아내지 못하였다. 조선의 교통·운수·통신기관은 일본의 교통·운수·통신기관의 진출에 제동을 걸고, 조선인의 독자적인 활동영역의 침탈을 저지함으로써, 당시 국제무역을 중심으로 하여 재편되고 있었던 조선의

---

24) 《한국의 시장상업사》(주식회사 신세계백화점, 1992), 132~133쪽.

상업체계에 조선인이 대응하여 나갈 수 있는 여지를 제공하였다고는 할 수 있다.

그렇다면 이 시기에 국제무역에 대응할 수 있는 조선인 상인세력은 어떻게 성장해 가고 있었는가. 당시 일본인 상인들은 영사관보고가 제공하는 조선각지에 대한 정보와, 일본제국이 구축하고 있었던 원양항로체계에 기반하여, 일본제품과 조선시장의 신결합, 조선제품과 일본시장의 신결합을 추구하고 있었다. 이들 상인은 정보의 획득과 물류비용의 절감을 무기로 하여 새로운 시장을 개척하는, 슘페터의 용어로 표현하면, 혁신가였다. 반면 조선에서는 대한제국과 특권상인층이 주권의 회복과 상권의 보호라는 공동목표하에 공조체계를 만들어가고 있었다. 이 공조체계는 상권의 보호를 위해 특정지역에 대한 영업권을 특권상인층에 할당하고 특권상인층은 이러한 독점권으로부터 나오는 수입의 일부를 국가에 상납함으로써, 주권의 회복과 상권의 보호를 위해 필요한 정부의 재정적 요구에 부응하는 都賈商業體系의 강화에 다름 아니었다.[25] 물론 이러한 공조체계가 상권의 보호와 근대화를 담지할 수 있을 만큼의 재정수입의 증대를 가져온 것은 아니었다. 대한제국의 재정위기는 여전하였고, 이러한 재정위기로 일본의 교통 · 운수 · 통신기관의 진출에 대응할 만큼의 교통 · 운수 · 통신체계를 갖추지 못하였다. 도고상업체계와 교통 · 운수 · 통신기관의 미흡함은 정보의 획득과 물류비용의 절감을 기반으로 한 판매자와 구매자간의 신결합을 추구하는 상인층의 형성을 제약하는 것이었다. 이러한 상인층의 성장이 별로 이루어지고 있지 않았음은 당시 대한제국이 제공하는 통신서비스에 대한 수요가 별로 증가되지 않았다는 것을 통해서도 파악할 수 있다.[26]

셋째는 관련산업에 있어 조선인기업이 어느 만큼 성장하였는가의 문제이다. 교통 · 운수 · 통신사업을 실행하기 위해서는 설치와 운영에 있어서 다양한

25) 전우용, 〈개항기 한인자본가의 형성과 성격〉(《국사관논총》 41, 국사편찬위원회, 1993), 50쪽.

26) 당시 대한제국이 운영하는 통신기관의 통신사용량은 명치 전기 일본과 비교하는 경우 매우 느리게 성장하고 있음을 확인할 수 있다(박이택, 《해방이전의 통신사업의 전개과정과 고용구조》(서울대 경제학과 박사학위논문, 2000), 135~136쪽).

機資材가 필요하다. 그러나 고급기술에 의해 제작되는 기자재의 대부분은 외국으로부터 수입되었으며, 이를 국산화하는 기업의 발전은 거의 이루어지지 않았다. 교통·운수·통신산업과 관련하여 조선내에서 조달되고 있었던 것은 電信柱나 枕木, 석탄 등에 국한되었을 뿐이어서 기자재 산업의 발전을 거의 가져오지 못하였다.

건설을 담당한 기관을 보면, 전신선을 가설한 것은 電報司였으며, 철도공사를 담당한 것은 토목건축청부회사였다. 전보사는 전신선을 가설하여 감으로써 가설과 관련된 경험을 축적하여 갈 수 있었다. 철도공사의 경우, 1899년부터 조선인 토목건축청부회사의 설립이 이루어지고 실제 수주를 받아 작업을 하였지만, 일본 토건회사들이 진출하여 한국 토건회사들의 입지는 축소되었으며, 러일전쟁기의 速成工事 체계하에서 경부철도주식회사와 臨時軍用鐵道監部가 경부·경의철도의 부설공사를 일본 토건회사에게 독점적으로 청부함으로써, 일본인 토건회사는 이를 계기로 하여 국제적으로 성장하게 되었지만, 조선인 토건회사는 몰락하게 되었다.[27]

교통·운수·통신사업을 기반으로 하여 운영된 산업으로는 신문업과 소운송업을 들 수 있다.[28] 당시 조선의 신문사들은 자체적인 신문배달망을 가지고 있지 못하였다. 신문사는 한성에서는 판매점을 설치하여 구독자가 직접 구입하여 보도록 하고, 지방구독자에게는 우편으로 배달하는 것이 일반적이었다. 1906년 조선인이 발송한 우편물중 60%가 신문이었음은 당시 통신사업과 신문업이 얼마나 긴밀한 관계를 가지고 있었는지를 보여준다. 통신기관과 신문업의 관계는 여기에서 끝나지 않는다. 당시 조선인 신문사의 정보의 원천 중 중요한 것은 官報, 외국통신사로부터 제공받은 外信, 서울이나 지방에서 보내는 投書였다. 이중 외국통신사로부터 제공받는 외신은 전신을 통하여 이루어졌으며, 투서도 전신이나 우편에 의해 이루어지고 있다. 즉 당시 조선의 통신사업은 조선인 신문업 발전의 기반이었다.

넷째는 인적자본의 축적이 어느 만큼 이루어졌느냐의 문제이다. 전신·기

27) 정재정, 《일제침략과 한국철도》(서울대 출판부, 1999), 178~244쪽.

28) 소운송업은 철도와 해운의 발전에 따라 성장하였는데, 경부철도와 경의철도가 준공되어 운영된 保護國期에서 서술하도록 한다.

선 · 철도의 관리자와 운영기술자는 대표적인 기술관료이다. 이들 산업의 발전은 기술관료의 성장을 유발하는데, 이 시기 조선인 기술관료는 통신사업과 관련하여 크게 성장하였다. 통신사업은 점차 확대하여 감으로써, 1904년 말에 통신원 · 우체사 · 전보사에 소속된 관리는 칙임관이 2명 주임관이 45명 판임관이 274명 총 321명에 달하였다.[29] 통신원은 국가관료제내에서 기술관료의 성장의 거점으로 기여하고 있었다. 이들 기술관료는 근대적인 학문을 이수한 사람을 대상으로 한다는 점에서 근대적 학문이수자의 수용처로서도 기능하고 있었다. 또 통신사업은 이러한 기술관료의 양성체계를 선도적으로 만들어가는 기관이기도 하였다. 우편과 전신사업에 종사할 기술관료의 양성기관은, 우편의 경우 1895년부터 전신의 경우 갑오개혁이전부터 조선정부가 운영하였으며, 이 양성기관은 1899년에는 郵務學堂과 電務學堂으로 체계화되었다.[30] 철도의 경우에는 한국인 토건회사의 설립 붐과 때를 같이 하여 각종 철도학교에서 서양식 토목기술을 습득한 졸업생을 다수 배출하였다. 1900년에는 사립철도학교, 낙원학교 철도학과, 그리고 흥화학교 양지과에서 철도기사를 양성하였지만,[31] 그 규모가 어떻게 되었으며, 이들의 이후의 진로는 어떻게 되었는지 명확하지 않다. 기선의 경우에는 기술자는 거의 모두 일본인으로서 조선인 기술자는 일본유학을 통하여 기술을 습득한 몇 명에 불과하였다. 당시 기술관료는 통신기관을 중심으로 성장하였으며, 철도와 기선에서도 미약하나마 조선인 기술관료가 형성되고 있었다.

이와 같은 기술관료 이외에 현업노무에 종사하는 노동자층도 축적되고 있었다. 통신사업에서는 체전부 · 전전부 · 공두 · 보방직 등의 현업노무자 층이 축적되었는데, 임시체전부까지 합친다면 1904년에 2,000여명 정도에 이르고 있었다.[32] 해운업과 관련하여서는 부두노동자의 축적이 이루어졌는데, 1904년에는 3,540여명에 이르렀을 것으로 추산된다.[33] 그리고 철도건설은 철도건설에 종사하는 조선인 노동자의 축적을 가져왔다. 이들 중 통신업무에 종사

29) 박이택, 앞의 책, 185쪽.
30) 박이택, 위의 책, 201~208쪽.
31) 정재정, 앞의 책, 187~188쪽.
32) 박이택, 앞의 책, 185쪽.
33) 《조선무역사》(조선무역협회, 1943).

하는 체전부·전전부·공두 등은 양성의 대상이 되기도 하였다는 점에서, 완전한 비숙련노동자는 아니었으며, 1903년부터는 현업노무자에게도 연공가급에 기반하여 임금을 지급하여, 현업노무자의 노동시장도 내부노동시장으로 발전하고 있었다.[34] 그리고 부두노동자는 노동조합을 결성하였는데, 1898년에 결성된 성진 부두노동조합이 가장 이른 것으로 알려져 있다.[35]

다섯째는 근대적인 교통·운수·통신기관의 운영이 재정에 미친 영향이다. 우편과 전신은 반드시 적자로 운영되는 산업인 것은 아니다. 일본의 경우 창설한 지 10여 년만에 우편과 전신이 흑자로 전환되었다. 청국의 경우, 관독상판으로 운영되었던 전신국은 흑자여서 주가의 상승과 민간자본의 흡수가 실현될 수 있었다. 그러나 조선의 통신기관은 통신기관이 피탈될 때까지 흑자로 전환되지 못하였다. 물론 이것은 사업이 아직 초기의 단계이며, 또 일본의 통신기관과의 경쟁관계였다는 점등이 작용한 측면이 있기도 하지만, 보다 중요한 원인은 조선인의 통신수요가 매우 적었다는 것에 있다.[36] 그러나 통신기관의 적자가 재정위기를 가속화시켰는가에 대해서는 검토할 필요가 있다. 갑오개혁이전에는 역제·봉수제·파발제를 운영하였는데, 이들 사업은 국가적 수요에 의해 운영되어서 수입은 없고 지출만이 발생하였다. 근대적 통신사업은 이들을 대체한 측면이 있기 때문에, 이러한 점을 감안하여 엄밀하게 근대적 통신사업의 실시가 재정에 미친 영향을 검토하여야 하지만, 아직 이 작업을 실시한 연구는 없다.

3) 1905~10년 교통·운수·통신기관의 식민지적 재편

일본은 러일전쟁기간 중에 경부선과 경의선을 거의 완성하여 조선을 가로지르는 종단철도를 장악하게 되었으며, 1905년 4월 1일에는 〈한국통신기관위탁에 관한 협정서〉를 조인시켜, 통신권을 장악하였으며, 1905년 8월 13일에는 〈한국연해 및 내하의 항행에 관한 약정서〉를 조인하여 일본선박의 조선내

34) 박이택, 앞의 책, 215~216쪽.
35) 《한국부두노동운동백년사》(전국부두노동조합, 1979), 39쪽.
36) 박이택, 앞의 책, 118~121쪽.

활동에 대한 모든 제약을 제거하였다. 이를 통하여 일본은 조선의 교통·운수·통신을 체계적으로 장악할 수 있는 기반을 확보하였다.

우선 통신사업을 살펴보면, 1905년 4월 1일에 체결된 협정서에 기반하여 일본은 대한제국의 통신기관을 인수하여 재편하기 시작하였다. 재편의 방법은 일본 우편기관이 진출해 있는 지역은 조선의 우체사와 전보사를 일본 우편기관에 흡수통합하고, 일본 우편기관이 없는 지역은 대한제국의 우체사와 전보사를 인수하여 일본 우편기관으로 삼는 것이었다. 그리고 임시우체사는 일본이 인수하였지만, 인수이전과 동일한 방식으로 운영하였고, 명칭만을 임시우체소로 바꾸었다. 우편기관의 흡수통합과정은 한편으로는 일본인 거주지역을 중심으로 한 통신기관의 재편과정이었음과 동시에 다른 한편으로는 대한제국기에 축적되어온 조선인 기술관료를 구축하여 상급관리자—일본인, 하급노무자—조선인으로 하는 식민지적 고용구조를 창출하는 과정이기도 하였다.

통신기관은 인수통합된 후 식민지재정제도의 창출과 식민지치안제도 창출의 첨병으로 활용되었다. 메가타 타네타로(目賀田種太郎) 재정고문이 추진한 재정개혁은 징세과정에서 군수를 배제하는 것이었는데, 이를 위해 국고금제도를 마련하였다. 그런데 국고금을 취급할 수 있는 금융기관이 별로 존재하지 않아서, 우편기관에, 당시 일본에서도 실시되고 있지 않는, 국고금취급사무를 수행하게 하여, 국고금제도를 운영하려고 하였다. 그러나 당시 은행이 소재하지 않은 군에 소재하는 우편기관은 거의 모두 임시우체소였다. 임시우체소의 전신인 임시우체사는 군의 행정통신망을 우편사업에 포섭한 것으로서, 군수가 임시우체사장을 例兼하고 있는 기관이었다. 따라서 임시우체소를 그대로 국고금취급기관으로 사용할 수 없었으므로, 주요한 군의 임시우체소를 우편취급소로 승격시켜 국고금취급사무를 취급하게 하였다. 이 과정에서 임시우체소도 일본인이 장악하여 가기 시작하였다. 또 일본의 침략이 노골화되어 감에 따라 조선인 의병이 각지에서 일어나기 시작하였고, 이에 따라 조선인 의병을 진압하기 위한 치안통신망이 필요하게 되었다. 일본은 이 치안통신망을 구축하기 위해 경비전화제도를 창설하였다. 경비전화망을 구축하는데 소요되는 비용은 대한제국의 예산으로 마련하였으며, 그 건설 및 운영은 통감부 통신관리국이 수행하였다. 경비전화제도는 대한제국의 예산으로 의병을 진압하기 위한 치안통신망을 구축하는 제도였다. 또 이 경비전화망을 공중통신망으로 사용하여 조선에 진출한 일본인들의 정보수집활동을 지원하였다. 이 시기에 통신기관의 업무는 우편·전신·전화와 같은 고유한 통신업무와 국고금취급사무에 국한된 것은 아니었다. 운송대행업으로서의 성격을 가지는 소포우편, 자금결제수단으로서의 성격을 가지는 우편환과 우편대체(postal giro), 영세자금의 동원수단으로서의 성격을 가지는 우편저금 등을 모두 취급하여, 조선에 진출한 일본인들이 필요로 하는 서비스를 종합적으로 제공하는 기관으로 정비되고 있었다.

다음으로 해운사업을 살펴보면, 1905년 8월 13일 〈한국연해 및 내하의 항행에 관한 약정서〉에 의해 일본선박의 영업범위에 대한 제한이 폐지되었다. 그리고 해운보조제도를 만들어 대한제국의 예산으로 보조금을 지급하게 하였는데, 이 보조금의 지원을 받은 대상은 일본인 기선회사에 한정하여, 구래에 조선인 기선회사가 우위를 점하고 있는 항로들을 일본인 기선회사가 대체하도록 하였다.

철도사업의 경우, 1907년 7월 1일부터 조선의 각 역과 일본의 각 역간의 여객·수화물·화물의 연대급을 취급하였으며, 1907년 9월 20일부터 조선 각 역과 안동역간의 여객 및 화물의 연락운수를 실시함으로써, 일본과 조선과 중국을 연결하는 대륙진출의 교두보로서 사용하였다. 뿐만 아니라 철도는 의병을 진압하기 위해 출정하는 일본군의 수송수단으로 활용되었다. 그리고 철도역은 일본인이 조선의 시장을 개척하기 위한 전초기지로 발전되고 있었다.

이러한 변화는 조선경제에 막대한 영향을 주었다. 첫째는 대한제국의 교통·운수·통신망은 상권보호라는 성격을 어느 정도 가지고 있었지만, 이제 이러한 성격은 거의 사라지게 되었다. 교통·운수·통신망에 존재하고 있었던 상권보호의 측면이 사라지게 됨으로써 일본인의 조선인 상권으로의 침투가 가속화되었다. 이러한 과정에서 영업권의 독점에 기반한 특권적 상인집단은 쇠퇴하여 갔다. 그러나 이 속에서도 영업권의 독점에 기반한 특권적 상인집단과는 구별되는 새로운 조선인 상인이 성장하고 있었음은 간과할 수 없다. 일본인 상인의 경쟁력은 일본제국주의의 지원에도 기인하지만, 그에 못지 않게 교통·운수·통신기관을 이용하여 정보를 수집하고 물류체계의 효율화를 기하여 신결합을 추구할 수 있는 능력의 우위에 기반한 것이기도 하다. 이 시기에 조선인 상인 중 일부는 이들 일본인 상인과 경쟁하기 위해 일본인과 마찬가지로 정보를 수집하고 물류체계의 효율화를 기하여 신결합을 추구하였다. 이러한 조선인 상인층의 동향은 조선인 소포우편물의 성장을 통하여 파악할 수 있다. 당시 조선에는 등기소포만이 존재하고 있었는데, 등기소포는 가볍고 부피가 적은 고가품의 배달수단으로 활용되고 있었다. 조선인 소포우편물의 성장은 소포우편을 수단으로 하여 이 고가품의 판매시장에 침투하고 있음을 보여주는 것이다. 이 시기 이러한 상인층의 성장은 식민지시기에 교통·운수·통신수단을 일본시장개척의 수단으로 활용하는 조선인의 성장을 예고하는 것이라고 판단된다.

둘째는 인적자본의 축적과 관련된 문제이다. 대한제국기에는 통신사업에 있어서 조선인 인적자본이 상당정도 축적되었다. 그러나 일본은 조선의 통신기관을 탈취하면서, 이 조선인 인적자본을 통신기관으로부터 구축시켰다. 그리고 필요한 인원은 일본으로부터 수입하는 체계를 발전시켰다. 이를 통하여 상급관리자－일본인, 하급노무자－조선인이라는 식민지적 고용구조가 창출되었다. 선원의 경우에는 이 시기에 어떠한 고용구조를 가지고 있었는지 잘 알 수는 없지만, 1914년의 고용구조를 보면, 상급기술자－일본인, 하급노무자－조선인이라는 식민지적 고용구조가 형성되어 있음을 알 수 있다. 철도의 경우에도 이 시기 고용구조가 어떠하였는지를 보여주는 자료는 없지만, 그 이후의 자료를 통하여 고찰하면, 상급관리자－일본인, 하급노무자－조선인이라는 식민지적 고용구조가 어느 정도 형성되었다고 생각된다.[37] 그러나 해운과 철도에서의 식민지적 고용구조의 형성과정은 통신사업에서와는 달리 형성되어 있었던 조선인 기술관료를 일본인으로 대체하는 과정은 아니었다. 대한제국기에 선원이나 철도직원으로 성장한 조선인은 매우 미미하였기 때문이다.

셋째는 교통·운수·통신사업과 관련된 산업에서의 조선인의 성장과 관련된 문제이다. 일본은 조선인의 해운계 진출을 철저히 방해하는 정책을 고수

37) 정재정, 앞의 책, 511쪽.

하였을 뿐만 아니라, 한국인이 해운대리점업, 회조업, 화물중개업 등에 침투하는 것도 억제하여,[38] 이 분야에 있어 조선인의 성장은 별로 이루어지지 않았다. 반면 철도와 관련된 소운송업에 있어서는 철도국이 승인운송점제를 도입하여 일본인이 소운송업에서 주도권을 장악하도록 하였지만, 조선인 소운송업도 상당히 발전하여 가고 있었음을 확인할 수 있다.[39]

이 시기에는 조선인 상권의 보호체계가 사라진 상태에서 도고상업체계는 와해되어 가고 있었으며, 일본인을 중심으로 한 상권의 재편이 이루어지고 있었다. 조선인은 식민지 교통・운수・통신체계와 무관하게 존재하거나 아니면 말단부에 편입되어 있는 형태였다. 식민지기에는 장시・포구의 네트워크까지 근대적인 교통・운수・통신 네트워크에 포섭되었는데, 이러한 방향으로의 발전 경향은 통감부의 정책에서도 그리고 조선인의 동향에서도 포착할 수 있다. 통감부는 우편기관과 철도기관을 이용하여 주변의 물류체계를 조사하여 이를 장악할 교통・운수・통신네트워크를 구상하고 있었으며, 조선인중 일부는 근대적인 교통・운수・통신수단을 자신의 성장의 기반으로 하여 새로운 영역을 개척하고 있었다. 그러나 아직 대부분의 조선인은 교통・운수・통신기관을 자기 개발의 수단으로 간주하기보다는 일본제국주의의 침략의 상징으로 파악하여, 철도역과 우편국, 철로와 전신선은 의병의 주된 공격대상이 되었다.

〈朴二澤〉

38) 《한국해운항만사》(해운항만청, 1980), 234쪽.
39) 정재정, 앞의 책, 565~567쪽.

〈그림 1〉 대한제국이 경영하는 郵便機關(1905년 3월말)

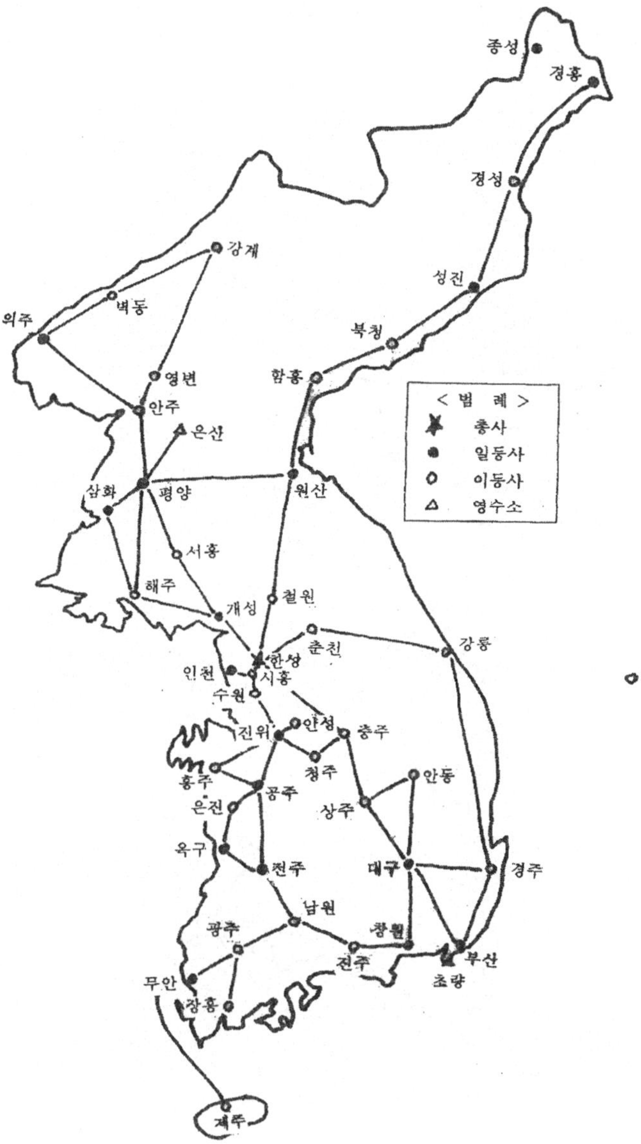

* 임시우체사는 표시되어 있지 않음.

〈그림 2〉 대한제국이 경영하는 電信機關(1905년 3월말)

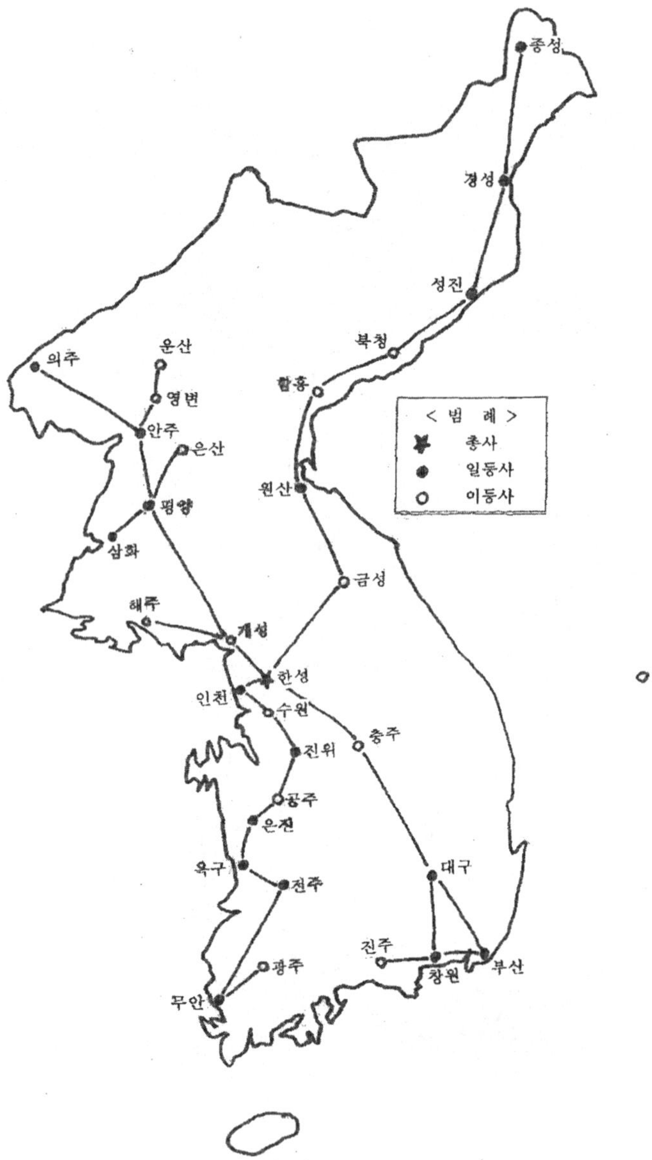

〈그림 3〉 일본인이 경영하는 通信機關(1905년 3월말)

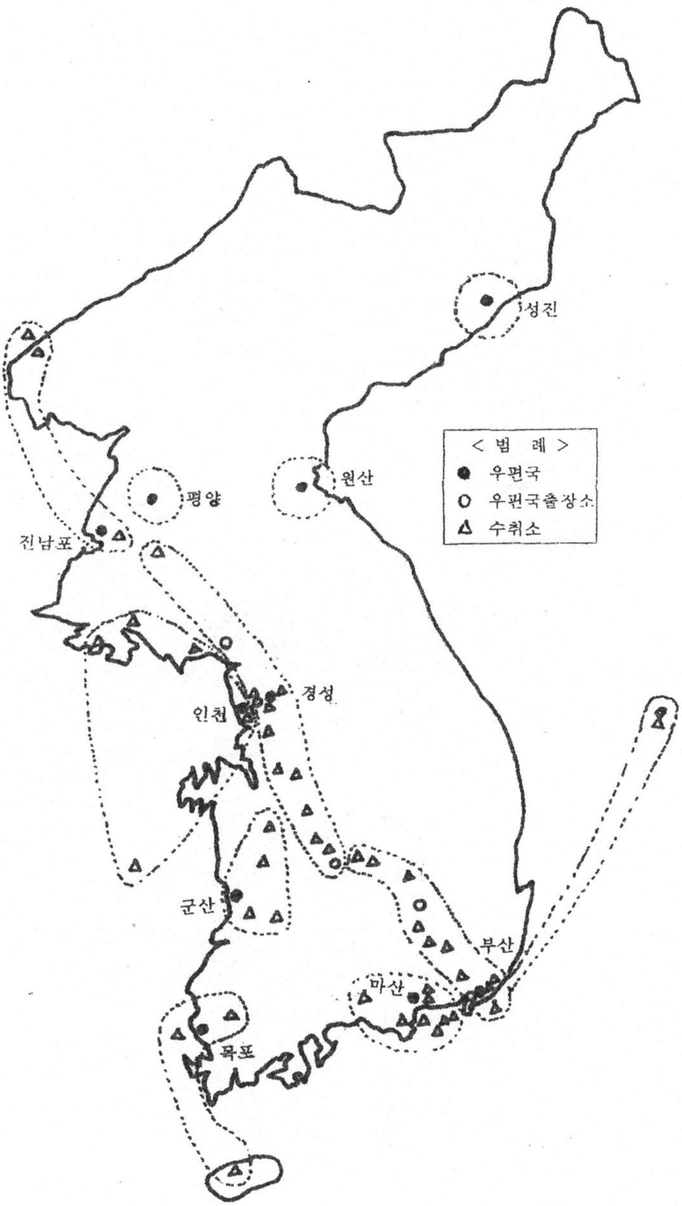

〈그림 4〉 1905~10년 主要道路와 鐵道

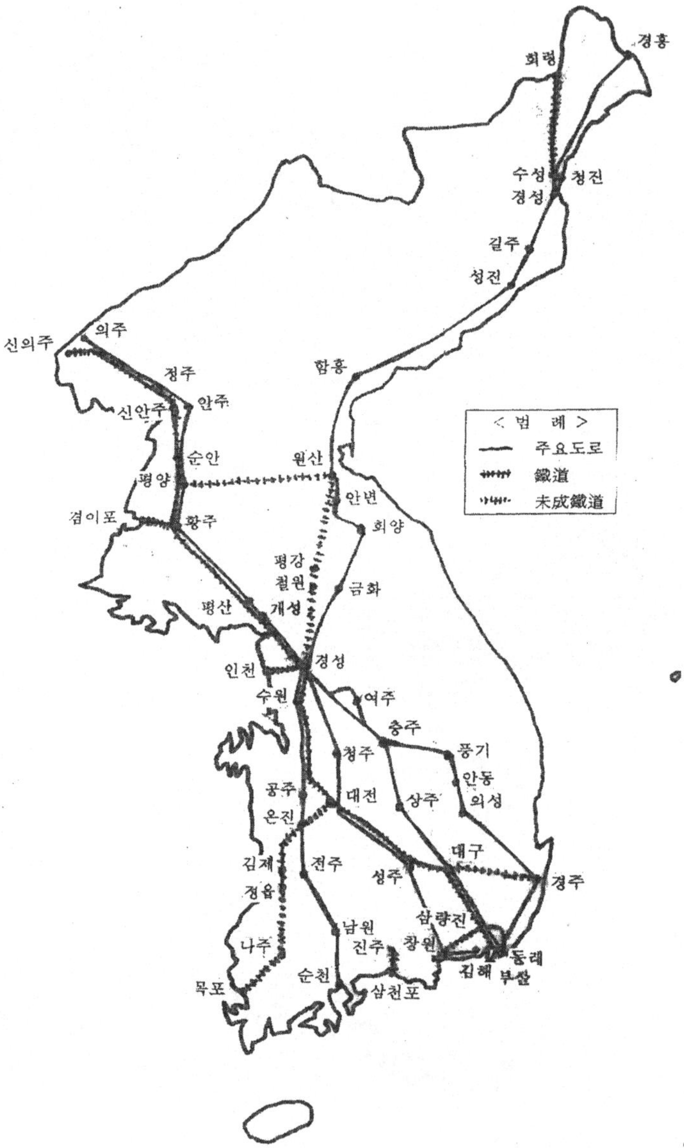

〈그림 5〉 1905~10년 海路

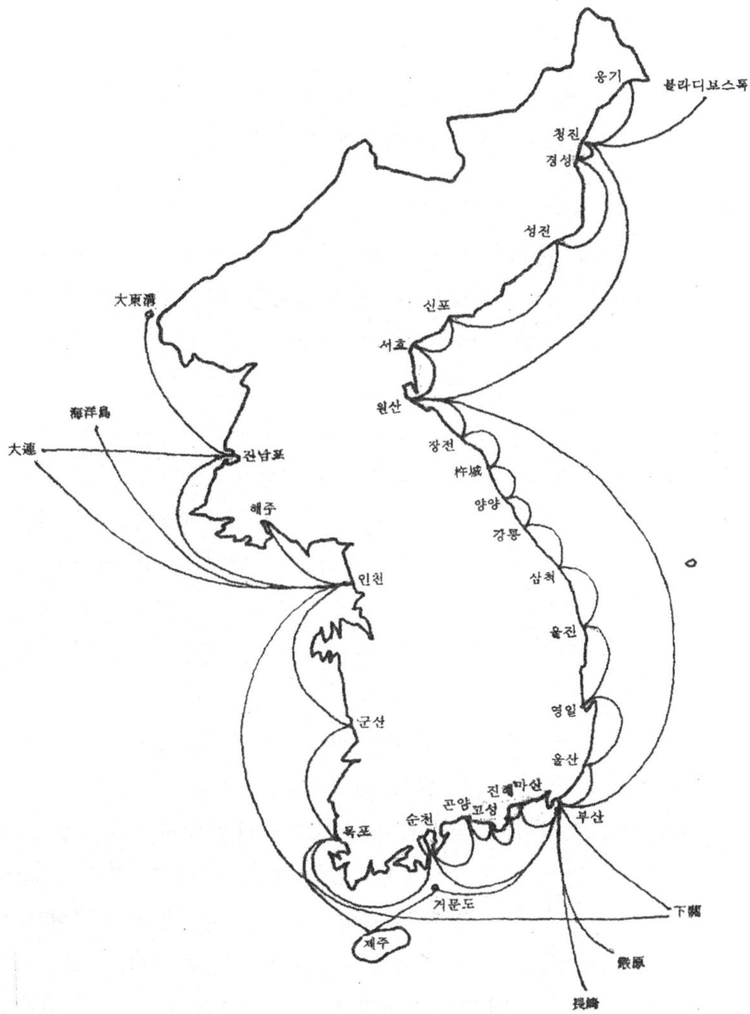

5. 상업적 농업의 재편과 지주제의 성장

1) 한말 지주적 토지소유의 강화와 상업적 농업의 재편

(1) 한말의 양전·지계사업과 역둔토 정리사업

가. 광무정권의 양전·지계사업

전라도를 중심으로 충청·경상·강원·황해도에 걸쳐 1년여 동안에 치열하게 전개된 1894년의 농민전쟁은 두 가지 목표를 내걸었다. 하나는 부패한 봉건사회를 개혁하여 도탄에 빠진 농민을 해방시키는 것이었고, 다른 하나는 이 전쟁을 빌미로 군대를 앞세워 한국을 침략한 일본 제국주의를 몰아내는 것이었다. 그러나 1894년의 농민전쟁은 일본 군대와 그에 의해 자행된 경복궁 쿠데타로 출범한 갑오내각의 官軍에 의해 진압되고 말았다.

농민전쟁을 진압한 갑오내각은 개화파의 오랜 구상이었던 지주제를 기반으로 하는 근대화정책들을 입안하고 실행하였다. 그것은 지주경영의 합리화 내지 근대화와 지주자본의 산업자본으로의 전환을 유도하는 재정·금융정책을 실시하여 위로부터 조속히 근대화를 추진하는 것이었다.

갑오내각의 이러한 구상은 量田事業으로 구체화되었다. 1894년 갑오내각의 핵심세력이었던 金弘集·朴泳孝·魚允中 등은 전국적인 토지조사와 그에 근거한 地契의 발행을 주내용으로 하는 양전사업을 국왕에게 청하였다. 이 사업은 두 가지 목표를 지니고 있었다. 하나는 농민전쟁의 원인이 되었던 부세제도의 모순을 바로잡기 위한 것이었다. 조선 말기에 각종의 부세는 점차 토지로 수렴되는 結斂化현상을 보였다. 그러나 오랜 기간 동안 양전이 실시되지 않아 전정이 문란하였으므로 부세의 결렴화는 심각한 사회경제적 모순을 유발하였다. 1894년의 농민전쟁이 폭발하게 되는 직접적 계기도 여기에 있었다. 그러므로 19세기에 변통을 요구한 개혁론자들은 한결같이 양전의 필요성을 역설하였던 바, 갑오내각이 이를 수용해 당면한 사회적 위기를 진정시키고자 한 것이었다. 다른 하나는 농민전쟁에서 크게 위협받았던 지주적 토지소유를 차제에 근대적 소유권으로 법인함으로써 지주제 발전에 확고한 기반을 마련하는 것이었다. 양전사업은 농민전쟁이 한창 진행 중이던 1894년에 발의되었다. 당시 농민군들은 지주나 부호들의 재산을 몰수하고 개혁강령으로 토지의 '平均分作'을 요구하는 등 지주적 토지소유를 위협하고 있었다.1) 갑오내각은 이를 제압하고 위로부터 근대화정책을 추진하는 데 필수적인 지주적 토지소유를 확고히 할 필요를 느꼈던 것이며, 이에 양전사업을 서둘러 입안했던 것이다.

그러나 이 사업은 실행에 옮겨지지 못했다. 갑오내각이 당초 계획과는 달리 1895년에도 농민군 잔여세력을 진압하느라 이 사업에 착수하지 못했고, 그러던 차에 乙未事變이 발생하고 반일의병운동이 일어나 개화파 정권 자체가 붕괴하고 말았던 것이다.

이후 양전·지계사업이 다시 추진되는 것은 아관파천을 거쳐 출범한 광무정권에 이르러서였다. 광무정권은 '舊本新參'을 표방하고 개혁정책을 추진하였다. 갑오내각이 외세에 의존해 모방적으로 근대개혁을 달성하려다 실패한 것을 교훈삼아 舊法과 舊制를 무리하게 폐기하여 폐단을 일으키기 보다 조선의 현실을 숙고하여 구법을 중심으로 新法을 참작하는 신·구법 절충의 개혁을 모색한 것이다. 광무년간의 양전·지계사업도 이러한 원칙에 입각해 마련되었다. 즉 종전의 結負法과 田品六等制에 따라 양전을 실시하되 근대적인 서양의 측량기술을 도입함으로써 양전 과정에서 발생하는 폐단을 최소화한다는 것이었다.2)

광무 양전사업은 量地衙門이 담당하였다. 양지아문은 1899년 여름부터 본격적인 토지측량에 들어갔다. 양전은 전국의 토지를 대상으로 순차적으로 진행되었는데 1901년의 흉년으로 그 해 12월부터 잠시 중단되었다. 양전이 궤도에 오르자 광무정권은 1901년 11월에 地契衙門을 설치하고 지계 발행에 착수하였다. 토지소유권 증서라 할 지계는 田畓·山林·家垈 등 전국의 모든

1) 愼鏞廈, 〈甲午農民戰爭과 두레와 執綱所의 폐정개혁〉(《한국사회사연구회논문집》 8, 문학과지성사, 1987).
金容燮, 〈朝鮮王朝 最末期의 農民運動과 그 指向〉(《韓國近現代農業史硏究》, 一潮閣, 1992).

2) 金容燮, 〈光武年間의 量田地契事業〉(《亞細亞硏究》 31, 1968).

토지를 대상으로 발급되었지만 내국인 토지소유자에게만 발급되었다. 지계의 발급과 양전사업은 불가분의 관계에 있었기 때문에 1902년 3월 양지아문은 지계아문에 통합되었고, 이후 1904년 4월까지 지계아문이 양전과 지계 발급을 담당하였다. 이런 과정을 거쳐 광무년간에 양전이 시행된 곳은 전국의 3분의 2에 달하는 총 218郡이었다.[3)]

광무양전의 목적은 갑오내각의 그것과 다소 차이가 있었다. 양전을 통해 부세제도의 모순을 개혁하는 것에 더해 稅源 확대에 주력한 것과, 지계 발급을 통해 외국인의 토지 潛買나 盜買를 철저히 금지하고자 한 것이 그것이었다.[4)] 그렇지만 지주를 토지소유권자로 법인하고자 한 점에서는 양자가 공통되었다. 양지아문의 양안에서는 지주와 소작인을 時主와 時作으로 기재하면서 소유권을 시주에게만 인정하였다. 이러한 원칙은 지계아문의 지계 발급에 이르면 보다 분명하게 되었다. 지계아문은 양안에 時主名 즉 지주의 이름만 기재하였고, 소유권증서라 할 지계를 지주에게만 발급하였다. 말하자면 광무정권의 양전사업은 결국 대한제국정부가 지주적 입장에서 근대국가를 건설하기 위해 시도한 토지조사사업이었던 것이고 기본적으로 개화파 정권의 위로부터 근대화 노선을 계승하는 것이었다.[5)]

한말 봉건적 토지소유의 치폐를 둘러싸고 지배층과 농민층은 수많은 민란과 대규모의 전국적인 농민전쟁을 치르면서 첨예하게 격돌하였다. 이러한 가운데 단행된 광무정권의 양전·지계사업은 지주층의 토지소유를 근대적 소유권으로 법인하고 국가권력이 이를 보증함으로써 지주제가 강화될 수 있는 중요한 기초를 마련하였던 것이다.

나. 역·둔토 정리사업

갑오개혁에는 재정제도와 세제개혁의 일환으로 驛·屯土 정리사업이 포함되어 있었다. 이 사업은 종래 각종 관아에 부속되어 있던 둔토와 역의 馬戶

3) 왕현종, 〈대한제국기 양전·지계사업의 추진과정과 성격〉(《대한제국의 토지조사사업》, 민음사, 1995).
4) 이영호, 〈광무양안의 성격과 기능〉(《대한제국의 토지조사사업》, 민음사, 1995)
5) 金容燮, 앞의 글.
崔元奎, 〈대한제국기 양전과 관계발급사업〉(《대한제국의 토지조사사업》, 민음사, 1995).

首에게 지급되었던 역토를 각각 度支衙門과 工務衙門으로 이속시켜 관리하게 하고, 아울러 둔토·역토의 실제면적과 作人 및 賭租를 정확히 파악하고 정비하는 것이었다. 乙未查辦으로 명명된 이 사업에서는 역토·둔토의 實結과 陳廢地 및 新墾地를 조사하였으며, 旣耕地의 작인과 도조을 조사하고 아울러 작인 1인당 10斗落 원칙에 따라 소작지 분배를 평준화하는 조치도 취해졌다.6) 이로써 국가는 지주로서 역토·둔토에 대한 소유권을 분명히 하고, 그 관리를 위한 기구 및 기초자료를 정비한 것이었다.

광무정권은 갑오개혁의 역둔토 정리사업을 이어받아 역토·둔토에 대한 정리사업을 일층 강화하였다. 광무정권은 1899년과 1900년에 각각 둔토와 역토의 관리권을 전부 宮內府 內藏院으로 이속시키고 또 한 차례의 역둔토 정비를 단행하였다. 광무사검으로 불리는 이 조치는 내장원에서 파견된 사검위원이 모든 역토와 둔토에 대해 토지를 조사하고 도조를 다시 책정하는 것을 주목적으로 하였다. 토지조사는 당시 진행중이던 광무양전사업과 연계해 역·둔토에서 국가의 지주적 소유권을 명확히 하겠다는 것이었는데 을미사판(1895년)과 다른 점은 역·둔토에 편입되어 있는 民有地 중에서 공적 기록상 사유를 입증하기 어려운 토지를 전부 국가소유로 편입시켰다는 점이다. 이는 광무사검이 국유지를 확대하는 방향으로 진행되었음을 나타낸다.7) 한편 도조 책정은 광무개혁에 소요되는 경비조달과 관련이 있었다. 당시 내장원이 그 경비조달에 큰 몫을 담당했던 바, 이를 도조 인상으로 충당하려 했던 것이다. 내장원은 광무사검에서 역·둔토의 도조 인상에 많은 노력을 기울였는데 총 수확에 대한 도조율을 종전의 2~3할에서 3~4할로 높이고자 하였다.

광무사검의 역·둔토 도조 인상은 작인들의 반발로 실제 큰 성과를 내지는 못했다. 그러나 광무정권의 도조 인상 시도는 멈추지 않았다. 1904년 내장원의 경리원은 역·둔토에 대해 일제히 打作制를 실시할 것을 지시하였고, 그 이듬해에는 이를 불변의 관례로 못박는 分半打作에 의한 賭租永定을 발

---

6) 朴贊勝, 〈韓末 驛土·屯土에서의 地主經營의 강화와 抗租〉(《韓國史論》 9, 서울대 국사학과, 1983).

7) 裵英淳, 《韓末·日帝初期의 土地調査와 地稅改正에 關한 研究》(서울대 국사학과 박사학위논문, 1987)

표하였다. 역·둔토의 도조를 일반 민전과 동일하게 총 수확의 5할로 인상하는 분반타작제를 향후 영구히 실시하겠다는 것이었다.

이와 같이 갑오내각에서 광무정권으로 이어지는 역·둔토 정리사업은 역·둔토에서 국가의 지주적 토지소유권을 강화하고, 토지소유의 경제적 실현인 지대수취를 인상하는 것이었으며, 이를 통해 위로부터 근대화 정책을 추진할 재정기반을 마련하는 것이었다. 따라서 역·둔토 정리사업은 이 시기에 실시되었던 양전·지계사업과 연결되면서 국가가 선도적으로 지주제를 강화하는 정책이 되었다.

역·둔토 정리사업은 일제가 통감부를 설치해 한국 내정을 지배하게 되면서 더욱 강화되었다. 통감부는 1907년 역·둔토의 收租 업무를 탁지부로 이관하고, 역·둔토를 국유화함과 동시에 그 명칭도 역둔토로 통일시켰다. 이어 1908년에는 〈驛屯土管理規定〉을 반포하여 소작료 수취업무를 각 지방의 재무감독국이 담당하게 하고 소작료도 부근의 민간소작료의 9할 수준까지 일괄 인상시키려 하였다. 이러한 조치들은 대한제국 시기에 비해 훨씬 강압적으로 시행되었다.

(2) 상업적 농업의 종속적 재편과 일본자본의 토지약탈

가. 일제의 경제적 침략과 상업적 농업의 재편

일본은 1894년에 기습적인 전쟁도발로 청국을 구축하는 한편 친일내각을 앞세워 농민전쟁을 진압함으로써 조선을 자국의 독점적인 식민지로 강점하려 하였다. 그러나 일본의 침략정책은 요동반도 할양을 둘러싼 프랑스·독일·러시아의 이른바 삼국간섭과 민비시해사건에 촉발된 조선에서의 의병운동에 부딪쳐 일단 후퇴하지 않을 수 없었다. 그러나 일본은 즉각 러시아와 협상을 벌여 조선에서의 이권을 균점하는 조건으로 조선에서 자신이 탈취한 경제적·군사적 기득권을 고수하고, 나아가 이를 더욱 확대하면서 영국과 미국에 접근해 러시아를 구축할 방도를 모색하였다.[8] 그리하여 일본의 경제적 침략은 1896년 이후 본격화되었다.

일본은 러시아와 협력해 목포·진남포·마산·성진을 추가로 개항시켰고, 일본 상인에 대한 영업구역 제한을 사실상 철폐시켰으며, 조선의 중요 도시

8) 朴宗根,《日清戰爭と朝鮮》(東京 : 青木書店, 1982).

들과 정거장·항만 등에 상점·공장·경찰서·헌병대 등으로 구성되는 경제 침략요새를 건설하였다. 또한 철도와 전신의 부설권을 탈취하였고, 금광을 위시해 철·동·흑연광의 채굴권을 강탈하였다. 이에 기반해 일본은 자국에서 생산한 자본제 상품들을 아무런 제한없이 조선 전역으로 침투시켰으며, 일본의 자본주의 발전을 위해 불가결하였던 쌀·콩·牛皮·금·철광석 등을 대량으로 수탈하였다. 조선에 대한 일본의 수출은 1893년에 130만 円이던 것이 1900년에는 995만 엔, 1904년에는 2,039만 엔으로 폭증했으며, 조선으로부터의 수입도 1893년 252만 엔에서 1900년에는 1,178만 엔, 1904년에는 1,154만 엔으로 확대되었다.9)

일본의 경제적 침략이 확대되고 조선과 일본간의 무역이 증가할수록 조선경제에는 심각한 변화가 초래되었다. 가장 주목할 변화는 면업, 鐵手工業 등 조선의 농촌 수공업이 급속히 궤멸해 간 것이었다. 면업과 철수공업 등은 개항후 상품경제가 일층 더 발전함에 따라 자본제 수공업경영으로까지 성장하였다. 가령 면업의 경우 1880년대 후반에 이르면 진주·의성 등 면업중심지에는 여러 명의 직공을 고용하여 전업적으로 목면을 상품생산하는 부농경영이 다수 존재하였다. 그러나 이러한 부농경영은 1895년 이후 값싼 일본 면포가 아무런 제약없이 무차별적으로 국내시장에 침투하면서 급속히 몰락하기 시작하였다. 조선농민들은 1900년대 초반 일본에서 수입한 방적사를 이용해 일본 수입면포에 대항하기도 했지만 환율변동으로 수입방적사의 가격이 인상되자 그 또한 실패하지 않을 수 없었다. 그리하여 1905년 이후가 되면 조선의 면업은 자가용 농가부업으로 몰락하였다. 군사적 침략을 앞세운 일본의 이러한 경제침략은 결국 조선의 주요 수공업을 거의 다 궤멸시켰고, 조선을 일본의 상품판매지로 재편시켰던 것이다.10)

다른 한편 일본은 조선에서 쌀·콩 등의 농산물을 대량으로 매집해 자국으

9) 村上勝彦, 〈植民地〉(《日本産業革命の研究－確立期日本資本主義の再生産構造》, 東京大學 出版會, 1975).

10) 梶村秀樹, 〈李朝末期の棉業の流通と生産構造〉(《朝鮮に於ける資本主義の形成と發展》, 東洋文化研究所, 1968).
宮嶋博史, 〈土地調査事業の歷史的前提條件の形成〉(《朝鮮史研究會論文集》 12, 1975).

로 수입해 갔다. 당시 일본은 殖産興業을 위한 자본을 농업수탈에서 조달하고 있었고, 그로 인해 자국 농업의 생산력만으로는 일본 자본주의의 국제경쟁력이 되었던 '저임금=저곡가 체제'를 도저히 유지할 수 없었다. 이에 일본은 1895년 이후 쌀과 콩을 중심으로 하는 값싼 곡물을 대량으로 조선에서 수입하는 정책을 취했다. 일본은 정치적·군사적 압박으로 조선의 방곡령을 무력화시키면서 자국 상인들을 주요 곡물산지에 침투시켜 곡물을 수집하였다.[11] 이로 인해 쌀과 콩의 상품성이 높아지면서 농업생산에서도 변화가 일어났다. 상품성이 하락하고 있던 면화 대신 콩을 재배하는 농가가 증가하고, 콩 재배를 위해 개간이 이루어 졌다. 그리하여 다각적으로 발전해 왔던 조선의 상업적 농업은 점차 일본 수출곡물이었던 쌀과 콩으로 단순화되어 갔던 것이다.[12]

일본의 경제적 침략은 이러한 과정을 거쳐 결국 조선과 일본 사이에 쌀·콩 등을 수출하고 면제품을 위시한 각종 공산품을 수입하는 종속적인 국제 농공분업관계를 형성하였다. 이러한 변동은 국내적인 분업관계의 발전에 기반해 전개되었던 다각적인 상업적 농업을 몰락시킴으로써 농민경제에 큰 타격을 주었다. 농민경제의 몰락은 면화나 면포를 생산했던 지역일수록 더욱 심각하였다. 또한 화폐를 취득할 수 있는 기회가 줄어들게 됨으로써 조선의 농민들에 대한 일본 상인의 고리대 자본이나 前貸資本의 지배력은 갈수록 강화되었다. 이로 인해 농민의 토지상실은 빠른 속도로 진행되었고, 그것은 지주제가 확대될 수 있는 좋은 조건이 되었다. 다른 한편 곡물 상품화의 확대는 지주들로 하여금 지대수취를 강화하고, 토지소유를 확대하며, 지주제를 상업적으로 경영하도록 유도하는 계기가 되었다.

나. 일제의 농업식민책과 토지법제의 개정

일본은 무역과 상품유통상의 제약을 제거함으로써 조선을 자국 공산품의 독점적 상품시장이자 농산물 공급지로 지배하는 데 만족하지 않았다. 일본은

11) 吉野誠, 〈李朝末期に於ける米穀輸出の展開と防穀令〉(《朝鮮史硏究會論文集》 15, 1978).
河元鎬, 〈開港後 防穀令實施의 原因에 관한 硏究〉(《韓國史硏究》 49·50·51, 1985).
12) 李潤甲, 〈1894~1910년의 상업적 농업의 변동과 지주제〉(《韓國史論》 25, 서울대 국사학과, 1991).

명치유신 이후 지주제를 기반으로 산업혁명을 이룩하고 자본주의를 성립시켜왔기 때문에 국내적으로는 소작지·소작농을 기초로 한 과소 영세농경영의 확대 및 노동쟁의, 사회주의운동의 발생 등 사회모순이 크게 드러나고 있었다. 일본은 이를 군국주의적 침략과 식민지 개발을 통해 해소하려 하였다. 따라서 일본은 조선을 상품시장으로 지배하는 데서 더 나아가 일본 자본주의의 모순을 해소하고 보완할 식민지로 재편하고자 하였다.

일본의 그러한 의도는 먼저 조선의 농업을 전면적으로 재편하는 농업식민책으로 나타났다. 이를 위해 일본은 1900년부터 다년간 조선의 농업에 대해 주도면밀한 조사를 실시하였다. 그 조사는 기후·土性·수리·농구 및 주요 작물 재배법에서 지가, 토지매매의 관습, 지주소작제, 교통운수 등에 이르는 광범한 것이었고, 그 결과는 《韓國土地農產調査報告》·《朝鮮農業槪說》·《韓國殖民策》·《朝鮮農業移民論》 등으로 간행되었다.

일본은 이러한 조사에 근거해 조선의 농업을 자국의 자본주의의 모순을 해결하는 식민지 농업으로 재편하는 방도로 자국의 지주·자본가 계급이 중심이 되어 한국농민을 소작농민으로 지배하는 농업식민책을 수립하였다. 일본 자본주의의 농업문제를 식민지 지주제로 해결하는 식민정책이었다.[13)]

일본은 러일전쟁으로 조선을 독점적으로 지배할 수 있게 되자 이러한 농업식민책을 본격적으로 추진하였다. 이를 위해서는 무엇보다도 일본의 지주·자본가 계급이 조선에서 자유롭게 농지를 소유할 수 있게 하는 법적 조치가 필요하였다. 그러나 당시 대한제국정부는 외국인의 토지소유를 법적으로 금지하고 있었다. 이에 일본은 광무정권의 지계발급사업을 강압적으로 중단시켰다.

그러나 이후에도 한국정부는 외국인의 토지소유를 허락하지 않았으며, 중단된 양전을 다시 계획하는 한편, 한국의 전체 토지를 관리할 〈不動產所關法〉의 제정을 준비하였다. 러일전쟁을 계기로 일본인의 토지 잠매가 급증하자 일본은 이를 합법화하기 위해 한국정부를 압박하였다. 이에 일본인 토지소유의 합법화를 반대하는 국민적 여론이 비등하게 되고, 여기에 힘을 얻어 한국정부

13) 金容燮, 〈日帝의 初期 農業殖民策과 地主制〉(《韓國近現代農業史硏究》, 一潮閣, 1992).

는 1907년 6월 〈不動産所關法〉을 입안하였다. 이 법은 외국인의 부동산 소유를 금지한다는 대전제하에 紙券 발행, 등기제도의 시행, 경작권을 포함한 賃租權登記 등을 주요 내용으로 하였다. 이후 몇 차례의 심의를 거쳐 이 법은 동년 10월 16일 법률 제 6호 〈土地建物의 賣買 交換 讓與 典當에 관한 法律〉로 공포되었다.

한국정부의 이러한 대응은 일본이 추진하는 농업식민책과는 정면으로 배치되는 것이었다. 그러자 일본은 이 법률을 사문화시킬 뿐만 아니라 외국인에게도 한국인과 동등하게 부동산을 소유할 수 있게 하는 법적 조치를 한국정부에 강요하였다. 1906년 10월 26일에 공포하여 법률 제 6호 〈토지건물의 매매 교환 양여 전당에 관한 법률〉을 대체하게 한 〈土地家屋證明規則〉이 그것이다.[14]

일본의 강요로 제정된 〈토지가옥증명규칙〉은 민간에서 관행되던 토지 거래에 관청의 증명을 덧붙여 盜賣·偸賣 등을 방지하여 토지거래의 안정성을 높이는 것이었는데 외국인에게도 한국인과 마찬가지로 토지, 가옥 등의 부동산을 소유할 수 있게 인정하였다.[15] 일단 이 규칙의 제정으로 일본인의 토지소유를 합법화한 일본은 곧이어 이 규칙 공포 이전에 거래가 이루어졌던 다량의 일본인 소유 潛賣 토지에 대해서도 소유권을 합법화하는 조치를 한국정부에 강요하였다. 1908년에 제정되는 〈土地家屋所有權證明規則〉이 그것이었다. 이 규칙은 〈토지가옥증명규칙〉 시행 이전에 잠매되었던 외국인 소유 부동산에 대해서도 정부가 公簿로 소유권 보존증명을 발급하도록 규정하였다.[16]

또한 일본은 농업식민책을 추진하기 위해 〈國有未墾地利用法〉의 제정을 강요하였다. 1907년에 공포된 이 법령은 민유지가 아닌 原野·황무지·간석지

---

14) 崔元奎, 《韓末 日帝初期 土地調査와 土地法 硏究》(연세대 박사학위논문, 1994).

15) 《舊韓國官報》, 제3598호, 1906년 10월 31일, 〈勅令 제65호 : 土地家屋證明規則〉.
제8조 당사자의 一方이 외국인으로 本則을 依ᄒᆞ야 증명을 受ᄒᆞᆫ 경우에는 日本理事官의 査證을 受ᄒᆞ되 若 査證을 受치 못ᄒᆞ면 제2조의 효력을 生치 못ᄒᆞᆷ이라.

16) 《舊韓國官報》, 제4130호, 隆熙 2년 7월 20일, 〈勅令 제47호 : 土地家屋所有權證明規則〉.
제1조 토지 又는 가옥의 소유자가 左記各號의 一에 해당ᄒᆞ는 자(土地家屋證明規則施行前에 토지 又는 가옥의 소유권을 취득ᄒᆞᆫ 자)는 그 소유권의 증명을 군수 又는 부윤에게 신청ᄒᆞᆷ을 得ᄒᆞᆷ.
제3조 외국인이 제1조의 증명을 受코져ᄒᆞ는 자는 此를 日本理事官에 신청ᄒᆞᆷ이 可ᄒᆞᆷ.

등을 개인에게 10년 이하의 기간을 정해 대부할 수 있게 하고, 대부한 토지를 개간할 경우 이 토지를 불하하거나 분여할 수 있게 하였다. 농업조사에서 농지로 전용이 가능한 막대한 미간지가 존재함을 확인한 일본은 이를 개간해 거대 규모의 농장을 개설할 수 있도록 이 법의 제정을 강요하였던 것이다.

이상과 같은 토지법의 개정은 결국 일본이 의도한 바대로 조선에서 일본인의 토지소유를 확대시키고 식민지 지주제의 발전을 촉진하는 데에 기여하였다. 일본은 이러한 농업식민책을 추진함에 있어 일본인 지주의 육성에 더해 조선인 지주들도 적극적으로 포섭하고자 하였다. 농업식민책은 일본의 과잉자본 또는 농촌의 과잉인구를 해소하는 수단도 되었지만 보다 중요하게는 일본의 농업문제를 해결하기 위한 것이었다. 그러기 위해서는 조선의 농업을 전면적으로 재편할 필요가 있었다. 그러나 조선 농업의 전면적 재편은 조선으로 진출한 일본인 대지주들만으로 가능한 일이 아니었다. 그들이 중핵이 되어야 하지만 조선인 지주들이 적극적으로 협력하지 않으면 안되었다. 그리하여 일본의 농업식민책은 일본인 대지주를 우선하는 것이었지만 조선에서 지주제 전반을 보호 육성하는 방향으로 전개되었던 것이다.

일본의 식민지 지주제 육성책은 대한제국의 지주보호정책보다 훨씬 강력하였다. 대한제국은 정치적으로 매우 취약하였다. 정부는 지주제를 강화하는 정책에 저항하는 농민들을 제압할 수 없었다. 그러나 군대를 앞세워 한국을 식민지로 강점해 갔던 일본은 강압적인 방식으로 농업식민책을 추진하였다. 일본은 한국농민들의 저항을 군대로 제압해 갔다. 그로 인해 일본의 농업식민책은 지주제 발전의 보다 강력한 계기로 작용하였다.

2) 지주제의 재편과 소작조건의 변동

(1) 토지겸병의 확대와 식민지 지주제로의 재편

대한제국의 농업정책이나 일본의 농업식민책이 지주적 토지소유를 보호하고 지주제의 발전을 적극적으로 뒷받침하였고, 다른 한편 일본으로 곡물수출이 급속히 확대되면서 지주경영의 수익성이 높아지자 지주제는 양적으로나 질적으로 크게 변화되었다.

그 변동 양상을 살피면 우선 지주들의 토지겸병이 급속히 확대되었다. 토지겸병은 먼저 조선인 지주들을 중심으로 시작되었다. 농민층의 반봉건투쟁이 급격히 고양되었던 1894년까지는 지주층의 토지소유 그 자체가 매우 불안정하였다. 지주가 농민들의 저항을 제압할 수 있는 권세를 보유하지 못하는 한 지주경영은 위축될 수밖에 없었다. 이러한 현상은 소작인 관리가 철저하지 못했던 궁방전에서도 나타났다.[17] 그러나 1894년의 농민전쟁 진압을 계기로 이후 지주적 토지소유가 확고해질 수 있게 되자 지주들은 경쟁적으로 토지겸병에 나섰다. 개별 지주가에 대한 사례연구를 보면 羅州 李氏家나 古阜 金氏家 등 상당수의 지주가 이 시기에 토지소유를 확대하고 있었다.[18] 지주층의 토지 겸병은 당시 일본의 경제적 침략으로 농민들이 몰락하고 있었으므로 손쉽게 이루어질 수 있었다. 지주들은 곡물판매로 얻어진 수입으로 몰락하는 농민들이 방매한 토지를 구입하기도 했으나, 주로 고리채를 매개로 토지소유를 늘려갔다. 농민들의 대부분은 지주로부터 農糧이나 農資金을 빌려쓰지 않을 수 없었는데, 지주들은 이를 년간 이자율이 5할을 상회하는 長利나 甲利로 대부하여 원리금을 갚지 못하면 대신 토지를 빼앗았던 것이다.

이 시기 지주층의 토지겸병을 보여주는 자료로는 1930년대에 조선총독부가 간행한 각도별 《小作慣行調査》가 있다. 조선총독부는 당시 심각한 사회문제로 부상하였던 소작문제를 해결하기 위해 전국적으로 소작관행을 조사한 바 있었다. 이 때 '대지주로 성장한 연대'를 조사하였는데 1894년에서 1910년 사이에 토지를 겸병해 대지주로 상승한 경우가 다수를 점했다. 다음으로 보다 상세하게 충청남도의 조선인 대지주의 창업연도를 조사한 자료가 있는데 이를 정리해 보면 총 89명의 지주 가운데 1894년에서 1910년 사이에 토지를 겸병해 대지주가 된 경우가 30건에 달한다. 전체 대지주 가운데 창립연도가 밝혀지지 않은 21건을 제외하면 약 4할에 달하는 지주들이 이 시기에 집중

---

17) 李榮薰, 〈開港期 地主制의 一存在形態와 그 停滯的 危機의 實相〉(《經濟史學》 9, 1985).

18) 金容燮, 〈韓末·日帝下의 地主制-事例 3, 羅州 李氏家의 地主로의 成長과 農場經營〉(《震檀學報》 42, 1976).

——, 〈韓末·日帝下의 地主制-事例 4, 古阜 金氏家의 地主經營과 資本轉換〉(《韓國史研究》 19, 1977).

적으로 토지를 겸병해 대지주로 성장하였던 것이다.[19)]

〈표 1〉 충청남도의 조선인 대지주의 군별 · 창업연도별 분포

	1875년 이전	1876 ~1893	1894 ~1903	1903 ~1910	1911 ~1920	1921 ~1930	미 상	계
공 주		1	2			1	5	9
연 기				1	1			2
대 전								
논 산			3	7		2	1	13
부 여								
서 천		1						1
보 령								
청 양	2	1						3
홍 성	1	1	1					3
예 산		2	2	1	3			8
서 산		4	3	3	4	1	2	17
당 진			2	2				4
아 산			1				1	2
천 안								
서 울		2	2		6	2	12	24
인 천					1			1
고 양					1			1
대 구					1			1
계	3	12	16	14	17	6	21	89

* 安齊霞堂, 《忠淸南道發展史》(湖南日報社, 1930), 269~300쪽.

그러나 이 시기의 토지겸병에서 보다 적극적인 활동을 보인 것은 일본인들이었다. 당시 한국의 지가는 일본에 비해 5분의 1에서 최고 30분의 1까지 저렴하였고, 따라서 지주경영을 할 경우 풍흉을 평균하더라도 1할 8분의 이익을 올릴 수 있었다. 이는 일본에서의 지주경영에 비교해 무려 1할 4분이나 높은 수익율이었다.[20)] 따라서 일본인들은 적극적으로 조선에서 토지를 매입하여 농장을 개설하려 하였다. 그리하여 일본인의 토지겸병은 1900년대 초반

19) 宮嶋博史, 〈植民地下朝鮮人大地主の存在形態に關する試論〉(《朝鮮史叢》 5·6, 1982).
20) 金容燮, 〈日帝의 初期 農業殖民策과 地主制〉(《韓國近現代農業史研究》, 一潮閣, 1992).

부터 몰락농민의 토지를 잠매하는 방식으로 시작되었다. 그러나 일본인의 토지겸병은 한국정부가 일본인의 토지소유를 불허함으로써 본격화되기 어려웠다. 그러던 것이 러일전쟁 이후 일제가 한국을 본격적으로 침략하면서 이러한 제약을 제거하는 방향으로 한국의 토지법제를 개정하게 하는 등 농업식민책을 본격화함으로써 일본인의 토지겸병은 급속히 확대되었다.

그 결과 적게는 수십 정보에서 많게는 무려 6천여 정보에 이르는 대토지를 겸병해 지주제 농장을 창설한 일본인 회사수가 1908년에 이미 29개를 넘어서고 있었다. 그 중에서 1909년말 현재 비교적 큰 규모의 농장을 개설했던 일본인 회사들의 토지겸병실태를 보면 〈표 2〉와 같다. 이 표를 보면 韓國興業株式會社가 황주·나주·무안·해남·함평·김해·양산 등의 곡창지대에서 무려 6,095정보에 달하는 농지를 겸병하였고, 히가시야마 농장과 무라이 농장이 4천 정보를 상회하는 토지를 겸병하였으며, 1천 정보 이상의 토지를 겸병한 회사가 8개나 되며, 이들 15개 농장회사가 겸병한 토지만도 무려 2만 7천여 정보에 달했다.

〈표 2〉 1900년대의 일본인 농장회사의 토지겸병 실태

회 사 명	토지소유면적 (정보)	소유지 분포 지역
한국흥업주식회사	6,095	황주·나주·무안·해남·함평·김해·양산
히가시야마 농장	4,293	수원·안산·광주·과천·전주·김제·익산·영암·나주·함평
무라이 농장	4,212	김해·창원·함안·양산
오꾸라 농장	2,380	익산·금구·만경·김제
아사히 농장	1,780	강진·나주·무안·광주
구마모도 농장	1,590	김제·금구·태인·고부
모리 농장	1,520	황주·용강
호소가와 농장	1,008	김제·익산·만경·은율·전주
한국실업주식회사	980	무안·함평·해남·나주·영암·강진
우지모또 농장	914	옥구·임피·익산·여산·임천·은율·석성·구성
구니다께 농장	900	수원·남양·안산
이시까와현농업주식회사	736	김제
오하시 농장	499	익산·김제·만경
미야사끼 농장	488	옥구·임피·익산·만경
오쯔까 농장	525	영일·흥해
계	27,919	

* 山口 精, 《朝鮮産業誌》 上(寶文館, 1910), 709~710쪽.

일본인의 토지겸병은 1908년 일본이 東洋拓殖株式會社를 설립하면서 절정에 달했다. 일본은 1908년 식민지 침략의 별동대 역할을 담당할 국책회사로 동양척식주식회사를 설립하였다. 일본은 이 회사를 설립하면서 한국정부에 300만 원의 출자를 요구하였다. 이에 한국정부는 역·둔토와 宮庄土 가운데서 東拓이 사업을 경영하기에 가장 유리하고 우량한 團聚地 9개처를 선정하여 총 17,714정보의 농지를 동척에 인도하였다.[21] 동척은 정부출자지를 인수함과 동시에 이 농지를 중심으로 주변의 농지를 대량 매입하여 일거에 64,862정보의 토지를 겸병하는 대지주가 되었던 것이다.

이 밖에도 일본인의 토지겸병은 국유화된 역둔토를 불하 받거나 〈국유미간지이용법〉(1907)에 의해 대부 받은 미간지를 개간하여 불하받는 방식으로도 전개되었다. 그리하여 1906년부터 1910년까지 일본인 개인 및 회사 또는 일제가 겸병한 토지는 무려 40여 만 정보에 달했다.

그런데 여기서 주목할 것은 조선인 지주 및 일본인 지주·자본가의 이러한 토지겸병이 곡창지대를 중심으로 그것도 곡물운송과 유통에 편리한 지역에서 집중적으로 전개되었다는 사실이다. 〈표 2〉를 보면 일본인 지주·자본가들은 철도로 곡물을 운송할 수 있는 경부선 유역이나, 배를 이용해 강 또는 바다의 수로로 곡물을 운송할 수 있는 김제·만경·익산·나주·광주·해남·김해·영일 등지에서 집중적으로 농장을 개설하였다. 일본인의 토지투자는 소작료 취득에 목적을 두었고, 소작료로 취득한 곡물은 상품으로 판매되어야만 이윤을 실현할 수 있었으므로 당연히 그렇게 되는 것이었다.

조선인 지주들의 토지겸병도 〈표 1〉을 보면 유통조건이 좋은 지역일수록 더욱 활발하였다. 충청남도에서 대지주의 형성이 두드러진 지역은 금강을 수송로로 이용할 수 있었던 공주·논산과 서해 수로를 통해 바로 곡물을 반출할 수 있었던 예산·서산·당진이었다. 이와 관련해 또 하나 주목할 현상은 일부 지주들이 유통조건이 좋은 지역으로 근거지를 옮기고 있었다는 사실이다. 가령 고부 김씨가의 당초 세거지는 고부군 富安面이었다. 그러나 이 곳

21) 한국정부가 출자한 토지는 9,932정보였으나, 이는 結負·斗落·日耕으로 측량된 면적을 町步로 환산한 수치였다. 이 토지를 실측하였을 때 17,714정보가 되었다.

은 치안상의 문제도 있었고 소작료를 판매할 茁浦港까지 거리가 멀어 지주경영을 발전시키기에 애로가 많았다. 이 애로를 타개하기 위해 김씨가는 1907년 곡물 운송항이었던 부안군의 줄포로 이사하였으며, 그것이 이후 비약적인 성장을 이루는 한 발판이 되었던 것이다.[22]

이러한 현상은 이 시기의 지주제가 양적으로 확대되어 갈 뿐만 아니라 구조나 성격면에서도 일본이 조선에 진출한 일본인 지주·자본가들을 앞세워 추진하려 했던 농업식민책의 의도대로 변화되어 가고 있음을 나타내는 것이었다. 즉 일본의 경제적 침략과 특히 농업식민책에 규정되어 지주경영과 유통경제의 결합이 갈수록 강화되면서 한국의 지주제가 일본 자본주의의 하위체계로 편입되어 들어가는 변화가 일어나고 있는 것이다. 이러한 변화를 통해 한국의 지주제는 점차 소작농민에 대한 수탈로 일본 자본주의의 농업문제를 해결함과 동시에 지주·자본가의 식민지 초과이윤을 실현하는 식민지 지주제로 전환되어 가는 것이었다. 그리고 그러한 변화를 선도한 것이 다름 아니라 한국에 진출해 농장을 개설한 일본인 지주·자본가들이었다.

지주제의 성격이 이와 같이 변화하고 있었으므로 지주 구성에서도 변화가 일어났다. 이러한 조건하에서는 일제의 농업식민책에 적극적으로 편승하고 유통경제에 잘 적응하는 지주일수록 빨리 성장할 수 있었다. 그러한 지주경영을 대표했던 것이 기업형 일본인 농장들이었고, 조선인으로서는 고부 김씨가였다. 그리하여 일본인 대농장들은 단기간에 조선의 지주제 전반을 선도하는 중핵으로 성장하였으며, 고부 김씨가도 100정보를 소유하던 지주에서 불과 십수년만에 2,000정보가 넘는 대지주로 성장하였다. 또한 이 시기의 지주 구성을 보면 조선인 서민지주층의 증가가 두드러지는데, 이들은 거의가 유통경제 속에서 성장한 상인이나 부농 출신들로 거기서 축적한 부로 토지를 매입한 자들이었다. 나주 이씨가의 지주로의 성장이 그 대표적인 예가 되겠다.

그러나 이와는 달리 일제에 저항한 지주들이나 아니면 지주경영을 구래의 봉건적 특권에 의존하려 했던 양반 지주들은 더 이상 성장하지 못하거나 급속히 몰락하였다. 개항후 강화지방에서 곡물수출로 지주경영을 크게 성장시

22) 金容燮, 앞의 글(1977).

켰던 김씨가가 1907년 의병운동을 지원하게 되면서 이후 쇠퇴의 길을 걷게 된 경우가 그것이었다.[23]

(2) 소작권의 약화와 지대수취의 강화

가. 역둔토에서 중답주의 제거와 소작권의 약화

이 시기 지주제의 발전은 역으로 소작권의 약화를 초래하였다. 지주적 토지소유권이 강화되면 농민적 토지소유권이라 할 소작권이 약화되는 것은 필연적인 현상이었다. 당시 농민적 토지소유가 가장 발전하였던 토지는 역둔토였다. 따라서 역둔토에서의 변화를 살피는 것은 지주제 발전에 따른 소작권 변동의 전반적 추세를 파악하는 단서가 된다.

역둔토에서는 을미사판(1895년)이래로 몇 차례의 토지 조사와 도조 책정이 이루어지면서 지주제를 강화하려는 조치가 시행되었다. 그러나 그 때마다 농민들의 저항에 부딪쳐 소기의 목적을 달성하지 못했다. 역둔토에서 본격적으로 소작권이 약화되는 것은 일제의 강요로 〈역둔토관리규정〉이 만들어지는 1908년 이후라 할 수 있다. 이 때는 일본이 추진하는 농업식민책에 따라 일본인 지주·자본가들이 본격적으로 토지겸병에 나서고 있었고, 역둔토 또한 그들의 겸병 대상이 되고 있었다. 그러므로 일본으로서는 차제에 이러한 농업식민책이 성공할 수 있도록 최대한 소작농민의 권리를 약화시켜야 했는데 여기서 가장 문제가 된 것이 역둔토의 소작관행이었다. 〈역둔토관리규정〉은 이 문제를 해결하기 위해 제정된 것이었다.

〈역둔토관리규정〉에서 소작권의 약화와 관련해 주목되는 것은 두 가지였다. 하나는, 中畓主, 즉 중간소작인의 존재를 허용했던 농업관행을 철저히 배제한 것이었다. 역·둔토나 궁장토 등은 그 성립 사정이 복잡하였다. 이들 토지를 조성할 때 당해 관청이나 궁방에서 토지를 매입하지 않고 농민들이 낮은 지대를 납부하는 조건으로 자신의 소유지를 투탁하는 경우가 적지 않았던 것이다. 이 경우 관청이나 궁방은 佃作 농민의 경작권에 대해서 일정한 특권을 부여하는 경우가 많았다. 이런 경우가 아니더라도 가령 수해로 파괴

---

23) 金容燮, 〈韓末·日帝下의 地主制 —事例 1, 江華 金氏家의 秋收記를 통해서 본 地主經營〉(《東亞文化》 11, 서울대, 1972),

된 경지를 작인의 노력과 경비로 복구할 경우 경작권에 대해 특권이 부여되기도 하였다. 그 특권은 지대를 저렴하게 하고 경작권을 永代 보장하는 것이었는데, 나아가 가령 도지권과 같이 작인이 경작권을 임의 처분할 수 있는 권리를 보장하기도 하였다. 이런 사정으로 역둔토에서는 경작권이 轉貸되어 이중으로 소작관계가 성립하였다. 이중의 소작관계란 작인이 자신의 차경지를 타인에게 다시 대여하는 것으로, 작인은 중간에서 고율의 지대를 수취하여 저율의 도조를 납부하고 중간 차액을 차지하는 것이었다. 이러한 작인을 중답주라 불렀다.

중답주는 지주측의 입장에서 보면 지주의 노력 중간에서 가로채는 존재였고, 소작인 측에서 보면 그들의 이익을 부당하게 수탈하는 존재였다. 그렇지만 이들의 이러한 존재형태는 지주제라는 체제 속에서는 작인이 반지주적인 세력으로 성장하는 하나의 형태이고 과정이었다. 중답주에 의한 이중의 소작관계는 한말에 반봉건투쟁이 발전하면서 지대율이 낮아지자 크게 확대되었다. 더욱이 갑오개혁 이후에는 지방의 유력자, 즉 권세가나 舊吏屬 가운데서 중답주로 되는 자가 많이 생겨났다. 이로 인해 중답주는 지주로서도 쉽게 제거할 수 없는 세력을 형성했던 것이고 지주제가 강화되지 못하게 하는 쐐기 역할을 하였다.[24]

그러므로 지주층은 가능한 한 이들을 지주경영에서 배제하고자 노력하였다. 그 중에서도 특히 궁장토를 소유하였던 宮房들은 여러 차례 이들을 제거하기 위한 조치들을 시도하였다. 그러나 중답주의 저항으로 그러한 조치들은 실효를 내기 어려웠던 것인데, 일제는 〈역둔토관리규정〉을 제정하게 하고 물리력으로 이들을 해체시켜 갔던 것이다. 일제는 중답주를 제거할 필요성에 대해 "小作權의 安固를 期하고 농사의 개량을 도모"[25]하기 위해서라 했지만, 그 주목적은 지주 수입을 증가시키는 데 있었다.

둘째는, 소작농민의 소작권을 현저히 약화시키고 소작농민에 대한 통제를 강화한 것이었다. 〈역둔토관리규정〉은 역둔토의 관리를 각 지방의 재무감독국장 관할로 변경하고, 소작인은 반드시 문서로 소작계약을 체결하게 했으

24) 金容燮, 〈韓末에 있어서의 中畓主와 驛屯土地主制〉(《東方學志》 20, 1978).
25) 朝鮮總督府, 《驛屯土實地調査概要》(1911), 8쪽.

며, 소작기간은 5년을 기한으로 하였다. 물론 계약의 갱신은 가능한 것이었지만, 갱신이 이루어지지 못하면 소작권은 자동으로 소멸되는 것이었다. 그뿐만 아니라 이 규정은 소작인이 소작권을 함부로 타인에게 양도·매매·전당·전대하지 못하게 명시하였고, 소작인이 소작료를 체납하거나, 토지의 형태를 함부로 변경하거나 혹은 토지를 황폐하게 했을 경우, 그리고 역둔토 관리규정을 위배하거나 정당치 못한 소행을 할 때에는 정부가 언제든지 일방적으로 소작권을 해지할 수 있게 하였다.[26] 요컨대 소작기간이 단축되었으며 소작권이 현저히 약화된 반면, 지주권은 월등히 강화된 것이다.

나. 지대 수취의 강화와 집수법의 도입

지주권이 강화되면서 이 시기에는 지대 수취가 급속히 강화되고 있었다. 당시 지대의 인상은 국가에 의해 선도되었다. 역·둔토의 지대는 1904년 반타작제의 도입 시도로 다시 인상되었다. 그후 탁지부가 전국의 역·둔토와 궁장토를 관할하게 되면서 지대는 또 한차례 인상되었다. 그러나 탁지부는 여기서 멈추지 않고 1909년에 다음과 같은 소작료 개정 방침을 발표하였다.

> 종래에 있어서의 소작료는 現物納制를 채용하며, 그 요금은 上中下로 구분된 品等마다 표준지를 선정하여 그 수확고를 조사하고, 또 당해 지방에서 많이 행해진 민간 소작관례에 의하여 小作料額을 조사하고, 이에 1906년이래 3개년간의 平均穀價를 곱한 額에서 1割을 공제한 것을 소작료액으로하여 이를 각 역둔토에 구분 적용하여 改定貸與料額으로 詮定한다(朝鮮總督府, 《朝鮮의 小作慣行》下, 參考篇, 1932, 337쪽).

즉 민간소작료의 9할 수준으로 소작료를 인상하고자 한 것이다. 19세기말 역·둔토 소작료가 총수확의 2~3할 수준이었음을 생각하면 불과 10년 사이에 2할여의 소작료 인상이 이루어진 것이다.

한편 이 시기에는 민유지에서도 지대가 크게 인상되고 있었다. 민유지에서는 대체로 1904년 이후 지대의 급속한 인상이 나타나는데 이와 관련해 몇가지 주목할 특징이 있었다. 첫째, 지대의 인상은 곡물의 상품화가 발전했던

---

26) 朝鮮總督府, 《朝鮮의 小作慣行》下, 參考篇(1932), 310쪽.

지역에서 현저하게 나타났다. 일본인들이 대규모로 토지를 매집해 농장을 개설한 지역과 한국인 지주들이 활발하게 토지를 겸병하였던 지역들이 여기에 속하는데, 이들 지역에서는 수년 사이에 1~2할 정도의 지대인상이 이루어졌다. 둘째, 한말 棉業을 위시해 농민적 상품생산이 번성하였다가 일제의 침략으로 농민 경제가 몰락한 지역에서도 역시 1~2할 정도의 지대 인상이 나타났다. 셋째, 그러나 교통이 불편하여 일본의 침략에도 불구하고 경제적 변동이 크지 않았던 지역에서는 지대율의 변동이 거의 없었다. 이러한 현상은 지주제의 확대는 물론이고 지주제의 강화도 식민지 지주제로의 구조 재편과정에서 일어나는 변동임을 나타낸다.[27]

지대의 인상은 田·畓 모두에서 이루어졌지만 전에서 이루어지는 경우가 더 많았다. 그 방법은 지대율 자체를 인상하거나, 지주와 소작이 반씩 부담해 왔던 지세나 種子穀을 전부 소작인에게 부담시키는 것이었다.

또한 일부 지주들은 소작료를 인상시키기 위해 수취법을 변경하기도 하였다. 즉 수확을 절반씩 나누던 打租法 대신에 執穗法을 도입하였던 것이다. 집수법은 執賭法·檢見·執穗畓檢으로도 불린 것으로 지주 또는 그 대리인이 소작인 입회 하에 직접 일정 면적의 수확을 엄정히 조사하여 전체 수확고를 산정하고, 조세·종자를 소작인에게 부담시키면서 그 수확의 절반을 지대를 수취하는 것이었다. 타조법은 비록 수확의 절반씩을 나눈다 하지만 관례상 지대는 통상 수확의 4할을 넘지 못했다. 이에 비해 집수법은 수확고의 산정이 철저하게 이루어지고, 또 그 과정을 지주가 일방적으로 주도함으로써 지대를 1~2할 인상시키는 결과를 가져왔다.

이러한 지대 인상이나 집수법 도입에 앞장선 것은 일본인 농장 지주들이었다.

[소작] 계약양식의 연혁 : 口頭約束에 의한 것은 재래의 계약방법으로 옛날부터 행해져 왔고, 小作證書에 의한 계약은 明治 43년경부터 驛屯土 小作認許證 및 鄕校土地小作認許證 東洋拓殖株式會社의 小作證書가 그 범례로 되어 시행되기 시작하여 차제에 증가하였다.

27) 李潤甲, 앞의 글.

[소작계약 기간의] 변천경향 : 古來의 소작에서는 일정 기간을 정함없이 소작인이 배신행위를 하지 않는 한 永年 계속되는 관습이 있었으나, 지금부터 약 25년(1905년경－인용자 주)전 驛屯土 소작지의 소작기간을 설정하자 그것을 모방하여 기간을 정하게 되었다.
(慶尙北道, 《小作慣行調査書》, 1930, 2・37쪽).

[畓의 執租의 기원 연혁]
京畿 : 약 20년 전 동척회사가 소작료 징수에 檢見制를 행하고, 뒤이어 東山農事株式會社가 이 제도를 채택한 것을 시발로 이후 각 지역에서 행해 짐.
忠北 : 약 15년전 동척회사가 행하자 지주들이 그것을 모방하여 점차 시행되기에 이름.
忠南 : 일반적으로 이 제도가 행해지기 시작한 것은 약 15년전 내지 20년 전 동척회사 기타 농사회사가 이를 도입한 것이 가장 유력한 동인이 됨.
黃海 : 근년 동척회사를 시발로 기타 회사농장 및 일본인 지주 및 조선인 부재지주 등이 이를 본받아 평야지대에서 일시에 성행하게 됨.
忠南・咸南・咸北 : 동척회사가 처음으로 시행함
(朝鮮總督府, 《朝鮮의 小作慣行》 上, 1932, 128～129쪽).

이 자료들에 의하면 동척을 위시한 일본인 농장들이 먼저 소작기간을 제한하는 소작계약서와 집수법을 도입하여 소작권을 약화시키고 소작료를 인상했으며, 이를 인근의 한국인 지주들이 본받고 있었다. 러일전쟁 이후 한국의 지주제는 식민지에서 초과이윤의 실현을 노리고 농장을 개설하였던 일본인 지주들의 선도하에 재정비되고 강화되어 갔던 것이다.

3) 농민층의 항조운동과 반제 반봉건 투쟁

갑오개혁 이후 한국 농업에서는 일본의 침략으로 농민경제가 몰락하고 대신 지주들의 토지겸병이 확대되고 지대수탈이 강화되는 변화가 있었다. 그러한 지주제의 확대와 강화는 일본이 추진한 농업식민책에 호응해 한국의 주요 농업지대에서 대량으로 토지를 겸병해 일거에 거대지주가 되었던 일본인 지주・자본가들에 의해 주도되고 있었다. 지주제는 양적인 측면에서만 강화된 것이 아니라 그 성격이나 재생산구조면에서도 식민지 지주제로 재편되는 변화를 겪고 있었던 것이다.

지주제가 확대, 강화되는 것에 대해 농민층은 강력히 저항하였다. 그 저항은 단순한 抗租運動으로 전개되기도 했으나, 이 시기 지주제 변동의 이러한 성격을 반영하여 반제 반봉건의 민족운동으로 발전하기도 하였다.

농민들의 항조는 지대 인상폭이나 소작 조건의 변화가 가장 컸던 역둔토에서 가장 활발했다. 역둔토에서 항조는 개별적으로 전개되기도 하고 집단적인 형태를 띠기도 하였다.[28]

개별적인 항조는 지방사회에서 나름의 세력을 가지고 있었던 양반·豪勢家·富家·吏屬·兵丁 등에 의해 주도되었다. 이들 중에는 직접 역·둔토를 경작하는 소작인도 있었지만 중답주로 활동하였던 자들이 많았다.

이에 비해 집단적인 항조는 영세 빈농층에 의해 주도되는 것이 일반적이었다. 집단적인 항조는 내장원에서 타작제의 도입을 추진하면서 지대를 인상하려한 1904년에 집중적으로 발생하였다. 작인들은 타작제의 도입을 '加賭' 즉 지대 인상이라 거부하며 捧稅官이 파견한 幹事人이 추수를 하지 못하도록 방해하였고 심지어는 실력행사로 구축하기까지 하였다. 작인들은 항조투쟁에 자신들이 상호부조를 위해 결성한 '一心契'·'農契' 등의 조직을 활용하기도 하였다. 한 예로 1909년 安邊郡 朔安驛에서는 타작제에 반대해 수십 명의 작인이 '일심계'를 칭하면서 마름[舍音]을 난타하고, 일부에서 타작해 거두어 둔 도조를 도로 나누어 가져가 버린 사태가 발생하였다.[29] 한편 작인들의 집단적인 항조는 민란을 방불케 하는 형태로까지 격화되기도 하였다. 1899년 砥平郡에서는 壯屯의 無土屯에 대한 도조 강제에 대항하여 각 洞의 작인들이 沙鉢通文을 돌려 賭稅 납부를 거부하고, 觀察府에서 巡檢을 파견해 주동자를 검거하려하자 수백 명의 작인이 이를 저지하는 사태가 발생하기도 했던 것이다.[30]

지주제 강화에 반발하는 농민들의 저항은 나아가 반제 반봉건의 義兵 운

28) 朴贊勝, 앞의 글(1983).
29) 《訓照》 14冊, 光武 4年 12月 20日, 安邊郡守에의 訓令.
30) 《經理院驛屯土成冊》 2冊, 光武 3年 9月 23日, 砥平郡守報告書.

동으로 발전하고 있었다.[31] 의병들은 일제의 식민지화 과정에 편승해 치부에 열중한 지주나 富民들을 "다만 부자될 생각만 하고 나라 일은 돌보지 않는" 존재로 규정하고 공격하였다. 의병들은 소수 애국적인 지주를 제외하고는 거의 모든 지주층을 공격하였다. 의병의 공격은 추수곡을 탈취하거나 마름이 지대를 징수하지 못하게 명령하는 형태로 나타났다. 그 경우 의병들은 소작인들에게 추수곡을 지주에게 납부하지 말고 대신 의병부대에 납부해 국권회복을 후원하게 하였다. 의병이 지주층을 공격하면서 防穀令을 공포하기도 하였다. 그 방곡령은 지방의 富饒民들이 곡가의 지역간 차액을 노리고 곡물을 타지역으로 暗賣하는 것을 금지하는 조치로, 이를 통해 농촌시장을 보호하고 곡가를 안정시켜 소빈농층을 보호하려는 것이었다.

이러한 공격으로 이 시기에는 비록 지주제가 확대, 강화되는 추세에 있었지만 지주경영 자체는 매우 불안정하였다. 거두어들인 지대를 경찰서로 옮겨 보관하는 지주도 있었고, 도조를 운반할 때 일본 순사의 호송을 받는 지주도 있었다. 또한 의병의 공격을 견디다 못해 일본 군대의 보호를 받을 수 있는 서울이나 항구·읍 등지로 피신하는 지주도 적지 않았으며, 헌병출장소를 자기 지역에 유치해 신변의 안전을 도모하려는 지주도 있었다. 경영이 불안정하기는 일본인 농장도 마찬가지였다. 이들은 일본 헌병의 특별한 보호를 받았지만 그렇더라도 자체 경비체제를 갖추고 늘 경계 속에서 불안하게 지주제를 경영할 수밖에 없었다.

이로 인해 일제가 자국의 지주·자본가를 앞세워 추구하고자 한 식민지 지주제 체제로의 재편은 착수단계에서 더 이상 진전하지 못하였다. 그러한 재편은 일제가 폭압적으로 의병전쟁을 진압한 이후에야 비로소 본격화 될 수 있었다.

〈李潤甲〉

---

31) 金度亨,《大韓帝國期의 政治思想硏究》(知識産業社, 1994), 350~365쪽.

Ⅲ. 사회생활의 변동

1. 인구의 이동과 변화
2. 신분제도의 변화
3. 형법·민법체계의 변화
4. 지방자치제의 추이
5. 의·식·주생활의 변화

Ⅲ. 사회생활의 변동

1. 인구의 이동과 변화

1) 인구의 변화와 도시의 발전

(1) 대한제국시기의 호구수

조선정부는 건양 원년(1896) 9월 1일자 칙령 제61호로 〈戶口調査規則〉을 제정·공포하였다.[1] 이 〈호구조사규칙〉은 종전까지의 전근대적인 법령체계를 근대화한 것이나 호구의 전담부서를 한성부에서 내부로 이관한 것, 그리고 매년말에 하던 호구수 보고를 5월 이내로 하도록 변경한 것 외에는 종전까지의 제도와 크게 다를 바가 없다.

그리고 1주일이 지난 9월 8일자 내부령 제8호로 〈戶口調査細則〉이 공포·시행되었는데 전문 17개 조문과 3개의 별표(호적식양·통표식양·호패식양)로 된 이 세칙은 ① 호적지의 양식과 배포 과정, 기재방법(1·2조), ② 분거·별거 가족과 기식가구의 취급(3·4·5조), ③ 이거자의 개적(6조), ④ 호적을 유실·소실한 경우의 성적(7조), ⑤ 기재사항 변경시의 개적절차 및 기간(8·9·10조), ⑥ 호적의 보관과 보고(11조), ⑦ 통표의 작성·보관·보고의 절차(12~15조), ⑧ 호패의 작성과 게부(16·17조) 등에 관하여 상세히 규정하고 있다.

그런데 호구조사 및 그의 편집·보관·보고에 관하여 이렇게 상세히 규정하였음에도 불구하고 다음해인 광무 원년(1897)에서 3년까지의 기간에 호구수가 보고되었다는 기록을 찾아볼 수가 없다. 건양에서 광무로 넘어가는 혼란기에 처하여 새 양식에 의한 호적지 등이 배포되지 않아 호적이 작성되지

1) 《관보》, 건양 원년 9월 4일.

않았거나, 호적은 작성되어 편집까지 되었는데 황제에게 보고되지 않았는지, 보고는 되었는데 관찬기록들이 기재를 하지 않았는지, 이상 세 가지 경우를 생각할 수 있으나 아마 첫 번째가 아닌가 추측되는 바이다.

대한제국기의 호구수로서 현재 전해지는 것은 광무 4년(1900)에서 8년까지의 5년간과 광무 11년과 융희 3년(1909)의 2년간 등 모두 7년간뿐이며, 전자의 5년간은 《황성신문》·《뎨국신문》 등 신문기사로, 광무 11년의 것은 《韓國戶口表》라는 이름의 호구통계표에, 융희 3년의 것은 융희 4년 7월 6일자 관보에 실려 있는 것이다.[2)]

그런데 《황성신문》과 《뎨국신문》에 실려 있는 광무년간의 호구수에 관하여는, 첫째 무슨 이유로 민간신문에 호구수가 게재되어 있고, 《日省錄》·《王朝實錄》·《舊韓國官報》 등의 관찬문서에는 아무런 기록도 남기지 않았는가, 둘째, 건양 원년의 〈호구조사규칙〉에 의하면 전국 인민의 호적은 매년 1월내에 수취·수정하여 내부에서는 5월 이내에 편집을 마쳐 국왕에게 보고토록 되어 있는데 《황성신문》·《뎨국신문》이 모두 연말에 집계된 것처럼 다루어 2월 하순이나 다음해 정월에 발표한 이유가 무엇인가 하는 점에 의문이 가는 것이다. 또 융희 4년 7월 6일자 관보에 실려 있는 융희 3년말 호구수는 "《財務彙報》에 의함"이란 설명이 붙어 있다. 왜 《재무휘보》라는 책자에 실린 통계가 다시 관보에 실리게 된 것인지 그 이유를 알 수가 없다.

대한제국기의 호구수 통계에 이상과 같은 의문점이 있기는 하나 이 기간의 통계로는 이것밖에 없으니 작표해서 소개하면 다음 〈표 1〉과 같으며, 이를 통하여 우리는 다음과 같은 사실을 알 수가 있다.

첫째, 갑오개혁 이전의 호구통계에 있어서도 사정은 동일하나 특히 광무년간의 호구통계를 통하여 행정력의 약화, 주민통제의 이완이 그 극에 달하여 호구조사 자체가 한낱 형식적인 종이작업에 불과해졌음을 알 수가 있다. 광무 8년의 한성인구수 109,234명은 기재착오였거나 아니면 인쇄미스로 보아야

2) 융희 원년(1907)의 인구수에 관하여는 제2차 《통감부통계연보》에 또 한가지 통계가 실려 있는데 출처와 조사경위 등이 전혀 소개되고 있지 않고 인구수 또한 믿을 수 없는 것이기 때문에(예를 들면 경성 외국인 포함 인구수 156,947명) 여기서는 무시해 버린다.

하겠지만 그렇다고 하더라도 광무 4년에서 동 7년까지 한성 5부 및 전국 호구수의 계속적인 미증감은 벌써 통계로서의 신빙성을 전혀 결여하고 있음을 알려주고 있다.

둘째, 광무 11년의《한국호구표》에서 처음으로 전국의 호수가 230만 명대에 달하고 인구수도 1천만 명 대에 육박하고 있다. 물론 이때에도 적지 않은 누호·漏口가 있었겠지만 그래도 갑오개혁 이전이나 광무년간에 비할 때 훨씬 강력한 행정력의 통제를 알 수가 있고 호구조사 자체도 철저해졌음을 알 수가 있다.

셋째, 광무 11년은 일본인 고문들에 의해서, 그리고 융희 3년에는 통감부에 의해서 이루어진 한반도의 영구통치를 전제로 면밀하고 철저한 호구조사를 했을 것이므로 누락율이 비교적 적었을 것임을 추측할 수 있다.

〈표 1〉 대한제국시대 한성 5부 및 전국의 호구수

年 度	漢城 5部		全 國		資 料
	戶	口	戶	口	
광무 4년(1900)	42,454	196,898	1,397,630	5,608,151	《皇城新聞》, 광무 5년 1월 10일
5년(1901)	42,463	193,606	1,409,344	5,713,244	《皇城新聞》, 광무 6년 1월 24일
6년(1902)	42,936	197,214	1,405,116	5,782,860	《皇城新聞》, 광무 7년 1월 8·9일 《뎨국신문》, 광무 6년 12월 29일
7년(1903)	42,821	194,659	1,418,530	5,891,595	《皇城新聞》, 광무 8년 1월 13일
8년(1904)	42,730	109,234	1,374,969	5,629,487	《皇城新聞》, 광무 8년 12월 21일
광무11년(1907)	46,374	199,325	2,333,087	9,781,671	《韓國戶口表》(5월 20일 조사)
융희 3년(1909)					
(본국인)	56,129	233,094	2,633,028	12,363,404	《官報》, 융희 4년 7월 6일
(일본인)	9,921	32,528	42,535	143,045	
(기타외국인)	701	2,349	2,826	11,791	
(총합계)	66,751	267,971	2,678,389	12,518,240	

광무 11년의《한국호구표》에 기록된 숫자와 융희 4년 7월 6일자 관보에 실린 숫자 사이에는 너무나 큰 차이가 있음을 알 수가 있다. 우선 한성부 호

구수에 있어서 약 2만 호, 인구수에 있어서 68,646명의 차이가 나고 전국의 호구수에 있어서도 34만 5천 호, 인구수에 있어 273만 6천 명 이상의 차이가 나고 있다. 광무 11년(1907)에서 융희 3년(1909)에 이르는 2년간에 이렇게 큰 변화가 일어났다는 것은 믿어지지가 않는다. 어느 한쪽에 조사부실이 있었다고 볼 수밖에 없는데, 아마도 융희 3년 12월 말 현재의 조사가 더 충실했을 것으로 추측이 된다.[3)]

(2) 《한국호구표》와 지방도시 인구

조선시대 각 지방 부·목·군·면의 호구수를 종합 기록한 자료로는 정조 13년(1789) 을유년식 호구수를 정리한 《호구총수》가 유일한 것이며,[4)] 대한제국시대의 각 지방 호구수를 정리한 자료로는 《한국호구표》라는 것이 전해지고 있다. 이 책자는 앞 표지 중앙에 《한국호구표》라고 책명을 표시하고 오른쪽 상단에 '명치 40년 5월 조사', 왼쪽 하단에 발행처 표시로 정부 재정고문본부라고 기재하였을 뿐, 발행한 날짜도 조사 보고한 목적도 일체 기재가 없다. 그러나 앞 표지 뒷면에 "본 호구표는 객년 10월이후 마루야마 시게도시(丸山重俊) 경무고문이 조사 보고한 것이다"라고 기재되어 있고, 맨 첫머리에 소개되어 있는 각 '도별호구표'에 보면 경무고문 각 도별지부가 소개되어 있으며, 둘째 표인 '호구조사비교표'에는 경무고문부가 예비조사를 하였다는 난도 있고 모두 370면으로 된 책의 말미에는 '용산 탁지부 인쇄국 인쇄'라고 기재되어 있다.

광무 8년 8월 22일에 체결된 〈한일 외국인고문 용빙에 관한 협정〉(제1차 한일협약)에 의해서 그때까지 일본경시청 제1부장으로 있던 마루야마가 한국정부 경무고문으로 부임해 온 것은 광무 9년 1월 20일이었으며[5)] 그로부터 각 도에도 경무고문지부가 설치되고 일본인들이 보좌관이라는 이름으로 부

---

3) 이렇게 융희 3년의 숫자가 더 충실했을 것임을 알면서도 도시별 인구수 설명에서는 이 융희 3년 통계는 무시해 버릴 수밖에 없다. 왜냐하면 융희 3년의 통계는 한성부와 13도 통계밖에 소개되지 않고 있으므로 개별 도시인구 비교는 당초부터 불가능하기 때문이다.

4) 호구총수에 관하여는 손정목, 《朝鮮時代都市社會研究》(一志社, 1977), 207쪽.

5) 《황성신문》, 광무 9년 1월 21일.

임해 와서 한국의 경찰권을 사실상 장악해 버린다. 〈한일신협약〉, 속칭 〈정미칠조약〉이 체결된 것은 그로부터 2년 반이 지난 광무 11년 7월 24일이었고, 그 제5조 "한국정부는 통감이 추천하는 일본인을 한국관리에 임명할 것"이라는 규정에 의해 경무고문이었던 마루야마를 한국정부의 경시총감으로, 각 도 경무고문지부 보좌관을 각 도 경무서 경시로 임명한 것은 각각 그해 8월 15일의 일이었다.[6)]

융희 4년 3월에 한국내부 경무국에서 발간한 《顧問警察小誌》는 고문경찰 2년 반 동안의 행적을 정리해 두었는데[7)] 《한국호구표》가 바탕이 된 호구조사에 관하여 다음과 같이 기술하고 있다.

> 한국의 호구는 종래 통계로 나타난 것이 없는 바 아니지만 맹랑杜撰하여 조금도 믿을 수 없는 것이다. 아마 지방기구인 관찰사 이하 부윤·군수들이 각기 부내의 호수를 음닉한 채 이를 내부에 보고하고 그 잉여의 호구에서 징수된 호수세를 瞞着하여 이를 각자의 호주머니 속에 감춘 것이다. 이제 庶政개선의 때를 맞아 경찰의 운용상 및 재정정리상에 관하여 호구가 정확치 않으면 거의가 근거없는 사업이 될 것이므로 광무 10년 11월, 경무고문은 각도 경무고문지부에, 내부대신은 각도 관찰사에 훈령하여 일정한 기일내에 호구조사에 종사시켰다.
>
> 원래 호구조사는 각도 지부 보좌관들이 각 경무서 순검과 협력하여 이의 완성을 기하여야 함은 당연한 일이나 보좌관 및 순검의 수가 과소함으로서 이를 방조하기 위하여 면장을 시켜 우선 호구조사서를 만들게 하고 보좌관이 순검을 데리고 실지에 나아가 이를 사핵하는 절차를 밟았다(중간생략).
>
> 생각건대 호구조사는 국내조사의 근본으로서 실로 정치의 기초를 확정하는 것이다. 만약에 호구가 애매승집하다면 서정의 개선은 곧 가공의 경영으로 돌아가고 만다.
>
> 한국인의 관습으로서 여자는 타의 남자와 접하기를 싫어한다. 그러므로 귀천빈부를 막론하고 집집마다 반드시 '안방'이라는 음실이 있고 이 방은 실로 불가침으로서 타인의 출입을 불허한다. 만일 강제를 쓰면 소요가 일어날 수 있다. 그러므로 호구조사는 아국과 같이 일언지하에 전 가족의 조사를 할 수가 없다. 그 때문에 통계상 불확실을 면할 수가 없었다.

---

6) 《관보》, 융희 원년 8월 8일, 〈丸山 경시총감 임명〉 및 19일, 〈각도 경무서 경시〉.
7) 《고문경찰소지》(복간판), 203~204쪽. 이 기록은 丸山고문 보좌관이었던 岩井敬太郎이 편찬한 것이다.

이상에서 〈한국호구수〉가 작성된 과정은 완전히 부각된 것이다. 정리하면 다음과 같다.

① 경무고문 본부가 주관한 한국 호구조사는 광무 10년(1905) 9월경부터 준비에 들어가 동 11월부터 다음해 5월까지에 실시되었다. 호구조사의 기준일자는 광무 11년 5월 20일이었다.
② 호구조사의 실시에 앞서 각 부군의 면장이 호구조사서를 작성하였으며 이를 가지고 각도 경찰고문 지부 보좌관과 경무서 순검이 가가호호를 방문해서 조사서 기재내용을 확인하였다.
③ 이렇게 해서 이루어진 조사결과가 경무고문 본부에 보고 집계되었으며 그 집계를 재정고문부(메가타 타네타로, 目賀田種太郞 고문)에서 인계받아 책자로 간행하였다. 이 책자가 발간된 것은 연호가 융희 원년(1907)으로 바뀐 그해 가을이었던 것 같다.[8)]
④ 《고문경찰소지》에서 솔직히 밝힌 바와 같이 이 호구표의 내용이 지니는 정확성에는 의문의 여지가 있다. 그러나 이 조사가 실시된 때에는 이미 통감부가 설치된 후이었고 한국정부의 일본인 고문들은 통감의 지휘하에 있었다.[9)] 그러므로 이 조사는 통감의 지시에 의해 이루어졌을 것이며 그들 영구지배의 기초자료로 할 목적이었을 것이므로 최대한의 정확성을 기했을 것이다.

정조 13년(1789)의 《호구총수》와 동일하게 《한국호구표》도 전국의 호구를 각 부·군, 각 면별로 나누어 호수·인구·남·여를 구분하여 집계하고 있다. 그런데 이 자료를 두고 지방도시 인구를 조사하는 경우 두가지 점에 문제가 있었다.

첫째는 도시의 기준을 어디에 둘 것이냐. 즉 당시의 각 면 중 어느 것을 도시라고 보아야 할 것이냐의 문제였다. 한성부·전주부와 같은 대도시는 그 부내일원을 도시라고 볼 수 있지만 조그마한 지방도시는 그러하지가 않다. 다행히 당시의 군청소재지는 대개가 성내·읍내·군내 등으로 불리었고 이 호구표도 그러한 호칭으로 분류하고 있어 행정중심지는 쉽게 찾을 수가 있다. 그러나 벌써 이때에도 지역간의 격차가 심하게 일어나서 읍내이기는 하나 도시라고 부르기에는 너무나 초라한 농촌상태의 고을이 있었는가 하면, 반대로 읍내가 아니면서 교통상의 요지이거나 이름난 시장소재지 등으로서

8) 광무 11년은 8월 2일자로 연호를 융희로 바꾼다.
9) 통감부관제 第6조에 "통감은 일본인관리로서 한국정부에 용빙된 자들을 감독한다"라고 규정하고 있다.

도시적 성격을 띤 대취락들도 있었으니 당시의 4천 개가 넘는 면 중에서 어느 것을 골라 도시로 하느냐가 문제된 것이다.

둘째는 도시의 구역범위를 어떻게 획정하느냐 하는 문제였다. 당시의 행정구역명에서 성내 또는 읍내라고 표시된 구역범위는 대체로 당시의 성벽내를 가리켜 경우에 따라서는 그 인구수가 몇백에서 천여 명 정도밖에 안되는 경우가 많았는가 하면 반대로 청주나 상주·예천 같은 경우는 읍내가 동·서·남·북의 4개 읍내면으로 구분되어 그것을 모두 합하면 상당한 범위의 농촌지역이 포함되어 버리는 결과가 되는 것이다. 또 평양을 위시하여 공주·남원·광주와 같은 경우는 도시부를 형성하는 복수의 면명들이 다양하여 적지 않은 난점이 있는 것이었다.

이상의 문제들은 필자가 《호구총수》에 의해 조선시대의 지방도시 인구를 다루면서 한번 겪었던 일이었으므로 이번의 작업은 훨씬 쉽게 할 수 있었지만 그보다 다행이었던 점은 대한제국시대의 이 문제해결에는 직접적인 자료가 있었다.

첫번째의 문제를 해결하는 자료는 융희 3년 3월 31일자 칙령 제43호 〈가옥세를 시행하는 시가지에 관한 건〉과 동 4년 4월 13일자 칙령 제27호 〈가옥세법시행지 개정〉의 두 개 법령이었다.[10] 일본 대장성 주계국장으로 있다가 대한제국정부의 재정고문으로 부임해 온 메가타에 의하여 재정정책 일체가 수립·시행되어 온 대한제국 탁지부는 융희 3년 2월에 〈가옥세법〉·〈주세법〉·〈연초세법〉 등을 제정·발표하였는데, 2월 8일자 법률 제2호의 〈가옥세법〉 제1조는 "시가지에 있는 가옥을 소유한 자에는 가옥세를 과함. 본법을 시행하는 지역에는 호세를 과하지 아니함. 제1항의 시가지는 칙령으로써 이를 지정함"이라고 규정하였다. 즉 그때까지 도시·농촌의 구분없이 전국적으로 호세가 과징되었는데 앞으로 시가지지역에는 호세 대신에 가옥세를 부과한다는 것이었다. 그리하여 융희 3년 3월의 칙령 제43호는 가옥세를 시행하는 시가지를 지정하는 행정명령이었고, 다음해 4월의 칙령 제27호는 위의 시가지 지정의 개정명령이었던 것이다.

그런데 이 칙령들에서 열거된 '시가지'에는 당시의 군청소재지 면, 즉 읍내들 중에서 도시적인 지역은 거의가 포함되어 있을 뿐 아니라 읍내가 아닐지

---

10) 《관보》, 융희 3년 4월 1일·22일 및 융희 4년 4월 14일.

라도 예컨데 수원군 청호면내 오산동, 은진군 김포면 강경, 동 화지산면 논산, 회덕군 외남면내 대전, 청주군 일하면 조치원, 사천군 삼천포, 밀양군 하동리면 삼랑진, 동래부 구포·초량·부산, 연일군 북부면내 포항, 인동군 약목면내 정거장소재지, 봉산군 사리원면내 사리원, 북청군 하포청사내 신창리, 동 남양사내 신포리, 무령군 청진항 등 새로운 도시지역들을 구체적으로 밝혀주고 있어 전적으로 의존할 수 있는 자료이었다.

둘째 번의 도시지역 구획 확정에 관한 문제는 1914년 4월 1일부터 새롭게 시행한 부·군·면의 구획에 따르기로 하였다. 즉 조선총독부는 1913년 12월 29일에 도·부·군 관할구역을 개편하여 그때까지의 13도 12부 317군을 13도 12부 220군으로, 군의 수를 97개 감축하고[11] 이어 다음해 3월에 각 도별로 도령을 발하여 그때까지 4,322개 면이었던 것을 1,804개 면을 감축하여 2,518개 면으로 이를 확정하고 그 해 4월 1일부터 일제히 시행하고 있다.[12] 1913년에서 14년에 걸친 이 지방행정구역 개편은 그 동안 조선총독부가 시행하여온 토지조사사업의 결과에 기초를 두고 면적·인구수 및 재정면에서 식민정책의 효율적인 수행을 위해 가장 합리적이라 판단한 결과였으며 오늘날에 이르기까지 크게 바뀌지 않고 이어오고 있다.

그러므로 필자는 대한제국시대 도시지역의 구역범위를 가능한 한 1914년 4월 1일의 부·면구역에 맞추어 확정하였다.[13] 다만 한성부만은《한국호구표》의 호구수가 한성부로 일관되어 있고 5서 및 방별로 구분되어 있지 않았기 때문에 1914년 4월 1일의 경성부 행정구역에 맞출 수 없이 대한제국시대의 행정구역을 그대로 답습하였다.[14]

이상과 같은 작업을 통하여 우선 1907년 현재의 한국인 3천 명 이상의 시가지지역을 골라 보았다.《한국호구표》가 한국인만을 다루고 있기 때문이었

11) 《조선총독부관보》, 대정 2년 12월 29일, 호외.
12) 군 하부행정구역(면) 개편에 관한 각도 도령의 발포일자는 다음과 같다.
경남·평남 : 3월 1일, 전남 : 3월 2일, 함남 : 3월 5일, 충북 : 3월 9일, 전북 : 3월 10일, 강원 : 3월 11일, 경기·평북 : 3월 13일, 경북·충남 : 3월 16일, 함북 : 3월 18일, 황해 : 3월 23일.
13) 이 때의 행정구역 개편에서 극히 일부지역은 한 개 면을 몇 개 동으로 나누어 합병한 때문에 완전한 합치는 기할 수가 없었다.
14) 구한말의 한성부행정구역 및 그 면적에 관해서는 손정목, 앞의 책, 204~206쪽.

다. 그런데 벌써 1907년에는 모두 98,000명에 달하는 일본인이 한국에 들어와 있었으며 그들의 대다수가 시가지지역에 거주하고 있었을 뿐 아니라 중국인·구미각국인도 적지 않게 거주하고 있었으므로 이들의 수도 조사할 필요가 있었다. 다행히 제2차 《통감부통계연보》는 제31표에서 1907년말 현재 각 지방별로 일본인 호구수를 소개하고 있고, 제35표에는 저명시가지에 관하여 한국인·일본인·청국인 및 그 밖의 외국인의 호구수를 비교적 소상하게 소개하고 있는 것이다.[15] 이리하여 《한국호구표》에 의한 한국인 인구수에 이들 외국인의 인구수를 더하여 인구수 1만 명 이상의 17개 도시지역, 인구수 5,000~10,000명의 40개 도시지역을 골라내어 〈표 2〉·〈표 3〉을 작성하였다.

〈표 2〉 1907년 현재 인구 1만 명 이상 17개 도시의 국적별 인구 구성

도 시	계	한국인	일본인	중국인	구미인
漢城府(龍山 포함)	218,225	199,325	16,643	2,132	125
釜山(釜山面·沙中面·沙下面)	39,743	23,478	16,040	197	28
平壤(城內·內川面·外川面)	31,576	26,181	4,843	503	49
仁川(府內面·多所面)	27,896	14,993	11,467	1,373	63
開城(東部·西部·南部·北部)	27,701	26,261	1,309	118	13
濟州(中面)	16,686	16,572	113	-	1
元山(元山港)	14,845	10,341	4,225	247	32
咸興(邑內)	13,707	12,840	857	6	4
海州(州內面)	13,327	13,074	240	13	-
鏡城(梧村社)	12,839	12,104	※735	-	-
全州(府內)	12,617	12,198	386	21	12
統營(鎭南郡 東面·加佐面)	12,485	12,037	442	6	-
大邱(東上面·西上面)	12,150	9,638	2,468	38	8
馬山(昌原府 外西面)	11,881	8,582	3,219	78	2
晉州(城內面·城外面)	11,139	10,633	502	-	4
三浪津(密陽郡 下東面)	11,060	11,060	-	-	-
忠州(邑內·南邊·北邊)	10,561	10,561	-	-	-
17개 都市 計	498,438	429,878	63,489	4,730	341

* 鏡城(梧村社)에는 羅南洞 거주 일본인 158명을 포함하고 있다.

15) 각 지역별 일본인수에 있어서 동일하지 않는 몇몇 예가 있었다. 아마 이것은 조사시점의 차이에 기인하는 것 같았으며 필자는 많은 쪽의 수를 채택하였다.

〈표 3〉 1907년 현재 인구 5천~1만 명의 40개 도시지역

도 시 명	계	한국인	일본인	중국인	구미인
(京畿道)					
水原(邑內・南部・北部面)	6,738	6,458	274	2	4
(江原道)					
原州(府內面)	5,061	5,061			
鐵原(西邊面)	5,076	5,076			
伊川(東邑面・下邑面)	5,185	5,175	10		
(忠北)					
清州(北州內・東州內・南州內面)	6,925	6.925			
堤川(縣右面・縣左面)	5,253	5,253			
(忠南)					
公州(府內面・南部面)	6,805	6,539	194	64	8
(全北)					
南原(邑內)	7,799	7,740	59		
(全南)					
光州(城內・公須坊・奇禮坊・下動坊)	5,432	5,039	389		6
(慶北)					
尙州(內東面・內南面・內北面)	9,551	9,455	96		
木浦(務安郡 府內面)	7,347	4,396	2,873	72	6
慶州(府內面)	8,553	8,494	59		
金泉(金山郡 內面・金泉面)	7,872	7,450	397	25	
安東(府內)	5,792	5,754	38		
醴泉(東・西・南・北 邑內面)	6,103	6,090	13		
星州(龍山面・南山面・本雅面)	5,396	5,382	14		
義城(南部面・北部面)	7,186	7,178	8		
(慶南)					
東萊(東萊郡 首面)	8,548	8,355	193		
龜浦(東萊郡 左耳面)	5,310	5,156	154		
沙上(東萊郡 沙上面)	5,241	5,241			
昌原(府內面)	5,964	5,805	159		
密陽(府內面)	8,205	7,827	374	4	
蔚山(上府內面)	6,369	6,210	158	1	
兵營(蔚山郡 內廂面)	5,521	5,516	5		
三千里(泗川郡 文善面・洙南面)	5,730	5,662	68		
固城(東邑面・西邑面)	7,724	7,643	81		
南海(邑內)	5,891	5,878	13		
巨濟(西部面)	5,071	5,057	14		
河東(德陽面)	5,422	5,392	30		
(黃海道)					
白川(東村面・西村面)	5,500	5,500			

鳳山(洞仙坊)	5,083	4,776	307		
黃州(齊安坊)	6,326	5,936	383	7	
(平南)					
鎭南浦(三和港 港內)	9,269	6,367	2,729	170	3
价川(邑內 · 郡內面)	5,718	5,703	15		
(平北)					
義州(州內面)	5,658	5,443	188	27	
博川(郡內面)	5,403	5,378	25		
鐵山(古城面)	5,423	5,414	7	2	
(咸興)					
北靑(邑內)	6,521	6,337	184	6	6
(咸北)					
城津(鶴城面)	8,840	8,492	336		
明川(下雩社)	6,976	6,965	11		

(3) 도시인구율과 인구밀도

인구밀도가 얼마 이상이 되면 도시라고 할 수 있느냐에 관한 절대적인 기준이라는 것은 없다고 생각한다. 시대에 따라서 다를 것이고 국가의 성격에 따라서도 달라질 수 있을 것으로 본다.

먼저 대한제국시대의 경우 인구 5,000명 이상을 끊어 일단 도시 · 농촌지역의 분계선으로 삼고자 한다. 이렇게 판단하는 이유는 인구 5,000~10,000명의 규모를 가진 40개의 고을(읍)들을 훑어볼 때 그 대다수가 조선왕조시대를 통하여 이 나라 굴지의 대읍들이었거나, 또는 1876년 개항이후 새롭게 각광을 받게 된 신흥 시가지들이기 때문에 이들을 도시지역에 포함하는 것이 당연하다고 판단한 때문이다.

그러나 이보다도 인구규모가 작은 지역들(3,000~5,000명) 중에도 강화 · 안성 · 강릉 · 춘천 · 나주 · 김해 · 평산 · 재령 · 신천 · 안악 · 안주 · 영변 · 영흥 · 길주 등 조선왕조시대의 대읍들이 포함되고 있고 대전 · 강경 · 군산 · 포항 · 사리원 · 신의주 · 용암포 · 신창 · 회령 등 새롭게 각광을 받게 된 시가지지역들이 포함되고 있다. 인구 3,000~5,000명의 지역중에 이러한 지역들이 포함되고 있기는 하나 이미 20세기에 들어선 시점에서 인구 5,000명 이하까지를 도시부에 포함시킬 수는 없다고 판단한 것이다.

1907년 현재로 밝혀진 전국의 인구수는 한국인 9,781,671명이며 일본인이 98,001명이고 중국인이 6,161명, 구미인 387명으로 합계 9,886,220명이었다.[16] 인구 1만 이상 17개 도시의 인구합계는 498,438명이며 이것은 전국 인구수의 5.04%에 해당하고 여기에다 인구 5,000~10,000명의 40개 도시지역 인구합계 257,787명을 합한 756,225명의 전국인구 비율은 7.65%임을 알 수가 있다. 즉 1907년 당시의 도시인구율은 7.65%였던 것이다. 필자는 앞서 조사한 인구규모 5,000명 이상의 57개 도시를 대상으로 조선총독부 임시토지조사국에서 편찬한《朝鮮地誌資料(1918)》[17]에 의하여 당시 도시부의 면적을 계산하고(한성만은 1907년 당시의 면적) 이를 기초로 인구밀도를 조사하는 작업을 계속하였는데 그 결과는 〈표 4〉와 같다. 즉 57개 도시의 평균 인구밀도는 ㎢당 280명이며 인구 10,000명 이상 17개 도시의 평균은 428.8명으로 계산되었다.[18] 그 중에서 함흥(5,759명)·전주(5,896명)·청주(8,445명) 등의 인구밀도는 당시에 이미 ㎢당 5,000명을 훨씬 넘었으며 평양·인천이 각각 ㎢당 4,000명을 넘었고 목포가 4,000명에 육박하고 있다.

〈표 4〉 1907년 현재 57개 도시 인구수 및 인구밀도표

도시명	인 구	면적(㎢)	인구밀도	도시명	인 구	면적(㎢)	인구밀도
漢 城	218,225	250.61	871	金 泉	7,872	4.49	1,753
釜 山	39,743	33.56	1,184	安 東	5,792	44.53	130
平 壤	31,576	6.50	4,858	醴 泉	6,103	41.15	148
仁 川	27,896	6.35	4,390	星 州	5,396	37.12	145
開 城	27,701	13.99	1,980	義 城	7,186	69.19	104
濟 州	16,686	254.76	65	東 萊	8,548	61.68	139
元 山	14,845	6.74	2,203	龜 浦	5,310	47.32	112

16) 한국인의 수는 한국호구표에 의한 숫자이고 일본인수는《朝鮮に於ける內地人》(조선총독부조사자료)에 의한 숫자이며 중국인 및 구미인은《제2차 통감부통계년보》제35표 저명 시가지인구에 의해 도시거주인구를 합산한 것이다.

17) 임시토지조사국 편,《朝鮮地誌資料》(조선총독부, 1919).
이 지지자료의 면적은 方里와 町으로만 표시되어 있어 1정의 면적에 0.0099174를 곱하여 ㎢의 면적으로 환산하였다

18) 17개 도시의 인구합계는 498,438명이고, 면적은 1,162.36㎢이었다(498,438÷1,162.36=428.81).

咸 興	13,707	2.38	5,759	沙 上	5,241	38.22	137
海 州	13,327	10,89	1,224	昌 原	5,964	29.55	202
鏡 城	12,839	373.05	34	密 陽	8,205	28.96	283
全 州	12,617	2.14	5,896	蔚 山	6,369	40.75	156
統 營	12,485	5,93	2,105	兵 營	5,521	30.63	180
大 邱	12,150	7.23	1,680	三千浦	5,730	35.94	159
馬 山	11,881	9,78	1,215	固 城	7,724	32.11	240
晋 州	11,139	8.56	1,301	南 海	5,891	22.18	266
三浪津	11,060	78,54	121	巨 濟	5,071	22.67	224
忠 州	10,561	91,35	116	河 東	5,422	29.58	183
水 原	6,738	3.15	2,142	白 川	5,500	51.37	107
原 州	5,061	38.42	132	鳳 山	5,083	62.69	81
鐵 原	5,076	45.93	111	黃 州	6,326	41.27	153
伊 川	5,185	119.08	44	鎭南浦	9,269	10,86	854
靑 州	6,925	0.82	8,445	价 川	5,718	59.70	96
提 川	5,253	56.82	92	義 州	5,658	3.82	1,481
公 州	6,805	2.16	3,150	博 川	5,403	46.47	116
南 原	7,799	14.00	557	鐵 山	5,423	35.31	154
光 州	5,432	2.14	2,538	北 靑	6,521	79.74	82
木 浦	7,347	2.41	3,949	城 津	8,840	9.19	962
尙 州	9,551	89.93	106	明 川	6,976	108.93	64
慶 州	8,553	37.00	231	計	756,225	2699.44	280

참고로 1980년 11월 1일자로 실시된 인구 및 주택 센서스 결과에 의하면 이때의 40개 도시 중에서 인구밀도가 5천 명을 넘는 도시는 서울·부산을 비롯하여 모두 7개 도시에 불과하였으니,[19] 인구밀도 4천 명 이상이라는 것이 얼마나 높은 밀도의 시가지였던가를 알 수가 있는 것이다. 여하튼 ㎢당 인구밀도 1,500명을 넘고있는 지역이 14개 도시나 되어 전체의 4분의 1에 달하고 있으니 놀라울 정도의 조밀상이었음을 알 수 있었다.

그러나 이상과 같은 고밀도 도시가 있는 반면에 제주(65명)·경성(34명)·이천(44명)·제천(92명)·봉산(81명)·개천(96명)·북청(82명)·명천(64명) 등은 아주 낮은 밀도를 나타내고 있다. 이와 같은 저밀도 도시들은 그 행정구역내에

19) 1980년 인구·주택·센서스 결과 인구밀도 5,000명 이상의 도시는 서울·부산·인천·대전·목포·대구·마산의 7개 시 뿐이었다

많은 임야 또는 농경지가 포함되어 있다는 불가피한 사정 때문이며 만약에 이러한 도시의 행정구역에서 광대한 임야면적을 빼버릴 방도가 있다면 개발 가능한 평지면적당 인구밀도가 훨씬 더 높아질 것임은 당연한 일이고, 그와 같은 사정은 오늘날의 시·읍에서도 동일하게 나타내고 있다.[20]

광무 11년(1907)의 전국의 인구밀도를 《조선지지자료》에 나타난 전국의 면적 220,741.64㎢로 계산해 보면 9,886,220명÷220,741.64㎢=44.786명≒45명, ㎢당 45명으로서 도시부의 평균은 이보다 7배나 높은 밀도임을 알 수가 있다.

(4) 도시의 발전과 도시인구

필자는 위에서 1907년에 한국정부 경무고문부가 그 휘하의 경찰조직과 군·면 행정력을 동원하여 조사 집계한 《한국호구표》를 기본 자료로 하여 대한제국시대 인구 5,000명 이상의 도시와 그 도시인구율 및 인구밀도를 알아보았다. 그런데 경무고문부라는 것이 오늘날과 같은 행정력을 구사하기에는 아직도 미흡한 상태에 있었을 뿐 아니라 그들 자신이 실토하고 있듯이 당시의 정치적·사회적 실정하에서 통계의 정확성을 기대할 성질의 것이 아님은 물론이었다. 그러나 그렇다고 할지라도 고종시대·대한제국시대 호구조사 중 군·면에 이르기까지 조사·집계한 자료로는 유일한 것이고 통감부 및 고문부가 장차의 영구집권을 목적으로 최선의 노력을 기울인 것이다. 그리하여 이를 바탕으로 갑오개혁후 1910년까지의 도시인구 분석·경향 등을 판단할 수밖에 다른 방도가 없는 것이다.

조선왕조시대에는 원칙적으로 3년에 한번씩 즉 간지의 子·卯·午·酉에 해당하는 해에 8도의 호구수를 조사하였으며 그 결과를 한성부에 이송하면 한성부가 이를 정리 집계하여 그 결과를 한성판윤이 매 식년 12월 1일에 국왕에게 보고한 후 1부는 한성부가 보관하고 또 1부는 강화도로 보내어 보관하였다. 그리고 이렇게 국왕에게 보고한 호구수 집계는 3년 식년마다의 왕조실록 말미에 기록되고 있다. 그리고 왕조실록에 기록된 호구수는 전국 8도와

20) 참고로 1980년 인구·주택 센서스 당시에도 240개 읍 중에서 인구밀도가 100명이 안된 읍이 10개나 있었으며 모두 강원도내의 군청소재지·광산촌 또는 어촌이었다.

한성부의 인구수뿐이며 그 밖의 지방 부·군·현·면의 인구수는 아무런 기록도 남기지 않았다.

그런데 조선왕조 후기의 호구수 기록 중에서 유독 정조 13년(1789) 을유년식의 부분은 《호구총수》라는 이름의 책으로 묶이어 오늘날에 전해지고 있다. 이 《호구총수》에는 각 도 및 한성 5부뿐만이 아니라 전국의 각 부·군·면에 걸쳐 그 호구수를 상세히 기록하고 있어 당시 지방도시의 인구 규모를 알 수가 있다.

필자는 1975·76년에 이 《호구총수》를 가지고 위의 《한국호구표》를 분석한 것과 동일한 방법으로 분석·정리하여 1789년 당시의 인구 5,000명 이상 부·면 49개, 도시인구 총수 571,663명, 전국인구수에 대한 도시인구율 7.8%, 도시인구 밀도 ㎢당 185.74명을 계산하여 발표한 바 있다. 참고로 당시의 전국 인구밀도 평균은 ㎢당 33.5명이었다.[21]

조선왕조시대 후기에서 대한제국시대에 이르는 기간에 어떤 도시가 있었고 어떤 변화가 있었느냐에 관한 연구를 하려면 부득이 위의 두 자료 즉 《호구총수》와 《한국호구표》의 두개 기록을 대조할 수밖에 방법이 없다. 다른 아무런 자료가 없기 때문이다. 그리고 두개의 자료간에는 118년 즉 약 1세기 남짓한 세월이 흐르고 있다. 조선왕조시대 후기의 경우 1876년 개항이후 〈한일수호조규〉 체결때까지 경향간에 이렇다할 변화의 요인이 없었다. 이 땅안의 지역질서상에 변화가 일어나는 것은 개국을 한 후부터였고, 특히 부산·원산·인천·목포·진남포·군산·성진·마산 등이 개항장이 되어 일본전관거류지·외국공동조계등이 개설되고 아울러 한성·용산·평양 등이 開市場이 되어 외국인의 통상·거주가 허용된 뒤의 일이다. 우선 이들 지역이 개항장·개시장이 된 연도를 열거하면 각각 아래와 같다.

부산 : 1877년 1월 30일(음력 1886. 12. 17)
원산 : 1880년 5월 1일
인천 : 1883년 9월 30일
한성 : 1882년 10월 3일(중국인), 1883년 11월 26일(영국인, 독일인 기타)

---

21) 손정목, 앞의 책, 209~226쪽.

용산 : 1884년 10월 6일
목포・진남포 : 1897년 10월 16일
군산・성진・마산 : 1899년 5월 1일
의주 : 1904년 2월 25일
용암포 : 1904년 3월 23일
청진 : 1908년 4월 1일

위에서 열거한 각 도시에 일본인・중국인・구미인이 와서 정주한 것도 매년도마다 동일한 수가 아니었고 각 지역마다 같은 비율이 아닌 것은 물론이었다. 청일전쟁전과 그 후가 달랐다. 여하튼 개항후 가장 많은 외국인, 그 중에서도 특히 일본인이 많이 들어와 정착한 것은 부산・인천・한성의 3대 도시였고 그 다음이 용산이었다.[22)]

아래에 위 4개 지역 일본인 증가수를 〈표 5〉~〈표 8〉로 소개해 둔다.

〈표 5〉 부산 일본인 호구표(1876~1910)

연 도	호 수	인 구	연 도	호 수	인 구	연 도	호 수	인 구
1876	-	82	1889	628	3,033	1900	1,082	6,067
1879	-	700	1890	728	4,344	1901	1,250	7,029
1880	402	2,066	1891	914	5,254	1902	1,352	9,691
1881	426	1,925	1892	938	5,110	1903	1,582	11,711
1882	306	1,519	1893	993	4,750	1904	1,891	11,996
1883	432	1,780	1894	906	4,028	1905	2,363	13,364
1884	430	1,750	1895	952	4,953	1906	2,981	15,989
1885	463	1,896	1896	986	5,423	1907	3,423	18,481
1886	488	1,957	1897	1,026	6,065	1908	4,213	21,292
1887	-	2,006	1898	1,055	6,242	1909	4,284	21,697
1888	-	2,131	1899	1,100	6,326	1910	4,508	21,928

* 井上淸磨, 《釜山を擔ぐ者》(釜山 : 大朝鮮社, 1931), 17~22쪽에 의하여 作表.

22) 용산은 한성부당시부터 한성부의 일부였으나 일본인 거류민단이 별도로 설립되어 있었기 때문에 통계도 각각이었다.

〈표 6〉 인천 일본인 호구표(1883~1810)

연 도	호 수	인 구 수	연 도	호 수	인 구 수
1883	75	348	1897	792	3,949
1884	26	116	1898	973	4,301
1885	109	562	1899	985	4,218
1886	116	706	1900	990	4,215
1887	112	855	1901	1,064	4,628
1888	155	1,359	1902	1,221	5,136
1889	167	1,362	1903	1,340	6,433
1890	255	1,616	1904	1,772	9,403
1891	338	2,331	1905	2,853	12,711
1892	388	2,540	1906	3,067	12,937
1893	425	2,504	1907	2,922	11,467
1894	511	3,201	1908	3,830	11,283
1895	709	4,148	1909	3,025	10,907
1896	771	3,904	1910	3,446	13,315

* 《仁川府史》(仁川府, 1933), 6쪽.

〈표 7〉 한성 일본인 호구표(용산합병전)

연 도	호 수	인 구 수	연 도	호 수	인 구 수
1885	19	89	1898	480	1,734
1886	34	163	1899	522	1,985
1887	64	245	1900	549	2,115
1888	86	348	1901	639	2,490
1889	130	527	1902	797	3,034
1890	137	523	1903	902	3,673
1891	157	698	1904	1,350	5,323
1892	169	715	1905	1,986	7,677
1893	234	779	1906	3,216	11,724
1894	260	848	1907	4,300	14,829
1895	500	1,839	1908	6,347	21,789
1896	479	1,749	1909	7,745	28,788
1897	471	1,588	1910	8,794	34,468

* 1. 《京城發達史》(京城居留民團役所, 1912), 421~423쪽.
2. 1885~1909년은 12월 말, 1910년은 9월 말 현재임.

〈표 8〉 용산 일본인수

연 도	인 구 수	연 도	인 구 수
1897	35	1904	350
1898	46	1905	1,700
1899	52	1906	2,579
1900	65	1907	3,142
1901	80	1908	6,300
1902	150	1909	10,035
1903	192	1910	10,638

*《京城府史》 2卷(京城府, 1934~41), 1,055쪽.

개국·개항후 대한제국말까지 이 땅의 지역질서에 변화를 가져다 준 두 번째의 요인은 항만·철도·전신·전화 등 근대적 교통·통신수단의 도입이었다. 유치하기는 했으나 부산·인천·원산·진남포·군산 등지의 해안이 수축되어 항만이 되었고 다수의 외국선박이 드나들어 무역이 성행하였으며 경인선·경부선·경의선 등의 철도가 부설되었다. 인천·노량진간의 철도가 개통된 것은 1899년 9월 18일이었고, 경부선 서울~초량간이 개통되어 운수 영업을 시작한 것은 1905년 1월 1일부터의 일이며, 경의선 용산~신의주간이 운전 개시된 것은 1906년 4월 3일이었다.

지역질서를 바꾼 세 번째의 요인은 도시내의 신 시설이었다. 경복궁내에 전등이 가설되어 점등된 것은 1885년말 경이었고, 서울시내에 전차가 운행 개시 된 것은 1899년 5월 17일 (음력 4월 초파일)이었으며, 종로 네거리에 전등이 밝혀진 것은 1900년 4월 10일이었다. 1900년 당시에는 이미 자전거도 들어와 있었고 인력거도 달리고 있었다. 부산·서울의 일본인 집단지역에는 상수도도 가설되어 있었고 도로도 확장되고 파출소도 개설되고 있었다. 개국·개항후 특히 청일전쟁이 끝나고 갑오개혁이 시작하는 1895년부터의 15개년간 이 땅의 도시 지역에서는 실로 엄청난 변화가 일어나고 있었던 것이다.

그렇다면 당연히 정조 13년(1789)의 《호구총수》와 광무11년(1907)의 《한국호구표》간에는 엄청난 차이가 있어야 할 것이었다. 그러나 위 두개의 자료가 기록되는 약 1세기 남짓이 흐른 기간내에 전국의 인구수는 약 248만 명 정도가 늘었고, 인구 5천 명 이상의 도시수는 8개가 더 늘었으며, 도시인구수는 571,663명에서 756,225명으로, 절대수로는 184,500명 정도, 비율로는 32% 정도가 늘었음을 알 수가 있다.

그렇다면 왜, 무엇 때문에 그렇게 큰 변화가 일어나지 않았던가. 1789~1907년의 도시인구간에 어떤 변화, 어떤 차이가 일어났는가를 고찰하면 아래와 같다.

첫째, 개항후 35년간의 도시화과정은 그 동안에 개항장·조계제도와 다수 외국인의 이주정착, 철도·전기·전차 등 새로운 도시적 시설의 도입, 국민의식의 각성 등 도시화를 급격히 촉진시킬 요인들이 겹쳤는데도 불구하고 실제에 있어서는 그렇게 대단한 인구의 도시집중은 이루어지지 않았음을 알 수가 있었다. 이것은 한편으로 커다란 도시에의 인구유인이 있었음에도 불구하고 다른 한편으로 병인 및 신미양요, 천주교도 탄압·갑신정변·동학난·청일전쟁·단발령·노일전쟁·을사보호조약, 통감부와 이사청의 설치 등 어지러운 세태가 계속된 데다가 여러 차례의 콜레라의 만연, 외국인 특히 일본인들의 횡행과 방자한 언동, 애기소동[23]으로 대표되는 對외국인혐오증, 일본인 壯士 및 군인들의 횡행, 헌병 및 경찰들의 위압, 일본인의 부동산 매점 등의 요인들이 겹쳐 많은 사람들 특히 사대부계층들의 낙향·도피·은둔 등의 현상이 일어난 결과였다고 보아야 할 것이다.

둘째, 수도 한성부의 인구규모는 조선왕조 중기에서 말기에 이르는 약 200년간에 걸쳐 언제나 18만 명에서 20만 명을 전후하는 선에서 强保合을 계속했었다.[24] 고종시대에 들어와서도 고종 즉위년(1863)에서 동 9년까지는 20만 명을 밑돌지 않았으며 그후는 19만 명 대의 인구규모를 계속 유지하고 있다. 그런데 광무11년(1907)의 한성의 인구규모는 〈표 2〉에서 고찰한 대로 218,225명이었고 그 중에서 한국인은 199,325명에 불과했으며 나머지는 일본인·중국인·구미인이었다. 개항후 전기·전차·상수도·공원 등 근대적 도시시설이 도입되었을 뿐 아니라 천주교·개신교도 깊은 뿌리를 내렸고 주민의식의

23) 손정목, 《韓國開港期 都市變化過程硏究》(一志社, 1982), 245~246쪽.
24) 손정목, 앞의 책(1977), 204쪽.

근대화도 다른 어떤 지방보다도 앞장서 가장 도시화가 진전되었다고 보아야 할 수도 한성에 있어서 한국인의 수는 조금도 늘지 않았을 뿐 아니라 오히려 감소된 현상으로 나타나고 있는 점은 앞에서 언급한 도시 기피현상 특히 각 지방 동족부락에 별도의 생활기반을 가졌던 사대부계층의 낙향이 두드러진 것이었음을 알 수가 있다.[25]

셋째, 정조 13년(1789)에 인구규모 5,000명 이상의 49개 도시 중 부·목·군·현의 청사 소재지 즉 이른바 읍이 아닌 곳은 동래부내의 부산과 온천장이던 온양뿐이었다.[26] 그런데 광무 11년에는 고을(읍)이 아니던 곳이 부산·삼랑진·김천·구포·사상·병영·삼천포의 7개로 늘어났고, 또 개항전에는 고을의 소재지가 아니었는데 개항후에 감리서가 설치되었거나 分郡이 되어 새롭게 고을(읍)이 된 곳으로 인천·원산·마산·목포·진남포·성진의 6개가 있다. 또 정조 13년에 인구 5,000명 이상의 도시에 들었던 강화·廣州·양주·연안·당진·부여·온양·아산·태인·나주·영유·성천·정주·안주·창성·초산·상원·덕천·가산·선천·길주·단천·홍원 등 23개 고을이 광무 11년에는 밀려났고, 그 대신에 인천·원산·통영·마산·삼랑진·수원·원주·철원·이천·제천·남원·목포·김천·예천·성주·구포·사상·창원·울산·병영·삼천포·고성·남해·하동·배천·봉산·진남포·개천·박천·북청·성진의 31개가 새롭게 등장하고 있다. 즉 49개 고을 중 약 반수가 밀려났고 57개의 반수 이상은 새롭게 등장한 것이니 개항기를 통하여 그만큼 지역구조상에 변화가 일어난 것임을 알 수가 있다.

넷째, 광무 11년의 57개 도시 중 수원은 정조 13년 이후에 새로 생긴 조선시대 후기의 신도시이고,[27] 인천·목포·마산·진남포·원산·성진은 개항으로 인하여 새롭게 생긴 도시들이며, 강원도의 이천과 평남의 개천은 광산물 생산의 중심지이고, 전남의 제주와 경남의 통영·울산·병영·삼천포·거제·남해 등은 고종 26년(1889)의 〈조일통어장정〉 이후 일본인들에 의한 어업기지로 殷盛해진 곳들이다. 삼랑진은 부산개항 직후부터 일본인 미곡매수

25) 이점에 관하여는 손정목, 위의 책, 161~165쪽 참조.
26) 손정목, 위의 책, 222쪽.
27) 손정목, 위의 책, 402~451쪽.

의 본거지가 되었고 1902년부터 다음해 말까지에 걸친 경부선 철도공사,[28] 1904년부터 시작한 삼랑진~마산간 철도공사 특히 삼랑진 철교공사로 많은 인력을 흡인한 곳이다.[29]

다섯째, 〈표 9〉에 의하여 정조 13년과 광무 11년의 도별 도시분포를 보면 그 동안에 일어난 지역구조의 변화를 명백히 알 수가 있다. 우선 정조 13년에는 평남·평북에 많은 도시가 있었는데 광무 11년에는 그 수가 격감하고 있다. 그것은 정조 13년(1789) 당시 평남·평북 읍들의 행정구역 면적이 지나치게 넓었다는 데도 원인이 있지만 이 지역이 1894~95년에 걸친 청일전쟁 때의 주 전쟁터였다는 점, 그리고 북변방어를 위해 상비되었던 병사들이 한말에 와서 거의 유명무실해져 버린 것이 인구감소의 큰 원인이었을 것이다. 그 대신에 압도적으로 그 수가 늘어난 곳이 경남·북 특히 경남지역이다. 이것은 일본인들의 세력이 남으로부터 정착·확산된 때문이며 부산·동래·구포·사상의 부산권, 그리고 병영·울산·동래·부산·사상·구포·삼랑진·창원·마산·고성·통영·거제·진주·삼천포·남해·하동으로 이어지는 동남해안 벨트지역의 도시화를 현저하게 알 수가 있다.

〈표 9〉 도별 도시분포 비교

도별	정조 13년(1789)	광무 11년(1907)
京畿	漢城·開城·江華·楊州	漢城·仁川·開城·水原
江原		原州·鐵原·伊川
忠北	忠州·淸州	忠州·淸州·堤川
忠南	公州·唐津·扶餘·溫陽·牙山	公州
全北	全州·泰仁	全州·南原
全南	光州·羅州·濟州	光州·木浦·濟州

28) 경부선의 삼랑진구간(구포-밀양)은 1902년 8월에 기공, 다음해 12월에 준공되었다.
《조선철도사》 1(조선총독부 철도국, 1929), 183쪽.

29) 삼랑진 마산간 철도는 1904년 9월에 착공, 1905년 12월에 완공하였는데 삼랑진에 가설된 낙동강교량공사에 가장 오랜 시일이 소요되었다. 위의 책, 332~337쪽.

慶北	大邱·尙州·安東·慶州·義城	大邱·尙州·慶州·金泉·安東·醴泉·星州·義城
慶南	釜山·東萊·密陽·晉州·巨濟	釜山·統營·馬山·晉州·三浪津·東萊·龜浦·沙上·昌原·密陽·蔚山·兵營·三千浦·固城·南海·巨濟·河東
黃海	海州·黃州·延安	海州·黃州·白川·鳳山
平南	平壤·成川·德川·永柔·安州·祥原	平壤·鎭南浦·价川
平北	義州·定州·昌成·楚山·鐵山·嘉山·宣川	義州·博川·鐵山
咸南	咸興·洪原·端川	元山·咸興·北靑
咸北	鏡城·吉州·明川	鏡城·城津·明川

여섯째, 그러나 그렇다고 할지라도 개성·수원·원주·철원·충주·청주·공주·전주·남원·광주·제주·대구·상주·경주·안동·성주·창원·진주·해주·황주·평양·의주·함흥·경성 등 조선시대로부터의 전통있는 도시들이 24개나 들어 있다는 점은 그대로 보아 넘길 수 없다. 조선시대 고을의 명칭에 州자를 사용한 大邑 즉 부 또는 목은 전국을 통해 모두 23개뿐이었는데 그 중에서 14개가 이중에 포함되어 있고, 개성·수원은 유수부가 배치되었던 이른바 準수도였었고 경주·전주·평양·의주·함흥의 5개 고을은 종2품 부윤이 배치된 곳이었으며 안동과 창원은 大都護府 소재지였으니[30] 전통의 무게를 실감할 수 있게 해주고 있다.

〈孫禎睦〉

2) 국외 이민

(1) 만주·노령지역

가. 이주 동기

조선말 조선인이 오늘날 중국 동북 三省인 만주·노령으로 이주하게 된

30) 손정목, 앞의 책(1977), 46~58쪽.

동기는 조선내의 상황 변화와 만주·노령지역의 유인 요소 그리고 일본의 제국주의적 침략 등을 들 수 있다. 우선, 조선내의 상황변화로 가장 중요한 것은 조선후기 농촌의 영농기술 개선에 따라 생산력이 증대되고 노동력이 절감되었다는 것이다. 이에 일부 농가는 경작지를 확대시킬 수 있었으나, 반면 많은 농가들은 생계유지를 위한 최소한의 경작지마저 잃게 되어 농업 노동자가 되거나 유민이 되었다. 또한 17~18세기에 자주 발생했던 자연재해에 따른 흉년과 전염병은 촌락사회를 붕괴시켰으며, 세도정치로 인한 정치문란과 관리들의 가혹한 민중 수탈은 다수의 농민을 빈곤화시켰다. 그 결과 크고 작은 봉기들이 전국에서 잇달아 발생하여 정치와 사회가 불안해지자 압록강 對岸의 봉금지대에는 별세계가 있어 영웅호걸이 백성을 모은다는 위서와 소문이 나돌기까지 하였다.[1] 이에 많은 조선인은 생계를 위하여, 새로운 안식처를 찾아서, 심지어 헛소문에 현혹되어 국경지대인 만주·노령으로 이주하게 되었다.

조선인이 만주·노령지역으로 이주하게 된 동기가 경제적 빈곤과 사회불안이라면, 만주·노령 지역이 조선인을 유인한 요소는 역사적·자연적·지리적 조건이라 할 수 있다. 만주지역 특히 간도지방은 역사적으로나 영토적으로 고구려·발해·고려에 이르기까지 장기간 조선인이 거주하였던 지역으로 마치 고국과 같이 인식되었던 곳이었다. 만주의 비옥한 농토에서의 수확고는 함경도의 수확고에 비하여 3배나 되었다. 또한 만주의 자연조건은 무일푼인 사람이라도 농사 이외에 산삼을 캘 수 있었을 뿐만 아니라 울창한 산림 속에 서식하는 각종 금수를 수렵할 수 있었으며, 벌목이 가능하였으므로 가난한 조선인이 이주하기에 적합하였다. 그리고 지리적으로도 만주·노령은 쉽게 渡江할 수 있는 인접지역이었다. 두만강에는 수량이 감소할 때 걸어서 건

---

1) 金俊燁·金昌順,《韓國共産主義 運動史》I (고려대학교 아세아문제연구소, 1974), 34~35쪽.
田川孝三, 〈近代北鮮農村社會と流民問題〉(《近代朝鮮史硏究》 1, 朝鮮總督府朝鮮史編修會, 1944), 607쪽.
朝鮮總督府, 〈國境地方視察復命書, 其三〉(《白山學報》 11, 〈資料〉, 1971), 201~202쪽.
盧啓鉉,《韓國外交史硏究》(海文社, 1968), 285쪽.

널 수 있는 곳이 10여 개소나 되었고, 겨울철 결빙을 이용하면 중국인이 노령이나 노야령산맥을 넘는 것 보다 훨씬 쉬웠다.[2] 역사적·자연적·지리적 조건뿐만 아니라 변방을 강화하려는 淸朝와 1860년에 〈露淸北京條約〉으로 연해주를 획득한 러시아정부가 조선인의 이주를 적극 장려했던 것도 조선인이 만주와 노령으로 이주하게 된 동기가 되었다. 일찍이 1870년말 通化縣의 중국인은 벼를 경작할 수 있는 평북농민을 환영하였고, 1890년부터 1910년간에는 만주의 다른 지역에서도 처녀지 개간과 벼농사를 위하여 조선인의 이주를 적극 환영하였다.[3] 러시아정부 역시 개척사업을 위하여 조선인의 저렴한 노동력을 이용하고자 적극 이들의 이주를 환영하였을 뿐만 아니라 귀화하면 토지를 급여하였다.[4]

끝으로 일본 제국주의 영향 때문에 이주한 조선인들도 있다. 일본이 1905년 러일전쟁 승리 후 을사조약으로 조선의 외교권을 박탈하자, 의병 잔류자와 그 가족 그리고 독립운동가들이 국권회복을 위한 독립운동기지를 설정하겠다는 목적으로 만주·노령지역으로 다수 이주하였다. 한편 일본은 1907년 간도를 조선 영토라 선언한 후 10만여 조선인의 생명과 재산을 보호·감독한다는 명분을 내세워 統監部 派出所를 설치하고 조선인을 청의 관민으로부터 보호하는 등, 적극적인 이주정책을 실시하였다. 그리고 1908년에는 일본이 동양척식회사를 설립하고 조선인을 수탈하자 농토를 잃게 된 농민 또한 생계를 찾아 이주하였다. 일본이 1909년 9월 4일 상품 판로와 철·석탄의 원료공급지에 대한 이권을 위하여 두만강을 한·청 양국의 국경으로 결정한 간도협약에 의하여 간도주재 조선인이 영주권·토지소유권 그리고 재산소유

2) 朴永錫, 〈滿洲問題에 對한 申采浩의 見解－1900年初 日本의 滿洲侵略에 관련하여〉(《軍史》 창간호, 국방부 전사편찬위원회, 1980), 160쪽.
朝鮮總督府, 〈國境地方視察復命書〉(《白山學報》 9, 1970), 195쪽.
東支鐵道經濟調査局 編, 《北滿洲と東支鐵道》上(大阪：大阪每日新聞社, 1922), 26쪽.
玄圭煥, 《韓國流移民史》上 (語文閣, 1967), 680쪽.

3) 李勳求, 《滿洲와 朝鮮》(평양：평양숭실전문학교 경영학 연구실, 1933), 95쪽.
玄圭煥, 앞의 책, 11·16쪽.
朝鮮人組合 編, 《滿洲における移住鮮人の狀況》(安東縣, 1916), 8쪽.

4) 朴永錫, 〈日帝下 滿洲·露領地域에서의 抗日民族獨立運動－北路軍政署 獨立軍兵士 李雨錫의 活動을 中心으로〉下(《東方學志》 35, 1983), 285쪽.
玄圭煥, 앞의 책, 830쪽.

권을 획득할 수 있게 되자 조선인의 이주가 더욱 활발해졌다.5)

위에서 언급한 복합적 이유로 조선인의 만주·노령지역으로의 이주가 활발했는데, 1907년부터 1910년 사이 매년 약 1만 명이 간도지방으로 이주하더니 1911년에는 약 2만 명, 1912년에 약 4만 명이나 이주하였다. 노령지역에도 1897년에 26,159명이었던 조선인의 수가 1911년에는 59,577명으로 증가하였다. 1910년 만주지역에 거주한 조선인의 출신도별 순위는 함북·평북·평남·함남·황해·경남·경북·강원의 순이었다. 노령지역에도 함경북도 출신이 압도적으로 많았다. 함경도 주민이 이주의 선두를 차지하고 있는 이유는 두만강을 쉽게 건너 간도와 노령지역으로 이주할 수 있었기 때문이었다.6)

나. 이주 상황

조선인의 만주지역으로의 이주상황을 살펴보면 다음과 같다. 먼저 두만강 대안지방인 북간도 방면에 조선인이 밀집해 살았다. 西北經略使 魚允中은 1883년에 함경북도 시찰중 圖們江 封禁令을 해제하고 함경감사로 하여금 이 지역에 대한 地券을 발급하도록 하였다. 이러한 강력한 행정적 뒷받침의 결과, 도강 이주자가 격증하여 延吉縣과 和龍縣에 연이어 布合爾通河와 海蘭江 유역에 조선인의 촌들이 형성되었다.7) 이에 1890년 청의 撫懇局은 조선인의 이주를 海蘭江이남으로 제한하고, 이들이 중국인의 소작인이나 고용인으로 채용될 경우에만 이주를 허용하는 한편, 변발 호복하고 귀화하기를 적극 강요하였다.8) 1898년에 이르면 조선인이 남부 우수리河 남부로부터 북간도 북

---

5) 松村高夫, 〈日本帝國主義下における滿洲への朝鮮人移動について〉(《三田學會雜誌》 63-6, 1970), 72쪽.
李勳求, 앞의 책, 140·142·157쪽.
朝鮮總督府, 〈國境地方視察復命書〉, 206쪽.

6) 安鍾海, 《露領內의 韓人獨立運動에 관한 一考察》(嶺南大 大學院 碩士學位論文, 1975), 13쪽.
李求弘, 《韓國移民史》(중앙일보사, 1979), 21쪽.
朝鮮人組合 編, 앞의 책, 7쪽.

7) 松村高夫, 앞의 글, 239~240쪽.

8) 이러한 청측의 적극적인 귀화정책에도 불구하고 수만 호의 조선족이 거주하는 茂山부터 穩城에 이르는 두만강 대안지역에서는 변발·호복한 자는 1%에 불과하였다.
柳光烈, 《間島小史》(京城 : 太華書館, 1933), 34쪽.

쪽 내륙의 穆陵지방으로 이주하여 거의 3리나 되는 촌을 이루었다. 1900년 의화단 사건이 발발하였을 때 러시아군이 북간도지역으로 진군하자 이에 놀란 대부분의 중국인이 길림으로 도피하였고 이에 조선인이 북간도지역의 공백을 메우기 시작했다. 조선정부는 간도지방의 조선인을 보호하기 위하여 1902년에 李範允을 간도관찰사로 파견하였으며, 1903년에는 그를 간도관리사로 임명하였다. 이범윤은 도처에서 조선인이 청군의 박해를 받고 있음을 보고 러시아 세력을 배경으로 장정을 모집하고 포대를 편성하여 이들을 보호하였다. 그러나 러일전쟁에서 러시아가 패배하자 러시아를 원조하였던 이범윤을 위시한 많은 조선인은 동북 노령지역으로 이주하였다.[9)]

다음으로 牧丹江 以西지방을 살펴보면, 이 지역은 고구려와 발해의 寧古塔과 東京城이 위치한 지역으로 조선인이 일찍부터 이주했던 역사적인 지역이었다. 봉금령이 완화되면서 이 지역으로 이주하는 조선인의 수가 증가하였고, 더욱이 벼농사가 성공하자 이주자가 일시 급증하여 1892년에 이르면 하얼빈(哈爾濱)까지 조선인이 이주하였다. 1901년부터 1903년 사이에 러시아가 東淸鐵道를 부설하던 당시 노동자로 왔던 함경도와 평안도민들이 그대로 주저앉아 노동·잡업·식당·여관업·상업 등에 종사하였다. 橫道河子지방에도 1894년경부터 조선인이 이주하기 시작하여 1930년경에는 그 부근 10리가 전부 조선인의 마을이 되었다.[10)]

압록강 연안의 서간도 지방으로는 17세기부터 조선인의 이주가 시작되었다고 본다. 通化縣의 上甸子와 下甸子 부근의 중국인은 1876년부터 벼농사를 경작하는 평북민을 환영하였다. 1897년 조선정부는 徐相懋를 西邊界管理使로 임명하여 압록강 일대뿐만 아니라 더 깊숙한 오지에 이주한 조선인의 권익을 보호하도록 하였다. 1903년 5월에 압록강 대안으로 파견된 西間島有志視察團의 조사에 의하면 長白에서 신의주 맞은편의 丹東에 이르는 지역에 남자 23,937명, 여자 21,656명인 약 6,357호의 조선인이 거주하였다. 특히 단동

9) 柳光烈, 위의 책, 34쪽.
李求弘, 앞의 책, 17쪽.

10) 朴春光, 〈在滿百萬 朝鮮人의 現況〉(《彗星》 1권 7호, 1931)(太學社, 《韓國近世史論著集-舊韓末編》 2, 影印版, 1982), 228쪽.

서쪽의 각 현은 토지가 비옥하여 도처에 논을 경작하는 조선인 마을이 형성되었다. 그 곳에는 철도부설공사에 고용된 노동자와 곡물과 연초 재배에 종사하고 있던 조선인이 적지 않았다.[11]

1906년경에는 주로 압록강에서 그리 멀지 않은 남만주 지역인 營口·遼陽 지방으로 많은 사람들이 이주하였다. 이민수가 점차 증가하게 되자 海龍·鐵嶺·新京지방 등 만주 전지역으로 이주범위가 확대되었다. 특히 러일전쟁 중 군용으로 부설된 安奉線이 1911년에 개통된 후 더욱 많은 조선인이 편도 여행비와 일년간 지낼 수 있는 생활비만을 가지고 철도변을 따라 이주하였다.[12] 일찍이 1883년에 金華龍 등 수명이 通化小彎溝로부터 瀋陽지역으로도 이주하였다. 그후 벼농사가 이 지역에서 가능하게 되자 많은 조선인들이 이주하여 1916년경에는 그 수가 이미 544호로 3,227명 이상이나 되었다. 한편 1906년 평북 벽동사람 金時禎 외 수명이 처음으로 심양현에 이주하여 개간사업에 착수한 후, 평안도와 경상도의 농민이 점차 황무지를 매입하거나, 중국인의 소작인이 되어 농업에 종사하였다. 1908년 동부 만주에 이주하였던 조선인은 벼농사에 적당하다는 新民公太堡 부근으로 많이 이주하였고, 撫順에는 1910년경에 평북 의주 출신 宋秉柱와 金萬里가 농경을 목적으로 처음 이주하였다 한다.[13]

노령지역으로는 1860년대 초기부터 조선인이 가족이주 형태로 두만강 어귀의 북쪽 연해주에 위치한 뽀시에트(Posieta)·치씬허(Tizinkhie)·옌띠허(Yantikhe)로 집단 이주하였다. 1860년대 후기와 1870년대에 이르면 興凱湖를 따라 이주하여 沙蔓里와 우스리河 남부 일대인 니꼴스크(Nikol'sk)를 중심으로 한 라즈드리노에(Razhdrinoe)·베니야진(Benyazhin)·시꼬또바(Sikotova), 그리고 북방 綏芬(Syufan)강 연안의 꼰스딴띠놉스끼(Konstantinovski)·까자께비첸까(Kazakevichevka)·뿌찔롭까(Pucilovka)·코르사꼽까(Korsakovka)·사마르가(Samarga)河와 흑룡강의

11) 朝鮮人組合 編, 앞의 책, 8쪽.
朴永錫, 〈日帝下 韓國人 滿洲移住에 關한 硏究－日帝下 韓國人移住政策을 中心으로〉(《省谷論叢》 10, 1979), 90쪽.

12) 朝鮮人組合 編, 앞의 책, 8쪽.

13) 朴春光, 앞의 글, 227쪽.
朝鮮人組合 編, 앞의 책, 20~21쪽.

합류지점인 블라고슬로벤노에(Blagoslovennoe)와 블라디보스톡(Vladivostok)에 조선인 마을이 생겼다.[14)]

더욱이 1884년에 조러수호통상조약이 체결되어 이주가 자유롭게 되자 조선인의 이주는 급증하여 南石洞을 위시하여 많은 곳에 조선인 마을이 다투어 형성되었다. 특히 1898~1899년에는 그로데꼬프(Grodekov) 프리아무르 군사령관이 조선인의 이주를 적극 장려하였기 때문에 하바로프스크(Khabarovsk)부근과 키(Kii)강 유역에 위치한 루끼아노프까(Luk'yanovka)·오시포드까(Osipodka)·알렉싼드로브까(Aleksandrovka) 등에 조선인 마을이 생기게 되었고 또 금광지역에도 다수의 조선인이 거주하게 되었다. 수분河·레후(Lekhu)하·다라뷔에(Daravie)하 유역에도 시넬리니코프(Sinel'nikov)·코르사꼽까·빌호네또마노프(Vilkhnetomanov) 외에 수십 개의 마을이 건설되었다.[15)]

1909년의 통계는 블라디보스톡·뽀시에트·니꼴스크·니꼴라옙스크(Nikolaevsk) 일대에 각각 약 2만 명, 기타 지역에 5천여 명으로 모두 8만 5천여 명의 조선인이 이주하였음을 말해준다. 1910년 일본에게 국권을 강탈당한 이후 10년간 46,064명이나 추가로 노령으로 이주하였고, 1915년에는 연해주에만 조선인의 촌락이 40여 곳이나 되었다. 이상과 같이 노령 연해주의 대부분은 조선인에 의하여 개척되었다. 조선인이 황무지와 沼澤을 개척하여 옥토로 만들고 나면, 러시아인이 이주하였고, 조선인은 강제로 또 다시 황무지를 개척하기

---

14) 朝鮮總督府內務局社會課 編,《滿洲及西伯利亞地方に於ける朝鮮人事情》(京城, 1923), 8쪽.
Walter Kolarz, 李碩昆 역, 〈The People of the Soviet Far East : 在소련 韓人들의 生態〉(《思想界》 3, 1958), 25쪽.
松村高夫, 앞의 글, 62쪽.
高承濟, 〈沿海州移民의 社會史的 分析〉(《白山學報》 11, 1971), 155쪽.
田原茂,《滿洲와 朝鮮人》(奉天 : 滿洲朝鮮人親愛義會本部, 1923), 139쪽.
金俊燁·金昌順, 앞의 책, 27~30쪽.
田川孝三, 앞의 글, 570·571쪽 및 581쪽.
玄圭煥, 앞의 책, 188쪽.
李智澤, 〈시베리아의 3·1운동〉(《月刊中央》 3월호, 1971), 187쪽.
南滿洲鐵道株式會社 編,《極東露領における黃色人種問題》(大阪 : 每日新聞社, 1929), 103쪽.
蔡根植,《武裝獨立運動秘史》(대한민국공보처, 1949), 68쪽.

15) 임계순, 〈만주·노령 동포사회(1860~1910)〉(《한민족독립운동사》 2, 국사편찬위원회, 1987), 597쪽.

위하여 오지로 이주되었다. 이리하여 뽀시에트 일대부터 우수리의 이만(Iman), 흑룡강의 연해주 및 나아가서 바이칼일대에 이르기까지 조선인촌이 건설되었다.16)

다. 경제와 사회생활

만주지역으로 이주한 조선인은 대부분 농업, 수렵 및 채삼과 광산업에 종사하였다. 지역에 따라 다소의 차이는 있었으나 중국인이 많이 거주하는 지역의 조선인은 대부분 중국인에게 소작인으로 고용되어 농사를 지었다.17) 이러한 경우 일반적으로 지주의 명령에 무조건 복종하겠다는 계약하에 지주로부터 가옥·농구·종자·비료 등 일상 생활필수품을 급여받는데, 그들이 이주한 첫 해에는 농장의 노예와 다름없는 생활을 하게 되며 수확 후에 그 동안 급여받은 대가를 지주에게 반환해야만 하였다.18) 지역에 따라 소작료도 다소 차이가 있었다. 지주로부터 황무지를 빌려 개간할 경우 첫 해의 소작료는 수확의 10%, 두 번째 해는 수확의 20%, 3년째는 수확의 30%를 지불했지만, 4년째부터는 지주가 요구하는 地租를 지불하지 않으면 안되었다. 지조는 초봄에 지주가 소작인과 소작료를 정하면 그해의 풍흉에 관계없이 정한 지조를 지불하여야 하는 定租였다. 생산량에 대한 분배는 지주와 소작인이 각각 50%씩 취하는 경우도 있었으나 대개 지주와 소작인이 4 : 6 또는 3 : 7의 비율로 분배하였다.19) 토지에 대한 공적인 세금은 지주가 부담하지만 청의 관헌·군인·지주 그리고 마적까지 잡다한 명목으로 조선 농민을 수탈하였다. 조선인이 토지를 소유하지 못한 이유는 정치적·사회적·경제적 불안으로 한곳에 오랫동안 정착하지 못하고 자주 이동하였기 때문이었다. 그들은 만주에서는 1909년 이전까지는 법적으로 토지를 소유할 수 없었으며 중국인 지주와 관헌으로부터 끊임없이 학대를 받았기 때문이었다. 이러한 이유로 소수 조선인

16) 임계순, 위의 글, 597~599쪽.
17) 柳承宙, 〈朝鮮後期 西間島移住民에 대한 考察-江北日記의 解題에 붙여〉(《亞細亞硏究》 21-1, 1978), 304쪽.
18) 朝鮮人組合 編, 앞의 책, 106쪽.
19) 朝鮮人組合 編, 위의 책, 20쪽.
허용구, 〈점산호들의 토지약탈〉(김양 편집, 《조선백년사화》 1, 요령인민출판사, 1981), 32~33쪽.

만 토지를 소유할 수 있었고 대부분은 중국인의 소작인이 되었다.[20]

그러나 부지런한 조선인은 농가마다 반드시 돼지·닭·개를 사육하였고, 농한기에는 미투리 삼기, 행상, 연료의 채취판매, 목탄 제조판매, 노동이나 축력을 이용한 운반업, 마포 짜기, 양잠, 전분제조, 양봉 등 각종 부업에 종사했다. 지방에 따라 감초와 인삼을 채취하거나, 목재를 벌채하기도 하고, 혹은 수렵이나 광산업에 종사하기도 했다. 정미업·미곡상·잡화상·여관·음식점·무역상·운반업·약종상·전당포를 경영하는 사람도 있었고, 의사·봉급생활자·고용인도 있었다.[21]

노령지역으로 이주한 대다수의 조선인 또한 농업에 종사하였다. 러시아정부의 적극적인 귀화정책에 의하여 1871년에 블라고슬로벤노에에 이주한 조선인은 1호당 100제샤찌나씩 분배받았고, 1891년 이후 귀화한 경우에는 1호당 15제샤찌나씩 분배받았다.[22] 대농으로 성공한 예도 적지 않았으나 대부분의 경우에는 식구수가 증가함에 따라 분배받은 토지만으로는 생계를 유지하기가 어려워 소작인이 되었다. 노령지역에서의 소작인의 경우는 지주가 소작인에게 농구와 식료품 일체를 지급한 경우에는 수확을 반분하였고, 단순히 토지만 대여한 경우에는 수확에 대하여 지주 40%, 소작인 60%로 분배하였다. 이외에 소작인은 지주와 모든 公課金을 같은 비율로 부담하였다. 이와 같은 소작조건은 소작인에게 사실상 그 부담이 과중한 편이었으며 더욱이 매년 居留稅까지 지불하여야 했으므로 비귀화 조선인의 생활은 곤궁하였다.[23]

러시아농민이 유럽과 아시아에서 실시하여 온 농법은 흑룡강유역과 연해주에 적합하지 못하여 계속 실패하였으므로, 조선인에게 임차하여 소작료를 취하는 편이 훨씬 유리하였다. 조선농민은 파종과 작물에 많은 잔손질과 수고를 들이기 때문에 러시아농민의 2배의 수확을 올릴 수 있었다. 그리하여

20) 李勳求, 앞의 책, 137쪽.
21) 고영일, 〈현보산 광산의 폭동〉(김양 편집, 앞의 책), 75~78쪽.
田原茂, 앞의 책, 30쪽.
22) 1제샤찌나는 2.7에이커로 약 3,300평이다.
23) 高承濟, 앞의 글, 158~159쪽.
玄圭煥, 앞의 책, 829·836쪽.
南滿洲鐵道株式會社 編, 앞의 책, 129쪽.
李智澤, 앞의 글, 192쪽.

1910년 항카호수(Ozero Chanka)를 제외한 연해주 일대의 토지는 조선인에 의하여 경작되었다 할 정도였다. 이들은 주로 메밀·참밀·귀리·콩은 물론 채소와 원예 농작물까지 재배하였다. 1910년에 니꼴스크와 우스티프키에(Ustipkie)에서 그리고 1917년에 그로데고보에(Grodegovoe)에서 벼농사가 성공하자 灌漑가 용이한 지역으로 조선인이 이주하였다.24)

일부 조선인은 1891년부터 흑룡강지역의 砂金鑛에서 노동하기 시작하였으나 러일전쟁 이후 러시아관헌은 조선노동자를 러시아 노동자 수의 1/2만을 고용하도록 그 수를 조절하였고, 1908년 이후 금광과 어장에서 1910년 7월부터는 관영사업에 조선인 고용을 일체 금지하였다. 그러나 연해주해안 각지에는 어업에 종사하는 조선인도 다수 있었다.25)

이주한 조선인의 대부분은 일찍부터 동족의식이 강하여 자연발생적으로 동향인이 함께 모여 상부상조하며 집단부락을 형성하고 있었다. 유력한 지도자에 의하여 자치적으로 운영되고 있던 이들 집단의 크기와 명칭은 일정치 않았다.26) 압록강 대안지역에서는 把頭라 불리는 지도자가 있어 주민의 상호부조와 결속을 책임지고 있었으나 타부락과는 단절된 상태에서 고립된 사회를 이루고 있었다. 그러나 이들은 마적의 약탈에 대처하기 위하여 조선의 郡·縣에 상당하는 지역을 會上으로 구획하고 파두를 회두라 불렀으며 이들 중 都會頭 또는 大會頭라 부르는 會上長을 선출하였다. 도회두는 회상내의 호구수와 장정수 및 병기를 파악하여 장부를 작성 보관하는 일에서부터 범죄자의 처벌, 공공요금의 수렴 그리고 군사활동을 위한 주민동원까지 담당하였다.27)

1884년경 연변의 조선인은 그 일대를 크게 四大保로 구획하고 보를 다시 조선의 面이나 鄕에 해당하는 社로 나누었다. 사는 鍾城대안의 경우 1사가

---

24) 金俊燁·金昌順, 앞의 책, 51쪽.
玄圭煥, 위의 책, 820·830·832·835·854쪽.
高承濟, 위의 글, 159쪽.
田原茂, 앞의 책, 159쪽.
25) 玄圭煥, 위의 책, 865~868쪽 및 873쪽.
田原茂, 위의 책, 140~141쪽.
南滿洲鐵道株式會社 編, 앞의 책, 120쪽.
26) 吳世昌, 〈在滿朝鮮人民會硏究〉(《백산학보》 25, 1979), 126쪽.
27) 柳承宙, 앞의 글, 301~303쪽.

570여 호부터 280여 호로 그 크기가 일정치 않았다. 이 사는 다시 甲으로 1갑은 다시 牌로 분할하였다 그리하여 당시 연변의 조선인은 모두 2만여 명으로 4,308호였으며 415패, 124갑, 39사, 4보로 구획되었다.[28]

동간도의 琿春에서는 지역자치기구를 社 또는 鄕이라 하여 그 長을 社長 또는 鄕長·鄕約·鄕正이라 하였으며, 그 보조원으로 社內의 장로를 甲長으로 임명하였고, 10여 호를 관할하는 자를 牌頭라 하였다. 또 지방에 따라 사나 향 대신 100호, 50호로 구획하기도 했으며 조선인만 거주하는 지방에서는 기구의 장을 조선에서와 같이 執綱·尊位·里長·洞長 등으로 정하기도 하였다.[29]

조선정부는 종래의 상부상조하던 조선인의 자치기구를 활용하여 이주인들을 관리하였다. 1907년 간도에 통감부 임시파출소를 설치한 일본은 간도를 北都所·會寧間島·鐘城間島·茂山間島로 하고 島社長을 1명씩 두었고, 이를 다시 41사, 290촌으로 구획하여 사에는 社長을 촌에는 村長을 두었으며 그 중 촌장은 각 촌민이 추천하였다. 그러던 중 1909년의 간도협약으로 지금까지 실시되어 오던 사를 폐지하고 면장을 선출하여 춘추 두 계절에 수고비를 지불하였다. 면장은 면회의를 개최하여 불법행위자를 징벌하고 이웃과 불목하거나 나이어린 사람이 윗사람을 능욕하였을 때 곤장 30대를 가하거나 境外로 추방할 권한을 가졌다. 이후 1910년 일제가 한국을 병탄하고 만주에까지 세력을 확대하게 되자 자연발생적으로 형성되었던 부락들이 점차 파괴되고 일본 행정체제로 구획되어 통치되었다.[30]

노령지역으로 이주한 조선인 역시 그들 방식의 집단 마을을 형성하였다. 그들이 처음 이주하였을 때 연해주는 거의 무인지대로서 불과 수십 명이 본국의 관습대로 부락마다 연장자를 風長(風尊)으로 선출하였다. 그는 사소한 사건을 관장하고 러시아 관헌의 지령을 전달하는 말단행정 임무를 겸하였다. 러시아 관헌은 조선부락의 풍장제를 중국의 전통적인 마을 통치제도인 老爺制度로 인식하고, 이들 풍장을 都老爺·村老爺로 구분하고 도노야에게는 여

28) 허용구, 앞의 글, 28쪽.
申奭鎬·金聲均 외, 《韓國現代史 3 : 民族의 抵抗》(新丘文化社, 1974), 230~231쪽.

29) 허용구, 위의 글, 32쪽.
朝鮮總督府, 〈國境地方視察復命書〉, 200쪽.

30) 임계순, 앞의 글, 624~625쪽.

러 촌의 노야를 총괄하는 지도자로서 조선인 전반에 대한 징벌의 권한을 위임하였다. 예를 들어 1907년에 블라디보스톡 新韓村의 노야는 위원 21명으로 韓人協議會를 조직하고, 이들은 때때로 啓東學校에 모여 각종사건에 대하여 회의를 열었다. 노야는 평상시에는 러시아 관청과의 교섭을 담당하였고, 기타 그 지역내에서 일어난 분쟁을 중재하기도 하고 서류를 代書하기도 했다. 노야, 후에 도노야의 직명은 그대로 자치단체의 명칭이 되었다. 조선인이 거주하는 촌에는 이러한 자치기구 이외에 상부상조하는 단체들이 조직되었다. 신한촌의 경우 계동학교 교사를 중심으로 약 20명이 韓人靑年會를 조직하여 일요일마다 학교에 모여 지식을 교환하기도 하고, 빈곤한 자, 병든 자, 사망자가 발생하였을 때 부조하였다. 이와 같이 학연, 지연, 혹은 혈연적 유대를 집단화한 단체는 다른 조선인의 촌에서도 많이 찾아 볼 수 있었다.[31]

노령에 이주한 조선인은 같은 동양문화권인 만주지역에서와는 달리 이질적인 문화 속에서 생활하였으므로 1세보다 2세가, 노인보다 청소년이, 여자보다 남자가 러시아인과 잡거하여 러시아화하는 경우가 많았고, 한러 국경지역 보다는 오지에서 생활하는 자가 더 러시아화하였다. 그러나 절대 다수는 모국어를 사용함으로써 그들이 조선인임을 잊지 않았다.[32]

조선인은 "밥은 굶어도 자식은 공부시킨다"는 말이 있을 정도로 자제교육에 힘써왔다. 이주 조선인사회에 있어서도 자제교육은 가장 중대한 문제 중 하나였다. 이들은 십여 호만 모여도 서당을 설치하고 훈장을 모셔다가 자제교육을 실시하는 미풍을 유지하였다. 서당은 비교적 소규모로 교실 하나에 한서와 경전에 밝은 한학자를 훈장으로 모셔 와 《千字文》·《明心寶鑑》·《論語》·《孟子》·《大學》 등의 한문과 습자 및 한학을 가르쳤을 뿐, 時勢를 가르치거나 이에 적응할 수 있는 교육을 실시하지는 못하였다. 이들 서당의 학생수는 평균 7~10명의 소수였고, 연령은 보통 8~17세까지였다. 훈장의 보수는 금전 대신 농산물로 계산하였는데 지역에 따라 옥수수·쌀·콩·수수 등 기타 다량

---

31) 위와 같음.

32) 玄圭煥, 앞의 책, 879쪽.
海野峯太郎, 〈ウスリ地方朝鮮人移民史:頭滿江を越えた人々〉(《三千里》 40, 1984), 101쪽.

의 곡물로 지급하기도 하였다. 이러한 서당형식의 교육기관이 1905년 이전까지의 유일한 조선인의 교육기관이었다. 그후에도 도시에서 멀리 떨어진 지역에서는 이러한 형태의 교육이 계속되었다.[33)]

1905년 이후부터는 만주와 노령지역은 조선인의 조국독립운동의 기지가 되었고 일본제국주의의 압박으로부터 벗어날 수 있는 피난처가 되었다. 독립운동 지도자들은 만주·노령이 지리적으로 조국과 인접하여 있고, 이미 많은 조선인이 이주하여 정착해 있었으므로 조국광복을 위한 자금과 인력 확보를 위하여 도움이 되리라 판단하였다. 그러나 전혀 연고가 없었던 지역에서보다는 도움이 되었지만 초기 이주자들의 대부분은 경제적 곤궁 때문에 의식주 해결에 여념이 없었으므로 이들에게서 국권회복을 위한 민족주의의 발로를 크게 기대할 수는 없었다. 또한 현지 국가의 정치·경제·사회상황이 항상 국권회복운동에 유리하지만은 않았다. 러시아정부는 1914년 이후 급변하는 국제정세와 과격한 사회주의이념의 확산으로 인하여 조선인의 독립운동을 견제하였다. 만주지역에서는 일제의 침략으로 인하여 조선인이 독립운동을 활발히 전개할 수 없었다. 게다가 독립운동 지도자들간의 의견 상충으로 조선인은 통일된 정치적 지도를 제공받을 수 없었다. 그리하여 뜻있는 애국독립지사들은 조선인 2세들을 애국시민으로 교육시켜 민족의식을 고취하는 것이 오히려 미래를 위하여 중요한 사업임을 깨닫게 되었다. 즉 국권수호운동의 실천적 방향을 교육에 두었던 것이다. 그 결과 1919년 3·1운동이 발발하자 만주·노령 각지에서 독립운동시위가 일어났고, 그 후에도 많은 조선인이 조국광복을 위하여 끊임없이 투쟁하였던 것이다. 더욱이 만주·노령 각지의 조선인이 긍지를 잃지 않고 언어와 풍습을 오늘날까지 유지할 수 있었던 것은 많은 우국지사들이 민족의식 고취를 위하여 교육의 필요성을 통감하고, 이를 위해 신명을 바친 결과라 하겠다.

〈任桂淳〉

---

33) 임계순, 앞의 글, 629쪽.
田原茂, 앞의 책, 54쪽.
李勳求, 앞의 책, 237쪽.
玄圭煥, 앞의 책, 430~431쪽.

(2) 미주지역[1)]

가. 이민 경위

1902년 12월 22일 제물포 항구에서 121명의 한인이 하와이를 향해서 출발했다. 미주지역으로의 공식적인 노동이민이 시작되었던 것이다. 이것은 우리나라 역사상 처음으로 서구 세계로의 이주민의 진출이 본격화되었음을 알려주는 일대 사건이었다.

18세기말 태평양 한가운데 위치한 하와이제도에 백인들이 진출하면서 경제적 변혁을 가져오게 되었는데, 그것은 다름아닌 사탕수수 재배의 발달이었다. 그런데 이에 필요한 노동력을 거의 전적으로 외부로부터 들여 온 인력에 의존하고 있었다. 처음에는 중국에서 많은 노동자가 수입되었으나 점차 포르투갈이라든가 일본으로 확대되었다. 이러한 가운데 하와이왕국은 경제적 실권을 쥔 백인들의 주동으로 1898년에 미국의 영토로 편입되었다. 이 무렵 백인 농장주들은 급증하고 있던 일본인 노동자들을 견제하면서 농장에 필요한 인력을 안정적으로 확보하기 위하여 한국으로 눈을 돌리게 되었다.

하와이 농장주들과 한국정부를 연결시켜 준 사람은 주한미국공사인 알렌(Horace N. Allen)이었다. 그는 1902년 초 휴가차 미국으로 건너갔다가 서울로 돌아오는 길에 하와이에 잠시 들렀다. 이때 그는 사탕수수 농장주협회의 극진한 대접을 받으면서 한국인 노동자를 불러들이는 문제에 대하여 장시간 의견을 나누었다. 그 해 4월 초 서울에 귀임한 알렌은 高宗을 설득하여 이민사업을 성사시키기에 이르렀던 것이다.

알렌이 나중에 본국 정부에 보낸 보고서에 따르면, 고종은 1882년에 발효된 〈입국금지법〉에 따라 중국인이 갈 수 없는 미국에 한국인들이 갈 수 있다는 점에 대하여 민족적 자긍심을 가지게 되었다고 한다. 그러나 이것은 하나의 요인에 지나지 않았다. 보다 중요한 사실은 당시 국내 상황이 계속되는 가뭄으로 혹심한 기근에 시달리고 있었다는 것이다. 따라서 국외로의 합

---

1) 미주지역의 초기 이민에 대한 학계의 연구동향과 성과에 대해서는 고정휴, 〈미주지역 독립운동에 관한 연구의 회고와 전망〉(《한국사론》 26, 국사편찬위원회, 1996), 536~540쪽 참조.

법적인 이주를 고려할 수 있는 경제적·사회적 조건이 만들어져 있었던 셈이다. 여기에 더하여 미국과의 우호적 관계증진을 통하여 주변 열강의 침탈로부터 국권을 지키고자 했던 고종의 희망도 크게 작용했다고 볼 수 있다.

한국정부는 1902년 11월 16일에 외국 이민을 전담할 기관으로서 宮內府 산하에 閔泳煥을 총재로 한 綏民院을 설치했다. 그리고 이 기관으로부터 하와이로의 노동자 모집과 파송의 일을 위임받은 데쉴러(David W. Deshler)는 동서개발회사(East-West Development Company)를 별도로 설립했다. 본사를 인천에 둔 이 회사는 부산과 원산 등 주로 항구 도시에 지점 형식의 사무소를 설치한 후 한인 책임자를 통하여 이민 희망자들을 모집하기 시작했다. 그들이 낸 광고문에서는 하루 10시간 노동에 매월 미화 15불(한화로는 57원)의 급료와 더불어 거처 및 의료가 무상으로 지원되는 좋은 조건이 제시되었다.

그럼에도 불구하고 처음에는 선뜻 이민 지원자가 나서지 않았던 것 같다. 하와이는 국내와의 내왕이 비교적 자유로운 만주와 노령지역과는 달리 한번 떠나면 쉽게 돌아올 수 없을 뿐 아니라 그야말로 문물과 풍속이 한국과는 완전히 다른 미지의 땅이었기 때문이다. 따라서 존스(George H. Jones)와 같은 미국인 선교사와 한국인 신자들이 중간에서 이민을 적극 권유하기도 했다.

하와이로의 노동이민은 1903년에 16척의 선편으로 1,133명, 1904년에 33척에 3,434명, 1905년에는 16척에 2,659명이 떠났다. 모두 합하여 7,226명으로서 비교적 순조롭게 진행되고 있었다고 할 수 있다. 그런데 1905년 4월에 한국정부는 돌연 이민금지령을 내렸다. 그 주된 이유는 하와이에서 한인 노동자들이 일본인 노동자들과 경쟁하는 것을 막으려고 한 일본의 압력 때문이었다.

1904년 7월경 한 일본인 이민회사가 자국의 외무대신에게 보낸 서신에 따르면, 당시 하와이에 거주하는 일본인은 이 지역 전체 인구의 과반수가 되는 7만 명 정도로서 이들이 매년 1억 원이 넘는 돈을 본국으로 송금하고 있었다고 한다. 그만큼 일본인들의 하와이 이민은 개인적이든 국가적이든 성공적인 사업이었던 셈이었다. 그런데 한인 이민의 숫자가 늘어나면서 일본인들의 기득권이 침해당할 우려가 커지고 있기 때문에 이에 대한 조처를 취해야만 한다고 건의했던 것이다. 이러한 건의를 받은 일본정부는 러일전쟁에서 승기를 잡게 되자 한국정부에 내밀한 압력을 행사했고, 이것이 결국 이민금지령으로 나타나게 되었던 것이다.[2)]

한편, 하와이 이민과는 별도로 1905년 4월 초 1,033명의 한인이 제물포 항구에서 멕시코로의 이민을 떠났다. 이들의 이민을 알선한 사람은 영국인 메이어스(John G. Meyers)였다. 그는 멕시코 농장주들과 동양인 이민을 계약하고 중국과 일본에서 모집하려고 했으나 실패한 후 한국에 와서 大陸殖産會社를 경영하고 있던 일본인 오바 칸이치(大庭貫一)와 손을 잡고 일을 추진했다. 메이어스가 중국과 일본에서의 이민 모집에 실패했던 이유는 멕시코에서의 농장생활이 매우 열악한 환경과 조건에서 노예처럼 혹사당하는 것으로 알려졌기 때문이었다. 그런데 한국에서는 이러한 사정을 잘 몰랐기 때문에 이민 모집에 성공할 수 있었던 것이다.

그 후 멕시코로 떠났던 이민자들의 비참한 생활이 국내에 알려지면서 이에 대한 정부의 진상 조사와 대책을 촉구하는 여론이 일게 되었다. 그러나 이 무렵 이미 외교권을 상실해 가고 있었던 정부로서는 마땅한 대책을 세우기가 어려웠다. 결국 멕시코로의 '불법이민' 송출사건은 일본의 압력에 의한 이민금지령을 대외적으로 합리화시키는 명분으로만 이용되었을 뿐이었다.[3)]

나. 이민의 구성과 특징

미지의 세계인 하와이와 멕시코로 이주한 한인들은 어떠한 사람들이었을까. 먼저 지적해야 할 것은 노동이민의 특성상 20·30대의 성인남자가 거의 대부분을 차지하고 있었다는 점이다. 즉, 하와이로 간 7,226명 가운데 남자가 6,048명, 부녀자는 637명, 그리고 어린이가 547명이었다. 멕시코로 간 1,033명

---

2) 崔永浩, 〈韓國人 初期 하와이 移民－始作과 終末의 動機－〉(《全海宗博士華甲紀念 史學論叢》, 일조각, 1979), 699~712쪽.
尹炳奭, 〈國外 韓國人의 歷史와 文化, 社會에 관한 基礎的 硏究(Ⅰ)－美洲 韓人社會의 成立과 民族運動－〉(《한국학연구》 2 별집, 인하대 한국학연구소, 1990), 3~10쪽.
보다 상세한 내용은 Wayne Patterson, *The Korean Frontier in America : Immigration to Hawaii, 1896~1910* (Honolulu : University of Hawaii Press, 1988) 참조.

3) 김원용, 《재미한인오십년사》(리들리 캘리포니아, 1959), 9~11쪽.
尹炳奭, 위의 글, 14~19쪽.

가운데는 남자가 702명, 여자가 135명, 어린이가 196명이었다. 그런데 이주자들이 나중에 귀국하지 않고 현지에 뿌리를 내릴 경우 남녀간의 성비불균형은 심각한 사회문제를 야기할 수 있었다. 이 때문에 '사진결혼'이 이루어지게 되는데, 1910년부터 1924년까지 1,000명 내외의 신부가 미국으로 건너가게 되었다.[4] 그럼에도 불구하고 결혼을 하지 못한 독신자들이 많았다. 해방 직전에 이르기까지 하와이와 미주본토의 전체 한인이 1만 명 내외에 머물렀던 이유도 바로 이 때문이었다.

그 다음으로는 이민자들의 출신배경과 직업이 매우 다양했다는 점이다. 하와이로 이주한 사람들 가운데 가장 큰 비중을 차지한 것은 도시 노동자였다. 그 다음으로는 전직 군인과 하급관료 출신이었다. 이외에도 수공업자, 정치적 망명객, 학생, 경관, 광부, 목공, 머슴, 승려 등이 포함되어 있었다. 농민은 전체 이주자 가운데 1/7 정도에 지나지 않았던 것으로 추측되고 있다. 그리고 지역적으로 볼 때도 도시에서 생활하던 사람들이 거의 대부분을 차지하고 있었다. 멕시코 이민의 경우에도 서울·평양 등의 대도시와 인천·부산·마산·원산 등의 항구도시 출신이 전체의 90%를 넘는 것으로 파악되었다. 이러한 사실은 조선 후기이래 지속되어 온 농민층의 분화현상에 따라 농민들의 도시로의 진출과 임금노동자화 되어 갔던 추세를 반영하는 것으로 풀이되고 있다. 아울러 국내에서의 이민 모집이 주로 도시에서 이루어졌다는 점도 간과해서는 안될 것이다.

하와이로 이주한 한인들이 도시 출신으로서 다양한 직업을 갖고 있었으며 또 비교적 높은 문자 해독율(전체의 40% 정도로 추정됨)을 보이고 있었다는 사실은, 이곳에 먼저 이주해 자리를 잡고 있던 중국인이나 일본인들과 비교할 때 매우 대조적이었던 것으로 평가되고 있다. 왜냐하면 이들의 경우 특정지역의 농촌출신으로서 거의 대부분 농민들이었기 때문이었다.[5]

---

4) 김원용, 앞의 책, 27~29쪽.
'사진결혼'으로 미국에 들어온 여자들의 경제적 사회적 활동상에 대해서는, Eun Sik Yang, "Korean Women of America: From Subordination to Patnership, 1903~1930", *Amerasia* 11-2, 1984, pp. 1~28 참조.

5) Bernice B. H. Kim(김봉희), "The Koreans in Hawaii"(M. A. Thesis, University of Hawaii, 1937), pp. 85~86.

세 번째로 지적할 것은, 하와이로의 이민은 단순한 경제적 이유에서만이 아니라 정치적·교육적·종교적 동기도 크게 작용했을 것이라는 점이다. 즉, 한편으로는 1904년 2월에 발발한 러일전쟁으로 말미암아 국권이 상실될지도 모른다는 위기감, 그리고 또 다른 한편으로는 기독교에 바탕을 둔 문명부강국으로서의 미국에 대한 인식이 하와이로의 이민을 부추겼을 가능성이 컸었기 때문이다. 실제로 하와이 이민자들 가운데 정치적 망명객과 신학문을 배우려는 학생 그리고 기독교 전도사들이 다수 끼어 있었고, 이들은 곧 미주에 형성된 한인사회의 지도자로 부상했다.6)

다. 한인사회의 형성과 발전

1903~1905년 사이에 하와이제도에 도착한 7,000여 명의 한인들은 오하우(Ohau)·하와이(Hawaii)·마우이(Maui)·카우아이(Kauai)의 네 섬에 산재한 30여 곳의 사탕수수 농장에 많게는 수백 명에서 적게는 수십 명 단위로 고용되어 집단생활에 들어가게 되었다. 그들은 하루 10시간의 중노동에 품삯은 남자가 65센트, 여자와 아이들은 50센트 정도를 받았다. 성인 남자의 경우 한달 평균 25일간 쉬지 않고 일을 하게 되면 16달러를 받을 수 있었다. 1인당 식비가 6~7달러 정도이고 숙소는 농장에서 무상으로 제공되었기 때문에 저축할 여유는 있었다고 보여진다. 따라서 착실히 돈을 모으게 되면, 힘든 농장생활을 청산하고 도시로 진출하거나 미국 본토로 이주할 수도 있었다. 실제로 하와이에서 한인들의 도시진출은 다른 어떤 민족들보다도 그 속도가 빠르며 또 그 비율이 높았다. 이러한 특징은 한인 이민의 대부분이 도시출신으로서 다양한 직업을 가졌던 사실과 연결시켜 해석되고 있다.7)

미주의 통일적 교민단체인 大韓人國民會가 1910년에 실시한 인구조사에 따르면, 그 동안에 귀국한 사람이 983명(남자 964명, 여자 19명)이고 미국 본토

Wayne Patterson, "Upward Social Mobility of the Koreans in Hawaii"(*Korean Studies* 3, 1976), pp. 82~87.

6) 김원용, 앞의 책, 29~32쪽 및 40~41쪽.

7) Wayne Patterson, 앞의 글, 82~87쪽.

Sun Bin Yim, "The Social Structure of Korean Communities in California, 1903~1920", *Labor Immigration under Capitalism : Asian Workers and Communities*(University of California Press, 1984), pp. 515~547.

로 이주한 사람은 2,011명(남자 1,999명, 여자 12명)이며 사망자가 45명이었다. 하와이에 그대로 거주하는 사람은 4,187명이었으며 새로 107명의 아이들이 출생했다. 출산율이 저조한 것은 독신자가 많았기 때문이었다. 이 문제를 해결하기 위한 것이 앞서 지적한 '사진결혼'인데, 그 결과 한인사회가 사회적 경제적으로 안정되면서 활기를 띨 수 있었다.

1925년 하와이 호놀루루 주재 일본총영사관의 조사에 따르면, 한인들 가운데 농장노동자의 숫자는 매년 감소하고 있었다. 1905년 4,946명이었던 농장노동자는 1910년에 1,732명으로 대폭 줄어들었고, 1924년에는 997명까지 떨어졌다. 이러한 가운데 한인들의 생활수준은 전반적으로 향상되어 나갔다. 농장노동자 중 일부는 자영농 또는 차지농으로서 독립하거나 농장관리인이 되었으며, 도시로 진출한 사람들은 소규모 자영업을 하거나 고용인이 되었다. 자영업의 경우에는 세탁업·재봉업·가구업·제화업·이발업·여관업 등이었으며, 고용인은 상업·수공업·광업·운수통신업·공공서비스업 등 사회의 거의 모든 분야에 걸쳐 있었다. 또한 소수이지만 종교인·교육가·관리·의사 등의 전문직종에 종사하는 사람도 생겨났다.8)

한편, 1905년 멕시코의 동남부 유까딴(Yucatan)州의 메리다(Merida)에 도착한 1,000여 명의 한인들은 22~24개 곳의 농장에 많게는 30명 이상, 적게는 4~5명씩 분산·수용되었다. 더위가 혹심해 온도가 화씨 90~100도 이상으로 오르내리는 곳에서 하는 주된 노동은 伐木 운반작업과 大麻 어저귀 밭에서 가시를 제거하고 뿌리를 자르는 일이었다. 식량은 최소한도의 배급에 그쳤으며 밤에는 토굴과 같은 곳에서 잠을 자야만 했다. 이처럼 열악한 환경에서 질병에 걸리면 치료도 받지 못하고 방치되었다. 그들의 참혹한 형상은 노예가 아니면 개와 말에 비견될 정도였다.9)

만 4년의 계약기간이 끝난 다음에야 그들은 비로소 자유민이 될 수 있었지만 그 동안 농장에 갇혀 지냈기 때문에 뚜렷한 생활방도를 찾기가 어려웠다.

---

8) Bernice B. H. Kim, 앞의 글, 158~161쪽.
吳世昌, 〈韓人의 美洲移民과 抗日運動〉(《民族文化論叢》 6, 영남대, 1984), 132~134쪽.

9) 尹炳奭, 앞의 글, 19~25쪽. 보다 상세한 내용은 李英淑 編, 《한국~멕시코 移民 80년사 : 유까딴의 첫 코리언》(인문당, 1988) 참조.

이러한 소식에 접한 대한인국민회는 특파원을 파견하여 교민들의 실정을 조사하고 구제사업을 벌이는 한편 그들을 미국으로 이주시키려는 계획을 세우고 미국정부와 교섭했지만 성사되지 않았다. 그 후 농장과 도시를 전전하면서 어렵게 생활하던 교민들 가운데 일부(288명)가 1921년에 쿠바로 이주했다.[10]

하와이에서 미국 본토로, 그리고 멕시코에서 쿠바로 점차 그 생활무대를 넓혀나갔던 미주한인의 이민 제1세대는 환경과 문화가 전혀 다른 곳에서 오직 노동만으로 어렵고 힘든 삶을 개척해 나갔다. 그런 가운데서도 그들은 한인교회와 학교를 세우고 또 자치단체를 만들어 한인사회를 형성·발전시켜 나갔다.

특히 초기 이민사회에서는 "한인이 사는 곳에는 항상 교회가 있었다"라고 할 정도로 교회가 큰 비중을 차지했다. 그것은 신앙공동체이기 이전에 소수민족으로서의 소외감과 고국에의 향수를 달래면서 서로 위안을 얻고 또 새로운 삶의 의지를 다지는 만남의 장소였던 것이다. 이민 10년만에 하와이 각 지방에는 39곳의 교회가 설립되고 전체 한인의 절반이 넘는 2,800명의 기독교인이 모여들었다. 초기에 이민이 적고 또 넓은 지역에 산재해 있던 미국 본토에서도 한인교회가 7곳에 교인이 452명이었다.[11]

교회는 곧 학교이기도 했다. 주일학교와 '국어학교'가 주로 교회안에 마련되어 있었기 때문이다. 여기서는 교육을 받지 못했던 이민 제1세대들이 국어뿐만 아니라 영어를 배우면서 국내 소식을 듣고 현지사회에 적응할 수 있는 정보를 얻었다. 그리고 미국에서 출생한 아이들은 이곳에서 한국의 언어와 문화 및 역사를 배움으로써 민족적 정체성을 나름대로 느끼고 확인할 수 있었다. 물론 그들은 공립학교에도 다녔다. 다른 소수민족에 비해 한인 아동들의 취학율은 무척 높았던 것으로 나타났다. 초기 한인들은 교육을 통해서만 자신들의 후손이 사회적·경제적 지위를 향상시켜 나갈 수 있다는 점을 확실히 깨닫고 있었던 것이다.[12]

---

10) 김원용, 앞의 책, 12~27쪽.

11) 柳東植, 〈在美韓人의 定着過程에서의 宗敎의 役割—하와이의 韓人社會와 基督敎를 中心으로〉(《연세논총》 28, 연세대 대학원, 1988), 2~6쪽.

12) 吳世昌, 앞의 글, 146~147쪽.

자치단체 역시 이주 초기부터 생겨났다. 하와이의 각 농장에서 집단생활에 들어갔던 한인들은 '洞會'를 조직하여 서로간의 친목을 다지면서 상호부조와 권익신장을 도모했다. 그리고 1903년 8월에 벌써 민족운동의 성격을 띤 新民會가 호놀루루에서 결성되기도 했다. 이 단체는 일제의 침략으로부터 한국의 국권을 보호한다는 목적을 내세우고 강령으로서 동족단결, 민지계발, 국정쇄신을 제시했다. 미국 본토에서는 가장 먼저 한인사회가 형성되기 시작했던 샌프란시스코에서 桑港친목회가 조직되었다. 이 단체는 共立協會로 확대 발전하면서 미주 각처 20여 개의 한인단체들을 통합하는 구심점이 되었다. 이리하여 한국의 주권이 상실되기 직전인 1910년 5월 10일에 미주한인사회의 통일적 지도기관이자 '무형정부'임을 자처했던 대한인국민회가 공식 출범하기에 이르렀던 것이다. 실제로 대한인국민회는 1910년대 중반에 미주뿐만 아니라 시베리아와 만주·중국 본토에까지 그 지부 조직을 확대해 나가면서 국외한인사회를 통합하고 국권을 회복하려는 원대한 계획과 포부를 가졌었다. 이러한 노력들이 제1차 세계대전이 종결된 후 민족자결주의에 기초한 '세계개조'의 움직임과 맞물리면서 3·1운동을 일으키는 도화선이 되었고 대한민국 임시정부의 수립으로 그 결실을 맺게 되었다고 할 수 있다.13)

우리 나라 최초의 공식적인 노동이민에 기초한 미주한인사회의 형성과 발전은, 비록 그 규모는 적었다 할지라도, 새로운 서구세계와의 만남이자 진취적인 개척정신의 발현 과정이었다. 아울러 일제에 의한 국권 침탈과 상실이라는 암울한 시대에 국외에 또 하나의 민족운동의 근거지를 마련하고 공화제 정치이념에 바탕을 둔 신국가건설의 원동력이 되었다는 점에서 그 역사적 의의를 높이 평가할 수 있을 것이다.14)

〈高珽烋〉

---

13) 吳世昌, 위의 글, 134~141쪽.
尹炳奭, 앞의 글, 29~71쪽.

14) 방선주, 〈미주지역에서 한국독립운동의 특성〉(《한국독립운동의 이해와 평가》, 독립기념관 한국독립운동사연구소, 1995), 181~187쪽.
민병용, 〈미주에서의 독립운동사 연구〉(같은 책), 482~484쪽.

2. 신분제도의 변화

1) 양반 신분제도의 변화

(1) 관료집단의 변화와 양반신분

법제상으로 양인에 속하는 양반신분은 15·16세기에 이미 지배신분으로서의 자기 위상을 구축하여 班常制를 확립하고, 이를 良賤制와 함께 신분제의 기본 원리로 정립하였다. 양반신분은 조선 후기에 진행된 '신분제의 동요' 현상에 의해 일정한 타격을 받았으나 지배신분으로서의 위상 자체는 다른 신분에 의해 대체됨이 없이 그대로 지속되었다. 그러나 양반신분의 위상은 반상제 및 노비제를 포함한 사회신분제의 법제적 폐지를 선언한 갑오개혁을 계기로 크게 흔들리게 되었다. 이러한 양상은 일차적으로 관료집단의 변화라는 측면에서 포착될 수 있다.

고종 31년(1894) 7월 30일(음력 6월 28일) 갑오개혁의 입법기관인 군국기무처에서 의결한 의안에서 "문벌과 반상의 등급을 劈破하고, 귀천에 구애됨이 없이 인재를 選用할 것"을 명시하였다.[1] 이는 반상제 폐지의 선언인 동시에, 고종 19년에 내린 교지에서 "용인의 길을 넓혀 서북·송도·서얼·의역·서리·군오를 막론하고 일체 현직에 등용하고자" 한 뜻을 이어, 반상과 귀천을 가리지 않고 능력 위주로 인재를 등용하여 관료로 충원할 것을 선언한 것이었다.[2]

기실 갑오개혁에 참여한 소장 관료 가운데 서얼(金嘉鎭·安駉壽·權在衡·李允用·尹致昊), 중인(鄭秉夏·高永喜·吳世昌), 토반(金鶴羽·張博) 등 한미한 신분배경을 가진 '亞流兩班'들이 많았던 것은 한국 사회사에 특기할 만한 사실이었다.[3]

---

1) 愼鏞廈, 〈1894년의 社會身分制의 廢止〉(《奎章閣》 9, 서울대 도서관, 1985).
2) 柳永益, 〈甲午更張과 社會制度 改革〉(朱甫暾 外, 《韓國社會發展史論》, 一潮閣, 1992), 264쪽.
3) 柳永益, 위의 글, 238쪽.

특히 김가진·권재형·안경수 등은 서얼 출신으로서 각각 공부·군부·탁지부의 협판직을 맡아 개혁을 적극 추진하였다. 또한 갑오개혁 기간에 李周會와 같은 평민 출신 무관이 내각의 협판으로 벼락출세하였고, 이후에도 李容翊·李夏榮 등 무명의 평민들이 계속 관계로 진출하여 1905년경에는 정부의 대신급 관료로 자리를 굳히고 있었다.[4] 이러한 양상은 19세기이래 소수의 벌열가문이 관직을 독점하면서 중앙 정치구조를 효과적으로 장악하고 권력을 유지해 오던 것에 비하면[5] 관료집단의 면모를 일신할 정도의 변화를 가져온 것으로 평가할 수 있다.[6]

그러나 소수 비양반 관료의 개별적 상향이동의 사례로도 취급될 수 있는 이러한 양상보다도 관료집단의 성격에 더욱 큰 변화를 가져온 것은 관료임용제도의 변화이다.[7] 종래 대표적인 관료임용제도였던 과거제는 甲午式年文武科殿試를 끝으로 폐지되고, 그것을 변통하는 새로운 제도로서 〈選擧條例〉·〈銓考局條例〉 및 〈文官授任式〉이 마련되었다. 이는 재능을 위주로 하되, 대신에게 奏任官·判任官의 選取權을 주고, 판임관에 대해서는 전고국에서 관장하는 보통시험과 특별시험을 거쳐 임용하도록 골격이 짜여져 있었다. 대신에게 추천권을 부여함으로써 정실주의가 일정하게 작용할 가능성은 있었으나, 〈선거조례〉에는 장차 학교 교육을 통해 관료를 양성한다는 방침이 시사되어 있고, 〈전고국조례〉에 규정한 보통시험의 과목 또한 국문·한문·寫字·算術·內國政略·外國事情으로 되어 있어서 종전 과거 응시에 적합했던 것과는 판이한 근대적인 지식체계를 관료의 조건으로 제시하였음을 알 수 있다. 이전의 교육이 글자나 익히고 문장이나 읽히는 무용의 교육이므로 이를 德·體·智를 계발하는 실용의 교육으로 전환시켜야 한다고 본 개화파는 과거제와 향교를 폐지하고 그 대신 근대 학교를 세워 신교육을 받은 졸업생들을 관료로

4) 柳永益, 위의 글, 264쪽.

5) 조성윤, 《조선후기 서울 주민의 신분 구조와 그 변화-근대 시민 형성의 역사적 기원-》(연세대 박사학위논문, 1992), 156쪽.

6) 특히 갑오개혁 당시 일본 공사관 일등서기관 杉村濬의 증언에 의하면, 당시 李周會 등과 같은 문지도 없는 미천배가 대신의 현직에 오른 사실은 이목을 크게 놀라게 하였다고 한다(柳永益, 앞의 글, 291쪽 참조).

7) 이하 관료임용제도에 대한 서술은 金泳謨, 《朝鮮支配層硏究—官僚兩班의 社會學的 考察—》(一潮閣, 1977) 제3편 제1장 官僚의 社會的 性格 참조.

선발하려 한 것이다.[8] 갑오개혁에서 입법된 새로운 관료임용제도는 이후 수차에 걸쳐 입법된 관련 법제의 바탕이 되었다.

1898년에 공포된 〈奏判任官任命規則〉에서는 의정부와 각부의 판임관을 管下學徒 및 외국 유학생 졸업인 중에서 시험을 거쳐 주무장관이 임명할 수 있도록 하는 등 신교육을 받은 자를 관료로 임용하게 하였으며, 1906년에 제정되고 1908년 7월에 개정된 〈文官任用令〉에서는 주임문관의 임용자격을 현직 관료 이외에는 "외국대학에서 법률 또는 정치경제의 학과를 수료하여 그 졸업증서를 가지고 전형위원의 전형을 가진 자, 內外國의 정법전문학교의 졸업증서를 가지고 만 2년 이상 판임문관 또는 판임궁내관의 직에 있고 현재 5급봉 이상의 봉급을 받는 자"로 규정하였고, 또한 판임문관의 임용자격을 현직 관료 이외에는 "문관보통시험합격증서 또는 銓考所합격증서를 가진 자 및 궁내판임관시험을 거친 합격자, 외국대학에서 법률 또는 정치경제의 학과를 수료하여 그 졸업증서를 가지고 전형위원의 전형을 가진 자, 관립고등학교 또는 학부대신이 이와 동등 이상으로 인정하는 내외국의 관공사립학교의 졸업증서를 가진 자"로 규정하여 근대적인 학교 교육 이수를 관료임용의 중요한 자격요건으로 설정하고 있음을 볼 수 있다. 이러한 점은 1906년에 제정된 〈法官銓考規程〉에서 판사·검사의 임용자격 중 관련 직종 유경력자 이외에는 법관양성소 또는 법률학교 졸업자를 자격요건으로 설정한 것에서도 나타난다.

이 시기 관료 충원에 주요한 역할을 한 각종 근대 학교의 설립 연혁과 교육내용에 대해 표로써 정리해두면 다음 〈표 1〉과 같다.[9]

〈표 1〉 근대 학교 교육과 관료 충원

학교명	公布年度	수업연한	교과목	설립목적	졸업자 수(명)
漢城師範學校	1895	本科 2년 速成科 6개월		敎官養成	139

8) 李相燦, 〈1894~95년 地方制度 개혁의 방향―鄕會의 법제화 시도를 중심으로―〉(《震檀學報》 67, 1991), 89쪽.

9) 金泳謨, 앞의 책, 290쪽의 표를 간략화한 것임.

	1906	本科 3년 速成科 1년	교육·국어·일어·역사·지리·수학·물리·화학·음악·농업·상업·공업	敎員養成	
外國語學校				敎官養成	
日語	1891	3년	외국어·국어·한문·수학·역사·지리·체조·수신·물리·화학·생물		349
漢語	1897	3년			59
英語	1894	5년			79
法語	1895	5년			26
俄語	1896	5년			
德語	1898	5년			5
	1906(개정)	6년			
法官養成所	1895	6개월	법학통론·민법·형법·현행법령·민사·형사소송법·소송연습	司法官採用	85
	1905	3년		司法官採用	
	1908		〃+행정법·국제법	成法學士	
武官學校	1896	1년		參尉	
	1898			參尉	
	1907	3년		參尉	
農商工學校	1904	4년			
醫學校	1899	3년	동물·식물·화학·물리·해부·생리·약물·내과·외과·안과·법의·婦嬰·종두·위생·진단·체조	敎員養成	
	1902	〃			19
中學校	1899				
尋常科		4년	윤리·역사·경제·화학·물리·외국어		
高等科		3년	〃+정치·상업·농업·공업·의학	判任官 專門學入學	
小學校	1895	2~3년	수신·습자·독서·산술·지리·역사·외국어		72
普通學校	1906		국어·한문·일어·미술·지리·이과·도화·체조		30
高等學校	1906	4년	수신·국어·한문·역사·지리·수학·박물·물리·화학·법제·경제·도화·음악·체조		
部·衙見習生	1899~1910	1~3년		官吏充員	

이처럼 신교육과 근대적 지식체계를 관료의 조건으로 설정한 갑오개혁 이후의 관료임용제도는 전통적 지식체계와 문벌에 바탕을 둔 과거제·음서제 중심의 종전 제도와는 판이하였다. 이에 따라 갑오개혁 이후에는 근대적 학문을 수용하거나 신교육을 받은 이들이 대개 관료로 나아갔고 이러한 과정에서 관료집단의 성격도 종전과는 크게 달라지게 되었다. 다만 이들은 아직 관료로서의 이력이 일천하여 대부분 판임관의 지위에 머물렀고 소수가 주임관까지 진출하는 정도였으므로,[10] 관료제의 상부까지 장악하여 성격 변화를 일으키는 데까지는 미치지 못하였다.

갑오개혁 이후 진행된 관료집단의 변화는 짧은 시기 동안이었지만 적어도 상층 양반의 재생산기반과 위신에는 일정한 타격을 주었을 것으로 보인다. 관직 보유를 통한 권력적 지위의 향유는 벌열로 통칭되는 상층 양반의 한 특징이었으며 이들의 신분적 자기재생산은 대개 재래의 관료임용제도에 주요 기반을 두고 있었다. 새로운 관료임용제도는 이들을 배제하거나 이들에 대한 정실주의가 작용할 가능성을 봉쇄한 것은 아니었지만, 관료의 조건으로 규정한 지식체계나 교육 요건이 판이해짐에 따라 이들도 관료로 진출하기 위해서는 어떻든 새로운 제도에 대한 적응 과정이 필요하였을 것이다. 다른 한편, 새로운 관료임용제도가 형식적으로는 보편주의를 취하여 신분배경보다는 능력을 중시한 점, 각종 근대 학교의 입학자격에 신분적 규제가 전무하여 학교 교육이 관료임용에 중요한 요인으로 작용할수록 일반 대중이 관료로 진출할 수 있는 기회가 많아지게 된 점[11] 등은 비록 제한적이기는 하지만 관료집단의 신분적 동일성 즉 양반=관료의 등식을 파괴함으로써 관직을 배경으로 하는 양반신분의 위신과 재생산기반에 일정한 영향을 미쳤을 것으로 보인다.

그러나 관료집단의 변화는 班常制에 결정적 타격을 주지는 못하였다. 이 점에서 다음 1899년 《독립신문》의 기사는 매우 시사적이다.

> 대한 양반으로 말하면 그전 문무 동서반이 있어 말하기를 양반이라 하고 벼슬을 아니한 사람은 상인이라고도 하며 평민이라고도 하는데 이것이 연구세심

10) 金泳謨, 위의 책, 296쪽.
11) 金泳謨, 위의 책, 304쪽 참조.

하여 성승이 되어 자칭 왈 양반이라 하여 자기의 조상이 대신이든지 능참봉 하나만 지냈으면 자손은 백면서생이라도 양반서생님이라 하고 이역이나 시상하던 사람은 벼슬하여 각부 대신에 이르더라도 상사람이라 하니 이것은 실로 지탄하도다(《독립신문》, 1899년 1월 22일, 〈반상론〉).

즉 양반 가문의 자손은 관직에 나아가지 못하여도 여전히 양반 행세를 하지만 이서(吏役)나 상민(市商) 출신은 대신과 같은 고위 관료가 되더라도 '상사람' 취급을 받고 있던 당시 세태를 비판한 것인데, 이는 법제상의 변화가 관습의 변화까지 즉각 이끌어내지는 못한다는 측면과 함께, 단기간에 이루어진 관료집단의 변화만으로는 오랜 세월에 걸쳐 형성된 반상 차별의 관념을 극복하기 어렵다는 것을 보여주고 있다.

(2) 신분직업의 변화

갑오개혁 이후 양반신분의 동향은 신분직업의 변화라는 측면에서도 고찰될 수 있다. 갑오개혁 당시 군국기무처에서 의결한 의안에는 "무릇 관인이 비록 고등관을 지낸 자라도 休官한 후에 편의에 따라 상업을 영위할 수 있게 할 것"을 의결하여 양반의 상업 경영의 자유화를 법적으로 보장함으로써 직업의 신분적 차별 폐지를 법제화한 바 있다.[12]

이 시기 상업에 진출한 양반신분의 모습은 갑오개혁 후 대략 10년이 경과한 1903년 및 1906년의 漢城府戶籍에서 확인할 수 있다.[13] 호적에 나타나는 상업활동 종사자 643명 가운데 四祖에 양반 직역을 기재한 경우는 모두 73명(11.4%)에 달하고 있다. 이 가운데 사조의 직역으로 '학생'만 기재한 경우가 가장 많아서 48명(66%)으로 나타나며, 관직을 기재한 경우도 다수 있으나, 대개 주택 규모가 작은 편에 속하는 점으로 미루어 모두 몰락 양반이 중소 상인으로 변신한 경우로 추정된다. 특이하게 호주의 직업란에 '職'을 嘉義로 '業'을 商民으로 기재하여 상업에 종사하지만 양반신분임을 밝히고 사조도 모두 관직(부 증호조참판·가선, 조 증호조참의·통정, 증조 가선, 외조 통덕랑)을 기재한 사례가 있으나 이 경우에도 주택 규모가 草家 6칸반에 지나지 않

12) 愼鏞廈, 앞의 글, 73쪽.
13) 조성윤, 앞의 책, 137~139쪽 참조.

아 역시 중소 상인의 범주를 넘어서지 못하였던 것으로 판단된다. 이렇게 호주의 직업이 상업이면서 본인 또는 사조에 양반 직역을 기재한 것은 조선 후기의 호적에서는 찾기 힘든 새로운 현상이다.

한편 하층 양반이 생업을 위해 중소 상인의 길을 택한 경우와는 달리, 고급 관료 출신으로서 근대적 기업이나 은행의 설립에 자본가로 참여하거나 기업가로 변신하는 사례들을 발견할 수 있다.14)

1897년에 설립된 馬車會社에는 대자본주(1,000元 이상)로 安駉壽(군부대신)·李完用(학부대신)·李允用(농상공부대신)·李根培(前대신)·白完爀(壯衛營隊官, 정삼품)·金斗昇(前부윤)·金基永(부사)·趙鎭泰(議官)·具禮公(무관) 등 전현직 관료들이 다수 참여하였다.

1899년에 설립된 최초의 민간은행인 大韓天一銀行의 발기인 31명 중에는 沈相薰(전군부대신)·閔丙奭(군부대신, 은행장)·閔泳綺(육군 副將)·李根澔(법부협판, 부은행장)·李容翊(전환국장)·趙東潤(군무국장)·崔錫肇(개성부윤) 등 전현직 관료들이 포함되어 있고, 주요 자본가는 조진태(前의관)·백완혁(前隊官)·김두승(前부윤)·김기영(前부사) 등 전직 관료들이었다.15)

또한, 1897년에 金宗漢(관찰사) 등에 의해 설립되었던 漢城銀行은 1903년에 재창설되면서 李載完(종친, 내부대신)·韓相龍(비서승)이 발기인으로 참여하였고 1909년에는 이윤용(前대신)이 은행장이 되었다. 1907년에 설립된 漢城農工銀行의 경우 宋秉畯(전대신)이 대주주 가운데 한 사람이었고 조진태·백완혁 등도 주주로서 참여하였다.

특히 이들 가운데 조진태·백완혁·김두승·김기영 등은 전직 관료 출신이면서 당대의 대표적인 상업자본가에 들어가는 사람들이었으며, 京城商工會議所의 간부를 역임하기도 하였다.16)

한편, 1911년에 이루어진 한 조사에서 당시 50만 환 이상의 자산을 가진 한국인 대자산가는 32명으로 나타났는데 이들은 대개 서울에 거주하는 왕실 및 고위 관료 출신들이었다. 이들 중 이재완과 송병준은 전기한 은행들의 설

14) 金泳謨, 앞의 책, 제3편 제3장 企業支配層의 社會的 起源 참조.
15) 은행에 관해서는 高承濟, 《韓國金融史研究》(一潮閣, 1970) 참조.
16) 金泳謨, 앞의 책, 376쪽.

립에 참여하였고, 민영휘는 1912년에 韓一銀行長에 취임하였으며, 朴泳孝도 1910년 이후 朝鮮産業株式會社 등 4개 기업의 설립대표가 되었다.[17]

이처럼 몰락 양반이 중소 상인으로 변신하여 상업을 직업으로 가지게 되는 현상과 함께, 개항 이후 각종 회사 설립과정에서 상층 양반 가문의 신분 배경을 가진 고급 관료 출신들도 자본가로 참여하는 현상을 볼 수 있다. 이는 곧 종래 末業으로 여겨 천시하던 상공업 분야에 제한적이나마 양반신분이 진출하게 된 것을 의미한다. 이에 따라 '士大夫'로서의 역할을 중심으로 형성되어 왔던 전통적인 양반의 신분직업 관념에도 일정한 영향을 미쳤을 것으로 추측된다.

(3) 광무호적과 양반신분의 존재

위와 같이 양반신분과 관련하여 관료집단 및 신분직업상의 변화가 일정하게 진행되어 갔으나, 이러한 변화에 의해 양반신분의 기반이 근본적으로 파괴된 것은 아니었다. 양반신분의 존재는 갑오개혁 이후 작성된 호적에서도 여전히 나타난다.[18] 1896년 9월 정부는 전국적 규모의 새로운 호구조사를 위해 칙령 제61호로 〈호구조사규칙〉을 마련하고 이어 內部令 제8호 〈호구조사세칙〉을 통해 구체적인 방법을 정하였다. 신호적은 그 기재 양식에서 직역 대신 직업을 적도록 되어 있는 것이 과거와 크게 달라진 점이다. 이러한 변화는 신분제 폐지의 한 결과인 동시에 호적 작성에서 군역 부과의 목적이 경제활동 내용의 파악으로 변화하였음을 보여주는 것이며, 그에 따라 군역 謀避로 인한 호적상의 왜곡은 감소되었을 것이다. 그러나, 직업 기재를 통해 호주의 신분, 특히 그 양반신분 여부를 파악할 수 있다. 아직 근대적인 직업 개념이 정착되지 않은 상태에서 '직'은 일종의 사회적 지위를 그리고 '업'은 구체적인 생업을 가리키는 것으로 이해하였던 것으로 보인다(예컨대, 職士業農). 대부분의 양반은 '업'보다 '직'을 중시하여 실제로는 무직유업이라도 자신의 사회적 지위, 곧 신분을 드러낼 수 있는 幼學이나 前職 등만 직업란에 기

17) 金泳謨, 위의 책, 383~385쪽 참조.
18) 광무호적을 분석한 연구로는 金泳謨, 《韓國社會階層硏究》(一潮閣, 1982) 및 조성윤, 앞의 책 참조.

재하였던 것이다.[19]

광무 7년(1903)과 광무 10년에 작성된 漢城府戶籍을 분석해보면, 양반신분으로 간주될 수 있는 범주는 다음 〈표 2〉와 같이 전체의 34.9%로 나타난다.[20]

〈표 2〉 광무년간 한성부 호적과 신분구조

신분 / 호수 및 비율	양 반	중 인	상 민	근대직업	무기재	합 계
戶 數	903	1	1,390	98	194	1,586
비 율(%)	34.9	0.0	53.8	3.8	7.5	100.0

이 구성비는 서울 북부에서 조사된 양반호수를 토대로 전국의 양반을 전체 인민의 3분의 1로 추정한 1905년 《대한매일신보》의 기사와 거의 합치한다.[21] 광무호적에서 양반신분으로 분류된 것에는 과거의 관직·품계 또는 유학 등의 직역을 기재한 경우와 갑오개혁 이후의 신관직명을 기재한 경우가 있다. 특히 후자의 경우에는 중인이나 평민 출신으로 관료로 진출한 자도 일부 포함되어 있을 것이다. 그러나 신관제에 따른 관직을 기재한 경우는 전체 양반의 22.2%에 지나지 않는다. 반면, 관직 보유 여부와는 상관없이 전통적으로 양반신분에 해당하는 직역명인 幼學 등의 기재만으로 분류된 경우는 전체 양반의 36.8%에 달하고 있어서 여전히 상당한 구성적 비중을 차지하고 있음을 알 수 있다.[22]

그런데 서울과 달리, 동일한 시기의 지방 호적에 나타나는 양반신분의 존재는 지역에 따라 편차가 컸던 것으로 보인다. 다음 〈표 3〉은 현재 남아있는 1903~1905년의 호적 중 농촌지역에 해당하는 몇 개 지역을 추출하여 그 신분구조를 보인 것이다.[23]

---

19) 조성윤, 위의 책, 112쪽 참조.
20) 조성윤, 위의 책, 129쪽의 표를 재구성한 것임. 조사 지역은 안국방·정선방·훈도방·반송방·연희방·연은방.
21) 《대한매일신보》, 1905년 8월 11일.
22) 이와 관련한 상세한 내용은 조성윤, 앞의 책, 131~134쪽 참조.
23) 金泳謨, 앞의 책(1982), 191쪽의 표를 재구성한 것임.

〈표 3〉 광무년간 농촌지역 호적과 신분(직업)구조

(단위 %)

지역 \ 신분	官僚	幼學	農民	商人	工人	平民	其他	不記	合計
京畿 龍仁郡 枝內面	0.6	59.3	26.7	-	-	11.6	-	1.7	99.9
慕賢面	6.5	36.3	54.9	0.8	-	0.3	-	1.1	99.9
忠南 燕岐郡 東一面	-	2.2	97.1	-	-	-	-	0.6	99.9
全北 鎭安郡 南 面	-	-	98.2	0.3	-	-	1.5	-	100.0
斗尾面	-	-	100.0	-	-	-	-	-	100.0
平南 德川郡 金城面	-	-	99.5	-	-	-	-	0.4	99.9
慶南 彦陽郡 上北面	0.4	-	35.7	11.6	0.8	-	15.6	35.7	99.8

*1. 幼學은 士人·出身·童蒙 등도 포함된 것임.
2. 德川郡 호적에는 幼學이 農業과 같이 기재되어 있음.
3. 鎭安郡은 1903년, 龍仁郡은 1905년, 그 외 지역은 1904년의 호적임.

위 표에 의하면 경기도 용인군의 2개 면 지역에서만 여전히 양반신분의 구성비가 높게 나타나고 있으며, 여타 지역에서는 3%에 미치지 못하거나 전혀 없는 것으로 나타나고 있다. 특이한 것은 평안도 덕천군의 사례인데 이 지역에서는 농민들이 호적의 직업란에 농업과 幼學을 동시에 기재하고 있다. 이 특이 사례를 두고, 이 시기 농촌 지역에서 전통적 신분개념이 해체되고 있는 것으로 해석할 수 있겠으나,[24] 일반적으로는 농촌 지역에서의 해체가 더욱 지연되었을 것으로 본다면 오히려 19세기의 호적에 나타나는 거대한 양반인구수가 실은 모칭 등에 기인한 허수였음을 입증하는 반증례로 삼을 수도 있을 것이다.

예로 삼은 광무호적에 나타나는 양반신분의 구성적 비중은 조선후기의 그것에 비할 바는 아니겠으나, 20세기 벽두에 이르러서도 아직 양반이 전면 해체되지 않고 존재하고 있음을 보여주는 한 증거가 될 수 있다.

이러한 사실은 경술국치 직전인 융희 4년(1910) 5월의 民籍統計表에서 좀 더 명확히 드러난다. 당시 內部 경찰국에서 전국을 대상으로 호주의 직업을 조사한 바 있는데, 그 구성비만 나타내면 다음 〈표 4〉와 같다.[25]

24) 金泳謨, 위의 책(1982), 191쪽.
25) 金泳謨, 위의 책(1977), 50쪽의 표에서 전국 통계만 취한 것임.

〈표 4〉 1910년 전국 戶主의 직업별 구성비

(단위 : %)

호주직업	관공리	양반	유생	상업	농업	어업	공업	광업	노동자	기타	무직
구 성 비	0.5	1.9	0.7	6.2	84.1	1.2	0.8	0.05	2.4	1.2	1.1

위 표에 의하면 당시 양반은 전체 호수의 1.9%(54,217호), 유생은 0.7%(19,075호), 관공리는 0.5%(15,758호)로 나타나고 있다. 양반과 유생이 당국에 의해 '직업' 범주로 설정되어 있는 점이 흥미로운데, 이는 곧 이들이 그 사회적 지위만으로 여타의 직업과 구별될 수 있었던 것, 즉 전통적 양반신분에 준하는 존재로 인식되고 있었던 것으로 해석할 수 있다.[26] 따라서 구성이 복잡하였을 관공리를 제외하더라도, 최소 2.6%(73,292호)에 달하는 양반·유생이 전통적 양반으로서의 지위를 일정하게 유지하면서 존속하고 있었던 것으로 볼 수 있다. 같은 해 3월 경찰국에서 발간한 자료에 의하면, 당시의 양반·유생은 종래 양반신분과 동일하게 "거만존대하고 사회의 상위에서 권력과 지위를 남용하여 폭력을 휘두르며, 서민을 학대하여 노예와 같이 심한 일을 시키고 재화를 탈취할 뿐 아니라, 私邸에 사람을 구금하여 재판·형벌·징세 등과 같은 행위를 僭行"하고 있었던 것이다.[27]

(4) 양반신분의 존속과 해체의 조건

앞서 인용한 바 갑오개혁 당시 군국기무처의 의안은 명백히 ①문벌 및 양반·상인 신분제도의 폐지, ②귀천에 구애받지 않는 능력 위주의 인재 등용을 법제화한 것이었다.[28] 이러한 개혁입법은 곧 사상 최초로 반상제의 폐지

26) 실제 이들의 직업은 대개 「地主」였을 것으로 추정된다. 총독부 간행 《농업통계표》에 의하면, 1913년의 경우 지주는 전체 농가의 3.1%, 8만 1천여 호 정도였다(백욱인, 〈식민지 시대 계급 구조에 관한 연구〉, 《한국사회사연구회논문집》 8, 140쪽). 구성과 시기의 차이는 있지만, 이 수치는 위 양반·유생을 합친 것과 근사하다.

27) 金泳謨, 앞의 책(1982), 140쪽 참조.

28) 愼鏞廈, 앞의 글, 73쪽.

가 정부에 의해 공식적으로 선포되었음을 의미하며, 이후 '반상의 등급'이 관습상에서 잔존하더라도 이제는 그 적법성을 잃고 다만 遺制에 지나지 않게 됨을 뜻하였다.

그러나 개화파정부는 이 획기적 입법의 취지에 따른 반상제 폐지를 적극 추진하지는 못하였다. 정부는 같은 해 9월 9일(음력 8월 10일) 경기도·충청도·경상도·전라도·강원도·황해도 등에 내린 關文에서 위의 입법내용을 "인재를 널리 뽑는 방법이며 전적으로 班閥만을 쓰지 않고 비록 常賤일지라도 진실로 그 재주가 있으면 參用하여 그에 구애받지 않는다는 뜻"으로 해설하여, 법령의 취지를 그 후반부에 해당하는 '능력위주 인재 등용'의 측면에만 국한함으로써 반상제 폐지를 담은 개혁입법의 혁명성을 크게 완화하는 해석을 내렸다. 이는 신분제 폐지 이후 더욱 첨예화된 양반에 대한 신분투쟁을 완화하고 양반층의 반발을 무마하기 위한 의도에서 군국기무처의 법령을 수구적으로 왜곡하여 해석한 것이었다.[29] 이 관문은 법령이 아니라 법령에 대한 해석상의 행정지시에 불과한 훈령이었지만, 이런 식의 해석이 가능하였던 그 자체가 반상제 폐지를 적극 추진할 수 없었던 당시 정부의 한계를 보여주는 것이다.[30]

실제로 반상제를 포함한 신분제 폐지는 갑오개혁 당시 위 군국기무처의 법령 제정 때에만 혁명적으로 과감하였고, 그 이후는 매우 온건한 점진적 방법으로 완만하게 진행되었다.[31] ①동학농민전쟁이 농민군의 패배로 끝남으로써 밑으로부터 신분제 폐지를 감행할 세력이 꺾이게 된 점, ②농민군 진압에 공

29) 愼鏞廈, 위의 글, 76쪽.

30) 이러한 제측면에 주목하여 갑오개혁 당시 반상제 폐지가 실제로는 선언되지 않았다고 보는 견해도 있다. "종래 통설에서… 그 구절을 해석함에 있어서 전반부를 독립시켜 지나치게 강조한 나머지 갑오경장 때 반상의 계급차별 내지 양반제도의 혁파가 선언되었다는 해석을 내린 것은 잘못이라고 생각한다. … 이 개혁안의 중점은 그 구절의 후반부에 제시된 '不拘貴賤 選用人材事'에 있는 것으로 해석하는 것이 옳다. …갑오경장 때 여러 가지 사회제도 개혁안이 발표되었지만 그 중에 양반제도 자체를 '혁파'하겠다고 꼬집어 주장한 것은 하나도 없다. 따라서 종래 양반 귀족이 누리고 있던 정치적·사회적·경제적 제특권을 폐지 혹은 박탈하겠다는 '혁명적' 내용을 담은 후속 개혁안이 나타나지 않은 것은 물론이다"(柳永益, 앞의 글, 261쪽).

31) 愼鏞廈, 앞의 글, 79쪽.

훈을 세운 양반층의 영향력이 증대되어 이들이 신분제 유지를 요구하고 봉건적 반동을 시도하는 압력을 가했던 점, ③대부분 양반신분 출신인 개화파 관료들이 개혁법령의 과감한 혁명적 집행을 회피함으로써 신분적 한계를 극복하지 못한 점 등이 신분제 폐지를 적극 추진하지 못하는 요인으로 작용했던 것이다. 특히 개혁법령이 순조롭게 시행되면 가장 타격을 입게 될 양반층은 개화파 정권과의 정면 대결을 선언하고 실천에 옮겼으며 결과적으로 개화파가 추진하던 개혁정책을 저지·파탄시켰던 것이다.[32] 이러한 사실은 조세행정에서 양반층이 누리던 특권을 없애고 사족 중심의 지방사회를 재편하려던 개화파 정부의 시도가 양반층의 저항을 받으면서 좌절되는 과정에서도 드러난다.[33]

한편, 시각을 달리하면, 과연 반상제가 법령에 의해 실질적으로 폐지 가능한 성격의 것이었던가 라는 의문이 제기될 수 있다. 법제적 폐지의 가능성은 반상제 자체 또는 그 핵심 요소가 법적 제도로 성립되어 있어야 함을 전제로 한다. 그러나 조선의 반상제는 성립 이후 관습·관행에 뿌리박은 관습적 제도로서의 성격을 다분히 가지게 되었다.[34] 따라서 단기간의 법제적 조치에 의해 관습을 포함한 반상제의 근본적 폐지를 이루기 어려웠던 사정이 있었고, 그러한 점에서 '사회인류학적 이유'에 의한 갑오개혁의 한계를 지적할 수 있다.[35]

사정이 이러했기 때문에 갑오개혁에 의해 반상제가 즉각 철폐되지 못하고 그후에도 반상관계가 여전히 사회생활에서 주요한 기능을 수행하고 있었다.[36] 1905년 《대한매일신보》에 의하면, 당시 정부에서 양반의 수효를 조사하였는바 서울 城內 北部의 경우 양반의 수가 800여 호에 달한 조사결과를 소개하면서, 이것으로 미루어 전국 인민 중에 양반이 족히 삼분의 일은 될 것이라 하고, 같은 나라 같은 겨레로서 '曰班曰常의 二種人族'이 있음에 따른 폐단을 비판하면서 양반에 대한 '처치방법'을 빨리 시행하는 것이 '安民하는

32) 李相燦, 앞의 글, 88쪽.
33) 李相燦, 위의 글, 91쪽 등 참조.
34) 宋俊浩, 〈身分制를 통해서 본 朝鮮後期社會의 性格의 一面〉(《歷史學報》 133, 1992), 37쪽. "우리 사회의 신분제도는 기본적으로는 하나의 사회 관습으로서 오랜 세월에 걸쳐 발달된 것이요 따라서 그것은 政治나 法의 영역 밖의 일이었다는 사실이다."
35) 柳永益, 앞의 글, 287~288쪽.
36) 金泳謨, 앞의 책(1982), 138쪽.

良策'이라고 논하였다.[37] 이는 곧 갑오개혁 이후 대략 10년을 경과한 시점에서도 반상제가 청산되지 못하고 있었던 사실을 단적으로 보여주고 있다. 더욱이 앞서 인용하였듯이 1899년의 《독립신문》은 반상을 초월한 인재의 등용조차도 관습 속에 깊이 뿌리내린 반상의 관념을 청산하는 데는 미치지 못하였음을 전해주고 있다. 또한 위에서 언급한 바 1910년 당시 양반·유생의 행태에 관한 경찰국의 평가도 반상제의 사회적 기능이 그때까지 멈추지 않았음을 알려주고 있다. 이러한 갑오개혁 이후의 사정을 1900년에 제정 러시아 경제성에서 발간한 《한국지》는 다음과 같이 관찰하여 서술하였다.

> 1894년에 시작된 개혁의 시기에 발표된 정부의 법령들은 수백 년 동안 굳어온 한국민의 구조를 완전히 뒤흔들어 놓았다. 귀족층과 다른 낮은 계층들을 평등하게 하고 노비를 해방시키고 문관의 무관에 대한 우월권을 폐지하고 백정·역정·광대들의 권리의 속박을 폐지하였다. 그러나 이러한 법률의 많은 부분은 오늘날까지 死文이나 마찬가지이고 한반도의 생활은 법률에 어긋나게 예전의 관습적인 제도를 많이 그대로 지키고 있다(柳永益, 〈甲午更張과 社會制度 改革〉, 朱甫暾 外, 《韓國社會發展史論》, 一潮閣, 1992, 289쪽에서 재인용).

이처럼 신분제 폐지에 관한 개혁법령은 이후 강력한 추진력에 의해 뒷받침되지 못하여 거의 사문화된 상태에 놓이게 되고, 일반 사회생활에서는 여전히 관습상의 신분 유제가 효력을 발휘하고 있었다. 이에 따라 심지어 양반신분의 본래적 존립기반을 완전히 상실하였던 식민지하에서조차 사회생활의 영역, 특히 혼인·언어·예절 등의 영역에서 여전히 반상을 따지고 양반으로서의 신분의식을 유지하였던 소위 양반가문이 있을 수 있었고,[38] 신분제의 완전한 해체를 위해서는 1960년대 이후의 산업화를 기다려야만 했던 것이다.[39]

이러한 제반 상황은 곧 양반신분이 혁명적 계기에 의해 단기간에 해체·소멸된 것은 아니었음을 말해준다. 즉, 반상제는 갑오개혁에 의해 그 폐지가 선언되었지만 이후에도 관습상의 유제 상태로 존속하였던 것, 그리고 이 유제가

---

37) 《대한매일신보》, 1905년 8월 11일.

38) 宋俊浩, 앞의 글, 33~34쪽 참조.

39) 정진상, 〈해방직후 사회신분제 유제의 해체〉(《社會科學硏究》 13-1, 慶尙大 社會科學硏究所, 1995), 349쪽.

이후 전개된 근대 사회변동에 따른 여러 계기에 의해 점진적으로 해체·소멸되었던 것으로 이해될 수 있는 것이다.

양반신분은 주로 '관직보유'와 '家系의 위신'의 요인에 의해 다른 신분과 구별되어 형성된 신분이었다. 또한 양반신분은 '신분직업'과 '身分財'에 의해 뒷받침되었으며 독특한 생활양식(신분문화)과 신분의식을 보유하고 있었다. 양반신분의 완전한 해체·소멸은 이러한 제반 구성요소의 해체·소멸에 의해 가능한 것으로 이해된다. 위에서 살핀 바 1894~1910년 동안 진행된 일련의 변화는 주로 관직보유의 측면과 부차적으로 신분직업의 측면에서 양반신분에 일정한 타격을 가하거나 변화를 이끌어내는 정도에 머물렀고, 아직 양반신분의 완전한 해체에 필요한 조건을 형성하는 단계에까지는 도달하지 못하였다. 양반신분 존립의 중요한 경제적 기반을 형성하였던 지주제는 1950년의 농지개혁에 의해 비로소 청산될 수 있었다. 또한 관습상의 유제 존속과 깊은 연관을 맺고 있는 여타의 요소들은 해방 이후 진행된 근대민족국가의 수립과 도시화·산업화 및 외래 문화의 수용과 확산 등의 과정을 거치면서 청산되거나 현저히 약화될 수 있었다. 이러한 과정 속에서 농촌사회를 중심으로 한 공동체적 구질서가 해체되고 가족 및 친족이 지녔던 사회적 기능이 크게 약화되었고, 유교사회의 바탕을 이룬 유교적 이념과 생활양식이 자유·평등을 원리로 하는 새로운 이념 및 문화에 의해 크게 약화되거나 대체되었으며, 신분 및 토지소유에 바탕을 둔 폐쇄적인 계층·계급구조는 근대적 직업의 확산과 자본주의적 발전에 따른 새로운 개방적인 계층·계급구조로 그 틀이 바뀌게 되었다. 이러한 과정을 거쳐 신분제 유제가 소멸된 현대 산업사회에 이르러서도 '양반 가문'에 대한 향수어린 신분의식의 잔영은 최후까지 끈질기게 남아 있음을 관찰할 수 있다. 따라서 신분제를 겨냥한 사회혁명을 일으키지는 못하였던 1894~1910년의 단기간내에 새로운 계층체계가 능히 신분제를 대체하여 양반신분을 해체·소멸시킬 수 있는 제반 조건을 형성할 수 있었으리라고는 기대하기 어려운 것이다.

〈池承鍾〉

2) 중간신분층의 부상

(1) 갑오개혁과 중간신분층의 지위 변화

갑오개혁에 의한 개혁 조치 중에서 가장 혁명적인 개혁의 하나가 바로 신분제에 대한 개혁이었다. 그것은 신분제야말로 관료제 및 지주전호제와 더불어 바로 중세사회를 지탱하는 기본 구조를 이루고 있는 것일 뿐만 아니라, 갑오개혁에서 가장 우선적으로 다루어진 것이기 때문이다. 이는 갑오개혁 당시의 입법기관 역할을 했던 군국기무처의 '議定案' 중에서 가장 먼저 의결된 것이 바로 신분제와 관련된 것이라는 점에서 분명하게 드러난다.[1] 잘 알려진 대로 1894년 6월 25일(음력, 이하 모두 같음) 신설된 군국기무처에서는 신설된 직후인 6월 28일 첫 번째 작업으로 다음과 같은 의정안을 의결하여 법령으로 사회신분제를 폐지하였다.

③ 門閥과 班常의 등급을 劈破하여, 귀천을 가리지 않고 인재를 뽑아 쓸 것.
④ 文·武 尊卑의 차별을 없애고, 단지 품계에 따라서만 相見儀가 있게 할 것.
⑤ 罪人 자기 이외에는 緣坐律을 일체 시행치 않을 것.
⑥ 嫡·妾이 모두 아들이 없는 연후에야 비로소 양자 들이는 것을 허용하여, 舊典(《경국대전》)을 밝게 펼 것.
⑧ 寡女의 再嫁는 貴·賤을 毋論하고 그 자유에 맡길 것.
⑨ 公·私 奴婢의 제도는 일체 혁파하고, 人口의 판매를 금할 것.
⑩ 비록 평민일지라도 참으로 利國便民할 起見을 가진 자는 군국기무처에 上書하여 회의에 부치게 할 것.

물론 이상의 법령 의결로 사회신분제가 완전히 폐지된 것은 아니었다. 위 조항들 중에는 다분히 선언적인 것에 불과한 것도 있을 뿐만 아니라, 이후의

---

1) 군국기무처에서 가장 먼저 의결한 의정안은 대외관계와 관련된 다음 두 조항이다.
① 지금부터 국내외 公私文牒에는 開國紀年을 쓸 것.
② 청국과 약조를 개정하고, 列國에 특명전권대사를 다시 파송할 것.
따라서 내정의 개혁과 관련된 의정안은 세 번째 의정안부터라고 할 수 있다. 위 번호(①·②)는 군국기무처에서 의결된 안건의 순서를 가리킨다(이하 같음). 의정안 자료(및 그 순번)에 대해서는 유영익, 《갑오경장연구》(일조각, 1990)의 부록, 〈資料 3〉을 참조하였다.

후속조치로 인해 원래의 개혁안은 상당히 후퇴하였기 때문이다.[2] 그러나 그럼에도 불구하고, 갑오개혁을 통해 신분제의 기본 골격은 적어도 개념적으로는 부정되었을 뿐 아니라, 특히 중간신분층의 경우에는 자신들의 신분적 처지를 근본적으로 변화시키거나 이미 이루어진 법적 조치를 확인하는 조항들이 다수 포함됨으로써 신분적 위상의 변화를 뚜렷이 경험하게 되었기 때문이다.

갑오개혁의 신분제 개혁에 대해 그것은 신분제 자체에 대한 근본적인 개혁이라기보다는 관리임용에 있어서의 신분적 제한의 철폐 또는 완화에 불과한 것이라는 견해가 있다.[3] 특히 후속조치에 의한 개혁안의 후퇴라는 점을 감안하면, 이러한 견해도 일리가 있다. 그러나 그렇다고 하더라도 그것이 양반의 특권에 대한 철폐 즉, 양반제의 폐지라는 의미를 가짐은 분명하다. 이것은 관료체계의 일원화가 이루어짐과 동시에 과거제가 폐지됨으로써 확인된다. 그런데 우리가 주목하는 것은 바로 이 점 때문에 갑오개혁의 신분제 개혁은 중간신분층에 가장 유리한 개혁이었다고 할 수 있다는 점이다. 그것은 그 동안 경제적·학문적 실력을 갖추고 있음에도 불구하고 여러 가지 법적·관습적 제약으로 관료로의 진출 특히 고위직 또는 淸要職에의 진출에 어려움을 겪고 있던 중간신분층에 대한 제약을 제거하는 의미를 갖고 있기 때문이다.[4]

이러한 변화가 가능하게 된 직접적인 이유의 하나로 갑오개혁 주도층의 신분적 성격에 주목하는 견해가 있다. 유영익에 의하면, 갑오개혁에 주도적으로 참여한 협판급 이상의 소장관료 중에는 다음과 같은 '亞流兩班'이 다수 포함되어 있었다.[5]

---

2) 신용하, 〈1894년의 사회신분제의 폐지〉(《규장각》 9, 1985).
유영익, 〈갑오경장과 사회제도 개혁〉(주보돈 등 공저, 《한국사회발전사론》, 일조각, 1992).
조성윤, 〈갑오개혁기 개화파정권의 신분제 폐지 정책〉(《김용섭교수 정년기념논총》, 지식산업사, 1997).

3) 유영익, 위의 글 등 참조.

4) 상민들은 중간신분층에 비해 경제력 및 교육 등의 면에서 '실력'이 부족했던 것이 일반적 사정이었다.

5) 유영익, 앞의 책 및 앞의 글 참조.

武官 : 趙羲淵 · 權瀅鎭 · 禹範善 · 李周會
庶孽 : 金嘉鎭 · 安駉壽 · 權在衡 · 李允用 · 尹致昊
中人 : 鄭秉夏 · 高永喜 · 吳世昌
士班 : 金鶴羽 · 張博

그런데 이른바 아류양반이란 무관을 제외하면, 바로 중간신분층에 속하는 자들인 것이다. 따라서 이들이 양반의 배타적인 특권을 무력화시키는 것에 대해 관심이 많았다는 것은 있을 수 있는 일이었다.[6] 그러나 이처럼 갑오개혁의 신분제 개혁을 추진 주체의 신분적 성격에서만 찾는 견해는 미시적인 것이다.[7] 갑오개혁의 신분제 폐지 조치는 오랜 기간에 걸친 농민운동의 흐름과 실학파 및 개화파의 개혁논자들에 의한 신분제 폐지 운동의 흐름이 1894년의 시점에서 합류하여 이룩한 성과이기 때문이다.[8]

(2) 중인

中人은 17세기에 독자적 신분 범주로 성립한 뒤, 한편으로는 자신들에게 가해진 신분적 제약에 분개하면서도 다른 한편으로는 자신들이 누릴 수 있는 이익을 극대화하는 현실주의적 반응을 보여 왔다. 그 결과, 비록 중인신분내에서도 편차는 적지 않았지만, 醫 · 譯 중인을 중심으로 한 일부 중인은 경제적으로나 정치적인 위세에 있어서도 만만치 않은 힘을 발휘하기도 했다.[9]

중인신분은 특히 개화기에 들어와 두각을 나타내게 되었는데, 그것은 변화하는 국제적 환경이 그들을 필요로 하였고, 그들 또한 이에 적극적으로 대응해 갔기 때문이다. 우선 중인들은 개화사상의 형성과 전파에 중요한 역할을 했는데, 吳慶錫 · 劉大致 · 李東仁 등이 대표적인 인물임은 잘 알려져 있다. 또한 중인들은 근대적 관료기구가 신설된 1880년대에 이르러 이 새로운 관료기

6) 그러나 바로 그 때문에 이들의 신분제 개혁 의지는 한계가 있을 수밖에 없다는 점이 지적되기도 한다.
7) 물론 유영익 교수도 이런 미시적인 관점에서만 문제를 보고 있는 것은 아니다.
8) 신용하, 앞의 글 참조.
9) 조선시대 중인신분의 사회적 위상과 그 변화에 대해서는 김필동, 〈조선시대 '중인' 신분의 형성과 발달〉(《한국의 사회와 문화》 21, 한국정신문화연구원, 1993)을 참조할 것.

구에 중견 실무관료인 主事·副主事·委員·司事 등으로 다수 진출하게 되었으며,[10] 일부는 大臣級으로까지 승진하였다.[11] 그러나 중인 출신들이 훨씬 더 두각을 나타내게 되는 것은 갑오개혁 이후의 일이었다.

그러면 먼저 중인신분은 갑오개혁 이후 어떠한 신분상의 변화를 겪게 되었는가. 앞에 제시된 의정안 중에서 중인과 관련이 있는 조항은 의안 ③항과 ④항이라고 할 수 있다. 이 중 ③항은 班常制에 대한 포괄적인 부정과 함께 특히 관료 임용의 귀천을 가리지 않음을 선언한 것이기 때문에, 종래 동반 정직의 관료이면서도 다른 양반관료들에 비해 차별을 받던 기술관들에 대한 차별을 부정한 의미를 갖는다. 또한 ④항은 직접적으로는 문무관 사이의 차별을 부정한 것이지만, 넓게 보면 기술관이나 그 출신에 대해서도 같은 효과를 기대할 수 있는 조항이라고 할 수 있다.

그러나 중인의 신분적 위상을 근본적으로 변화시킬 좀더 구체적인 조치는 갑오개혁 당시 이루어진 관료제 개혁을 통해 나타났다. 즉, 갑오경장 정부는 6월 28일 군국기무처 章程案으로 '議政府 官制'를 제정하여 중앙 행정기구의 대대적인 개편을 단행한 데 이어, 7월 2일에는 의정안(㊱항)을 의결하여 관리의 품계를 종래의 18단계에서 모두 11단계로 간소화하였으며,[12] 이어 7월 14일에는 관리를 勅任官·奏任官·判任官의 세 등급으로 구분하는 等級職制를 확립하였다.[13] 한편 7월 3일에는 군국기무처 의정안(㊷항)으로 과거제를 폐지

10) 주사 또는 부주사는 조선시대 중견 실무관료의 범칭인 郎廳에 해당되는 것으로, 과거의 이른바 청요직에 준하는 직책이라고 할 수 있다. 따라서 중인 출신이 이런 관직에 진출하게 되었다는 것은 대단한 성공이라고 해석될 수 있다.
김필동, 〈갑오경장 이전 조선의 근대적 관제개혁의 추이와 새로운 관료기구의 성격〉(《한국의 사회제도와 농촌사회의 변동》 한국사회사연구회논문집 33, 문학과지성사, 1992).
———, 〈한국 근대관료의 초기 형성과정과 그 역사적 성격 : 1880~1894〉(《한국의 사회제도와 사회변동》 한국사회사학회논문집 50, 문학과지성사, 1996) 참조.

11) 대표적인 인물이 통리아문의 참의와 협판, 한성판윤 등을 역임한 卞元圭이다.

12) 종래 1품에서 9품까지 모두 두었던 正·從의 구별을 1품과 2품만 그대로 두고, 3품 이하는 正·從의 구별을 폐지하였다.

13) 정1품·종1품·정2품·종2품을 칙임관, 3품부터 6품까지를 주임관, 7품부터 9품까지를 판임관으로 구분하였다(《日省錄》, 고종 31년 7월 14일 및 《官報》, 개국 503년 7월 14일 참조).

하고 따로 〈選擧條例〉를 정할 것을 의결하였으며, 7월 12일에는 군국기무처 장정안으로 〈銓考局條例〉와 〈선거조례〉를 제정하여 관리 충원제도를 일신하였다.[14] 이 중에서 특히 과거제의 폐지와 새로운 선거제의 도입은 중인(기술관)의 신분적 위상을 근본적으로 바꿔 놓을 수 있는 것이었다. 왜냐하면 새 제도에 따른 관리선발시험은 종래의 과거시험과는 근본적으로 성격을 달리하는 것이었을 뿐만 아니라, 굳이 그 내용을 비교하자면 종래의 문과시험보다는 잡과시험에 훨씬 근접하는 것이었기 때문이다.[15] 이로써 중인은 어떤 점에서는 양반과의 경쟁에서 오히려 유리한 위치에 설 수도 있게 되었던 것이다. 더 나아가 7월 17일에는 군국기무처 의정안(㉝항)을 통해 "무릇 醫·譯職 및 償加人 등으로 각부 아문의 奏·判任官이 된 자는 모두 新授階級에 따라 시행하고, 原資(원래의 관직)에는 구애받지 않을 것"이라고 규정함으로써 새로운 관직체계에서 임용된 醫·譯 기술관의 신분적 위상을 더욱 확실하게 보장해 주었던 것이다.

이로써 기술관 또는 중인 출신의 관직 진출은 더욱 활발해졌다고 볼 수 있다. 그러나 갑오개혁 이후 과거 잡과 출신자의 관직 진출은 어느 정도 확인되지만, 중인가문 출신의 진출은 직접 확인되지 않기 때문에 전체 관료집단내에서 중인 출신이 차지하는 비중을 정확하게 가려내기는 어렵다. 우리는 다만 두드러진 몇몇 사례들을 통해 중인 출신이 이제 과거의 제한된 기술직을 넘어서 핵심적인 고위 관직에도 진출하고 있음을 확인할 수 있을 뿐이다.[16]

한편 1906~7년경의 대한제국 관료의 전체적인 모습을 어느 정도 읽을 수 있는 자료인 《大韓帝國官員履歷書》에서 중인 출신을 가려보면, 갑오개혁 이전에 잡과에 합격한 경력이 있는 사람들은 67명으로 나타나고 있으며, 이밖에 중인 가문 출신이라고 간주되는 관료들이 약 100여 명 있는 것으로 추정된다.[17]

---

14) 신용하, 〈1894년 갑오개혁의 사회사〉(《한국의 사회제도와 사회변동》 한국사회사학회논문집 50, 문학과지성사, 1996) 참조.

15) 선거조례와 전고국조례에 의하면, 새 제도는 각 아문의 대신과 각 지방에서 추천된 후보자들을 '보통시험' 및 '특별시험'의 두 종류의 고시를 통해 선발하도록 되어 있었는데, 보통시험의 과목은 國文·漢文·寫字·算術·內國政略·外國事情 등으로 되어 있었다. 신용하, 위의 글(1996) 참조.

16) 대신 또는 협판급의 관직에 오른 대표적인 인물로는 鄭秉夏·高永喜·吳世昌·玄昔運 등을 들 수 있다.

한편 대표적인 중인가문 중에는 근대의 전환기에 자신들의 본관을 유력 양반가문에 접맥시키는 작업을 했음이 확인되고 있다.[18]

한편 중인 출신은 단지 관료로 진출했을 뿐만 아니라, 일본 유학생 출신 중에도 상당수가 포함되어 있었던 것으로 여겨진다. 이들 중에는 유학을 다녀온 후 관료가 된 인물들도 있지만,[19] 崔南善·崔麟 등의 예에서 볼 수 있는 바와 같이 문화 및 정치 활동에서 두각을 나타낸 인물들도 있었다. 또한 유학생 출신은 아니지만, 정치적 부침에 따라 일본에 체류하였고, 1900년대의 애국계몽기에 문명개화론을 기치로 내걸고 근대화 운동에 일익을 담당했지만 종국에는 친일적 활동으로 흐르게 된 吳世昌 같은 인물도 같은 범주에 놓고 생각해 볼 수 있다. 그런데 이들의 모습에서 우리는 주체적인 정치의식·민족의식을 체득하지 못한 채, 일제가 침략을 위해 깔아놓은 레일 위에서 근대문명을 구가하고자 했던, 근대사 속에서의 굴절된 중인층의 모습을 읽게 된다.[20]

(3) 서얼

庶孼은 조선 후기를 통하여 중간신분층 중에서 가장 활발한 신분상승 운동을 전개하여 상당한 성과를 거두었다.[21] 서얼에게 있어 가장 큰 장애로 되어

---

17) Edward W. Wagner, "The development and modern fate of Chapkwa-Chungin lineage," 한국학 국제학술회의 발표논문(인하대학교 한국학연구소, 1987). 한편 와그너 교수는 《대한제국관원이력서》에 나타난 관료들의 출신 배경에 대해 조사를 해 왔는데, 그의 추정에 의하면, 잡과에 합격하여 관료로 진출했던 67명 이외에도 적어도 이 정도의 숫자는 중인가문 출신으로 간주된다고 한다. 이 수치는 전체 이력서의 약 5~6%에 해당되는 수치인데, 중인의 규모를 감안한다면 결코 적은 숫자가 아니다.

18) Wagner, 위의 글 참조. 과거의 천령 현씨가 연주 현씨로, 해주 김씨가 청풍 김씨로 바뀐 것이 대표적인 사례이다.

19) 이강오·송준호의 조사에 의하면, 《대한제국관원이력서》에서 유학 경력을 가진 사람은 93명인데, 필자의 확인에 의하면 이 중에서 적어도 9명은 중인 출신으로 간주될 수 있다. 이들은 金東圭·玄根·安衡中·洪奭鉉·金益南·金鴻南·方泳柱·全永憲·玄暎運 등이다.
이강오·송준호, 〈1907년 당시의 대한제국 관원 중 유학 경력 소지자의 조사〉(《전북사학》 4, 전북대 사학회, 1980) 참조.

20) 김경택, 〈한말 중인층의 개화활동과 친일개화론-오세창의 활동을 중심으로-〉(《역사비평》 21, 1993년 여름호).

21) 이상백, 〈서얼금고시말〉(《동방학지》 창간호, 1954).

있던 것은 과거(문과) 응시 자격을 제한하는 것과 청요직에의 진출 제한에 대한 것인데, 비록 현실적인 제약에서 완전히 벗어나지는 못하였지만, 19세기를 통하여 제도적으로는 차별에 대한 완화를 획득했기 때문이다. 또한 지역에 따라서는 서얼의 陞班운동도 상당한 성과를 거두었다.[22] 특히 1882년 '壬午軍變'이 수습된 뒤 국왕이 내린 전교에서는 "우리 나라에서 門地를 숭상하는 것은 진실로 天理의 공정함이 아니다. 국가가 인재를 등용함에 있어서 어찌 귀천을 가릴 것인가. 이제 모든 것을 새롭게 시작하려는 날을 기하여 마땅히 용인의 길을 넓혀, 무릇 西北·松都·庶孼·醫譯·胥吏·軍伍(常民)를 막론하고 (유능한 인재들을) 일체 顯職에 등용코자 하니 오직 재능에 따라 (인물을) 천거하도록 하라"고 함으로써 관직에의 등용문이 크게 열리게 되었는데, 서얼 또한 혜택을 받았음은 말할 것도 없다.[23] 이후 서얼 출신들 중에는 李祖淵·李範晉·金嘉鎭·閔致憲·閔商鎬·閔泳綺·李允用·尹雄烈·安駉壽·金永準 등 청현직을 거쳐 대관에 이른 자가 다수 나타나게 되었다.[24]

그러나 서얼층의 성장이 두드러지게 확인되는 것은 역시 갑오개혁 이후의 일이다. 앞에서도 지적한 바와 같이 갑오개혁 정부에는 다수의 서얼 출신들이 참여하게 되었다. 또한 갑오개혁에서의 신분제 개혁은 서얼이 그 동안 획득한 법적 지위를 더욱 확고하게 보장해 주는 의미를 갖고 있었다. 군국기무처의 의정안 중에서 서얼과 직접 관련이 있는 조항은 다음 세 가지이다.

⑥ 嫡妻와 妾에 모두 아들이 없는 연후에야 비로소 양자 들이는 것을 허용하여, 舊典(《경국대전》)을 밝게 펼 것.

⑧ 寡女의 再嫁는 귀천을 毋論하고 그 자유에 맡길 것.

㉖ …그저께 회의에서 "嫡·妾이 모두 아들이 없는 연후에야 비로소 양자 들이는 것을 허용하여, 舊典(《경국대전》)을 밝게 편다"고 한 조항 아래에 "令이 내리기 전에 있던 일은 追論할 수 없다"는 한 마디를 첨가해 넣을 것.

이종일, 〈18·19 세기의 서얼허통운동에 대하여〉(《한국사연구》 58, 1987).

22) 이종일, 위의 글 참조.

23) 대표적인 인물이 김가진이다. 김가진은 규장각 검서관으로 관직에 들어온 뒤 장흥주부·교섭아문주사·내무부주사·주진종사관 등을 거쳐 일본판사대신·내무부참의 등으로 승진했다. 이 기간 동안 김가진은 1886년에 문과에 합격하는 한편, 수찬·장령·승지 등의 전통적인 청요직도 역임하였다.

24) 이종일, 〈양반서얼의 통청운동〉(《한국사》 34, 국사편찬위원회, 1995), 55쪽 참조.

이 중에서 의정안 ⑥항은 서자의 가계 계승 자격을 공식적으로 인정한 것일 뿐만 아니라 부분적으로 이를 보장해준 것이며, ⑧항은 재가의 자유와 그 정당성을 인정함으로써 대부분 서얼로 될 수밖에 없었던(양반일 경우) 재가녀 자손의 지위를 간접적으로 보장해 주는 의미를 갖는 것이었다. 이로써 서얼의 지위는 가정내에서도 향상될 수 있는 바탕이 마련되었다. 다만 ㉖항에서 볼 수 있는 바와 같이 이러한 변화에 대한 저항을 무마하려는 조치가 취해지기도 했다.

한편 19세기말 20세기초에 서얼은 재산상속의 측면에서도 상당한 성장을 이룩할 수 있었다. 원래 조선시대 전 기간을 통하여 서얼의 재산상속분은 매우 낮은 수준에 머물러 있었지만,[25] 조선시대 말기로 가면서 그 비율을 꾸준히 상승시켜 왔고, 19세기 말엽에는 적서간의 차이가 2 : 1 정도로 좁혀지게 되었던 것이다.[26]

물론 서얼에 대한 사회적 차별은 결코 사라지지 않았다. 특히 가정내에서 또는 사회적인 차별은 상당히 오랜 뒤까지도 강인한 사회적 관습으로 남아 있었다. 그러나 그렇다고 하더라도 갑오개혁 이후의 변화는 결코 과소평가할 수 없다.

(4) 경아전과 향리

京衙前과 鄉吏는 함께 吏胥 또는 胥吏라고 불리우는데, 각각 중앙정부와 지방관아의 행정기능인으로 종사했다.[27]

경아전 또한 갑오개혁과 더불어 가장 큰 신분적 변화를 맞은 집단 중의 하나이다. 종래 경아전은 조선초기에 신분적으로 격하된 뒤 양반관료제의 외곽에 보조적 기능인으로 위치했지만,[28] 새로운 관료체계하에서 정규 관료 그

---

25) 《經國大典》에는 奴婢와 田宅의 상속 비율을 良妾子女는 嫡子女의 1/7, 賤妾子女는 1/10 수준으로 규정하고 있다.

26) 이종일, 앞의 글(1995), 55쪽.

27) 경아전은 다시 錄事·書吏 등의 東班京衙前과 皂隷·羅將·諸員 등의 西班京衙前으로 나뉘는데, 중간신분층으로서의 경아전은 동반경아전을 가리키는 것이다. 경아전에 대해서는 신해순, 《조선전기의 경아전연구》(성균관대 박사학위논문, 1986)를 참조할 것.

28) 경아전은 품계가 주어지지 않는 이서로서, 9품제로 편제된 양반관료체계에는 포함되지 않는다.

것도 중견급의 일원으로 통합되어 들어갔기 때문이다.

1894년 7월 8일에 의결된 군국기무처 의정안(㊼항)에 의하면, "각부 아문의 主事 총액 중 1/3은 현역 이서 중에서 廉勤하고 文算있는 자를 골라, 전고국 시험을 거친 후 (벼슬을) 올려 임명할 것"이라고 규정함으로써 경아전 중 상당수를 중견 실무관료로 발탁하게 되었으며, 이어 7월 13일에는 "각부 아문의 勅任官을 파정한 후 먼저 도찰원에서 잠시 회동하여, 각사 이서 중 문산과 才諝가 있는 자를 시험하여 실시일을 기다려 재능에 따라 관직을 줄 것"(69항)이라고 규정하고 있기 때문이다. 따라서 경아전은 적어도 그 일부는 새로운 관료체계를 구성하는 일원으로, 그것도 중견 실무관료의 1/3을 차지하는 규모로 당당히 끼이게 되었던 것이다. 이로써 경아전은, 적어도 그 중 일부는 새로운 관료제 구조 속에서 실무관료의 일각으로 편입되어 들어갔고, 따라서 사실상 지위 상승의 계기를 맞을 수 있었다고 생각된다. 그리고 각부 아문의 주사가 전통관료제의 참상관급에 해당되는 위치에 있었음을 감안한다면, 이는 경아전층의 대단한 성공을 의미하는 것으로 보아도 좋을 것이다.

그러나 향리들은 사정이 그렇지 못했다.[29] 갑오개혁의 핵심 기획자의 위치에 있던 兪吉濬은 지방제도의 개혁을 추진하면서 吏胥層의 배제를 중요하게 생각하고 있었기 때문이다.[30] 이것은 실제로 갑오개혁기에 조세징수과정에서 이서층을 儒鄕層으로 교체하는 것으로 나타났다.[31] 또한 제2기 갑오경장 내각의 실력자였던 朴泳孝도 1895년 3월 10일 공포된 〈內務衙門訓示〉를 통하여, 이서의 부정과 비리를 척결하려는 입장을 분명히 하였던 것이다.[32]

---

29) 조선시대의 향리에 대해서는 다음 글들을 참조할 것.
이성무, 〈조선초기의 향리〉(《한국사연구》 5, 1970).
이수건, 〈조선조 향리의 일연구〉(《문리대학보》 3, 영남대, 1974).
김필동, 〈조선후기 지방이서 집단의 조직구조〉(《한국학보》 28·29, 일지사, 1982년 가을·겨울).
이훈상, 《조선후기의 향리》(일조각, 1990).

30) 兪吉濬, 〈與福澤諭吉書〉(《兪吉濬全書》 V, 일조각, 1971), 278쪽.
이상찬, 〈1906~1910년의 지방행정제도 변화와 지방자치 논의〉(《한국학보》 42, 1986)에서 재인용.

31) 이상찬, 위의 글, 52쪽 참조.

32) 내무아문 훈시에서 이서의 통제를 겨냥하고 있는 관련 조항을 뽑아보면 다음과 같다. 인용문은 유영익, 앞의 책, 부록 참조.

그러나 1896년 갑오정권이 무너지자 이서층은 다시 지방행정 실무자로 복귀하고 鄕員層은 배제되었다. 나아가 비록 그 정원은 감액하였지만, 이서에게 월봉을 지급함으로써 오히려 이들의 입지를 세워주게 되었다.[33] 이로써 이서층은 일시적인 배제의 위기를 넘어 다시금 지방행정의 실무자 위치로 복귀하게 되었던 것이다.

그러나 향리들의 운명이 이렇듯 일시적인 위기를 거쳐 과거의 지위를 복구하는 데 머물러 있었던 것은 아니다. 더구나 갑오개혁 이후 지방행정제도의 기본 틀은 바뀌었기 때문에 갑오개혁 이후 향리층의 위상 변화를 이런 각도에서만 이해하는 것은 부족하다. 향리층은 시대적 변화에 좀더 적극적으로 적응해 나갔다. 즉, 갑오개혁 이후 향리층은 변화된 지방제도 속에서의 자신의 위상을 확립해 나가는 한편, 시대적 변화에 더욱 민감하게 대응해 나갔는데, 그 중 하나가 근대적인 교육에 적극 동참해 간 것이고,[34] 또 다른 하나가 새롭게 대두하는 상업적 농업에 관심을 기울이면서 사회변동기에 지주·대지주로 성장해간 것이다. 그 중 가장 극적인 사례의 하나를 우리는 전라도 동복현의 지배적 향리가문인 同福 吳氏家에서 찾을 수 있다.[35] 예컨대 동복의 향리 출신인 吳啓鍊과 吳在永은 갑오개혁 이후 군수를 역임했고, 오재영은 나아가 일제하에서 중추원의관을 역임하는 등 식민지체제하에서도 적극 적응해 나갔던 것이다.[36] 또한 이들을 포함한 동복 오씨 일문은 그 지방의 대표적인 대지주로 성장하였다. 이것은 향리층의 동향을 극적으로 보여주는 사례이지만, 다른 지역에서도 유사한 사례를 찾는 것이 그리 어렵지는 않을 것으로 생각한다.

序文 …士氣는 해이하며, 吏胥ᄂᆞᆫ 苞苴에 眩ᄒᆞ며 인민은 저축ᄒᆞᄂᆞᆫ 念이 無ᄒᆞ니…
제37조 관과 민이 상접ᄒᆞᄆᆡ 下情을 詳察ᄒᆞ야 吏胥輩로 ᄒᆞ여곰 居中 奸弄홈이 없게 ᄒᆞᆯ 事.
제76조 執卜ᄒᆞᄂᆞᆫ 色吏의 加卜ᄒᆞ고 移卜ᄒᆞᄂᆞᆫ 弊ᄅᆞᆯ 일체 엄금할 事.
제79조 京邸吏와 營主人의 役價弊ᄅᆞᆯ 捄正ᄒᆞᆯ 事.

33) 윤정애, 〈한말(1894~1905) 지방제도 개혁의 연구〉(《역사학보》 105, 1984).
34) 보수적인 양반에 비해 향리들은 근대적인 교육에 좀더 빨리 적응해 갔다.
35) 홍성찬, 《한국근대 농촌사회의 변동과 지주층》(지식산업사, 1992).
36) 홍성찬, 위의 책.
———, 〈한말·일제초 향리층의 변화와 문명개화론—보성군수 오재영의 경우를 중심으로—〉(《한국사연구》 90, 1995).

그런데 여기서 한 걸음 더 나아가 이를 향리층 일반으로 확대하여 향리와 그 후예들은 근대 이후, 특히 식민지시기에 엄청난 사회적 진출을 이룩했고, 그 결과 식민지시기의 군수의 절대 다수를 향리의 자손들이 차지하게 되었다는 주장도 나온 바 있다.[37] 그렇지만 이 주장은 충분히 실증된 것이라고 할 수 없다. 최근 한 연구에 의하면, 이러한 주장은 잘못된 것이다.[38] 한편 또 다른 방증 자료로서 1909년 전북지방의 통계에 대한 보고를 보면, 사족 중 토지를 소유한 사람이 20%인데 비해 吏校의 경우는 5% 정도에 불과한 것으로 나타나고 있다.[39] 따라서 근대 이후 향리와 그 후손의 진출을 지나치게 강조하는 견해는 다소 문제가 있다고 생각된다.[40] 그러나 상대적으로 보면 또는 구래의 다른 신분 범주에 비겨볼 때, 근대 이후의 사회변동에 향리층이 상당히 민감하게, 그리고 실리적 차원에서 매우 성공적으로 적응한 것만은 인정된다고 할 수 있다. 그리고 이것은 물론 중간신분층의 지위 변화의 중요한 부분을 형성하고 있음은 말할 것도 없다.

〈金弼東〉

37) 稻葉岩吉, 〈朝鮮社會史ノ斷面〉下(《東亞經濟研究》9-3, 1925).
이훈상, 앞의 책, 1쪽.

38) 홍순권에 의하면, 일제하의 군수는 1920년대에는 전체의 79.2%가 서기를 거쳐 군수로 임용되었으며, 1930년대에는 70%가 서기를 거쳐 임명되었다고 한다. 그런데 이 서기가 바로 향리 또는 그 후손을 의미하는 것은 아니다. 일제시기의 서기란 이미 신분의 표시가 아니며, 근대 관료체계상의 한 직급에 불과한 것이기 때문이다. 따라서 그는 "지금 선내 300명의 군수 중 260여 명의 군수는 모두 아전의 자제(출신)에서 나왔다고 한다"는 稻葉岩吉의 평가가 잘못된 것이라고 주장하고 있다.
홍순권, 〈일제시기의 지방통치와 조선인 관리에 관한 일고찰〉(《국사관논총》 64, 국사편찬위원회, 1995).

39) 《대한매일신보》, 1909년 12월 16일, 잡보에 의하면, 사족 전체수 대비 토지소유자는 4,826명 : 22,746명, 이교 전체 대비 토지소유자 수는 136명 : 2,842명으로 되어 있다.

40) 이 문제에 대한 최종적인 결론은 좀더 구체적이고 광범위한 실증작업 이후로 미뤄져야 할 것이다.

3) 상민 · 천민층의 성장

개항이후 근대국가로의 발전과정에서 신분적 차별의 철폐는 필수과제 중의 하나였다. 때문에 1884년 갑신정변 단계에서부터 신분제 폐지에 관한 논의는 계속 되어왔다. 하지만 한말 신분제와 관련해서 가장 큰 변화의 계기는 역시 1894년의 갑오개혁[1]이었다. 당시 개화파정권은 신분제의 전면 폐지를 결정했고, 그것은 특히 양반 특권의 폐지와 노비해방에 초점을 맞추고 있었다. 때문에 양반과 일반 상민사이를 구분하던 특권이 사라지고, 동시에 상민보다 하위에 놓여 있던 천민집단이 억압의 사슬에서 풀려남으로써 결과적으로 적어도 형식적이고 대체적인 수준에서는 전 인민의 평등화가 실현된 것이다. 상민들에게는 전과 별로 달라진 점이 없지만 적어도 종래 양반에게만 허용되던 사실상의 각종 특권, 예를 들면 과거제 · 관직 등용 등이 사라지면서 공평한 기회가 제공되었다는 점에서 사회적 지위가 상대적으로 상승한 것으로 평가할 수 있을 것이다. 또한 노비의 해방과 그 밖의 白丁 등 천민집단의 해방은 매우 중요했다.

하지만 이러한 신분제 폐지의 효과가 하루아침에 사회 구성원들을 평등하게 만드는 쪽으로 작용할 수는 없었다. 신분제를 통해 작용했던 경제적 불평등 구조는 그대로 남아 있었고, 오히려 자본주의적 경향이 개항이후 점차 활발히 전개되면서 불평등은 오히려 심화되어 가고 있었다. 노비였던 자들은 전호 또는 임노동자로 바뀌어 갔으며, 때로는 영세소상인, 또는 수공업자가 되었다. 한편 백정 · 기생 · 승려 등의 천민집단들은 제약을 완벽하게 넘어서기는 어려웠다.

(1) 1894년의 신분제 폐지 정책과 평민

개항이후 일제에 의해 식민지 지배체제로 편입되는 1910년까지는 비록 짧은 시기지만 신분사적으로 매우 중요한 변화를 가져 왔다. 조선후기부터 급

---

1) 조성윤, 〈甲午改革期 開化派政權의 身分制 폐지정책〉(《金容燮敎授停年紀念韓國史學論叢－韓國近現代의 民族問題와 新國家建設》, 知識産業社, 1997).

속한 사회변화속에서 신분제는 이미 크게 흔들리고 있었고, 신분간의 뒤섞임 현상, 즉 양반신분의 양적 팽창속에서 몰락양반이 속출하고 이들이 밑으로 떨어져 내려오는가 하면, 경제력을 확보한 평민[2]들이 신분을 돈으로 사고 올라오는 현상이 나타났다. 구향과 신향의 대립은 그것을 단적으로 보여주는 것이고, 국가는 이러한 상황을 인정하고 때로는 이용하고 있었다. 1801년의 노비해방은 그 단적인 보기였다. 공노비가 해방되었다는 것은 그만큼 常民의 수가 늘어나는 것이었다. 아니 정확히 말하면 이미 상민화해서 살고 있는 공노비들, 더 이상 身役을 거두기도 어렵게 된 이미 국가의 손을 떠난, 그러나 적어도 법적으로는 여전히 노비인 이들을 차라리 풀어줌으로써 국가의 조세 자원을 확보하려는 것이었다.[3]

이러한 신분제 붕괴 현상은 개항 전후한 시기까지 계속되고 있었다. 특히 개항은 평민 입장에서 볼 때는 매우 유리한 사회·정치환경이 점차 조성되는 계기였다. 외세가 급속히 밀려들어오고 전국적으로 민란이 쉴새없이 터지는 상황에서 보수 지배층은 정신을 차리기 어려웠다. 당연히 정치는 제대로 운영되지 못했다. 민중들은 계속 민란을 일으키면서 그 속에서 점차 자신들의 사회의식을 키워가고 있었다.

전통적인 신분제도는 1894년 갑오개혁 당시 입법기관인 軍國機務處에 의해 폐지되었다. 이것은 길게 보면 조선후기부터 지속적으로 전개되어온 거대한 신분제 폐지 운동의 흐름의 결과였으며, 직접적으로는 갑오농민전쟁으로 분출된 민중의 강렬한 요구에 밀려 이루어진 것이었다.[4] 1894년에 신분제도를 법적으로 폐지하기는 했지만 이는 이미 무너져 가던 신분제도를 법적으로 확인한 행위에 지나지 않는다. 신분제도의 법적 폐지 선언이 불가피하게 된 것은 이미 그 이전에 전통적 신분제도가 제 기능을 발휘할 수 없을 만큼

---

2) 이 글에서 平民은 특정 범주의 신분 집단을 가리키는 개념이 아니라, 양반·중인 범주를 제외한 그 밖의 모든 집단을 한데 묶어 부르기 위해 임시로 사용한 개념이다. 따라서 큰 의미를 둘 필요는 없다. 하지만 한말 호적에는 평민이라는 개념이 하나의 특별한 집단을 가리키는 것처럼 사용되고 있기도 하다. 물론 아직 어떤 집단을 가리키는지 분명히 밝혀진 바는 없다.

3) 全炯澤, 《朝鮮後期 奴婢身分硏究》(一潮閣, 1989), 241쪽.

4) 愼鏞廈, 〈1894년의 社會身分制의 폐지〉(《韓國近代社會史硏究》, 一志社, 1987).

사회변화가 일어났기 때문이다. 사실상 국가의 징세와 戶役 및 군역을 통해 각 개인의 노동력을 직접 수탈하는 지배방식이 무너지고, 실질적으로 노비해방이 이루어지고 있던 속에서 신분제도의 폐지는 이러한 현실을 법적으로 뒤늦게 인정하는 것이었다.

개화파 정권의 신분제 폐지 정책은 농민군의 폐정개혁 요구를 수용하는 한편, 일본측이 제시한 개혁안도 상당 부분 반영하는 가운데 자신들이 갖고 있던 평소의 개혁 구상을 실천에 옮긴 것이라고 할 수 있다. 따라서 그들의 정책 내용속에서 어떤 부분이 특히 농민군의 요구를, 또 어떤 부분이 자신들의 개혁 구상을 실천에 옮긴 것인지를 구분하면서 살펴 볼 필요가 있다.

농민군의 폐정 개혁 요구 가운데 신분과 관련된 것은 반상 차별의 문제와 노비제, 천민해방 등에 관한 것이었다. 그런데 개화파 정권의 신분 개혁 정책에는 이러한 농민군의 요구가 대부분 반영되었다. 특히 노비제를 폐지하고 천민을 해방하는 조치가 내려진 것은 역사적으로 매우 커다란 의미를 갖는다. 그렇지만 개화파 정권이 의도했던 개혁의 무게 중심은 그 보다는 오히려 반상의 차별을 없애고, 양반신분의 각종 특권을 폐지하는 쪽에 놓여 있었다. 그것은 초기에 발표되었던 의안 내용 가운데 노비제 폐지와 천민해방에 관해서는 원칙을 강조한 2개의 의안만 발표되었을 뿐 더 이상의 구체적인 내용은 찾아보기 어려운 반면 나머지 의안들은 양반신분 유지의 결정적인 통로였던 과거제를 폐지하고 문벌 중심의 관료 등용과 문무 차별을 깨는 데 초점을 맞추고 아주 상세하게 내용을 규정하고 있어 크게 대조를 이룬다는 점 때문이다.

또한 사회 관습 개혁 내용은 대부분 유교 윤리를 신봉하는 양반을 중심으로 짜여졌던 서얼 차별·조혼·연좌제·과부 재가 금지 등 가족제도와 관련된 관습은 물론 복식·두발·가마 사용 등의 신분간 차별속에서 양반 지배층의 특권이자 외적 상징으로 작용하던 것들을 폐지 내지 개혁함으로써 양반신분과 일반 평민신분사이의 현실적인 장벽을 제거하는 데 힘을 기울인 것으로 생각된다. 이 같은 개혁 내용은 주로 양반 지배층 내부의 관습을 제거하려는 것이었고, 노비 천민층의 해방과 관련된 것은 아니었다. 이와는 대조적으로 반상의 차별 못지 않게 심각한 문제였던 천민집단에 대한 차별 관행에 대해서는 심각한 문제로 다루어지지 않았다.[5] 물론 나중에 박영효정권 때 양반과 官의 일반민에 대한 차별 관습에 관한 여러 가지 시정지시가 등장하고 있기는 하지만,[6] 양반중심의 사회 관습 개혁에 비하면 상대적으로 매우 약한 것이었다.

갑오개혁을 주도한 개화파 인물들은 개항이후 급변하는 정세속에서 근대국가를 수립하려는 적극적인 자세를 갖고 있었으며, 지주제의 기본틀을 유지하는 가운데 부세제도의 개혁과 통상무역을 통한 상공업 진흥, 그리고 근대적 관료제도의 도입 등의 개혁 방안을 구상·실현하고 있었다. 신분제 폐지 정책은 바로 이러한 방향으로 진행된 갑오개혁의 일환이었다.[7] 개화파는 지배층 중심의 근대화를 추진하고 있었지만, 한편 지주전호제와 신분제를 폐지하라는 압력이 밑으로부터 끊임없이 솟아 올라오고 있었다. 따라서 어떤 형태든 민중의 요구를 수용, 정책에 반영하지 않을 수 없는 상황이었다. 특히 농민군이 집강소를 설치하고 지방 행정을 장악해가던 상황에서 그들이 요구한 폐정개혁안을 받아들여 적절한 수습책을 제시하는 것이 당장 중요했다.[8]

그렇지만 이들 개화파 정권 참여자들은 그들 스스로가 지주계급이자 동시에 양반신분 보유자들이었다. 따라서 자신들이 보유한 특권을 쉽게 포기할 수는 없었다. 특히 지주제는 그들의 경제적 기반이었으며, 개항이후 일본과의 교역을 통해 지주제는 쇠퇴하는 것이 아니라 오히려 확대 발전하고 있었으므로 보호하고 키워야 할 대상이었다. 그리고 근대 상공업을 발전시켜 나

5) 천민, 특히 백정에 대한 심한 차별 대우는 한말은 물론 일제 침략기에도 계속되었다. 상세한 내용은 김중섭, 《형평운동 연구》(민영사, 1994)를 참고 할 수 있다.

6) 제1조 民을 臨하는 道는 心을 用함을 公平히 하야 貴賤과 親疎로서 毫末이라도 差別이 有케 아니할 事.

제6조 大小民이 官庭에 跪하고 立하는 節과 民이라 稱하고 小人이라 稱하는 例를 一切 自便케 하고 勒行치 말을 事.

제7조 官長이 胥隷에게와 主人이 雇傭에게 專히 待치 말을 事.

제1·6·7조의 공통점은 더 이상 신분제가 관철되던 시대의 구습을 따르지 말고 상하 관계를 평등한 관계로 바꾸어 나가라는 지시라고 생각된다.

《高宗實錄》, 고종 32년 1월 29일.

《官報》, 1895년 3월 10일.

7) 金容燮, 〈甲申·甲午改革期 開化派의 農業論〉(《增補版 韓國近代農業史硏究》 下, 一潮閣, 1984), 89~94쪽.

8) 金容燮, 〈光武年間의 量田·地契事業〉(위의 책), 259쪽.

갈 때도 지주계급이 스스로 농업을 근대화하면서 동시에 상공업의 발전 주체가 될 수 있다고 판단하고 있었다. 때문에 갑오개혁을 추진한 개화파들이 볼 때 경제적인 차원에서 문제가 되는 것은 단지 조세제도와 국가의 재정구조였지, 지주제가 아니었다.[9)]

개화파는 대부분 지주집안 출신이었고, 지주제를 경제적 기반으로 삼고 있었다. 여기에 근대적인 상공업의 육성을 통한 부국강병이야말로 근대국가로 가는 지름길이라고 믿고 있었으므로 개혁이 진행되면서 새로운 이념과 제도를 받아들이는 것이 더 중요했으며, 이들에게는 종래의 유교 이념과 양반신분을 내세우는 것, 즉 신분제를 유지하는 것은 더 이상 커다란 의미가 없었다. 사실 신분제 유지를 통해서 지배 세력이 얻을 수 있는 이점은 점점 줄어들고 있었다. 이는 지주제와 신분제 사이의 간격이 크게 벌어진 때문이었다. 양반신분 보유자의 일부만이 지주로, 나머지 대부분은 자영농 또는 소작농으로 전락하는 상황에서 양반신분을 보유하고 이를 바탕으로 경제외적 강제를 강화해 중세국가의 전통적 지배 전략을 유지하는 것은 결코 바람직한 개혁 방향이 아니었다. 따라서 신분제를 통해서 얻을 수 있는 이익에 비해 치루어야 할 사회적 비용이 지나치게 커지고 있는 상황에서 신분제를 폐지하는 것은 당연한 정책적 귀결이 아닐 수 없었다. 물론 그들 대부분 노비를 소유하고 있었고, 따라서 노비해방에 그리 적극적일 수는 없었지만, 신분제를 유지한다고 하는 것이 오히려 근대국가 체제를 수립하는 데 방해가 된다면 이를 폐지할 의사를 갖고 있었던 것이다.

따라서 갑오개혁의 첫 단추를 채우는 초기부터 신분제를 개혁하는 각종 의안을 발표한 것은 농민군의 폐정개혁 요구를 수용하는 수습책이면서, 동시에 자신들이 구상하던 근대화 방안의 실천이기도 했다. 그러나 그들이 제시한 노비제 폐지 조치와 천민해방에 관한 선언은 2개 의안에 기본원칙만 담았을 뿐 상세한 규정은 결여되어 있었다. 이어 양반 지배층 내부에서 터져나온 강력한 반발에 부딪치면서, 노비제의 잔존을 인정하고 개혁안이 신분제

---

9) 金容燮, 위의 글(1984a).
———, 〈近代化 過程에서의 農業改革의 두 方向〉(《한국 자본주의 성격논쟁》, 大旺社, 1988).

를 전면 개혁하려는 것이 아니라고 상당한 정도로 개혁 내용을 후퇴시키기도 했다. 그 뒤에도 백정·승려·기생에 대해서는 약간의 조치를 취했을 뿐, 이들을 완전한 자유민으로 해방시키는 분명한 조치는 취한 적이 없다. 이것은 개화파가 농민군의 요구에 따라 일종의 수습책으로 천민해방을 실시한 것일 뿐, 천민해방에 관한 구체적인 구상을 갖고 있지 않았기 때문이라고 생각된다.

천민해방을 규정한 의안은 흔히 七般賤人을 모두 해방한 것으로 설명된다. 하지만 실제 내용은 매우 간단하여 천민 가운데 일부인 驛人[10]·倡優·皮工 등에 관해서만 언급할 뿐 백정을 비롯하여 승려·기생 등 다른 천민집단에 관한 구체적인 언급은 보이지 않는다. 농민군이 폐정개혁 요구에서 칠반천인의 대우를 개선하라는 요구를 하면서, 특히 백정의 해방을 강조하고 있었음을 감안한다면 백정해방에 대한 언급은 결코 무시할만한 사항은 아니었다. 그런데도 당시에는 백정에 대한 조치는 언급되지 않았으며, 나중에 후속 조치로 나타났다.[11] 그리고 "屠戶를 천민에서 면하게 하고 호적을 만들도록 허락하였다"[12]라는 기록에서 보듯이, 나중에 면천 조치가 내려진 것은 분명하지만, 당시 그들에게 허락된 호적은 일반 호적이 아닌 그들만의 특수 호적이었다. 光武戶籍에서 노비였던 자들과 역인·창우·피공 등은 모두 일반 호적에 차별없이 함께 섞여 들어간 데 비해, 백정과 승려는 따로 특수 호적을 작성하고 있었던 사실이 한꺼번에 차별 조치가 완전히 제거되지는 않았음을

10) 驛人은 身良役賤 집단이었을 뿐, 칠반천인에 속하지는 않았다. 그러나 역인에 대해 면천이라는 용어를 사용한 것은 이들을 사실상 천인으로 인식하고 있었음을 말해준다. 물론 신양역천 집단 중에서도 특히 역인은 세습役으로 천인과 다름없는 사회적 대우를 받고 있었으므로 천인 집단으로 인식되기에 충분했을 것이다.
劉承源, 《朝鮮初期 身分制硏究》(乙酉文化社, 1987).
趙炳魯, 〈朝鮮後期 驛民의 編成과 入役形態〉(송병기 외, 《韓國史의 理解 : 朝鮮時代 1》, 신서원, 1991).

11) 黃玹은 1895년 12월에 "白丁들에게 면천을 허락해주자 그들은 漆笠을 쓰고 다녔다. 옛 풍속에 영남과 호남의 백정들은 감히 칠립을 쓰지 못하고 平凉子만 썼으나 內部에서 여러 차례 칙령을 내려 그들도 평민과 같이 칠립을 쓰게 하였다"라고 기록했다(黃玹, 《梅泉野錄》, 광무 4년 경자).

12) 黃玹, 《梅泉野錄》, 광무 4년 경자.

말해준다[13].

개화파 정권이 추진한 신분제 폐지 정책은 매우 혁신적인 내용을 담고 있었고 중세의 기본틀을 개혁하는 것이었지만, 총론에서만 그러할 뿐 세부적인 내용을 살펴보면 많은 불철저한 점을 갖고 있었고, 세력기반이 약했기 때문에 반발에 부딪칠 때는 그나마 자신들의 개혁안을 부분적으로 후퇴시킬 수밖에 없었다. 게다가 갑오개혁이 전적으로 일본군의 무력을 배경으로 진행되고 있었기 때문에, 개혁안 내용이 일본에 의해 강요되고 있다는 인식을 강하게 주고 있었다. 유생들의 입장에서는 외세의 위협과 자신들의 기반을 없애려 드는 데 대한 위기의식이 한꺼번에 겹친 셈이었다. 뿐만 아니라 일반 평민들이 볼 때도 이들의 개혁안은 일본을 등에 업고 이루어지는 것이었다. 따라서 민족적 위기의식이 이 개혁안을 쉽게 받아들이지 못하게 만들었다.

(2) 신분제 폐지 이후의 평민신분

1894년 갑오개혁이후 전통적인 신분제도가 폐지되었다고 하지만 현실속에서 신분구조가 과연 어떠한 형태로 사라지고 있었는지는 정확히 파악되지 않고 있다. 실제로 한말에 신분제의 어떤 측면이 먼저 붕괴되고 사라져 갔으며, 신분제의 어떤 측면이 상당히 오랫동안 남아 변화에 완강한 저항을 보이는지는 연구된 바가 없다. 물론 갑오개혁이후 신분제는 종전에 비해 판이하게 달라졌다고 볼 수 있다. 비록 신분제도의 변화가 현실적으로 사회 변화에 곧바로 투영되지 않을지라도 전통적 신분이 제 기능을 발휘하지 못했을 것임은 분명하다.

그러나 한말에 신분제도가 법적으로 폐지되지만, 실제로는 여전히 강한 힘을 가지고 있었다. 신분제가 폐지되었다고 해서 사람들이 하루아침에 그 변화에 적응하는 것은 아니다. 노비의 경우, 특히 한 집에서 주인과 함께 생활을 하던 사환 노비의 경우에 그들이 법적으로 노비제도가 폐지되었다고 해

13) 현재 남아 있는 광무 호적 가운데 상당한 수가 바로 이들의 특수 호적이다. 일본 京都大學 文學部 博物館에 소장되어 있는 《韓國戶籍成冊》 중 〈楊州郡所在各寺刹主掌僧及外他寄住僧徒錄 各年兆成冊〉(광무 8년), 〈忠淸南道泰安郡 各寺僧徒成冊〉(광무 9년), 〈江原道 春川郡 癸卯度屠漢戶口成冊〉(광무 7년) 등이 보기이다.

서 곧바로 주인(上典)과 대등한 지위를 가질 수는 없었다. 결정적인 것은 노비들의 대부분은 신분적으로 노비문서가 아무런 쓸모 없는 휴지 조각으로 변했다 하더라도 그들이 양반보다 우위에 설 수 있는 물질적 기반을 갖고 있지 못했다는 점이다. 형식적인 신분해방은 법으로 제도화되었지만, 그들이 자유민으로 살아갈 경제적 기반, 특히 토지는 여전히 지주계급의 손에 있었던 것이다.

그러므로 적어도 경제적으로는 여전히 지주-전호의 관계를 유지해야만 자신들의 생계를 꾸려 나갈 수 있었고, 자신의 독자적인 소유의 주택을 갖고 있지 못하는 한 주인집 행랑에 거주하거나, 주인집을 빌려 사는 생활이 계속되었다. 한편 주인집에 거주하던 사환노비들은 신분제도 폐지이후 주인집을 떠나 독자적인 살길을 찾는 경우도 있었겠지만, 많은 경우는 주인집에 그대로 눌러 앉아 노비시절과 별로 다름없이 주인집 각종 집안 일을 하고 주인집에서 소유하고 있는 토지를 경작했을 것이다.

신분의식도 하루아침에 바뀔 수는 없었다. 법은 사회적 관습이 유지될 수 있게 받쳐주는 버팀목이기도 하다. 그런데 신분과 관련된 법이 폐기되고 나서도 신분 차별 관습은 여전히 의미 있는 강력한 힘으로 작용한다. 갑오개혁 이후 신분제가 공식적으로 폐지되면서 신분에 대한 억압적 상황이 조금씩 나아지고 있기는 했지만, 아직 신분제에 대한 일반인의 관념은 강하게 남아 있었다. 특히 양반과 상민의 경계, 노비에 대한 편견이 많이 줄어들고 있었으면서도 천민집단에 대한 차별의식은 여전히 강했다. 경남 진주군을 비롯한 인근 16개 郡의 백정들이 1902년 2월에 차별관습을 없애달라고 관찰사에게 탄원하였지만, 관찰사는 오히려 소가죽으로 관의 띠를 하도록 지시하여 굴욕적인 신분표시를 강요했다. 또한 황해도 해주에서는 정부관리가 신분을 해방시켜주는 대가로 백정들에게 금품을 요구하는 경우도 있었다. 한편 내무부는 각 지방 관청에 훈령을 내려보내 양반들에게 복종하지 않는 천민들의 처벌을 지시하기도 했다.[14)]

---

14) 《皇城新聞》, 1900년 2월 28일 ; 1901년 2월 8일 ; 1901년 5월 16일.
《독립신문》, 1896년 11월 3일 ; 1897년 3월 13일 ; 1899년 7월 8일.
김중섭, 《형평운동의 연구-일제 침략기 백정의 사회사》(민영사, 1994), 54쪽.

그런 상황속에서도 백정들은 매우 적극적으로 새로운 상황에 적응해 나갔다. 경남 진주, 경북 예천, 황해도 해주에서는 백정들은 부당한 관리의 처우에 대항하여 상급기관에 제소하는 경우도 생겨났고, 패랭이 대신에 일반인들처럼 갓과 망건을 쓰는 등 옷차림의 신분 차이를 없애줄 것을 왕과 관청에 탄원하기도 하였다. 그런 가운데 1900년에 진주에서 일반인과 똑같은 의복을 입어도 좋다는 관청의 허락을 받은 백정들이 일반인들로부터 공격을 받는 사건이 일어나기도 하였다. 한편 새로 늘어나기 시작한 개신교 신자들 중에는 백정들도 있었는데, 선교사가 백정들을 일반인 신도들과 합석시키려 하자, 대부분의 신도들이 거부하였고, 불만을 품은 일부 신도들은 예배당을 떠나기까지 하였다.15)

이처럼 완강했던 여러 형태의 차별 관습은 20세기로 넘어오면서 점차 사라져 갔다. 물론 백정 집단거주 마을이 그대로 남아 있었지만, 일반인들의 거주지역으로 옮겨와 살기 시작한 백정들이 늘어났으며, 일반인들과의 접촉도 비교적 쉬워졌는데, 이러한 모습은 백정들의 공동체가 무너져가면서 동시에 일반인들 속으로 섞여 들어갔음을 뜻한다.16)

한편 사회 전반적인 변화가 나타나고 있었음도 분명하다. 우선 양반집단에 비해 절대적으로 교육 기회가 차단당해 오던 것이 점차 열리고 있었다. 각종 학교 입학 문호가 누구에게나 개방되었다. 적어도 형식적으로는 모든 교육과 실제 행정활동이 국문을 적어도 국한문을 바탕으로 진행되게 되었다. 읽기 쉬운 신문들도 쏟아져 나왔다(《독립신문》·《제국신문》·《황성신문》 등).

갑오개혁이후 법적으로는 신분제가 폐지되어 있었으나, 종래의 신분관념은 존속되고 있었고, 이로 인해 대한제국기 신문을 살펴보면 신분을 둘러싼 글이 자주 실렸다. 이러한 신분 관련 기사들은 대체로 신분차별을 비판하고, 상민·천민층들로 하여금 신분의식으로부터 벗어나도록 하는 데 큰 기여를 하였다. 특히 《皇城新聞》의 경우 관직임용에서의 신분적 차별을 주된 비판의 초점으로 삼고 있었다. 즉 "寒門微族의 자제는 학문이 두터워도 등용의 기회

15) 임순만·형평운동 70주년 기념사업회 엮음, 〈기독교 전파가 백정 공동체에 미친 영향〉(《형평운동의 재인식》, 솔출판사, 1993).

16) 김중섭, 위의 글, 55쪽.

가 적고 華族은 懶怠하고 학문이 부족해도 서용되는 현실"[17]을 비판하면서 "문벌과 계급에 구애받지 않고 才藝에 따라 인재를 등용해야만 내수를 다져 외압에 대응해 나갈 수 있다"[18]고 주장하였다. 이러한 《황성신문》의 견해는 그 담당자들이 주로 문벌이 낮은 양반이거나 중인출신이라는 점과 관계가 있었지만, 동시에 법적 신분제가 폐지되고, 양반 세족들의 특권을 약화시키는 조치가 나왔다고 해도 하루아침에 현실이 바뀌지는 않음을 보여준다.

그렇더라도 당시 신문기사들은 대립 갈등 과정을 겪으면서 평민들이 스스로 신분의식을 벗어나려고 노력하고 있음을 보여주고 있다. 다음의 두 기사를 보자.

A. 일전에 검은돌 사는 전가가 그 동리 사는 김모를 거러 경무청에 정장하엿는데, 그 사의인 즉, 김가와 전가가 다 막버리군이라. 연강의 풍속이 쪽지게 지고 버러 먹은 것은 양반이오 등테지고 버러 먹은 것은 상놈으로 분별이 뚜렷한 배라. 전가등테가 어디를 가는데 김가 쪽지게가 요사이 잘 잇으냐 한즉, 전등테에 말이 네나 내나 두질생에 목을 넣고 생애하기는 일반이어늘 하대 하는 일이 웬일이냐 하매 김쪽지게가 대노하야 양반더려 무례히 욕한다고 전등테를 구타하매 전등테에 아비가 나와 만류하려는데 김쪽지게에 삼형제가 내다라 전등테 부자를 무수히 난타한 일이라 하니 우리 나라 여러 가지 디테는 일오 알 수 없더라(《매일신문》 7, 광무 2년 4월 16일, 잡보).

B. 충청감사 송세현씨가 갈녀 올 때에 공주 아전 서한익에게 가하 몇 천량을 지고 왔는대 서가가 송씨를 대하야 가하전을 재촉하매 송씨 대답이 그 때에 이리 이리 구쳐하여 주었거늘 무삼 가하를 다시 말하는냐 한즉 서가의 말이 갑오 이전에는 송우암댁을 두려워 당당히 받을 것을 말을 못하였거니와 지금이야 경계 받게 무엇이 무서우리오하고 돈을 재촉하였더니, 도내 유생들이 관찰부에 정소하고 서가가 송우암을 욕되게 하였다고 치죄하여 달라하매 관찰부에서 서한익을 착수하였다가 몇일 후에 서가는 방송하고 그 아우를 되수하였더니 서한익을 내노았다고 경주 유생 이복영씨 등이 법부대신에게 연명 등소를 하다더라(《매일신문》 17, 광무 2년 4월 28일, 잡보).

A 기사에는 한강가 포구에서 '막벌이꾼'으로 살아가는 거리 임노동자들이 등장하는데, 흥미 있는 것은 그들 사이에서도 신분에 따른 차별이 존재했다는 것이다. 즉 양반은 지게를 지지만, 평민들은 반드시 등짐을 지는 것이 관

17) 《皇城新聞》, 1902년 4월 9일.
18) 《皇城新聞》, 1898년 10월 6일.

행이었고, 이런 관행이 지켜져 왔다는 것이다. 양반이 지게를 지는 임노동자가 되었다면, 경제적 형편으로 따지면 일반 평민들과 비슷하거나 오히려 더 못할 수도 있을 것이다. 그리고 막벌이꾼으로 살아가는 몰락 양반들이 한 둘이 아니라 집단으로 존재했음을 역설적으로 말해준다. 이런 차별 관행이 유지되어 왔다는 것은 경제 수준이 비슷해져도 반상의식은 여전히 강력하게 존재했고, 같은 직업군 종사자들 사이에서도 양반노동자는 상민노동자에게 下待(반말)를 하고, 상민은 양반노동자에게 존대말을 써야 했던 것이다. 그런데 갑오개혁이후 상민 노동자들은 더 이상 상하의 차별 관행을 인정하지 않겠다고 분명히 주장했고, 이 때문에 구타를 당하자, 관에 고발하여 법의 보호를 받으려 하고 있는 것이다.

B 기사에서는 공주 아전이 수천 냥의 돈을 빌리고도 갚지 않던 충청감사를 역임한 고위관료에게 돈을 재촉하면서, 더 이상 양반의 권위가 통하지 않는다고 말하고 있다. 이는 아전 스스로가 갑오이전과 이후는 상황이 달라졌음을 아주 명확하게 인식하고 있음을 보여준다. 하지만 충청도내 유생들과 경주 유생 이복영은 이러한 아전의 태도를 양반이자 지체높은 고위관리인 전감찰사를 욕되게 하는 것이라며 오히려 기존의 질서와 권위 체제를 유지해 달라고 관에 고발하고 있다.

A와 B 두 기사에서 볼 수 있는 대립적 상황은 당시 신분 차별 철폐를 둘러싼 기득권 양반 세력과 상민·천민에 중인을 포함한 전반적인 평민들의 적극적인 저항을 나타낸다.

(3) 호적에 나타난 평민의 변화

전통적인 신분제도가 법적 제도적으로 폐지된 갑오개혁이후 신분질서의 유지와 조세 징수를 위한 호구 파악을 목적으로 삼는 호적제도는 큰 변화를 겪게 되었다. 1896년 정부는 전국적인 규모의 새로운 호구조사를 위하여 칙령 제61호로 〈戶口調査規則〉(1896. 9. 1)을 마련하고, 이어서 內部令 제8호 〈戶口調査細則〉을 통해 구체적인 방법을 정하였다.[19] 그리고는 1896년부터 새로운

19) 趙錫坤, 〈光武年間의 戶政運營에 관한 小考〉(《대한제국기의 토지제도》, 민음사, 1990).

호적이 작성되기 시작했으며, 1903년과 1906년에도 집중적으로 작성되었다. 이 때 작성된 호적을 그 이전에 작성된 호적과 구별하기 위해서 편의상 신호적 또는 光武戶籍이라는 용어를 사용하여 부른다.

구호적을 작성할 때 기초적인 작업으로 각 호마다 호구 단자를 제출하면 정부가 이를 검토하여 다시 확인한 문서로 준호구를 지급하는 형식을 가지고 있었는데, 이 때 호구조사에는 어떤 종류의 내용을 반드시 적어야 한다는 지침은 있었지만, 일률적으로 규격화된 양식을 배포하지는 않았었다. 그러나 신호적은 구호적과 달리 일정하게 규격화된 호구표 양식이 정해져 있고, 이 양식의 빈칸을 채우는 방식으로 조사를 하도록 되었다. 신호적 양식을 보면 구호적에 기재하던 내용과는 크게 달라진 점을 발견하게 된다. 이를 간단히 정리해 보자.

①그 동안 가장 큰 변화는 역시 노비제의 폐지였다. 그 이전 1801년에 이미 공노비는 폐지되었고, 1894년 갑오개혁으로 정식으로 사노비까지 노비의 전면적 해방이 법적으로 정리·공포된 것이다. 따라서 구호적에서는 기재 양식상 가장 뚜렷이 구별되던 노비와 다른 신분과의 차별적 기재방식이 완전히 사라져 버렸으며, 모든 호구를 다 같은 양식을 이용해서 조사하고 있는 것이다. 구호적에서는 노비호의 경우 호주와 처의 이름과 나이를 기록하고는 각각의 부모와 上典을 기록하여 소유권을 확정하는 근거로 이용하였었다. 그러나 신분제가 폐지된 이상 그럴 필요가 없어진 것이다. 갑오개혁 당시 노비제가 법적으로 완전히 철폐되었으므로, 구호적에서 대단히 중요시되던 노비와 일반 양인의 구분이 사라진 것이다. 이에 따라 각 호구의 중요 내용 가운데 하나였던 노비 소유에 관한 항목 역시 사라졌다. 이제 노비를 더 이상 파악해야할 이유가 없어진 것이다.

②호주의 이름·나이·본관·四祖 등의 기재는 구호적과 다를 바 없지만, 직역을 직업으로 바꾸어 기재하도록 되었고, 그것도 상세한 내용이 아니라 간단하게 기재하도록 되었다. 구호적에서 가장 중요시했던 것은 호주와 가족의 직역이었다. 그러나 직역 대신 신호적에서는 직업을 적도록 되어 있는 점이 매우 주목할 만한 변화이다. 이 때는 이미 구호적을 작성할 때 가장 중요시하던 군역과 각종 요역의 배정을 위한 인원 파악이라는 목표가 사라졌다

고 생각된다. 그렇기 때문에 직역을 기재하던 것을 직업을 기재하는 것으로 바꾸어 놓고 있다.

물론 신호적에 나타나는 직업이 오늘날 우리가 이해하고 있는 직업(Occupation)과 거의 같은 의미이기는 하지만 반드시 같은 뜻으로 사용된 것은 아니다. 이 당시 사람들은 職과 業을 구분해서 생각하는 경향이 강했다. 말하자면 직은 일종의 사회적 지위를 나타내는 것으로, 그리고 업은 구체적인 생업을 가리키는 것으로 분리시켜 이해하고 있었던 것이다. 보기를 들어 양반신분이면서 농사를 짓고 있었던 자는 '職士業農'이라고 동시에 기재하는 경우가 그랬다. 그러나 이렇게 기재한 경우는 적은 편이고 과거 관직을 역임했거나 양반들은 대부분 관직을 기재하거나 幼學 등으로 자신의 직업을 기재하였는데, 이들이 대부분 지주였거나 아니면 자영농민이었음을 감안한다면 업보다는 직을 더 중요시했던 것 같다. 반면 일반 상민들과 갑오개혁으로 노비제가 폐지되면서 더 이상 호적에 노비로 기재하지 않게 된 노비였던 자들은 자신의 생업, 말하자면 그들의 현실적인 경제 활동의 내용을 적고 있다.

이처럼 직역을 통해서 관직을 적거나 아니면 현재 지고 있는 군역의 내용을 기재하던 방식으로부터 현재 수행하고 있는 관직을 적거나 아니면 농민·상민 등으로 구체적인 경제활동상의 내용을 적도록 바뀐 것은 호적 작성의 목적 가운데 중요했던 군역 부과라는 목적이 크게 쇠퇴하고 있음을 보여준다. 그 보다는 오히려 현실적인 경제활동의 내용을 파악하는 데 초점을 맞추고 있음을 알 수 있다.

③ 구호적에서는 양반과 양인의 경우 호주와 호주 四祖(아버지, 할아버지, 증조 할아버지, 외할아버지)의 직역과 처의 4조의 직역을 모두 적도록 되어 있었고 노비는 소유관계를 명확히 하기 위해 부모의 성명과 상전이 누구인지를 반드시 적도록 되어 있었다. 이는 양반의 경우 호적에 기록되는 것 자체가 자신의 양반신분을 보장하는 역할을 했으며, 노비는 그 소유 또는 귀속관계를 명확히 하기 위한 것이었다. 이것이 바뀌어 호주의 4조를 적기는 적되 적는 요령이 훨씬 간소화되었다. 말하자면 호주의 4조가 어떤 직역을 갖고 있었는지는 신분제를 폐지한 마당에 더 이상 커다란 의미를 갖지 못하게 되었음을 나타내는 것이다(이는 연좌제의 폐지와도 밀접한 관계가 있다). 특히 구호적

에서는 처의 4조에 관해 호주와 같은 비중으로 기재하도록 했으나, 신호적에서는 처의 4조를 적는 것이 폐지되었다. 다만 처의 이름·성씨·본관·나이만을 기재하는 것으로 줄어들었고, 그것도 同居親屬난에 일반 다른 가구원들과 함께 간단히 적도록 바뀌었다.

물론 신호적에는 엄연히 전통적인 신분, 즉 그 당시의 신분 및 계층을 이해할 수 있는 호주와 처는 물론 호주 4조의 직역도 밝혀져 있다. 그러나 이 호적은 호구를 조사하는 목표가 상당히 달라진 상태에서 이루어진 호적이다. 그리고 호주의 신분을 유지하고 과거 응시 등의 경우에 신분을 확인하기 위한 수단으로 이용되던 4조의 직역 기재도 이제는 더 이상 절대적인 중요성을 갖지 않게 되었다. 때문에 4조의 직역과 이름을 기재하는 난에 직역을 생략하고 이름만 기재한 경우가 많았다. 전체 조사 대상 중에서 70% 이상이 4조를 기재하지 않고 있다. 이는 신분제를 국가적으로 공인하지 않는다는 의미를 갖기도 하지만, 동시에 갑오개혁 당시 과거제가 폐지된 사정과 매우 밀접한 관계가 있다고 생각된다.

④ 구호적에서는 호주이외의 자녀, 동생 등의 친속·비친속·노비·雇工 등의 구성원의 호주와의 관계·이름·나이·직역 등을 모두 호적에 상세히 기재하였으나, 신호적에서는 동거친속난에는 처를 비롯하여 奉母·자녀, 그 밖의 동생·조카 등 함께 거주하는 친속의 관계·이름·나이를 간단히 적도록 되어 있을 뿐 직역은 적지 않았으며, 친속이 아닌 구성원은 寄口 항목을 설정하여 남녀 숫자만 적도록 하였다[20]. 기구 항목과 함께 雇傭 항목을 설정하여 고공을 비롯한 각종 고용인 역시 남녀 숫자만을 적도록 하였다. 그리고는 호주를 비롯한 동거친속과 기구, 고용 인원 모두를 합친 '現存人口' 합계를 내는 항목을 특별히 따로 두고 있다. 이로서 신호적은 구호적과 비교해 볼 때 현재 집에 살고 있는 구성원의 내용과 숫자를 보다 명확히 파악하는데 주안점을 두고 있음을 알 수 있다.

이상 검토했듯이 신호적을 통해서는 호구조사에서 매우 중요시되던 직역

20) 寄口 항목에 관해서는 戶口調査細則 第4條를 보면 "人民中에 無家無依하여 原籍을 別成치 못하고 族戚知舊 間의 戶內에 寄居하거나 戚 一身만 寄食하여도 寄口에 參入하여 人口漏落을 없게 함"이라고 규정하고 있다.

과 4조 대신 오늘날의 센서스개념에 좀더 가까운 형태로 조사가 이루어 졌다. 말하자면 역부담 인구를 집중적으로 파악하는 작업과 신분을 밝혀주는 내용보다는 현재 살고 있는 인구수와 가족 관계, 그리고 경제활동의 내용을 정확히 파악하는 작업이 훨씬 더 중요한 조사 내용을 구성하게 된 것이다. 특히 신호적에서는 거주지 본위로 호적을 작성하고 부모, 형제, 자손이라도 分居하면 원칙적으로 호적을 따로 작성하고 同居일 경우에는 親居, 기구, 고용도 호적에 기재하고 있는 것이 이 점을 말해 준다.

〈표 1〉은 한말 광무호적을 분석하기 위해 마련한 직업 분류 기준의 일부이다. 종래 양반·중인·상민·노비 등으로 분류해보던 직역 분류와는 달리, 한말에는 주로 직업을 기준으로 했음은 이미 위에서 지적했는데, 이 때 양반 집단은 대부분 자신이 현재 맡고 있는 관직명, 또는 자신의 품계, 또는 前職의 명칭 등을 내세움으로써 직역을 그대로 사용하려는 경향이 강한 반면, 종래 주로 군역을 기재하던 평민들은 자신의 생업을 그대로 기재하는 경향으로 바뀌었다.

〈표 1〉 한말 직업 분류 기준표

<table>
<tr><th colspan="2">신 분</th><th>직 역</th></tr>
<tr><td rowspan="10">常民</td><td>농 민</td><td>農, 農業, 農夫, 農民</td></tr>
<tr><td>商 民</td><td>商民, 商業, 商, 油商, 酒商, 木商, 鹽商, 藥商, 食商, 煙商, 白木廛商民, 布廛商民</td></tr>
<tr><td>市 民</td><td>市民, 市廛市民, 米廛, 床廛人, 壽進床廛市民, 白木廛, 布廛, 懸房</td></tr>
<tr><td>平 民</td><td>平民, 平人, 良民, 生民, 良人, 良女</td></tr>
<tr><td>木 手</td><td>木手, 木工, 木工人</td></tr>
<tr><td>수공업자</td><td>工民, 工業, 匠工, 笠工, 泥匠, 鞋店, 樂工</td></tr>
<tr><td>관청근무</td><td>技師, 技手, 生徒, 見習生, 員役, 入役, 立役, 雇員, 庫直, 直, 守宮, 守僕, 僕正, 牌長, 牌員</td></tr>
<tr><td>군 병</td><td>軍人, 軍士, 參軍, 馬隊, 守直軍, 扈衛軍, 扈輦隊, 憲兵, 兵丁, 兵卒, 陸軍步兵, 軍樂隊, 軍官, 守門將, 守護軍</td></tr>
<tr><td>여자호주</td><td>召史</td></tr>
<tr><td>기 타</td><td>樂生, 典當鋪, 藥局, 醫, 醫藥</td></tr>
<tr><td colspan="2">근대 직업</td><td>警察(警務官, 摠巡, 巡檢), 學校(中學校長, 敎官, 敎員, 敎師, 學徒, 學生, 學業, 學文), 新聞社 社員, 銀行 副總務</td></tr>
</table>

호적에서 상민은 자신의 생업을 그대로 기재하고 있는데, 여기에는 갑오개혁이전에 노비신분이었던 자들도 모두 포함된다. 농민·목수·수공업자·상민·시민·평민·관청 근무자(이른바 하급공무원)·하급 군병 등으로 구분될 수 있다. 상민과 시민은 모두 상업활동에 종사하는 자들로 생각해도 좋을 것이다. 상업활동 종사자로는 商民·商業·商과 같이 막연하게 상인임을 밝히는 경우도 있지만, 油商·酒商·木商·鹽商·藥商·食商·煙商처럼 자신의 취급 물종을 중심으로 어떤 상업활동을 하는 사람인지를 구체적으로 밝히는 경우도 있다. 그리고 때로는 白木廛商民과 布廛商民처럼 시전 이름 뒤에 상민이라고 붙이는 경우도 있다. 이들을 하나로 묶어 상민이라는 범주를 설정하였다.

한편 위의 경우보다는 적지만 市民이라고 만 직업을 밝히는 경우와 市廛市民·壽進床廛市民과 같이 시전 이름을 앞에 붙이면서 시민이라고 밝히는 경우, 그리고 米廛·床廛人·白木廛·布廛·懸房과 같이 시전 이름을 직업난에 적어 자신이 이 점포를 운영하거나, 점포에서 일하고 있음을 밝히고 있는 경우가 있다. 때문에 시전에서 점포를 가지고 있는 상인들을 주로 가리키는 범주로 시민을 설정하였다. 일부 시전상인들도 商民이라고 기재하고 있기도 하지만 대체로 상민은 시전상인을 제외한 각종 상인들을 포괄적으로 가리키는 것으로 생각된다. 수공업자들과 이들 상민·시민은 상공업 종사자로 분류해 볼 수 있는 직업이다. 그러나 평민이 구체적으로 어떤 사람들을 가리키는지는 분명하지 않다.

관청 근무자와 하급 군병은 조선후기 호적에서 보는 각종 군역 보유자들이나 조예·나장·日守 등의 천역 종사자, 공노비들의 입역 등과는 전적으로 다른 시각에서 보아야 한다. 이들은 어디까지나 정식으로 급료를 지급받으면서 하나의 직업으로 관청에 근무하고, 하급 군병으로 존재하고 있었다. 물론 이 가운데 하급 군병은 모두 1907년 군대 해산 당시 직업을 잃게 된다.

근대 직업으로 따로 떼어놓은 것들은 주로 경찰과 학교의 직원 및 학생, 그리고 신문사·은행 등의 직원들이다. 이들은 전통적인 신분으로 볼 때 양반출신·중인출신·상민출신이 모두 가능한 종류의 직업이고, 전통적인 신분으로 환원시켜 분류하기가 어렵다고 생각되어 따로 떼어놓았다. 이들 근대적 직업은 양반출신들이 진출하는 비중이 매우 크다는 점이 주목할 만하다.

〈趙誠倫〉

4) 가족관계[1]의 변화

(1) 갑오개혁이전의 가족관계 변화

가. 갑신정변기의 가족관계

근대적인 개혁운동의 효시인 甲申政變의 지도자의 한사람인 金玉均이 1885년에 집필한 것으로 보이는《甲申日錄》에서 언급한 이른바 政綱14條에서는 가족에 대한 구체적 개혁안은 없다. 그러나 제2항에서 "문벌을 폐지하고 인민평등의 권을 제정하고 재능에 의해 인재를 등용할 것"을 주장함으로써, 가족이 속한 문벌의 신분제적 기반을 해소시켜 개인을 능력 위주로 파악할 것을 건의하였다. 이 항목 때문에 갑신정변의 근대민주주의지향의 성격이 보다 선명히 부각되었다고 평가된다.[2] 즉 문벌의 폐지와 능력위주의 인재등용은 인민평등권의 보장을 전제하기 때문이다.

갑신정변 3년 후인 1888년 1월 13일 갑신정변의 지도자중 일인인 朴泳孝가 망명지인 일본에서 집필한 上訴文에서는 보다 괄목할만한 구체적인 가족관계상의 변화가 나타난다. 정리해 보면 다음과 같다.

---

1) 본 항목에서의 '가족관계'는 사회학적 가족 상호간의 관계에 국한시킨 것은 아니다. 넓은 의미의 '가족에 관계'된 제 조건의 변모를 살펴보고자 한 것이다. 가족관계를 규정하는 호적제도에 관한 중요 연구업적은 다음을 들 수 있다.
최홍기,《한국호적제도사연구》(서울대학교출판부, 1975).
허홍식,〈고려 및 이조의 호적〉(《한국중세사회사자료집》, 아세아문화사, 1976).
김영하·허홍식,〈한국중세의 호적에 미친 당송호적제도의 영향〉(《한국사연구》19, 1978).
최승희,〈호구단자.준호구에 대하여〉(《규장각》 7, 1983).
武田幸男,〈학습원대학장 조선호적대장의 기초적 연구〉(1983).
역사학회,《한국친족제도 연구》(一潮閣, 1992).
李丙洙,〈우리나라 근대화와 刑法大全의 頒示－家族法을 中心으로하여－〉(《法史學硏究》 2, 1975).

2) 李光麟,《開化黨硏究》(一潮閣, 1973).

첫째, 사색으로 하여금 구래의 혐오스러운 풍습인 相婚姻을 폐지할 것.
둘째, 어린 나이에 혼인하는 것을 금하고 古俗에 따라 혼인연령을 제한할 것.
셋째, 지아비가 자신의 아내에게 강포히 하는 것을 금할 것.
넷째, 令을 내려 남자가 취첩하는 것을 금하고, 과부가 개가하는 일을 임의대로 할 것을 허락할 것.
다섯째, 자손을 양육함에 있어 강포히 하는 것을 금할 것.
여섯째, 남녀 부부는 권리가 균등하다.
(《日本外交文書》 21, 문서번호 106, 292~311쪽).

특히 남자는 아내가 있는데도 첩을 얻어 아내에게 소홀히 할 수 있는데, 여자는 개가할 수 없거나 이혼할 수 없으며, 여자의 간음은 금하면서 남자의 품행이 어지러운 것은 금하지 않는 것은 어떤 연고인가. 혹은 남자는 아내를 잃으면 재취할 수 있는데 여자는 남편을 잃거나 아직 합궁하지도 않았는데 재가할 수 없음 등을 지적하면서 부부평등의 원칙에 입각하여 여성의 이혼·재혼권의 실현을 요구하고 있다.

즉 박영효의 개화상소는 전반적인 국정개혁요구이므로 김옥균의 《갑신일록》과 상보하여 이해되어져야 하겠지만 가족관계의 측면에서만 볼 때, 첫째 봉건적 신분계급제도의 철폐, 둘째 남녀·부부의 평등권, 셋째 자녀의 인권 실현을 기도하였다고 파악되며, 이것은 유교적 가족윤리의 기본틀이 되는 三綱의 배격을 의미하는 가족법사상 봉건부정사상이 관철되었다고 평가된다.[3]

다음 이 시기의 가족관계 변화에 영향을 끼친 사상가로써 兪吉濬[4]을 들 수 있다. 그가 1889년 가을에 집필한 《西遊見聞》은 전체 20편으로 구성되었다. 그 가운데 가족관계와 관련된 부분은 다음과 같다.

제3편 〈국민의 교육〉에서 외국의 교육제도를 소개하고 도덕교육, 재예교육, 그리고 공업교육을 교육의 三大綱이라며 강조하였는데, 이는 正德·利用·厚生의 전통적인 개념과 통하는 것으로 설명하고 있다.[5] 특히 자녀교육의 중요성이나 교육제도에 대하여 상세히 소개하고 있으나 여성교육기구와 교육제도에 대하여는 언급하지 않고 있다.

---

3) 李丙洙, 〈우리나라 近代化와 刑法大全의 頒示〉(《法史學硏究》 2), 253쪽.
4) 柳永益, 〈甲午更張 이전의 兪吉濬〉(《甲午更張硏究》, 一潮閣, 1990).
5) 《西遊見聞》, 제3편.

제4편 〈국민의 권리〉에서 인간의 身命·재산·영업·집회·종교·언론·명예에 대한 자유와 그에 대해 정의하면서 인간의 기본적인 인권에 대하여 언급하고 있다.[6)]

제12편 〈어린이를 양육하는 법〉에서는 어린이 교육 특히 여성교육의 중요성을 역설하고 있다. 즉 "어린이는 나라의 근본이고, 여자는 어린이의 근본이며, 지금의 어머니는 옛날의 童女이다. 그러므로 동녀가 실상은 나라의 근본을 만든 근본이니, 그가 만약 교육을 받지 않았다면 나라의 근본을 이루는 근본이 되기는 고사하고 그 근본을 병들게 하거나 해칠 뿐이다. …여자를 교육하는 것은 그 책임이 전적으로 남자에게 있다"[7)]는 것이다. 여기에서는 당시 미국에서 유행하고 있던 계몽주의 내지 자유주의 페미니즘의 영향을 여실히 들어내고 있음을 알 수 있다.[8)]

그밖에 제15편 〈결혼하는 절차〉·〈여자를 대접하는 예절〉에서는 서구식의 사교와 에티켓 및 일부일처제에 대하여 소개하고 있다. 나아가서 "몇년전에 미국대통령을 새로 선거할 때 국내의 여자들이 생각하기를, '어찌 남자만 대통령 자리에 있고 여자는 될 수 없는가'라고 하면서 많은 여자들이 대회를 열어 법관 鹿久尤의 부인을 지명하여…"[9)]하면서 미국 여성의 참정권운동과 전문직에의 여성 진출을 소개하기도 하였다.[10)]

물론 갑신정변은 실패한 개혁운동이었지만 이상의 개화사상가들의 구미 및 일본 여성에 관한 소개는 여성의 새로운 역할 및 가정과 사회에서의 새로운 인간관계를 재구축할 수 있는 사상적 기반이 되었다고 할 수 있다. 이와 같은 사상의 전개는 동학이라는 토대가 전제되었기 때문에 가능하였던 것으로 파악된다.

---

6) 《西遊見聞》, 제4편.
7) 《西遊見聞》, 제12편.
8) 女性學敎材編纂委員會 編, 〈近代化와 女性〉(《女性學》, 韓瑞出版, 1985), 91~120쪽.
장미경 편저, 《오늘의 페미니즘-세계 여성운동》(문원, 1996), 18~20쪽.
9) 《西遊見聞》, 제15편.
10) 우에노 치즈코 著, 이승희 역, 〈부르조아 여성해방사상의 함정〉(《가부장제와 자본주의》, 녹두, 1994), 21~25쪽.

나. 동학의 가족관계

가) 신분제

동학은 당시 사회가 "임금(君)이 임금답지 못하고, 신하가 신하답지 못하고, 아비가 아비답지 못하고, 자식이 자식답지 못하고, 지어미가 지어미답지 못한…"[11] 현실을 비판하는 과정에서 창도된 종교이다. 따라서 새로운 인간관계 형성을 통하여 새로운 질서를 구축하고자 하였다.

崔濟愚는 먼저 君에 대하여 "入道한 그날부터 君子되어 無爲而化될 것이니 地上神仙 네 아니냐"[12]라고 하여 신분제를 부정하고 나아가서 "우리 도는 地閥을 보는 것이 아니니라. 지벌이 무엇이게 군자를 비유하느냐. 지벌은 사람이 만들어 낸 것이 아니냐? 더욱이 말세사람들이 자기네의 物慾之心을 채우기 위해 만들어 놓고 백성들을 압제하는 못된 버릇이 아니냐"[13]라고 관리들의 폐의 근원이 신분제에 있음을 지적하였다.

2대 교주 崔時亨 역시 인간의 평등사상에 기초를 두고 貴賤嫡庶의 구분을 배격하였다.[14] 물론 최제우가 언급한 군과 군자는 반드시 동일한 개념은 아니다. 왕을 비롯한 상위 신분은 정치적·사상적 지배자로, 태어나면서 신분이 결정된 특수 신분층임에는 틀림이 없지만, 봉건사회에서의 그 특수 신분층을 부정하고, 누구나 노력에 의하여 군자가 될 수 있다고 공언한 것으로 파악해도 큰 무리는 없을 것이다. 이러한 신분제의 혁파는 최제우가 양반가의 서자이었고, 최시형의 경우 문자교육을 받지 못할 정도로 한미하여 머슴살이를 해야만 하였던 것과도 유관된다고 보여진다.

나) 부부

동학의 평등사상은 우선적으로 가정내의 여성에게 적용되었다. 최제우는 득도한 후 자신의 도를 권하면서 부인 박씨에게 교훈가를 지어 보내었다. 도의 기초는 가정에 있으며, 가정의 행복은 부부화순에 달려있으므로 남자가

---

11) 李敦化, 《天道敎創建史》 1편 1장 (天道敎中央宗理院, 1933). 1쪽.
12) 《龍潭遺詞》, 敎訓歌.
13) 李敦化, 앞의 책, 36쪽.
14) 李敦化, 위의 책, 7쪽.

모범을 보여야 한다 하며 몸소 실천하였다. 이에 관하여《龍潭遺詞》〈道修詞〉에서 "家道和順하는 법은 婦人에게 관계하니, 부인은 경계를 다 버리고 저도 역시 괴이하니 절통코 애달하다. 有是夫 有是妻라 하는 도리없다만은 현숙한 모든 벗은 차차로 경계해서 안심수도하여 주소"라 하였다. 즉 도의 성취여부는 부인에게 관계되며 수도하는 집에서의 가도화순은 남편의 책임이라고 하였다. 강제·강압이 아닌 和順의 강조는 권위주위적 가장을 지양하는 가족·부부관계 구축을 주장한 것으로 보여진다. 그러나 화순으로 이끄는 주체는 남성=夫에 두고 있어 완전한 평등과는 거리가 다소 있다고 보여진다.

이 점은 최시형의 경우도 같아 아내를 강압적으로 다스리지 말며 인내와 사랑으로써 인간적인 대우와 인격적인 존중으로 대하라고 가르쳤다.

> 夫婦가 和順함은 우리 道의 初步니 도의 通不通이 도무지 內外의 和不和에 있나니라, 내외가 和하지 못하고저 하는 것은 자기집에 불난 것을 끄지 않고 타인의 불을 끄는 자와 같으니라 그럼으로 夫人을 和하지 못하면 비록 날로 三牲의 用으로써 天主를 위한다 할지라도 반드시 感應할 바 없으리라 夫人이 或 夫命을 좇지 아니하거든 정성을 다하여 拜하라 溫言順話로써 一拜一拜하면 비록 盜跖의 惡이라도 感化가 되리니라(李敦化,《天道敎創建史》2편 6장).

일찍이 과부를 아내로 맞이하였고, 여종을 해방하여 한 사람은 양녀로 삼고 또 한 사람은 며느리로 삼았다는 최제우의 고사를 미루어 그의 근대적인 여성관이 이론에만 그치는 것이 아니었음을 알 수 있다. 이러한 최제우의 근대적 여성관은 그가 사형당한 후에 최시형에 의해 계속 발전하였다.

다) 부녀·어린이

최시형은 교리를 펴나가는 동안 특히 부녀·어린이를 인격적으로 대할 것을 가르치고, 남자들이 부녀·어린이에게 강폭이 하는 것은 自尊하는 태도에서 오는 것이라 하였다.

> 나는 비록 婦人·小兒의 말이라고 또한 배울 것은 배우며 좇을 것은 좇나니 이는 모든 선은 다 天語로 알고 믿음이니라. 이제 諸君의 行爲를 본즉 自尊하는 者ㅣ 많으니 可歎할 일이로다. 내ㅣ 또한 세상사람이어니 어찌 이런 마음이

없겠느냐마는 내ㅣ 이를 하지 아니함은 한울을 養하지 못할까 두려워함이라(李敦化, 《天道敎創建史》, 2편 2장).

즉 사회적 약자인 어린이와 부녀자를 한울에 비유하였다.

라) 며느리

근대적 여성관은 최시형의 오랜 지하 잠행생활 동안 더욱이 성숙되어 갔다. 특히 1885년 상주에서 제자들에게 다음과 같이 講道하였다.

> 내 일찍 청주 서택순가를 지나다가 그 子婦織布의 청을 듣고 서군에게 물으되 군의 자부가 직포하느냐 천주직포하느냐 하매 서군이 나의 말을 不卞하였나니 어찌 서군뿐이리오(李敦化, 《天道敎創建史》, 2편 6장).

이는 人乃天의 대인관계에 있어서의 실천철학인 事人如天에 관한 비유라 하겠다. 즉 며느리를 종래의 며느리로 대우하지 말고, 그녀가 '侍天主'하고 있으므로 한울님으로써 대우하라고 하는 것이니, 최제우의 인간평등사상이 실천적으로 나타난 것이 사인여천으로 체계화된 것으로 보여진다.

마) 〈내수도문〉에 나타난 인간관

이상에서 살펴본 새로운 인간관이 잘 나타난 것이 〈內修道文〉이다. 〈내수도문〉은 최시형이 1889년에 부녀를 위해 지은 경전으로서 修道의 本이 부인에게 있음을 통달하고 〈내수도문〉을 지었다고 전한다. 〈내수도문〉에는 양반사회의 질서속에서 가장 약자적 위치에 서게 되는 부녀(며느리)·아동·노비들을 사랑하여 한울님을 섬기듯 하라고 하였다.

> 집안 모든 사람을 한울같이 恭敬하라 며느리를 사랑하라. 奴隷를 자식같이 사랑할라. 牛馬六畜을 허대하지 말라. 만일 그렇지 못하면 한울님이 怒하시나니라(李敦化, 《天道敎創建史》, 2편 6장).

侍天主하고 있는 모든 인간 즉 아내·며느리·어린이·노비·우마육축까지 모든 생명을 사랑하라고 확대시켜나가고 있다. 동학지도자들의 여성관이 실제로 이러하였음에도 최제우의 경우 그 표현에 있어서는 '女必從夫' '夫和婦順'

등의 유교적 윤리관에서 비롯한 용어들이 눈에 뜨인다. 이것은 그가 처하였던 시대적 한계성에서 기인하는 것이었다. 더군다나 최제우는 어려서부터 도학으로 이름높은 부친의 교육을 받아 유교적 소양이 깊었기 때문이었다.

바) 집강소시기의 가족관계

《동학사》 권 2에 수록된 동학농민군의 집강소시기의 폐정개혁을 위한 행정요강 12개조중 신분과 가족관계의 내용은 4개 조항이다.

1. 노비문서는 태워 버릴 것.
1. 七般賤人의 대우를 개선하고 백정 머리에 쓰는 平壤笠은 벗겨 버릴 것.
1. 청춘과부는 재가를 허할 것.
1. 관리의 채용은 지벌을 타파하고 인재를 등용할 것(吳知泳, 《東學史》).

대체로 동학지도자들의 인간관이 그대로 반영된 것으로 보여진다. 물론 동학과 동학농민운동과는 구분된다. 그럼에도 불구하고 구분되는 두 세력의 인간관계의 개혁안이 대동소이하였던 것은 그것이 한 개인의 사상 나아가서는 한 종교단체의 사상만이 아닌 대부분의 기층사회민의 요구와 일치하였기 때문에 가능하였을 것으로 보여진다.

이에 대하여 보수적인 양반은 "동학에는 빈부와 귀천의 차가 없다", "嫡庶奴主의 구별이 없다", "內外尊卑의 구별이 없다"는 등 봉건적인 신분관에 입각하여 비난하였다. 그럼에도 불구하고 현실은 이미 1801년 內需司를 위시한 각 宮房과 각 司에서 奴婢案을 불태움으로써 형식상 官奴婢가 폐지되었고, 1886년 私奴婢身分의 세습을 금하고 그 使役이 당대에 한정하게 됨으로써 노비제를 중심으로 하는 신분제는 완전 폐기 일보직전 단계에 달하고 있는 실정이었다.[15] 실제로 강릉 거주의 강릉 김씨 일가의 노비의 수가 1801년 양반의 3배이었는데, 1885년 양반 가족의 1/5로 축소된 것은 그 시대의 일반적 현상을 반영한 것이 아닌가 추측된다.[16]

15) 한우근, 〈동학 농민봉기〉(《한국사》 17, 국사편찬위원회, 1984).
16) 정경숙, 〈江陵金氏 戶口單子分析硏究(2)-19세기 호구단자를 중심으로〉(《人文學報》 17집, 江陵大 人文科學硏究所, 1994), 227~231쪽.
四方博, 〈李朝時代에 關한 身分階級別的 觀察〉(《朝鮮經濟의 硏究》, 岩波書店, 1938), 388~389쪽.

즉 개화인사들의 저술은 외국에서 집필하였거나, 외국여행에서 돌아와 집필되었으므로 한국의 실정과 관계없이 개혁의 방향으로 제시된 것이라고 보여질 수도 있겠으나, 1800년대 민란시기를 배경으로 형성된 동학사상에서 이미 그 개혁의 방향이 제시되었으며 어떤 의미에서 그것이 일반 서민들의 요구 내지 현실을 반영한 것이었다고 보여진다. 가족과 사회 내에서의 인간평등관이 아래로부터 성숙되자 봉건적 신분인 양반도 서양의 근대법이라는 외피로 포장하여 입법화-법제화시켜 새로운 인간관계를 현실화시키고자 하였던 것으로 보여진다. 동학지도자들의 여성관이 실제로 이러하였음에도 최제우의 경우 그 표현에 있어서는 '女必從夫'·'夫和婦順' 등의 유교적 윤리관에서 비롯한 용어들이 눈에 뜨인다. 이것은 그가 처하였던 시대적 한계성에서 기인하는 것이었다.

다. 호구단자 기재상에 나타난 가족 구조의 변화

18세기말 19세기초의 호구단자상에 가족 구조의 변화를 강릉지역의 자료를 중심으로 살펴보면 다음과 같다. 18세기까지 호구단자는 부계 4祖(父-祖-曾祖-外祖)와 처계 4조의 성명·신분·본을 갖추는 즉 내외4조의 신분을 통해 該戶의 신분을 밝히는 것이 기본구성이 되는 철저히 부부중심 체제이었다.[17] 직계아들이 동거할 경우 아들만을 기재하는 2세대 가족이다. 이 시기는 家長[18]의 홀어머니나 시댁의 가족이 동거할 경우 부계 4조와 처계 4조의 8조의 기본 기재양식을 갖춘 후 처족 다음에 솔거가족 예를 들어 가장의 어머니와 숙부·숙모 그리고 가장의 형제와 처 등을 기재하였다. 물론 실거주자 중심이지만 동거하는 가장의 손자와 딸은 기재하지 않는 것이 일반적 관례이었던 것으로 보인다. 따라서 호구단자만으로 가족의 규모를 파악하기는 어렵다.

그러나 19세기초에 호구단자 기재양식상의 변화가 나타난다. 즉 1810년 자료에 의하면 부계 4조만을 기재할 뿐 처계 4조는 생략되고, 부계 4조 기재

---

17) 白承鍾, 〈高麗後期의 八祖戶口〉(《韓國學報》 34, 1984), 195쪽.
崔承熙, 《韓國古文書硏究》(韓國精神文化硏究院, 1981), 267~274쪽.

18) 호구단자상 該戶의 대표는 戶(戶某, 호 아무개)라 지칭되었고, 형법적 책임을 담당할 때는 家長이라 지칭되었다.

후 奉母 혹은 奉祖母의 경우 처앞에 기재후 처의 연령과 적[19]만을 기재한다. 즉 기재상 처보다 시모 혹은 시댁 가족이 먼저 기재되는 변화가 나타나고 있다. 이어서 1816년 자료에 의하면 손자가 등재되기도 한다. 18세기에 비하여 19세기에 들어서면서 가족 내에서의 처의 지위가 하락하고, 父－子－孫으로 계승되는 남계혈통 중심의 가부장권의 강화가 호구단자상에 반영되고 있다. 1885년의 자료에 의하면 서열상 가장의 아들보다 가장의 아우가 앞서기 때문인 듯 가장의 아우의 가족들이 먼저 기재되고 그 뒤에 가장의 아들과 손자가 기재되기도 하였다.[20]

그것은 실거주자를 모두 기재하여 호구조사의 실을 구현하는 방편이 되기도 하였을 것으로 보인다.[21] 18세기에는 3~4인으로 구성된 핵가족의 형태가 지배적이었으나, 19세기 후반에 이르러 비로소 여러 형제들의 가족이 함께 거주하는 이른바 대가족의 형태가 자주 눈에 띄게 된다. 그것은 사회 경제적 배경의 변화와 관계 있다. 즉 노비의 감소와 농법의 개선으로 가능해진 대토지소유의 경영형부농의 존재 등으로 가족 노동력이 대량 집중적으로 필요하였기 때문에 생긴 가족 형태인 듯하다. 또한 이러한 새로운 가족 형태의 가내 질서를 유지하기 위해 가부장제의 강화가 요구되었기 때문인 것으로 파악된다.

(2) 갑오개혁기의 가족관계의 변화

가. 군국기무처시기의 가족관계

갑오개혁때에 이루어진 사회개혁 가운데 신분·가족 관련의 개혁에 대하여 정리하면 다음과 같다.

1. 문벌과 양반 상민 등의 계급을 타파하고 귀천을 불문하고 인재를 뽑아 쓴다.
1. 문무존비의 차별을 폐지하고 오로지 품계에 따라 相儀를 규정한다.
1. 죄인은 본인 이외의 일체 연좌율을 폐지한다.

---

19) 호구단자상에서 본관을 남자의 경우 本, 여자의 경우는 籍이라 칭하였다.
20) 江陵 臨鏡堂所藏 戶口單子 22통 중 하나.
21) 정경숙, 〈江陵金氏 戶口單子 分析 硏究(1)－18世紀 戶口單子를 중심으로〉(《人文學報》 16, 江陵大 人文科學硏究所, 1993).

1. 적실과 첩에 모두 아들이 없을 경우에 한하여 양자하는 것을 허용한다.
1. 남녀의 조혼을 엄금하며 남자는 20세 여자는 16세라야 비로소 결혼을 허락한다.
1. 과부의 재혼은 귀천을 막론하고 모두 자유의사에 맡긴다.
1. 공사노비법을 혁파하고 인신의 매매를 금한다.
1. 비록 상민이라도 국가 민족에 새로운 의견이 있으면 군국기무처에 건의하여 의론하도록 한다.
1. 역졸·倡優·皮工 등의 천민 대우를 폐지한다.
1. 무릇 관인은 비록 고등관을 지낸 자라 하더라도 퇴직 후에는 자유로이 상업을 영위할 수 있다.
1. 모든 在官親 相避의 규례를 개정하여 다만 子 婿 親兄弟 叔姪간에만 허용한다.
1. 大小官과 士庶人의 等馬의 절차를 폐지한다.
1. 이제부터 관리의 외출에는 乘轎 乘馬 步行 다 같이 편리한대로 자유로이 하되 平轎子 軺軒은 다같이 老·病人 이외는 영구히 폐지한다.
1. 대신 이하 서민에 이르기까지 모두 문패를 달도록 한다.

(元裕漢, 〈甲午改革〉, 《한국사》 17, 국사편찬위원회, 1984, 310~311쪽).

사회개혁 20개 항목 중 이상의 14개 신분 및 가족관계 개혁이 그 골자라는 것이다. 그리고 동학의 폐정개혁안 12개조의 내용과 상당히 상통되고 있다는 점으로 미루어 군국기무처가 의결 공포한 사회제도개혁은 당시 조선사회가 절실히 요구하고 있던 것이었음을 짐작할 수 있다.22)

갑오개혁을 2기로 나누고 제2기의 사회개혁을 열거하는 가운데 신분 가족관계를 다음과 같이 정리하기도 한다.

1. 남녀가 음독하여 명을 해하고 신체를 해상함과 부녀가 음독하여 墮胎함을 금할 것.
1. 과녀를 위협하여 개가함을 금할 것.
1. 음죄를 범한 여인을 관비에 沒役하지 말 것.
1. 家夫가 妻에게 强暴함을 금할 것.
1. 奴戶를 戶主에 付치 말고 分戶하여 應役할 것.

(金泳謨, 〈甲午改革의 法制的 樣相과 日帝의 干涉〉, 《일본제국주의와 한말의 사회변화》, 한국정신문화연구원, 1990, 95~96쪽).

---

22) 元裕漢, 〈甲午改革〉(《한국사》 17, 국사편찬위원회, 1984), 310~311쪽.

역사학계에서는 대체로 이 시기의 가족사적 고찰은 간과하는 것이 전반적인 경향이다. 그러나 양자·적서·노비문제는 가족구성원의 변동을 의미하며, 나아가서 처첩질서의 변동을 의미하며, 상피의 범위의 축소는 친족범위와도 유관된 문제로 가족연구에 중요한 변인이 된다고 볼 수 있다.

특히 양자·적서·노비문제는 가족내의 축첩과 긴밀히 관련되어 있다. 축첩과 관련하여 *女友會*[23]가 조직되어 1899년 축첩반대상소를 올리는 등 여성들의 단체를 통한 사회활동 및 조직운동의 효시가 되었음은 매우 주목된다. 한편 양자제의 변개와 적서의 차별의 폐지는 서자의 지위 향상뿐만 아니라[24] 서자가 입후할 기회를 갖게 되어 가족내에서의 첩의 지위가 향상될 수 있는 길이 열리기도 하였다.[25]

다음 1894년 1월 즉 갑오개혁이 일어나기 수개월 전의 호구단자의 일례를 살펴보자. 85세의 가장과 3명의 며느리와 2인의 아들과 2인의 손자 2인의 손자며느리로 구성된 10인 가족이고, 6인의 노비로 구성되었다.[26] 기재순위는 ①가장 85세, ②가장의 부·조·증조·외조의 부계 4조, ③*婦 沈氏* 55세, ④손 25세, ⑤*孫婦* 심씨 23세, ⑥자 45세, ⑦부 심씨 49세, ⑧손 15세, ⑨자 43세, ⑩부 鄭씨 39세, ⑪손 14세이고, ⑫6인의 노비들이다. 가족관계는 가장을 중심으로 서술되었다.

가족 구성은 홀로 사는 시아버지와 홀로 사는 큰며느리와 손자부부, 그리고 아들을 각기 1인씩을 가진 두 명의 아들 가족으로 구성된 확대 가족이다.

---

23) 丁堯燮, 《韓國女性運動史》(一潮閣, 1971), 35쪽.
韓國女性史編纂委員會 編, 《韓國女性史》 2 (梨大出版部, 1972), 67쪽.

24) 일례를 들어보면 牛峰 李氏의 경우 李完用의 아우인 李允用은 庶出로서 1910년대의 족보에는 庶자가 기재되었으나 그 이후 庶자가 누락된다. 그러나 기재양식으로 적자·적여·서자·서녀의 기재순의 차이로 신분의 구별이 가능하다. 그러나 1930년대의 족보에서 남자를 우선 기재하고 여자를 후에 기재하고 연령순으로 재배치되므로 적서의 식별이 용이하지 않게 되었다. 대부분의 가문의 족보도 1930년대 이후에는 비슷한 모습으로 변모된다.

25) 정경숙, 〈大韓帝國期 進明婦人會의 組織과 思想〉(《大韓帝國硏究》 5, 梨花女大 韓國文化硏究院, 1986), 87~89쪽.
———, 《大韓帝國期 女性運動의 性格硏究》(이화여대 박사학위논문, 1989), 189~137쪽.

26) 臨鏡堂所藏 戶口單子.

딸의 경우는 여전히 호구단자에 등재되지 않는 원칙으로 일관되나 호구조사가 실제로 살고 있는 사람 중심으로 파악되는 방향으로의 변화가 나타난 점이다.

19세기 후반에 들어서면서 양반 호구의 확대가 이루어지고 있는데 비해 노비의 수는 상대적으로 감소하고 있다. 이들 노비 가족은 갑오개혁에 의하여 노비신분으로부터 해방되고 분호하여 독자의 호를 구성하게 된 점이 갑오개혁의 큰 성과인 것이다.

나. 건양·광무년간의 가족관계

갑오개혁이 이루어진지 2년후인 建陽 元年인 1896년에 칙령으로서 〈戶口調査規則〉[27]과 내부령으로서 〈戶口調査細則〉[28]이 公布되었다. 물론 건양개혁은 광무개혁의 전단계이지만 갑오개혁의 후속조처의 측면도 적지 않았다. 특히 호구성적 관계는 특히 그러하였다고 본다.

호구조사는 구제에서는, 첫째 그것이 국가에서 徭賦를 課徵하기 위한 기초자료로서 호구수 조사, 둘째 봉건적인 신분을 확인, 셋째 인민을 토지에 繫縛하여 流移를 방지하기 위한 목적이었다. 신제에서는 전국적 호구와 인구를 상세히 편적하여 인민으로 하여금 국가에서 보호하는 이익을 균점케 함[29]이라고 밝히고 있다. 물론 아직 전통적인 수탈에 이용되었겠으나 근대적 복지국가 수립을 위한 국세조사인 것으로 생각된다.[30]

변화상을 분석하면, 첫째 구제도에서 三年一成籍이었으나, 신제도는 매년 1월에 호적과 통표를 한성부 5署와 각 府·牧·郡에서 수취할 것으로 수정하고[31] 또 分籍과 改籍은 수시 即行하여,[32] 호수와 인구를 항시 정확하게 파악하도록 되었다. 그러나 호적사무의 관장에 있어서는 아직 구제도와 같이 漢城府에서는 5서, 지방에서는 각 부·목·군이 호적을 성급한 후에 일부를 謄書

27) 勅令 第61號 〈戶口調査規則〉(《高宗實錄》 建陽 元年 9월 1일).
28) 內部令 第8號 戶口調査細則, 《官報》(建陽 元年 9월 8일).
29) 戶口調査規則 第1條.
30) 崔弘基, 《韓國戶籍制度史硏究》(서울大 出版部, 1975), 124~125쪽.
31) 戶口調査規則 第3條.
32) 戶口調査細則 第10條.

하여 내부에 呈納하며, 내부에서는 다시 편집하여 상주케 하고 있다.[33] 그리고 호적의 신고와 등본의 발급에 있어서도 대체로 구제도를 답습하고 있다.

둘째, 호적의 양식에 있어서 구제도에서는 그 기재순서와 내용만을 밝히고 있으나, 신제도에서는 양식을 호적표로서 印版하여 내용을 塡書하도록 되어 있다. 그 기재사항을 보면 호적제의 목적의 변화 및 노비제의 폐지 등과 관련하여 몇 가지 개혁이 이루어지고 있다. 기재내용을 보면 作統制에 의한 통호의 기입은 구제도와 같다. 또 호주란에 있어서 성명·年·本·四祖 等의 기재도 구제도와 같으나, 신분제를 기반으로 하던 구제도에서는 신분을 의미하는 職을 성명 앞에 제일 먼저 기재하였는데, 신제도에서는 本 다음에 業과 함께 기재하도록 되어 있다. 그러면서도 실제적으로는 호주 및 그 4조의 직에 의해서 봉건적인 신분이 명시되고 있는 것은 아직 구제도의 관습을 완전히 벗지 못한 것이라 하겠다. 그리고 부계 4조 중 외조의 본을 쓰는 난이 없어 하단에 임의로 기재하고 있다.[34] 이것은 이 사회가 전통적인 신분제로부터 벗어나고 있으며, 개인의 신분을 규정하는 일요소인 外家의 신분을 일차적으로 소거시킴으로써 친족공동체의 규모를 축소한 것을 의미한다고 할 수 있다.

〈그림 1〉 1908년 호적표

33) 戶口調査規則 第 3條 및 戶口調査細則 第11條.
34) 1898년에 제작된 신호적제에 의한 호적.

셋째, 《經國大典》에서부터 《大典會通》에 이르기까지의 구제도에서 채택된 부계·처계 4조의 등재가 19세기의 관행을 수용하여 처계 4조를 기재사항에서 제외시킨 점이다. 즉 19세기의 호적기재 관행이 법제적으로 수용된 것을 의미한다.[35)]

넷째, 호적에 입적되는 친족관계의 범위는 구제도와 같이 거주단위를 중심으로 하고 있다. 父母兄弟孫이라도 分居하면 원칙으로 分籍하고,[36)] 동거하면 親屬과 寄口, 雇傭과 함께 入籍시키고 있다. 신분제의 해체와 더불어 고용된 雇男·雇女의 존재가 흥미롭게 대두된다.

다섯째, 戶主라는 용어가 호적법상의 용어로 채택된 점이다. 물론 조선시대에 호주라는 단어가 없지는 않았다. 그 보다는 戶首라는 용어가 더 많이 쓰였고 호구단자에는 호주라는 말이 사용된 예가 전무하였다. 이 시기의 호주는 명치 민법상의 개념으로서 호구단자상의 戶와는 다른 법제적 용어이다. 이로써 구한말의 호적제는 가부장적인 호주중심체제로의 전이가 시작되었다고 보여진다. 즉 사회적인 양천의 신분제는 점차 혁파되어갔으나, 가족내의 신분제는 점차 강화되어갔다고 보여진다. 신분제의 폐지라는 근대적인 진전과 아울러 가족제도는 더욱 가부장중심적으로 퇴행한 것이다. 근대화라는 미명으로 추진된 이와 같은 이원성은 조선후기 경제의 발전[37)]과 식민지 종속경제체제의 도래와 유관한 것으로 보인다.[38)]

(3) 갑오개혁 이후의 가족관계 변화

가. 《형법대전》을 통해본 가족관계

갑오개혁의 신분·가족 관계법의 개정에 수반하는 형법의 개정은 11년 후인 1905년에 제정 반포되었다. 《刑法大全》의 제정은 일본의 조종이나 압력에

35) 《經國大典》, 戶口式條, 準戶口式條.
《大典會通》, 戶口式條, 準戶口式條.

36) 戶口調査細則 第3條.

37) 문소정, 〈한국가부장제 확립의 가구경제적 배경과 여성의 위치〉(《유교적 전통사회의 구조와 특징》(한국정신문화연구원, 1993), 213~216쪽.
우에노 치즈코 著·이승희 역, 〈가부장제의 물질적 기초〉(《가부장제와 자본주의》, 녹두, 1994), 63~75쪽.

38) 클로드 메이야수·김봉률 역, 《자본주의와 가족공동체》(까치글방, 1988).

의한 것이라기 보다는 후에 제정되는 〈조선민사령〉에서의 관습존중의 의제를 마련하는 법제적 계기가 되었던 점에서 그 역사적 의의가 있다고 한다.[39] 그러나 관습존중이라는 측면보다는 통치에 유리한 봉건성의 온존이라는 측면이 보다 크게 작용된 정책의 반영인 것으로 보여진다.

가) 신분제의 온존

《형법대전》은 신분의 고하에 따라 달리 적용되는 신분제를 전제하고 있다. 관리는 三等, 친속간은 상복제도상의 친소를 기준 六等 구분하고, 雇工과 주인 가족과의 관계도 친속－비유의 관계로 보고 논죄하는 등의 제 조항을 설정하고 있다.[40] 이것은《大明律》의 규범 조항을 답습한 것으로, 신분제의 타파가 아닌 봉건적 신분계급제의 유지·온존하기 위한 법제로 평가된다.

나) 친족의 남녀차별 및 금혼 차별

친족의 범위에 대하여 父系 10촌, 夫系 7촌, 그리고 母系 6촌, 妻系 3촌으로 규정하고 있다.[41] 남계와 여계간의 친족의 차이가 크다. 이 조항은《經國大典》의 〈五服〉 및《文公家禮》에 명시된 상복제도상의 친족범위규정, 즉 '有服親及無服親'을 親屬으로 규정한 규례의 답습이다.

그리고 친족범위를 전제로 통혼금지 규정을 설정하고 있다. 남성에 대해서는 전처의 자매와의 통혼까지 허용하면서, 여성에 대해서는 전남편의 四從兄弟(10촌)까지의 통혼을 일체 금지하고 있다.[42] 즉 여성에 대해서는 광범위한 근친혼 금지규정을 강제한 것이다. 물론 이 규정 역시《대명률》의 조항을 답습한 것이다. 나아가서 처첩에 대해서 夫의 喪中 개가를 금지하고 있다. 그러나 부에게 대해서 처의 상중 개가를 금지하는 조항은 없다. 이 규정도 또한《대명률》 조항의 답습이다.

다) 혼인 및 이혼

《형법대전》은 '정혼'을 법률상의 행위로 간주하여 위약에 대해서는 형까지

39) 李丙洙, 〈우리나라 近代化와 刑法大全의 頒示－家族法을 中心으로 하여〉(《法史學硏究》 2, 1975), 256~261쪽.

40)《韓末近代法令資料集》 Ⅳ, 제63·64·65조, 137~138쪽.

41)《韓末近代法令資料集》 Ⅳ, 제62조, 136~137쪽.

42)《韓末近代法令資料集》 Ⅳ, 제572~4조, 210쪽.

설정하고, 원한다면 상대방의 의사와 관계없이 그 혼인을 성사시킬 수 있다. 첩을 처로 맞이하는 것과 부의 법률상의 중혼을 금지하였다. 그러나 축첩은 인정하고 아울러 '七出'·'不出'제에 입각한 처에 대한 일방적인 이혼규정을 설정하고 있다. 철저히 남성중심적 혼인제도라 하지 않을 수 없다.

이상 지적한 바와 같이 형법대전상의 가족관계 규범은 대명률 답습 남계혈통중심주의와 도덕적 이상주의를 주류로 하고 있다. 이것에 대한 반성의 여론도 적지 않아 두 차례의 개정과정중에 '3편 300개조'로 된 형법초안이 마련되기도 하였다. 예를 들어 본인의 3촌 이내의 혈족과 그 배우자 및 부모의 형제매제의 자녀 그리고 배우자의 3촌 이내의 혈족과 형제매제의 배우자를 친족으로 간주하는 등 현실적이며 합리적인 남녀평등 원리에 완전히 입각한 조항도 있었다. 그러나 끝내 채택되지 못하였다.

나. 통감부시기의 가족관계

통감부가 설치되고 국정이 완전히 일인의 손에 넘어간 후인 1909년에 〈民籍法〉[43]과 〈民籍法執行心得〉[44]이 제정됨으로써 그 목적과 제도가 완전히 다른 것으로 변화되었다.[45] 호적은 호구조사의 수단이 아닌 추상적인 명치민법류의 家와 家에서의 개인의 신분관계를 증명하는 공증문서로 되었다. 그리고 호적제도는 작통제 및 호패제와 완전히 결별 분화되어 家 및 家에서의 개인의 신분관계의 등기제도로서 그 체계를 갖추게 되었으며, 명칭도 호구조사가 아닌 〈민적법〉으로 바뀌었다. 이 시대의 가의 개념은 전근대적인 것이 아닌 명치민법체제하의 가로서 일본의 근대화 과정에서 창출된 정치적으로는 천황제 중심체제 지향, 경제적으로는 자본주의 성립과 관계된 것으로 파악되고 있다.[46]

成籍에 있어서 호구조사규칙에서는 매년 1월에 호적을 수정 작성하였으나, '민적부'는 신분관계의 공증문서로서 영구보존문서가 되었으며[47], 변경 사항

---

43) 《韓末近代法令資料集》 Ⅷ, 法律 第8號 〈民籍法〉, 융희 3년 3월, 120~122쪽.
44) 《韓末近代法令資料集》 Ⅷ, 內部訓令 第39號 〈民籍法執行心得〉, 융희 3년 3월, 157~163쪽.
45) 崔弘基, 앞의 책, 131~133쪽.
46) 우에노 치즈코, 앞의 글, 23쪽.
47) 《韓末近代法令資料集》 Ⅷ, 〈民籍法執行心得〉 第11條.

이 발생할 때마다 신고에 의하여 그에 기재하도록 되어 있다.[48] 원칙적으로 호주의 신고에 의하지만[49], 그 신고사항은 ①출생, ②사망, ③호주변경, ④혼인, ⑤이혼, ⑥입양, ⑦파양, ⑧분가, ⑨일가창립, ⑩입가, ⑪폐가, ⑫廢絶家再興, ⑬附籍, ⑭移居, ⑮改名, ⑯친권 또는 관리권의 상실 및 실권의 취소, ⑰후견인 또는 보좌인의 취직·경질 및 그 임무의 종료 등 모든 신분관계의 변동으로 규정하고 있다.[50] 이것이 곧 호주권으로 연결되어 호주제의 강화를 초래하게 되었다.

중요한 변화는 이제 주거지가 아닌 추상적인 家의 소재지를 의미하는 본적의 지명과 지번이 기재된다. 입적자의 범위도 원칙적으로 주거를 같이하는 생활단위가 아니라 호주의 친족이 되는 것이 당연하다. 그러나 호주의 친족이 아닌 동거자도 말미에 가족별로 부적하고 사유를 기재하였다. 이것은 비가족원 즉 노비·협호·雇女·雇男 등을 입적케 하던 구제도의 유제인 것이다.

호적기재의 양식상의 변화와 그것이 의미하는 바를 살펴보자.

첫째, 호주의 4조와 직업란이 완전히 폐지되었다. 봉건적인 신분제의 법적 및 실질적인 폐지에 따른 조치였다. 대신 현실적으로 강력한 호주권으로 재창출된 전근대적 호주중심제로 대치되고, 전통적 신분과의 고리를 단절함으로서 식민지배를 강화하게 되었다.[51]

둘째, 입적자의 기재순위는 ①호주, ②호주의 직계존속, ③호주의 배우자, ④호주의 직계존속 및 그 배우자, ⑤호주의 방계친 및 그 배우자, ⑥호주의 친족이 아닌 자의 순이다.[52] 그리고 모든 입적자는 가에서의 신분관계를 정확하게 파악할 수 있도록 되어 있다. 모든 입적자는 호주 또는 호주와의 관계를 신위난에 명시하여 호주중심의 신분제가 온존된다. 이것은 해방 이후 현대가족법에 그대로 이어지고 있다.[53]

셋째 부모의 난에 부모의 성명만을, 출생난에는 남녀별에 의한 출생순위

---

48) 〈民籍法〉 第1條의 2.
49) 〈民籍法〉 第1條의 2 및 第2·5條.
50) 〈民籍法〉 第1條의 2.
51) 정경숙, 〈호주제연구시론〉(《호주제 무엇이 문제인가》, 평우회, 1984).
52) 〈執行心得〉 第3條.
53) 한국여성개발원, 《개정가족법과 가족법 개정운동에 관한 연구》(1991), 22~32쪽.

또는 서자와 사생 등을 명기하고, 사유난에는 신분상의 모든 변동사항을 기재하도록 되어 있다. 호주의 경우는 전호주의 성명과 호주가 된 원인 및 年月日을 밝히게 되어 있다. 모든 입적자는 本欄에 시조의 출생지가 기재되며, 연령이 아닌 정확한 생년월일 및 姓과 함께 名(호주와 동성동본인 경우는 名만)을 기재하도록 하고 있다. 이 성명난의 설정은 과거에 여자의 경우, 성명 대신 성만 기재하던 사례를 배제함으로써 여자가 일반적으로 名을 사용하지 않고 姓만으로 통용하던 舊習이 무너지게 되는 하나의 계기가 되었다. 즉 여성도 호적에 입적되어 파악의 대상이 된 점은 괄목할 만한 변화이다.

이러한 호적제도의 원칙과 제 규정은 해방후에도 거의 그대로 계승되고 있다. 1960년에 공포된 신 〈호적법〉[54]에서도 신민법의 제정에 따른 몇 가지 변경과 기술적인 보완이 가해지고 있을 뿐이다. 그리하여 "주민의 거주관계를 파악하고 常時로 인구의 동태를 명확히"하는 행정처리는 '주민등록제'로 대치하고, 인구조사는 '통계조사사업'에 의존함으로써 호적은 전적으로 家를 단위로 하는 신분관계의 공증문서로서만 존치의 의의를 갖게 되었다.

〈丁曝淑〉

5) 여성의 사회진출

한국 여성의 초기 사회진출을 가능하게 한 역사적 사회적 배경으로는, 첫째 동학사상이나 개화사상과 같은 근대적 사상이 생성·발전되었고, 둘째는 서양의 개신교 여선교사들의 활발한 사회활동과 독립협회에서 여성의 평등한 사회활동을 강력히 주장하여 근대적 여권론을 사회에서 새롭게 인식하게 된 것이고, 셋째는 서울 북촌과 같은 전통적 사회의 지도층 여성들의 여권획득 자각이 자발적이고 적극적으로 일어났기 때문이다.

1898년 우리 나라 역사상 최초의 여권선언서인 〈여권통문〉에서 여성의 사회진출을 강력히 주장하고 있다. 그러나 여성의 사회진출이 우리 민족사회를 발전시키는 데 참으로 필요하다는 사회적 인식을 하게 된 것은 일제의 한국 침략이 적극화되었던 1905년 이후였다.

54) 法律 第355號 〈戶籍法〉, 1960年 1月 1日.

1905년 이후 여성교육을 民力育成 차원으로 인식하면서 여성교육운동이 확대되고 여성의 사회진출도 비교적 다양한 분야에서 행해지게 되었다. 여성 사회진출 분야는 여성단체와 교육분야, 의료계와 종교계, 그리고 요식업 및 기계생산직 공장과 회사 등의 새로운 업종이었다.

(1) 〈여권통문〉에 나타난 여성 사회진출관

규문밖의 세상일과 담을 쌓고 생활했던 한국여성들에게 처음으로 사회진출 의지를 조성할 수 있게 한 직접적 배경으로는 개신교 여자선교사를 비롯한 외국여성들의 한국내 활동과, 개화선각자들에 의한 독립신문과 독립협회 운동이라 하겠다. 1896년 4월 7일에 창간된 《독립신문》은 창간 논설 이후 여러 차례에 걸쳐 여성의 평등한 인간권리론을 주장하였다.[1)]

《독립신문》은 민력과 국력 양성 차원에서 여성교육과 여성사회참여를 주장하였다. 《독립신문》이 제시하는 남녀동권 성립시의 국가적 유익론은, 첫째 지혜있는 부인들도 국사를 의논하는 데 참여할 수 있어 정치를 진보케 할 수 있고, 둘째 부부간에 가사를 서로 의논하여 가도를 흥왕하게 할 수 있고, 셋째 열살 이하의 자녀교육은 어머니의 담당이므로 학문으로 자녀를 가르치는 자녀의 좋은 스승이 될 수 있다는 것이다.[2)] 이와 같이 국익과 직결된 평등적 여성교육론은 사회적 호응이 높았고, 특히 지도층 여성계를 크게 각성시켰다. 그 결과 1898년 9월 1일, 서울 북촌 양반부인 300~400명이 뜻을 일으켜 우리 나라 최초의 여권선언문인 〈여권통문〉[3)]을 발표하였다.

〈여권통문〉의 내용은, 첫째 여성은 병신이 아닌 온전한 인간이어야 함에 대한 주장이다. 온전한 인간이란 곧 남자와 평등한 권리를 갖는 인간임을 주장하는 것이다. 문명 개화정치를 지향하는 새 시대를 당하여 온갖 구법과 구습이 개혁되고 있는데, 오직 여성들만은 옛 법을 그대로 지키고 있으니 귀먹고 눈 어두운 병신과 같다고 표현했다. 여성은 먼저 의식의 병신으로부터 해

---

1) 《독립신문》, 1896년 5월 12일 및 9월 5일, 논설.
2) 《독립신문》, 1896년 5월 26일, 논설 〈여학교론〉.
3) 《독립신문》, 1898년 9월 9일, 〈녀학교〉.
《皇城新聞》, 1898년 9월 8일, 논설 〈五百年有〉.

방되어야 한다고 주장한 것이다. 둘째는 남자와 똑같은 온전한 신체를 가진 평등한 인간인 여성이 어째서 평생동안 깊은 규중에 갇혀 남자의 절제를 받아야만 했는가 라고 강한 문제 제기를 하고 있다. 그것의 역사적 해답을 〈여권통문〉에서는 사나이가 벌어다 주는 것에만 의지하여 사는 경제 무능력적인 병신이기 때문이라고 표현했다. 이것은 여성도 남자들과 마찬가지로 경제적 능력을 가져야만 평등한 인간 권리를 누릴 수 있음을 주장한 것이며, 동시에 여성의 사회진출의 절대적 필요성을 제시한 것이다. 셋째는 여성의식을 깨우치고 사회진출 능력을 갖게 하기 위해서 무엇보다 중요한 것은 여성들이 남자와 동등한 교육을 받아야 한다는 것이다. 즉 여성의 교육받을 권리를 주장한 것이다. "居內而不言外하며 惟酒食是議"라는 전통적 여성의 역할관으로부터 당당하게 벗어나 사회의 한 구성원으로 활동하기 위하여 여학교 설립을 스스로 해내겠다고 선언하였다.[4]

여성의 직업을 가질 권리와 교육받을 권리를 양반사회 여성들이 역사상 처음으로 이처럼 당당하게 선언하자, 당시 온 사회는 놀라지 않을 수 없었다. 당시 《제국신문》은 "우리 나라 부인네들이 이런 말을 하며 이런 사업을 창설할 생각이 날 줄을 어찌 뜻하였으리오. 진실로 희한한 바로다"[5]라고 찬탄을 머금은 평을 하였다. 《황성신문》도 "하도 놀랍고 신기하여 우리 논설을 제각하고 이를 기재한다"[6]라고 하고 〈여권통문〉 전문을 게재하였으며, 《독립신문》은 "여성교육을 위해서는 막대한 자금이 필요하니 정부 기구에 불필요하게 쓰이는 20여만 원과 급하지 않은 군사 증액비 100여만 원을 모두 여성교육비에 쓰라"[7]고 주장하였다.

한국 초기여성운동에서 여성의 교육받을 권리의 획득은 여성운동의 중심과제이며 기반이었다. 여성교육의 기본 도구는 여학교이다. 이에 〈여권통문〉 공표에 참여하였던 부인들은 우리 나라 최초의 여성단체인 贊襄會를 조직하고 회원으로부터 수합한 회비를 가지고 우리 나라 최초의 민립여학교인 順

4) 朴容玉, 《韓國近代女性運動史硏究》(韓國精神文化硏究院, 1984), 57~64쪽.
5) 《제국신문》, 1898년 9월 13일, 논설 〈冀望女校〉.
6) 《皇城新聞》, 1898년 9월 8일, 논설 〈五百年有〉.
7) 《독립신문》, 1898년 9월 13일, 논설 〈여민교육〉.

成女學校를 설립하였다. 순성여학교는 관립여학교가 설립될 때까지 존속하는 과도기적 성격의 여학교로 출발하였다. 그리고 찬양회는 순성여학교 후원단체이면서 동시에 여학교에 다닐 수 없는 대다수 부인에 대한 교육사업을 담당하였다.

그러면 우리 나라 초유의 여권운동을 발의하고 준비한 주동 인물은 누구인가. 찬양회의 임원진이 회장(李養成堂), 부회장(金養賢堂), 총무원(李昌吉堂·太養眞堂), 사무원(高貞吉堂)으로 구성되어 있는 것으로 보아 이들은 〈여권통문〉 준비 핵심인물들일 것으로 생각된다. 그리고 이 중 김양현당이 순성여학교의 초대 교장으로 임명되었고, 고정길당과 몇 명의 외국부인들이 교원으로 임명되었다.

김양현당은 우리 나라 여성교육을 위하여 스스로 자각하고 사회진출을 한 선각자이다. 그런 점에서 볼 때 선교사에 의하여 설립된 여학교보다 10여 년 뒤늦게 출발하였으나, 사회적 반영의 면에서 볼 때 자못 큰 의의를 지닌다. 그런데 김양현당은 북촌 부인은 아니었다. 그는 원래 西京(평양) 태생으로 자녀없이 과부가 된 후 서울로 와서 북촌 양반부인들과 교유하였고 자신의 자산도 꽤 가지고 있었던 것으로 생각된다. 북촌부인이 아닌 그가 찬양회의 부회장과 여학교 교장직을 맡은 것으로 볼 때 그는 근대 학문의 소양을 갖춘 개화의식이 높은 여성이었음이 틀림없다. 순성여학교가 개교한 1899년은 독립협회 중심의 개화세력이 보수적 정치세력으로부터 심한 탄압을 받던 때였으므로 찬양회 활동도 위축되어 학교운영을 위한 재정적 지원이 어렵게 되었다. 또한 고종황제가 약속하였던 관립여학교 설립도 의정부 회의에서 기각되어 설립 가망이 무산되었다. 이처럼 이중삼중의 어려움 가운데에서 김양현당은 사재를 털어 학교운영자 겸 교사의 역할을 담당하였다. 그는 1903년 3월 자신이 죽은 후 "저 어린 여학생의 교육을 누가 담당할 것인가"를 염려하는 선각적 교육자로서의 유언을 남기면서 숨을 거두었다.[8] 김양현당은 우리 나라 여성교육을 위하여 몸과 마음과 재산을 올곧게 바친 한국 초기 여성교육의 선구자였다.

8) 찬양회와 순성여학교 및 관립여학교 설립운동에 관한 내용은 朴容玉, 앞의 책, 57~73쪽에 의거했음.

찬양회의 서기이자 순성여학교의 교원인 고정길당도 북촌 여성이 아니었다. 그녀는 원래 함경도인으로 1860년대에 아버지를 따라 러시아로 이주하여 귀화한 한국계 귀화러시아인이다. 그가 내한한 것은 친러세력이 컸던 1895년쯤일 것으로 생각된다. 그는 러시아어와 중국어에 능통하고 세계정세와 근대지식에 밝아 그를 가리켜 "無比開化學問한 女中豪傑"이라고 지칭하였다. 그는 학교가 경영난에 허덕이던 때인 1899년 후반에는 이미 학교를 떠나 서울 무교동에 서양요리점을 차려 돈을 벌고 있었고, 1900년에는 다시 충청도 일대에서 희랍정교회 전도사라는 이름으로 활동하면서 사회적 물의를 일으키기도 하였다.[9)]

(2) 교육단체운동과 교육분야로의 진출

가. 여성교육단체운동으로의 진출

1905년 이후 일제의 한국침략이 가속화되자 국운을 회복하여 완전한 자주독립국가를 세우려는 저항적 민족운동이 다양하게 추진되었다. 그 운동의 주류는 의병항쟁과 애국계몽운동이다. 후자는 민력배양의 국권확립 민족운동으로 교육운동과 식산운동을 주된 과제로 내세웠다. 교육운동은 민력의 절반이 되는 여성교육의 중요성을 인식하여 여성교육을 확대하기 위한 많은 여성교육단체들이 설립 활동하여, 도시들과 촌촌마다에 여학교가 설시되었다. 아울러 여교사로의 사회진출은 절실한 사회적 요구가 되었다.

1886~1910년에 설립된 사립여학교 설립자 실태를 보면 174교 중 21개교만 여성 설립자이며[10)], 1905~10년 여성교육단체들 중 규모가 큰 것은 남자에 의하여 조직 활동하였다. 이것은 여성의 사회진출에 대한 사회적 요구를 반증하는 것이다. 신문·잡지 등 인쇄물을 통해 밝힐 수 있는 이 시기의 여성단체수는 서울 지방 합쳐 30개 전후가 된다. 그 중 서울에서 조직 활동한 단체들은 규모나 내용면에서 비교적 충실하였다. 서울의 경우 女子敎育會·進明夫人會·양정여자교육회·大韓女子興學會와 한일부인회·자선부인회·동양애국부인회·자혜부인회 등이 있었는데, 한일부인회 이하는 친일여성단체로

9) 朴容玉, 위의 책, 70쪽.
10) 朴容玉, 위의 책, 210~218쪽.

활약한 것이다. 이들 단체의 조직과 활동은 상층 사회 지도층 부녀들을 대거 참여하게 하는 특성을 지녔다.

규모와 활동이 컸던 여성단체로 여자교육회[11]를 들 수 있는데, 이 단체는 독립협회 등 사회개혁운동에 참여하였던 이른바 선각적 남자들이 중심이 되어 부녀들의 계몽 개발의 뜻으로 조직 활동하였다. 설립자는 秦學胄·秦學新·鄭喬·李舜夏·高義駿·李瑛奎 등으로, 1906년 5월초에 "학문과 女工과 부덕淳哲을 교육하여 현모양처의 자질을 양성·완비한다"는 목적으로 발기하였다. 그리고 동회가 후원할 여학교로 養閨義塾을 설립하여 동 6월 10일 개교하였다. 회원은 출발 당시 귀부인 30~40명이 입회하였고, 점차 증가하여 10월초에는 300여 명으로 증가하였다. 당시 사회는 "학문 없는 여자를 학식 있는 교사나 점잖은 남자가 지도해야 아름다운 결과를 얻는다"고 인식하고 있었다. 그러므로 양규의숙의 塾長·塾監은 저명한 남자로 임명하고 교사 두 명은 여자로 임명하였다. 그리고 십 수명의 사회적 지명도가 있는 남자들로써 男子贊務所를 구성하여 여자교육회를 지도할 상층기구로 두고, 상층사회 여성들의 단체 참여를 촉구하고, 임원을 다음과 같이 임명하였다.

회　장 : 留案　　대변회장 : 金雲谷
총　무 : 金松齊　　부 총 무 : 李一貞堂
評 議 員 : 李夏榮부인·閔謙鎬부인·權重顯부인·李完用부인·沈相薰부인
閔丙弼부인·權重弼부인·閔泳綺부인·李載克부인·朴義秉부인
兪星濬부인·吳臺煥부인·秦學新부인·秦學胄부인·崔永年부인
金益泳부인·兪相範부인·高義駿부인·尹孝定부인·兪吉濬부인
崔炳憲부인·玄暎運부인·李鐘華부인·金祥雲부인
秦卓隱·李鶴仙·金錦漢
司 法 員 : 金湖山·金松岩·金美山·趙南波·韓一心
회 계 원 : 朴清雲·金逸隱
서 기 원 : 金海秋·申公子　　사 무 원 : 仍任
여공과장 : 李允用부인　　위생과장 : 李根湘부인
직조소이사 : 梁成雲·朴清雲　　양잠소이사 : 白元赫부인·金鼎禹부인
위생소이사 : 池錫永부인·金益南부인　　염색소이사 : 崔錫祥부인·현국부인

11) 여자교육회에 관한 것은 朴容玉, 위의 책에 의거하였음.

曝白所이사 : 趙鎭泰부인 · 崔奎翊부인 재봉소이사 : 李根培부인 · 申公子
東署사무장 : 金克巖 서서사무장 : 洪肯燮부인
남서사무장 : 申峯子 북서사무장 : 留案
중서사무장 : 張妙蓮

이상 임원진이 실제 활동을 얼마나 했는지 자세히 알 수는 없으나 이들은 대부분이 고관 및 유지부인들이었다. 이 중 실제 활동자는 김운곡 · 김송제 · 김호산 · 김송암 등의 취지서 발표 당시의 발기인들과 이준의 부인이자 개화선각자인 이일정당 등이다. 여자교육회는 운영권을 놓고 여러 가지 갈등도 많았으나, 일반부녀대중과 고루한 사회를 개발시키기 위한 연설회와 토론회를 지속적으로 행하여 여성의 사회참여 의식을 높인 점은 주목할 만하다.

1906년 7월부터 1907년 7월까지 행해진 총 25회의 연설 및 토론회의 의제는 여성 및 유아교육, 衣冠制 개량, 내외법 폐지, 부인산업, 공업개발 등이었는데 주제 강연자는 주로 남자들이었으나 토론은 좌우파로 나누어 여자들이 담당하였다. 토론 담당 여자들은 김송제 · 김운곡 · 이일정당 · 조남파 · 한일심 · 陳洪子 · 신공자 · 朴繁子 · 金石子 · 申利子 · 申籲堂 · 申英子 · 김일은 · 金弼媛 · 張錫暎부인 · 兪斗子 등이었다. 그리고 전시 효과적 의미까지를 포함한 평의원들은 실제 활약은 하지 않았다 하더라도 그들이 토론회나 강연회 및 통상회에는 늘 참석하였을 것으로 생각되며, 그 참여 자체가 여성의 사회진출 의지를 북돋고 또 여성 활약의 사회적 분위기를 조성하는 데에 적지 아니 기여했을 것으로 생각된다.

다음은 1907년 4월에 신소당 · 최화사 등에 의하여 설립 활동된 進明夫人會[12]를 통한 여성 사회진출 상황을 살펴보고자 한다. 1906년 12월초부터 여자교육회가 경비 부족으로 양규의숙을 후원 유지할 수 없게 되자, 신소당이 양규의숙을 유지 진흥시킬 단체로서 진명부인회를 발기 조직하고, 1907년 4월 23일 제 1회 총회를 열어 임원을 발표하였다. 총재는 留案으로 두고 부총재 崔花士, 회장 申籲堂, 부회장 李石卿, 총무 朴英子, 회계원 李鍾石, 재무원 李起泓부인, 서기 金石子 · 金一堂, 평의장 朴泳仁, 및 평의원 權直相부인 등

12) 진명부인회에 관하여는 朴容玉, 위의 책을 참조.

16명과 찬성장 李美卿, 부찬성장 閔賢子로 임명하였는데 평의원은 대체로 사회적 저명인사와 고관들의 부인이었다.

진명부인회를 실질적으로 조직 운영한 회장 신소당은 민족교육운동과 여성운동을 적극적으로 추진하였던 대표적인 사회단체운동가이자 민족교육 운영자이다. 그는 판서를 지낸 故 金奎弘의 부인으로 이미 大安洞 자기 집에 소학교인 私立光東學校를 설립하고(1906년경) 자신은 교장으로,[13] 교감에는 李一貞을, 학감에는 박영자를 임명하였다[14]. 이일정과 박영자는 당시 부인운동계에 진출하여 다양한 활동을 하였던 여성들이다. 이 학교는 빈한한 아이들(40여 명)만 모집하여 학비를 전적으로 신소당이 자담하였다. 그가 觀鎭坊會에 또 하나의 새 학교를 설립하면서 재정적 어려움이 닥쳐 광동학교를 설립 3년만인 1908년 말에 안동 김씨 宗約所에 운영을 인계하였다.[15] 1907년, 국채보상운동이 전국으로 확대되고 있을 때 그는 서울 대안동에 大安洞國債報償婦人會를 조직하여 여성계 국채보상운동의 총본부로서의 기능을 다했었다.

여성의 교육 및 사회진출이 필요하다고 주장되는 사회적 분위기는 嚴妃로 하여금 여성교육을 위한 적극적 의지를 가지고 여성교육운동을 펴가게 하였다. 황실에서의 여성교육운동은 이것이 처음이었다 해도 무방하다. 엄비는 황실여성들과 顯官부인들을 규합하여 大韓女子興學會와 慈惠婦人會를 설립했다. 전자는 1908년에 설립된 漢城官立高等女學校를 후원 흥왕하게 하기 위한 것이었고 후자는 京城孤兒院을 찬성하기 위한 자선 단체였다.

관립여학교 설립에 즈음하여 엄비는 여성교육 徽旨[16]를 발표하였는데 그 내용은 여성교육을 집안의 행복을 증진하여 국가의 비보가 되어야 한다는 현모양처론적 교육에 중점을 두고 있었다. 이것은 여성이 독립된 인간으로서 사회로 진출하여 적극적인 삶을 영위하기보다는 교양을 갖추고 개화하는 사회에 맞추어 가정을 경영할 훌륭한 내조자가 되도록 교육하는 데 있었다. 대

---

13) 《제국신문》, 1907년 3월 16일, 〈光東學校〉.
14) 《大韓每日申報》, 1907년 5월 5일, 〈光校生광〉.
《萬歲報》, 1907년 5월 8일, 〈婦人設校〉.
15) 《大韓每日申報》, 1908년 11월 24일, 〈光東引繼의 希望〉.
16) 《舊韓國官報》, 1908년 5월 26일.

한여자흥학회[17] 발기는 학부 주선으로 宗親府에서 개최되었고, 황실 및 고관 귀족 부인들 50여 명과 現舊 정부대신들이 참여하였다. 임원은 총재 完興君 李載冕부인, 부총재 李完用부인, 회장 海豊府院君 尹澤榮부인, 부회장 李載克부인, 총무 輔國 趙寧夏부인과 侍從卿 閔丙奭부인, 사무원 학무국장 尹致旿부인과 편집국장 魚允迪부인, 고문 現舊 정부대신, 남자사무원 윤치오와 어윤적으로 임명되었다. 이들은 모두 황실과 현구 대신의 부인들이다.

이 단체의 실제 활동자는 윤치오 부부와 어윤적 부부[18]였다. 자혜부인회도 총재 이완용부인, 평의장 李貞淑(조동윤대부인), 총무장 李鈺卿(이지용부인)이며, 실질적 활동은 이옥경이다. 이옥경은 매국 5적의 부인으로 친일활동에 앞장서고 또 다른 고관부인들과는 달리 일찍 개명하여 남편을 따라 일본에 갈 때도 활발한 독자적 활동을 하였으며 국내에서도 양장에 구두를 신고 재정이 어려운 여자교육회의 총재를 비롯하여 여성단체활동을 활발히 하였다. 그러나 그의 친일적 행동으로 말미암아 일반 사회에서는 호평을 받지 못했었다.

여성단체운동에 황족과 정부대신 및 그들의 부인들을 다수 참여시키는 중요 이유는 첫째 단체의 사회적 인지도를 높이려는 것이고, 둘째는 황족 등 상층 사회의 부인들로 사회적 모범을 보여 여성의 '脫閨門'을 유도하여 여성의 사회진출의식을 보편화시키려는 것이다. 셋째는 여성사회진출의 보편화를 통해 여성인력 활용을 용이하게 하려는 데 있었다. 일제의 한국식민지 여성정책의 중심은 값싼 노동력으로서의 여성인력 확보였다.

그들은 이와 같은 목적 달성을 위하여 이미 1906년에 이옥경으로 하여금 대한부인회[19]를 조직하여 여자실업교육 장려라는 이름으로 정부 예산을 책정, 양잠강습소를 설립하고 양잠교육을 강화 확대해갔다. 당시 국제시장에서 견사값이 높아 잠업은 가장 이익이 높은 산업이었다. 그러나 일본은 기후가 습하고 높아 양잠사업에 아주 부적합하였다. 한국의 경우 양잠산업에 적합한 기후를 가졌고 저임금으로 활용할 우수한 인력도 갖추어져 있었다. 이옥경으

17) 대한여자흥학회에 관한 내용은 朴容玉, 앞의 책, 110~113쪽 참조.

18) 尹致旿의 부인은 尹高羅이며, 魚允迪은 漢城官立女子高等學校의 초대 교장으로 임명되었다.

19) 朴容玉, 〈韓日婦人會의 組織背景과 活動〉(霞城李瑄根博士古稀記念論文集刊行委員會, 《韓國學論叢》, 1974), 63~73쪽 참조.

로 하여금 여성실업교육 장려라는 명목으로 양잠교육을 확대시킨 것은 식민지여성정책의 수행에 있었던 것이다. 다만 여성의 사회활동이 용이하지 못한 사회여건하에서 친일적 목적 수행이라는 반민족적 여성운동을 수행했다는 평가는 면할 수 없으나 여성사회진출의 모형을 보여준 점에 있어서는 긍정적 의미를 지닌다.

나. 교육계로의 진출

1905년 이후 여학생들 중에는 자신의 배움이 나라와 민족을 위하여, 그리고 여성 개명을 위하여 쓰여져야 한다는 선각자적 신념과 의식을 가지고 있었다. 1906년 9월 29일 《황성신문》에 의하면 인천 영화학교 여자 생도 몇 사람이 평생 출가하지 않고 문명 학업에 종사하겠다고 誓言을 하고 훌륭한 여교사가 되기 위하여 일본 神田으로 유학을 간다는 기사가 있다. 사회 여건상 결혼한 여성은 자유롭게 사회활동이 어려우므로 학업을 마친 후 독신으로 사회진출을 하겠다는 의지를 나타낸 것이다. 여성교육론의 확대와 여학교의 증가는 자격을 갖춘 여교사가 필요하였다. 그러므로 외국 유학 여성 또는 국내 선교사들로부터 교육을 받은 개신교학교 출신 여성들은 자연히 학교 교사로서 환영을 받았다.

우리 나라의 첫 여학교는 1886년 서울에서 개신교에 의하여 문을 열었고 (이화학당), 그 뒤로 계속하여 정신(1887), 일신(1895 부산진), 영화(1896 인천), 정진(1896 평양), 배화(1897 서울), 여자맹아학교(1898 평양), 정의(1899 평양), 공옥(1900 서울), 기전(1902 전주), 멜불덴(1902 군산), 숭의(1903 평양), 정명(1903 목포), 광신(1903 강계), 루씨(1903 원산), 삼일(1903 수원), 호수돈(1904 개성), 진성(1904 원산) 등의 개신교계의 여학교가 설립되어 교육받은 다수의 여학생들이 우매한 여성을 가르치기 위한 교사직 또는 전도부인 등으로 배출되었다.

우리 나라의 첫 여교사로서는 이화학당의 李慶淑과 蓮洞학당(정신여학교의 전신)의 辛마리아를 들 수 있다. 1888년 이화학당 학생이 18명으로 늘어나자 선교사만으로는 학생을 가르치고 생활지도를 할 수 없게 되어 1889년 4월부터 이경숙을 한글·한문 및 학생생활 지도교사로 채용하였다. 그는 1851년에 충청남도 홍주의 가난한 선비집 딸로 태어나 15세에 결혼했으나 얼마 안되어 소년과부가 되어 여승이 되었다가 환속하였다. 39세 때 선교사에게 한국말을 가르치는 남편의 친구 소개로 이화학당장 스크랜튼(Mary F. Scranton)여사를 만나게 되어 학당 교사 겸 학당장 비서 일을 하게 되었다. 그는 교사가 된 지 반년만에 세례를 받았으며 교사 재직 6년 후에는 이화를 떠나 스크랜튼여사를 도와 전도사업에 전력하였다.[20] 신마리아는 우리 나라 최초의 여의사인 박에스터의 둘째 언니로 申正祐와 일찍이 결혼하여 두 남매를 키우던 주부였다. 동생 에스터가 이화학당에서 새 학문을 배우는 것에 자극받아 1893년 장로교 경영의 정동학당(연동학당 전신)에 들어가 3년간 공부한 뒤인 1896년부터 새로 이사한 연동학당의 교사로 봉직하였다. 그는 학감·사감직 및 針工·수학·성경을 가르치는 교사직을 겸하였다.[21]

우리 나라 초기 여성교육에 초석을 쌓은 이화학당과 연동학당에서 가르치는 과목은 한글·한문·수학·수예와 성경 정도였으나, 학생들은 선교사를 통하여 서구의 새 문화를 접할 수 있어 학당 출신 학생들의 의식은 매우 개명하였다. 그리고 여자 선교사의 활동은 학생들의 모델이 되어 학생들로 하여금 선각자적 의지를 가지고 사회로 진출해가게 했던 것이다. 이화학당의 경우 학제가 정제된 1904년 이전 이 학당을 거쳐나간 학생은 약 100명에 달하였는데 이름이 남아있는 졸업생은 20명에 불과했다고 하였으며, 1908년 제1회 정식졸업생을 배출한 이후부터 교육계로의 진출이 더 활발해졌다. 1회 졸업생이 5명, 2회 10명, 3회 9명을 배출하였는데 이들은 이화학교의 支校를 설립하기도 하고 새로 설립된 각 여학교 교사로 봉직하였다.[22] 여자교육회가 설립한 양규의숙의 두 명의 여교사 중 한 명도 이화학당 출신 셀레였으며, 해주 정내여학교 교사 홍은애[23], 부산 초량사립여학교 교사 황혜수[24]는 모두 연동학당 출신이었다.

개신교 여학교 출신 중 박에스터[25]·河蘭史·黃(여)메례·崔活蘭 등은 이

20) 梨花女子高等學校, 《梨花九十年史》(1975), 55～56쪽.
21) 貞信女子高等學校, 《貞信七十五年史》(1962), 91～94쪽.
22) 梨花女子高等學校, 앞의 책, 73쪽.
23) 《皇城新聞》, 1908년 12월 23일, 〈正內將進〉.
24) 《大韓每日申報》, 1909년 5월 13일, 〈女師被選〉.
25) 박에스터는 여의사로 활약하였으므로 의료계로의 진출에서 다룰 것임.

시기에 한국 여성과 사회를 발전시키는 데 크게 기여한 대표적 여성들이다. 하란사는 1875년 평양에서 태어났으며, 그의 남편은 인천 監理로 재산이 있는 河相驥[26]였다. 교육을 받겠다는 너무도 강한 의지 때문에 기혼자인데도 불구하고 1896년 이화학당에 입학할 수가 있었던 그는 4년간 수학 후 1900년 3월부터 1년간 일본 유학을 하고 돌아왔다. 그 이듬해(1902)에는 자비로 다시 미국 유학을 떠나 오하이오(Ohio) 웨슬리안(Weslyan) 대학에 입학, 영문학을 전공하고 1906년 졸업, 우리 나라 최초의 외국유학 문학사가 되었다. 귀국 후 그는 이화학교의 교사로 봉직하는 한편 스크랜튼과 함께 達城離宮에 기거하면서 상동교회 건설에 협력하였고 여기서 여자영어반을 개설하여 뒷날 여성교육에 기여한 손메레·신알버트·양우러러 등을 길러내었다. 이화에서는 영어와 성경을 가르치고 기숙사 사감 및 총교사로서 일하였다. 또한 교내 써클인 以文會를 지도하고, 미국여선교사 앨벗슨(Millie M. Albertson)과 함께 이화학교 곁에 부인성서학원을 창설하여 전도사업을 하였으며, 영어에 능숙하여 황실 통역도 하였다. 또한 그는 민족독립의식이 강하여 국내외 독립운동가들과도 긴밀한 연락을 가지고 활약하였으며, 1차대전 종료 후에는 의친왕을 대신하여 파리강화회의에 참석하기 위하여 1919년 1월에 북경에 당도하였다가 불의의 식중독으로 사망하였다.[27]

황메레(Mrs Mary Whang)는 1872년 2월 21일, 마산에서 김씨가의 외딸로 태어났고, 황씨가에 출가하였으나 곧 남편과 사별하였다. 그 뒤(1886) 달성이궁에 기거하는 스크랜튼의 양녀가 되어 이화학당에서 영어·수학·성경 등을 공부하였다. 그는 영어에 능통하고 신학문의 식견도 높아 활동이 다양하였다. 1901년 정동제일교회내의 회원 63명의 보호회를 발족하고 지도함을 비롯하여 1903년에는 이화학당내의 리빙 소사이어티(Living Society)를 지도했고, 1905년부터는 스크랜튼을 도와 상동교회에서 성경공부반을 지도했으며, 1910년에는 엡윗여자청년회를 조직하여 기독교 여자청년운동을 하였다. 또한 그

26) 하상기의 본부인은 백씨인 것 같다. 그리고 하란사는 그의 소실이었다고 한다. 《大韓每日申報》 1906년 9월 29일, 〈婦人擔敎〉에 의하면 興化학교 교사 白象圭가 義親王을 수행하여 일본에 가므로 그가 回還할 때까지는 하상기 부인 백씨가 교수 책임을 졌다고 했다.

27) 梨花女子高等學校, 앞의 책, 75~76쪽.

는 保救女館에서 선교사를 도와 의료활동과 전도를 하였다.[28] 1903년 3월 교육 시찰차 일본에 갔다온 후 여성교육에 관심이 높아져 施病院에 방 하나를 얻어 여학생 20명을 모아 직접 가르쳤다. 그 학생 중 엄비의 사촌오빠 嚴俊源의 딸이 있었다. 그는 엄준원을 통하여 여성교육에 뜻이 높았던 엄비를 만나게 되었고, 엄비로부터 창성궁을 학교 건물로 하사받아, 1906년 5월에 엄준원을 교장으로, 황메레를 총교사로 하여 진명여학교 문을 열었다.[29]

또한 평양에서 前관찰사 등 유지들이 1906년 3월에 平壤愛國女學校를 설립하여[30] 30여 명의 학생을 가르쳤는데, 기부금에 의한 학교 운영이 어려워지자 여성교육열이 높은 엄비가 황메레를 보내어 평양 진명여학교로 재출발하게 하면서[31], 400원을 하사하였다[32]. 진명여학교는 평양의 대성학교와 더불어 민족교육을 행하였던 서북지방의 대표적 여학교가 되었다. 엄비의 지원과 황메레의 적극적 활동으로 평양의 여성교육이 점차 확장되었다. 평양 명륜당 안에 설한 여자교육연구회에서 여성교육연설회를 개최했을 때, 황메레는 김현련부인 및 안창호·김희경과 청중을 감동시키는 연설을 하였다.[33] 1909년 1월에는 수원 삼일여학교에서 영어를 가르쳐 고명한 교사로 칭송을 받았다.[34]

1888년 9월 23일에 인천에서 태어난 최활란은 8세에 이화학당에 입학한 후 20년을 이화에서 배우고 가르쳤다. 그는 이화 중등과 학생일 때 일본 나가사키(長崎)의 가츠이(活水)여학교에 유학하고 1907년에 귀국한 후 교사 겸 총교사로 모교에 봉직하였으며, 1915년에는 이화의 대학과를 졸업하였다. 26세에 崔炳憲목사의 아들 崔在鶴과 결혼한 후에도 계속하여 Y.W.C.A., 태화여자관, 京城女子基督敎節制會 등의 기독교 사회단체에서 활동을 하였다.[35]

---

28) 梨花女子高等學校, 위의 책, 76~77쪽.
29) 《제국신문》, 1907년 5월 13일, 〈女校盛況〉.
梨花女大 韓國女性史編纂委員會, 《韓國女性史》 2(1972), 82쪽.
30) 《제국신문》, 1906년 11월 29일, 〈平壤女校〉.
31) 《제국신문》, 1907년 6월 12일, 〈女校擴張〉.
32) 《大韓每日申報》 1907년 7월 10일, 〈內賜校費〉.
33) 《제국신문》, 1907년 7월 17일, 〈女校擴張〉.
34) 《大韓每日申報》, 1909년 1월 10일, 〈女師高明〉.
35) 梨花女子高等學校, 앞의 책, 77~78쪽.

1905년 이후 국력 배양으로서의 여성교육론이 비등하면서 사립여학교의 설립이 증가되자 학문이 있거나 뜻이 있는 여성들이 사재를 털어 여학교를 설립 운영하였다. 그 중에는 운영난으로 설립한 지 얼마 되지 않아 문을 닫는 경우도 적지 않았다. 그러나 개성의 청춘과부로 貞和여학교를 설립 운영하였던 金貞蕙는 자신의 재력과 정성만으로 학교를 경영한 유능한 여성교육자였다. 김정혜는 개성 북부에 살던 故 縣監 梁成鎭의 손녀이며 故 府使 金鼎實의 손부였다. 청상과부가 되어 수절생활을 하고 있는 중 신문화 풍조를 관찰하고 여성교육에 뜻을 두게 되어, 1910년 여름부터 자기 집에 정화여학교를 설립 후 처음에는 청상과부 몇 명을 모집하여 교육을 시작한 것이 곧 100여 명의 학생으로 증가하였다. 가산이 비교적 풍성하여 교육비 일체를 자담하자 점차 운영이 어려워져 유지인들의 지원을 받아 정식 학교로 성장하게 되었다.[36]

1908년 식민지 여성교육의 표본을 보이기 위하여 우리 정부로 하여금 관립한성고등여학교를 설립하게 한 일제측은 최고의 학벌을 가진 교사진을 구성하기 위하여 일본 등 외국에서 유학하고 돌아온 최고의 지식여성을 교사로 임명하였다. 개화선각자 尹孝定의 딸 尹貞媛이 교사로 임명되었는데 그는 13살에 일본으로 유학가서 최고등과를 졸업하고 구라파를 수년간 遊歷하고 귀국한 후 고등여학교 교수로 피임되었고,[37] 윤황후의 논어 講官으로 내정받은 신진여성이다.[38] 또 일진회장 洪肯燮의 자부인 洪貞子도 고등여학교 교사로 임명되었는데,[39] 그는 일진회장 윤시병의 딸로 일본에 10년간 유학하여 간호학과 음악 등을 배우고 1906년에 돌아온 재원이다.[40] 윤치오의 부인 尹高羅도 고등여학교 영어교사로 임명되었는데[41], 그는 주미공사관의 참사관을 지냈고 1903년에 미국 콜로우드대학을 졸업한 金潤晶의 딸로서 1907년에 일

---

36) 《皇城新聞》, 1910년 7월 8일, 〈眞正女史〉· 12일, 〈貞和演說〉· 16일, 〈婦人界의 模範的事業(論)〉.
《大韓每日申報》, 1910년 7월 16일, 〈貞校將進〉.
37) 《大韓每日申報》, 1909년 3월 23일, 〈高等女師〉.
38) 《皇城新聞》, 1909년 5월 15일, 〈尹貞媛講官內定〉.
39) 《皇城新聞》, 1908년 9월 1일, 〈女師任命〉.
40) 위와 같음.
41) 《皇城新聞》, 1908년 4월 24일, 〈夫人敎師〉.

본여자학원에 입학하여 수업중 학교에 불이 나 중도에 귀국하여[42] 養源學校 영어교사[43], 동교 유지회 회장,[44] 유지 부인들과의 養心女學校 설립[45] 등 여성교육활동을 하였다. 한편으로는 東洋愛國婦人會 등 친일성 부인단체에서 활약하고,[46] 또 일인 및 서양인들과의 사교계에서도 두각을 보였다. 이처럼 훌륭한 인재가 되려고 유학을 떠나는 여성의 수가 그리 많지는 않아도 점차 증가하여 갔다.

여성교육의 확대는 여성교육계로 여성이 진출할 수 있는 길을 점차 넓혀주었다. 그리고 사회진출을 통해 의의있는 삶을 영위하려는 여성의 의지도 커지게 되었다.

(3) 의료계와 종교계로의 진출

가. 의료계로의 진출

개화기 한국여성에게 있어 교육 다음으로 중요한 것은 근대 의료의 혜택이었다. 이를 간파한 미국 장로교 선교부에서는 1886년에 최초의 의료여선교사인 엘러스(Ellers)를 한국에 파송하였고, 그 이듬해는 미국감리교 여선교회에서도 하워드(Meta Howard)를 파송하여 우리 나라 최초의 부인병원인 保救女館(Caring for and Saving Woman's Hospital)을 창설하였다. 근대의학에 대한 한국인의 긍정적 인식으로 인하여 치료를 받으려는 부인 환자들이 늘어나자 손이 모자란 선교사들은 한국 여성에게 의료교육을 시켜 진료에 임하도록 해야겠다고 느꼈다. 1891년 10월에 보구여관에 파송되어 온 의료 여선교사 셔우드(Rosetta Sherwood, 후에 Rosetta Sherwood Hall)양은 부임 후 의료강습반을 열어 한국인 4명과 일본인 1명에게 의학강습을 하였다. 여기서 공부한 박에스터(처녀명은 김에스터)가 1896년에 미국으로 유학하여 1900년 볼티모어 여자의과대학을 졸업, 우리 나라 최초의 여의사가 되었다. 그는 1877년 3월 16일 서울 정동에서 金弘澤의 셋째 딸 김점동으로 태어났고, 선교사 아펜젤러

42) 《大韓每日申報》, 1908년 9월 2일, 〈계속유학〉.
43) 《皇城新聞》, 1908년 10월 8일, 〈語師善敎〉.
44) 《大韓每日申報》, 1908년 10월 1일, 〈維持盛會〉.
45) 《皇城新聞》, 1908년 11월 3일, 〈養心女校發起〉.
46) 《皇城新聞》, 1908년 11월 3일, 〈愛國婦人會總會〉.

의 집에서 일하고 있던 그의 아버지가 스크랜튼여사가 여아를 맡아 교육한다는 소문을 듣고 딸을 이화학당의 초기 학생으로 넣었다. 그는 총명하고 영어를 잘 하여 보구여관에서 셔우드의사의 통역과 의료 보조로 일하다가 의료교육을 받았는데 이것이 우리 나라 근대 의료교육의 처음이었다. 그녀는 15세에 세례를 받고 에스터라는 세례명을 받았으며, 이듬해(1893) 5월 24일에 셔우드의사의 약혼자로 평양에서 의료선교를 하는 홀(William J. Hall)박사를 도와 일하는 신실한 24세의 박유산이라는 청년과 결혼하고 병원에서 계속 일하였다. 1894년 11월 27일 셔우드의 남편 홀박사가 장질부사로 죽자 셔우드는 한살된 아들을 데리고 뉴욕(New York)州 리버티(Liberty)의 친정으로 돌아갈 준비를 하고 있었다. 그 때 박에스터는 그녀에게 함께 데려가 주기를 간청하여 미국유학의 길이 열리게 되었다. 1894년 12월에 셔우드를 따라 남편과 미국으로 간 에스터는 1895년 2월에 리버티의 공립보통학교에 입학, 열심히 공부하고 동 9월에 생활비를 벌기 위하여 뉴욕시의 유아병원에서 1년 이상 일하고, 1896년 10월 1일에 현재의 존스 홉킨즈(Johns Hoppkins)대학의 전신이었던 볼티모어(Baltimore)의 여자의과대학에 입학하여 1900년에 졸업하였다.[47] 남편은 돈을 벌어 그녀의 뒷바라지를 하다가 그녀의 졸업 21일 전에 폐결핵으로 사망하였다. 에스터는 미국에서 좋은 일자리에 안착할 수도 있었으나 곧 귀국하여 여성들에게 예수를 전하며 의료사업을 펴기로 결심하였다. 그는 귀국 후 자신에게 유학의 길을 열어 주었던 선교사 홀부인(셔우드)이 그의 귀국에 앞서 남편 사업을 잇기 위하여 다시 한국의 평양으로 와서 의료 선교사업과 맹아학교를 설립 운영하고 있었으므로 서울과 평양을 오가면서 의료활동을 하였으며 또 황해도 지역의 순회전도사로서의 활약도 하였다. 의사이면서도 분주한 전도생활 등으로 자신의 건강을 돌볼 겨를이 없던 그녀는 1910년 4월 14일 폐결핵으로 사망하였다.

의료 선교를 통한 한국내에서의 여성 의료인 배출은 간호사가 의사보다 더 필요하고 교육도 보다 용이하였다. 1902년에 에드먼즈(Margaret Edmunds)

47) 梨花女子高等學校, 앞의 책, 73~75쪽.
셔우드 홀,《닥터 홀의 조선회상》(金東悅 譯, 東亞日報社, 1984), 96~99·100~118·135·144~146·158쪽.

양이 우리 나라 최초의 간호 선교사로 내한하였는데, 그녀는 동년 12월에 간호원양성소를 설립, 간호교육을 시작하였다. 그녀의 첫 학생은 오른손의 엄지손가락과 또 한 손가락이 없고 질투심 많은 남편한테 코를 물어 뜯겨 코 한쪽이 없는 여성이었고, 두 번째 학생은 병원의 환자였었던 심한 절름발이였다. 또 조혼의 관습때문에 괜찮은 젊은 여성을 간호원으로 확보하는 일은 매우 어려웠고, 또 간호직을 천시하여 간호원 확보는 더욱 어려웠다고 했다.[48] 이 같은 정황에서 간호원 대관식이 처음 행해진 것이 1906년 1월 25일이었고, 1908년에 두 명의 졸업생(김마태와 이그레이스)을 정식으로 배출하였다. 1906년에 세브란스병원에 간호원양성소가 설립되고, 박에스터의 여동생 김벳세[49]가 동 양성소의 제1회 졸업생이 되었다.

박에스터가 당당한 의사가 될 수 있었던 것은 의료선교사의 활동이라는 여의사 모델이 있었고 또한 선교회라는 문을 통하여 외국유학이 가능하였던 때문이었다. 그러나 당시 우리 나라는 여성들이 비록 의사가 되어 사회진출을 하기 원한다 해도 그 뜻을 받아 가르칠 교육적 여건이 거의 갖추어지지 못하고 있었다. 《제국신문》 1899년 5월 19일자 〈녀인셩심〉에 의하면 북촌 교동 사는 총명하고 혜철한 한 여성이 학문 배우지 못함을 한탄하다가 의학교 설립 소식을 듣고 의학을 공부하면 사회에 나아가 봉사할 수 있다고 생각하고 의학교장 池錫永을 찾아가 입학하기를 청하였으나, 남녀가 동학할 수 있는 章程이 없어 입학시킬 수가 없다고 거절당하였다. 그러므로 당시 여자의사를 양성하기 위한 교육제도는 어떤 형태로든 존재해야 했다. 1906년 5월에 李春世·李匡夏 등이 同濟醫學校를 설립하고 5명의 선생(그 중 1인은 姜弼周 부인 김씨)으로 남녀 兩 학과를 두고, 교과는 의학·국한문·산술·물리학·외국어학을 과하는 의학교육을 시작하였다[50]. 여학생이 몇 명이나 입학하여 사회에 배출을 하였는지는 알 수 없으나 최초의 여의사 교육기관이 존재했다는 데에 의미가 있다. 또 의료활동에서 간호원은 절대적으로 필요한 것이어서 廣濟院에서는 1906년 8월, 간호학교를 설치하여 "간호에 종사하면 문명

48) 蔡富仁, 50 Years of Light(美監理敎會婦人宣敎部, 1938), 6~7쪽.
49) 梨花女大 韓國女性史編纂委員會, 앞의 책, 55쪽.
50) 《皇城新聞》, 1906년 5월 31일, 〈同校趣旨〉.

에 진보하고 자기 衣食之道에 유익하다"[51]면서 학생을 모집하였다.

근대 의료 보급에 따라 전국에 종두를 실시하게 되자, 여자 종두사들이 필요하였고, 출산을 도와줄 산파도 절대적으로 필요하였다. 이에 1907년 大韓醫院 관제가 정비될 때 산파 및 간호부양성소가 설립되어 정식으로 간호부를 교육하여 배출하였다.[52] 새로운 의술에 대한 여성들의 관심도 높아 1909년 6월 대한의원에서 여성종두사를 모집할 때는 서울 관내에서만 40~50명이 지원하였다.[53] 여성의료업에 대한 사회적 인식 전환으로 사립 助産婆양성소들도 설립되어 산파를 배출하였다. 1909년 7월 위생국 조사에 의하면 산파 33명, 간호부 33명이라고 했다.[54] 수적으로는 많은 것이 아니나 의료계로의 여성 진출이 확대되고 있음을 보여주는 것이며, 1910년대의 외국유학 여학생 중 의학교 입학자가 늘어가는 계기가 되었다.

나. 종교계로의 진출

종교 분야는 개신교계로의 여성진출이 가장 두드러졌으며, 다음으로는 정부로부터 탄압 받던 동학이 1905년 이후 천도교로서 재정립하여 교단 확립을 하면서 천도교 포교를 위하여 수많은 부인 전교사를 두어 여성들이 활약을 보였다.

먼저 개신교계의 여성활동을 살펴보자. 교육 및 의료 분야에서 보인 개신교계 외국선교사들의 봉사적 활동과 전도는 여성 사회에 긍정적인 영향을 주었다. 그리하여 새로운 종교에 대한 여성들의 호기심은 쉽게 신앙으로 바뀌었고, 선교사들은 부인성경학교 등을 세워 전도부인을 양성하였다[55]. 선교사들의 교육 및 의료활동은 바로 개신교를 한국 사회에 선교하는 데 목적이 있었으므로 이들은 양성된 전도부인을 통하여 한국의 가정들을 방문하여 안주인을 기독교인화하였다. 전도부인들은 전도구역내에 교회와 여학교를 개설

51) 《皇城新聞》, 1906년 8월 2일, 〈廣濟院振興〉.
52) 《皇城新聞》, 1908년 6월 28일, 〈看護婦見習〉.
《大韓每日申報》, 1908년 7월 30일, 〈看護婦募集〉.
53) 《皇城新聞》, 1909년 6월 1일, 〈看護資格〉; 6월 6일, 〈婦人醫學志願〉.
54) 《皇城新聞》, 1909년 7월 23일, 〈衛生狀態調査〉.
55) 蔡富仁, 앞의 책, 9~10쪽.

하고 여아와 부인들을 가르쳤다. 일제하에서 이들 전도부인들은 항일민족의식을 고취하는 민족 독립의 전령사와 같은 역할도 하였다.

1910년 이전 개신교계에서 활동한 대표적인 인물로는 서북지방의 全三德·김살로메·김도라 등과 인천의 최헬렌 등을 들 수 있다. 전삼덕은 서북지방에서 제일 먼저 교인이 되어 세례를 받고 가장 많은 활동을 한 감리교계의 선교 역군이었다. 그뿐 아니라 그는 교육자이며 사회사업가이며 여성해방운동가이기도 하다. 전삼덕은 1843년 강서군 벽위섬에서 양반집 딸로 태어나, 17세에 공조참의 우부승지 등 벼슬을 한 강서의 金善柱와 결혼했다. 그러나 첩을 두고 서울을 왕래하는 남편에게 만족할 수가 없었다. 1893년 그는 평양에 있는 남산현교회 소식을 듣고 자신의 몸종을 데리고 몸소 교회를 찾아가 새로운 복음을 접하게 되었다. 집에서 80리 길 되는 평양을 매주 예배를 보러 다녔고, 1895년에는 세례를 받아 정식 교인이 되었다. 1898년에는 두 며느리와 동리 부인 한 명을 전도하여 세례를 받게 했으며, 이 해 12월에는 강서읍에 처음으로 교회를 세웠다. 그리고 어둠에 묻혀 사는 여성들을 깨우치기 위하여 여성에게 교육을 시켜야 한다는 신념을 가지고 큰며느리 김널린과 함께 평양의 여자성경학교를 다녀 졸업증을 받고 학교를 설립하여 며느리와 함께 여성교육을 하였다. 전삼덕은 고향 학동에 崇德學校를 설립하여 여성에게 새로운 지식을 가르쳤다. 그는 5일간은 학교에서 일하고 토요일은 교회일과 지역 전도만을 하였다. 그는 1932년 89세로 세상을 떠나기까지 오로지 여성교육과 전도사업에 생애를 바쳤다.[56)]

인천지방에서 본격적인 선교사업이 시작된 것은 송도의 과부 전도부인 백헬렌에 의해서 였다. 그는 남편이 죽자 두 아이를 데리고 서울로 왔는데, 지금의 상동교회에서 스크랜튼이 가르치는 성경반에 참여한 것이 계기가 되어 뜨거운 신앙을 갖게 되었으며, 스크랜튼에게 전도부인으로 발탁되어 그의 아래서 3년간 전도교육을 받았다. 교육이 끝나면서 아직 여자선교사업이 행해지지 못하고 있는 제물포로 파송되어 전도 사업에 힘써 개신교세를 부천을 거쳐 강화에까지 확대시켰다.[57)]

56) 張炳旭, 《韓國監理敎女性史》(성광문화사, 1979), 185~194쪽.
57) 張炳旭, 위의 책, 194~198쪽.

천도교의 지도급 여신도들의 교회 부흥 발전을 위한 활약도 적지 않았다. 천도교의 근본 정신은 만인 평등의 개벽사회를 이 땅 위에 건설하는 것이었다. 그러므로 초기 동학 포교 시절부터 남녀의 평등을 주장하였다. 그러나 초기 포교 시절에는 여성의 사회 참여의 이상적인 모델이 없었기 때문에 여성의 사회진출과 같은 것은 논의될 수가 없었다. 여자선교사를 비롯한 외국 여성들의 여러 형태의 사회 활약을 이미 접하였고 또한 여학교 출신 여성들의 적극적인 사회활동도 다양화해지고 있던 1905년 이후 동학은 근대적 종교로서의 교단 정립을 하면서 천도교 포교를 위한 부인 전교사(婦人奉敎師)제를 두었다. 1906년 9월 천도교 부인 전교사 李九가 100여 명의 교인을 입교시키고 매 侍日마다 입교 부인들을 데리고 중앙총부 성화회에 참석했고,[58] 또 이 해 12월에는 전북 금구군 송내리에 사는 교인 朴淵童의 처 이씨와 朴守桓의 어머니 김씨가 동리 부인 100여 명을 천도교에 입교시켰다.[59] 부인들이 가정경영권과 자녀양육권을 전적으로 갖고 있는 한국의 가족제도에 있어 한 가정의 주부를 교인으로 만든다는 것은 곧 그 가족 전부를 교인화하는 것이나 다름없는 일이다. 그러므로 적극적 포교를 위해서는 각 가정을 방문하여 포교를 할 부인봉교사가 필요했을 것이다. 천도교에서는 1910년 4월 부인봉교사 40명을 선정하여 각 지방에 파송, 부인 포교에 힘쓰도록 결정하였다[60]. 이들 부인봉교사의 종교활동은 일제하에서 천도교를 중심으로 하는 여성운동을 활발하게 추진시킨 바탕이 되었을 것으로 생각한다.

(4) 새로운 직종업으로의 진출

개항 이후 일본인과 서구인들에 의하여 새로운 자본주의적인 기계제 상품들이 대량으로 유입되었으며, 또한 국가적 개화문물정책과 외국 특히 일본의 기계제 산업체가 국내에 설립·경영됨으로 인하여 여성 노동력을 필요로 하는 공장들과 외국 물품 취급 상점들이 세워졌다. 산업계의 급격한 변화는 전

蔡富仁, 앞의 책, 34쪽.

58) 《萬歲報》, 1906년 9월 16일, 〈婦人誠心布敎〉.

59) 《萬歲報》, 1906년 12월 28일, 〈婦人說敎〉.

60) 《大韓每日申報》, 1910년 4월 14일, 〈婦女布敎〉.

통적 산업 질서를 붕괴시킨 반면 여성들에게는 새로운 사업과 산업에 종사하게 하는 기회가 되었다. 이것은 여성 사회진출의 한 양상을 보인 것이다.

먼저 상업으로의 여성 진출을 들 수 있다. 남성전용적 전통 상업에의 여성 진출은 매우 흥미롭다고 할 수 있는데, 즉 종래 남자 전업이었던 보부상계에 여자가 처음으로 동참하게 되었던 것이다. 1899년 8월 29일자《독립신문》에 부상을 남편으로 한 서울 기생들이 "서방 직분을 좇아 부상에 입참하여 남녀가 함께 등짐장사를 하니 대한 상업이 더욱 흥왕할 것이다"라고 보도했다.

다음으로 여성에 의한 외국 교역 물품 상점의 경영이 나타났다. 1899년 1월 9일《대한매일신보》에 서울 다방골에 사는 조문천의 첩이 외국의 각 항 물건을 무역하여 장사한다고 하였으며, 양장여인 경옥당이 안동에서 서울 정동의 한창호의 집으로 이사하여 역시 외국의 각색 물건과 동서양의 각종 좋은 술을 판다고 하였다.[61] 여성의 상점운영은 여성을 서구문물에 간접으로 접촉하게 하는 수단이기도 하였다. 그러므로 상업적 이익만이 아닌 여성 개화라는 측면에서 선각적 여성이 부인상점을 운영하는 경우도 있었다. 서울 안현에서 부인상점을 경영하였던 李一貞이 그 좋은 예이다.[62] 그는 당시 평리원 검사이며 뒷날 헤이그밀사로 파견되었다가 순절한 李儁의 아내로 이미 진명부인회 등의 애국계몽적 여성단체에서 활약하였고, 일진회에서 일본에 파견한 유학생 21명이 학비난에 허덕일 때도 의연금(지폐 21환)을 내고 이들에 대한 지원운동을 벌였으며,[63] 제국신문이 경영난에 허덕일 때는 신문애독 권고운동을 폈던 분이다.[64] 가세가 빈한하여 여자가 장사를 하고 술을 파는 상행위는 일찍부터 있었으나 외국의 각종 물건을 구입하여 개화 물품 상점을 경영하기 위해서는 외국문물에 대한 견식이 있어야 하는 것이므로 당시로서는 아주 새로운 직종의 사업으로 여겨 이들을 개명 여성으로 평판하고 있었다.

---

61)《大韓每日申報》, 1899년 2월 15일, 〈韓女爲業〉.
62)《제국신문》, 1907년 1월 16일, 〈婦人義捐〉.
63)《大韓每日申報》 1907년 2월 19일, 〈夫人寄函〉.
64)《제국신문》, 1907년 9월 11일, 〈新聞廣覽(寄)〉.

외국 상인들의 빈번한 왕래와 외국과의 교역업자 등의 증가는 자연히 호화로운 음식점이나 유흥업소를 차리게 하였다. 러시아 귀화 한국여성으로 1898년에 찬양회 조직에 참여하고 순성여학교 교사를 한때 지냈던 고정길당은 서울에 양요리점을 차려 장사를 하였다.[65] 당시 외국인이나 신흥 부자들을 비롯한 일부의 새로운 유형의 소비자인 '有錢客'을 상대로 하는 양요리 靑樓를 거금을 가지고 경영하는 자가 꽤 있었던 것이다. 이와 유사한 새로운 사업으로 차를 파는 다방도 생겨났다. 녹음이 우거진 南山 和壇臺 근처에는 일인이 경영하는 찻집이 여럿 있었는데 그 중 한 찻집에서 한국여인이 차를 팔았다고 했다.[66] 이것은 오늘날의 다방 레지에 해당하는 것이라고 생각되는데 여성들이 이처럼 새로운 직종으로 나아가 생업을 하였던 것이다.

서구 자본제 기계상품들이 교역을 통해 국내에 반입되는 경우와, 회사나 공장을 국내에 설립하여 생산·판매하는 경우가 있었다. 직물회사와 공장, 가스회사·연초회사·제사공장·인쇄소·조폐공사 등을 들 수 있다. 이들 공장과 회사에는 여공이 필요했으며, 家貧한 여성들은 생계 보조를 위하여 여공으로 취업하였던 것이다. 특히 여성노동력을 값싸게 활용할 수 있는 이점을 노려 일본직물회사들이 일찍부터 한국으로 진출하였다. 일본측은 여공의 효율적 활용을 위하여 직조학교를 설시하고 일본인 교사로 하여금 학생교육을 행하였던 것이다.[67] 직물 수요가 광범위한 데 비하여 큰 자본을 갖지 아니하더라도 운영할 수 있는 것이 직물회사이므로, 지배층 및 재야지식인들까지 직물업을 부국강병의 길로 여겨 한말에 몇몇의 직물회사가 설립되었다. 아울러 여공 진출로의 길도 그만큼 확대되었다. 예를 들면 1900년 3월, 閔丙奭(사장)·李根澔(부사장)·李鳳鎬(총무원)가 설립한 서울 남서 예동의 織造緞布株式會社는 각양 주단과 포목을 직조하는 기계를 구입하여 남녀 학생을 모집하여 일정 기간의 교육을 거친 후 졸업과 동시에 월급을 지급하는 정관을 만들어 공원을 모집했다.[68] 서울 南竹洞織造所의 경우는 錦綾·木布의 직

---

65) 《皇城新聞》, 1899년 9월 18일, 〈女設料理〉.
66) 《萬歲報》, 1906년 7월 24일, 〈日娶韓女賣茶〉.
67) 《제국신문》, 1900년 3월 10일, 〈織造敎育〉·27일, 〈織造學校〉.
68) 《皇城新聞》, 1900년 3월 19일, 〈織造會社〉.

조와 더불어 각종 표백과 염색을 專務資業하였는데 이에 종사할 학생 요원(14~20세)을 선발하여 3년간 교육시키고, 견습생에게는 점심을 제공하며 재학생이 직물했을 때는 척수에 따라 공비를 지급했고 중도 퇴학자는 食料金을 변상하게 했다. 전문 직조인을 양성하여 우수제품을 생산하고 그 전문 인력을 확보하려 했던 것으로 생각된다.69)

당시 직조업은 비교적 수지타산이 높은 직종이어서 각 직조회사마다 유리한 조건을 내세워 공원을 모집하고 있었다. 서울 東嶺洞 漢城製裁會社의 남녀 직공모집 광고에 의하면 숙련공은 기계 2좌를 운전하여 하루에 150~60척씩을 직조할 수 있고 초습자도 7~8일을 배우면 1좌에 5~60척을 직조할 수 있으므로 매일 7~8냥의 공전을 받을 수 있다 하였고, 여공 숙소는 따로 마련하였다고 하였다. 남녀 임금의 차이는 두지 않았던 것으로 생각된다.70)

일인 경영의 동아연초회사·용산인쇄국과 典圜局·일한가스회사도 여공원·女技員 및 여사무원을 모집하였다. 1900년에 전환국을 인천에서 용산으로 이전하고, 동 7월 6일부터 한국 여공 15명을 선발하여 원료를 精選케 했다. 이것은 여성이 처음으로 公設作業所에 근무한 것으로 일제측은 이에 관하여 규문에 칩거하던 여성 관습을 타파한 것이라고 평가하였다.71) 가스회사는 14~8세의 고등학교 졸업 정도인으로 자격을 제한하고 있었다. 이것은 사무원으로서의 전문직종인 때문인 것이다. 이에 비해 인쇄국과 연초회사의 경우는 연령 15~25세를 모집하였으며 동아연초회사의 경우 한국인 여공이 무려 260여 명이었다. 이 정도면 능히 공인 자신의 이익을 옹호할 세력을 규합할 수 있는 숫자로, 실제로 1909년 한국여공이 日女에게 구타당한 사건이 발생하여 일제히 퇴사하는 일이 있었으며,72) 1910년 3월에는 부인의 월급이 겨우 3환밖에 되지 아니하여 임금에 불만을 품고 많은 부인들이 퇴사를 했다.73)

1910년대에 오면 생계보조적 수단과 여성들의 경제적 독립의 희망 등으로 인하여 여성취업 의지가 크게 확대되었다. 1910년 4월에 서울 新門外 作蠶會

69) 《皇城新聞》, 1900년 7월 14일, 〈織造所의 擴張〉.
70) 《皇城新聞》, 1901년 5월 13일, 〈男女織工募集〉.
71) 《京城府史》(京城府, 1936), 1016쪽.
72) 《大韓每日申報》, 1909년 12월 12일, 〈烟社風波〉.
73) 《皇城新聞》, 1910년 3월 20일, 〈婦人退雇〉.

社에서 고용 여인 30명 모집에 무려 200여 명의 지원자가 몰렸던 것[74]은 당시 사회의 경제적 여건과 여성 사회진출의 의지의 한 단면을 보여주는 것이라고 하겠다.

〈朴容玉〉

6) 민중운동의 전개

(1) 농민운동

대한제국시기의 민중운동은 농민운동, 초기 노동운동, 민중의 조직운동으로 나누어 볼 수 있다.[1]

농민운동은 주로 국가의 租稅부과에 대한 저항으로 나타났지만 국유지를 중심으로 地代수취에 대한 저항이나 토지소유권을 둘러싼 분쟁으로도 나타났고, 또한 지방농촌사회의 공동체 운영과 관련한 갈등으로도 나타났다.

조세저항운동(抗稅運動)은 19세기에 광범하게 발생한 전통적인 농민항쟁과 같은 양상을 보이면서 郡단위의 조세문제를 중심으로 하여 발생하였다. 1894년 갑오개혁을 통하여 조세제도가 어느 정도 정비되었지만 조세제도의 근대화는 아직 달성되지 않았다.[2] 즉 조세부과의 불합리성·불평등성, 중간관리의 횡령 등의 문제가 완전히 해결되지 않았다. 따라서 대한제국시기에도 이러한 조세제도의 문제점을 배경으로 하여 국가의 조세수취에 대한 농민의

---

74) 《大韓每日申報》, 1910년 4월 26일, 〈雇女募集〉.

1) 대한제국시기의 민중운동에 대하여는 다음의 글들을 참고했다.
정창렬, 〈한말 변혁운동의 정치·경제적 성격〉(《한국민족주의론》 1, 창작과비평사, 1982).
이영호, 〈한국근대 민중운동연구의 동향과 '국사'교과서의 서술〉(《역사교육》 47, 역사교육연구회, 1991).
이윤상, 〈대한제국기 농민운동의 성격〉(한국역사연구회, 《1894년 농민전쟁연구》 2, 역사비평사, 1992).
양상현, 〈대한제국기의 민중운동〉(한국역사연구회, 《한국역사입문》 3, 풀빛, 1996).

2) 배영순, 《한말·일제초기의 토지조사와 지세개정에 관한 연구》(서울大 박사학위논문, 1988).
왕현종, 〈한말(1894~1904) 지세제도의 개혁과 성격〉(《한국사연구》 77, 1992).
이영호, 《1894~1910년 지세제도 연구》(서울大 박사학위논문, 1992).

저항이 여러 가지 형태로 나타날 수밖에 없었다.

갑오개혁 이후 대한제국 시기의 조세저항운동은 조세의 근대화라는 근본적인 목표하에 전개된 것은 아니었다. 여전히 郡단위에서 조세수취과정의 사소한 불합리한 문제로부터 농민운동은 전개되었다. 특히 조세수취를 담당하는 郡守와 胥吏 등 각종 중간수취인의 불법행위로부터 기인하는 경우가 많았다. 수취과정에서 중간관리들의 횡령의 문제가 조세를 납부하는 농민의 억울함을 자극하였던 것이다. 그러나 중간관리의 불법적 수탈이라는 도덕적 문제를 명분으로 전개된 조세저항운동의 배경에는 조세부과의 불합리성·불평등성의 문제도 놓여 있었다. 조세제도의 근대화를 위한 농민들의 요구는 이러한 사소한 문제로부터 출발하였고, 그러한 저항운동의 힘이 축적되면서 제도개혁의 기반을 형성하였다.

조세저항운동의 대표적인 사례로 1899년의 龍仁農民抗爭, 1899~1902년에 걸친 靈巖農民抗爭을 들 수 있다. 용인농민항쟁은 조세부과의 불합리성·불평등성 문제, 영암농민항쟁은 조세수취과정의 횡령문제를 중심으로 일어난 저항운동이다.

1899년의 용인농민항쟁은 조세부과액과 징수액 사이의 괴리에서 발생한 추가부담액(加結)의 문제에서 비롯되었다.[3] 2,400여 結의 총부과액 외에 추가로 112결을 농민들이 부담하게 되었다. 농민들은 1898~1899년 여러 차례 정부에 그 시정을 요구하였으나 정부에서는 서리들과 농민들이 횡령하거나 숨겨놓은 세액(吏隱結)을 찾아내어 정부에서 규정한 부과총액을 채우도록 지시하면서 농민들의 요구를 거부하였다. 그래서 농민들은 1899년 음력 6월 29일부터 관청으로 몰려가 군수를 끌어내고 서리를 구타하고 공공건물과 관속의 주택을 파괴하는 등 실력행사를 통하여 추가부담액의 탕감을 요구하였다.[4] 실제의 稅源에 입각한 조세부과가 합리적인 것이지만, 조선후기 이래로 정부에서는

3) 이영호, 〈대한제국시기의 토지제도와 농민층분화의 양상－경기도 용인군 이동면 '광무양안'과 '토지조사부'의 비교분석〉(《한국사연구》 69, 1990).

4) 《司法稟報》甲(奎 17278), 光武 3년 8월 26일 보고서, 광무 3년 8월 龍仁郡民擾事査官竹山郡守行査文案, 광무 3년 8월 龍仁郡民擾時公廨及人家破碎摘奸記, 광무 3년 9월 23일 보고서.
《司法稟報》乙(奎 17279), 광무 3년 8월 29일.

도별·군별로 할당한 조세의 총액을 채워 국가재정의 안정적 확보를 꾀하는 總額制로 재정을 운영하였기 때문에 조세액의 축소를 용납하지 않았다. 정부에서는 은결을 찾아내어 보충할 것을 지시하면서 총액의 변동을 허용하지 않았다. 1898년부터 시작된 대한제국의 量田事業을 통하여 조세징수액의 현실화가 기대되는 상황이었지만 그 사업의 실효를 보기에는 많은 시간이 필요하였다.[5] 따라서 대한제국시기의 조세저항운동은 여전히 結負制에 기초한 총액제적 조세부과라는 조세수취의 구조적 문제에서 비롯되고 있었고, 농민들의 조세저항운동은 조세제도의 근대화를 통하여 해소될 수 있는 것이었다.

1899~1902년의 영암농민항쟁은 조세수취담당자의 부정행위에서 비롯되었다. 조세수취담당자는 戶首·洞任·面任·鄕任·胥吏·差人·郡守 등이었는데, 이들의 횡령으로 말미암아 그 부담이 농민에게 다시 전가됨으로써 농민들이 저항운동을 벌이게 되었다. 영암에서는 갑오개혁 이후 서리들이 횡령한 조세액만도 수십만 냥에 이르렀다. 그 횡령액을 서리들은 結總의 부족을 내세워 202結 47負 6束을 각 면의 농민들에게 부과하였다.[6] 이러한 배경하에서 1899년 조세저항운동이 일어났다. 그러나 횡령액의 문제가 해소되지 않고 서리들은 횡령액에 대한 정부의 탕감을 기대하면서 계속 횡령하게 되자, 1902년 다시 조세저항운동이 일어났다. 정부에서는 진위대를 파견하여 농민들을 탄압 해산하는 한편, 새로 부임한 군수는 조세를 횡령한 서리 30~40명을 체포하였다.[7] 이렇게 되자 서리들이 옥문을 부수고 나와 농민들을 위협, 수천 명을 강제 동원하여 오히려 군수를 축출하였다.[8] 이후 정부에서 별도로 視察을 파견하여 직접 조세를 수취하여 서리들의 이익이 사라지게 되자, 안동과 영암의 서리가 주동이 되어 전라도 및 경상도 각 읍에 通文을 보내어 1904년 1월 20일 부산에서 일제히 모여 항의집회를 개최한다는 소문이 돌기도 하였다.[9]

5) 한국역사연구회, 《대한제국의 토지조사사업》(민음사, 1995) 참조.
6) 《公文編案》(奎 18154) 31책, 건양 원년 5월 2일, 〈訓令 羅州府〉 및 5월 22일, 〈훈령 영암군수 鄭元成〉; 43책, 광무 2년 6월 6일.
7) 筆者未詳, 《日新》 韓國史料叢書 29(국사편찬위원회, 1983), 광무 3년 9월 8일·10월 1일 및 광무 6년 1월 24일·5월 19일.
8) 《日新》, 광무 6년 6월 5일.
9) 金允植, 《續陰晴史》 下, 권 10(국사편찬위원회, 1960), 광무 8년 1월 2일, 67쪽.

이와 같은 조세수취담당자의 부정행위는 도덕적 측면에서의 문제는 아니었다. 그러한 부정행위가 가능했던 수취구조가 문제였다. 수십 명의 이서층이 조세의 부과 및 징수과정에 관여하여 생계비를 확보하고 있었고, 향임·면임·동임 등도 호수·납세자 結民과 함께 조세상납의 연대책임을 지고 있는 구조에 문제가 있었다. 조세의 납부과정에 여러 단계가 있었고 각 단계마다 납세책임자가 존재하여 횡령의 가능성이 구조적으로 열려 있었던 것이다. 더구나 상인들이 조세금을 이용하여 상업활동을 전개하거나, 중앙으로의 조세상납을 책임진 차인들이 급속히 발전한 상품화폐경제를 이용하여 상업활동에 종사함으로써, 조세상납이 지체되거나 횡령될 수 있는 가능성은 크게 확대되었다. 조세수취방식의 개혁이 요구되는 상황이었다.

농민의 지대저항운동(抗租運動)은 한국 중세 사회경제의 구조적 성격으로 볼 때 조세저항운동에 비하여 격렬하게 전개되지는 않았다. 전호농민의 집단적 이해관계가 형성되어 있지 않은 민간 지주의 경작지에서는 지대저항운동이 개인적이거나 수동적으로, 또 흉년시에 전개되는 것이 일반적이었고, 궁장토나 둔토와 같은 국유지에서는 지역적으로 전호농민이 집단적으로 이해관계를 같이하는 경우가 많기 때문에 지대저항운동이 일어나는 경우가 종종 있었다.10)

이러한 양상은 대한제국시기에도 마찬가지였다. 궁방과 정부의 각 기관이 독자적으로 관장하던 궁장토·둔토·驛土 등이 통폐합되고 정부의 단일기관에 의해 관장되면서 그 동안 면세되던 토지에 과세됨으로써 이들 국유지에서 경작하는 농민의 경작조건이 열악해졌고, 이에 대한 저항이 지대저항운동으로서 표출되었다. 정부에서는 국유지에 대한 파악과 作人에 대한 파악을 강화하는 한편, 지대의 정액화와 금납화를 통하여 실질적인 지대인하의 과정을 밟아가던 지대의 근대화를 역행시키는 지대수취의 강화를 추진하였다. 지대의 상품화를 고려한 現物納의 강화와 半打作의 지대수취는 소상품생산자로의 성장의 길을 모색하던 국유지의 작인농민들을 지대저항운동에 나서게

---

10) 김용섭, 〈司宮庄土에서의 時作農民의 경제와 그 성장〉(《조선후기농업사연구》 1, 증보판, 지식산업사, 1995).
이영호, 〈18·19세기 지대형태의 변화와 농업경영의 변화〉(《한국사론》 11, 서울大, 1984).
도진순, 〈19세기 궁장토에서의 중답주와 항조〉(《한국사론》 13, 서울大, 1985).

하였다. 작인농민들은 집단적으로 지대저항운동을 계획하고 그것이 民亂의 양상으로까지 발전해 갔다.11)

국유지에서의 지대저항운동은 단순한 경제투쟁의 양상만을 지니는 것은 아니었다. 국유지의 기원과정에서 배태되어 있었던 소유권의 귀속문제를 둘러싼 갈등이 배경으로 작용하였다. 국가와 농민 사이의 소유권 분쟁이 현실적으로는 지대수취를 둘러싸고 나타났던 것이다. 지대의 귀속여하에 따라 소유권의 귀속여하가 결판나기 때문이었다. 그 대표적인 사례를 전라도 고부 등지의 明禮宮 庄土에서 제기된 均田문제에서 찾아볼 수 있다.12)

균전문제는 전주·옥구·김제·금구·임피·부안·태인 등 7개 읍의 陳田을 명례궁에서 자금을 대고 개간토록 한 뒤, 지대수취와 소유권 귀속을 둘러싼 왕실 및 균전관리와 균전농민 사이에 발생한 갈등을 의미한다. 처음에는 균전이 되면 지세를 영원히 면제하고 3년 후부터 매우 저렴한 지대를 수취하기로 약속하였으나 이후 지세와 지대를 모두 징수하고 지대를 지속적으로 인상하여 일반 민전의 수준에까지 육박하게 되었다.13) 이러한 수취의 결과는 토지소유권이 왕실에 소속되는 것을 의미하였고 따라서 균전에서의 지대저항운동은 토지소유권 투쟁의 양상을 띠지 않을 수 없는 것이었다. 균전문제로 비롯된 농민의 저항은 지대저항운동이나 토지소유권 투쟁의 범주를 넘어 농민봉기의 배경으로 작용하였다. 1894년 농민전쟁에서는 농민군들이 均田使의 처단을 요구하였고, 1899년 영학당운동도 균전농민들의 전주항쟁을 배경으로 한 것이었다.14)

한편 대한제국시기에는 지방사회의 주도권을 둘러싼 갈등도 나타났다. 조선후기에는 향촌사회의 주도권을 장악하였던 士林層이 경제적 능력을 배경으로 새로이 등장한 饒戶富民 등의 상승세력과 주도권을 둘러싼 갈등을 전

---

11) 박찬승, 〈한말 驛土·屯土에서의 지주경영의 강화와 抗租〉(《한국사론》 9, 서울大, 1982).
김양식, 《대한제국·일제하 역둔토 연구》(단국大 박사학위논문, 1992).

12) 김용섭, 〈고종조의 均田收賭문제〉(《한국근대농업사연구》 하, 증보판, 일조각, 1984).

13) 《起案》(奎 17746), 광무 8년 7월.

14) 이영호, 〈대한제국시기 영학당운동의 성격〉(《한국민족운동사연구》 5, 1991).

개하였는데, 대한제국시기에는 봉건적 특권의 소멸로 인하여 전통적인 사림층이 몰락하고 근대화에 적응할 수 있는 새로운 세력이 등장하고, 그들 사이에 갈등이 나타나게 된 것이다. 특히 이 시기에는 外勢 또는 그들이 가진 문명을 어떻게 수용할 것인가 하는 문제도 갈등의 배경을 이루고 있었다.

대표적인 사례를 함경도 城津民擾를 중심으로 살펴볼 수 있다.[15] 성진민요는 1899년 성진 개항을 계기로 경제적으로 성장한 새로운 세력이 성진군을 신설하고 그곳에서의 행정 및 자치업무를 장악하고자 한 데서 비롯되었다. 이들 새로운 세력, 즉 新鄕層은 성진항의 무역을 통하여 경제적 이익을 얻을 수 있는 지주적·부농적·상인적 기반을 가진 계층이었으며 성진군의 신설에 적극적이었다. 반면 성진군에서 주도권을 상실하게 된 舊鄕層은 성진군을 폐지하여 구향층의 주도하에 놓여 있는 길주군에 편입시키고자 하였다. 이리하여 新舊鄕의 대립이 격렬하여졌고, 1900년과 1902년 무력충돌이 일어나기에 이르렀다.[16]

이러한 신구향의 대립에는 구향층의 反日的 입장과 신향층의 親日的 입장이 배경으로 작용하였다. 신향층은 일본의 보호에 의지하여 성진군을 독립시켜 주도권을 장악하고자 하였고, 구향층은 일본인에 대한 개항과 그들의 경제적 침투를 경계하였다.[17]

이와 같이 성진민요에는 신구향 사이의 주도권 다툼과 동시에 외세의 수용여부라는 문제가 동시에 작용하였다. 1904년 러일전쟁에서 일본이 이 지역

---

15) 김도형, 〈대한제국의 개혁사업과 농민층분화〉(《한국사연구》 41, 1983).
이영호, 〈갑오개혁 이후 지방사회의 개편과 城津民擾〉(《國史館論叢》 41, 국사편찬위원회, 1993).

16) 《城津府民擾査檢案》(奎 16029의 1), 광무 4년 9월 10일.
《城津府民擾査案謄本》(奎 16029의 3), 광무 4년 10월 3일.
《吉州城津按覈使奏本》(奎 17142), 광무 4년 12월 31일.
《駐韓日本公使館記錄》(국사편찬위원회 영인본), 제11책 〈1900년 各領事館機密來信1〉, 제15책 〈機密各館往來〉.
《韓日外交未刊極秘史料叢書》 35·36 (김용구 편, 아세아문화사, 1996).

17) 高麗大 亞細亞問題硏究所, 《舊韓國外交文書》 日案 7.
《咸鏡南北道來去案》(奎 17983) 2, 광무 9년 6월 24일.
《城津報牒》(奎 17871의 2), 광무 9년 3월 30일.
外部 編, 《訴狀》(奎 18001), 광무 9년 9월.

을 점령하여 軍政을 실시함으로써 성진군의 행정업무는 친일적인 체제로 구축되었고, 친일적인 신향층은 이에 편승하여 성진군의 하부 행정조직에 참여하였다. 신향층이 일제 식민통치의 지방적 동반세력을 구성하는 방향으로 결집되기 시작한 것이다.

대한제국은 반봉건 근대화와 반제 자주화의 과제, 즉 자주적 근대화를 달성해야 할 역사적 과제를 지닌 사회였다. 조세저항운동은 조세제도의 근대화 운동이었고, 지대저항운동과 토지소유권 분쟁은 근대적 토지소유의 확립을 지향하는 운동이었다. 지방세력의 주도권 쟁탈전은 근대적 지방행정제도의 수립, 농촌사회의 근대화, 그리고 일제 침략의 수용여부와 관련된 운동이었다. 이러한 운동들은 당시의 봉건모순과 민족모순을 인식하고 그러한 과제를 해결하고자 하는 농민층의 의지를 표출한 농민운동이었다.

(2) 초기 노동운동

노동계층은 조선후기 농민층분해의 과정에서 형성되었지만 그들이 농촌을 떠나 자본주의 경제체제하의 노동자로서 등장하지는 못하였다. 농촌에 그대로 퇴적되어 있거나 도시의 빈민층을 형성하였다. 그러나 개항 및 개항장의 운반노동시장이 형성되고 갑오개혁 이후에는 열강에의 이권양여로 말미암아 광산개발과 철도건설이 시작되어 많은 노동자를 필요로 하게 되자, 이러한 작업현장에서 초기 노동자 계층이 형성되었다.

개항장·도시·광산·철도건설현장으로 진출한 초기 노동자 계층은 아직 자본주의 경제체제하의 완전한 노동자는 아니었다. 작업의 내용이 아직 산업생산의 본류에 편입된 것은 아니었고, 노동자와 고용자 사이에 什長·德大 등 봉건적 성격을 완전히 탈피하지 못한 중간관리자도 끼어 있었다. 작업현장에 봉건적 유제와 관행이 존재하였던 것이다. 또한 당시 이들을 고용한 자본이 제국주의의 자본이거나 이와 결탁한 매판적 성격의 자본이었기 때문에 작업현장에 민족적 문제가 작용하였다. 따라서 초기 노동운동에는 봉건적인 노동조건의 개선을 위한 활동과 함께 반제국주의 활동이 중요하게 부각되어 있었다. 외국인 광산에서 전개된 광산노동자의 저항운동, 목포를 비롯한 개항장 부두노동자의 파업투쟁, 일본인 철도건설현장에서 전개된 철도노동자의 반일운동 등이 그 대표적인 사례이다.

광산은 조선시대에도 개발되고 있어서 광산노동자층은 일찍이 형성되었다. 그리하여 자본제적인 생산방법으로 이행하기 위한 맹아적 모습도 발생하였다. 여전히 봉건적인 성격을 지니기는 하지만 物主制와 德大制와 같은 자본주의를 지향하는 경영방법이 도입되었다.

그러나 대한제국시기에 들어서 광산개발권이 미국·영국·독일·프랑스·일본 등에 고루 양도되면서 광산은 제국주의 열강의 각축장이 되었다. 외국인의 광산개발에 대한 한국인의 저항은 다양하게 표출되었다. 기존의 광업자들은 광업권을 수호하려 하였고, 지역민들은 토지배상문제와 산림벌채문제, 기타 사회문제로 저항하였고, 광산노동자들은 임금문제와 민족차별문제로 저항하였다.[18]

기존의 광업자들은 광업권을 수호하고자 하였다. 제국주의의 경제적 침략으로 광산에서는 이전에 광산개발에 착수하였던 자본가들이 자본투자의 이윤을 회수하지 못한 채 광산을 빼앗기게 되었다. 광산의 개발은 단기간에 이루어지지 않고 우선 광맥을 발견하고 이를 채굴하기 위한 기반시설 투자가 요구되었다. 제국주의 열강이 탈취한 것은 아직 개발되지 않은 새로운 광산이 아니라 이미 개발되어 이제 본격적인 채굴단계에 들어간 광산이 대부분이었다. 따라서 광산에 많은 자본을 투자한 한국인 광업자들은 제국주의의 광산이권 획득에 따라 사업장을 잃게 되었다. 일부 광업자들은 외국인 광산의 이권을 인정하지 않고 채굴을 계속하기도 하였다. 1899년 미국의 雲山金鑛에서는 潛採를 구실로 발포하여 황승권·최원백이 부상을 입는 사건이 있었고, 金奉文은 사살되기도 하였다.[19] 미국의 광산채굴권을 인정한다면 한국인의 채굴은 잠채가 되는 것이지만 거기에는 광업권을 상실한 한국인 영세광업자의 저항이 놓여 있는 것이었다. 1900년에는 운산금광에 고용된 영국인

18) 이배용, 《구한말 광산이권과 열강》(한국연구원, 1984).
———, 〈구한말 광업권 수호운동의 제양상〉(《이화사학연구》 17·18, 이화여대, 1988).
———, 〈광업권 수호운동〉(《한국민족독립운동사》 1, 국사편찬위원회, 1987).
———, 《한국근대광업침탈사연구》(일조각, 1989).

19) 《司法禀報》 乙, 광무 3년 7월 12일·21일.

이 피살되었는데 그 피고로는 昌城金鑛에서 金店德大 일을 보았던 韓箕朝가 체포되었다.[20] 한기조의 범행여부를 떠나 이러한 사례에서 예전의 광업자들이 외국의 이권침탈에 대한 저항의 의지를 가졌음을 엿볼 수 있다. 이러한 상황은 內藏院이 수세를 통하여 관장하고 있던 광산들이 제국주의국가의 자본가들에 양도되면서 도처에서 발생하였다.

지역민으로서 토지가 광산에 편입된 소유자들은 토지배상문제로 외국인 광산자본가와 갈등을 빚었다. 이들 광산에는 이미 토지소유자가 존재하거나 지역민들이 공동으로 산림을 이용하고 있었다. 외국인들은 광산부지를 헐값으로 인수하거나 내장원으로부터 무상으로 절수를 받으려 하였다.

지역민들은 외국인 광산이 들어섬으로 해서 발생한 여러 가지 사회문제로 고통을 받았다. 미국인이 개광한 운산금광에서는 그 폐단이 8가지로 지적되었다. 한국인 사망자의 개·돼지 취급, 목석 운반과정에서의 전답 훼손, 石沙로 인한 전답의 황폐, 墓松의 벌목, 부랑무뢰배의 부녀자 및 재물 늑탈, 미국인의 불법적인 형벌과 징역, 通辯의 경제적 농간, 저수지 수축시 田宅價 헐가 보상 등이었다.[21] 여기에는 광산노동자의 피해도 포함되어 있지만 지역주민의 피해로서 농사·전답·산림 등 물적 피해와 지역주민에 대한 인적 피해가 나타나고 있다. 외국인 광산에 대한 민족적인 감정까지 겹쳐 심각한 문제를 일으켰다. 그래서 빈농들은 광산에서 노동하지 않을 수 없었지만 부농들은 이 지역을 피해 떠나가기도 하였다.[22]

광산노동자들은 임금문제와 민족적 차별문제 등을 중심으로 저항하였다. 미국의 운산금광에서는 한국인 노동자에 대하여 저임금 정책을 시행하여 반발을 샀다. 독일의 堂峴金鑛에서는 독일의 금광채굴을 반대하는 한국인 노동자들의 집단폭동이 있었다. 영국의 殷山金鑛에서는 한국인 노동자들을 몰아내고 일본인 노동자들을 고용하여 한국인 노동자들을 중심으로 한 광업자, 주민들이 합세하여 무력충돌에 이르기도 하였다. 일본의 稷山金鑛에서는 노

20) 外部 編, 《法部來去文》(奎 17795), 광무 4년 11월 24일 및 광무 5년 4월 2일.
21) 外部 編, 《訴狀》(奎 18001) 7책, 광무 7년 9월, 〈平安北道雲山郡儒鄕白利龍前博士崔基鳳等請願〉.
22) 위와 같음.

동조건의 개선을 요구하는 노동자들의 폭동이 일어났다.

광산노동자들의 저항운동은 광산개발권이 제국주의 열강에 양도됨으로써 기존의 광업자, 토지소유자들의 이해관계와 일치되어 진행되었고, 열악한 노동조건의 개선보다는 민족적 차별에 대한 저항이 강하였다.

개항장 부두는 농민층분해로 인하여 농촌사회에서 몰락한 농민층이 개항을 맞이하여 진출할 수 있는 대표적인 노동현장이었다. 개항장에서의 노동은 주로 운반노동으로서 특별한 기술을 필요로 하지는 않았다. 생산부문의 노동자는 아니지만 유통기능을 담당하던 개항장의 자본가에 의하여 고용되었다는 점에서 초기 노동자로서의 성격을 지니고 있었다. 개항장의 자본가가 대체로 일본인이었던 점에서 부두노동자는 초기 노동자층으로서의 계급적 갈등과 함께 민족적 갈등을 느끼고 있었다.

부두노동자는 저렴한 都給制 임금과 민족적 임금차별, 장시간 노동으로 고통을 받았다. 이러한 상황을 극복하기 위하여 부두노동자들은 '都中'이라는 초보적인 노동조직을 마련하였다. 도중의 대표는 檢察이었고 이들이 부두노동자들을 산하에 거느린 십장을 지휘 감독하였다. 도중은 노동자층의 이익을 도모하기 위한 노동자 조직이었지만 검찰과 십장의 지배로 말미암아 부두노동자들의 권익이 침해되는 경우가 많았다.

이와 같은 처지에 놓인 부두노동자들의 불만은, 개항이 되자마자 곧바로 터진 목포부두노동자 파업투쟁에서 그 대표적인 사례를 찾아볼 수 있다.[23] 목포에서는 1898년부터 1903년까지 부두노동자의 파업투쟁이 진행되었는데, 주로 임금투쟁·反什長운동·反日本牌운동이 중심이었다. 임금투쟁은 일본인 자본가의 임금인하 조치에 대한 반대투쟁이었다. 그것은 성격상 자본가와 노동자 사이의 노동조건의 개선을 위한 투쟁이었지만 민족적 차별에 대한 불만이 표출된 측면도 간과할 수 없다. 반십장운동은 십장이 봉건적 노동조직을 그대로 유지하면서 중간수탈을 자행하고 있는 데 대한 반발이었다. 반일본패운동은 십장들이 일본인 자본가들과 결탁하여 부두노동자들을 일본인 자본가 수중에 예속시키기 위하여 監理署牌 대신에 일본패를 차도록 강요함

23) 양상현, 〈한말 부두노동자의 존재양태와 노동운동〉(《한국사론》 14, 서울大, 1986).

으로써 일어난 운동이었다.

이와 같이 개항장의 부두노동자들은 노동조직의 봉건성과 일본인 자본가의 억압에 반대하는 파업투쟁을 전개하였고, 그것은 봉건적 민족적 위기를 반영하는 한국의 초기 노동운동의 특성을 그대로 보여주는 것이었다.

철도건설현장에는 초기 노동자층으로서 참가하는 토목노동자들도 있었지만 그밖에 많은 노동자들은 농촌사회에서 강제로 동원된 役夫들이었다. 그들은 대체로 빈농층, 농업임노동층으로서 철도건설현장에 동원되어 열악한 노동조건 하에서 부역과 같은 성격의 강제노동에 종사하였다. 경부철도공사의 경우 한국인 노동자는 1일 20전을 받았지만 일본인 노동자는 60전을 받았다. 이들은 살인적인 사역과 저임금에 시달렸다. 터널공사의 노동밀도는 특히 가혹하였다. 일본인 감독은 무기를 동원하여 한국인 노동자들을 독려하였다. 增若터널공사에서는 한국인 노동자들이 폭동을 일으켜 일본인들을 터널 속에 몰아넣고 공사장을 점령하였지만 일본 헌병대에 의하여 진압된 일도 있었다. 한국인 노동자들은 시흥·청도·전의·개령·정주 등 각지의 철도공사장에서 봉기하여 일본인 감독을 사살하기도 하였다.[24]

역부로 동원된 지역의 농민을 중심으로 한 주민들의 저항도 강력하게 일어났다. 1904년 始興民擾는 군수와 서리들이 역부의 임금을 착복함으로써 발생하였다.[25] 1904년 谷山民擾는 노동자의 강제징발에 대하여 저항한 것이었다. 농민들은 노동자 징집을 독촉하던 일본인 7명을 타살하였다. 일본군 200명과 헌병 50명이 출동하여 곡산민요를 진압하였고, 주동자는 일본군에게 총살당하였다.[26]

철도건설현장에서의 노동운동은 철도건설이 일본에 의하여 주도됨으로써 반일 민족운동의 성격을 강하게 띠고 있었다. 부역적 성격의 노동으로 인하여 노동조건은 극도로 열악하였고, 그 근본적인 원인이 자본가와 노동자 사이에서 비롯된 것이 아니라 일본의 제국주의적 침략에서 비롯된 것이고, 여

---

24) 정재정, 《일제의 한국철도 침략과 한국인의 대응(1892~1945)》(서울大 박사학위논문, 1992).

25) 김형목, 〈한말 시흥농민운동에 관한 연구〉(《중앙사론》 6, 중앙대, 1989). 《始興稷山按覈使奏本》(奎 17147).

26) 《司法稟報》 乙, 광무 8년 10월 30일 및 광무 9년 9월 6일.

기에 국내의 매판세력이 결탁됨으로써 그들의 저항은 반제 반봉건의 성격을 띠고 있었다.

초기 노동운동의 기본적인 특징은 초기 노동자층이 자본제하에 완전히 포섭되어 있지 않다는 점, 자본가가 제국주의의 자본가라는 점에 있었다. 따라서 초기 노동운동은 반봉건적 성격을 내재하면서 반제운동의 성격을 표출하였다.

(3) 민중의 조직운동

1894년 농민전쟁 이후 정부의 농민전쟁 수습책이 전혀 효과가 없었기 때문에 개화파 정부 아래서나 광무정권 아래서나 농민을 중심으로 한 민중층의 안정은 이루어질 수 없었고, 그들의 생산현장으로부터의 이탈, 그리고 유민화, 조직화의 경향은 더욱 두드러졌다.

농민전쟁에 적극 참여한 동학의 남접세력, 그리고 농민전쟁에 휘말린 수없이 많은 변혁지향적 농민들은 농민전쟁 후 여러 가지 방식으로 삶을 도모하고 사회활동을 전개하였다. 그 가운데는 종교적 신비주의의 방향으로 나아간 자들도 있고, 개인적 치부를 위해 폐단을 야기한 자들도 있었다. 그러나 사회변혁활동을 전개한 자들은 계속해서 민중조직을 활용하였다. 그러한 조직으로서는 義兵·東學黨·英學黨·南學黨·西學黨·火賊黨·活貧黨의 조직을 들 수 있다.

1894년 농민군이 농촌사회에서 혁명적인 반봉건 활동을 전개할 때 보수유생층이 이들 농민군을 배척하는 것을 급선무로 삼았기 때문에, 보수유생층이 주도한 乙未義兵에 농민군이 적극적으로 참여하거나 그것을 주도할 수는 없었다. 동학접주였던 태인의 金文行과 같이 을미의병에 지도급 인사로 참여한 자도 있었으나,[27] 농민군은 어디까지나 보수유생층의 지도부와는 상당한 거리를 두고 있었고, 단지 이를 변혁의 기회로 활용하고자 하는 정도였다.

남접세력의 농민전쟁 정신을 계승한 남접계열의 농민군 잔여세력은 변혁운동에 계속 관심을 기울였다. 이들 동학당은 북접교단이 조직의 재건과 포교에 관심을 기울이면서 1900년대에 들어가 개화와 친일의 방향으로 선회함

27) 《司法稟報》 乙, 광무 7년 2월 13일.

에 따라 북접교단과 연합적으로 변혁운동을 꾀할 수는 없었다. 이들 동학당의 활동을 살펴보면, 1900년경 해주지방에서 동학잔당이 다시 집회를 열고 봉기하려는 움직임이 있었고, 재령·신천 등지에서도 동학의 두목인 임종현·원용일 등이 봉기하려는 움직임을 보였다. 남부지역에서도 소백산맥의 좌우에서 동학당의 움직임이 활발해졌다. 이관동의 세력은 1900년 4월 8일 전주에서 외국인 배척운동을 전개할 계획을 세우고 활동하였고, 서정만의 세력은 1900년 3월 4일 속리산에서 제천행사를 개최하고 반제국주의 봉기를 꾀하려 하였다. 북접교단과는 방향을 달리하는 동학당의 활동은 이후에도 계속되어, 1903년에는 서정만 부대의 두목 중 한사람이었던 정해룡이 재봉기한다는 소문이 널리 퍼지기도 하였다.[28]

동학당 가운데 주목되는 활동은 英學黨의 경우에서 나타났다. 영학당은 표면적으로는 서양종교에 투탁한 것처럼 보이지만, 실질적으로는 전라도에서 가장 조직적 세력이 컸던 孫和中包의 중견간부들이 농민전쟁의 재현을 위하여 조직한 동학당의 조직이었다. 손화중포의 손병규·홍계관·최익서 등은 1896년 8월 崔時亨을 찾아가 設包를 요청하였다. 그러나 최시형이 이를 거부하자 이들은 영학당을 조직하여 농민전쟁의 정신을 계승하기 위한 활동을 전개하였고, 여기에 金開男包의 김문행이 가담하고 북접교단의 진보파인 金洛喆이 후원하였다.

영학당은 세력이 확대되자 1899년에는 자기들의 고향으로서 손화중포 세력 지역이었던 전라도 고부·정읍·홍덕·무장·고창지역에서 다시 농민전쟁과 같은 이념·목표·방법을 동원하여 재봉기를 꾀하였다. 1899년 봄, 농민전쟁 당시에도 문제가 되었던 균전문제가 재발하였다. 균전농민들은 균전의 혁파를 강력히 요구하면서 농성하였고, 정부에서는 진위대를 파견하여 진압하였다. 1893년 균전문제로 일어난 전주항쟁이 고부농민항쟁을 계기로 1894년 농민전쟁을 확산시켰던 것처럼, 1899년의 균전문제는 이 지역에 영학당의 무력봉기를 촉진하였다. 영학당의 목표는 고창 등지를 공격하여 무기를 확보한 뒤 靈巖民亂所로 향하여 그들과 합세하여 광주를 점령하고, 그리고

28) 이영호, 〈갑오농민전쟁 이후 동학농민의 동향과 민족운동〉(《역사와 현실》 3, 1990).

전주관찰부를 함락한 뒤 서울을 공격하려는 것이었다. 목포를 습격하여 외국인을 징벌할 계획도 세웠다. 정읍 최익서의 주도로 영학당은 1899년 음력 4월 18일 봉기하여 고부·흥덕·무장을 공격한 뒤, 22일 고창을 공격하는 과정에서 패하였다. 영학당운동은 손화중포 잔여세력이 김개남포 잔여세력과 연대하여 주도하면서 전라도의 진보적 북접세력을 끌어들여 추진한 사회변혁운동이었다. 이로써 농민전쟁 이후 남은 남접세력이 농민전쟁의 이념을 계승하여 사회변혁활동을 지속적으로 전개하였음을 확인할 수 있다.[29]

南學黨은 동학당과의 관련이 분명하게 드러나지는 않았지만 동학과 비슷한 시기에 발생하여 충남과 전북지역에서 포교가 이루어진 종교조직이었다. 농민전쟁 시기에 동학과는 별도로 농민전쟁에 호응하는 연합적 봉기를 꾀하고 있는 점이 주목된다. 농민전쟁 이후에는 동학과 마찬가지로 지목을 받아 탄압의 대상이 되었고, 농민군이 남학당에 들어가는 경우가 있었기 때문에 농민전쟁 이후 농민군의 동향을 파악하는데 중요한 의의가 있다.

남학당은 동학과 마찬가지로 그 종교적 방향으로 발전하는 측면이 존재하고 그러한 방향은 남학당 뿐만 아니라 당시 여러 종교조직에서 다양하게 나타났다. 이러한 방향 가운데는 신비주의적 방향을 취하는 경우도 적지 않았다. 그런데 여기서 관심을 갖는 것은 그 교리의 신비주의 여부가 아니라 그 사회적 활동의 의미에 관한 것이다. 이 점에서 남학당의 일부세력이 제주도로 건너가 조세문제에 대한 저항으로부터 비롯된 1898년의 방성칠亂(제주농민항쟁)을 일으키는 주도세력이 되는 것은 주목할만한 일이다.[30]

西學黨의 경우 기독교 신구교 즉 天主敎와 耶蘇敎는 그 교리체계와 교단조직이 확고하였고, 서양열강 공사관의 보호 아래 조직적으로 포교가 이루어

---

29) 이영호, 〈대한제국시기 영학당운동의 성격〉(《한국민족운동사연구》 5, 1991).
———, 〈농민전쟁 이후 농민운동조직의 동향〉(《1894년 농민전쟁연구》 4, 역사비평사, 1995).

30) 이강오, 〈구한말 남학의 발생과 그 성격에 대하여〉(《전라문화연구》 1, 전북향토문화연구회, 1979).
조성윤, 〈1898년 제주도민란의 구조와 성격－남학당의 활동과 관련하여〉(《한국사회사연구회논문집》 4, 문학과 지성사, 1986).
강창일, 〈1901년의 濟州島民 항쟁에 대하여〉(《濟州島史硏究》 1, 1991).
이영호, 위의 글(1995).

졌다. 농민군 잔당이 이에 가입한 것은 우선 정부의 탄압을 모면하고 治外法權的 보호와 세력을 가지기 위한 것이었다. 그 교단조직이 확고한 만큼 농민군의 잔여세력이 그 속에서 조직활동을 통하여 사회변혁운동에 나서기는 용이하지 않았을 것이지만 사회변혁적 지향을 가진 것을 전혀 부인할 수도 없을 것이다.

예를 들면 보령의 조덕필과 남포의 정행선은 야소교에 들어가 물의를 일으켜 체포된 뒤에도 주민들에 의하여 피살된 자들인데, 그들은 농민전쟁 당시 동학의 巨魁였고 뒤에 겉으로는 야소교에 의탁하고 속으로는 동학잔당을 규합하여 세력을 확대하였다. 그들은 수령의 지방행정을 거부하였고, 수령은 그들을 그대로 두면 다시 '甲午의 亂'이 일어날 것으로 우려할 정도였다.[31]

火賊의 활동은 조선후기부터 지속되어 온 것이고 농민전쟁 이후에도 계속되었다.[32] 농민군으로서 농촌사회에 정착하기 어려운 자들은 산속으로 피신하였고, 그들은 결국 화전민이 아니면 화적이 되었다. 따라서 농민전쟁 이후 농민군으로서 화적이 된 자들은 매우 많았을 것이다. 그런데 화적은 도덕적 정당성을 지니지 못한 것으로 인식되고 있었는데, 당시 이들 화적에 다수의 사회변혁적 인물들이 들어가면서 그 조직과 지향이 변화되어간 것으로 생각된다. 반봉건·반외세의 이념을 표방한 義賊으로서의 活貧黨이 나올 수 있었던 것은 이러한 배경에서였다.

활빈당의 활동은 1900~1906년에 활발하게 전개되었다.[33] 활빈당은 충청·경기지역에서 활동한 파당, 낙동강 동편의 경상도 지역에서 활동한 파당, 소백산맥의 동서지역에서 활동한 파당 등으로 나뉘어 있었다. 활빈당은 상호 횡적인 연계관계를 유지하면서 비밀스럽게 활동하였고, 조직의 보안을 위하여 입당시에 엄격한 맹세의 의식을 거치고 變姓名하며 조직을 폭로할 경우에는 보복을 가하였다. 활빈당은 양반·부호가, 관가, 장시 등을 습격하였는데, 약탈한 재물을 빈민에게 분배함으로써 활동의 정당성을 홍보하였다. 그

31) 《日新》, 1902년 7월 24일, 883쪽.
《忠淸南北道來去案》(奎 17989), 1902년 8월 12일·17일.
32) 권영배, 〈1896~1906 무장농민집단의 활동과 성격〉(《역사교육논집》 6, 경북대, 1984).
33) 박찬승, 〈활빈당의 활동과 그 성격〉(《한국학보》 35, 1984).

들의 입장은 '大韓士民論說 13조목'에 잘 나타나 있다.[34] 그것은 빈농층, 소상인층의 입장을 대변하는 반봉건 반제적인 내용을 담고 있었다. 행상, 유민층, 초기 노동자층, 걸인 등이 활빈당에 가담하고 있었기 때문에 그들의 지향이 반영되어 있었다.

이와 같이 농민전쟁 이후에는 동학농민군의 잔당들이 여러 사회조직에 편입되어 가고 그들 조직을 사회변혁운동에 활용하고자 하는 활동이 전개되고 있었다. 특히 김문행은 농민전쟁－의병－영학당－의병에 차례로 가담하고 있는데,[35] 농민전쟁의 경험을 바탕으로 여러 조직을 사회변혁운동의 조직으로 활용하기 위한 활동을 전개하고 있었던 점이 주목된다. 이 점이 이 시기 농민군 활동의 중요한 특징이라고 보아야 할 것이다.

이상에서 1894년 농민전쟁 이후 농민군의 동향을 조직적 측면에서 살펴보았다. 정부의 대책이 농민전쟁의 재발을 방지할 수 있는 근본적인 대책으로서 수립되지 못하였고, 따라서 농민군의 활동도 정부의 정책을 비판하면서 특히 외세의 침투를 경계하는 변혁운동으로서 지속적으로 나타나고 있었다.

이렇듯 1894년 농민전쟁 이후에도 여전히 여러 가지 형태의 민중운동이 활발하게 전개되고 있었다. 농민층은 농촌사회의 구체적인 현실에서부터 문제를 제기하였고, 초기 노동자계층은 개항장·광산·철도건설현장에서 문제를 제기하였다. 농민층은 농촌사회의 현실에 토대를 두고 있었기 때문에 봉건모순의 문제를 적극적으로 제기하였지만, 초기 노동자계층의 노동현장은 제국주의국가의 경제적 침략현장이었기 때문에 그 문제제기가 봉건모순 뿐만 아니라 민족모순으로도 향하고 있었다. 극빈농, 농업임노동층 및 유민층은 동학당·영학당·활빈당 등을 결성하여 반봉건 반제운동을 전개하였다. 이들은 생산현장에서 떠나 있었지만 봉건모순과 민족모순을 극복하기 위하

---

34) 信夫淳平, 《韓半島》(東京堂書店, 1901). 내용은 防穀 실시와 救民法 시행, 외국상인 엄금, 행상 세금징수 반대, 금광채굴 엄금, 私田 혁파와 均田 시행, 곡가안정, 惡刑 폐지, 소도살 엄금, 철도부설권 양여 반대 등이다.

35) 오지영, 《동학사》(영창서관, 1939).
《司法稟報》 乙, 광무 7년 2월 13일.
《황성신문》, 1899년 6월 23일, 〈南擾의 顚末(續)〉.
法部 編, 《訴狀》(奎 17281), 1905년 5월, 〈징역죄수 김문행의 법부대신에 대한 청원서〉.

여 적극적으로 활동하였다. 대체적으로 광무년간의 민중운동은 민족모순에 규정되는 측면이 강화되면서 반일 의병전쟁으로 향하여 가고 있었다.

〈李榮昊〉

3. 형법・민법체계의 변화

1) 법제의 근대화 과정

일반적으로 법제의 근대화 과정은 전통적 법체계에서 서구적 법체계를 수용(Rezeption)해 온 과정으로 파악한다.[1] 우리 나라에서 외국법의 수용은 대체로 다섯 차례에 걸쳐 이루어졌다. 즉 삼국시대의 魏晉 내지 唐律의 수용, 고려시대의 당률 및 宋・元律의 수용, 조선시대의 明律의 포괄적 수용, 개화기부터 일제기에 걸친 서구법, 특히 유럽 大陸法의 수용, 그리고 해방후의 대륙법 및 英美法의 수용이 그것이다.[2]

(1) 시대구분

일반적으로 한국근대사의 기점을 1876년 병자수호조약의 체결이나 그전부터 잡고 있으나 법제사적으로는 근대화의 기점을 갑오개혁으로 잡는다. 1894년 갑오개혁 이후 1910년 한일합병까지의 기간을 법제사적으로 시기구분할 때 일본과의 관계에서 개혁기・복고기・통감부기로 3분할 수 있다.

제1기 개혁기(1894~1895)는 갑오・을미년간의 개혁기라고 할 수 있다. 이

1) 한말의 입법은 1970~1972년에 국회도서관에서 《韓末近代法令資料集》(전 9권)과 《統監府法令資料集》(전 3권)으로 정리하여 발간하였고, 1991년에 서울대학교 奎章閣에서 《詔則・法律》・《議案・勅令》으로 원본을 영인・발간하였다. 개화기에 법령에 대한 체계적인 정리는 鄭肯植, 《韓末法令體系分析》(한국법제연구원, 1991)을 참조.
본고는 그러한 입법과정을 단순한 법제도사가 아닌 법사회사적 관점에서, 특히 民刑事法의 제정과 법생활의 변화의 측면에서 규명해 보고자 한다.

2) 朴秉濠, 《한국의 법》(세종대왕기념사업회, 1974).
崔鍾庫, 《韓國法과 世界法》(교육과학사, 1989).

시기는 일본의 강요에 의해서 내정을 개혁하기 위해 軍國機務處를 설치하여, 군국기무처의 議案과 왕이 내리는 詔勅의 형태로 개혁입법을 추진하였다. 그러나 이러한 방법에 의한 개혁에는 한계가 있었다. 그래서 일본은 왕실과 정부를 분리하여 내각을 통해 법제의 개혁을 추진하였다.

제2기는 복고기(1896~1905)로 청일전쟁에서 승리한 일본은 조선에서 우세한 지위를 보장받았으나 곧 독일·프랑스·러시아의 간섭으로 국제적으로 고립되고 이완용·이범진 등의 친러내각이 성립되어 고종은 러시아공사관으로 피신하였다(俄館播遷, 1896년 2월). 이 때 열강은 조선의 산림·광산 등 이권을 장악하는 등 자주국가로서의 면모가 없었다. 이에 독립협회의 주장으로 고종은 환궁하여 독립국가로서의 면모를 일신하기 위하여 1897년 10월에 국호를 '大韓帝國', 연호를 '光武'라 하고 稱帝하였다. 이후 열강이 세력균형을 이룬 상태에서 자주적인 개혁과 입법이 가능하였다. 이 시기 입법의 특징은 '舊本新參'이란 표현에서 단적으로 드러나듯이 복고주의인데, 이는 1899년에 반포된 大韓國國制에 잘 나타나 있다.3)

제3기는 통감부기(1906~1910. 8)로 을사조약으로 통감부가 설치되어, 통감부와 한국이 입법권을 행사하여 법주체가 이원화된 시기이다. 통감부는 사법사무 등의 위탁으로 이에 대해 독자적인 입법을 할 수 있었고, 한국정부는 위임하지 않은 분야에 대해 입법권을 갖고 있었지만 '시정개선권고권'이라는 명목으로 정부의 일본인 고문이 입법사업을 지휘하였다. 그 결과 사실상 한국의 입법권은 일본에 위임된 상태였다. 그리고 합방을 준비하는 법령이 급격히 증대하였다.

가. 제1기(개혁기 : 1894~1895)

개항 이전에 이미 조선사회에는 漢譯西學書를 통하여 서구의 정치제도와 법제도 및 법사상이 소개되었지만, 이것이 제도의 개혁에까지 이어지지 않았다. 본격적으로 제도개혁에 대한 논의가 전개된 것은 1876년 개항 이후이다.

조선은 개항 후 새로운 국제정치에 대처하기 위해 1881년 1월에 중국의 統理各國事務衙門(1861년 설치)을 본떠 統理機務衙門을 설치하였다. 이는 외교

3) 田鳳德, 〈大韓國 國制의 制定과 基本思想〉(《韓國近代法思想史》, 박영사, 1980).

사무와 군국사무를 겸하는 기관으로 외국과의 교섭을 주도했다. 또 領選使, 朝士視察團의 파견, 외국과의 조약체결, 국내제도의 개편 등을 수행하다가 1882년 7월에 임오군란이 발발하자 폐지되었다. 통리기무아문 설치의 역사적 의의는 한국에서 처음으로 정부가 서양문화를 수용하려는 의지, 즉 정부가 개화운동을 전개하려는 의도를 표명한 점이다.4)

임오군란 후 1882년 12월에 統理交涉通商事務衙門과 統理軍國事務衙門으로 나누어 부활시켰고, 1884년 10월에는 후자를 의정부에 통합시켜 전자만으로 갑오경장 때까지 지속되었다. 이러한 기구를 통하여 초기 개화정책 실현의 기초를 마련한 것이다. 갑오개혁 전까지는 개화파가 통리기무아문을 통하여 군제·재정을 개혁하여 개화정책을 추진하였지만 법제의 전반적인 개혁에까지는 이르지 못하였다.

1884년의 갑신정변에서도 재정·왕실 등에 대한 개혁안은 있었으나 법제 전반에 대한 개혁안은 없었다. 조사시찰단은 직접 서구법제를 모방하여 개혁을 단행한 일본의 明治法제도를 살펴보았으나, 이에 대해서는 여전히 華夷觀에 입각하여 부정적인 평가를 하였다. 다만 재판제도와 인권보장제도에 대해서는 긍정적인 평가를 하였다. 그러나 적극적인 제도의 개혁으로 발전되지는 못했다.5)

갑신정변을 계기로 정치적으로 조선에서 후퇴한 일본은 조선에 대한 적극적인 식민지화정책을 추진하기 위하여 동학농민전쟁을 빌미로 하여 1894년 6월에 군대를 조선에 파견하고, 내정개혁을 조선에 강요하고 청과의 전쟁을 개시하였다. 일본은 오도리 가이스케(大鳥圭介)공사를 통하여 법률의 정비와 재판의 공정이 포함된 5개의 내정개혁방안을 제시하였다. 고종은 위급한 상황을 타개하기 위해서는 자주적으로 제도를 개혁할 수밖에 없다고 인식하여, 6월 13일에 校正廳을 설치하여 堂上 15명과 郎廳 2명을 임명하였다. 그리고 일본에 대하여 일본군의 철수없이는 내정개혁을 고려할 수 없다고 강경하게 나갔다. 그러나 교정청은 총재관이 회의에도 참석하지 않는 등 주체적인 개혁

---

4) 李光麟, 〈統理機務衙門의 組織과 機能〉(《開化派와 開化思想硏究》, 일조각, 1989).
5) 許東賢, 〈1881년 朝士視察團의 明治日本司法制度 이해－嚴世永의 司法省視察記와 《聞見事件》을 중심으로－〉(《진단학보》 84, 1997) 참조.

을 진행할 수 없었다.[6] 이러한 상태에서 일본은 강제적으로 내정개혁을 시도하여 7월 23일에는 쿠데타를 일으켜 고종에게 내정개혁을 강요하자 고종은 7월 24일에 更張의 倫音을 내리고 27일에 내정개혁을 위한 군국기무처를 신설하고 金弘集을 수반으로 하는 친일내각을 발족시켰다.[7]

군국기무처는 모든 국정을 최종적으로 심의·결정하는 합의제 최고정책기관이었다. 군국기무처의 전반적인 구성과 권한은 일본의 元老院(1875. 6. 설치, 1890. 9. 폐지), 樞密院官制(1888. 3. 설치)를 모방한 것이다. 게다가 국왕·왕비의 전제적 권위와 대원군의 정권대행자적 지위도 무시·배제되고 초정부적인 입법부의 성격을 지닌 것이었다. 군국기무처의 운영방식은 회의원 중에 혁신의 진의를 파악한 자가 드물었기 때문에 총재의 지명으로 상임기초의원을 두어 군국기무처에 상정할 의안을 총재가 회의에 상정하였다. 회의에서도 거의 토의없이 1회의 회의로 卽決되었다. 이와 같이 일본의 의사에 따라 졸속으로 운영되었던 군국기무처는 11월 21일 폐지되기까지 4개월간에 208건의 법령을 가결 공포하였다.[8]

청일전쟁에서의 일본의 승리와 법령의 공포 등에도 불구하고 조선의 개혁은 진척되지 않았다. 그래서 일본은 오도리공사를 소환하고 후임으로 내부대신 이노우에 카오루(井上馨)가 10월 25일에 주한일본공사로 부임하였다. 그는 군국기무처의 업적을 논박하고 개혁이 선언에 그쳤음을 실토하였다. 그는 어전회의에서 내정개혁의 중요성을 역설하고 자신이 기초한 내정개혁항목 20조를 제시·설명하였다. 이에 따라 朴泳孝와 김홍집이 연립내각을 구성하여 개혁을 추진하였다. 1895년 1월 7일에는 고종은 백관을 대동하고 오늘날의 헌법에 해당하는 洪範 14조를 선포하여 내정개혁의 방향을 제시하였다. 제13조에서 "민법과 형법을 엄명히 제정하여 함부로 사람을 가두거나 벌하지 않아서 인민의 목숨과 재산을 보존할 것"을 선언하였다. 그리고 의정부를 내각이라고 개칭하는 등 개혁이 진행되고, 의정부고문 이시즈카 히데조(石塚英藏),

6) 金益魯, 〈1894年의 校正廳의 設置와 國政改革運動-중도개혁파의 사상을 중심으로〉(동국대 석사학위논문, 1985) 참조.
7) 田鳳德, 〈일제의 한국사법권 강탈과정의 연구〉(《애산학보》 2, 1982), 153~155쪽.
8) 柳永益, 〈軍國機務處 議案의 分析〉(역사학회 편, 《淸日戰爭과 韓日關係-일본의 대한정책형성에 관한 연구》, 일조각, 1985) 참조.

법무고문 호시 도루(星亨) 등 각부에 일본인 고문 7명이 취임하였다. 이들 고문은 입법사업에 참여하여 내정개혁에 필요한 법령을 정비하였는데, 법률 제1호 〈재판소구성법〉 등을 4월 20일에서 30일 사이에 공포하였고, 5월 26일에는 지방제도를 개정하여 개혁을 완료하였다.[9)]

이러한 개혁은 통치조직 · 관료제도 · 사법제도 · 회계조세제도 · 사회제도 등에 걸친 전반적인 것이었다. 그러나 《대전회통》 등의 구법령과 의안 등 신법령이 상존하여 법체계상의 혼란이 극심하여 제대로 시행될 수 없었다. 그리고 개혁법령은 일본 법령의 번역에 지나지 않아 한국 고래의 관습과도 달라서 범법자가 속출하였다. 이러한 상황에서 정부는 각종의 법령 · 규정을 정리하여 실행이 가능하고 또 즉시 필요한 것 56개조를 선택하여 준수를 천명하였다. 갑오개혁의 법령들은 근대화를 지향하여 사회에 미치는 영향은 큰 것이나, 개혁주체가 자주적으로 한 것이 아니라 외국의 강압에 의해 타율적으로 실시한 것으로, 이 때문에 국민에게 신용을 잃어 空文에 그친 것이 많았다. 그러나 개국기원의 사용, 노비제의 폐지 등은 사회를 개혁하는 중요한 계기가 되었다.

청일전쟁에서 승리한 일본은 조선에서의 독점을 허락하지 않으려는 열강의 간섭 때문에 대한정책을 달리하였다. 그리고 이러한 국제정세에 힘입어 고종은 政事를 親裁施行할 것임을 천명하고 前의 입법을 비판하였다. 이로써 갑오 · 을미의 법제개혁은 실패로 돌아갔다. 왕실과 척신들이 중심이 되어 친일파가 견제되고 친러파가 부상한 김홍집내각이 성립하였다. 일본은 세력을 만회하기 위해 민비를 살해하고 다시 친일내각을 성립시켜(을미사변) 내정개혁을 추진하였다. 김홍집내각은 7월 5일 내각설립 이후 11월 15일까지 140건의 법령을 공포했다. 이의 성격은 갑오개혁에 비하여 구체적이고 자주적 입장에서 추진한 것이다. 그러나 부분적으로는 복고적인 것도 있다. 이들 개혁 중 양력의 사용, 예산제도의 채택, 의관제도의 개혁은 중요한 의의를 지니는 것이었다. 특히 단발령은 사회적 반발을 일으켜 의병봉기를 촉발하여 친일정권의 위협이 되었다.

---

9) 金雲泰, 《朝鮮王朝行政史－근대편》(일조각, 1984), 286~289쪽.

나. 제2기(복고기 : 1896~1905)

일본은 청일전쟁에서 승리하였으나 아관파천(1896. 2)으로 세력을 잃어 친러정권이 조선에서 성립하였다. 신정권은 갑오을미기의 개혁입법을 거의 무효로 하고, 의정부의 복고 등 원제도로 회귀하였다. 특히 위정척사파인 崔益鉉은 전기와 법을 "선왕의 법제를 폐하고 왜이의 지휘에 따라 중화를 이적으로 만들고 인류를 짐승으로 삼은 개벽 이래의 최대의 변고"[10]로 보았다. 복고후 입법의 기본방침은 '구본신참'으로 1897년 3월 23일에 중추원 안에 校典所를 설치하였다. 그리고 법률기초위원회와 校正所(후에 法規校正所) 등 법률기초기관들이 제 기능을 하였고, 軍法起草委員會·刑法校正所 등을 특설하였다. 전기와 달리 일본인은 거의 배제되고 그레이트하우스(C. R. Greathouse, 具禮), 르젠드르(C. W. LeGendre, 李善得), 크레마지(L. Crémazy, 金雅始) 등 서양인 법률고문들이 활동하였다.[11]

복고기의 주요 입법으로는 법규교정소에서 기초한 〈대한국국제〉(1899. 8. 17, 奏本), 〈陸軍法律〉(1900. 9. 4. 법률 제5호), 《명률》·《대전회통》 및 갑오개혁기의 개별 형사법을 집대성한 국한문 혼용의 근대적 법전체제를 갖춘 《刑法大全》(1905. 4. 20, 법률 제2호) 등을 들 수 있다. 복고기에는 밖으로는 열강의 세력균형을 이루었고, 안으로는 독립협회 등 민권운동이 활발하여 이를 배경으로 한 광무개혁을 뒷받침하는 자주적 입법이 많았다.

다. 제3기(통감부기 : 1906~1910. 8)

1905년 12월에 을사보호조약(제2차 한일협약)이 체결되고 이듬해 2월 서울에 통감부, 지방에 理事廳이 설치되었다. 이 시기의 특징은 입법권의 이원화이다. 통감부는 통신·외교 등 위탁받은 분야에 대한 입법권을 행사하였고, 그 외의 분야는 대한제국이 입법권을 행사하였지만, 한국정부의 입법권은 한일의정서(1904. 2)에 규정된 '시정개선에 대한 권고'로 일본인 고문관들의 지휘에 따라 행사될 수밖에 없었기 때문에 사실상 일본이 입법권을 장악한 상

10) 《高宗純宗實錄》, 건양 원년 2월 25일, 581쪽.

11) 법률고문에 대해서는 崔鍾庫, 《韓國의 西洋法受容史》(박영사, 1982), 37~281쪽 참조.

태였다.[12] 아울러 종전의 영사재판을 대신하기 위해 통감부재판소가 설치되었다. 그리고 일본이 한국을 지배하기 위한 법령이 증대하였다.[13]

고문정치의 일환으로 1907년 1월에는 각급 재판소에 일본인 법무보좌관들이 배치되었다. 법부에는 參與官 노자와 다케노스케(野澤武之助), 참여관촉탁 마츠테라 다케오(松寺竹雄), 평리원 법무보좌관 나카무라 다케조(中村竹藏) 등이 한성재판소를 위시해 각도 지방재판소에 13명, 개항재판소에 12명이 배치되었다. 이들은 보조만 하는 것이 아니고 감독 · 지시까지 하였다. 1907년 6월 헤이그밀사사건을 빌미로 일본은 7월 4일 정미7조약을 체결하면서 재판소구성법을 새로 제정하였는데, 일본의 재판제도를 본떠 大審院, 控訴院, 地方裁判所, 區裁判所의 4계급 3심제였다. 이로써 審級制度 등 근대적 재판제도가 제도적으로 완비되었다고 할 수 있다. 그리고 일본은 차관정치를 실시함에 따라 일본인을 한국의 판검사로 임명하였는데, 재판소와 검사국의 장은 모두 일본인이었으며, 판사의 경우 일본인이 79명, 한국인은 40명이며, 검사는 일본인이 36명, 한국인은 12명으로 일본인이 압도적으로 많았다.[14]

1909년 6월 이토 히로부미(伊藤博文)통감은 일본 추밀원장으로 임명되고 부통감 소네 아라스케(曾禰荒助)가 통감으로 승진하였다. 7월 3일 이토 추밀원장은 '법사무의 위탁에 관한 의견서'를 가츠라 타로(桂太郞) 총리대신에게 보내고 한국사법권의 탈취를 건의하였다. 7월 10일 이토는 총리대신 이완용, 외부대신 박제순, 법부대신 고영희, 군부대신 이병무를 밤중까지 회유설득하여 7월 12일 〈한국사법 및 감옥사무위탁에 관한 한일 각서〉(전 5조)를 체결하여 한국의 사법권을 박탈하였다. 이에 따라 대한제국의 법부와 각급 재판소는 1909년 10월 31일부로 폐지되고, 통감부재판소가 사법부의 역할을 대신하였고 사실상 법적으로는 일본의 지배에 들어가게 되었다.[15]

---

12) 李熙鳳, 〈韓末法令小考〉(《학술원논문집(인문 · 사회과학편)》 19, 1980), 164쪽.
13) 통감부 법령에 대한 체계적 정리는 鄭肯植, 《統監府法令體系分析》(한국법제연구원, 1995) 참조.
14) 田鳳德, 앞의 글(1982), 180~195쪽.
15) 자세히는 이태진, 《일본의 대한제국강점－보호조약에서 병합조약까지》(까치, 1995) 참조.

2) 입법의 형식

조선시대에는 특별한 입법기관이 따로 없고, 관계 관청이 발의하여 대신들의 토의를 거쳐 왕의 재가를 받아 법령이 제정되었고, 내용상으로는 祖宗成憲인 舊法尊重의 이념으로 보수와 개혁이 긴장상태를 유지하면서 전개되었다.[16] 개화기에 들어서 서구법의 영향으로 법령은 형식과 내용에서 차이를 나타내었다. 입법에 관한 기관으로 세워진 군국기무처는 총재 1명, 부총재 1명, 의원 10~20명으로 구성되어 거기서 결정한 법령을 의안이라고 불렀다. 그러나 이 의안의 내용은 복잡하고 아직 조선시대의 전통에서 크게 벗어나지 못하였다.

근대법 형식의 단서가 보이는 것은 1894년 9월 12일 군국기무처가 의안으로 제정한 〈命令頒布式〉인데, 전문 9조로 구성되었다. 이것의 내용은 법률·칙령·명령의 제정방식과 이들의 공포방법을 정하며, 외교문서의 작성방법, 관리의 임명장에 관하여도 규정하였다. 1894년 군국기무처가 폐지되고 김홍집 내각이 성립되면서 11월 21일에는 앞의 〈명령반포식〉을 대신하여 칙령 제1호로 〈公文式〉이 제정·반포되었다. 이 〈공문식〉은 총 19조로 법률·칙령 등 법령의 상하단계를 규정하고 그 제정절차와 형식을 정하였다. 그러나 헌법이 제정되지도 않고 국회도 개설되지 않은 상태에서 〈공문식〉에서 법률과 칙령 등을 구별한 것은 별 의미가 없지만, 내용상으로는 일본의 明治憲法에 따른 차이가 보인다. 그리고 법집행자가 법령을 남발하는 것을 막기 위하여 자문기관으로 中樞院을 두었으나 제 기능을 하지 못하였다.[17]

〈공문식〉은 이듬해 1895년 5월 8일에 전폭 개정되었는데, 국한문혼용체로 전 3장 18개조로 구성되었다. 이에 따라 법률과 명령의 반포절차가 확정되었다. 이것은 1887년에 제정한 일본의 〈공문식〉을 번안한 것인데, 한국의 특수성을 고려하여 제10조에서 각부 대신이 행하는 部令은 《관보》에 반포하나

---

16) 丁玉泰, 〈李朝立法節次에 관한 一考察〉(《논문집(법학·행정학편)》 29, 전남대, 1984).
金池洙, 〈受敎의 法的 性格과 理念〉(《韓國法史學論叢》, 박영사, 1991) 참조.

17) 자세히는 李熙鳳, 앞의 글, 184~198쪽.

구습에 따라 적당한 처소에 게시할 수 있게 하였다. 이후 입법형식은 이에 근거하여 지속되었고, 다만 통감부기에는 통감부의 告示 외에도 일본법령이 적용되었다. 전통적 입법에서 근대적 입법으로 이전하는 과도적 과정에서는 그 형식과 내용에서 많은 혼란과 시행착오를 거듭하였다.

3) 민법의 제정

일반적으로 전통법은 일반인의 사적 생활을 규율하거나 보호하는 민사법은 빈약하고 형법이나 행정법과 같은 공법적 내용이 많았던 것으로 지적된다. 이러한 전통은 비단 우리 나라만이 아니고 중국·일본을 포함한 동양국가가 서양에 비해 법치주의의 신장이 지둔했던 현상으로 설명되기도 한다. 그렇다고 개인의 사적 생활을 규율하는 질서가 전혀 없었던 것은 아니며 대체로 관습법과 판례법 등 불문법의 형태와 이에 바탕을 둔 성문법으로 유지되어 왔다고 할 수 있다.

그러나 법제의 근대적 형태를 갖추기 위해서는 무엇보다도 개인의 자유와 거래생활을 보장하는 민사법의 제정이 필수불가결하다는 것은 말할 필요가 없다. 근대적 민사입법의 진행과 내용을 살펴보면 대체로 다음과 같다.

공사법이 혼돈된 상태에서 사법의 분리는 갑신정변 당시 개화파의 혁신정강 14개조 가운데, 문벌의 폐지와 인민평등권을 세울 것, 地租法의 개혁, 還上米의 영구면제, 惠商工局의 혁파 등이 부분적으로 나타났다. 그리고 동학농민군은 弊政改革案에서 노비문서의 소각, 兩班賤民의 차별개선, 청상과부의 개가허용, 公私債의 무효, 토지의 평균분작 등을 주장하였다. 그러나 이는 하나의 주장에 그쳤고 실제로 실현되지는 않았다.

개혁기에는 홍범 14조에서 민법제정을 천명하였으나 신분과 가족에 대한 개별 법령만 공포되었고 민법의 편찬에는 이르지 못하였다. 복고기에는 토지제도를 정비하여 소유권을 확립하기 위해 地契(1901), 家契(1893, 1906)를 실시하였으나, 이는 완전한 소유권의 확립으로까지 발전하지 못하고 중도에 폐지되었다.[18] 전당권에 관한 〈전당포규칙〉(1898. 11. 2. 법률 제1호) 등이 제정되었다.

18) 朴秉濠, 《韓國法制史攷》(법문사, 1974), 70~74쪽.

복고기의 가장 중요한 입법은 《형법대전》으로, 이는 전통의 '祖宗成憲尊重主義'에 입각하여 《대전회통》의 〈형전〉과 《대명률》을 기본으로 하였으나, 광무개혁의 정신을 어느 정도 반영하였다. 여기에는 還退, 혼인 등 민사규정을 포함하고 있다. 《형법대전》을 공포한 후 민법전을 편찬하기로 하여, 1905년 5월 31일에 奏本 〈법부에 법률기초위원회를 설치하여 민법을 제정하는 건〉을 공포하고, 6월 19일에는 詔勅 〈민법상례를 편찬하는 건〉을 내렸고, 이에 따라 7월 18일에는 법률기초위원회를 특설하여 민법전의 기초에 착수하였으나, 민법의 제정에는 이르지 못하였다.

통감부기에는 통감부의 주도로 민법전의 편찬을 준비하기 위한 기초작업으로 不動産法調査會(1906. 7. 24, 설치)와 法典調査局(1907. 12. 23, 설치)에서 각 지방의 관습을 조사하여 각종 보고서를 발간하였다.[19] 과도기적으로 관습조사의 결과를 바탕으로 〈利息規例〉(1906. 9. 24, 법률 제5호), 〈토지가옥증명규칙〉(1906. 10. 26, 칙령 제65호), 〈토지가옥전당집행규칙〉(1906, 12. 26, 칙령 제80호) 등 부동산에 관한 법률을 시급히 제정하여 이를 바탕으로 부동산소유권의 보호와 거래의 안전을 위한 법적 조치가 마련되었다. 그리고 법부고문으로 와 있던 우메 겐지로(梅謙次郎)는 일본민사소송법을 간단히 한 全 577조의 〈민사소송법안〉을 기초하였으나, 당시의 정치상황에 따라 확정되지 못하고 폐기되었다.[20]

법전조사국에서는 주요 법전의 기초를 예정하여 우메를 민사법 기초자로 선정하였다. 법전조사국의 민사법에 대한 입법사업은 상당히 활발히 진행되어 민법전 편찬을 위한 기초작업으로 한국관습의 조사에 착수하였다. 우메는 당시 일본 민상법전의 편별에 충실한 조사 사항들을 만들어 관습을 조사하였다. 그가 구상하던 민법전은 한국의 관습을 바탕으로 일본 민상법을 간략히 한 民商二法의 統一法典이었다. 그리고 민법전은 당사자 중 일방 또는 쌍방이 일본인 또는 외국인이면 일본법을 적용하는 것을 원칙으로 하는 오직 한국인만을 위한 것이었다. 민법전을 급히 편찬하려고 한 이유는 일본에서처

---

19) 각종 보고서의 내역에 대하여는 鄭肯植, 〈日帝의 慣習調査와 意義〉(《國譯 慣習調査報告書》, 한국법제연구원, 1992), 23쪽 참조.

20) 鄭鍾休, 《韓國民法典の比較法的硏究》(東京 : 創文社, 1989), 231~233쪽.

럼 領事裁判의 철폐, 즉 治外法權을 폐지하기 위해서였고, 이는 일본인의 한국 진출을 법적으로 보장하기 위한 것이었다. 이러한 사실은 당시 통감 이토도 강조하였고, 또 우메 자신도 토지제도는 한일만이 아니라 외국인에 대해서도 공통되어야 할 것을 주장하였으며, 또 장차 일본인의 한국 이주를 고려하여 민법전의 기초작업을 하였다. 그러나 전반적으로는 입법사업이 부실하였고, 이는 그들 스스로도 인정하고 있었다.[21]

법전조사국의 민법전에 대한 태도는 외국인의 토지소유의 인정문제에서 잘 드러난다. 당시에는 법제상으로는 외국인의 토지소유는 원칙적으로 금지되었는데, 大韓自强會는 토지거래의 문란을 방지하고 외국인의 토지소유를 금지하기 위하여 관의 허가를 받게 하자는 건의를 하였고, 이에 따라 〈토지건물의 매매 · 교환 · 양여 · 전당에 관한 건〉(1906. 10. 16, 법률 제6호)을 제정 · 공포하였다. 그러나 10일 후에 부동산법조사회는 외국인의 토지소유를 합법화한 것 외에는 위 법률과 거의 차이가 없는 〈토지가옥증명규칙〉(1906. 10. 16, 칙령 제68호)을 제정 · 공포하였다. 이에 대해 대한자강회는 외국인의 토지소유 금지를 주장하고 위 칙령을 비난하였다.[22] 법전조사국을 중심으로 한 민법전의 제정분위기는 이토(1909. 10)와 우메(1910. 8)의 사망으로 좌절되어 한국은 독자적인 민법을 갖지 못하였으며, 합병후 1912년 4월 1일 〈조선민사령〉에 의해 일본 민법이 依用되었다.[23]

여기에서 우리는 특히 한국의 전통적 민사관습법이 어떻게 근대적 민사법으로 연결될 수 있었는가에 대하여 관심을 갖게 된다. 이것은 특히 일본인 법률고문 우메에 의해 실시된 관습법조사사업과 관련된다. 우메는 일본인으로 최초로 프랑스 리용(Lyon)대학에 유학하여 법학박사학위를 받고 독일에서 연구하다 동경제국대학 민법교수로 활약한 인물이다. 그는 일본 민법기초자 3인중의 1인으로 민법이론에 밝았는데, 이토통감의 법률고문으로 1906년 6월에 한국에 와서 관습조사를 위해 전국으로 뛰어 다니다 1910년 8월 27일에

21) 鄭肯植, 앞의 글(1991), 3~41쪽.

22) 鄭然泰, 〈大韓帝國 後期 不動産 登記制度의 近代化를 둘러싼 葛藤과 그 歸結〉(《法史學硏究》16, 한국법사학회, 1995) 참조.

23) 李丙洙, 〈朝鮮民事令에 關하여〉(《法史學硏究》 4, 1977) 참조.

장티푸스로 한국에서 사망하였다.24)

그는 부동산법조사회에 법전조사국을 설치하여 민법전의 편찬에 앞서 관습법의 조사를 실시하였다. 당시에 소유관계의 불명확으로 인한 거래질서의 문란은 많은 사회문제를 야기하고 있었다. 광무정권은 혼란한 토지질서를 정비하기 위하여 1906년 7월 3일 土地所關法起草委員會를 구성하였으나 7월 24일에는 이를 부동산법조사회로 대체하였다. 우메가 부동산법조사회회장으로 취임하고 보좌관과 통역, 촉탁위원을 임명하였다. 1906년 7월 24일부터 서울을 비롯한 각 지방의 부동산 관습조사에 착수하였다. 1908년 1월 1일에는 쿠라토미 유사부로(倉富勇三郎)를 위원장에, 우메를 고문에 임명하고 김낙헌·유성준·마츠데라 다케오(松寺竹雄) 등을 위원으로 임명하였다. 1908년 5월부터 1910년 5월까지 우메가 일본의 민상법체계에 따라 만든 206개의 조사항목을 기준으로 전국적인 민사관습조사를 하였다. 이 조사는 문헌조사보다 實地조사를 우선하였다. 이에 대해 조선에 있던 일본인 법률가 아사미 린타로(淺見倫太郎)는 실지조사보다도 舊文記의 조사를 선행해야 한다고 주장하였으나,25) 우메는 기록에 대한 조사를 생략하는 것은 아니라고 답하고 실지조사를 강행하였다. 이에 대해 한 일본인은 "헛된 휴지인 구법전을 조사하여 그것을 조선의 관습으로, 또 문헌으로 여겨 존중하는 오류에 빠지지 않기를 바라며 이러한 휴지에 구애되는 우를 범하지 말고 우리의 진보하고 공평한 민법을 전부 시행할 것을 권유한다"26)라고 하였다. 우메도 "합병이 되면 현재 우리가 하는 한국의 입법사업은 쓸모없게 될 것"이라고 하였다.27) 중추원에서도 "당면한 근무에 따라 갑자기 조사한 것이 많고 또 조사 결과도 필요하지 않은 문제도 있고 필요한 문제를 빠뜨린 것도 적지 않다"28)고 하였다. 어쨌든 이렇게 실시된 관습조사는 1910년 법전조사국의 폐지와 함께 중지되고 10월부터 잔무를

24) 우메 겐지로의 생애에 대해서는 潮見俊隆·利谷信義 編, 《日本の法學者》(東京:日本評論社, 1975), 73~96쪽 참조.

25) 淺見倫太郎, 《朝鮮法制史稿》(巖松堂書店, 1922), 378~401쪽.

26) 某君談, 〈朝鮮の法典調査〉(《東洋經濟雜誌》 1346, 1906년 7월 21일) 참조.

27) 梅謙次郎, 〈朝鮮の合併論と立法事業〉(《國際法雜誌》 8-9, 國際法學會, 1910년 9월) 참조.

28) 朝鮮總督府 中樞院, 《朝鮮舊慣及制度調査事業概要》(1938), 36쪽.

정리하며 보고서 작성에 착수하여 12월에 탈고하였다. 《관습조사보고서》는 초판(1910)과 정정보충판(1912), 그리고 재판(1913)이 발간되었다.[29] 지금의 관점에서 보면 우메의 일본 민상법의 체계와 개념에 입각하여 한국의 관습법을 뜯어 맞춘 것들이 적지 아니하고 그러한 과정에서 한국의 관습법은 왜곡되고 일제의 官製慣習으로 변질되어 후일 조선고등법원에 판결을 통하여 법적으로 인정되었다.[30]

(1) 민법 일반

고종 31년(1894) 7월 15일에는 〈强佔勒買된 田地 · 산림 · 가옥을 追還하는 건〉과 그해 8월 14일에는 〈公錢의 民貸를 엄단하는 건〉이 제정되었다. 다음해 3월 29일에는 〈재산의 안전을 보호하는 건〉이 제정되었다.

광무 9년(1905) 5월 31일에는 〈민법을 제정하는 건〉을 제정하였고, 6월 16일에는 〈民法常例를 纂輯하는 건〉을 제정하였다. 광무 10년 9월 24일에는 법률 제5호로 〈利息規例〉가 제정되었다.

(2) 토지관계

토지에 관하여도 상당히 많은 법률이 제정되었는데, 크게 나누어 量田, 地契 · 家契, 소유권, 토지조사에 관한 내용들이었다.

양전에 관하여는 광무 2년 6월 23일에 〈전국에 토지를 측량하는 건〉을 제정하였고, 이어서 9건에 이르는 관계법령을 제정하였다. 탁지부에 量地局을 설립하여 양전사업을 진행해 나갔다.

지계 · 가계에 관하여는 광무 5년 10월 20일 〈지계아문직원 및 처무규정〉을 정하였고, 광무 7년 1월 20일에는 〈지계감독을 差下하는 건〉을 제정하였다.

---

29) 이 보고서는 1992년 鄭肯植이 번역하였다. 鄭肯植 역, 《國譯 慣習調査報告書》(한국법제연구원, 1992).

30) 金一美, 〈朝鮮後期의 財産相續慣習〉(《梨大史苑》 11, 이화여대 사학회, 1973).
李相旭, 〈日帝下 傳統家族法의 歪曲〉(《韓國法史學論叢》, 박영사, 1991).
朴秉濠, 〈日帝下의 家族政策과 慣習法의 形成過程〉(《法學》 33권 2호, 서울대 법학연구소, 1992).
尹大成, 〈日帝의 韓國慣習調査事業과 專貫慣習法〉(《韓國法史學論叢》, 박영사, 1991).

광무 10년 5월 22일에는 〈가계발급규칙〉을 제정하는 등 도합 7건의 법률을 제정하였다.

소유권에 관하여는 광무 10년 10월 16일에 〈토지·건물에 매매·교환·양여·전당에 관한 건〉을 법률 제6호로 제정하였고, 같은 해 12월 26일에는 〈토지가옥전당집행규칙〉을 칙령 제80호로 반포하였다. 융희 2년(1908) 7월 16일에는 〈토지가옥소유권증명규칙〉을 제정하였는데, 이에 앞서 광무 10년 10월 26일에 〈토지가옥증명규칙〉이 제정되었다. 이 법률은 매우 중요하고 복잡하여 계속 시행세칙과 개정작업을 하여 그 후로도 여러 차례 명칭을 바꾸면서 공포되었다. 이로 인하여 한국인의 토지와 가옥에 관한 소유권이 현저하게 영향을 받아 상당수의 한국인 소유의 부동산이 상실되었다. 이에 관하여는 뒤에서 법집행과 법생활의 현실을 논하면서 다시 논의하기로 한다. 어쨌든 당시 소유권에 관계되는 20건에 이르는 법령들이 제정·개정되었다. 물론 그 형식은 법률·칙령·법부령·한성부령 등으로 그 형식이 다양했다.

일본의 식민지 정책은 근본적으로 조선의 토지실태를 조사하는 작업에 중점을 두었다. 융희 3년 5월 31일에 〈토지측량으로 인하여 기만당하는 일이 없도록 하는 건〉을 탁지부 훈령으로 공포하였고, 이듬해 2월 1일에는 〈토지측량업자단속규칙〉을 제정하였다. 또 융희 4년 8월 23일에는 〈토지조사법〉을 법률 제7호로 제정하였다. 이 토지조사 사업진행과 성격에 대하여는 법제사보다도 사회경제사의 연구업적이 많이 나와 있다.[31)]

(3) 가족관계

전통적 가족질서는 유교윤리에 입각한 전근대적 법제에 구속되어 있었다. 이것을 근대적 인간관계로 변화시키는 데에는 여러 입법이 필요하였다. 고종 31년(1894) 6월 28일에는 〈率養하는 舊典을 申明하는 건〉과 〈早婚을 금하는 건〉·〈과부의 再嫁를 그 자유에 맡기는 건〉을 제정하였다. 이로써 우리 나라에 오랫동안 내려오던 구습을 근대적인 법으로 변화시켰다. 물론 이러한 법이 제정된

31) 金熙洙, 〈開化期 不動産 法律關係 小考〉(《法史學硏究》 9, 1988).
尹大成, 《韓國傳貰權硏究》(삼지원, 1988).
崔元奎, 《韓末 日帝初期 土地調査와 土地法硏究》(연세대 박사학위논문, 1994).

다고 하여 곧바로 구습이 근절되는 것은 아니지만 적어도 원칙을 정하여 새로운 삶의 질서를 개시한다는 적극적 의미를 갖는다. 건양 원년(1896) 9월 1일에는 〈호구조사 규칙〉을 칙령 제61호로 반포하여 호구조사를 시행하였다. 융희 3년 3월 4일에는 〈民籍法〉을 법률 제8호로 제정하였다.[32]

4) 형법의 제정

조선시대는 《대명률》을 형법의 보통법으로 시행하였으며, 형벌의 완화와 집행의 공정에 노력해왔지만, 형벌의 전단과 극형이 자행되고 권한없는 관리에 의한 체포와 구금이 공공연히 행해지고 恤刑의 理想은 실행되지 못하였다. 갑오개혁이후 입법의 목적은 역대의 휼형이상을 실현하여 폐단들을 개혁하려는 데에 두었고, 입법은 행정관청과 사법관청의 분리 및 형벌의 완화가 근본정신이었다.[33] 개혁기인 고종 31년(1894) 7월 2일에는 〈각 아문에서 逮捕施刑을 단행치 못하는 건〉을 의결하여 軍律위반자 체포 외에 관청 · 군문 · 宮의 범인 체포를 금지하고, 7월 8일에는 〈사법관이 아니면 형벌을 加치 못하는 건〉을 의결하여 사법권의 재판절차에 의해서만 형벌을 가하도록 하였다. 이듬해 3월 25일에는 법률 제1호로 〈재판소구성법〉이 제정 · 공포되어 민형사재판을 전담하게 되었다.

고종 31년 6월 28일에는 〈緣坐律을 勿施하는 건〉을 의결하여 종래의 연좌제도를 폐지하고, 7월 9일에는 〈拷刑에 관한 건〉을 의결하여 새로운 형법이 제정될 때까지는 종전대로 《대전회통》의 〈형전〉을 적용하여 고문을 허락하였다. 그러다가 12월 27일 칙령 제30호 〈行刑의 用絞用砲하는 건〉을 반포하여 사형에서 斬刑과 陵遲處斬을 폐지하고 보통사형의 경우는 교수형, 군법사형에는 총살형을 실시하는 등 획기적으로 혁신하였다.

고종 32년부터는 국한문을 혼용한 법령으로 형사에 관한 법률들이 다수 제정되었다. 3월 2일에는 〈議處照律에 관한 건〉이 제정되어 종전에 죄인을

---

32) 자세히는 朴秉濠, 앞의 글, 6~7쪽.

33) 朴秉濠, 〈舊韓國時代의 刑事立法의 沿革〉(《韓國法制史攷》, 법문사, 1974), 422~432쪽.

처단할 때 먼저 범죄 내용과 죄질을 심의한 후 법을 적용하던 절차가 번잡하므로 범죄심의와 법적용을 동시에 하게 함으로써 절차를 간소화하였다. 4월 29일에는 〈징역처단례〉를 법률 제6호로 반포하여 통상 범죄에 과하는 유배형을 징역형으로 바꾸고 국사범에 관하여만 流刑을 존치하기로 하였다. 건양 원년(1896) 4월 1일에는 법률 제2호로 〈賊盜處斷例〉를 제정하였는데, 이 법은 광무 9년 4월 《형법대전》이 실시될 때까지 9년간 적도에 관한 형법이었다. 건양 원년 4월 4일에는 법률 제3호로 〈刑律名例〉를 제정하였는데, 30개조에 이르며 형벌의 종류, 감경, 집행절차 등을 규정하였다. 형벌의 종류는 사형(교형)·流刑·役刑·笞刑의 4종류로 하고, 유형은 종신형부터 1년까지 10등급으로 하고, 역형은 종신부터 20일까지의 19등급, 태형은 100부터 10까지의 10등급으로 나누었다. 광무 4년 4월 28일에는 법률 제4호로 〈依賴外國致損國體者處斷例〉를 제정하였는데 4개조로 되어 있는 이 법은 당시 외세와 열강의 적극적 접근에 대비하여 외국인에게 아부하여 국체를 손상하고 국권을 상실하는 자를 엄하게 처벌하는 내용이다. 광무 4월 9일에는 법률 제5호로 〈육군법률〉을 제정하였는데 317개조로 구성되어 현역군인 범죄자에게 적용되었다. 이 군형법을 마지막으로 특별법의 제정을 일단락짓고 일반형법전의 제정에 착수하였다.[34]

일반형법의 제정 움직임은 을미개혁기에 시작되었다. 1895년 6월에 설치된 법률기초위원회에서는 기초위원 법부고문 호시 도루(星亨)·노자와 게이치(野澤雞一)와 번역관 법률기초위원 玄暎運이 공동으로 작업하여 1897년 2월에 《刑法艸案》을 법부에 보고하였다. 그러나 이 《형법초안》은 '구본신참'의 복고적 분위기 속에서 폐기되었다. 특히 《형법초안》은 그 작성에 상당한 고심을 하여 명률과의 차이점, 일본형법과의 차이점을 보이며 우리 나라의 역사적, 현실적 특수성을 고려한 진지한 태도를 보여준다.[35]

조선조 최후의 일반형법전이며 법률기초위원회의 최대 입법사업이었던 《형법

34) 朴秉濠, 〈舊韓國時代의 刑事立法의 沿革〉, 위의 책, 442~432쪽.
李丙洙, 〈우리나라의 近代化와 刑法大全의 頒示〉(《法史學硏究》 2, 1975) 참조.
都冕會, 《1894~1905年間 刑事裁判制度 硏究》(서울대 박사학위논문, 1998), 98~116쪽.

35) 鄭肯植, 〈刑法艸案 해설〉(《法史學硏究》 16, 1995) 참조.

대전》은 광무 9년(1905) 4월 29일 법률 제2호로 제정되었다. 근대적 형법전인 일본 《형법전》을 수용하지 아니하고 《대전회통》과 《대명률》과 1894년 이후의 신법령들을 참작하여 제정한 이 《형법대전》의 공포로 종래 시행되어 오던 모든 律例는 폐지되었다. 《형법대전》은 갑오개혁기의 형법초안을 폐기한 후 구본신참의 원칙에 입각하여 본격적인 편찬작업에 착수한지 6~7년이 걸려 완성되었다. 680개조의 방대한 법전이나 광무 10년 법률 제1호로 32개조가 개정되었다.36)

통감부기에는 일본은 법부차관 쿠라토미를 형사법 기초자로 선정하여 형법을 제정하기로 하였으나, 《형법대전》을 개정하는 것에 그쳤다. 융희 2년(1908) 법률 제19호로 90개조가 개정되고 민사법에 해당되는 263개조가 삭제되어 결국 417조만 남게 되었다.37)

《형법대전》은 일본법률의 영향 아래 있으면서도 근본적으로 주로 《대명률》을 국한문 혼용으로 간략하고 평이하게 체계화한 것 외에는 동양의 전통적인 형법사상에 입각하고 있었다. 예컨대 제678조에 不應爲律을 규정하여 근대적 죄형법정주의와는 거리가 있었고, 제2조에 引律比附를 규정하여 類推解釋의 가능성을 허용하였다. 이 근대 지향의 대법전은 한국법률가 외에 서양법률고문인 크레마지(L. Crémazy, 金雅始)도 참여하였고, 그는 이를 프랑스어로 번역·출간하여 서양에 한국법을 소개하였다.38)

張燾가 편찬한 《新舊刑事法規大全》 하권 (1907. 6. 발간)에는 〈형법대전개정초안〉과 〈형법시행법〉이 수록되어 있는데, 조문만을 수록하고 있을 뿐 설명이 없으므로 초안자와 작성경위에 대하여 자세히는 알 수 없다. 그러나 이것을 통해 자체적으로 《형법대전》을 순수한 형법전으로 개정하려는 노력이 있었음을 알 수 있다. 이와 같은 노력에도 불구하고 1910년 국권의 상실과 더

---

36) 형법대전의 편찬과 관련되는 각종 草案은 〈引律目錄〉·〈普通刑法〉·《刑法草》 등이 있다. 이 자료는 文竣暎의 해제로 《法史學硏究》 제18집~제21집(1997년~2000년)에 소개되었다.

37) 자세한 것은 文竣暎, 〈大韓帝國期 刑法大全의 制定과 改正〉(《法史學硏究》 21, 1999) 참조.

38) Laurent Crémazy, *Le Code Pénal de la Corée,* Seoul, 1904.
田鳳德, 〈Laurent Crémazy와 大韓刑法〉(《法史學硏究》 5, 1979).
崔鍾庫, 앞의 책(1982), 161~164쪽 참조.

불어 자주적인 형법의 시행도 수포로 돌아가고, 2년 후인 1912년 3월 18일 조선총독부 制令 제11호로 〈朝鮮刑事令〉을 제정하여 일본형법을 의용하게 되었다. 그렇지만 위 諸令에서 예외적으로 法定刑이 死刑인 謀殺罪·강도죄 등에 대해서는 형법대전의 효력을 인정하였다. 이 예외 조항은 1917년 〈조선형사령〉의 개정으로 폐지되었다.

형사법제의 근대화는 형식적으로 볼 때 법치주의적 근대화를 향한 의욕적 진전이라고 볼 수 있고, 결코 무비판적인 급격한 근대화가 아니라 형벌의 완화에 중점을 둔 서서한 개혁이었다. 그것은 明律 전통의 토착적 강인성과 학문적 빈곤상태 아래서 서구의 자유주의적, 개인주의적 근대형법의 적극적 수용이 쉽게 이해되고 추진되지 못한 상태에서는 당연한 결과였다.

5) 형법·민법과 법생활

새로운 법전이 제정된다는 것은 법생활의 변화를 초래하는 것은 물론이지만, 법전대로 법생활이 자동적으로 일치되지 아니하는 것은 말할 필요도 없다. 더구나 전통적 법생활에 젖어있던 개화기에 복잡한 입법절차와 내용의 새 법률에 의해 법생활이 근본적으로 바뀔 수 없었음은 당연하였다. 이러한 실상을 파악하는 것이 당시의 진정한 법근대화의 실상을 아는 길일 것이다.

1906년 가톨릭계가 창간한 《경향신문》에서는 일제에 의한 법을 통한 식민화의 과정을 직접 목격하고 법률 계몽활동을 하였다.[39] 입법자들만 아는 당시의 법제도를 국민들에게 현행법전을 조목조목 해설해 준 것은 참으로 의의가 크다고 하겠다. 《형법대전》 조문해설은 대개 〈寶鑑〉이란 이름의 間紙에 '법률문답'의 난을 통하여 나갔는데, 살인에 관한 율, 분묘에 관한 율, 관원을 죽인 율, 殺獄에 私和한 율 등으로 자상하게 설명하고 있다. 그 한 예를 보면 아래와 같다.

사람을 죽이기를 꾀한 율

[문] 사람 죽이기를 꾀한 자와 의사를 지시한 자와 그 일에 손을 댄 자와 힘을

---

39) 자세히는 崔鍾庫, 〈韓末 京鄕新聞의 法律啓蒙運動〉(《法史와 法思想》, 박영사, 1981), 522~554쪽.

도운 자에게 무슨 벌이 있느뇨.

[답] 다 絞에 처하되 다만 따라가기만 하고 손을 대고 힘을 도움이 없는 자는 일 등을 감하나니라(《형법대전》 제473조 이하 조문 생략).

[문] 사람의 몸을 부러뜨리거나 베히거나 정기를 뺀 자에게 무슨 벌이뇨.

[답] 시작하고 따라 한 것을 불문하고 다 絞하나니라(《형법대전》 제474조).

[문] 귀신에게 기도함과 부작(符書)이나 진언(詛呪)으로 사람을 죽인 자에게 무슨 벌이뇨.

[답] 교에 처하나니라(《형법대전》 제475조).

[문] 인명을 상할 뜻으로 폭발물을 남의 집에나 길에 두어 사람을 상케 한 자에게 무슨 벌이뇨.

[답] 시작한 자나 같이 한 자나 다 교에 처하고 독약을 사주는 자도 교하되 모르고 사준 자는 일등을 감하나니라(《형법대전》 제376조).

(《寶鑑》 I, 1906, 219쪽)

이와 같이 문답형식을 빌려 《형법대전》의 조문과 함께 소개하고 있다. 덜 개화된 법의 내용에 대하여 아무런 논평도 없는 것이 주목된다. 지금의 법개념으로 보면 아직 미개한 기이한 형법관념이요, 경직화된 유교윤리적 발상에 근거한 기형적인 법규범이지만 그것이 우리의 법이었으니 만큼 아무런 논평 없이 국민들에게 알리고 가르치기만 했던 것이다. 또 한 예를 들어보자.

[문] 사람죽인 것을 私和케 한 자는 어떠하뇨.

[답] 笞 60인데 인하야 재물을 받은 자는 그 장대로 제631조의 법을 그르친 율로 의논하나니라(《형법대전》 제505조).

[문] 친속이 죽임을 받은 경우에 사화한 자는 어떠하뇨.

[답] 아래 벌인대로 하나이다.

1. 조부모가 부모나 남편이나 남편의 조부모나 부모에게는 징역 3년이요, 아내나 첩이나 자손이나 자손의 처첩에는 태 80이니라.
2. 朞服尊長이면 징역 2년이며 아래 어린이면 징역 1년반이니라.
3. 大功尊長이면 징역 1년이며 아래 어린이면 열 달을 가두나니라.
4. 緦麻尊長이면 열 달을 가두며 아래 어린이면 여덟 달을 가두니라.

(《寶鑑》 I, 1906, 341쪽)

현행법을 그대로 알리고 그야말로 법률을 '문답'하는 것에 머무르고 있다. 관권보다는 민권의 편에 서서 법계몽을 수행하려는 언론에서 '법률문답'의 난을 고정적으로 싣고 1906년 창간호부터 1915년까지 계속하였다는 사실은 내면적 논리로서는 당연한 것이면서도 실로 괄목할만한 것이라 하겠다. 지금은 법률신문・잡지도 따로 있고, 각종의 법률상담소, 변호사 사무실도 있지만 '법률문답', 즉 법률상담을 처음 한 것은 여기에서 비롯되는 것이다. 법은 관리만이 아니라 인민이 알아야 한다는 생각 자체가 혁신적인 것이지만, 한 걸음 더 나아가 그것을 위하여 '법률문답'이라 하여 구체적인 법계몽, 법의 대중화를 벌인 것은 실로 선구적인 중요성을 띤다고 하겠다. 이것은 개화된 실정법률과는 별도로 법률의 무지와 오해로 법생활은 따로 존재하고 있었다는 사실을 가리켜준다. 구체적인 몇 예를 보기로 하면, 우선《형법대전》에 비추어 '결혼하고 破約한 사례'에 대한 법률 안내로 다음과 같이 '문답'한다.

[문] 결혼하고 사주단자와 선체를 받고서 퇴혼하고 다른 데 결혼하면 어떠하뇨.
[답] 결혼하고 퇴혼이 도모지 좋은 일은 아니나 만일 불합한 일이 있으면 사주단자를 환송하고 퇴혼하는 풍속이 예사로 되어 있고 선체를 받은 후는 퇴혼치 못하나 만일 범하면 법률이 있나니라.
[문] 그 법률이 어떠하뇨.
[답] 형법대전에 똑똑히 있으니 조목을 호와 말하노라. 1은 둘째 번 정혼한 사람과 아직 성혼치 아니하였으면 주혼자를 태 70에 처하고 이미 성혼하였으면 주혼자를 태 80에 처하고, 2는 둘째 번 정혼한 신랑의 집에서 결혼한 곳이 있는 줄을 알고도 짐짓 정혼하였으면 신랑편에 주혼자도 같은 벌에 처하느니라.
[문] 그러면 성혼여부는 어떻게 하느뇨.
[답] 만일 두 번째 정혼한 사람과 아직 성혼이 되지 아니 하였다면 새악씨 집에서 두 번째 정혼한 집에서 받은 선체 물건은 속공하고 그 새악씨는 첫 번 결혼한 사람과 성혼하나니라.
[문] 처음 결혼한 사람이 그 새악씨와 성혼하기 싫다면 어찌 하느뇨.
[답] 첫번 결혼한 사람이 싫다하면 둘째 번 정혼한 사람과 성혼하겠으나 다만 성혼하는 신랑편에서 선체 물건을 갑절을 하여 일반은 첫 번 결혼한 집에 보내느니라.
[문] 만일 신랑편에서 이런 일이 있으면 어찌 하느뇨.
[답] 태벌은 이 우혜같고 재물갚을 것은 없느니라.
[문] 결혼을 단단히 하고 예물까지 받은 후에도 의례히 퇴혼하는 법이 혹 있느뇨.
[답] 두 가지 연고밖에 없으니 성혼치 아닌 남녀가 사음을 범하였거나 도적에 범

하였으면 이런 것은 이 법률 속에 들지 아닌 것이니 곧 파혼하나니라(《형법대전》 제11장 제1절, 〈혼인위범율〉 제559조).

(《寶鑑》 I , 1906, 297쪽)

법률만이 아니라 부령 · 규칙에 관하여도 '법률문답'은 다루고 있고, 또 민사관습에 연결된 문제들도 많이 다루고 있는데, 한 예로 '종을 贖良'하는 문제에 대하여 다음과 같이 설명하고 있다.

[문] 어떤 사람이 남의 종으로 있을 때에 딸자식을 낳은지라, 지금은 속량하야 나왔으나 그 딸은 그저 종대로 상전의 집에 있는데 그 부모가 상전의 마음에 넉넉하도록 돈을 주고 그 딸을 속량하는 것이 법이 있느뇨.

[답] 法規類篇 規制門 제16類 雜則 제13조 노비의 법을 혁파하는 조건에 관가와 사가의 노비법을 없이 하고 또 종사는 것을 금하였으니 지금 어찌 종이란 명색이 있으며 하물며 돈을 넉넉히 내고 속량하겠나니 이런 것이야 다시 말할 것이 무엇이냐.

(《寶鑑》 I , 1906, 187쪽)

보다 민간에 퍼진 구습 · 악습 등을 타파하는 방향의 '법률문답'도 있다. 무당들의 비행과 부조리를 고발하는 기사가 종종 나오고, 한 '법률문답'은 '과부동이는 악습'을 논하고 있다.

[문] 이전부터 시골서는 과부를 동혀다가 작배하는 폐습이 있었으니 지금도 그러하뇨.

[답] 이것이 악한 버릇이요 또 이로 인하여 다른 대죄가 종종 생기는고로 새로 내각이 될 때에 법부대신 조중응씨가 이 버릇을 통절히 금하노라고 십삼도 관찰부에 훈령하야 관하 각군 방방곡곡에 방을 붙이고, 펴일러 이후로 만일 전과 같이 과부를 동히는 폐단이 있으면 곧 그 동리 · 동장이 고관하여 본읍에 엄수하고 본읍에서는 본도 재판소에 보고하야 겁탈 강간하는 율에 의지하여 嚴懲無赦함으로 후패를 영원히 막으라 하였으니 이 훈령이 광무 11년 6월 19일에 났나니라.

(《寶鑑》 I , 1906, 235쪽)

한걸음 나아가 '법률문답'의 형식이지만 내용적으로는 진보적으로 민중의 법의식 자체를 앞장서 인도해주는 것도 보인다. 개화기에 한참 문제가 되었던 斷髮에 관하여 '법률문답'에서 다룬 태도를 보면 다음과 같다.

> [문] 일반 상하 관민이 머리깎는 것이 무슨 법령이 있느뇨.
> [답] 법령이 있는 것이 아니라 천하각국이 거진다 머리를 깎았고 그 외국사람들이 많이 대한에 있고 또 우리 나라가 외국 정치 풍속을 배우고저 하는 고로 자연 그러한 것이니 교민이나 백성이나 물론 아무하고 깎고 아니 깎기를 제 마음대로 할 것이요 법에 상관은 도모지 없으며 삭발령이 난다는 말은 여러 번 있었으나 아직 나지도 아니하였고 또 이런 령이 아니나기를 바라노라.
>
> (《寶鑑》Ⅰ, 1906, 339쪽)

이렇듯 단발같은 것은 어떤 국법에 의하여 시행할 성질의 것이 아니라 개화된 문명국의 풍속을 따라 민중 스스로 솔선수범할 일이라고 종용하고 있다.

이러한 '법률문답'이 어느 정도 민중에서 영향을 미칠 수 있었던가. 《경향신문》 1909년 3월 5일자 논설을 보면 그 정도를 알 수 있다.

> 본 신문에 각 지방에서 오는 긔서(편지) 중에 여러 가지 새로 나는 법 때문에 묻는 말들이 많고 우리가 원대로 그 법을 살피고 각부에 알아보아 보감 법률문답에 유의하도록 대답하기를 힘쓰고 여러 지방에서 오는 공함을 보니 본 신문을 보시는 여러분이 그 가르쳐 대답함을 인하여 여러 가지 폐단을 면하고 본 신문을 고마와하는 말을 듣고 우리가 매우 즐거워하나니 본 신문을 고히 우리 사랑하는 동포를 도와주는 연고뿐이외다.
>
> 그 묻는 말 중에 법률문답에 대답치 못하는 여러 가지 있으니 곧 법을 알기 위하여 특별히 묻는 것이 아니요 의심있는 마음을 통치고 내는 것이라, 대개 말하기를 재판을 하려는데 재판소 관인들에게 의대로 하는 증번됨을 얻을 수 없으니 어떻게 하겠느뇨도 하고, 학교가 집이나 아모 일을 시작하려는데 나중에 日人들에게 빼앗길까 무서우니 어떻게 하리요도 하고, 삼림규칙대로 하려는데 측량부비는 대단하고 얻는 이익은 적어 어려우니 어떻게 하겠느냐도 하고, 새 처사도 나고 새 말이 많고 새 협잡도 나니 어떻게 하겠느냐도 하는 것과 같이 날마다 그런 묻는 말이 많고 또 어떤 사람은 말하기를 경향신문이 항상 백성의 마음을 일어나게 하기로 실망하지 말라하고 힘쓰면 의대로 됨을 얻겠다고 하니 이는 경향신문이 우리를 불쌍히 여겨 아픈 것을 덜 아프게 위로하는 말이 아닌가 경향신문을 그대로 참 믿을까 하는도다(《경향신문》 125호, 1909년 3월 5일, 논설 〈대답하는 말〉).

구체적으로 민중의 법생활에 어떻게 영향을 주었는지 확인할 수는 없지만, “그 가르쳐 대답함을 인하여 여러 가지 폐단을 면하고 본 신문을 고마워하는” 정도에 이른 것만은 확실했다고 하겠다.

중국의 명률에서 크게 영향을 받은 조선시대의 전통법은 공법과 사법으로서의 형법과 민법의 구별이 명확하지 아니하고, 특히 일반 민중의 거래생활과 권익을 보장하는 민법의 역할은 매우 미약하였다. 갑오경장 이후 법근대화의 과정에서 비로소 민법과 형법이 개인의 권익을 보호하는 방향으로 제정되기 시작하게 된 것은 우리 나라의 문화사와 정신사에도 큰 의미를 갖는 발전이라 할 것이다. 다만 이러한 법근대화의 시기가 개화기라는 국내외적으로 매우 복잡하고 혼란한 상황이어서 법제의 근대화는 일사불란하게 점진적으로 이루어지지 못하고 진퇴를 거듭하는 복잡한 과정을 보여 주었다. 서양인 법률가도 참여하였지만 근대적 법학지식이 박약한 한국인 법률가들로서는 일본인 법률전문가들의 간섭과 지도를 배제하기 힘들었다.

조선시대에는 법을 ‘禮主法從’이라는 관념에 입각하여 德治를 보조하는 수단으로 인식하였다. 그러나 개화기에 접어들면서 법에 대한 인식은 일변하였다. 법은 문명개화의 척도로 여겨졌고, 부국강병과 자주독립국가를 건설하기 위한 수단으로 부각되었다. 이러한 인식 자체는 당시 풍미한 사회진화론과 결부되어 제국주의의 침략을 정당화하는 기능도 하였다. 현실을 비추어 보면 문명국인 일본이 조선을 지배하는 것은 당연하고, 또 법제의 정비를 위한 준비론도 등장하였다. 개화기 제국주의의 침략과 함께 수용된 서구법은 법에 대한 적극적인 인식의 변화와 제국주의, 특히 일본의 침략을 정당화하는 양면성을 띠고 우리에게 다가왔다.[40)]

그리하여 법제의 근대화는 명분상으로는 한국의 개화와 근대화를 지향하고 있었지만 은연중 일본의 침략정책의 수단으로 되어 진실로 한국인의 권익을 위한 법으로 인식되지 못하였다. 무엇보다도 단시간 동안에 쏟아져 나오는 신식 법률들의 양산은 한국인의 법률에 대한 무지와 불신을 더욱 강화시키는 결과를 낳았다. 이러한 상황속에서 1906년에 창간된 《경향신문》에 〈법률

40) 鄭肯植, 〈開化期 西歐法의 受容과 意義〉(《법제연구》 8, 한국법제연구원, 1995), 39~47쪽.

문답〉이라는 고정난을 설치하여 한국인에게 법률을 알리고 법을 잘 아는 것이 권익을 지킨다는 법률계몽운동을 전개한 것은 매우 뜻깊은 일이었다.

〈崔鍾庫〉

4. 지방자치제의 추이

1) 지방자치를 규정하는 세 가지 힘

지방자치정책 및 지방자치의 실체는 근대화의 방향성을 가늠하는 중요한 잣대로서의 의미를 지닌다. 자치 영역의 확대와 근대화의 진행이 동시에 이루어질 때 아래로부터의 근대국가가 형성된다고 한다면, 자치 영역의 소멸을 동반하는 근대화의 경우에는 중앙집권적이고 위로부터의 성격이 강한 근대국가가 형성되는 것이 일반적이다. 민의 성장, 향약질서의 붕괴와 새로운 자치기구의 형성, 지방행정기구의 부패로 인한 봉건정부의 위기 등을 고려하면 조선후기, 한말의 시기는 자치의 성장과 아래로부터의 근대화를 충분히 기대할 수 있는 상황이었다.

조선후기 신분제의 동요는 지방사회에 많은 변화를 일으켰다. 가장 두드러지게 나타난 변화는 일반민과 상인층 등 새로이 성장하는 계층에 의해 일어나고 있었다. 민의 성장은 기존의 '향약질서'나 '수령이향체제'에 대신한 새로운 지방정치 중심세력의 형성으로 표현되었다. 이미 조선후기 농민전쟁의 과정에서 지방정치의 주도층들은 향회 등의 조직을 통해 새로운 지방정치구조를 창출해 내고 있었다.[1] 이들은 중앙정부의 전횡, 삼정문란 등의 부패에 저항하면서 그 과정에서 만들어진 조직들을 지방정치의 중심에 두려고 기도하였다. 이는 사족중심의 질서에 편입하려는 鄕戰과는 질적으로 다른 변화를 의미하는 것이었다. 민중의 지방정치에의 참여가 전제된 아래로부터의 자치라는 측면이 역사의 전면에 나타나고 있었던 것이다.

---

1) 안병욱, 〈조선후기 자치와 저항조직으로서의 '향회'〉(《성심여대 논문집》 18, 1986).

한말의 지방자치문제와 관련하여 또 하나 고려하지 않으면 안될 부분은 중앙정부의 자구책 마련이라는 측면이다. 한말 중앙정부는 재정구조의 총체적 위기상황을 타개하기 위하여 재정개혁을 도모하고 있었다. 이러한 재정운영위기에 대한 타개책은 여러 형태로 나타나고 있었는데 세수 확대를 위해서는 지방사회의 내부구조를 충분히 이용하는 방법을 강구하지 않을 수 없었다. 지방자치정책의 대부분이 지방재정 문제와 함께 거론되었던 것도 바로 이 때문이었다.

일본의 작용에 대해서도 염두에 두지 않을 수 없다. 일본은 조선의 식민지화를 꿈꾸며 그 하나의 조건으로 지방사회의 장악을 초기부터 기도하고 있었다. 마침 일본은 메이지유신의 마지막 과제로서 지방제도의 개혁을 마무리하는 단계에 있었고 조선사회의 변화를 유도하면서 일본의 지배기반을 확보하려 애쓰고 있었다. 일제의 지방제도에 대한 구상이 구체적으로 표출된 것은 1894년 6월 일본 공사 오도리 가이스케(大鳥圭介)가 조선정부에 제시한 내정개혁 세목강령이었다.[2] 이 강령을 통해 이미 일제는 조선 지방사회의 효과적인 통제, 그리고 국가재정의 안정적인 확보를 우선시하는 지방제도 개편의 구상을 제시하였다. 1906년 地方制度調査所의 활동으로 귀결되는 일본의 이러한 움직임은 한말의 지방자치론과 지방자치 그 자체를 규정하는 커다란 힘으로 작용하였다.

한말의 지방자치는 자치를 향한 아래로부터의 움직임, 중앙정부의 자치정책, 그리고 일본의 간여라는 세 방향의 힘의 합력에 의해 전개되었다. 결국 힘의 합력은 전형적인 위로부터의, 그것도 심하게 왜곡된 '근대화' 과정을 거치면서 조선후기·한말 수준의 자치조차도 유지하지 못한 방향으로 귀결되었다. 한말 자치문제에 대한 선행연구들도 각 요소들의 작용을 염두에 두면서 대체로 일제의 조선지배정책에 의해 자치의 발전이 저지될 수밖에 없었음을 강조한 바 있다.[3]

---

2) 《日韓外交資料集成》 4 (日清戰爭編), 문서번호 28 內政改革案提出ノ件, 附屬書 3.

3) 윤정애, 〈한말 지방제도개혁의 연구〉(《역사학보》 105, 1985).
이상찬, 〈1906~1910년의 지방행정제도 변화와 지방자치논의〉(《한국학보》 42, 1986).
———, 〈1894~1895년 지방제도 개혁의 방향〉(《진단학보》 67, 1989).
김태웅, 《개항전후~대한제국기의 지방재정개혁 연구》(서울대 박사학위논문, 1997).

2) 갑오개혁기의 지방자치정책과 지방자치

제도적인 측면에서 보면 한말 지방자치정책은 1894년부터 본격적으로 제시되었다. 갑오농민전쟁이 소강상태였던 시기에 단행된 갑오개혁은 행정·재정을 포함한 다양한 방면에서 진행되었고 그 가운데 지방제도의 개혁도 큰 부분을 차지하고 있었다. 1894년 7월에 공포된 군국기무처의 〈鄕會에 관한 의안〉은 중앙정부가 지방제도 개혁에서 군현 및 면의 자치문제를 어떻게 해결해 가려고 하였는가를 잘 나타내주고 있다.

> 道臣으로 하여금 地方官에 飭하여 鄕會를 設立하되 各面 人民들이 綜明老鍊한 자 각 1인을 圈選하여 鄕會員으로 삼고 本邑 公堂에 모여 무릇 發令, 醫療 등에 관한 事項으로 마땅히 本邑에서 施行할 일의 可否를 評議하여 公同으로 決定한 後 施行하도록 한다(《舊韓國官報》, 1894년 7월 12일, 〈군국기무처 의안〉).

중앙정부는 지방자치의 주체를 향회로 규정하고 향회에 '총명'하고 '노련'한 인물들을 선발하여 자치운영의 중추적 역할을 하도록 하였다. 향회는 재지사족을 중심으로 하는 '향약질서'의 연장선상에 있으면서도 여러 가지 측면에서 그 성격을 달리하고 있었다. 무엇보다도 커다란 차이는 기존의 향약이 재지사족의 조직이었다고 한다면 향회는 재지사족의 지방 지배력이 약화되고 요호부민 등 새로이 성장하는 계층이 다수 참여하고 있다는 데에 있었다. 1862년 농민전쟁시에 향회는 이미 지방정치의 중심적 위치를 점하고 있었다. 이렇게 아래로부터 향회조직의 발달이 이루어지고 갑오농민전쟁을 통해 이것이 정치적 힘으로 작용함으로써 결국 1894년 중앙정부는 향회를 지방자치의 공식 기관으로 추인하지 않을 수 없었던 것이다. "마땅히 本邑에서 施行할 일의 可否를 評議하여 公同으로 決定한 後 施行하도록"한 것은 민의 수렴기구로서의 향회의 기능을 정확하게 표현하고 있다.[4]

중앙정부가 자치제도에 대해 적극적으로 대응하게 된 데는 또 다른 이유

4) 정창렬, 〈한말 변혁운동의 정치·경제적 성격〉(《한국민족주의론》, 창작과 비평사, 1982).

가 있었다. 1894년 9월의 〈結戶錢捧納章程〉의 기사를 보면 그 단초를 발견할 수 있다.

1. 結政은 守令이 實結을 좇아 作夫하고 帳簿를 만들어 鄕員에게 移送할 것(중략).
4. 한 고을의 公錢과 公穀은 다시는 守令과 吏胥層의 손을 거치지 않게 할 것.
5. 한 고을에 鄕會를 設置하여 兼幹人을 公擧하여 文·陰·武·生·進·幼學 등에 구애받지 말고 모두 鄕員이라고 부른다. 鄕員은 大邑에 3명, 中邑에 2명, 小邑에 1명을 둔다.
6. 각 面에서도 역시 兼幹人을 選出하여 面鄕員이라고 부른다. 面鄕員은 公貨를 檢納하고 邑鄕員이 委託한 일을 處理하며 (세금은) 邑에 갖다 내거나 銀行에 輸送한다(중략).
9. 鄕員은 公錢을 檢納한 후 度支衙門에서 파견한 差員의 公文을 기다려 中央機關, 銀行에 公錢을 收納하거나 各面이 직접 銀行에 收納하면 憑票를 받아서 施行할 것(하략)(《公文編案》 제4책, 奎 18154, 〈함경도 고원군수에게 보낸 훈령〉).

중앙정부는 앞서 말한 대로 향회제도를 도입함으로써 아래로부터의 자치요구를 수용하는 효과를 거둠과 동시에 향회를 통해 그 동안 국가운영의 핵심적 문제가 되었던 재정운영구조상의 문제를 함께 해결하려 하였다. "한 고을의 公錢과 公穀은 다시는 守令과 吏胥層의 손을 거치지 않게 할 것"이라는 기사에서 알 수 있듯이 중앙정부는 수령과 이서층을 재정운영구조에서 제거하고 이에 대신하는 기구로 향회를 이용하려 하였다. 중앙정부는 '탁지아문-향회의 향원-면회의 면향원'으로 이어지는 조세 수입의 계통을 새롭게 확립하려 하였던 것이다. 이렇게 함으로써 지방자치조직의 건전한 발전과 동시에 중앙정부의 자치조직에 대한 장악력을 확보할 수 있으리라 생각했기 때문이었다.

한가지 주목해야 할 부분은 향원의 계층구성의 관한 것이다. "文·陰·武·生·進·幼學 등에 구애받지 말고"라는 표현에서 읽을 수 있듯이 이제 향회는 재지사족이나 신향, 토호의 전유물이 아니라 신분제 해체 이후의 유동적 계층이동의 양상을 적극적으로 수용하고 있었음을 알 수 있다. 이는 한말 지방자치의 발전 방향을 가늠케 하는 중요한 변화의 하나라고 할 수 있을 것이다. 이렇게 지방자치제도의 큰 가닥을 잡은 중앙정부는 8월 충청도, 경상도,

함경도에 향회를 설치하라는 훈령을 내림으로써 향회를 통한 지방자치제도의 전국적 시행을 서둘렀다.5)

그러나 이러한 갑오개혁 초기의 방향은 동년 10월 일본의 이노우에 카오루(井上馨)공사가 서울에 들어와 군국기무처를 폐지하고 일본인 고문관을 배치하는 등의 과정을 거치면서 점차 변질되기 시작하였다.6) 일본의 영향력 아래 있었던 김홍집내각은 1895년 3월 〈內閣官制〉를 반포하여 군주권을 약화시킨 뒤 내부대신 박영효 등을 중심으로 제도 개정을 단행해 갔다.7) 이 시기 중앙정부의 정책방향은 자치조직의 재정간여를 배제하고 일제의 통제권 아래 있는 재무기구를 신설하는 것을 골간으로 하고 있었다. 일제는 갑오농민전쟁을 무력화시키고 조선에 대한 지배력을 강화시킨 후, 아래로부터의 요구를 반영하고 있었던 지방자치정책을 일제에 유리한 방향으로 전환시키려고 하였던 것이다.

1895년 3월과 4월에 각각 공포된 〈關稅司及徵稅署章程〉·〈各邑賦稅所章程〉·〈수입조규〉는 이러한 정책방향을 말해주는 제도적 표현이었다. 이들 규정에 의해 각 도에는 관세사가, 군에는 징세서와 부세소가 각각 설치되었다. 결국 이전의 향회가 담당하고 있었던 지방재정관계 기능은 이제 도의 관세사와 군수 및 징세서의 징세주사에 의해 장악되었다. 물론 재정문제와 관련된 신설기관들을 일제가 장악하는 것이 전제되어있었음은 말할 나위도 없다. 이러한 제도적 변화는 향회 그 자체를 폐지하는 것은 아니었지만 민선 향원의 역할을 박탈하고 다시 군수 및 징세주사나 납세 총대인에게 징세의 역할을 부여하는 것으로 자치조직의 기능과 역할을 현저히 약화시키는 결과를 초래하였다.

그 바로 직후인 5월에는 23府制가 실시되어 오랜 세월 유지되었던 8도제가 폐지되었다.8) 23부제는 종래의 大구역제인 8도를 한성·인천·충주·동래 등 22개의 府域으로 세분하고 각 부 밑에 군을 소속시키는 소구역제도였

5) 《公文編案》 권 3(奎 18154), 22책.
6) 유영익, 《갑오경장연구》(일조각, 1990).
7) 왕현종, 〈갑오개혁기 관제개혁과 관료제도의 변화〉(《국사관논총》 68, 1996).
8) 윤정애, 앞의 글.

다. 이 지방행정구획제도의 개편 역시 일본인 고문관에 의해 주도된 것으로 일본의 3부 72縣制를 모방한 것에 지나지 않았다. 물론 이 개편에도 다른 목적이 내재하여 있었다. 23부제 시행 직후 9월에는 관세사·징세서가 개설된 지 채 몇 개월이 지나지 않았음에도 불구하고 관세사·징세서 및 각 읍 부세소 장정의 시행을 정지하고 군수에게 조세의 부과와 징수를 모두 전담시키는 제도를 복원하게 된다. 이에 의해 각 군에는 세무과가 설치되고 세무주사를 중심으로 하는 지방재정운영이 시행되기에 이르렀다.[9] 23부제를 시행토록 한 일제는 이제 각 부 및 군의 운영에 직접적인 영향력을 행사하고 부·군의 세무과를 장악함으로써 보다 일원화된 지배체제를 구축해 가려고 하였던 것이다.

이런 와중에 1895년 11월 3일 〈鄕會條規〉와 〈鄕約辦務規程〉이 공포되었다.[10] 1894년이래 짧은 기간동안 많은 변화를 겪어 왔던 지방자치제도는 이로써 그 기본틀을 마련하게 되었다. 이 두 법령은 1894년 군국기무처 의안으로 설치되기 시작하였던 향회를 법제화하였다는 점에서 큰 의미를 지니는 것이었지만, 앞서 보았던 대로 일제의 작용에 의해 재정운영의 권한을 상실한 상태에서의 법제화라는 제한적인 의미만을 지니는 것이었다.

향회는 군·면·동리의 지역단위별로 大會·中會·小會라는 三級 향회로 나뉘어 구성하도록 규정되었다. 소회는 尊位와 해당 里內 매호 1인으로 구성하고, 중회는 執綱과 해당 면 소속 각 리의 존위와 각 리에서 임시로 선출한 2인의 위원으로 구성되었다. 대회는 군수와 각 면 집강, 그리고 각 면의 公擧人 각 2인으로 구성되었다. 이러한 각급 향회는 교육·호적·지적·위생·社倉·도로·교량·식산흥업·공공산림·堤堰 洑港·기타 제반 세목과 납세·환난의 구휼·공공복역·제반 稧會·新式令飭 등의 문제를 논의할 수 있었다. 논의사항은 향회에서 다수의 의견에 따라 결정하도록 하였으며 최종 재결권은 면집강과 군수·관찰사에게 부여하였다. 향회의 수석은 존위·집강·군수가 맡으며 차석은 부역을 많이 담당하는 上等戶民이 맡도록 하였다.

〈향약판무규정〉에서는 면·리任의 직능과 명칭·보수 등을 규정하였다. 즉

9) 김태웅, 앞의 책.

10) 송병기 외, 《한말근대법령자료집》 1(국회도서관, 1970), 600~605쪽.

리에는 존위·서기·頭民·下有司 각 1인을 두고, 면에는 집강·서기·하유사·面主人 각 1인을 두어 면리의 호구·산업조사의 임무를 맡게 하고 그 경비지출은 面里內에서 해결하도록 하였다.

존위는 소회에서 반상에 관계없이 선출되어 1년 임기로 리의 행정을 담당하였다. 그러나 임무를 위배하였을 때는 소회원이 회동하여 이유를 두민에게 고하고 상급 면에 보고한 후 임기에 상관없이 경질할 수 있었다. 서기는 존위의 명을 받아 리의 장부기록과 보고문건을 관장하였다. 서기 역시 존위와 마찬가지로 1년 임기로 리회원이 공동으로 정하되 임무에 위배되었을 때는 경질할 수 있었다. 두민은 里內에서 나이가 들고 세상일에 밝은 사람으로 정하고 존위 유고시에 그 사무를 대신 담당하였다. 그리고 리내 사무상 고증이 어려운 사안에 대한 자문을 담당하기도 하였다.

면집강은 군수의 명을 받아 면의 대소 사무를 관장하고 소속 존위들을 감독하였다. 1년 임기로 면내 各里 존위와 공거인이 공동 회의하여 반상에 관계없이 선출하였다. 임무에 위배되는 일을 하였을 때는 해당 면리의 존위와 공거인이 회의하여 군에 보고한 후 임기에 구애받지 않고 다시 선임할 수 있었다. 서기 역시 그 기능과 권한은 리의 서기와 동일하였다. 면주인은 군과 소속 각리에 공문을 발송하는 역할을 하였다.

1895년 11월 단계의 중앙정부의 지방자치정책은 이상과 같이 향회의 조직구성이라는 점에서는 구체적 제도정비의 모양새를 갖추고 있지만, 몇 가지 점에서 정확하게 의미해석을 해 둘 필요가 있다. 우선 이 정책은 1894년 7월의 정책과는 여러 점에서 차이를 보이고 있다는 사실이다. 앞서 재정문제와 관련하여 언급한 대로 1895년 11월의 제도는 1년여간의 여러 과정을 거치면서 자치성이 상당히 후퇴한 형태로 귀결되었다. 특히 대회의 장을 군수가 겸직한다는 대목에 주목할 필요가 있는데 이는 갑오개혁 초기의 정책과는 달리 중앙정부와 일본이 자치기구를 관제화하려는 강한 의도를 지니고 있었음을 말해주고 있다. 언뜻 보기에는 각급 향회에 여러 기능을 부여하고 있는 것처럼 보이나 이는 어디까지나 행정기구의 장을 보좌하는 데에 지나지 않았다. 조선시대의 '향약질서' 하에서도 수령과 별도로 좌수·별감이 존재하였고 이들의 이원화된 구조가 지방정치의 향방을 결정하는 데에 그 나름으로 역할하고 있었다. 이런 점을 상기해보면 대회의 장을 군수가 겸직한다는 것은 향회의 자치성을 부정하고 행정기구의 보좌역할로서 '자치기구'를 설정하려 했음을 알 수 있다. 〈향회조규〉·〈향약판무규정〉은 관제자치기구의 성격을 강하게 나타내고 있었던 것이다.

면 이하의 단위에서는 이러한 현상이 더욱 강하게 나타나고 있었다. 면과 동리의 경우 향회의 長을 곧 해당지역의 행정 수장으로 규정하고 있는 점이 바로 그것이다. 형식적으로는 향회라는 자치기구의 틀을 지니고 있음에도 불구하고 실제로는 면 행정기구로서의 집강·서기·下有司, 동리 행정기구로서의 존위·서기가 제도의 중심에 위치하고 있었다. 중회와 소회는 이들 집강과 존위의 자문기구로서밖에 역할할 수 없었고 이는 결국 집강과 존위가 각각 행정기구화하는 전단계였음을 말해준다고 하겠다.

1894년 7월 아래로부터의 요구와 재정구조 안정화라는 중앙정부의 필요가 맞아 떨어져 시작된 지방자치제도는 일본의 간여, 갑오농민전쟁의 패퇴, 중앙정부의 점차적 보수화로 인하여 관제자치기구의 형성을 예고하는 〈향회규칙〉·〈향약판무규정〉 체제로 정착되어 가고 말았다. 이러한 귀결은 이후에도 우여곡절을 겪기는 하지만 한말의 자치제가 외세에 의해 위로부터의 '근대화'의 큰 물결속에 휘말려 가는 전주곡과도 같은 것이었다.

3) 광무개혁기의 지방자치정책과 지방자치

1896년 2월 아관파천으로 김홍집내각이 무너짐으로써 정국은 새로운 방향으로 전개되어가기 시작하였다. 2월 11일에 내려진 고종의 조칙은 왕을 중심으로 한 중앙정부가 새로이 부국강병을 지향하는 정책들을 강력하게 추진해 갈 것을 명시하고 있었다.[11] 정책의 기본을 舊本新參에 두고 있었던 이 시기 정책의 기저는 지방제도의 면에서도 예외가 아니었다. 중앙정부는 1896년 8월 우선 23부제를 폐지하고 전통적인 8도제에 기본하는 13도제를 시행하였다.[12] 13도제에서는 지역의 특수성을 고려하여 한성·광주·개성·강화·인천·동

11) 《高宗實錄》 권 34, 건양 원년 2월 16일.
12) 윤정애, 앞의 글.

래·덕원·경흥에는 따로 府를 두었고 제주에는 牧을 설치하여, 총 13도 8부 1목 332군의 지방행정구역의 정비가 이루어졌다.

이 시기의 지방제도 정비는 행정구획 조정에 그치지 않고 중앙 파견 지방관의 상하명령체계를 체계화하는 차원에서도 진행되었다. 도에는 勅任 3등 이하의 관찰사 1인, 부에는 奏任인 부윤 1인(한성부만 칙임 3등 이하의 판윤), 목에는 주임의 牧使 1인, 군에는 주임의 군수 1인을 두게 하였고, 관찰사는 내부대신의 감독을 받고 다시 군수를 감독하는 상하 명령체계를 명확히 하였다. 이렇게 함으로써 23부제의 시행 및 관세사의 설치로 행정·재정의 이원화 등 복잡하였던 행정체계가 일원화되는 계기를 맞이하게 되었다.

지방자치의 면에서는 기본적으로는 향회조규체제를 그대로 둔 채 그 성격상의 변화를 기하는 차원에서 변화가 있었다. 앞서 말한 대로 이 시기의 정책은 구본신참을 기저로 하면서 중앙집권적 근대화의 추진을 목표로 전개되고 있었다. 지방자치의 구본신참은 역시 구래의 자치기구의 기본성격을 어느 정도 살리는 것이었다. 갑오개혁기의 향회조규체제는 향회를 제도화한 반면 그것을 관제자치기구로 만들려는 의도를 강하게 지니고 있어, 구래의 자치기구와는 달리 행정기관의 장이 자치기구의 장을 겸하는 형식을 취하고 있었다. 따라서 〈향회조규〉의 기본틀은 그대로 두면서 향회의 장을 별치하는 방식으로 자치제도 문제를 풀어가려 했던 것으로 보인다.

이와 관련하여 주목되는 것은 군단위에 새로이 향장이라는 직을 두었다는 점이다. 정부는 1896년 8월 〈地方官吏職制〉를 반포하고 여기에 향장의 직을 규정하였다.[13] 향장은 지방자치기구의 장으로서 한성부를 제외한 각 부와 군에 1명씩을 두도록 하였다. 향장을 포함한 군단위의 직제를 표로 정리하면 아래와 같다.

〈표 1〉을 통해 알 수 있듯이 향장은 군수를 비롯한 다른 행정관리와는 달리 일종의 활동비로 여겨지는 월 6원의 월봉을 받는 특수한 직책이었다. 중앙정부는 행정기구의 계통적 질서를 구축하면서 동시에 향회조규체제에서는 군수가 겸하게 되어있던 향회의 수장을 향장이라는 직명으로 새로이 독립시

13) 《舊韓國官報》 4책, 제400호, 건양 원년 8월 10일.

켰던 것이다. 이는 자치의 측면에서 본다면 향회조규체제보다는 다시 일보 진전한 것이라고 평가할 수 있다. 구본신참을 내세우면서 구래의 질서를 일정부분 체제내로 포섭해 내려는 중앙정부의 의도가 잘 표출되는 대목이라 하겠다.

〈표 1〉 1896년 각 군 등급별 인원수와 연봉

(단위 : 元)

구분	1등군		2등군		3등군		4등군		5등군	
	인원수	연봉	인원수	연봉	인원수	연봉	인원수	연봉	인원수	연봉
郡 守	1	1000	1	900	1	800	1	700	1	600
鄕 長	1	72	1	72	1	72	1	72	0	0
巡 校	6	288	6	240	5	240	4	192	2	96
首書記	1	96	1	84	1	84	1	84	1	84
書 記	8	576	7	504	7	504	6	360	4	240
通 引	3	108	3	72	2	72	2	72	2	72
使 令	8	288	8	216	6	216	6	216	4	144
使 傭	4	144	4	72	2	72	2	72	2	72
使 僮	3	108	3	72	2	72	2	72	1	36
客舍直	1	12	1	12	1	12	1	12	1	12
鄕校直	1	12	1	12	1	12	1	12	1	12

* 김태웅, 《개항전후~대한제국기의 지방재정개혁 연구》, 서울대 박사학위논문, 1997, 173쪽.
《議奏》 64책, 건양 원년 7월 24일, 〈地方制度에 關한 請議書〉.

이러한 점은 향장이 조선시대 향약의 좌수와 같은 존재이며 좌수·별감이 있던 향청에서 집무함을 강조하고 있는 아래 자료의 문맥에서도 잘 나타난다.

> 鄕長은 前의 座首라 郡守를 補佐하고 郡民을 總代하여 官民間에 一切 公務를 承接하고 現在는 郵遞事務를 兼任하니 鄕長의 職權이 甚要할뿐더러 各項 慣例와 關係한 民邑의 일을 悉由座首하여 郡守에게 建白도 하며 인민에게 佈議도 하는 고로 各郡 郡衙의 次에 原來 鄕廳이 있으니 즉 鄕長의 執務의 場所라(《地方制度調査》, 국립중앙도서관, 한-31-62).

위의 표현은, 향회조규체제에서 군민을 총대하는 역할이 행정 수장인 군수에게 주어져 있었던 것과는 달리, 조선시대의 좌수와 같은 인물을 명칭만 향장으로 바꾸어 구본을 살리고 자치성을 제고시키려고 했다는 점을 강조하고 있는 것이라 해석된다. 나아가 향장으로 하여금 군민을 대표하여 민간의 일체의 공무를 처리하고 군수에게 민의를 전하게 하는 데 그치지 않고 우체사무까지 겸하게 하여 그 직권을 강화시켰음을 강조하고 있음을 볼 수 있다.

또한 아래 자료에서 확인할 수 있듯이 향장의 자격은 해당구역내에서 士民과 吏額에 관계없이 7년 이상 거주자로서 聲望과 才諝가 있는 자였고, 해당 지역민들이 회의·투표를 통해 추천한 자를 군수가 최종 임명하도록 하였다.

> 各郡 鄕長은 該郡 區域內 士民과 吏額을 勿拘하고 聲望과 才諝가 素著한 人으로 郡守가 選擇하되 該郡 大小民이 會議 投票하여 다수를 從하되 本郡에 入籍 居住한지 未滿 七年한 人은 應選치 못함(《日省錄》, 건양 원년 6월 28일).

구본을 따르되 갑오개혁이래 이미 반상에 구애되지 말도록 하는 신분철폐의 원칙과 대소민의 회의·투표로 향장을 택하게 하는 선출원칙은 근대화정책의 방향을 유지하고 있었음을 말해준다.

그러나 1896년 단계에서의 지방자치정책이 자치기구의 자치성을 극대화시키려는 의도아래 전개되고 있었던 것은 아니다. 향장을 별치함으로써 군수가 자치기구의 장을 겸직하였던 제도를 개선하기는 하였지만 어디까지나 향장은 군의 직제에 포함되는, 요즘으로 말하자면 별정직 공무원에 지나지 않았고 따라서 조선시대 좌수·별감과 같이 독립성과 지역성이 강한 존재는 아니었다. 중앙정부는 구본에 따라 자치성을 강화한다는 명분을 살리면서 내용적으로는 향장 자체를 지방행정기관의 관리로 만듦으로써 향장의 장악, 향장을 통한 자치기구의 장악이라는 또 다른 목적을 달성하려 하였던 것이다. 민의 추천과정을 거치면서도 결과적으로는 군수가 향장을 임명하게 한 것도 이러한 측면에서 이해될 수 있다.

이상과 같은 지방자치정책의 방향성은 면리 단위에서도 관철되고 있었다.

一. 面長(혹은 執綱이라 부름)은 該面內 聲望解事理하는 士族 中 老成人으로 本郡守가 選定하고 該面內 各洞 民人이 聚會하여 圈點選定도 함.
一. 面任(또는 風憲이라 함)은 郡守의 命令을 이어 所管 面內 各 洞長에게 指揮하며 凡係 徭役 賦稅 등 事項으로 各 洞長 洞任을 牽率 董飭하며(중략)
一. 該 面內 民人의 家座成冊과 戶口帳籍을 面任이 官令으로 各 洞長에게 轉飭하면 各 洞長은 各 民人에게 知委하여 洞長이 面任에게 거두어 給하고 面任은 모두 모아 官에 냄(《地方制度調査》, 국립중앙도서관, 한-31-62).

《지방제도조사》에 나타난 면·동리 관련기사를 보면 우선 면에는 면장을, 동에는 동장을 두게 함과 동시에 면임·동임을 두어 조세·호적 등의 행정업무를 담당케 했음을 알 수 있다. 지방행정의 체계를 이전에 비해 계통적으로 정리한 중앙정부는 지방자치의 측면에서도 면장·동장의 위치와 역할을 명확히 한 위에 행정조직의 계통 역시 면임·동임을 통해 명확하게 정리하고 있음을 볼 수 있다. 이로써 내부-관찰사-군수-면임-동임으로 이어지는 일원적인 지방행정계통이 확립되었고, 또한 면·동리 단위에서의 자치제도 역시 이전보다는 안정된 제도적 기반위에 놓이게 되었다.

결국 1896년 단계에서의 지방자치정책은 기존의 동리·면·군단위의 향회조직을 그대로 살리면서 향회의 수장을 동장·면장·향장으로 독립시키는 대신 이들을 행정관리화하는 방향에서 전개되었다고 정리할 수 있을 것이다. 갑오개혁시의 지방자치정책과 비교해 볼 때 이 시기의 정책은 자치성의 부분적 인정이라는 측면에서 조금 진전된 성격을 나타내고 있지만 기본적으로는 광무정권이 추구하였던 중앙집권적 행정체계의 구축이라는 틀을 크게 벗어나는 것은 아니었다.

그러나 이 시기의 지방자치정책의 성격은 중앙집권적 행정조직의 체계화라는 과제와 자치제의 발달이라는 측면이 서로 길항하면서 발전해갈 수 있는 여지는 남기고 있었다는 점에서 주목된다. 이는 후술하는 통감부 시기의 정책기저와 비교한다면 아래로부터의 근대화의 가능성을 어느 정도 남기고 있었다고 평가할 수 있을 것이다. 통감정치에 들어가기 직전인 1905년 단계의 일이기는 하지만 강원도 관찰사로 부임한 金星圭의 사례를 보면 이러한 측면은 더욱 잘 나타나고 있다.[14]

14) 김태웅, 앞의 책.

그는 지방사회 운영의 근간을 향약에서 구하면서 군과 면·동리에 향약을 설치하고 군향약에는 도약장 1인을, 면향약에는 면약장 1인과 면임 1인을, 리향약에는 두민 1인과 존위 1인을 두도록 하였다. 그리고 향회와 都鄕會, 大鄕會를 별도로 설치하여 자치기구에 대한 민의 참여도를 높이는 구상도 제출하였다. 여기서 향회는 도약장과 각면 약장이 회동하는 會를, 도향회는 도약장과 각리의 두민·존위가 회동하는 회를, 대향회에는 도약장과 각면 약장과 각리의 두민·존위 및 각리 해사인이 모두 회동하는 회를 의미한다.

이 향회는 중앙정부가 취한 지방자치정책보다 자치성을 더욱 가미한 것으로 군수와 수서기 등의 지방관리를 견제할 수 있는 권한을 부여하고 있었다. 김성규가 시행한 〈民弊民瘼矯革章程〉을 보면 도약장과 각면 약장은 향회를 열어 군수와 서기, 수교 등의 위법을 관에 고하는 권한을 갖고 있었으며 그래도 시정이 안될 때에는 대향회를 열어 이를 다시 관에 고할 수 있었다. 그래도 시정이 안되면 관찰사와 내부, 평리원까지 상소하도록 되어 있었다. 특히 주목되는 것은 군수의 향회에 대한 관여를 애초부터 봉쇄하여 민의수렴기구로서의 역할을 수행할 수 있도록 하였다는 점이다. 이는 앞서 말한 〈향회조규〉는 물론 향장제를 실시한 1896년 단계의 자치정책과 비교해보아도 일보 진전된 것으로 평가해 모자라지 않다. 또한 대향회 등을 통하여 지역의 여론을 광범위하게 수렴하고 관권을 효율적으로 견제할 수 있는 제도적 장치를 구비하고 있었다는 점도 주목된다.

4) 통감부시기의 지방자치정책과 지방자치

광무개혁 이후 1906년까지의 지방자치가 중앙의 집권적 지배체제구축 정책과 지방의 자치확대를 향한 힘이 길항하는 과정이었다면 통감부시기의 지방자치는 일제에 의한 지방자치의 파괴과정이었다고 할 수 있다. 일제는 조선 침략을 꾀하면서 초기부터 지방사회의 구석구석까지 직접 지배하기 위한 제도적 기반을 구축하려 하였고 앞서 말한 것처럼 이러한 의도는 이미 갑오개혁 후기의 지방자치정책에서 표출된 바 있었다. 러일전쟁 이후 조선에서의 배타적 지배권을 확보한 일제는 지방사회의 장악을 위한 본격적인 정책을 구사하기 시작하였다.

1906년 4월 7일 초대 통감인 이토 히로부미(伊藤博文)의 주도하에 地方制度調査所가 설치되고 이들 활동의 결과로 지방자치정책의 새로운 방향이 제시된다. 지방제도조사소에는 내무국장 崔錫敏, 탁지부 사세국장 李建榮, 기타 유길준의 동생이자 내부 경찰국장이었던 兪星濬 등이 참여하였고 일본인 가메야마(龜山理平太) 警視와 시오카와 이치타로(鹽川一太郞) 통역관이 촉탁으로 참여하였다. 이들은 8월 중순에 기본적인 조사작업을 종결하고 그 조사·정리 보고서를 작성한 것으로 보이는데 여기에는 행정제도와 관련하여 행정구역의 개편, 지방자치의 실시, 군수 적임자 선발과 이서층의 정리, 지방세제의 실시 등이 건의되어 있었다.

> 近日郡守之貪虐은 多半 鄕人이 爲之嚆矢也라 地方情弊가 旣如此則 郡守만 選擇할 뿐 아니라 鄕長을 尤可注意니 鄕弊를 欲矯면 郡守의 責任을 痛禁하고 鄕長을 欲擇이면 人民의 選擧를 可許니 地方事務는 專在於鄕長之得人如何耳라 鄕長을 得人 然後에 鄕約規程과 鄕會條規를 如何擧辦 而人民自治之權이 將於是乎生矣리니(《地方制度調査》, 국립중앙도서관, 한-31-62).

지방제도조사소의 건의내용은 전체적으로 이전의 자치제도를 그대로 살리되 특히 향장 등 자치기구의 장을 잘 선택하여 그간의 폐해를 막는 데 주안을 두고 있었다. 그러나 1906년 9월 이후의 지방자치정책에서는 이러한 조선인 조사위원들의 의견이 채택되지 않았다. 처음부터 일제는 메이지유신의 경험을 토대로 한국의 지방통치에 관한 구상을 행정지배를 통한 지방사회의 직접적 장악이라는 차원에서 설정하고 있었고 이러한 상태에서 조선인 위원들의 청의는 받아들여 질 수 없었던 것이다.

일제가 선택하였던 제도는 향장제를 폐지하고 郡主事를 설치하는 한편 향회를 해체하고 이에 대신하여 지방위원회를 설치함으로써 기존의 자치제도를 전면적으로 폐기하는 것이었다.[15] 1906년 9월 〈地方官官制〉가 발포되면서 이전에 존재했던 향장의 직이 없어지고 이에 대신하여 군주사가 설치되었다.[16]

---

15) 이상찬, 앞의 글(1986).

16) 《법령자료집》 V, 칙령 50호 〈지방관관제〉.

언뜻 보아서는 이름만 향장에서 군주사로 바뀐 것 같지만 광무개혁시의 향장이 민선이었던 데에 비해 군주사는 완전한 임명직 행정관료라는 점에서 양자는 확연히 구별된다. 아래 〈郡主事銘心規則〉에서 기존의 좌수나 별감과 같은 자치기구의 장과는 구별되는 군주사의 행동규정을 두고 있는 것도 자치성을 일소하려는 일제의 의도를 잘 말해준다.

郡主事銘心規則

郡主事는 郡守를 補佐하되 持心을 勤愼히 하고 處事를 公平히 하여 政務의 刷新하는 主旨를 認眞實踐할 지며 前日에 座首와 鄕長의 鄙陋한 心法과 行動을 一切 革祛할 事(《訓令謄錄》 3책, 奎古 4255-10, 훈령 238호).

일본은 이전의 자치기구를 관제화하려는 경향에 더하여 이제는 군단위 자치기구의 역할을 급속히 약화시키고 대신 군주사와 같은 행정직원을 배치함으로써 집권적 지배체제를 강화하려 하였던 것이다. 초기에는 향장에 이어 군주사에 儒鄕층이 오르기도 하였으나 점차 향회 추천 등의 과정없이 통감부가 일방적으로 임면하는 방식이 일반화되어 갔다. 1908년부터는 타도나 타군 출신의 군주사가 임용되기 시작하였고 1909년부터는 일본인이 군주사로 임용되기 시작함으로써 일제는 자치기구를 무력화하고 행정지배를 강화시키려는 목적을 달성해 갔다.

일제는 이렇게 기존의 자치기구를 제도적으로 무력화한 이후 이에 대신하여 새로운 지방위원회를 설치하도록 하였다. 1907년 5월 13일 일본인 재무관과 메가타 타네타로(目賀田種太郎) 재정고문이 초안한 〈地方委員會規則〉이 공포되고 11월까지 각 지역에 지방위원회가 구성됨으로써 기존의 자치기구는 제도적으로 완전히 부정되게 된다.[17] 일제는 '自治制의 創始·母體·前身', '文明國의 代議機關' 등의 미사여구를 쓰면서 지방위원회를 발전된 자치기구의 형태인 것처럼 선전하였다.[18]

그러나, 조선에 필요한 것은 재무에 관한 사항이므로 따라서 위원회는 탁지부에 소속해야한다는 주장에서 알 수 있듯이, 일제는 지방위원회를 기존의

17) 이상찬, 앞의 글(1986).

18) 《財務彙報》 13·15호(1907).

자치기구를 폐지하는 수단으로 삼았고 궁극의 목적을 징세기구의 장악에 두고 있었다. 실제로 중앙의 훈령에 따라 일본인 재무관리와 한국인 세무관이 각 군을 순회하면서 각지에서 '신용·자산·지식'을 가진 자를 선발하였고, 이로써 일제의 지방지배를 매개할 친일적 인사들이 지방위원회를 채우게 되었다. 또한 일제는 지방위원회를 새로이 조직하는 한편 기존의 자치기구에 대해서는 적극적인 파괴 정책을 구사하였다. 장성·임실·한산·고령 등지의 자치기구가 일제에 의해 강제 해산되었던 것은 그 좋은 예라 하겠다.

한편 같은 해 10월에는 〈租稅徵收規程〉에 징세기구로서 면장을 규정함으로써 면단위에 면장을 두는 면장제를 법제화하였다. 면장제는 이전의 집강을 면장으로 바꾸고 면장에게 징세의 업무를 담당케하는 제도로서 기존의 면단위 자치기구를 보다 명확한 하급행정조직으로 만들려는 조치였다. 세무서에서 지세·호세의 총액을 면장에게 부과하면 면장은 면내 다액납세자로 구성된 5명의 임원과 함께 최종 납부액을 결정하여 납세자에게 납입고지서를 발부하고 그에 의해 公田領收員이 세금을 징수하는 제도를 시행하였던 것이다. 이렇게 함으로써 기존의 면단위 자치기구는 의미를 상실하게 되었고 면장－공전영수원으로 이어지는 징세기구의 하부조직으로 탈바꿈하게 되었다.

이러한 제도의 운영에는 여러 가지로 문제가 따를 수밖에 없었다. 우선 자치기구로서의 성격을 상실한 상태에서 행정실무의 역할만을 담당하는 면장에 지방사회의 유력자들이 취임하기를 꺼려하였고 따라서 전반적으로 면장의 질적인 저급성이 계속해서 문제가 되었다. 일제가 기존의 자치기구를 무력화시키기 위해 면장제도를 실시하기는 하였지만 이는 결과적으로 면단위 지역 운영의 이원화를 초래하였다. 실제로 각 면에서는 일제에 의해 임명된 면장과는 달리 지역 유력자를 중심으로 하는 지역운영의 관행이 강하게 존속하는 경우가 대부분이었다.

일제는 면장제의 개선을 위해 고심하지 않을 수 없었고, 여러 논의의 과정을 거치면서 최종적으로 〈面長職制勅令案〉을 제출하였다. 1909년 2월에 제출된 이 안은 면장을 판임관대우로 한다는 내용을 기본골격으로 하고 있었다. 면장의 질을 개선하기 위해 그 대우를 판임관으로 하는 대신 급료를 국고에서가 아니라 면민이 부담케 한다는 것이었다. 이는 면단위 자치기구를 무력화함으로써 발생하는 조선인의 반발을 근원적으로 해결하는 것이 아니라 면장의 대우를 개선하고 면장에 유력자들을 끌어들이려는 일종의 고육책에 지나지 않았다. 이러한 정책을 쓸 수밖에 없었던 것은 일제가 근원적으로 조선에서의 자치를 허용하지 않고 극단적인 집권적 지배만을 고집하였기 때문이었다. 결국 통감부의 정책방향은 식민지지배 전기간동안 계속되었고 이를 둘러싼 조선인과 일제와의 대립 길항은 계속될 수밖에 없었다. 총독부 설치 직후에 공포된 〈面에 關한 規定〉과 1917년의 〈面制〉는 이러한 정책방향을 구체적인 제도로 확립시켜 가는 과정이었다.[19]

조선후기·한말의 지방자치를 둘러싼 동향은 아래로부터의 자치성장을 일정부분 중앙정부가 수용하는 형태로 진행되고 있었다. 이는 지방자치의 발전을 동반하는 자주적 근대화의 가능성을 내포하는 것이었다. 갑오개혁·광무개혁기의 지방자치는 중앙정부의 집권화 정책과 자치성의 확대 움직임이 서로 길항하면서 어느 정도의 균형을 유지할 수 있었다. 그러나 일제의 간여는 지방자치와 집권적 행정체계 형성간의 균형을 깨는 역할을 하였고 결국 군·면·동리단위의 자치기구는 일제에 의해 제도적으로 부정당하는 결과를 초래하였다. 지방자치의 측면에서 볼 때 일제의 조선강점은 지배정당성을 결여한 이민족 지배였을 뿐 아니라 조선사회의 아래로부터의 근대화를 근원에서 차단하고 기형적인 위로부터의 근대화를 강요하는 과정이었다.

〈金翼漢〉

5. 의·식·주생활의 변화

1) 의 복

이미 甲午更張 10년전에도 의복개혁(갑신개혁)이 있었으나 큰 성과를 거두지 못하다가 다시 갑오경장 때 의복의 간소화가 일어나 근대화의 첫발을 딛게 되었다.

---

19) 김익한, 〈1910년대 일제의 지방지배 정책〉(《한국사회사학회논문집》 50, 1996).

갑오경장(1894)때인 6월29일 군국기무처에서 의결 공포한 바에 의하면 "朝官의 의제를 간이화하되 공식복장을 紗帽에 盤領窄袖 · 品帶로 하고[1], 통상복은 漆笠 · 褡穫 · 絲帶로 하고[2], 士庶人의 복장을 칠립 · 두루마기에 사대를 매고, 兵弁의 의복을 조례대로 준행하되 將官과 병졸의 구별을 명백히 할 것"[3]이라고 하고 있다. 즉 관복에 있어 공식 복장으로는 사모에 반령으로 하고 闊袖(廣袖, 통이 너른 소매)이던 것을 소매가 좁은 착수로 하고 여기에 품계에 따라서 혁대를 하게 하였다. 또 조관의 통상복도 규정하여 칠립 · 답호 · 사대로 하였는데, 칠립은 흑립을 말하는 것이고 여기에 답호를 입게 하였으니 이것은 사서인과 구별하기 위하여 周衣(두루마기) 위에 입었다고 본다. 그리고 사대를 하였다. 또 사서인은 칠립 · 주의 · 사대를 하게 하였는데, 여기에서 道袍[4]나 氅衣[5]가 아닌 주의가 등장하고 있는 것을 볼 수 있다.[6]

또한 동년 12월 16일자(양 1895년 1월 11일) 《관보》로 10가지의 칙령을 반포하여 제2차 개혁에 착수했는데, 여기에서 보면 조관의 복장은 더욱 간소화되고 있다. 즉 "조신의 대례복은 黑團領으로 進宮時의 통상복은 흑색의 주의와 답호에 사모, 靴子로 새해부터 시행토록 할 것"이라고 하였다. 이것은 지금까지의 金冠朝服도 공복도 상복도 그 자취를 감추고 공복으로 착용하던 흑단령이면 大禮服이 될 수 있었다. 그리고 공복, 상복의 구별없이 小禮服을 착용하게 하여 사모에 주의 위에 답호를 걸치고 木靴를 신도록 하였다.

다음 해 을미개혁에서는 공사예복에 답호도 없애고 주의만을 입게 하여 우리의 袍制는 주의 일색이 되었다.[7]

고종 32년(1895) 4월 8일에는 칙령 제78호로 〈陸軍服裝規則〉이 제정되어 구군복은 자취를 감추고 歐美式 군복이 되었다.

---

1) 紗帽는 官服의 쓰개, 盤領窄袖는 둥근 깃의 관복으로 좁은 소매통의 옷을 말하며, 品帶는 계급을 나타내는 띠를 말한다.
2) 漆笠은 칠을 한 갓, 褡穫는 조끼모양으로 뒷솔기가 단에서 허리까지 틔었고 길이가 두루마기처럼 긴 옷이며. 絲帶는 매듭 실로 엮은 띠이다.
3) 《高宗實錄》 권 31, 고종 31년 6월조 참조.
4) 두루마기형의 뒤에 한폭이 더 달려 있는 옷.
5) 뒤의 등솔이 진동선 아래로 터져 있는 옷.
6) 黃 玹, 《梅泉野錄》 권 2, 고종 31년 6월, 〈신법제정〉 참조.
7) 《高宗實錄》 권 32, 고종 31년 12월조 및 32년 3월조 참조.

동년 8월 10일에는 다음과 같이 문관의 服裝式이 반포되었다.

一. 조복과 제복은 옛식대로 착용하고 대례복은 흑단령·사모·품대·화자로, 動駕 慶節問安 禮接時에 착용하고,
一. 소례복은 흑단령·착수포·사모·束帶·화자로, 進見時에 착용하고 혹 대례복 때에 착용하여도 좋으며,
一. 통상복색을 주의·답호·사대로 하되 內外官 仕進時는 구애없으나 진현시에는 착용하지 말라(《高宗實錄》 권 33, 고종 32년 4월 2일 및 8월 5일).

갑오경장 후에는 진궁시 통상예복으로 변했으나 모든 국민이 이를 잘 받아들여 주의를 거리낌없이 입었다는 것은 큰 의복개혁이 아닐 수 없다. 더구나 "공사예복으로 답호를 입지 말고 흑색 주의에 帽靴 사대로 하라"는 內部告示가 있었으나 관민의 차별을 없앴음은 개화로 인한 복식의 평등사상이 표현된 것이다. 그리고 幞頭·時服이 없어졌고 團領의 색이 흑색으로 되었으며, 소매 넓이로 대례복과 소례복을 구분하였으며, 신이 목화로 되어졌다.

또한 9월 7일에는 재판소 廷吏의 복장[8]이 반포되었다.

〈표 1〉 재판소 廷吏의 복장

<table>
<tr><th>名稱</th><th>地 質</th><th>前章</th><th>頂章</th><th>服 庇</th><th>頤 鈕</th><th>制 式</th></tr>
<tr><td>帽子</td><td>濃紺絨</td><td>金色
廷字</td><td>金色
圓形</td><td>革 ┌表：黑
└裏：青</td><td>黑革 廣三分
五厘
鈕：金色</td><td>高至頂上五寸</td></tr>
<tr><td>下衣</td><td>木棉 ┌夏白
└冬黑</td><td colspan="4"></td><td>狹 幅</td></tr>
<tr><td rowspan="2">上衣</td><td rowspan="2">黑色木棉</td><td colspan="2">胸 鈕</td><td colspan="2">袖 章</td><td rowspan="2">窄 袖</td></tr>
<tr><td colspan="2">金 色</td><td colspan="2">品質：黃絨線幅一村
裝式：橫線一條
曲線一條</td></tr>
</table>

그리고 11월에는 망건을 폐지하고 양복을 입어도 좋다[9]고 했고 단발령이 내려졌다. 이해에는 관립 외국어학교 학생들은 머리를 깎고 양복을 입고 학

8) 《高宗時代史》 권 3, 고종 32년 9월 7일.
9) 《高宗實錄》 권 33, 고종 32년 11월, 33쪽.

교에 다녔다고 한다. 그러면서 곧 이어 관모는 외국 것을 모방하되 재료는 국산으로 하고, 의복도 모양은 외국 것이라도 紬·綿·布·苧를 사용하고,10) 白丁을 免賤하여 칠립을 쓰는 것을 허용하게 하였다.11)

1897년 고종이 황제에 오르면서 黃龍袍를 착용하고 十二旒冕冠(皇帝의 大禮服)을 사용하였다. 신하의 금관도 1品 7梁, 2품 6량, 3품 5량, 4품 4량, 5품 3량, 6품 2량, 8·9품 1량이 되었다.12)

〈그림 1〉 皇帝 冕服

* 〈순종황제어진〉, 창덕궁 소장.

10) 《法規類 編》 二 規制門 第十類 衣制, 305~311쪽.
11) 《高宗時代史》 권 4, 건양 원년 2월 12일.
12) 《禮服禮式課》 규장각본, 1419-379-3-3.

대례복은 有揚黑盤領·사모·品束帶·화자를 각국에서 陛見할 때 착용한다. 소례복은 無揚黑盤領·窄袖袍·사모·품속대·화자를 각국에서 편에 따라 常禮에 착용한다. 통상복은 여러 모양의 의관·帶·履를 공관에 주재할 때와 凡常 교제에 착용한다.

광무 3년(1899) 1월 1일에는 조서를 내려 常禮院으로 하여금 朝臣의 章服을 祭禮·賀禮·燕禮 외에 고금 制式을 참작하고 또 각국에 통행하는 규례를 모방하여 마련케 했다. 이어 동년 3월에는 칙령 제9호로 警務使, 警務官 總巡의 복장을 개정했다. 또한 8월에는 出疆한 사신의 복식을 외국 규모를 참작하여 개정하도록 함으로써 외교관의 복장이 양복으로 되었고 국내의 문관은 소례복 즉 착수인 흑단령에 품대만 더 꾸며 대례복으로 입도록 했으며 제례·하례때에는 전과 같이 흑단령과 조복, 제복을 입게 했다. 이렇게 복장도 개국과 더불어 간소화되고 서양화의 길을 밟지 않을 수 없었다.

1900년 4월 17일에는 칙령 제13호로 〈훈장규칙〉을 정하고, 제14호로는 〈문관복장규칙〉을 정했으며, 제15호로는 〈文官大禮服制式〉을 정하여 구미식 관복으로 바꾸었으니,[13] 이로써 조선조 500년의 옛 관복 제도는 완전히 양복화하였다.

(1) 임금의 정복(면복)

고종은 황제에 오르면서 《大明會典》의 衣次에 따른 황제의 대례복인 십이류면관·十二章服을 종묘·사직 등의 제사와 正朝·冬至·朝會·受冊·納妃 등에 착용하였는데, 朝覲及奉祀之服이라고도 하였다.

십이류면관·십이장복은 유물은 없으나 구류면구장복은 《國朝五禮儀》와 《大韓禮典》을 통하여 또 《大明會典》과 대조해 볼 수 있고, 九章服 중 袞服은 궁중박물관에 2점의 유물이 있으므로 충분히 입증이 된다.

십이장복은 衣·中單·裳·蔽膝·革帶·大帶·佩玉·大綬·襪·舃과 圭가 있다. 의는 玄色이며 양어깨에 日·月을, 등뒤에는 山과 星 그리고 소매 뒤쪽에 龍과 華蟲을 그려 넣었다. 중단은 素紗로서 청색 襈을 깃·도련·수구에 두르고 깃에는 黻紋을 13개 수놓았다. 상은 前三幅의 纁色 羅로 만들었

13) 《高宗實錄》 권 38, 광무 2년 6월조 및 권 39, 광무 3년 8월조 참조.

고, 火·宗彝·藻·米·黼·黻을 두 줄 씩 수놓았다. 폐슬도 훈색 라로 하여 위에 용 1, 밑에 화 3을 수놓았다.

〈그림 2〉 十二章紋

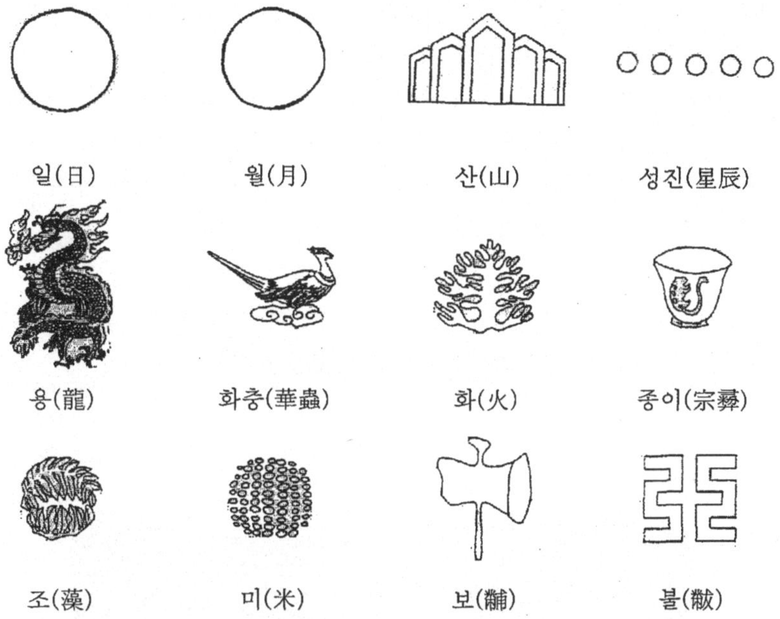

혁대는 옥으로 장식되어 있다. 대대는 겉은 素色이고 안은 朱色이며 上緣은 주색으로, 下緣은 녹색으로 각각 달리 하였다.

패옥은 좌우에 늘이는데, 위에 金鉤가 있고 옥판에는 雲龍紋이 새겨져 있는 玉珩 1개·瑀 1개·琚 2개·衝牙 1개·璜 2개·玉花 1개·玉滴 2개를 옥구슬을 꿰어 매달았고, 패옥 받침으로 훈색 바탕에 황·백·적·현·縹·녹색으로 짜서 늘였다.

대수는 소수와 같이 6색으로 하여 뒤에 늘였다.

버선은 朱緞으로 신발은 赤緞으로 만드는데, 신발은 繰로 緣을 두르고 황색 끈으로 졸라매었다. 따라서 황태자 면복은 구류면구장복이 되었고 親王은

팔류면칠장복이었다.

(2) 관리의 복장

가. 관복

고종 32년(1895) 8월 10일 관리의 복장식이 반포되어 광무 4년(1900)까지 시행되었다. 官服에는 대례복과 소례복이 있었다. 대례복은 소매통이 넓은 것이고 소례복은 소매통이 좁은 것이다.

이전에는 모두 소매통이 넓은 관복, 즉 대례복을 입었는데, 당상관 3품 이상은 紗·緞으로 현녹색 常服에 문관은 雲鶴, 무관은 虎豹 흉배를 달았고, 당하관 3품 이하는 모시·견으로 현녹색 상복에 문관은 白鷴, 무관은 熊豹 흉배를 달았다. 그리고 사모에 품대·화자였다.

이때에 와서 대례복은 그 소매통의 넓이가 일정하지는 않았는데, 예전에 상복의 소매통 넓이가 약 50~60㎝ 정도였는데 이것에 대례복이란 명칭을 사용하면서부터 소매통이 줄어들어서 40~50㎝가 되었다.

〈그림 3〉 大禮服

* 유물번호 2632-2, 창덕궁 소장.
柳喜卿·金美子 등 편,《朝鮮時代 宮中服飾》(文化公報部 文化財管理局, 1981), 49쪽.

소례복은 진현시에는 아무 때나 착용하고 대례복 시에도 착용해도 된다고 하였다. 소례복도 대례복과 구성에 있어서는 같은데 다만 흑단령이고 소매통이 매우 좁아진 것이다. 그러나 실제로 남아 있는 유물을 조사해 보니 흑색이 아니고 거의가 짙은 검은 쑥색이었다. 안감은 신하의 안감색으로 청색을 사용하고 있다. 유물은 모두 12점인데, 11점은 모두 관복과 같은 구성으로 소매통만이 좁을 뿐이다. 소매통은 평균 25~28㎝ 정도로 좁아졌다.

〈그림 4〉 小禮服

* 유물번호 2636-1, 창덕궁 소장.
柳喜卿·金美子 등 편,《朝鮮時代 宮中服飾》(文化公報部 文化財管理局, 1981), 51쪽.

나머지 하나의 소례복 유물(번호 2632-1)은 무가 뒤로 접혀진 관복무가 아닌 두루마기 형태이며 겉감은 검은 쑥색이고 안감은 청색으로 되어 있다. 또 유물 번호 2632-3은 관복무가 아닌 두루마기 형태이나 옆 트임이 20.8㎝이고 겉감은 쑥색이고 안감은 보라색이다. 아마도 이것은 1895년 광수의는 폐지하고 관민이 모두 흑색 두루마기를 입으라는 고종황제의 의복 간소화 슈

이후 간소화 운동에 호응하여 만들어진 것이라고 생각된다.

나. 통상복

통상복으로는 고종 31년(1894) 12월 조신의 進宮 통상 예복으로 주의·답호·사모·화자를 착용하게 하여 큰 변화가 있게 되었다.

고종 32년 3월에는 진궁시에만 帽·靴·사대·검정색 주의를 입게 하였고, 8월에는 통상복색은 편의에 따라 주의·답호·사대를 착용하되 內外官 사진시는 거리낌이 없으나 진현시에도 입지 말라고 하였다.

〈그림 5〉 주의·답호 착장 모습

左上 右下

* 韓國放送事業團, 《한국복식도감》Ⅲ(三和印刷株式會社, 1986), 110쪽.

褡穫는 일명 戰服 또는 快子라고도 한다. 우리 나라에서는 오랜 역사를 지니고 있으며 형태는 같으나 문관이 입으면 답호이고 무관이 입으면 전복이라는 설도 있다. 창덕궁 소장의 유물번호 2646-1-7은 남색 홑옷으로 소매는 없고 섶도 없다. 그러나 무[14]는 있으며 옆으로 밑에서 12㎝가 터져 있고 뒷길 중심선이 진동선 높이 아래로 트임이 있다. 여밈은 매듭단추로 되어 있다. 또 유물번호 2647-1-2는 위와 같은 모양이나 검정색이고, 유물번호 2647-3은 백색 생모시로 되어 있다. 유물번호 2647-4는 겹옷으로 겉은 흑색이고 안은 홍색으로 되어 있다.

〈그림 6〉 답호 유물

* 柳喜卿·金美子 등 편, 《朝鮮時代 宮中服飾》(文化公報部 文化財管理局, 1981), 58쪽.

---

14) 웃옷의 양쪽 겨드랑이 밑에 댄 딴 폭을 말한다.

(3) 대한 제국시대의 예복

1900년대에 발표된 문관복은 대례복·소례복·상복으로 되어 있다. 대례복은 영국의 궁중예복을 모방한 일본의 대례복을 참작하였고, 소례복은 옷류에서 시민의 예복이던 연미복과 프록코트(frock coat)였고, 상복은 섹코트(sack coat)로서 구미에서 시민의 正服이었다.

이중에서 대례복의 제식과 그림이 《法規類編》 規制門 第十類 衣制에 자세히 기록되어 있다.

大禮服은 進賀·動賀動與·因公階見·宮中陪食時에 착용하는데, 親·勅·奏任官이 입었으며, 대례복이 미비하면 프록코트로 대신하였다. 대례복은 帽·의·胴衣·袴·鞋·劍·勳章으로 구성된다.

小禮服에는 燕尾服(西洋服)과 프록코트의 2종이 있으며 친·칙·判任官이 모두 착용하였다. 프록코트는 眞紗高帽·하의·고·혜로 구성되었고 宮內進見·각국 慶節·하례·私相禮涝時에 착용하였다. 연미복은 진사고모·하의·고·혜로 되어 있으며 각국 사신 召接時, 宮中賜宴時, 내외국관인 만찬시에 착용하였다.

常服은 사진시·집무시·燕居時에 착용하며 모·의·고·혜로 구성되어 있으며 모는 중절모자라고도 하였다. 의는 연미복이나 프록코트보다 뒤가 짧은 것이고, 袴는 상의와 동색의 같은 옷감으로 되어진 것이다.

육군 복장은 1895년 4월 9일 반포되었다. 이것은 訓練隊 步兵科 장교에 해당되는 복장으로 1895년도와 같았다. 그후 적용의 범위가 넓어져서 동년 8월 6일에는 군부내에 무관과 相堂官에게도 적용을 하였고 동년 9월 5일에는 일반군인에게까지 보급되었다.

1897년 5월 15일에는 〈特下陸軍服裝規則〉이 제정되었다. 또 1899년 6월 22일에는 원수부의 관제가 제정되면서 황제의 복장도 육군복장에 준하게 되었다. 1900년에도 많은 변화를 가져 왔으며, 1907년도에 이르면 많이 간소화되는 것을 볼 수 있다.[15] 다음 〈그림 7〉을 보면 그 변화과정을 알 수 있다.

---

15) 李康七, 〈陸軍服裝式에 對하여〉(《月刊 文化財》 제6호), 736쪽.

〈그림 7〉 육군 복장의 변화

1895년 1897년 1900년 1907년

* 李康七, 〈陸軍服裝式에 對하여〉(《月刊 文化財》 6, 1970), 736쪽.

(4) 일반 복식

문무관복이 양복화되어 갔으나 平居服은 여전히 우리 고유의 옷이 기본형이었고 다소 간소화된 것이었다.

옛날에는 두루마기(周衣)는 밑받침 옷이었고, 상민은 外衣로 입었으나 갑오경장 이후에 이르러서는 두루마기 一色으로 되어졌다. 그러면서 사계절을 통해 입게 되었다. 여름에는 모시 등으로 곱솔로 바느질하였고, 봄·가을에는 주로 다듬은 모시로 해서 만들고 단은 모두 붙임풀로 붙여 홑단 두루마기로 지었다. 겨울에는 솜을 두어 무명이나 명주 등으로 또는 무늬 없는 비단으로 하였다. 이른봄과 늦가을에는 솜을 두지 않은 겨울 두루마기로 하기도 하였다. 이렇게 계절에 따라 바느질 방법도 달랐다.

두루마기는 사계절을 통하여 반드시 입어야 하는 옷이었다.

麻古子는 홍선대원군이 청나라에 볼모로 滿洲保定府에서 돌아올 때, 만주인의 馬褂子를 입고 돌아와 이를 그 후 개량하여 입게 되었다. 겨울에는 솜마고자를 입었고 봄가을에는 산뜻하게 紗로 만들어 입었다.

조끼는 서양인들의 양복이 우리 의생활에 영향을 미치게 되면서 그들의 조끼를 본 따 만들어 한복화한 것이다. 겨울에는 겹조끼, 여름에는 홑조끼로 또는 깨끼조끼로 하기도 하여 소지품 보관에 좋았다.

우리 옷에서 가장 기본이 되는 바지, 저고리는 오랜 역사를 지니고 있으면서 조선조에 와서도 커다란 변화는 없었다. 겨울에는 솜바지·저고리였고, 봄·가을에는 솜을 빼고 겹으로 하였다. 늦봄·이른 가을에는 백이 겹바지·저고리를 입기도 하였는데, 백이란 손으로 박아서 지은 것으로 시접을 베어낸 것이다. 안팎을 주로 같은 감으로 한다. 여름에는 곱솔로 고의적삼을 하였다. 이렇듯 우리 나라에서는 계절에 따라 옷감이 다르고 따라서 바느질 방법이 달라지면서 맵시를 보였다.

(5) 여복

翟衣는 고종이 황제위에 오르자 明 황후의 것을 그대로 우리 나라 황후의 것으로 제정한 옷이다. 황후의 것과 황태자비의 것은 같은 것이었다. 심청색 바탕에 적문의 等數에 따라서 황후는 十二等하여 적문을 넣었고, 황태자비는 구등분하여 적문을 넣었는데 적문의 사이사이에는 梨花紋을 두었다. 깃과 도련 및 수구에는 紅色 선을 두르고 그 위에는 운용문을 織金하였다. 황태자비는 봉황문을 직금하였다. 적문의 십이등과 구등분은 면복의 십이장문과 구장문과 비유되는 것이다.

황후 적의제를 보면, 적의·중단·폐슬·玉革帶·대대·綬·玉佩·말·舃·玉穀圭로 되어 있는데, 거기에 더하여 霞帔와 補를 더하였고 冠은 大首로 하였다. 純貞孝皇后(純宗皇后)의 적의가 현재 세종대학교 박물관에 소장되어 있다(〈그림 8〉).

우리 나라에서는 황후에 오르면서 적의가 바뀌었고 따라서 圓衫이 달라졌다. 황후의 것은 이것의 홍원삼이 아니고 황후의 복색을 따라서 黃圓衫이 되었다. 황색길에 다홍색과 남색의 끝동과 한삼이 달렸고 옷과 대에는 五爪龍의 운용문을 금직 또는 금박하였다. 대례복으로 사용할 때는 오조룡의 운용문을 金繡한 圓補를 양어깨와 앞뒤에 加飾하였으며 소례복사모로 착용할 때는 쌍봉문을 금수한 흉배를 앞뒤에 가식하였다.

〈그림 8〉 純貞孝皇后의 翟衣

* 창덕궁 소장.

〈그림 9〉 순정효황후의 평상복

* 韓國放送事業團, 《한국복식도감》Ⅲ(三和印刷株式會社, 1986), 38쪽.

황후의 상복도 고유복인 치마·저고리이다. 일반인들과도 별 차이가 없다. 다만 첩지머리를 하고 있으며 노리개를 차고 있다. 이것도 독특하지는 않다. 저고리의 세부구조도 일반과 같다.

우리 나라에서 양장의 시작은 1895년 단발령 이후 연대는 확실하지 않으나 양장을 하고 기념사진을 찍은 모습이 남아 있다. 그리고 1900년에는 유학갔던 여의사가 귀국하면서 양장을 하고 돌아와서 보여 주면서 유행하게 된 것이다. 그 후 1906년경 모자를 쓴 여인이 미국에서 양장을 하고 돌아왔고 유학간 학생들이 돌아오며 증가해 갔다.

〈그림 10〉 19세기말 嚴妃 양장모습

* 柳喜卿, 《한국복식문화사》(敎文社, 1981), 427쪽.

〈그림 11〉 1906년 귀국한 여인

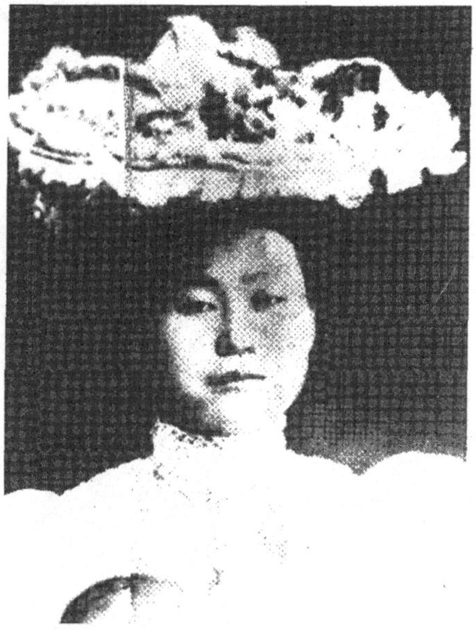

* 金東旭 외 20인, 《한국의 복식》(韓國文化財保護協會, 1982), 449쪽.

일반 여자복은 여권 신장과 더불어 의복의 활동성을 생각하게 되었다. 제일 먼저 기독교의 전도부인들이 짧아지기만 하던 저고리를 약간 길게 하고, 길기만 하던 치마를 다소 짧게 하여 외출과 활동에 편한 평상복으로 개량해

〈그림 12〉 여자두루마기

* 韓國放送事業團, 《한국복식도감》Ⅲ(三和印刷株式會社, 1986), 132쪽.

입기 시작하였다. 그리하여 여학생의 교복이 되고 신여성의 옷차림으로 번져 나아갔다. 그리고 쓰개용 장옷 쓰개치마도 없어지고, 잠시 검정 우산을 내외용으로 쓰고 다니기도 하였다.

여자들의 사회진출과 더불어 방한용으로 두루마기를 입기 시작하였다. 두루마기는 남자의 의관이었으나 여자용 두루마기는 추위를 막는 방한용이다. 일반 부인들은 비단으로 만들어 입었으며 아니면 무명으로도 해 입었다. 그러면서 여학생 특히 이화여자 전문학교에서는 겨울 정복으로 세무로 해 입었다.

저고리는 19세기말부터 더욱 짧아지기 시작하였다. 1880년대에는 거의 25㎝ 미만으로 짧아지더니 1900년대가 되면서 더욱 짧아져서 20㎝정도가 되었다. 1910년경에는 신여성들은 일방 약간씩 길어져서 20㎝가 넘어서기도 하였으나 전통을 고수하는 사람은 1910년대가 가장 짧아진 때로 18㎝정도가 되기도 하였다. 물론 사람에 따라서 다르기도 하겠으나 일반적인 경향임은 유물을 통해 볼 때 확실하다.

또 깃의 모양이 달라졌다. 19세기에 들어와서는 당코깃이 계속되었다. 그 후 1900년 이후 당코깃이 자취를 감추었다.

고름너비도 보통 3~4㎝정도이고 길이도 한 끝 길어져서 50~60㎝였다.

19세기말부터 신여성들의 치마는 긴치마가 짧은 통치마로 변해 갔다. 그리고 이화전문에서는 20세기가 되면서 교복치마로 지정되었다.

〈그림 13〉 1880년대 저고리

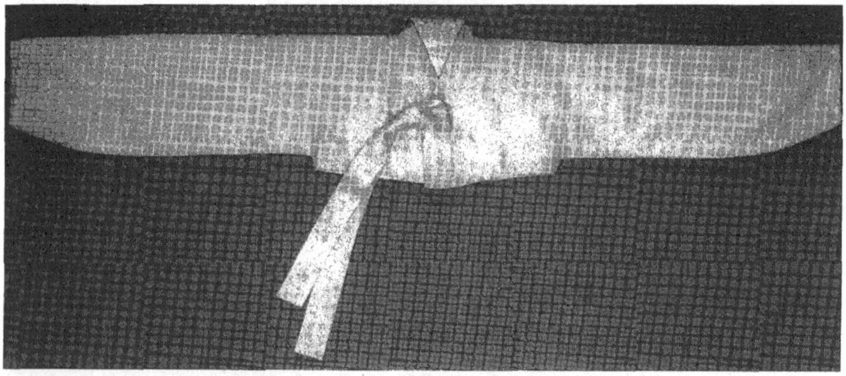

* 이화여대 박물관 소장.
韓國放送事業團, 《한국복식도감 Ⅲ》(三和印刷株式會社, 1986), 139쪽.

〈그림 14〉 1910년대 저고리

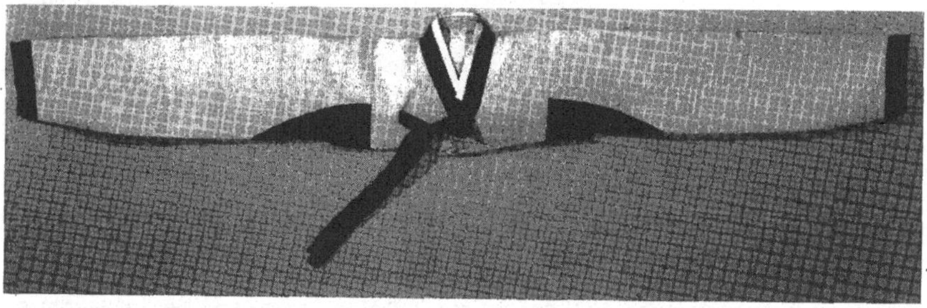

* 이화여대 박물관 소장.
韓國放送事業團, 《한국복식도감》Ⅲ(三和印刷株式會社, 1986), 136쪽.

〈그림 15〉 깃나비 변천

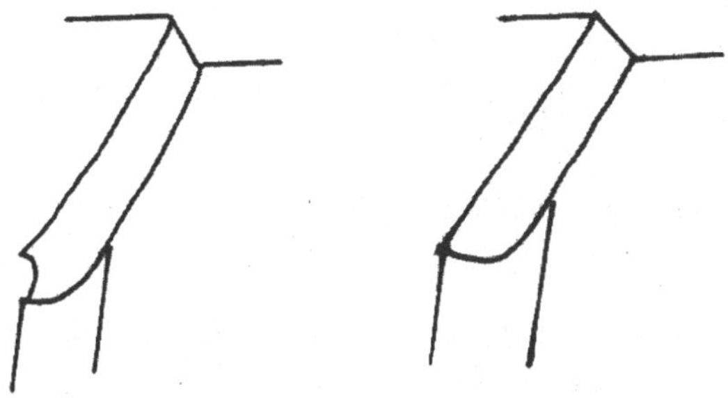

19세기 깃모양 20세기 깃모양

깃나비 3.5~4㎝, 깃길이 17~18㎝

〈그림 16〉 20세기 초 통치마모습

* 梨花七十年史 編纂委員會,《이화 70년사》(梨花女大 出版部, 1956), 355쪽.

〈柳喜卿〉

2) 음식

(1) 식생활 환경의 변화

외국과의 통상조약이 체결되고 상호 왕래가 활발해지면서 점차로 외래의 음식 문화가 유입되었다. 일부 상류층은 서양요리·중국요리·외국 술·서양과자·가공된 식품 등 새로운 외국의 음식 문화에 접하게 되었다

일본과는 병자수호조약이 체결되면서 식품의 교류가 활발해졌다. 일본으로의 수출 품목은 쌀·콩·보리·인삼 등의 농산물이었고, 일본에서의 수입은 주로 향료·조미료·담배 등이었다.[1] 청국과는 개항 이전에 이미 의주·경원·회령 등에서 1년에 2회 열리던 개시무역에 의해 교류가 이루어지고 있었다. 개항 이후에는 〈조청상민수륙무역장정〉이 체결되면서 의주와 회령에 세관을 설치하고, 수출입세로 상품 가격의 5%(단, 홍삼은 15%)를 징수하는 제도 아래에서 이루어졌다. 그러나 홍삼을 제외한 다른 식품은 세금을 물지 않고 수출이 가능하였으므로 청국과의 교류는 활발하였다. 우리 나라에서 청국으로 수출한 것은 인삼·해삼 등이고, 수입한 것은 茶·녹용 등이었다.[2] 러시아와의 교류는 수입보다 수출이 많았다. 우리 나라의 수출 품목은 두류·귀리·조·담배·해삼·어류·어란 등이었다.[3]

한편 국내에서도 개화기에 들어서 장시망이 전국적으로 발전하였다. 전북의 전주장과 함남의 원산장은 그 좋은 예이다. 시장망의 확대로 지역간의 식품 교류가 크게 증가되었다. 개천의 읍내장에서 산간 지대의 농산물과 바닷가의 해산물이 교류되었고, 평북 강계장에서는 지방의 사물인 녹용·삼·꿀들과 덕천의 철, 선천의 도자기 등이 유통되었다. 원산시장에서는 이 지방 일대의 생산물이 집결되어 각 지역으로 퍼져 나갔다. 황해도 토산의 비천장에서는 六鎭지방의 삼베와 원산지방의 마른 고기 및 미역 등 해산물이 유통되었다. 또한 서울의 이현(동대문안), 종루(종로 근방), 칠패(남대문밖) 등 3대

1) 강인희, 《한국식생활사》(삼영사, 1990), 386쪽.
2) 강인희, 위의 책, 387쪽.
3) 강인희, 위의 책, 387쪽.

시장에서는 각지에서 몰려온 곡물 상인들이 거래를 하였다.[4)]

또한 19세기 말경 납청에는 놋그릇 수공업 공장이 30여 개나 되었으며, 1897년 서울에 합자회사인 '조선유기상회'가 조직되었다. 이곳에서 만들어진 놋그릇은 津頭 상인들의 손을 거쳐서 각 지역으로 퍼짐으로써 일반인들도 필요에 따라 구입할 수 있었다. 《朝鮮의 窯業》에 의하면 1895년경에 도자기 공장이 21개소였고, 옹기류 공장은 13개소가 있었다 한다.[5)]

식사법에 있어서의 변화도 보이는데 1885년 전후하여 서양의 기독교 선교사들이 들어오면서 한자리에서 나란히 앉아서 음식을 나누어 먹는 식사법이 시작되었다.[6)] 이전에는 남녀가 또는 양반과 상민이 같은 상에 나란히 앉아서 음식을 먹는다는 것은 생각할 수 없는 일이었다. 당시 조선을 여행한 비숍은 "여인들은 아무렇게나 먹고 자기 남편들이 먹다 남긴 것을 먹어 치우는 것이 통례였다. 남자들의 모든 식사는 한 사람 앞에 하나씩 돌아가는 몇 센치미터 높이의 작고 둥글고 어두운 색의 나무상에 차려졌다"고 했듯이, 남자들은 외상 차림으로 대접하였지만 서민의 부녀자들은 상에 차려 먹는 일이 드물었는데,[7)] 이러한 식사법에 변화가 생기기 시작한 것이다.

그리고 1800년대에 서양 영양학이나 서의한역서 등이 소개되면서 서양에서의 영양·보건은 동양과 관념이 다르다는 것을 어렴풋이 알게 되었다. 〈강화도조약(병자수호조약)〉 이후 부산·인천·원산·서울에 일본인에 의한 서양식 병원이 생기고, 1886년에 제중원이 생기어 서양의술교육이 시작되면서 서양 영양학의 지식이 많이 소개되었다. 1895년에는 일본인 의사가 조선인의 日常食을 현대 영양학적으로 처음 조사하였다.[8)]

당시 서울에 인구가 많아지면서 우물이 없는 집에 물을 길어다 주는 물장수가 생겨나기도 하였다. 아침에 두 지게, 저녁에 두 지게씩 하루 네 지게를 길어다 주는 것이 보통인데 물값은 보름 혹은 한 달에 한 번씩 계산했다. 동

4) 강인희, 위의 책, 386쪽.
5) 강인희, 위의 책, 407쪽.
6) 김숙희, 《먹는 즐거움, 먹는 두려움》(정우사, 1982), 187쪽.
7) 이사벨라 버드 비숍 著, 이인화 譯, 《한국과 그 이웃나라들》(살림, 1994), 101쪽.
8) 이성우, 《한국 식생활의 역사》(수학사, 1992), 216쪽.

업자 조직을 만드는 등 근대적 상인정신을 가진 집단으로 특히 북청 출신이 많았다.[9]

가. 음식점과 호텔의 등장

1800년도 후반기까지 우리 나라에서는 집밖에서 식사를 할 수 있는 음식점·여관·음식 장수 등이 거의 없었다. 그래서 1866년에 독일 상인 오페르트(Ernst J. Oppert)는 우리 나라에서 밥장수·떡·죽장수 등을 전혀 볼 수가 없었다고 하였고,[10] 1883년에 온 독일인은 "지구상의 어느 왕국도 유럽인 여행자에게 알맞은 호텔·찻집, 그 밖의 유흥 시설을 찾을 수 없는 곳은 서울뿐인 듯하다"고 하였다.[11]

그러나 음식점의 경우, 그리피스(Griffis)는 우리 나라에 음식 파는 행상들은 그리 흔하지 않지만 푸줏간과 국숫집은 많이 있다고 하였고,[12] 《朝鮮漫畵》에는 당시의 국수가게·국밥집·떡장수·엿장수의 모습이 나온다.[13] 《京城繁昌記》에는 식사만을 하는 곳을 국밥집(湯飯屋), 약주만을 파는 집을 약주집(藥酒屋), 탁주만을 파는 집을 酒幕, 하등의 음식점을 전골집(煎骨家)이라 하였고, 주막에서는 음식도 팔고 숙박을 겸업하고 있다고 했다.[14] 또한 궁중에서 음식 관련 책임자였던 조순환이 1890년에 세종로 현 동아일보사 자리에 명월관이란 고급 요정을 차려서 궁중 음식을 일반에게 내놓게 되었다. 명월관 외에도 당시 장춘관·국일관·식도원·태서관 등의 고급 요리점이 있었다.[15]

서양식 숙박시설의 경우, 서울에는 철도가 부설되기 전에는 적합한 호텔이 없었다. 손님들은 흔히 어떤 소개장을 갖고 와서 자기들 나라의 공사관에서 접대를 받곤 하였다. 그리하여 당시 들어 온 외국인들의 불편이 많아지자 철도국에서는 1912년 서양식 설비를 갖춘 여관과 식당을 세우게 되었다. 부산 철도호텔과 신의주역에 호텔을 건설하였고, 1914년에 조선호텔을 건설하였

9) 이성우, 위의 책, 236쪽.
10) 에른스트 오페르트 著, 한우근 譯, 《조선기행》(일조각, 1982), 101쪽.
11) 김영자 편저, 《조선왕국이야기》(서문당, 1997), 203쪽.
12) W. E. 그리피스 著, 신복룡 譯, 《은자의 나라 한국》Ⅱ(탐구당, 1983), 164쪽.
13) 博田斬雲·鳥越静岐, 《朝鮮漫畵》(日韓書房, 1909), 41~51쪽.
14) 岡良助, 《京城繁昌記》(博文社, 1915), 249쪽.
15) 이성우, 앞의 책, 228쪽.

다. 1915년 금강산에 금강산호텔과 장안사호텔, 평양철도호텔을 세웠다. 그리고 1915년 서울역 2층과 釜山府 공회당에서 식당을 직영하였고, 철도의 식당차 영업은 1913년에 경부선과 경의선에서 개시하였다.16)

나. 술 가공공장의 설립

1883년 술 가공공장이 부산에 세워진 이후 이어서 서울 · 인천 · 부산 · 평양 · 마산 등지에 대규모 양조장이 생겼다. 이들의 생산 규모는 보통 하루 1섬 정도 소비했는데 20섬을 만드는 곳도 있었다고 한다. 각 지역의 술공장들은 고유한 상표를 붙여서 광고를 하였는데 평양의 甘露酒, 서울의 소곡주 · 도화주, 황해도의 이강고, 전라도의 죽력고 등이 당시의 대표적인 상표들이었다.17)

한편 일본인들도 술 가공공장을 세웠는데 1904년에는 무려 14개나 되었고, 년간 생산량은 4000석에 달했다. 주류시험소가 생기어 품평회를 개최하기도 하였다. 종래 조선에는 주세가 없었고 자가 양조는 거의 방임 상태였는데 1904년 일본인 재정 고문이 주세법을 구상하여 1909년 〈주세법〉을 발표하였다. 이는 술의 양조를 자가용 · 판매용 가리지 않고 무제한 면허제로 하여 해마다 11월까지 그 다음 해에 양조할 생산량을 소속 세무서에 신고하면 종류에 따라 과세하는 간접세였다. 이 주세에 의하여 우리의 전통술 빚기는 쇠퇴의 길을 걷게 되었다.18)

다. 식품 가공공장의 설립

술공장이 생길 무렵에 정미 가공 공장이 생겨났는데 대부분 일본 사람이 세웠다. 1874년 현미를 생산하는 '계산정미소'가 처음 생겼고, 1892년 미일 합작으로 엥겔식 정곡기 4대가 수입되면서 본격적인 정미 공장이 설립되었다.19) 1883년경 서울에는 두부와 떡을 만드는 豆餠局이 설치되어 식생활 풍속에 많은 변화를 주었다.20)

---

16) 이성우, 위의 책, 233쪽
17) 강인희, 앞의 책, 406쪽.
18) 이성우, 앞의 책, 222쪽
19) 최운규, 《근현대조선경제사》(갈무리, 1988), 88쪽.
20) 강인희, 앞의 책, 407쪽.

예전부터 칼국수는 손으로 만들어졌으나 기계면류가 나오면서 품질이 향상되었다. 당면은 경기도 부천·인천·평양·사리원·신의주 등지에서 만들었다. 당면은 녹두 녹말과 감자녹말을 섞어서 만드는데 1919년 중국인이 사리원에 천연 동결 제법을 처음으로 시작하였다. 냉면은 냉면 기계로 뽑아 내어 널리 식용되었다.[21]

축산물 가공품으로는 1920년경에 난곡기계농장에서 우유를 생산하는 한편 양돈을 하여 햄과 소시지를 만들어서 국내 거주의 외국인들과 조선호텔과 식당차에 공급하였다. 우유는 1900년에 일본인이 우유착취 영업허가를 받았으며, 유가공품으로 연유·분유·버터·유산균 발효유 등도 만들었다.[22]

감미료의 경우, 꿀의 생산량은 많지 않았으며 설탕은 국내에서 전혀 생산되지 않고 중국에서 당을 수입하였다. 사탕무 재배가 평남 및 황해도지방에서 성공하여 1917년에 조선정당주식회사를 설립하였고 日本精糖과 합병하여 1920년 평양에 정당 공장을 설치하였다.[23] 소금은 연해 각지에서 만드는 졸임소금이었는데, 1907년 경기도 주안에서 천일염을 실험한 결과 그 성과가 매우 좋아서 1909년부터 천일 염전을 축조하였다.[24] 식용유는 참깨·들깨·면실유·콩 등으로 만드는데 일화제유·북선제유 등의 공장이 있었다.[25] 또 일본인의 거주민이 늘어나면서 일본식 간장·된장 공장이 서울·부산·대전·인천·평양 등지에 많이 생겼다.[26]

(2) 개화기의 식생활

가. 곡류

우리 나라는 쌀로써 主食을 삼았으나, 쌀의 수출이 많아지면서 품귀 현상이 일어나고 쌀값이 급등하게 되어서 많은 사람들이 주식으로 쌀을 먹을 수가 없었다. 소수의 부유한 주민들은 연중 쌀밥을 먹을 수 있었지만 가난한

---

21) 이성우, 앞의 책, 218쪽.
22) 이성우, 위의 책, 222쪽.
23) 이성우, 위의 책, 218쪽.
24) 이성우, 위의 책, 220쪽.
25) 이성우, 위의 책, 218쪽.
26) 이성우, 위의 책, 226쪽.

주민들은 겨울철 반년은 쌀밥을 먹고 여름철에는 밀 · 조나 수수를 먹었다.27) 그 외 밀가루로 만든 국수와 떡을 만들었는데 당시는 제분소가 아직 없었고, 맷돌과 물레방아로 빻은 밀가루는 모래가 많이 섞여 있었다고 한다.28)

콩류는 쌀 다음으로 생산량이 많은 곡물이었는데 두부를 만들고, 그 밖의 곡물로는 기장 · 호밀 · 보리 · 귀리 · 밀 · 옥수수 등이 생산되었다.29)

나. 과채류

당시 우리 나라에서는 오이 · 호박 · 수박 · 가지 · 토마토와 마늘이 아주 널리 재배되고 있었다. 감자는 아주 드물었고, 마늘과 고추는 한국인의 음식에서 조미료로 큰 역할을 하고 있었다.30) 1883년에는 미국 사절의 수행원이었던 崔景錫이 서양 채소를 가져와서, 1884년 모범 농장을 설치하여 이의 재배를 시도하였으나 방치 상태가 되었다. 이때 캐비지 · 샐러리 · 케일 · 사탕무 등을 심었는데 일부는 궁중에 공급하기도 하였다. 감자와 고구마는 재배는 적었으나 1910년 이후 서양인과 일본인들에 의하여 많이 재배되어 생산량이 급증하였다. 배추 재배에 일본인과 중국인이 진출하였고, 미국 · 캐나다 · 일본에서 새로운 품종을 가져왔다.31)

한편 일본인들이 기업적으로 서양 사과 · 포도 · 배를 심은 과수원을 경영하였다. 배 · 호두 · 복숭아 · 살구와 사과나무 등의 과수원이 있었고, 특히 남쪽에는 감이 많이 생산되었다. 배는 상쾌한 맛이 나며 탄탄하였다. 경기도와 의주에는 포도밭이 있었다.32) 7월초부터 8월 내내 나오는 참외는 하층민들이 밥 대신에 먹기도 한다고 할 정도로 많이 생산되었다.33)

인삼은 오래 전부터 한국인이 모든 병의 만병통치약으로 사용해 왔다. 개성은 유명한 인삼 재배지였고, 산삼은 주로 상계에서 났는데, 백두산 주변에서 캔 것은 금값보다 비쌌다고 했다.

27) 러시아 대장성 編, 김병린 譯, 《구한말의 사회와 경제》(유풍출판사, 1985), 27쪽.
28) 이사벨라 버드 비숍, 앞의 책, 89쪽.
29) H. N. 알렌 著, 신복룡 譯, 《조선견문기》(박영사, 1984), 65쪽.
30) 러시아대장성 編, 《국역 한국지》(한국정신문화연구원, 1905), 441쪽.
31) 이성우, 앞의 책, 212쪽.
32) 러시아대장성(1905), 앞의 책, 448쪽.
33) 村上唯吉, 《朝鮮の衣食住》(朝鮮總督府, 1916), 44쪽.

다. 육류

우리 나라 사람들은 보통 쇠고기와 돼지고기를 먹었으며, 말고기는 먹지 않고 쇠고기는 특히 좋아했다. 이밖에 닭고기·사슴 고기, 그리고 엽조수들을 별로 버리는 부분없이 먹었다. 1854년에 소를 잡지 못하게 우금령이 내려 육류가 부족하고 비싸 보통 백성들은 아무나 먹지 못했다고 한다. 하지만 1890년대에는 우리 나라 사람이 일본 사람의 2배 이상 육류를 섭취하였다고 한다.[34]

서울의 시장에는 사냥한 동물이나 臘鳥를 많이 팔고 있었는데, 그 종류는 꿩·오리·거위·도요새·칠면조·산토끼·사슴·산돼지 등이었다고 한다. 그 중 가장 흔한 것은 꿩으로 닭보다 값이 쌌으며, 닭은 왜소하나 알을 잘 낳고, 오리와 거위는 드물었다고 한다.[35] 잔칫상에는 특별 요리로 통째로 구운 닭구이가 대부분 나왔다고 하였다.[36]

일반 푸줏간에서는 개고기를 팔며, 보신탕을 미식으로 알고 보약제 또는 강장제로 먹었다. 음력 정월에는 종교적 금기로 개고기를 먹지 않았으나, 천민신분에서는 이를 지키지 않았다고 한다.[37]

1902년 프랑스인에 의하여 젖소가 처음 도입되었고, 다음해에 육우가 들어왔으며, 이후 돼지 요크샤종이 들어왔다. 1906년 수원에 勸業模範場이 설치되어 외래종 가축의 개량을 연구하였다.[38]

라. 수산식품류

한반도 수역에는 상어·대구·가자미·큰 넙치·홍어·고등어 및 여러 가지 종류의 연어·청어·정어리와 다량의 온갖 작은 물고기들이 서식하고 있어 이것들은 중요한 식품이 되었다. 또 해조와 다시마 등 해초도 중요한 식료품이었다.[39] 일본인들은 이전부터 한국 연해에 침투해 오다가 1876년 〈강

34) W. E. 그리피스, 앞의 책, 162쪽.
35) 러시아대장성(1905), 앞의 책, 452쪽.
36) 김영자, 앞의 책, 224쪽.
37) W. E. 그리피스, 앞의 책, 163쪽.
38) 이성우, 앞의 책, 214쪽.
39) 러시아대장성(1905), 앞의 책, 453쪽.

화도조약〉, 1883년 〈한일간 어업에 관한 조약〉을 강제로 체결한 뒤 우리 연해의 수산업에 뛰어들어 수산물을 마구 남획하였다. 일본 어민들은 신 어장을 개척하고, 어선·어구·어법을 개량하고, 원양 어업이 발전하여 어획량이 크게 증가하였으나, 우리 어민들은 이들보다 기술이나 선박·어구 등이 열세하여 생활에 위협을 당하였다.[40] 1904년 6월에는 서해안 어업권을 탈취당하였다.

일본인은 바지락·굴 등에 관한 실험과 피조개·대합의 양식 연구를 하였다. 또 양어장을 설치하고, 민물고기 및 김을 양식하여 건조 가공을 하였다. 수산물 가공품은 1872년 전북 완도에서 통조림업이 시작되었는데, 게·고등어·소라·전복 등의 통조림을 만들어 수출하였다. 수산물의 보관을 위해서는 냉장과 냉동법이 쓰였는데, 1910년 人造製氷法이 시작되었다.[41]

(3) 외국 음식문화의 전래

가. 서양 음식의 전래

우리 나라 사람이 서양 음식을 처음으로 접한 경우는, 1800년대 후반 제물포 앞 바다에 온 영국인 홀이 군함에 한국인을 불러 유럽 음식과 포도주를 대접할 때였다. 소통은 중국어와 한자로 하였다고 한다.

그 후 〈강화도조약〉(1876) 체결 후 일본에 수신사로 간 金綺秀는 그곳에서 서양요리를 먹었다고 한다. 1883년 閔泳翊이 미국파견 전권대사로 처음으로 파견되었을 때 수행한 兪吉濬·尹致昊 등은 물론 미국에서 서양요리를 먹었을 것이다.[42] 오페르트의 《朝鮮紀行》을 보면 그는 배에 찾아온 조선 사람에게 양식을 대접했으며,[43] 그 이후 한국을 방문한 외국인들이 한국인들에게 양식을 대접한 기록들이 남아 있다. 양식을 처음 대하는 조선 사람들이 나이프와 포오크를 익숙하게 쓰는 것을 보고 놀랐다고 하였고, 그들이 가져온 통조림이나 식료품을 주었다고 하였다. 1894년 영국 신문에는 빵을 처음 먹어

40) 강인희, 《한국식생활변천사》(식생활개선범국민운동본부, 1988), 201쪽.
41) 이성우, 앞의 책, 220쪽.
42) 이성우, 위의 책, 228쪽.
43) 에른스트 오페르트, 앞의 책, 102쪽.

보는 조선 아이들의 삽화와 한강 빙판 위에서 영국 손님이 조선인에게 서양식 조반으로 빵과 버터를 권하고 있는 사진이 실려 있다. 유길준은 《西遊見聞》(1895)에서 서양인들이 빵과 우유, 버터, 각종 육류, 그리고 주스나 커피 등을 먹는다는 것을 소개하고 있다.44)

한말 정국이 어지러울 때 고종은 신변의 위험을 느끼며 특히 독살을 두려워하였다. 이때에 당시 러시아공사 웨베르(Karl I. Waeber)의 부인이 음식을 손수 만들어 이중 철제 궤속에 넣고 자물쇠로 채워서 궁중에 매일 배달하여 드시도록 하였다고 하며, 그후 아관파천으로 러시아 공관에 머물 때 웨베르 공사의 처형인 孫鐸(Antoinette Sontag)이 서양 과자와 요리를 정성껏 만들어 대접하였으므로 고종을 비롯하여 궁중에서는 서양식에 점차 익숙해졌다. 손탁호텔에서는 양식을 만들어 상류층에 보급하였고, 외교관과 고관들의 사교장으로 이용되었다.45)

1887년에 궁중에 초대받은 비숍(I. B. Bishop)여사는 서양식으로 스프를 포함해서 생선, 퀘일, 들오리 요리와 꿩요리, 속을 채워 만든 쇠고기 요리, 야채·크림·설탕에 버무린 호두, 과일 적포도주와 커피 등을 먹었다고 하였다.46) 1900년에 독일의 신문기자인 지그드리프 겐테(Sigfried Genthe)는 "황실에서는 밤마다 연회가 끊일 날이 없었으며, 화려하게 장식된 식탁에 최고급 유럽식으로 완벽한 음식이 차려졌으며, '트뤼플'과 프랑스산 '샴페인'이 나왔다고 하였다"고 하였다.47)

궁중에서는 서양식 책임자로 영국 유학생이었던 윤기익을 임명하여 서양식에 필요한 집기와 요리책을 사들이고, 프랑스에서 일류 요리사를 초빙하기도 하였다. 당시 러시아말 통역관이었던 金鴻陸은 시베리아지방에서 유랑하던 金鐘浩를 서양요리 熟手로 불러들여 서양 음식을 만들어 바치곤 했다고 한다. 고종과 순종은 특히 생선 프라이를 즐기셨다고 한다.48)

1910년 고종 탄일 경축연에 서양식 양악대가 음악을 연주하고, 음식은 전

44) 유길준 著, 채훈 역, 《서유견문》(양우당, 1988), 268쪽.
45) 이성우, 앞의 책, 228쪽.
46) 이사벨라 버드 비숍, 앞의 책, 294쪽.
47) 김영자, 앞의 책, 299쪽.
48) 김명길, 《낙선재주변》(중앙일보사, 1977), 31쪽.

부 양식으로 준비하였으며 손님들의 포오크와 나이프 소리가 요란하였다고 한다. 이렇듯 한말 궁중에서는 서양 음식으로 연회를 치를 정도로 서양요리의 수준이 높았음을 알 수 있다.

나. 중국 음식의 전래

임오군란 직후 약 3,000명의 중국 군인과 많은 중국인이 들어왔다. 그들 중 부자는 무역업에 종사하였으나. 대부분은 적은 자본으로 호떡집을 경영하거나 채소 재배를 하였다. 호떡은 얼마안가서 우리 나라 사람에게 널리 사랑 받게 되었는데 둥글넓적한 밀가루 반죽 속에 검은 설탕을 넣어서 구운 것이다. 찐빵인 包子와 만두인 餃子도 만들었다. 이것들을 파는 음식점이 1900년대 초기 서울의 태평로 2가, 명동, 종로 5가, 서소문, 소공동 등지에 밀집되어 있었다. 중국인들이 호국수집을 내어 짜장면·호국수·짬뽕 등과 잡채·탕수육·해삼탕·라조기 등을 만들어 팔았다. 고급 중국요리집으로 서울에는 아서원·사해루·금곡원 등이 생겼고, 인천에는 공화춘·중화루 등이 생겼다.[49]

다. 일본 음식의 전래

일본인이 왕래하면서 일본 고유의 음식과 식품으로 우동·단팥죽·일본과자·다꾸앙·어묵·청주·초밥 등이 들어왔다. 일본식 고급 요정으로 화월·화선·에비수·백수 등이 생겼고, 친일파인 宋秉畯은 청화정을 내었다. 일본 요정에서는 기생도 있었고, 일본 요리를 내놓고 있어 친일파들의 집회 장소가 되었다. 서울 진고개에 일본 과자를 파는 집이 생겼고 그후에 많이 늘어났다. 특히 조선의 아이들에게 비오리 사탕이 인기가 있어서 "꿀보다 더 단 것은 진고개 사탕이라네"라는 동요까지 생겨났다.[50]

마. 외국 식음료의 전래

조선의 술은 쌀이나 수수 또는 보리로 담그는데 강도나 색깔이나 맛이 맥주와 브랜디의 차이만큼이나 다양하다. 하멜(Hendrik Hamel)에서부터 최근의 미국인에 이르기까지 조선을 찾아온 많은 방문객들은 조선 사람들이 맥주에

49) 이성우, 앞의 책, 233쪽.
50) 이성우, 위의 책, 235쪽.

서부터 위스키에 이르기까지 온갖 독주를 모두 좋아한다는 사실이 무엇보다도 인상적으로 보였다고 한다. 미국 공사였던 알렌(Horace N. Allen)은 각 부 대신을 정동의 자택에 초대하여 칵테일파티를 열어 조선의 고관들과 브랜디와 포도주를 마셨다고 한다.[51)]

커피는 1892년 구미 제국들과 수호조약이 체결되면서 외국 사신들이 궁중에 드나들면서 커피를 전했을 것으로 보인다. 특히 궁중과 친히 지냈던 알렌이나 왕비 전속 女醫였던 홀튼(Lillias S. Horton) 등이 喫茶法을 궁중에 전했을 가능성이 크다. 그러나 그 이전에 서양이나 일본을 왕래하던 인사들은 커피를 마신 경험이 있었다고 하는데 유길준은《西遊見聞》에 커피마시는 풍습을 소개하였다.

특히 왕가에서는 커피를 즐겨서 마셨는데 고종은 俄館播遷(1896)으로 러시아 공관에 있는 동안 익숙해져서 아주 좋아하였다고 한다. 1898년 고종의 탄일 잔치 다음날에는 경운궁(현 덕수궁) 청목재에서 친척, 대신들과 어울려 커피를 마셨는데 이때 커피에 아편을 탄 음모사건까지 있었다.[52)]

1902년 손탁은 고종으로부터 하사받은 자리에 서양식 호텔을 개업하였고, 이곳에서 처음으로 커피를 팔았다.[53)] 1910년경 지금의 세종로에서 프랑스인 부레상이 나무시장을 벌이고 있었는데 그가 매일 커피를 담은 보온병을 메고 다니면서 나무장수들에게 따라 주었는데 이를 '양탕국'이라 하여 인기를 얻었다고 한다.[54)]

〈韓福眞〉

---

51) 강인희(1990), 앞의 책, 402쪽.
52) 김명길, 앞의 책, 31쪽.
53) 역사신문편찬위원회 편,《역사신문》5권(사계절, 1996), 91쪽.
54) 이성우, 앞의 책, 229쪽.

3) 주거

(1) 갑오개혁과 주거문화의 변화

1894년의 갑오개혁은 관리등용에 있어서 반상구별의 철폐, 문무존비의 철폐, 공사노비의 혁파, 천민계층의 면천 등 중세적 양반체제의 신분질서가 해체되는 결과로 나타났다. 그러나 이러한 봉건적 사회체제의 동요는 이미 18세기 이후부터 시작되었으며, 갑오개혁은 그 동요의 공식적 종결이라고 할 수 있다. 18세기 이후 왕권과 지배질서의 약화를 배경으로 소농경제의 성장과 부농·부상층의 대두, 양반호구의 격증과 상민호구의 격감, 노비호구의 실질적 소멸[1]은 이미 봉건적 신분질서가 해체되어 가고 있음을 보여준다.

〈표 1〉 울산지역 시기별·신분별 호구 비율표

(단위 : %)

연대	양반호(구)	상민호(구)	노비호(구)	계
1729	26.29(19.39)	59.78(49.57)	13.93(31.04)	100(100)
1765	40.98(32.11)	57.01(50.83)	2.01(17.06)	100(100)
1804	53.47(43.67)	45.61(33.88)	0.92(22.45)	100(100)
1867	65.48(67.07)	33.96(18.27)	0.56(14.66)	100(100)

* 정석종, 《조선후기 사회변동연구》(일조각, 1983), 249~250쪽.

이 과정에서 중세적 신분체제를 배경으로 하는 주거문화 또한 서서히 변질되어 갔음은 당연한 일이다. 우선 신분에 따라 주택의 규모와 형태를 제한하던 家舍規制가 점차 그 구속력을 상실해 감을 볼 수 있다. 태조 4년(1395)부터 시작된 조선시대의 가사규제는 수 차례의 개정을 거쳐 성종 9년(1478) 완성에 이른다. 《朝鮮王朝實錄》에는 가사규제의 위반사례가 자주 등장하며 그때마다 강력하고 세부적인 개정이 거론되고 있다. 그러나 16세기말부터는 이와 관련한 기사들이 거의 보이지 않고 더 이상 개정되지도 않는다. 이러한 사실은 임진왜란 이후에 가사규제가 그 효력을 상실하여 유명무실해 진 것

1) 한국사특강편찬위원회, 《한국사특강》(서울대 출판부, 1991), 203쪽.

을 반영한다고 해석되어 왔다.[2] 여하튼 갑오개혁은 신분차별의 철폐와 함께 가사규제의 공식적 폐지를 의미하는 것이었다.

가사규제의 폐지는 신분고하에 관계없이 경제력에 따라 자유롭게 주택을 조영할 수 있는 여지를 열어주게 되었다. 특히 농민층에서 경제력을 축적한 부농이나 부상들은 과거 고급관료계층에서나 할 수 있었던 주택의 규모와 형상을 자유롭게 사용할 수 있었다. 이는 과거 권위건축의 요소들이 폭넓게 확산되는 계기를 마련했다. 지방의 부농·지주들은 규모의 제한없이 엄청난 규모의 주택을 만들었고, 필요 이상으로 큰 사랑채나 루마루를 건립하였다. 長臺石 基壇이나 包作, 두리기둥과 굴도리, 附椽 등 私家에서 사용되기 어려웠던 건축요소들이 경제력만 있으면 흔히 사용될 수 있었다.[3] 이러한 요소들은 고급주택임을 표현하기 위한 권위적 요소의 모방이었다.

그러나 이들은 과거 사대부의 생활문화가 배경이 되었던 주거규범을 그대로 답습하거나 모방한 것은 아니었다. 농민출신의 부농들에게는 농업생산성을 높이기 위한 주거설비와 공간에 더욱 치중하였다. 이에 그들의 주택은 평면이나 배치형식상으로 그 지역의 중농·자영농 계층의 모습을 사용하는 경우가 많았다. 또한 그들은 사대부가의 생활문화를 바탕으로 하는 유교적 격식과 규범에서 벗어나 보다 자유롭게 생활의 편의성을 추구하였다.

함양의 허삼둘 가옥은 이러한 실용주의적 태도를 극명하게 보여주는 사례라고 할 수 있다. 이 가옥은 상량문에 의하면 1918년에 건립된 것으로 알려져 있다. 이 가옥의 살림채는 과거 경남지방의 상류계층 주택에서 보기 드문 ㄱ자형 건물로서 부엌이 모서리 부분에 위치하고 있다. 부엌도 사각형이 아닌 모서리를 죽인 마름모꼴의 형상이며, 양쪽 툇마루도 부엌부분에서 넓어져 마름모꼴의 형상을 갖추었다. 중앙의 부엌에서 양쪽 날개부분으로 난방을 할 수 있다는 장점, 양날개에서 부엌으로의 접근성을 증진시키고, 사각형의 규범적 형태에서 벗어나 면적에 따라 자유로운 형상을 만들었다는 점 등은 실용적 이유로 형태의 규범을 과감하게 벗어난 사례인 것이다.

---

2) 이호열, 《조선전기 주택사 연구》(영남대 박사학위논문, 1991), 121~122쪽.

3) 이러한 요소들은 일제시기 집장사들이 건립한 도시형 한옥에서도 흔히 나타난다.

〈그림 1〉 허삼둘 가옥의 살림채 평면

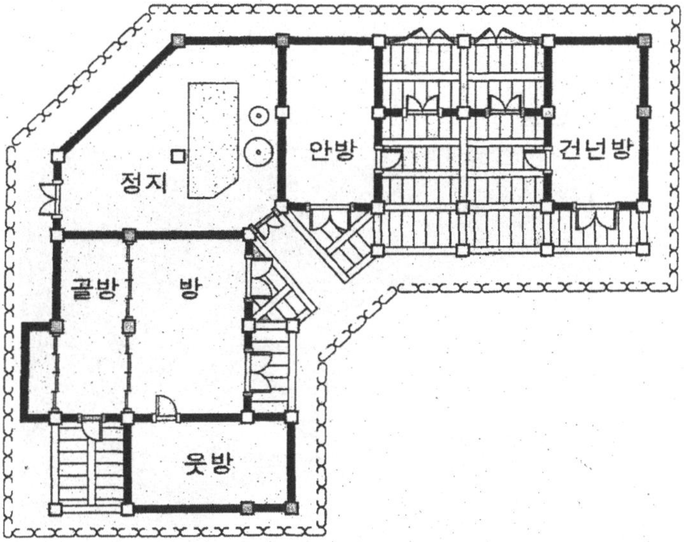

한편 섬세하고 화려한 장식화의 경향도 보여진다. 과거 사대부가의 주택이 우람한 구조체와 엄격한 규범으로서 권위를 표현하고, 절제와 검약의 선비정신을 표출하는 데 비해 이 시기의 상류주택들은 섬세한 공예적 장식으로 경제력과 계층성을 표현하려 했다. 구조부재들은 보다 가늘고 유약해지고, 창호면적은 보다 넓어지면서 내부공간이 밝고 높아지는 경향을 보인다. 특히 다양하고 섬세한 살무늬의 창호들이 많이 사용되며, 문에는 갖가지 무늬의 쇠장석들이 흔히 사용되었다. 이러한 장식성의 추구는 小木공예와 금속공예의 발전과도 무관하지 않을 것이다.

〈그림 2〉
청도 운강 고택의 쇠장석

사대부가의 주택이라고 하더라도 노비제의 해체에 따라 솔거노비들의 거처였던 행랑채가 약화되고, 수장공간과 대문간을 갖는 대문채로 대체되는 경향을 보여준다. 이에 따라 행랑채와 살림채 사

이를 遮蔽시키는 장치들도 비교적 허술해져 간다. 살림채 영역에 수장공간이나 작업공간이 들어서서 영역의 규모가 커지고, 개방화되는 것도 경영형부농으로 전이해가는 사회적 변화에 기인된 것이라 할 수 있다.

〈그림 3〉 대정리 신씨 고가의 포작

(2) 개항과 서구 건축양식의 유입

조선의 내부에서 사회변화가 진행되고 있는 사이에 서양의 열강들과 일본은 군대를 앞세워 개항을 요구하게 되었고, 마침내 1876년 강화도조약을 시작으로 서양의 여러 국가들과 강제적인 국교를 맺기에 이르렀다. 개항이라는 사건은 외국의 여러 문물이 직접 유입되는 계기가 되었는데, 이에 따라 일본과 서구에서 발달한 건축문화도 들어오게 되었다. 외국인들은 자국의 외교활동을 위하여 공관이 필요하였고, 새로운 숙박시설인 호텔도 도입되었다. 근대적 교육제도의 도입에 따른 교육시설이나 기독교의 전파에 따른 종교시설 등이 새로이 요구됨으로써 이와 관련된 건축문화가 외국인들을 통하여 직접 유입되었던 것이다.

초기에는 부산의 일본 관리관청(1879)을 비롯한 각국의 영사관과 공사관들이 그들의 건축양식대로 지어져 이 땅에 소개되었고, 인천 대불호텔(1885)을 비롯한 상업 건축들과 배재학당(1886)을 비롯한 학교 건축들, 명동 천주교 주교관(1886)을 시작으로 한 종교 건축물들, 또한 서울 전환국(1886)과 같은 새로운 기능의 관청 등이 외국인들의 손이나 감독으로 지어져 그들의 건축방법을 보여주게 되었다.

한편 주택으로도 새로운 양식들이 들어오게 되었는데, 세창양행 사택(1884)은 회사의 사택으로서 독일인들의 숙소로 사용하기 위해 지은 최초의 양옥이었다고 한다. 내부에는 사무실 · 응접실 · 침실 · 부엌 · 식당 · 오락실 등을 갖추고 있으며, 외벽에는 회칠을 하고 붉은 기와지붕과 아케이드(arcade : 기둥 위에 홍예를 만들어 연속적으로 붙인 시설)를 갖춘 일부 2층의 벽돌건물로서 중국인 大木이 건설하였다고 한다. 이후 기와지붕에 작은 돔(dome : 반구형 지붕)을 곁들인 미국공사 알렌(H. N. Allen)의 별장(1890)이 지어졌고, 인천 북성동에는 석조기와의 4층집으로 제임스 존스턴(James Jonston) 별장(1905)이 건립되었다.

〈표 2〉 개항기에 건립된 외래주택

건 물 명	시기	자 본	설계 및 시공	재료 및 구조	형 식
일본인 거류지		일본	일본인	2층 목조	일본식
세창양행 사택	1884	독일	중국인 대목	2층 벽돌조	별장풍
제임스 존스턴 별장	1905	영국	독일+중국인	4층 석조기와	유럽식 절충주의
요임관사	1906	일본	일본	목조모사	양옥
안국동교회 목사관	1911	한국+미국	미국+한국+중국인	2층 벽돌조	塼栱 한옥
이준씨댁	1911	일본	일본인	석조혼용 2층 벽돌조	프렌치 르네상스

* 김홍식, 《민족건축론》(한길사, 1987), 284쪽에서 발췌.

서구인들은 외교관이나 종교인 · 상업인 등 소수의 사람들이 일시적으로 들어왔지만 일본인들은 정착을 목적으로 하는 집단적 이주가 이루어졌다. 이주자의 양과 팽창속도에 관한 한 다른 외국거주자들과 비교가 되지 않는 것이었다. 이주일본인은 부산 · 인천 · 서울 등 주로 개항장을 중심으로 한 도시에 집중적으로 거주함으로써 도시에 있어서 일본인들의 비율은 급속하게 상승하게 되었다.[4)]

4) 이현종, 《한국개항장연구》(일조각, 1980), 175쪽.

이러한 일본인들의 대량 집단이주는 병자수호조약의 결과 일본조계가 설치되어 토지의 점유와 사용이 자유로워진 때문이었다. 예를 들어 부산의 경우 1877년 11만 평의 토지가 일본인 소유나 다름이 없게 된다. 이에 1900년에는 1,000여 호에 6,000여 명에 이르는 일본인이 거주하게 되고, 1909년에는 4,284호에 21,697명으로 급증하여 10년만에 3배가 넘는 증가율을 보여주었다.[5)]

이러한 일본인 이주자의 격증과 함께 이들은 조선의 정치·경제·사회의 모든 실권을 장악해 나감으로써 자유롭게 자신의 주거문화를 유입시킬 수 있었다. 초기에는 인구도 적고 교통수단이 불편하여 자재운반이 어려웠기 때문에 조선주택이나 일본인 목수들이 지은 목조서양관에 거주하였으나 이주자가 급증하면서 일본식 가옥이 대량으로 광범위하게 지어지게 되었다. 그리하여 개항장에서는 왜식주택의 창궐로 마치 일본의 소도시와 같은 모습을 보여주게 되었다.[6)]

일본인 거류지에 건설된 일본인 주택들은 당연히 일본인의 자본으로 일본인의 설계와 시공으로 이루어졌다. 그들의 대부분은 상업에 종사하는 상인들이었기 때문에 주택과 상업을 겸한 주상복합건물이 주종을 이루었다. 이러한 주상복합의 유형은 보통 2층 건물로서, 1층은 상점, 2층은 주거로 구성된다. 전면폭이 좁고 길이가 긴 택지 위에 계획된 것으로서, 이미 일본의 중세시기부터 '町家'라는 이름으로 일본식 도시주택의 유형으로 자리잡고 있었다. 당시 조선으로서는 생소한 외래 주거형식이 아무런 여과나 수정없이 집단적으로 건립되었고, 이는 도시의 경관을 이국적으로 바뀌게 하는 시작이었다.

그러나 그들의 주택으로는 한국적 풍토에 적응하기 어려웠던 것으로 나타난다. 온난하고 습기가 많은 풍토에서 발달한 다다미와 개방적 성격의 일본식 주택이 한국의 추운 겨울에 적절할 수 없었던 것이다. 이에 온돌방을 찾는 일본인들이 많아졌는데, 일본인들은 처음에는 적응치 못하고 자기의 관습을 유지하나 차차 조선식 온돌 난방장치와 벽을 두껍게 하고 창호의 면적을 비교적 작게 하는 것 등을 모방하여 재래의 일본식 주택과는 매우 차이가

5) 윤일주, 《한국양식건축80년사》(치정문화사, 1965).
6) 문홍길, 〈개화기이후 한국 전래주거건축의 변천에 관한 연구〉(서울대 석사학위논문, 1982), 55쪽.

있는 主家양상으로 변하게 되었다.[7)]

이러한 유입과정에서 볼 수 있듯이 외국건축들은 대부분 외국인들의 필요에 의하여, 그들의 자본으로, 그들의 건축양식을, 그들의 재료와 기술로 설계되고 건설된 것이었다. 즉, 유입과정에서 볼 수 있듯이 우리 자체의 필요나 의지에 의해서 유입되었거나 우리의 기술로 지어진 것은 아니었다. 개항과 더불어 거의 강제적으로 유입되었다고 볼 수 있기 때문에 이러한 외국의 문물이 우리 실정에 맞는지 또는 어떻게 수용해야 할지를 검토해 보거나 비판할 겨를도 없이 마구 쏟아져 들어오게 되었다. 게다가 개항이후 일제에 의한 식민지 시기를 맞게 되어, 일본인들에 의해 외래문화가 유입되었기 때문에 우리 나름대로 주거문화를 수용하거나 발전시킬 수 있는 기회를 빼앗기게 되었던 것이다.

(3) 외래건축문화의 영향

개항을 통하여 외래문물의 자극이 심화되면서, 전래 주택의 단점을 지적하고 그것을 개량해야 한다는 생각들이 개화파 지식인들을 중심으로 피력되기 시작하였다. 이러한 생각들은 치도론과 설비론, 위생론, 공간이용론, 근대기술교육론 등으로 요약된다.[8)] 치도론은 길을 닦자는 주장과 함께 하수도를 정비하자는 주장이며, 설비론은 주택의 설비를 근대화하자는 뜻에서 상하수설비 · 뒷간 · 목욕시설 · 난방시설 등을 개량하자는 주장이었다. 위생론은 채광과 환기의 중요성을 인식하여 개방적 창호를 만들자는 주장이며, 공간이용론은 다층 건물의 경제성과 공간의 기능별 세분화를 주장하는 내용이었다. 한편, 근대적 기술교육의 필요성이 주장됨으로써 1899년 우리 나라의 첫 상공학교가 설립되기도 하였다.

이들의 주장은 서구의 문물을 그대로 수용하려는 것이 아니라 전래적인 주거양식이 가지고 있는 경제적 · 기능적 · 위생적 문제들을 서구 도시나 주택으로부터 대안을 찾아보려는 시도였다. 이러한 점에서 이들의 접근방법은

---

7) 최순애, 〈박길용선생의 생애와 작품에 관한 연구〉(홍익대 석사학위논문), 96쪽에서 재인용.

8) 김홍식, 《민중건축론》(한길사, 1987), 237~239쪽.

조선후기 실학파의 맥락을 이었다고 평가된다. 다만 이들의 주장은 당시의 사회적·경제적 상황이 뒷받침되지 못하는 혼란한 시기였기 때문에 현실화되기 어려웠다.

이 땅에 건설된 외래건축들도 그 주체와 자본·기술 등이 외국인이었기 때문에, 그 설계와 시공의 과정에서 조선인 참여의 기회가 애초부터 배제되었다. 따라서 당시로서는 외국건축의 기술적 방법들이 전수되기 어려웠고, 조선기술자들은 서구건축에 무관심한 채 전래되어 오는 건축방법을 지속하게 되었다. 다만 조선후기부터 지방을 중심으로 자생적으로 전파된 카톨릭 신자들이 한옥에서 은밀하게 예배를 한 경험이 있었고, 개항이후 전교가 자유화됨으로써 카톨릭 교회의 건설은 토착기술자들의 과제가 되었다. 이들은 다중의 예배를 위하여 바실리카(basilica)식 평면을 사용하면서도 그 형태는 목구조의 한식기와지붕을 포기하지 않았다. 한옥의 뼈대로 세우는 한·양절충식의 한옥성당이 이렇게 태어나게 되었다.

그러나 주거의 경우 민중들의 주생활이 획기적인 변화를 이루지도 않았고, 새로운 건축양식을 시도할만한 경제적 여유가 생긴 것도 아니었기 때문에 서구건축의 영향을 거의 받지 않았다. 다만 이에 자극을 받은 일부계층에서는 그들의 건축을 그대로 수용하여 양식주택을 만들거나 기존의 전통주택을 서양식으로 개조하는 사례를 보여주게 되었다.

예를 들어 1882년에 개조된 閔謙鎬의 집은 카페트와 커튼·서양가구 등으로 실내를 꾸몄으며, 문턱을 낮추고 들창은 열창으로 고쳤으며, 앞마당에는 정원과 정구장을 만들고, 행랑채에는 사무실과 서재를 양식으로 개축하였다고 한다. 한편 1910년대에 지어진 李埈씨 주택이나 尹德榮씨 별장은 외국 건축양식을 그대로 모방한 좋은 예라고 볼 수 있는데, 이준씨 주택은 석재를 혼용한 벽돌 2층의 프랑스 르네상스(Renaissance)식 건물로서 일본인에 의해 설계와 시공이 이루어지고, 재료 일체도 일본에서 들여왔다고 한다.

그러나 이러한 행위는 일부 귀족·부호계층의 사대주의적 취향이었을 뿐 전반적인 주거문화의 변화를 의미하는 것은 아니었다. 민중들은 가사제한의 범주로부터 자유롭기는 하였으나 전래되어 오는 건축방법을 포기하지는 않았다. 오히려 과거 상류계층의 고급 건축요소들이 민중에까지 전파되면서,

기단에 다듬은 돌을 사용한다든지, 굴도리를 사용한다든지, 花盤이나 小爐·翼工을 설치한다든지, 부연을 덧달아 처마를 깊게 내미는 기와지붕을 사용하는 등 보다 권위적·장식적 요소들이 확산되었다.

〈그림 4〉 개조된 한옥(경운동 민씨댁)

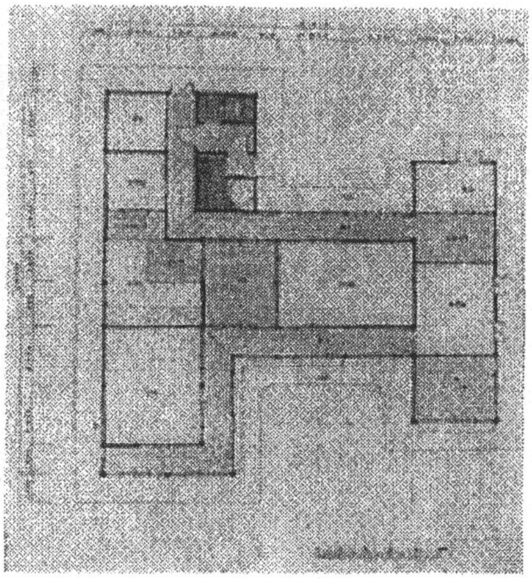

* 서울특별시, 《서울문화재 대관》(1987).

새롭게 도입된 건축재료 즉, 벽돌·유리·시멘트·철 등도 다량으로 공급되었지만 부분적으로 사용되었을 뿐 구조나 평면을 바꾸지는 않았다. 벽돌의 경우 마루 밑 고막이나 굴뚝 정도에 사용되었고, 유리 또한 대청이나 툇마루에 미서기문을 다는 데 이용되었을 뿐이다. 이러한 지속성은 1930년대까지도 크게 변하지 않은 것으로 나타난다. 최초의 조선인 건축가였던 박길용은 다음과 같이 기술하고 있다.

> 조선인들이 사는 살림집의 현상을 볼 때 생활과 주거가 부조화한 상태에 있다는 것은 확실한 사실이다, 이 1920~30년간 조선인의 생활문화는 다른 문화의 자극을 받고서 급속도로 변화하고 있었음에도 불구하고 그 생활용기인 주양식은 크게 변한 것이 없다(박길용, 〈조선과 건축〉, 《조선주택잡감》, 1941).

즉, 외국문물의 유입은 민중생활상의 필요나 의지에 의한 것이 아니었고, 민중들의 주생활이 크게 달라진 것도 아니었기 때문에 전반적인 주거문화에 큰 영향을 주었다고는 볼 수 없다. 관청이나 근대적 교육제도에 의한 학교건축, 기독교의 전파에 따른 종교건축, 자본주의 도입에 따른 상업건축 등과 같이 새로이 발생한 기능의 요구에 따라 새로운 건축양식이 유입되었을 뿐, 주택과 같이 주생활과 밀접하게 연관되어 있는 건축은 생활상의 큰 변화가 없었기 때문에 전래되어 오던 건축방식을 지속할 수 있었던 것이다.

〈姜榮煥〉

집 필 자

개요 ………………………………………………………………………………………… 권태억

Ⅰ. 외국 자본의 침투

1. 제국주의의 경제 침탈

1) 금융 지배 ………………………………………………………………………… 오두환
2) 차관 제공 ………………………………………………………………………… 김정기
3) 철도 부설 ………………………………………………………………………… 정재정
4) 해운업 침투 ……………………………………………………………………… 나애자
5) 이권 탈취 ………………………………………………………………………… 이배용

2. 일제의 토지 침탈 ……………………………………………………………… 최원규

Ⅱ. 민족경제의 동태

1. 무역구조의 변동과 시장권의 재편성 ………………………………… 이헌창

2. 상회사 설립과 상권수호운동 …………………………………………… 전우용

3. 광공업과 면방직업의 전개 ……………………………………………… 하원호

4. 교통·운수·통신 ……………………………………………………………… 박이택

5. 상업적 농업의 재편과 지주제의 성장 ………………………………… 이윤갑

Ⅲ. 사회생활의 변동

1. 인구의 이동과 변화

2. 신분제도의 변화

5. 의·식·주생활의 변화

한국사 44

갑오개혁 이후의 사회·경제적 변동

편찬간행 **국사편찬위원회**

초판1쇄 2003년 11월 30일
2쇄 2013년 6월 4일

번각발행 **탐구당**

등록일 1950년 11월 1일
등록번호 서울 제 03-00993 호

주소 서울특별시 용산구 한강대로 62 나길 6
전화 (02) 3785-2211(대표)
팩스 (02) 3785-2272
홈페이지 www.tamgudang.co.kr
전자우편 tamgudang@paran.com

ISBN 978-89-8236-610-9
978-89-8236-566-9(세트)

값 20,000 원